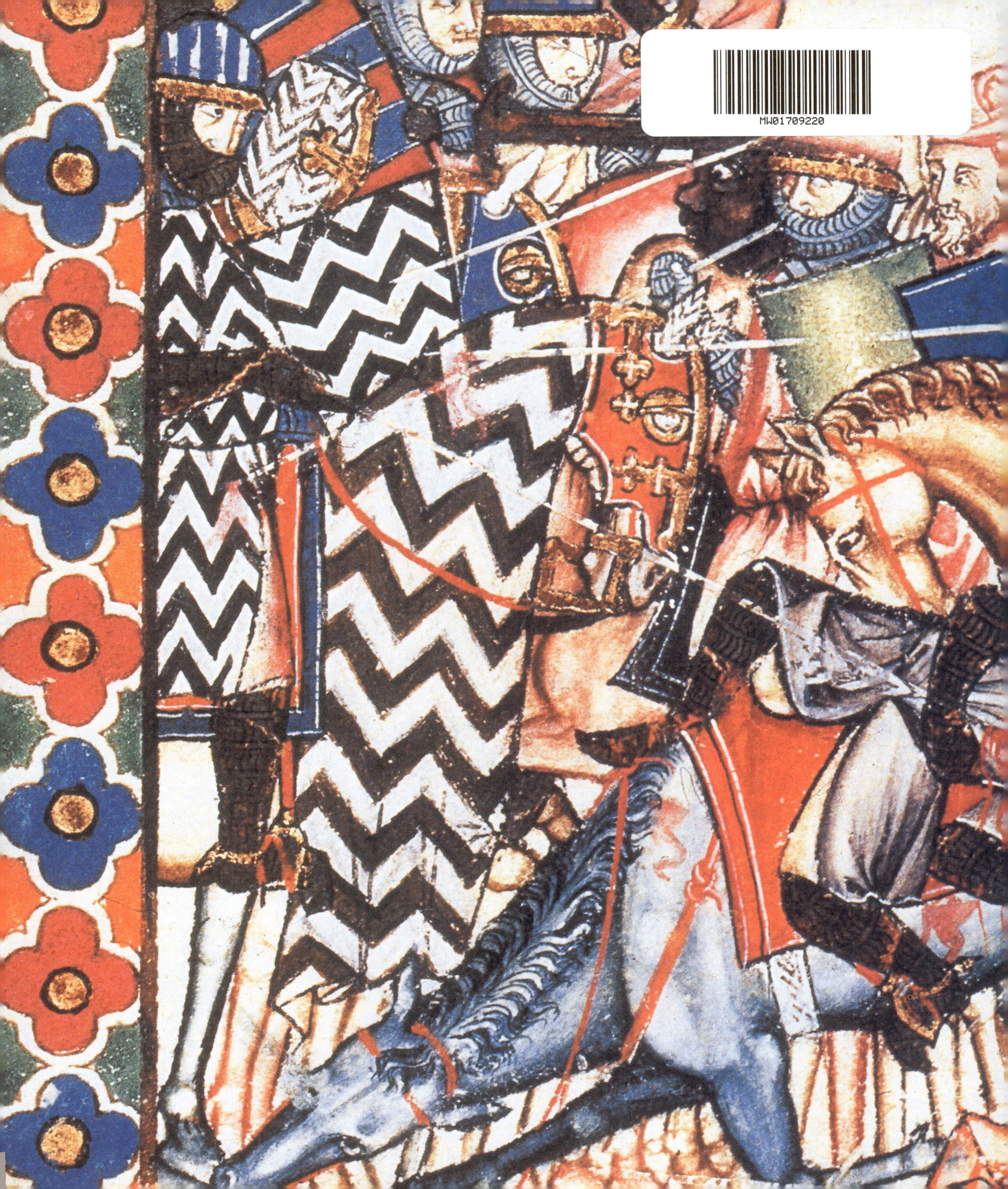

1000
Le film du millénaire
2000

Pierre Miquel

1000
Le film du millénaire
2000

Tallandier
Historia

■ *Direction éditoriale :* JEAN-VINCENT BACQUART, *assisté de* FRANCE-NOËLLE PELLECER ■ *Conception graphique et mise en pages :* FERNAND PERCIVAL *Maquette et réalisation :* ARIEL TERMINE, *assisté de* JEAN-FRANÇOIS BERGEZ ■ *Photogravure :* EDILOG ■ *Iconographie :* JACQUELINE HIEGEL, FRANCINE VINCENT ■ *Lecture - correction :* ANICK MAUMY ■ ■ ISBN : 2-235-02226-X ■

Sommaire

Introduction
La Borne milliaire • 8

Première partie
Le Dieu un reste multiple • 14

1054 Le schisme d'Orient • 18
1066 La bataille d'Hastings • 20
1077 L'empereur Henri IV à Canossa • 22
1099 Jérusalem libérée • 24
1146 Saint Bernard et la deuxième croisade • 26
1212 Las Navas de Tolosa • 28
1243 Les Mongols remportent la bataille de Keuzé Dagh • 30
1252 Le florin en or est frappé en Italie • 32
1314 Le bûcher des Templiers • 34
1340 La bataille de l'Écluse • 36
1453 La chute de Constantinople • 38
1492 Christophe Colomb découvre l'Amérique • 40
1517 Luther affiche ses 95 thèses • 42
1558 La mort de Charles Quint • 44
1562 Le massacre de Wassy • 46
1571 La bataille de Lépante • 48
1588 L'Invincible Armada menace l'Angleterre • 50

1618 La défenestration de Prague • 52
1620 Le *Mayflower* • 54
1628 La Rochelle capitule • 56
1649 Charles Ier d'Angleterre est décapité • 58
1682 Louis XIV à Versailles • 60
1685 La révocation de l'édit de Nantes • 62
1686 Guillaume d'Orange conclut La ligue d'Augsbourg • 64
1688 Guillaume d'Orange débarque à Torbay • 66
1700 La bataille de Narva • 68
1703 Pierre le Grand fonde Saint-Pétersbourg • 70
1717 La bataille de Belgrade • 72
1763 Le traité de Paris • 74
1763 Le traité de Hubertsbourg • 76

Deuxième partie
La Sarabande des nations • 78

1776 Les États américains proclament leur indépendance • 82
1789 La Déclaration des droits de l'homme • 84
1790 La fête de la Fédération • 86
1792 La France révolutionnaire en guerre • 88
1793 Louis XVI est guillotiné • 90
1794 Robespierre est exécuté • 92
1799 Le 18 Brumaire • 94
1806 Le blocus continental • 96
1810 Les révolutions en Amérique latine • 98
1815 La Sainte-Alliance • 100
1821 L'indépendance grecque • 102
1830 La révolution belge • 104
1830 La Pologne se révolte • 106
1837 Victoria reine d'Angleterre • 108

1841 Les Anglais débarquent à Hongkong • 110
1848 La révolution de février • 112
1848 L'insurrection parisienne de juin • 114
1856 La guerre de Crimée prend fin • 116
1859 Magenta • 118
1871 Guillaume Ier empereur d'Allemagne • 120
1878 La conférence de Berlin • 122
1885 Le partage de l'Afrique • 124
1900 La révolte des Boxers • 126
1903 Alexandre de Serbie est assassiné • 128
1904 La guerre russo-japonaise • 130
1909 Les Jeunes-Turcs prennent le pouvoir • 132
1912 La première guerre balkanique • 134
1913 La deuxième guerre balkanique • 136
1914 L'attentat de Sarajevo • 138
1917 L'indépendance des dominions britanniques • 140
1918 L'armistice • 142

Troisième partie
Le Monde un • 144

1920 La création de la Société des Nations • 148
1923 La naissance de la République turque • 150
1925 Reza Pahlévi devient chah de Perse • 152
1928 Les nationalistes chinois entrent à Pékin • 154
1934 La Longue Marche • 156
1935 L'Italie envahit l'Éthiopie • 158
1936 La Wehrmacht entre en Rhénanie • 160
1939 Le pacte germano-soviétique • 162
1941 Les Allemands envahissent l'URSS • 164
1942 La solution finale • 166
1945 La création de l'ONU • 168
1947 L'indépendance de l'Inde • 170
1947 Le partage de la Palestine • 172
1948 Le blocus de Berlin • 174
1949 Le pape condamne le communisme • 176
1950 La guerre de Corée • 178
1956 Budapest se révolte • 180
1960 L'ONU intervient au Congo • 182
1968 Les révoltes de mai • 184
1983 Le programme "guerre des étoiles" • 186
1989 La chute du mur de Berlin • 188
1989 Le massacre de la place Tian An-Men • 190
1990 La guerre du Golfe • 192
1993 Le putsch raté de Moscou • 194
1994 Les Russes interviennent en Tchétchénie • 196
1995 Les massacres du Rwanda • 198
1995 Liamine Zéroual élu président de l'Algérie • 200
1995 La fin du conflit bosniaque • 202
1997 La Tokyo City Bank fait faillite • 204
1997 La population mondiale • 206

Conclusion
Le Troisième Millénaire • 208

Chronologie • 210
Index • 218
Crédits photographiques • 223

La Borne milliaire de l'an Mil

On a l'habitude de ramasser les années en boisseaux de cent ans et de rattacher les événements à leur siècle. Le millénaire est moins courant à l'étalage du temps. On le signale comme un produit rare, inquiétant, presque religieux, comme si, tous les mille ans, la terre devait s'arrêter de tourner et les hommes se poser les questions : pourquoi ? Depuis quand ? Où vais-je ? Des questions qui leur viennent ordinairement à l'esprit quand ils sont à la recherche du dieu caché, métaphysiques en quelque sorte.

Ceux qui sont obligés de compter en millénaires se repèrent au carbone 14 dans les couches de la terre, en des sites privilégiés : les strates du Campinien, les socles des pyramides de Saqqarah. Ils n'éprouvent pas l'angoisse des origines mais les difficultés de la datation des pierres, fossiles, ossements et autres traces du passé.

Il faut entendre passé au sens de passage, de l'homme qui ne fait que passer, ignorant longtemps qu'il n'est qu'un passager de la terre. Qu'est-elle d'autre qu'un gigantesque objet volant finalement identifié par les Copernic et les Galilée, après des millénaires d'ignorance ? Un vaisseau spatial sphérique projeté dans le manège solaire par un moteur invisible.

"Passons, passons, puisque tout passe, je me retournerai souvent", dit Apollinaire.

À quoi bon rêver au précédent millénaire ? On y attendait, dit-on, la fin du monde, avec le retour du Christ sur terre : joyeux événement, qui ouvrirait grandes les portes de l'au-delà. Une borne pour marquer le départ vers l'éternel, ainsi que le retour de l'éternel : la négation du temps.

Rien ne va plus pour les humains, car le royaume de Dieu n'est pas de ce monde. Adieu narcisses et jonquilles, lys blancs de Saint-Denis et lys rouges de Florence, léopards d'Angleterre, aigles de Vienne ou lions des Flandres, partons sous le drapeau blanc de la Vierge de la Croisade, le seul qui plaise à Dieu. C'est l'an Mil.

Voilà qui ne dit rien aux musulmans, pour qui le vrai départ est celui du prophète Mahomet pour Médine, chassé par les siens de La Mecque, le 16 juillet 622. C'est le début de l'histoire pour un croyant. Et pas davantage pour un juif qui avance le 7 octobre 3761 avant le Christ pour le jour de la création du monde. Pas même pour un chrétien, qui n'est pas certain que l'an I de son ère soit vraiment celui de la naissance du Christ. On assure qu'un moine, Denys le Petit, eut le premier l'idée de dater les événements à partir de la venue sur terre de Jésus dans l'étable de Bethléem, fixée arbitrairement 753 ans après la fondation controversée de Rome. Ainsi l'an Mil ne peut être reconnu que par les chrétiens, mais au prix d'un flou scientifique qui enlève à l'anniversaire toute prétention eschatologique. Il est clair que la borne milliaire n'a rien à dire sur la fin du monde.

Mais quelle référence pour qui s'intéresse à la longue durée ! Plus le sillage du navire se prolonge, plus les rides lointaines s'élargissent, donnant à la navigation plus de sens, dans un ample balayage. Chaque moutonnement, même lointain, est à prendre en compte, s'il est relié à un plan de navigation. Il est le témoin d'un mouvement continu qui se prolonge longtemps après que le navire soit parvenu au port.

Christophe Colomb, partant vers l'ouest, a-t-il reconnu les rides du sillage laissées cinq siècles auparavant par le drakkar de Leif Ericsson, le fils d'Erik le Rouge ? Le solide Viking ne naviguait pas dans les eaux chaudes des Açores, il avait atteint Terre-Neuve, partant du Groenland, en l'an Mil sans doute. Le premier, il avait découvert l'Amérique. Près d'un demi-millénaire serait nécessaire au renouvellement de l'exploit. Si Leif Ericsson n'avait nullement l'intention de faire lire de force aux Esquimaux les Eddas, livres sacrés de la religion primitive des Vikings, Christophe Colomb se demandait si les Indiens avaient une âme, et l'Inquisition débarquerait après lui au Mexique et au Pérou pour s'en assurer. Les terres nouvelles étaient de bonnes prises pour les missions et les Jésuites partiraient bientôt pour évangéliser les Indiens du Paraguay.

Deux siècles encore, et la ville de Philadelphie verrait naître la première nation constituée au monde, celle des futurs États-Unis d'Amérique en 1776 qui marque avec éclat la fin possible, sinon certaine, de la longue phase de domination et d'affrontement des religions sur la planète. Au cours de cette période de près de huit siècles, la population du monde a plus que doublé : on l'estime à 322 millions seulement en l'an Mil, soit presque trois fois moins que celle de l'Europe d'aujourd'hui. À cette époque, les Européens, y compris les peuples de Russie, atteignent les 47 millions d'âmes, moins que les Africains et beaucoup moins que les Asiatiques qui représentent déjà les deux tiers des habitants de la planète. L'Amérique qui s'offre à Colomb n'est pas peuplée de plus de quarante millions d'âmes, dont trois seulement dans le Nord.

La surnatalité européenne porte le peuplement de ce continent à 114 millions dans la seconde moitié du XVIIIe siècle, pour une population mondiale de 694 millions, dont 437 sont des Asiatiques. Les Américains du Nord qui vont accomplir la première révolution idéologique ne sont qu'une poignée : dix millions à peine, y compris les esclaves noirs venus d'Afrique et les Indiens combattus à coups de fusils. Ils n'ont nullement l'intention de se passer de religion et croient en Dieu de toutes leurs forces. Européens d'origine, ils sont les produits d'une culture conflictuelle dont on peut, par récurrence, retracer les principales étapes au cours de la plus longue période du millénaire, celle qui s'étend de la prise de Jérusalem par les Croisés en 1099 jusqu'à la déclaration de Philadelphie en 1776.

La récurrence est une méthode mathématique : chaque terme d'une série récurrente est fonction des termes immédiatement précédents. Le retour aux sources, par étapes successives, c'est l'histoire même. L'an Mil n'est certes pas, pour notre civilisation occidentale, une borne de départ. Nos origines lointaines se perdent dans les sables du Proche-Orient, les vallées encaissées du Périgord et les forêts druidiques de Bretagne. Mais l'an Mil est un foyer de rayonnement éclairant pour qui veut seulement répondre à la question : d'où vient le monde de l'an 2000 ?

Il est en effet le point de rencontre et d'affrontement, particulièrement à Jérusalem, de deux des trois religions du livre à dieu unique : les chrétiens des Évangiles et les musulmans du Coran. Les juifs, lecteurs de la Bible, étant depuis l'an 70 soumis à la persécution et à la diaspora. Mais il n'est pas de juif perdu dans les communautés d'Europe, d'Asie ou d'Afrique qui ne songe "revenir à Jérusalem".

Restent en présence les deux religions conquérantes, antagonistes, bien que de même origine. Elles sont les seules à être prosélytiques, à vouloir convertir les populations conquises au Dieu unique, les seules à pratiquer les guerres de religion, les seules à s'engager dans une conquête du monde contre l'infidèle, à rallier de force ou par la persuasion ceux qui n'ont que des dieux rustiques ou archaïques, ces habitants des villages qu'on nomme *pagani*, les païens. En Occident, on leur expédie les moines d'Irlande ou de Bretagne. Il faut à tout prix les intégrer aux paroisses.

En Orient, les marabouts encadrent la foule des nouveaux croyants, leur donnant l'exemple de la vertu et de la résignation sociale. Les dioulas, ces commerçants itinérants de l'Islam, répandent le Coran en vendant des perles et des verroteries dans les douars et dans les villages d'Afrique noire. Les axes de propagation de ces religions n'ont que peu changé en mille ans. C'est leur esprit qui a évolué, remettant périodiquement en question leur unité.

Pour les Européens de l'an Mil, le christianisme est d'implantation assez récente. Les villes sont chrétiennes, mais les campagnes sont loin d'être acquises au culte. Elles conservent leurs pratiques traditionnelles, leur culture proche de la nature et des dieux du bon secours. L'an Mil est largement missionnaire dans toute une partie de l'Europe, sur des terres pourtant dominées par des souverains et des seigneurs généralement chrétiens et souvent ecclésiastiques.

Dans les franges pionnières et sur les marches frontières du continent, les anciennes religions subsistent et repoussent la nouvelle. La récurrence permet de retrouver, mille ans plus tôt, une Europe très diversifiée où l'Église de Rome est loin d'avoir établi une domination universelle. En 1989, quel pays est plus fermement catholique que la Pologne de Lech Walesa ? Pourtant, en l'an Mil, elle est l'une des plus récentes nations converties au christianisme. Le grand Boleslas Ier dit le Vaillant, duc de Pologne, prend le titre de roi, crée l'archevêché de Gniezno et organise un très modeste embryon d'Église polonaise en terre païenne.

Les pays voisins ne sont guère plus catholiques. Il faudra attendre 1198 pour que l'ordre des Teutoniques se transforme en ordre militaire et mène la croisade contre les Slaves. Pour l'heure, Boleslas dépêche l'archevêque de Prague saint Adalbert en Prusse pour y évangéliser les barbares. Le saint homme y meurt martyrisé par les Prussiens. En l'an Mil, les ancêtres des junkers poméraniens ne veulent pas encore porter la croix et leurs paysans-esclaves ne croient pas au Dieu des Évangiles mais à ceux des bois.

Les Slaves de l'Est refusent donc la domination de l'ardent souverain de Pologne. Ils n'ont que faire du christianisme royal. Les Saxons des forêts germaniques croient encore à leurs dieux de pierre et de feu. Le roi de Hongrie Étienne Ier appellera des missionnaires étrangers pour évangéliser son royaume.

Le christianisme était venu par la Méditerranée, il avait remonté les fleuves, touché les ports, investi les villes. Les catholiques n'avaient trouvé en Occident qu'un seul souverain disposé à aider le pape dans son combat unitaire, Clovis, au Ve siècle. Tous les autres royaumes ou chefferies barbares étaient hérétiques ou païens. Le pape avait couronné Charlemagne empereur d'Occident, mais cette tentative de reconstitution du *mare nostrum* au profit d'un guerrier franc, qui avait rasé sa barbe et coupé ses cheveux pour ressembler à un sénateur romain, avait échoué lors du partage de Verdun en 843. Les petits-fils de Charles avaient morcelé l'héritage en trois parties antagonistes : la Francie orientale, la Lotharingie, des Flandres à l'Italie, et la Francie occidentale. Même l'autorité spirituelle du pape était contestée par les chrétiens d'Orient, et n'était pas reconnue par les évêques d'Occident comme infaillible ou absolue. Pas davantage par les rois et les princes.

Othon Ier le Grand, simple roi de Germanie de dynastie saxonne, s'était mis en tête de reconstituer l'empire romain. Pour cela, il avait vaincu son frère Henri, son gendre Conrad et son fils Liudolf, et s'était appuyé sur les évêques allemands qui le reconnaissaient comme leur chef. Il était descendu en Italie à la tête de ses Saxons pour y rétablir l'ordre, prendre un nouveau titre de roi d'Italie et se faire couronner par Jean XII empereur du Saint-Empire romain germanique. Il se considérait comme le protecteur de l'Église, capable de déposer et de faire des papes. Son petit-fils Othon III, qui régnait en l'an Mil, avait successivement fait couronner de la tiare pontificale son cousin Grégoire V et son précepteur Gerbert d'Aurillac, devenu Sylvestre II.

Celui qui faisait les papes et les évêques pouvait se flatter d'être le maître absolu de l'Empire. Plus italiens que germaniques, mais tenant leur pouvoir militaire de l'Allemagne, les empereurs firent des papes allemands (Clément II, Damase II, Léon IX) et s'imposèrent, comme Henri III, dit le Noir, aux peuples slaves, tchèques, polonais et hongrois. Certains comme Henri IV durent reculer devant le pape. Grégoire VII excommunia l'empereur et obtint son humiliation à Canossa, en 1077. Il s'appuyait sur les Normands et les Lombards, hostiles aux Saxons, et naviguait au plus juste dans les passes mortelles de la politique italienne.

Il était temps de redorer la tiare de saint Pierre. Urbain II, avant de prêcher la croisade, avait dû chasser de Rome et d'Italie le bouillant Henri IV. Il faudrait encore cent ans de lutte pour que l'empereur consente à reconnaître que le pape était le seul à pouvoir donner l'investiture spirituelle aux évêques. Le maître du Saint-Empire se considérait aussi comme un chef religieux, une sorte de calife.

Ainsi, l'an Mil ne donne nullement l'image de l'unité, aujourd'hui perdue, du monde chrétien, mais d'un départ toujours recommencé de l'institution pontificale pour imposer, aux pieds du Dieu unique, une seule religion rassemblée.

L'Europe du Nord, comme celle de l'Est, restait à conquérir. Les Normands n'avaient que faire du christianisme, pourtant installé courageusement en Islande dès l'an Mil par des moines intrépides. Vers 1020, la Suède avait un seul évêque, fort isolé parmi les Vikings qui pillaient les églises et les monastères de toute la Chrétienté, d'Occident et d'Orient.

Quant aux peuples du Midi, habitants de l'Espagne, de la Sicile ou des îles grecques, ils étaient souvent des convertis à l'Islam, comme tous les riverains du Sud de la Méditerranée. Les musulmans disposaient alors de la richesse du monde, exerçant à leur profit les échanges d'ouest en est, d'Espagne jusqu'en Égypte et en Inde. Ils dominaient le Proche et le Moyen-Orient, avançaient en Asie et sur les côtes d'Afrique. Ils bloquaient les ports et les rivages d'Occident, imposant par la course en Méditerranée des rançons aux voyageurs, lançant des raids jusque dans les cols alpins. Maîtres de la mer, ils réduisaient à la famine le continent dépourvu d'or et d'argent, où l'économie de faible régime, ne disposant ni de ressources monétaires, ni de sources d'énergie nouvelle, se pulvérisait dans le cadre des seigneuries féodales.

Au lieu d'être un lac parcouru par les naves ventrues et pacifiques, chargées à ras bord de marchandises, la Méditerranée devenait une rude frontière. Les drakkars normands pillaient au Nord ce que les musulmans ne pouvaient atteindre au Sud. Ils remontaient les estuaires des fleuves, s'emparaient de la Normandie, et, de là, après Hastings, des îles britanniques, descendaient vers l'est la Volga pour piller les trésors de Byzance. Entre les envahisseurs arabes et normands, les chrétiens se trouvaient réduits à des économies de subsistance, et le pape à la mendicité.

Le millénaire marque la borne de l'extrême pénurie, celle qui contraint les seigneurs de Prusse, de Pologne ou de Russie à exploiter les esclaves sur leurs terres glacées, les barons de France ou d'Angleterre à faire cultiver leurs réserves de terres arables par des serfs, obtenant très peu d'argent des redevances de leurs manants et oubliant le service d'ost dû aux rois et aux empereurs. C'est à peine s'ils ont encore les moyens de se livrer bataille d'un fief à l'autre. Les seigneurs d'Espagne partent en croisade dans leur propre pays contre des Arabes cent fois, mille fois plus riches qu'eux, qui peuvent lever de puissantes armées de mercenaires. Depuis le 3 juillet 987, le roi de France s'appelait Hugues Capet. Il avait si peur, face aux convoitises de ses barons, de ne pouvoir transmettre la couronne à son fils Robert, qu'il l'avait fait sacrer et associer au trône de son vivant. Il soutenait en Touraine Foulques Nerra, comte d'Anjou, contre Eudes Ier, comte de Blois. Il engageait des guerres féodales où sa couronne risquait de chuter au hasard d'une bataille. Aucun État en Europe ne pouvait alors imaginer la reconquête d'un empire unitaire. Les moines prêcheurs qui évoquaient la fin des temps pouvaient retenir à peu de frais l'attention d'un public crédule. Quel avenir pour la foi dans un monde en miettes ?

L'Europe occidentale héritière de l'Empire romain était coupée de l'Orient et de ses prolongements méditerranéens du Sud par l'invisible mur de la religion qui répandait l'intolérance et engendrait la guerre.

L'an Mil ouvre les portes du millénaire sur ce malheur.

PIERRE MIQUEL

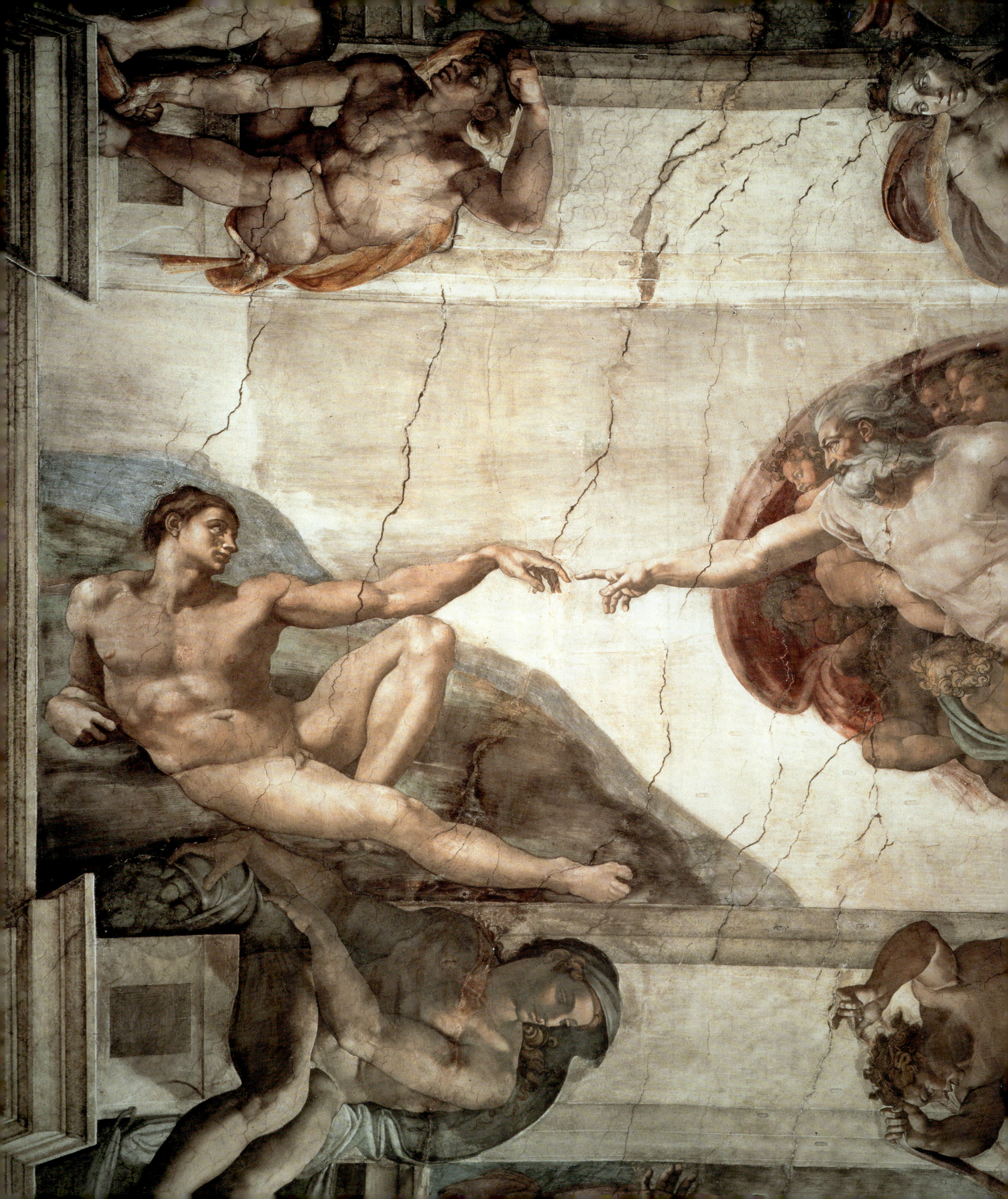

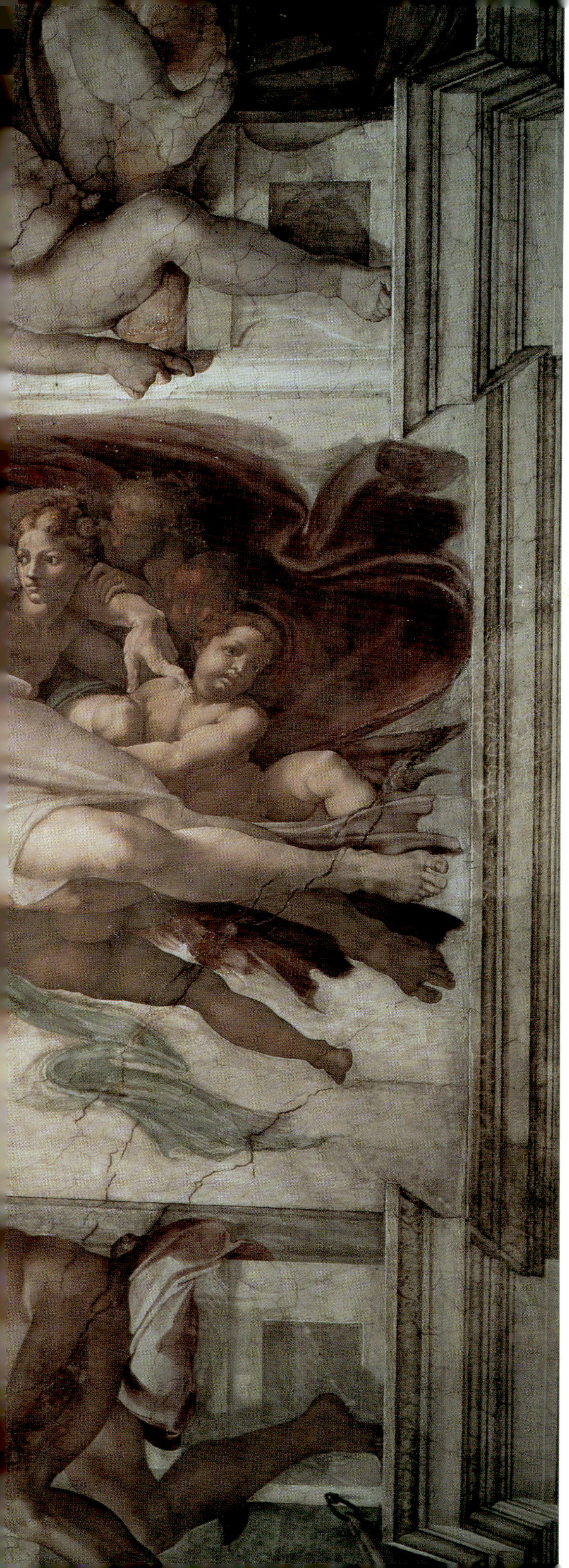

1000 – 1763

Le Dieu un reste multiple

Tout commence en 1009 à Jérusalem, lorsque le calife fatimide du Caire, Al-Hakim, détruit le Saint-Sépulcre. Il se prétend l'incarnation de Dieu et soulève contre lui des tempêtes. Le monde musulman se divise, même en Espagne. Alors commence dans le monde occidental le long cycle religieux qui s'achève au XVIIIe siècle, quand on imagine de donner aux États un fondement civil.

À Jérusalem, toutes les religions coexistent et s'affrontent. Depuis la conversion de l'empereur Constantin, les Byzantins y ont ouvert des églises. Mais ces chrétiens de Constantinople ont refusé de

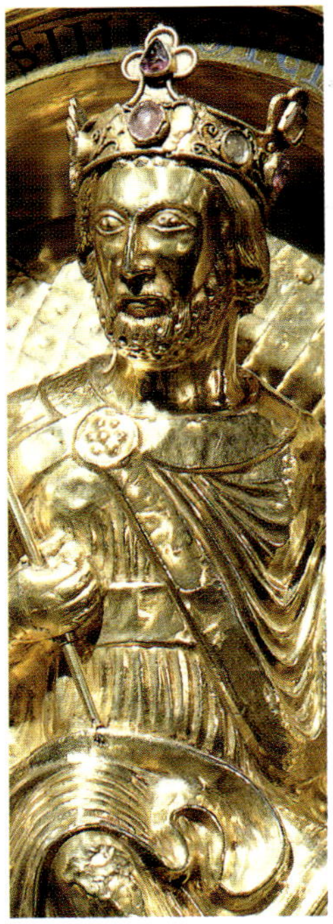

subir l'autorité des papes de Rome et s'en sont séparés en 1054. Les catholiques romains et les orthodoxes y rendent donc chacun leur culte, en même temps que les musulmans.

Jérusalem est en effet la troisième ville sainte de l'Islam. Parti de La Mecque, le Prophète s'y est rendu en songe, monté sur une jument ailée à tête de femme, Bouraq. Il a prié comme jadis Abraham, Moïse et Jésus sur l'esplanade du Temple. Puis il s'est échappé vers les sept ciels pour y dialoguer avec Allah. Il est ensuite descendu par une échelle de lumière pour rejoindre La Mecque. Avant de se tourner vers cette ville en 684, les musulmans ont longtemps prié en direction de Jérusalem. Ils y ont construit des lieux de culte, surtout la mosquée d'Omar, appelée également dôme du Roc, en 691. Elle renfermerait le rocher sacrificiel d'Abraham sur lequel Mahomet aurait laissé l'empreinte de son pied. Les musulmans s'estiment chez eux dans la ville sacrée.

"Si je t'oublie, Jérusalem, fais que ma main dépérisse", chantent les juifs à la synagogue. La ville de David, dont Salomon a construit le Temple, a été détruite par les Romains en 70 après J.-C. La diaspora en a fait le centre des pèlerinages au mur occidental, celui des "lamentations". Dans ce "saint des saints", les juifs viennent déchirer leurs vêtements en signe de deuil. Il est bon de mourir à Jérusalem pour être enseveli au mont des Oliviers, lieu mythique des origines de l'Homme puisqu'un passage de la Bible affirme qu'Adam fut conçu de la main de Dieu avec cette terre.

Mille ans de guerres de religion partent de cette colline sacrée, quand la Chrétienté d'Occident, à la recherche de l'unité religieuse, rassemble le peuple et les barons pour un mouvement "panique" vers le centre mystique du monde, dit Alphonse Dupront. La reconquête des Lieux saints n'est qu'un prétexte. Une fois la bannière du Christ plantée sur le mont des Oliviers, il ressuscitera et ce sera la fin des temps : telle est l'origine des croisades.

Ces expéditions entraînent l'affaiblissement et la destruction à terme de l'empire chrétien orthodoxe de Byzance, seul rempart contre les invasions arabes. En Palestine, les croisés fondent sur les ruines de l'empire grec les États latins d'Orient qui tomberont les uns après les autres au pouvoir des musulmans. De son côté, Constantinople, d'abord prise par les chrétiens d'Occident en 1204, capitulera devant les Turcs en 1453.

Même si elles ne ressoudent pas l'unité du peuple de Dieu en Europe, les croisades reconstituent en Méditerranée une vaste zone d'échanges qui permet aux villes de sécréter des richesses et de constituer des États puissants.

Ces États individualisés se distinguent de l'ensemble de la communauté chrétienne et se livrent à des guerres inexpiables. L'Espagne reconquise par les Rois Catholiques agresse le Portugal lors d'une série de combats qui se terminent, au temps de Philippe II, par l'annexion pure et simple. La France et l'Angleterre s'affrontent pendant la guerre de Cent Ans qui entraîne les Flandres dans le malheur commun. L'empereur du Saint-Empire romain germanique, au lieu de lutter dans l'Est contre les incroyants, descend sans cesse en Italie pour se disputer avec le pape, devenu seigneur tem-

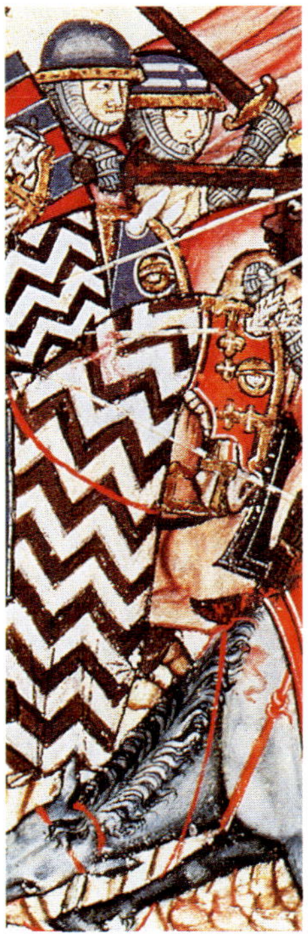

porel, les riches fiefs de la péninsule. Venise et les ducs de l'est de l'Europe affrontent les Turcs et, sur mer, les Barbaresques pillent les navires d'Occident.

Les navigations chrétiennes de Méditerranée n'ont pas rétabli l'unité du monde antique, mais provoqué une guerre de religion sans fin contre l'Islam qui pousse ses bannières jusqu'aux murs de Vienne, occupe les Balkans et les rives de l'Adriatique, les îles grecques, la Sicile et le Sud de l'Italie. Il faut attendre la victoire de Lépante pour que s'amorce enfin le reflux du grand Turc.

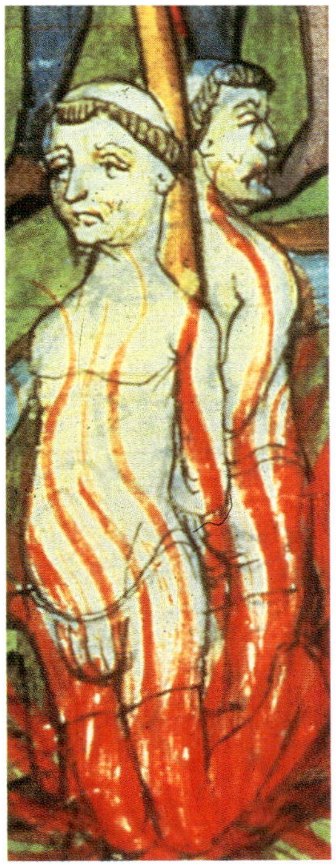

Il est préparé et rendu prévisible par l'enrichissement des États d'Europe de l'Ouest nouvellement constitués et par le progrès des techniques d'armement et de la navigation. Depuis l'an Mil, les négociants italiens sont devenus des banquiers tout-puissants. Vénitiens et Florentins, proches de l'Allemagne aux forges fécondes, sont capables d'imposer leur loi à l'Orient, même si les Turcs sont à Constantinople, et de faire en Occident des rois et des papes, comme l'illustre famille des Médicis. L'or et l'argent d'Amérique permettent à Charles Quint, roi d'Espagne et empereur du Saint-Empire, de dominer le continent et à son successeur espagnol, Philippe II, d'être enfin vainqueur de la flotte ottomane. Malheureusement, la richesse du monde, accumulée en Occident, est dilapidée par des conflits internes et le début des guerres de religion.

Au début du XVIe siècle, l'Europe chrétienne croit avoir retrouvé le chemin de l'unité, plus par le biais de l'or que par celui de la foi. Elle pousse ses navires vers l'ouest, jusqu'en Amérique où les nouvelles populations sont converties de force. Elle amorce le puissant mouvement de colonisation qui la conduit sur les plateaux de l'Inde, les rivages de l'Afrique, le Canada des Mohicans et les plaines des Cheyennes, mais aussi dans la pampa d'Argentine et sur l'altiplano de Colombie. Les civilisations précolombiennes sont détruites, leurs dieux martelés. La puissance ottomane régresse. Les chrétiens sont-ils définitivement les maîtres du monde ?

Ils se déchirent entre eux après la réforme de Luther, Zwingli, Calvin, jusqu'à déchaîner un cycle qui provoque la mort de douze millions d'Européens pendant la guerre de Trente ans, et quarante ans de luttes inexpiables en France. Une Europe réformée, appuyée sur les colonies protestantes d'Amérique du Nord, s'oppose maintenant aux nations latines catholiques.

Catholiques et protestants tolèrent, mais souvent combattent, les princes de Kiev et de Moscou. Ces tsars de Russie, de confession orthodoxe, étendent leur territoire vers l'est jusqu'à la lointaine Sibérie et, depuis la prise de Kazan par Ivan le Terrible en 1552, dominent les peuples musulmans du Sud, jusqu'aux portes de Constantinople où ils rêvent d'entrer. Au nord enfin, ils contrôlent les ports de la Baltique. Longtemps encore, ils lorgneront sur les passes de l'Himalaya.

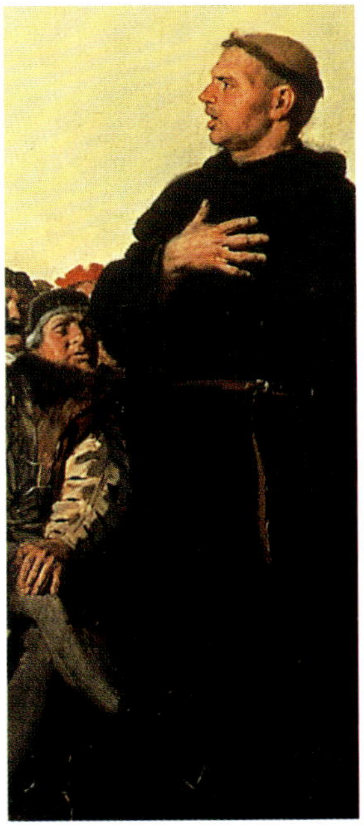

Dans le partage du monde qui va s'esquisser, les impérialismes sont en place. Ils s'appuient sur des religions conquérantes. Le tsar est le maître de sa religion, le roi de France est sacré à Reims et celui de Londres jure sur la Bible. ■

14 juillet 1054

Le schisme

de l'Église chrétienne marque le début du millénaire. Le cardinal Humbert, envoyé du pape, dépose sur l'autel de Sainte-Sophie une bulle d'excommunication à l'encontre du patriarche de Constantinople, Michel Cérulaire.

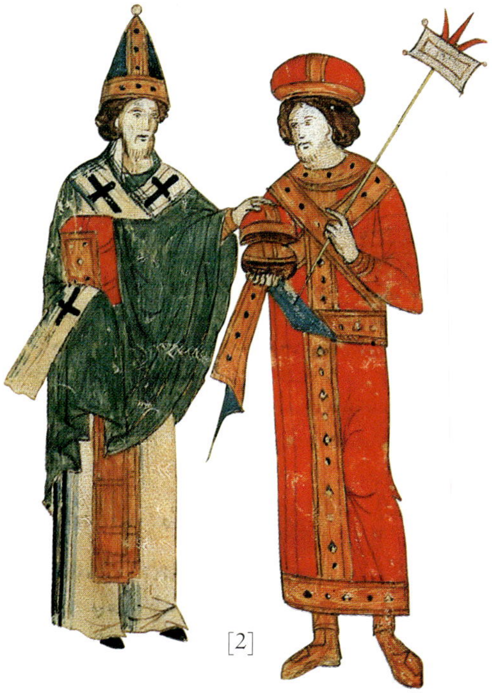

■ **C'**est le premier des trois événements qui vont rendre possible la prise de Jérusalem par les croisés du pape.

Michel Cérulaire refuse d'emblée de se soumettre à l'autorité de Rome. Il convoque un concile des évêques de l'Église orientale, où les légats pontificaux sont à leur tour excommuniés. Le grand schisme est consommé. L'unité chrétienne n'existe plus.

Dans le passé, les papes n'avaient pas accepté la prétention du patriarche de Constantinople qui se proclamait œcuménique. Ils acceptaient encore moins le césaropapisme qui soumettait le patriarche à l'empereur d'Orient ou basileus.

Celui-ci se considérait comme l'élu de Dieu, revêtu de l'autorité spirituelle. On l'adorait comme s'il eût été Dieu, on se prosternait devant lui dans une étiquette très orientale. L'empire était devenu une monarchie théocratique qui n'avait plus rien de commun avec le trône de Saint-Pierre.

Une forme spécifique des rapports entre pouvoir civil et religieux s'installait en Orient. Il n'y avait pas de division des pouvoirs, comme en Occident. L'État byzantin, survivance de l'Empire romain, s'attribuait l'institution religieuse et la dominait complètement, comme

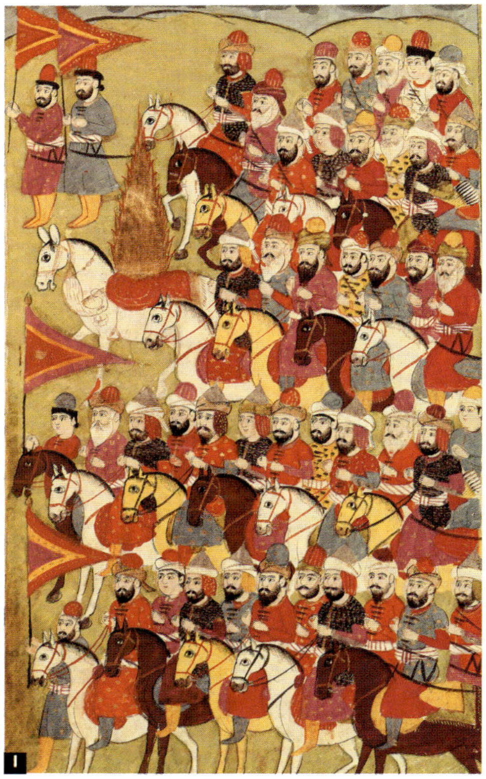

le faisaient les califes chez les musulmans. Ces hommes, successeurs du Prophète, disposaient de l'autorité religieuse, mais aussi des pouvoirs civils. Après l'extinction de la dynastie des orthodoxes, en 661, l'Islam avait été le premier à se diviser. Les Omeyades s'étaient opposés aux fidèles d'Ali, le dernier calife orthodoxe, et avaient pris le pouvoir à Damas. En 750, ils avaient été renversés par les Abbassides établis à Bagdad. Un autre califat avait été fondé par un Omeyade à Cordoue en 756, tandis que l'Afrique du Nord puis l'Égypte tombaient aux mains des Fatimides au cours du Xe siècle. Ainsi l'Orient musulman de l'an Mil était divisé entre le pouvoir abbasside de Bagdad et la dynastie fatimide du Caire.

Le schisme de Constantinople isolait les chrétiens d'Orient qui se disaient orthodoxes autour du basileus, véritable autorité de la foi, alors que la religion chrétienne romaine les déclarait schismatiques. Le pape Léon IX, réformateur de l'Église, devenait la seule autorité religieuse de la Chrétienté qui fût indépendante de tout pouvoir civil.

Le souverain pontife avait donc l'autorité nécessaire pour convier tous les chrétiens à la libération de Jérusalem. Son ambition : rétablir, autour du nom de Jésus, l'unité du monde antique.

[1] **Cavaliers de l'Islam.**
Ils suivent la flamme prophétique à la conquête de la Méditerranée.
(Paris, Bibliothèque nationale)

[2] **Léon IX et Michel Cérulaire.**
Le pape décide de rompre avec le patriarche de Constantinople. C'est le grand schisme des deux Églises chrétiennes.
(Palerme, Bibliothèque nationale

[3] **Christ en majesté.**
Mosaïque de Sainte-Sophie de Constantinople, devenue mosquée en 1453.

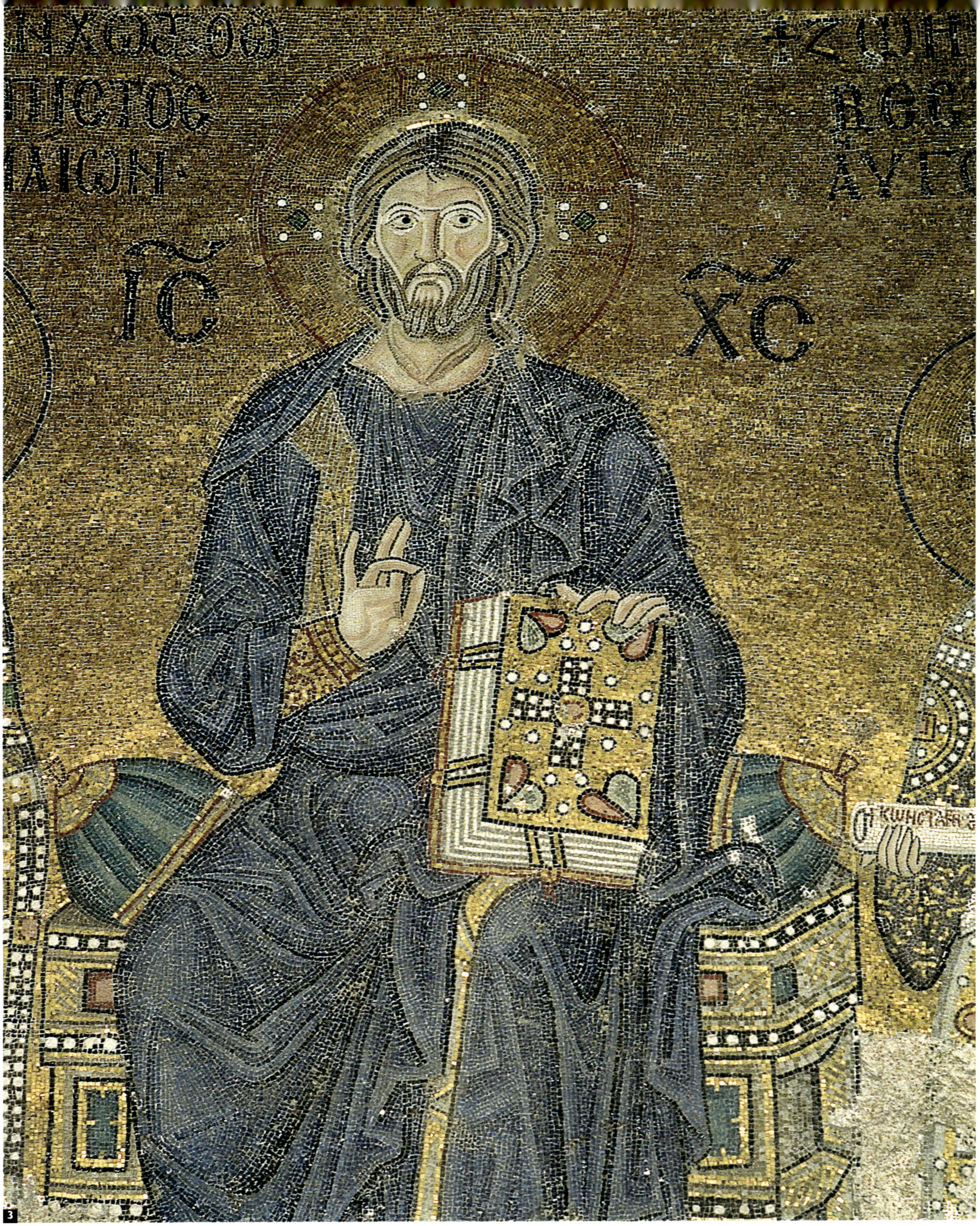

3

14 octobre 1066

À Hastings, Guillaume le Conquérant remporte la victoire sur Harold II, le dernier roi anglo-saxon. Les Normands peuvent à présent se fixer en Angleterre et libérer le pape d'un immense poids.

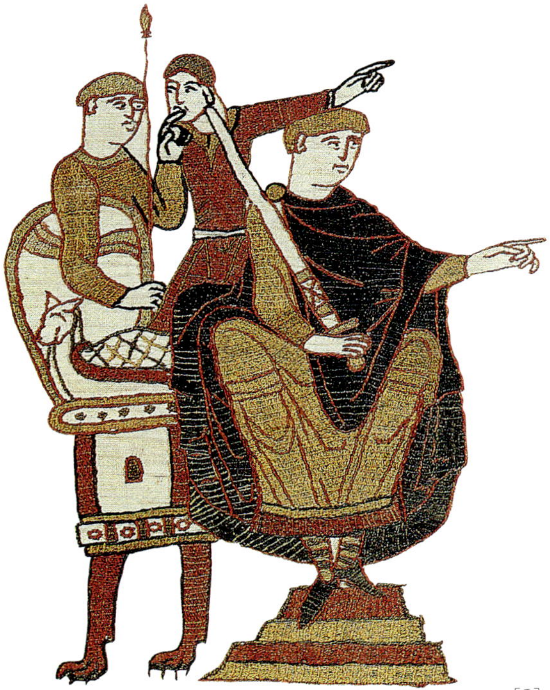

[1]

■ **A**vant de pouvoir intervenir en Orient, la papauté avait dû régler le problème normand, comme elle avait jadis traité les royaumes barbares, en assimilant les nouveaux venus, en les fixant et en les convertissant.
Tous les territoires catholiques étaient en effet menacés, l'Italie comprise. Le pape Léon IX avait été fait prisonnier par un mercenaire normand au service des Byzantins. Son successeur, Nicolas II, avait décidé de créer un État normand dans le Sud de l'Italie au profit de Robert Guiscard, fait duc des Pouilles, de Calabre et de Sicile, et conquis comme son père à la religion catholique.

Il était essentiel de fixer et de convertir ces peuples pillards et païens venus du Nord. Le roi des Francs Charles III le Simple avait donné l'exemple en établissant, par le traité de Saint-Clair-sur-Epte conclu en 911, le chef viking Rollon dans la basse-Seine. Une fois gagnés au christianisme, les Normands étaient devenus les protecteurs de l'Église.
Le pape Alexandre II, grand adversaire de l'empereur allemand Henri IV, soutint de toutes ses forces l'expédition lancée contre l'Angleterre par le duc de Normandie Guillaume le Conquérant. Celui-ci débarqua 6 000 de ses guerriers et l'emporta sur le comte anglo-saxon Harold lors de la bataille d'Hastings. Il se fit couronner roi à Westminster, installa ses hommes dans les évêchés d'Angleterre et devint rapidement le meilleur soutien du pape.
Libéré des raids normands, celui-ci disposait également d'un ordre monastique implanté partout en Europe, celui de Cluny, fondé en 909. Il comptait douze cents monastères et prieurés sous la direction d'abbés remarquables, comme saint Odilon en l'an Mil, capables de mettre les terres en valeur, d'organiser les paroisses, de favoriser les conversions, de contribuer à la réforme du clergé lancée

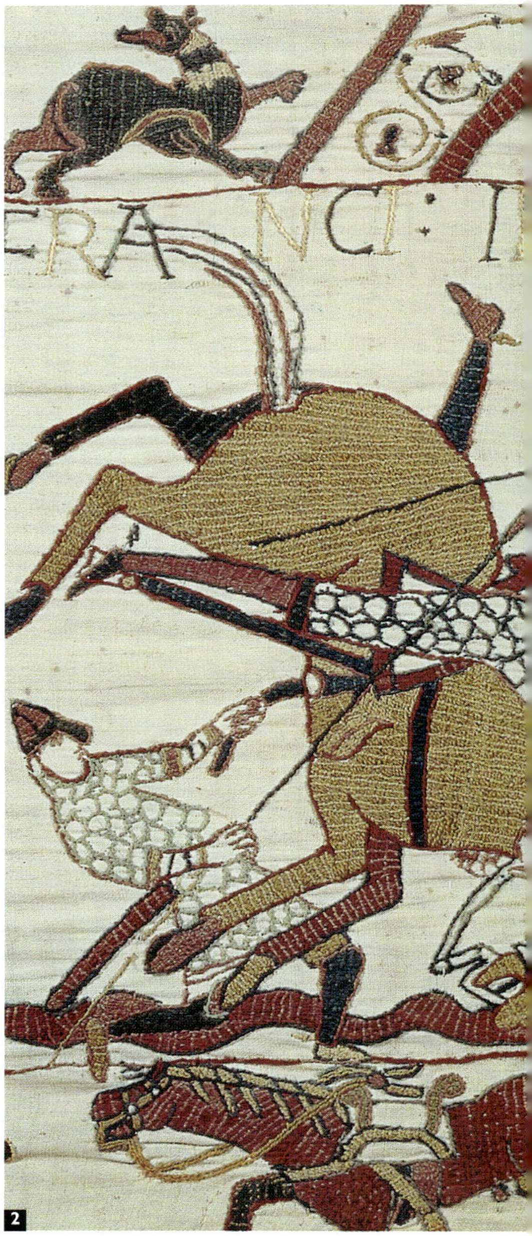

2

par Grégoire VIII et ses successeurs. Ces moines pieux et entreprenants n'étaient soumis qu'à l'autorité du pape. Ils démultipliaient son action dans toute l'Europe, de Lewes en Angleterre, à Cologne sur le Rhin. Pour assurer l'indépendance du pape à l'égard des familles de l'aristocratie romaine, et surtout de l'empereur allemand, Nicolas II, par le décret de 1059, avait décidé de faire élire le souverain pontife par les seuls cardinaux. Mais le pape, pour être véritablement le maître de la Chrétienté, devait encore s'affranchir de la tutelle impériale.

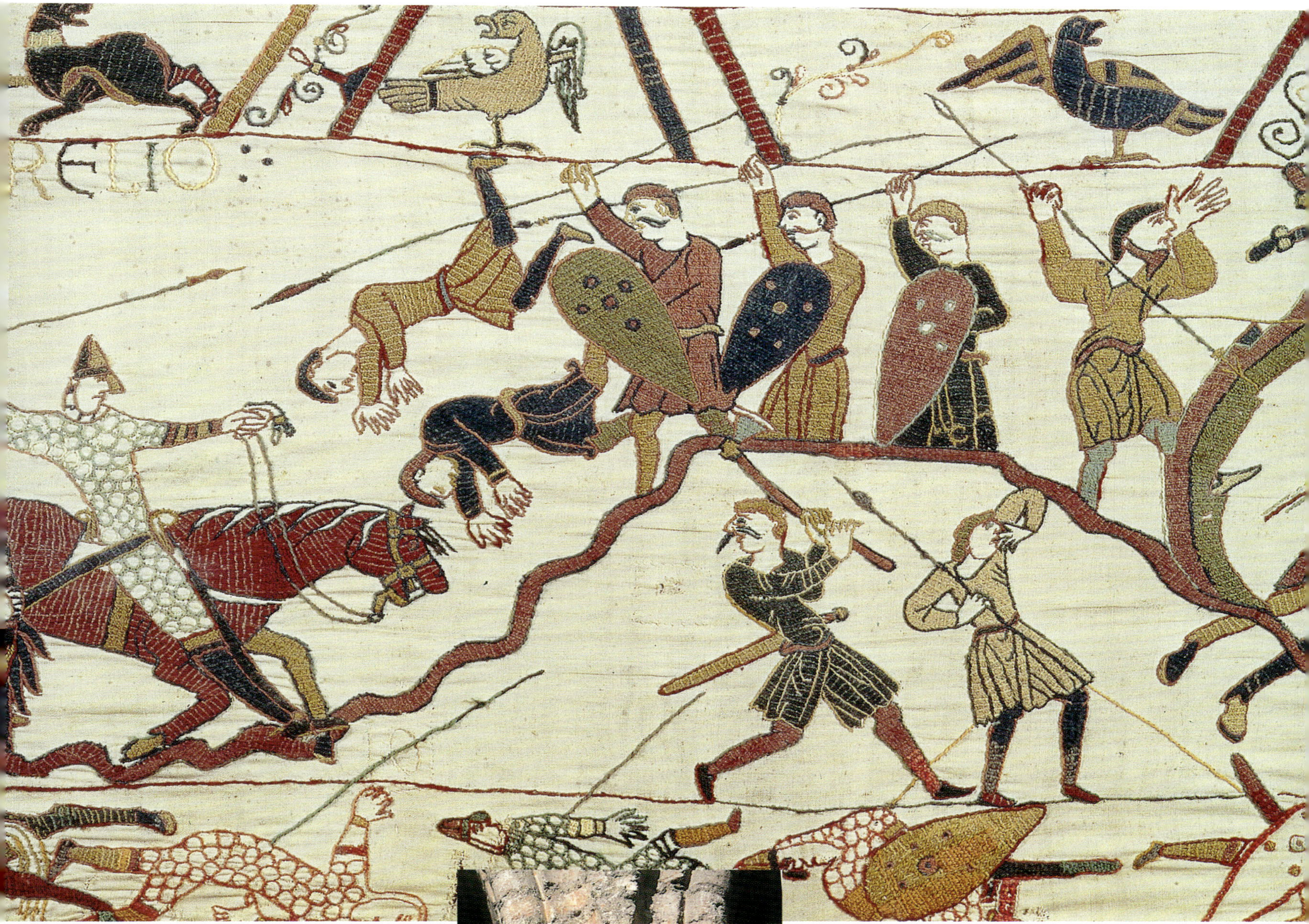

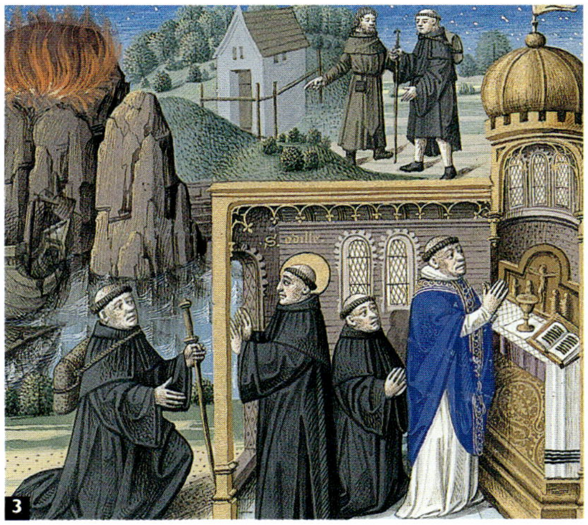

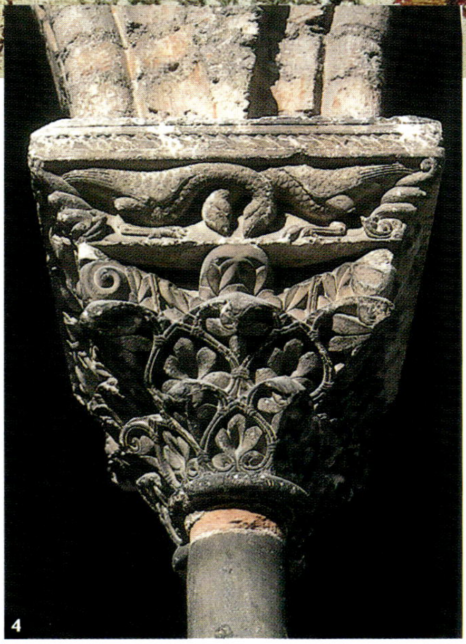

[1] Guillaume Ier le Conquérant (1027-1087).
Noël 1066. L'Angleterre a un nouveau roi : Guillaume, duc de Normandie, le vainqueur du roi Harold à Hastings. (Bayeux, tenture de la Reine Mathilde)

[2] Bataille d'Hastings (14 octobre 1066).
La colline d'Hastings est attaquée par les cavaliers bardés de cuir et de fer du duc Guillaume. (Bayeux, tenture de la Reine Mathilde)

[3] Saint Odilon (961-1049).
Grâce à la richesse de ses abbayes et à son influence sur le pape, il est l'un des hommes les plus puissants d'Europe. (Paris, Bibliothèque nationale)

[4] Abbaye de Moissac (Tarn-et-Garonne).
Les chapiteaux de Moissac expriment la richesse de Cluny, mais aussi son désir de communiquer la foi par l'imagerie de l'art roman.

Du 25 au 28 janvier 1077

À Canossa,

le roi de Germanie Henri IV attend pendant trois jours, tête et pieds nus, que le pape Grégoire VII consente à lever l'excommunication qui le frappe. Par cet acte, Henri reconnaît l'indépendance du pouvoir spirituel du pape. Jérusalem est en vue.

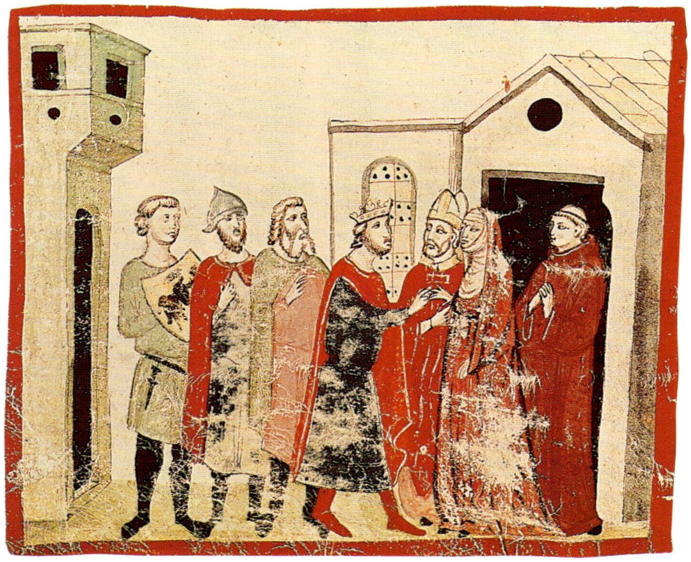

[1]

■ **R**ude bataille que celle qui oppose le pape et l'empereur allemand. Lors du synode qui se tient à Rome en 1075, Grégoire affirme son universalité et prétend avoir le droit de déposer les souverains. Henri IV s'insurge et fait proclamer la déchéance du pape par ses fidèles évêques allemands durant le concile qui se tient à Worms en janvier 1076. La réaction de Rome ne se fait pas attendre. Dans le mois qui suit, l'empereur est déposé, abandonné par les siens et contraint de demander pardon au pape.

La lutte entre le pape et l'empereur va se prolonger. Après Canossa, Henri se rétracte et fait élire des antipapes. Grégoire VII passe à l'offensive contre les Germaniques avec l'aide des Lombards et des Normands. Il prétend nommer et déposer les empereurs.

Henri s'installe à Rome comme s'il était chez lui. Cette descente des empereurs ottoniens vers la Ville éternelle n'est pas un hasard. Ils sont les seuls à pouvoir tenir le front du paganisme contre les Slaves, à pouvoir intervenir en Méditerranée et en Adriatique contre les pirates musulmans, à assurer la sécurité de la Chrétienté. Ils se veulent protecteurs de Rome, où les familles patriciennes habituées à designer le pape dans leur sein conçoivent beaucoup d'aigreur de cette invasion tudesque.

Le nouvel empereur Henri V, qui guerroie en Italie contre plusieurs papes successifs, finit par reconnaître dans le concordat signé à Worms en septembre 1122 le pouvoir spirituel du pontife et son droit de donner les investitures ecclésiastiques, se réservant toutefois l'investiture laïque. Les deux pouvoirs sont à présent confortés à égalité. Ils se combattront encore longtemps.

Si cette querelle des Investitures affaiblissait le pouvoir impérial et livrait l'Italie à l'anarchie, elle faisait par contre grandir le pouvoir spirituel du pape, affirmé avec force par Grégoire VII. La réforme de l'Église, son intervention dans les affaires laïques où elle tentait d'imposer aux barons pillards la trêve de Dieu, ses entreprises de défrichement et de colonisation, et enfin sa puissance sociale et économique affirmée par la possession des seigneuries urbaines et rurales, assuraient sa montée en puissance. Elle était devenue, sur le terrain de la seigneurie, la première force unie d'Occident, au milieu de la division des princes et des barons. Dès la fin du XIe siècle, elle était prête pour se lancer dans la croisade et envoyer vers Jérusalem les combattants marqués de la croix du Christ.

[1] L'empereur Henri IV à Canossa. *En janvier 1077, le souverain allemand (au centre), l'un des plus puissants d'Occident, se rend dans le château de la comtesse Mathilde à Canossa. Il y rencontre Grégoire VII (pape de 1073 à 1085) et s'humilie devant lui afin d'obtenir la levée de l'excommunication qui le frappe. L'abbé de Cluny, saint Hugues, est également présent (à droite). Est-ce le début de l'indépendance du pouvoir spirituel du pape en Europe ?* (Bibliothèque vaticane)

[2] L'empereur Henri IV (1050-1106) en majesté. *Tenant le globe terrestre dans la main gauche, il se prend pour l'héritier d'Auguste et de Constantin. En janvier 1076, il fait proclamer la déchéance du pape durant le concile de Worms, mais demande pardon un an plus tard après que ses proches l'aient abandonné.* (Aix-la-Chapelle, Chapelle palatine)

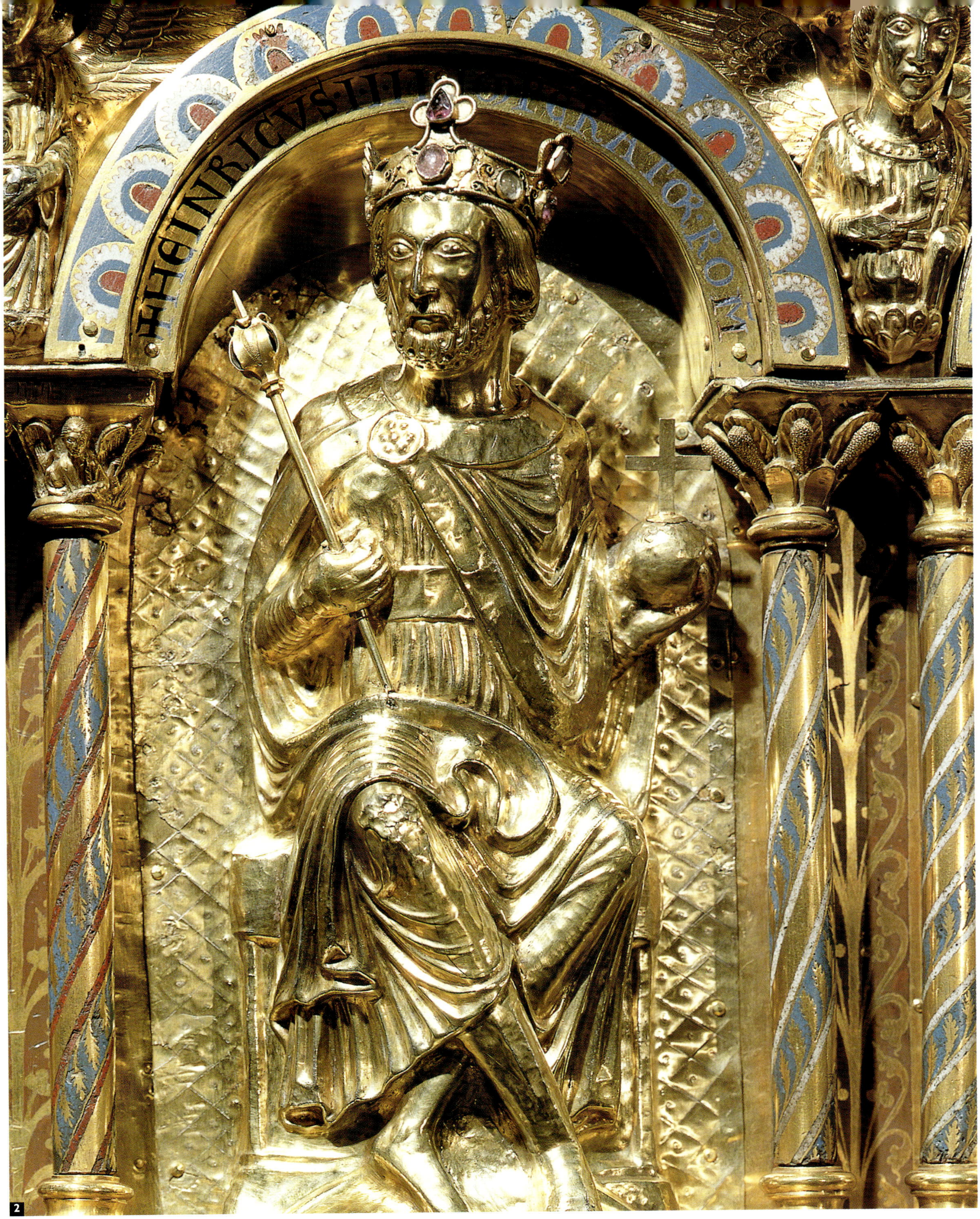

2

15 juillet 1099

Jérusalem est libérée

par les croisés de Godefroy de Bouillon qui plante sa bannière sur la tour de David. Le pape Urbain II est l'initiateur de la croisade. En novembre 1095, il a lancé lors du concile de Clermont en Auvergne un appel aux chrétiens.

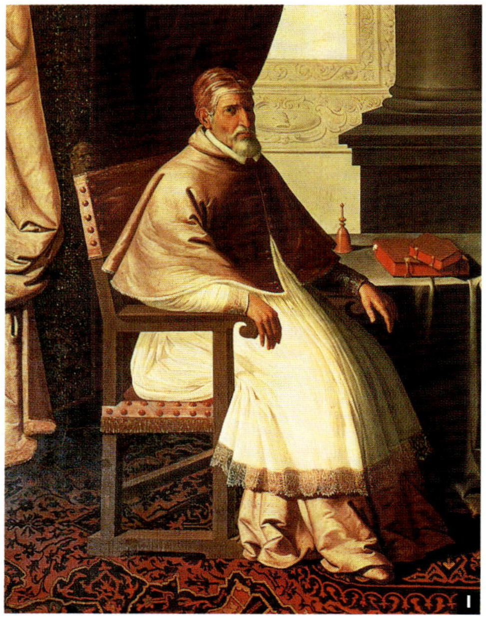

1

■ **U**rbain II est un pape politique formé au cercle des clunisiens. Il a été appelé à Rome par Grégoire VII puis envoyé comme légat en France et en Allemagne. C'est un réformateur. Il condamne les prêtres qui vendent les sacrements, ceux qui prennent femme, ceux qui prêtent l'hommage de vassalité aux comtes et aux ducs.

Il a parcouru toute la Gaule pour ranimer les courages, prendre la température de la Chrétienté, apparaître comme le seul pape légitime alors que les Allemands ont fait un antipape à Rome. La plupart des évêques l'ont suivi en Occident. Son appel à la croisade est entendu par les dignitaires de l'Église. Quant au peuple chrétien, il est déjà en route pour Jérusalem, instruit de la nécessité de croisade et du retour du Christ sur la terre par des prédicateurs populaires. Les croyants abandonnent tout pour prendre la route de Jérusalem derrière Pierre l'Ermite et Gautier sans Avoir. Ils sont convaincus qu'ils vont vivre la fin du monde, et accéder à la vie éternelle. Ceux-là meurent en route, affamés, assoiffés, assaillis par les brigands, massacrés par les Turcs.

Mais quatre armées de nobles et de chevaliers partent de France et de Germanie. Les croisés apprennent que les Fatimides d'Égypte, des musulmans chiites intransigeants, se sont emparés de Jérusalem.

Les chrétiens, groupés derrière l'étendard blanc de la Vierge Marie marqué d'une croix couleur du sang du Christ, prennent Édesse, puis Antioche, et arrivent au début de juin 1099 devant Jérusalem. Le Saint-Sépulcre est à portée de mains.

Après quelques assauts infructueux, les croisés entrent dans Jérusalem. C'était un vendredi,

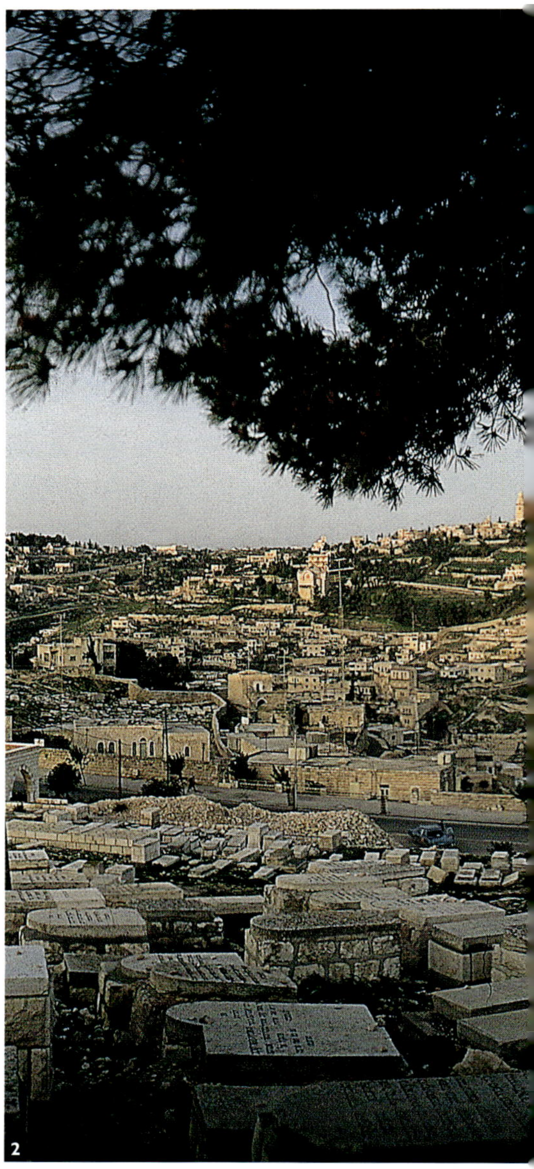

2

"à l'heure où Jésus souffrit sa passion", dit la chronique de Richard le Pèlerin et de Graindor de Douai. Thomas de Marle entre le premier, "couvert de sang". Le duc de Bouillon poursuit les sarrasins avec ardeur, aidé par son frère Eustache, par Bohémond de Tarente et son neveu Tancrède. "Ils en tuent tant qu'ils pataugent dans le sang et les cervelles." Les juifs sont massacrés comme les musulmans, les femmes violées et dépouillées. Les cadavres sont entassés hors de la ville pour être brûlés, leurs cendres dispersées au vent. C'est une guerre de religion. Le vainqueur, Godefroy de Bouillon, ne veut pas être roi de Jérusalem. Il se contente du titre d'avoué du Saint Sépulcre.

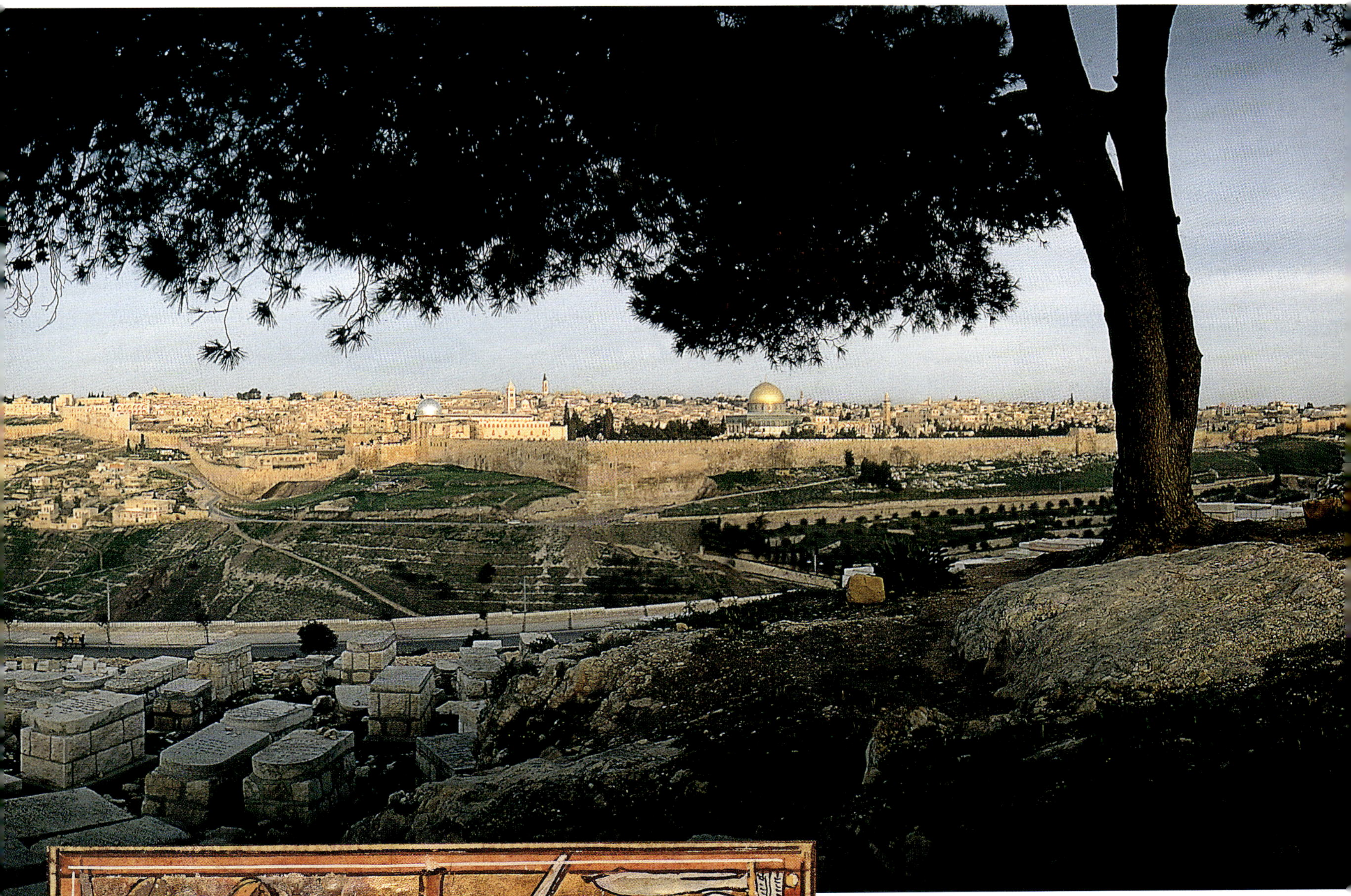

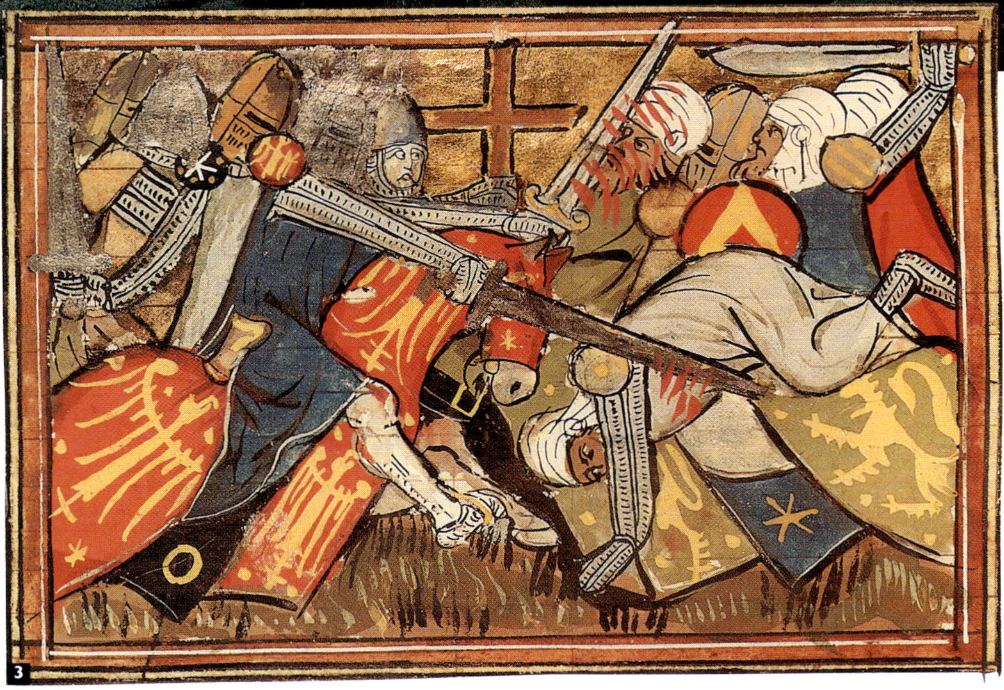

Les Lieux saints sont maintenant sous bonne garde et la tour de David devient la citadelle des croisés d'Orient.

[1] **Le pape Urbain II (1042-1099).** *C'est un politique. Il cherche à récupérer pour son pouvoir à Rome le mouvement unitaire de la croisade.* (Séville, mus. de Bellas Artes)
[2] **Jérusalem.** Les remparts et les Lieux saints vus du Mont des Oliviers, à l'est de la cité.
[3] **Croisés et musulmans s'affrontent.** *La croisade n'est pas une guerre de religion mais une guerre sainte. Miniature tirée du* Roman de Godefroy de Bouillon. (Paris, Bibliothèque nationale)

Pâques 1146

Bernard de Clairvaux

prêche la deuxième croisade depuis la basilique de Vézelay. Il mobilise toute l'Europe et incite les chevaliers à accompagner en Terre sainte le roi de France Louis VII et l'empereur Conrad III.

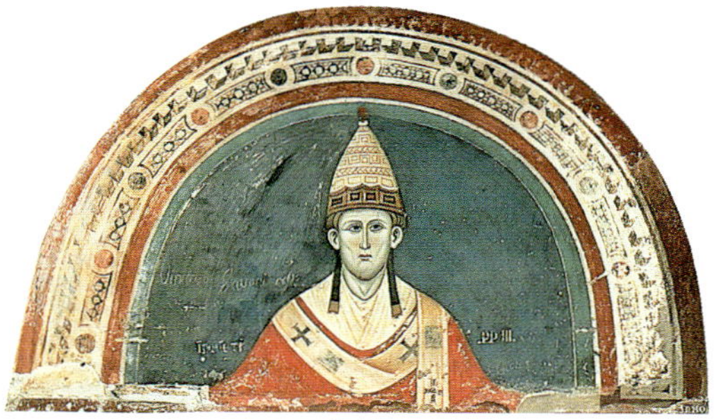

[1]

■ Il est alors le maître incontesté de l'ordre de Cîteaux, ces moines blancs qui s'opposent aux moines noirs de Cluny à qui ils reprochent leur richesse et leur mollesse. Les cisterciens construisent des églises claires et dépouillées, sur voûtes d'ogive gothiques, et lancent le grand mouvement de rénovation de la foi, de réforme du clergé, de construction d'églises neuves et de cathédrales comme Notre-Dame de Paris, entreprise après la mort de saint Bernard en 1153.

Bernard avait imposé à ses moines une discipline stricte, il les avait lancés à la conquête de l'Église, pour qu'ils occupent, à Rome comme à Paris, et partout en Europe, des postes clés. Il avait organisé l'ordre des Templiers qui combattaient en Terre sainte, ainsi que les ordres militaires lancés dans la reconquête de l'Espagne. Il avait fait élire pape, sous le nom d'Eugène III, un de ses anciens élèves. Il avait engagé dans la deuxième croisade, qui devait pourtant échouer, les chevaliers de France et d'Allemagne.

Sa réussite était d'abord spirituelle. Il imposait le culte de Jésus crucifié qui obligeait au devoir de charité, ainsi que celui de la Vierge Marie. Ce conseiller des papes et des rois avait organisé une Europe chrétienne militante et rassemblée. Grâce à ses frères convers, l'ordre de Cîteaux défrichait partout des terres qui étaient aussitôt mises en culture, il lançait en Allemagne des fabrications industrielles, multipliait les monastères. L'Ordre s'installait en France, en Italie, en Allemagne, en Angleterre, en Autriche et en Espagne, comptant 343 abbayes à la mort de saint Bernard, 700 à la fin du XIIIe siècle.

De la sorte, Bernard avait été en mesure de prêcher la croisade et d'obliger les chevaliers à partir pour la Terre sainte, autour du roi de France, Louis VII le Pieux, et de l'empereur Conrad III. Désormais, le pape pourrait mobiliser les rois pour leur imposer la guerre chrétienne, même s'il ne parvenait pas à les obliger à s'entendre.

Innocent III, pape de 1198 à 1216, était convaincu que son pouvoir, qu'il tenait de

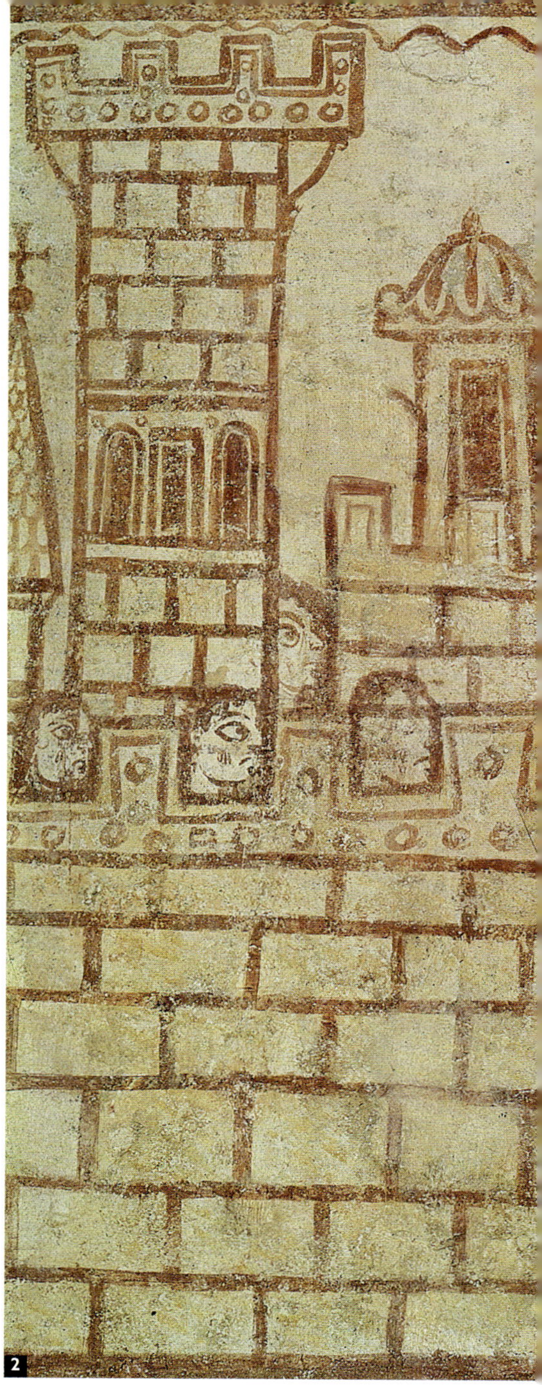

2

Dieu, s'imposait à tous les souverains chrétiens. Cette conception théocratique venait de saint Bernard, la plus forte tête politique de l'Occident chrétien, promoteur de la théorie des deux glaives.

Ces glaives représentent le pouvoir spirituel et le temporel. Ils doivent être tous les deux, dit Bernard, aux mains du pape : celui-ci investit les rois et l'empereur du pouvoir temporel, à condition qu'ils l'utilisent pour la plus grande gloire de Dieu et de l'Église. Le pape peut donc juger et déposer les rois. Jamais les prétentions de Rome n'avaient été aussi grandes.

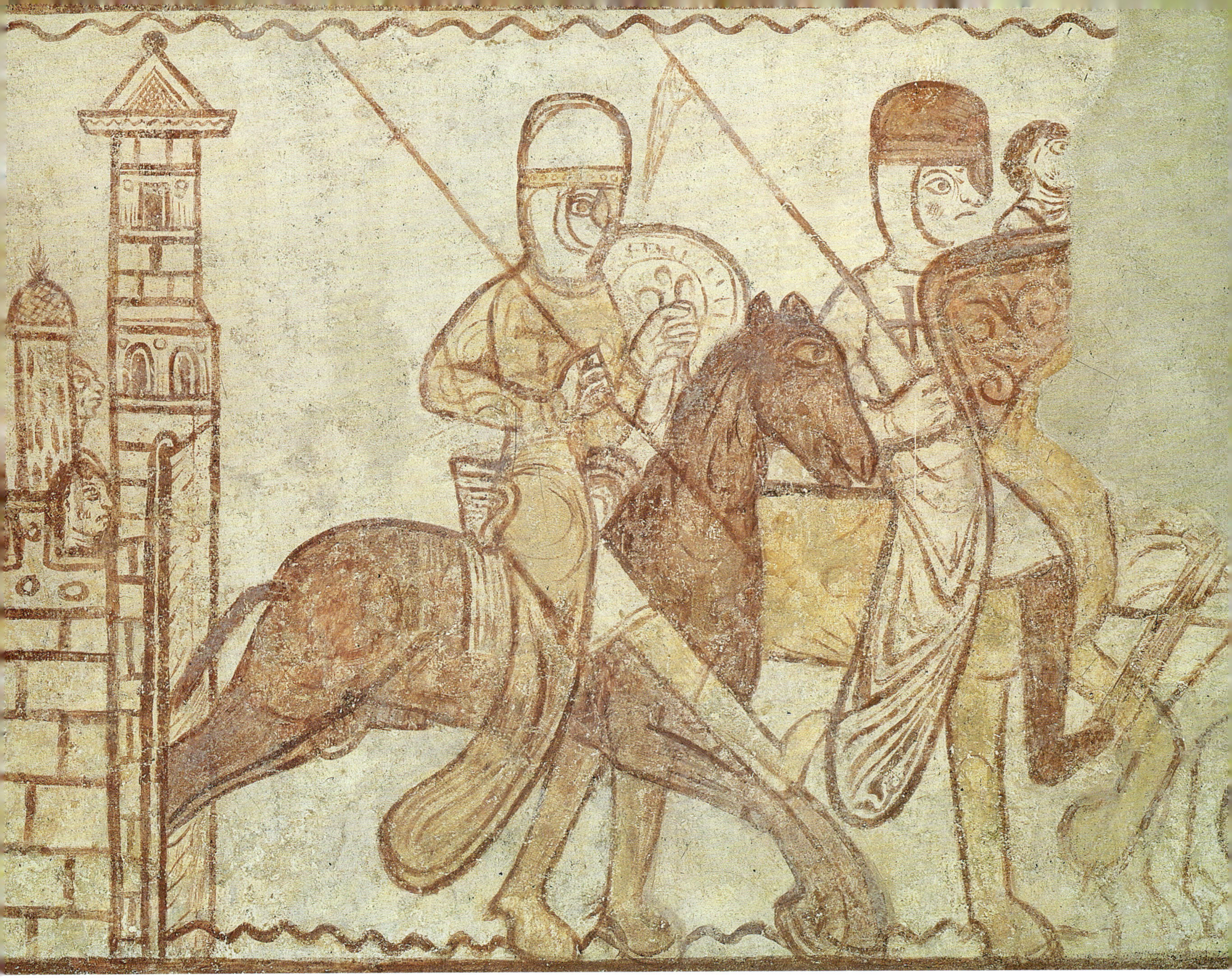

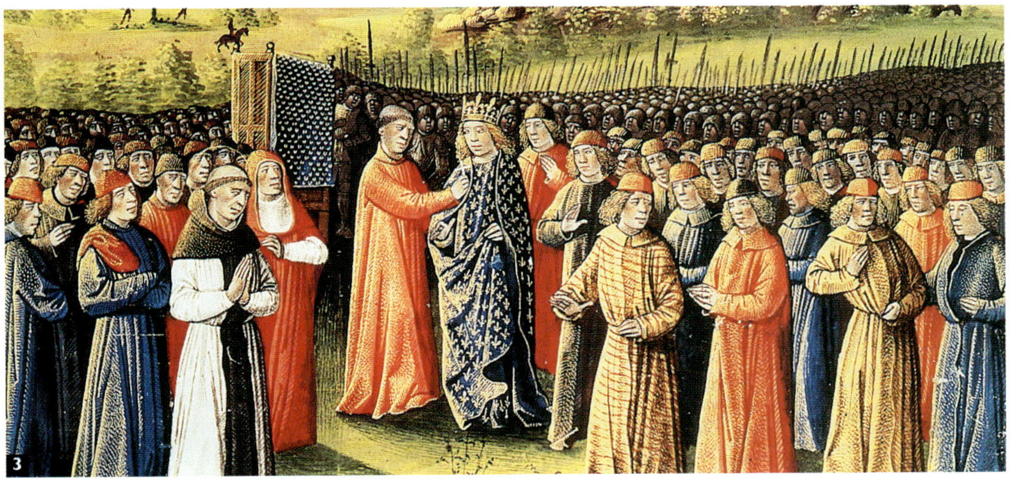

[1] **Le pape Innocent III (1160-1216).** *Il est le défenseur intransigeant du pouvoir spirituel, convaincu que ce pouvoir doit s'imposer à tous les souverains chrétiens.* (Subiaco, cloître de Saint-Benoît)

[2] **Les croisés en bataille.** *Bravant la canicule de Palestine sous leurs heaumes d'acier, les chevaliers chrétiens partent livrer bataille à la Boquée, en Syrie.* (Cressac, fresque de la chapelle des Templiers)

[3] **Saint Bernard à Vézelay.** *Bernard (au centre en rouge) encourage le roi capétien Louis VII, l'époux très pieux de la reine Aliénor d'Aquitaine, à s'embarquer pour l'Orient avec l'empereur allemand Conrad III.* (Paris, Bibliothèque nationale)

16 juillet 1212

À Las Navas de Tolosa,

les rois Alphonse VIII de Castille, Pierre II d'Aragon et Sanche VII de Navarre remportent une victoire décisive sur les Almohades. La reconquête de l'Espagne, croisade européenne, est commencée.

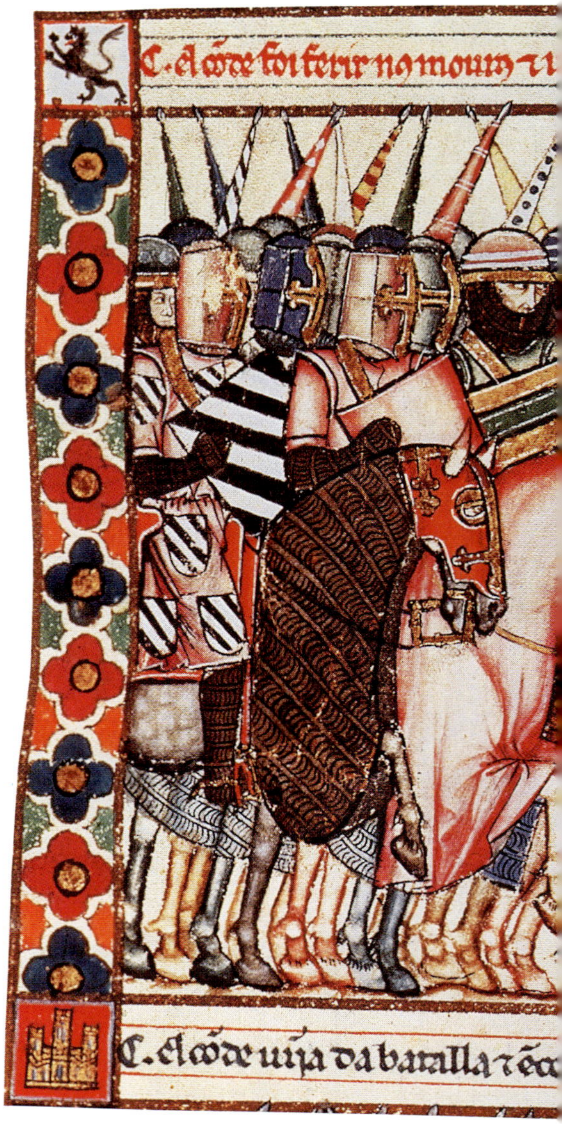

[2]

■ **L**a dynastie berbère des Almohades avait remplacé celle des Almoravides qui avaient conquis l'Afrique du Nord, l'Afrique noire et l'Espagne, battant au XIe siècle les soldats chrétiens d'Alphonse VI de Castille et du Cid Campeador. Le Berbère Mohammed ibn Toumert avait rallié les Almohades pour reconstituer l'unité divine (Almohade signifie "unitaire") et lutter contre le ritualisme inepte des Almoravides. Les Almohades n'étaient pas des purificateurs, mais des unitaristes qui voulaient reprendre la guerre sainte pour donner le monde à Allah. Ils s'emparèrent de l'Afrique du Nord et du Sud de l'Espagne, mais durent reculer devant les chrétiens rassemblés à Las Navas de Tolosa. L'empire almohade éclatait aussitôt en provinces indépendantes. En 1236, le roi d'Aragon s'emparait de Cordoue. Il prendrait bientôt Séville.

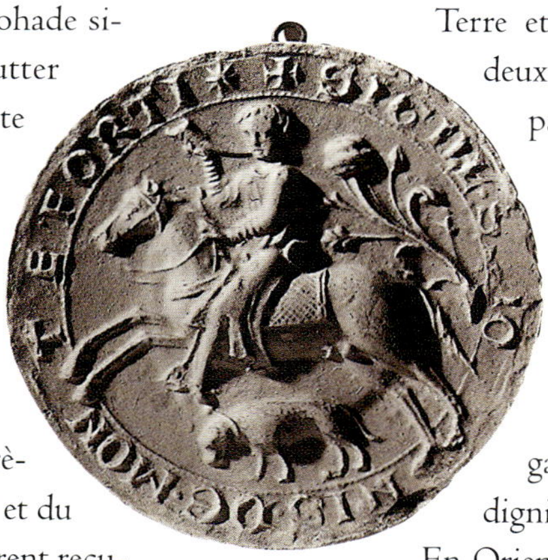

[1]

Le triomphe du pape était total : les chevaliers Teutoniques évangélisaient la Prusse et repoussaient les Slaves, avant d'être arrêtés en 1242 par Alexandre Nevski, futur prince de Novgorod. Le pape intervenait dans les querelles intérieures des États. Il lançait la croisade contre les Albigeois qui permettait aux chevaliers conduits par Simon de Montfort de se rendre maîtres, après la victoire de Muret en 1213, des terres du comte de Toulouse. Il excommuniait le roi d'Angleterre Jean sans Terre et l'empereur Otton IV, tous deux battus à Bouvines en 1214 par l'allié du pape, le roi de France Philippe II Auguste. En Angleterre, la Grande Charte était promulguée en 1215. Elle soumettait le roi au contrôle du Parlement, des barons et des évêques, et garantissait l'élection libre des dignitaires de l'Église.

En Orient enfin, Rome triomphait de l'empire byzantin qui perdait Constantinople, pillée par les chevaliers de la quatrième croisade en 1204. L'empire grec orthodoxe était démembré. Un empire latin catholique s'installait au profit du comte Baudouin de Flandre.

Le pape semblait tout-puissant. En 1215, le concile de Latran ordonnait aux chrétiens de se confesser et de communier au moins une fois l'an. Son légat, Robert de Courçon, expurgeait les œuvres d'Aristote à l'université de Paris. La fête des fous était interdite. Les juifs devaient porter la rouelle et le chapeau pointu. Ils quittaient la France et l'Allemagne pour fonder en Pologne la communauté ashkénaze. En 1232, Grégoire IX confiait aux dominicains l'office de l'Inquisition qui, en 1252, serait autorisé à utiliser la torture.

L'Église envoyait des religieux jusque chez les Mongols. Par le traité de Jaffa de 1229, les chrétiens avaient repris Jérusalem, Bethléem et Nazareth. Le souverain pontife pouvait maintenant rêver d'un monde unique, entièrement christianisé. La richesse et la puissance étaient revenues en Occident. L'Église en était la principale bénéficiaire.

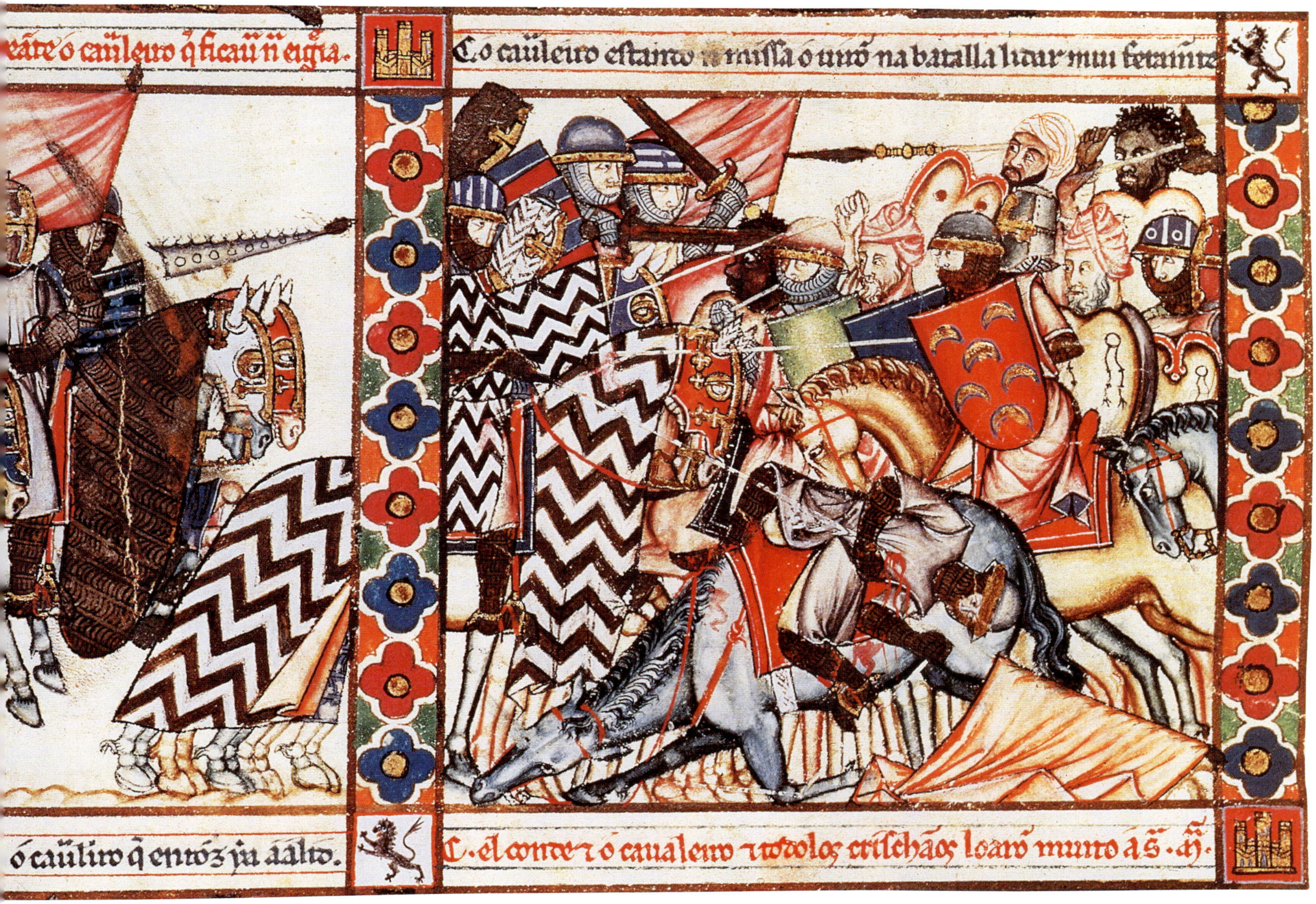

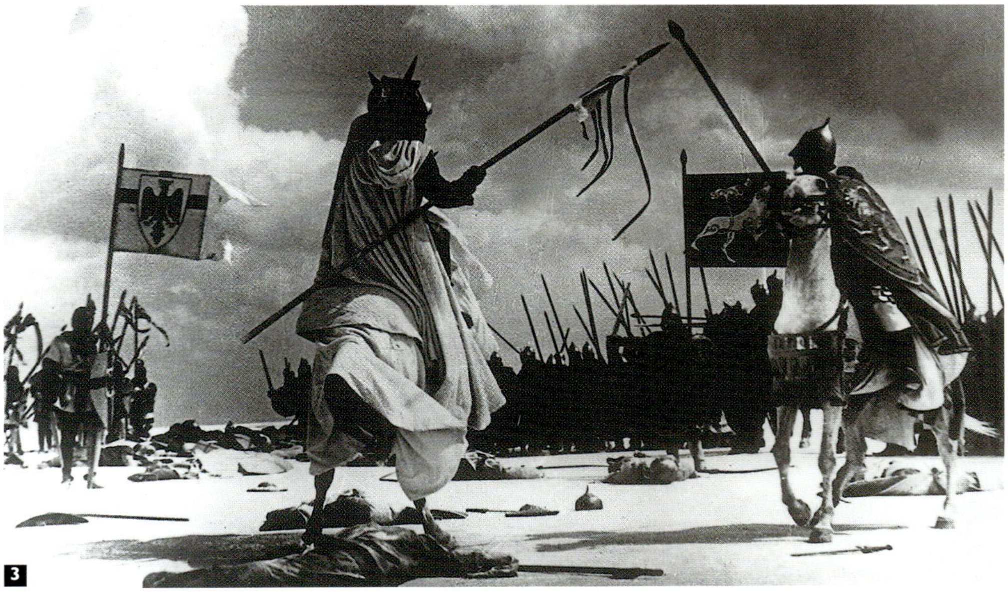

3

[1] Sceau de Simon de Montfort (1160-1218).
Le croisé du pape fut le bourreau des pays de langue d'Oc durant la croisade albigeoise.

[2] Scène de la Reconquista.
Les chevaliers chrétiens (à gauche), bardés de fer, montent des chevaux de combat hauts de taille. Leur force est décuplée par l'étrier. Les musulmans (à droite), plus mobiles, montent de petits chevaux nerveux. (Madrid, bibliothèque de l'Escorial)

[3] Les chevaliers Teutoniques.
Les chevaliers à la croix noire, évangélisateurs de la Prusse, sont défaits en 1242 par les Slaves de Novgorod que mène Alexandre Nevski. (Scène tirée du film *Alexandre Nevski* par Eisenstein)

26 juin 1243

Les Mongols menés par Baiju écrasent l'armée des Turcs seldjoukides à Keuzé Dagh. La tornade mongole venue des steppes de l'Asie centrale rend problématique la suprématie du pape en cette fin du XIIIe siècle.

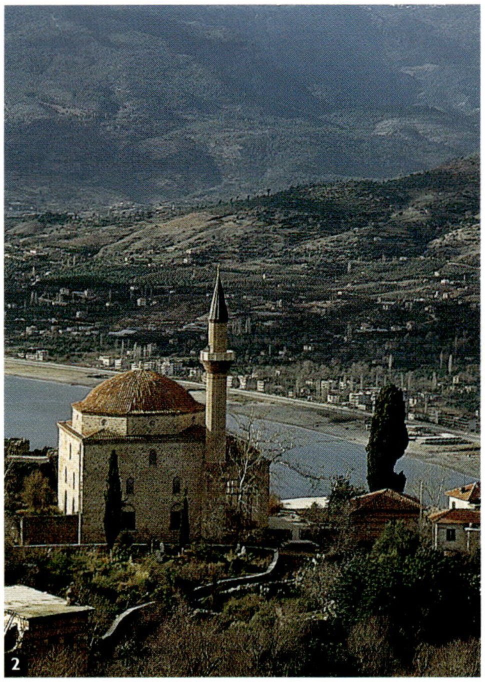

■ **L**es Mongols se sont ébranlés depuis les hauteurs de l'Altaï. Gengis Khan, reconnu en 1206 comme le Khan suprême, le "souverain universel" des vingt mille cavaliers des steppes, a pris Pékin avant de se retourner vers l'ouest sur la route de la soie, à travers l'Iran, la Géorgie et le Caucase jusqu'à l'Ukraine. À la mort du Grand Khan, l'empire mongol s'étend de la Caspienne jusqu'au nord de l'Inde et à la Chine. Les fils et successeurs du Khan brûlent Moscou et Kiev, galopent jusqu'aux murailles de Vienne.

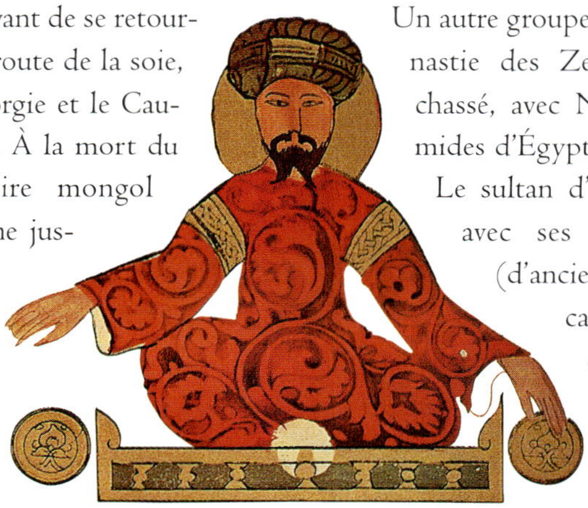

[1]

Cette formidable commotion s'accompagne d'une guerre de religion renaissante, car les Mongols de la Horde d'Or sont convertis à l'Islam. Les Turcs, leurs cousins d'origine, sont parmi leurs victimes. La tribu des Seldjoukides s'était installée au Proche-Orient du Xe au XIIe siècle, profitant de l'anarchie du monde musulman. Seldjouk s'était rendu maître de l'Iran. Il régnait à Bagdad en 1055 avec le titre de sultan. D'autres tribus avaient enlevé l'Arménie et battu les Byzantins à Mantzikert en 1071, amorçant la conquête de l'Asie mineure byzantine, devenue depuis lors le sultanat turc de Roum (Roum signifie "Romains", c'est-à-dire Byzantins).

Un autre groupe de Seldjoukides, la dynastie des Zenguides d'Alep, avait chassé, avec Nour ed-Din, les Fatimides d'Égypte et attaqué les croisés. Le sultan d'origine kurde Saladin, avec ses cavaliers Mamelouks (d'anciens esclaves turcs ou circassiens formés au métier des armes) avait constitué un vaste empire musulman en Égypte, Syrie et Mésopotamie, et rejeté les croisés à la mer, reprenant Jérusalem en 1187.

Les Turcs de Roum faisaient écran entre les chrétiens, avec lesquels ils avaient fini par s'entendre et nouer des relations commerciales, et les conquérants mongols qui les écrasaient à Keuzé Dagh. Les Turcs disparus ou humiliés, les relations entre l'Occident et l'Orient étaient de nouveau compromises.

Le sultan seldjoukide Kaïkobad Ier, poursuivi par les Mongols, s'était installé avec son clan à l'ouest de l'Asie mineure. Ses ghazi, ou combattants de la foi musulmane, brûlaient de reprendre la guerre sainte. Un de leurs guerriers, Osman Ier, souvent vainqueur des Byzantins, avait créé la dynastie des Ottomans et pris le titre de sultan en 1299. Le pouvoir mongol avait alors disparu et l'empire de Gengis Khan s'était depuis longtemps émietté. Mais les chrétiens d'Orient découvraient un nouveau danger, celui des Ottomans. Constantinople était menacée.

[1] Saladin le Preux (1137-1193). *Un sultan encensé en Occident pour ses vertus chevaleresques. Maître de l'Égypte à partir de 1169, il reprend Jérusalem aux Francs le 2 octobre 1187, après les avoir défaits à Hattin. Miniature tirée d'un manuscrit persan du XIVe siècle.* (coll. particulière)

[2] Mosquée d'Alanya (Turquie). *Les Turcs musulmans ont construit de nombreuses mosquées sur les anciennes terres byzantines, une manière d'afficher l'irréversibilité de leur présence.*

[3] Gengis Khan *(mort en 1227). Le conquérant venu des steppes de Mongolie commande une puissante armée de 20 000 cavaliers disposant chacun de cinq chevaux de combat.* (Kaboul, coll. des princes Hetmandel)

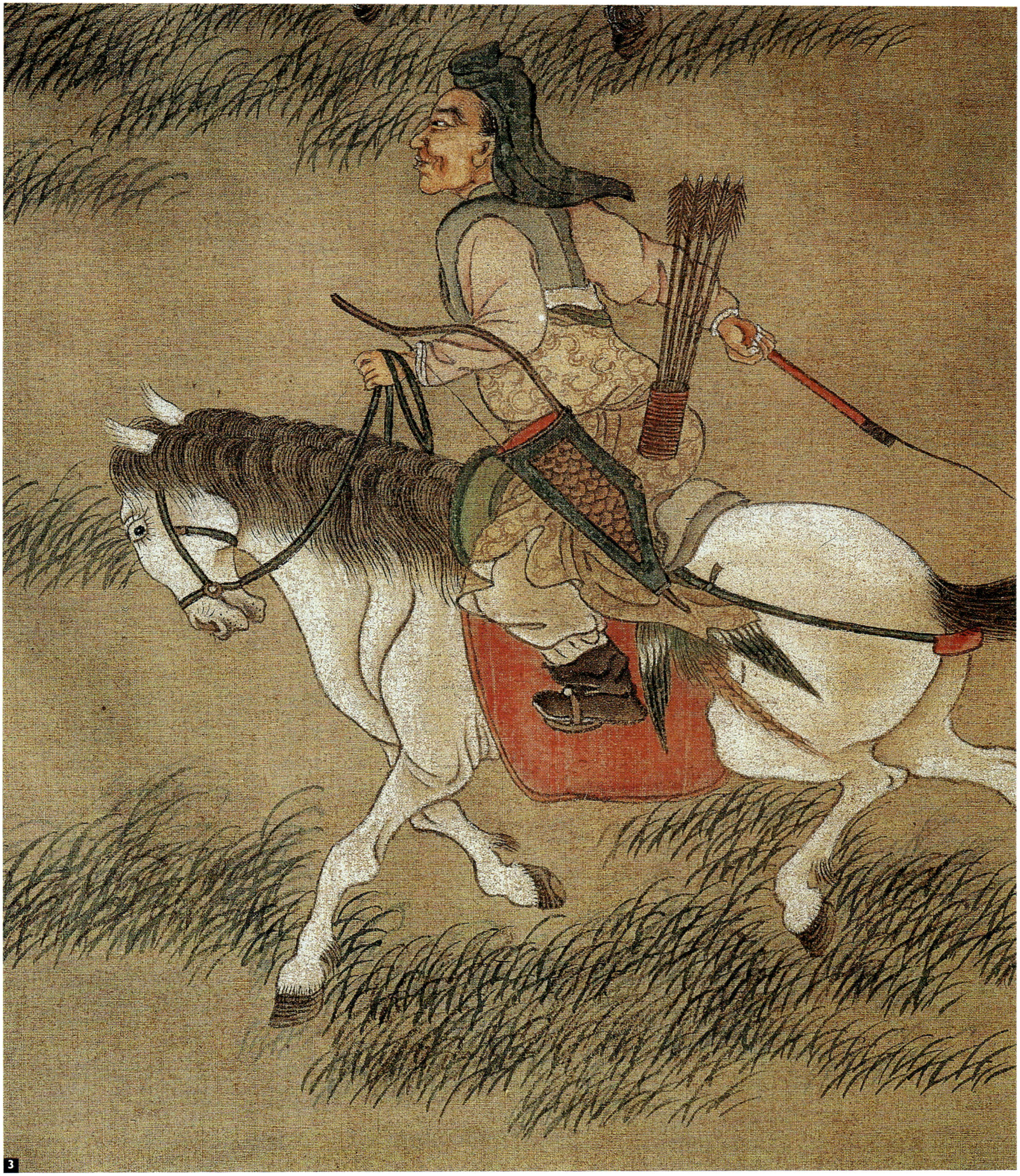

3

1252

Le commerce européen

est florissant. En Italie, à Florence et à Gênes, le florin en or est créé. Toute l'Europe revient à la frappe des métaux précieux. En 1266, le gros tournois sortira des presses françaises.

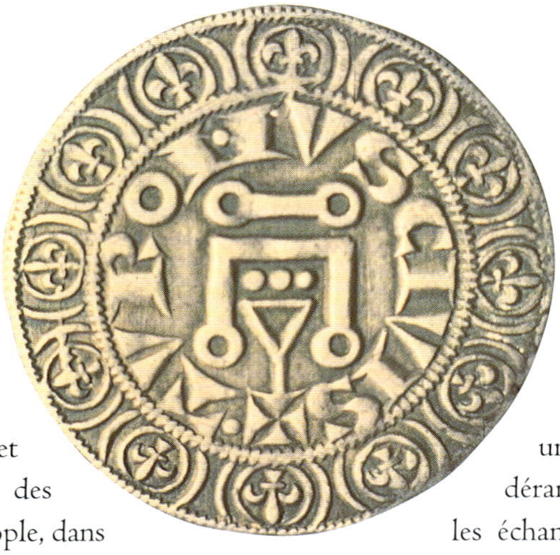

[1]

■ **C**ette richesse provenait de la reprise du commerce maritime avec l'Orient, en particulier des grandes cités marchandes italiennes comme Venise et Gênes qui installaient des comptoirs à Constantinople, dans les ports byzantins et chrétiens, mais également dans les territoires contrôlés par les musulmans. Les Italiens visaient bien au-delà et exploraient la route caravanière de la soie vers l'Asie. Les frères Niccolo et Matteo Polo avaient accompli un voyage de quinze années qui les avait conduits jusqu'en Chine, à la cour de Koubilaï Khan. Revenus à Venise en 1269, ils repartaient deux ans plus tard, accompagnés du jeune Marco qui allait vivre à la cour du grand Khan mongol pendant vingt-quatre ans.

D'importants courants commerciaux s'établissaient en Europe. Le plus important traversait la France, des Flandres jusqu'à l'Italie et l'Orient. Sur cet axe se trouvaient les grandes foires champenoises de Provins, Lagny, Troyes et Bar-sur-Aube, où les marchands anglais vendaient leur laine et les tisserands flamands leurs draps. Au nord, la ligue hanséatique regroupait les marchands de Cologne, Hambourg, Lübeck, et constituait une organisation prépondérante qui contrôlait tous les échanges commerciaux dans la Baltique et la mer du Nord. Ses marchands commerçaient sur les foires de Champagne avec leurs homologues italiens venus par les cols alpins et la vallée du Rhône. Ils disposaient de monnaies d'argent tirées des mines de Bohême.

À Paris, le prévôt Étienne Boileau avait fixé en 1268 les coutumes et règlements d'une centaine de métiers organisés. Thomas d'Aquin enseignait la théologie à l'Université, où Robert de Sorbon, confesseur de Saint Louis, avait ouvert en 1257 le collège de Sorbonne.

Dans les campagnes, les monastères favorisaient les grands défrichements, de nombreuses villes nouvelles ou bastides enrichissaient le Midi, la bourgeoisie urbaine ne cessait de prospérer. L'agriculture progressait dans de nombreux domaines : les charrues à soc de fer, tirées non par des bœufs mais par des chevaux dotés d'un collier, permettaient d'accroître le rendement des terres céréalières et de limiter la jachère à une sole sur trois. L'Europe tout entière se couvrait à présent d'universités et de cathédrales, jusqu'en Suède et en Bohême.

Dans la désunion de l'Islam et le recul de Byzance, la Chrétienté d'Occident triomphait.

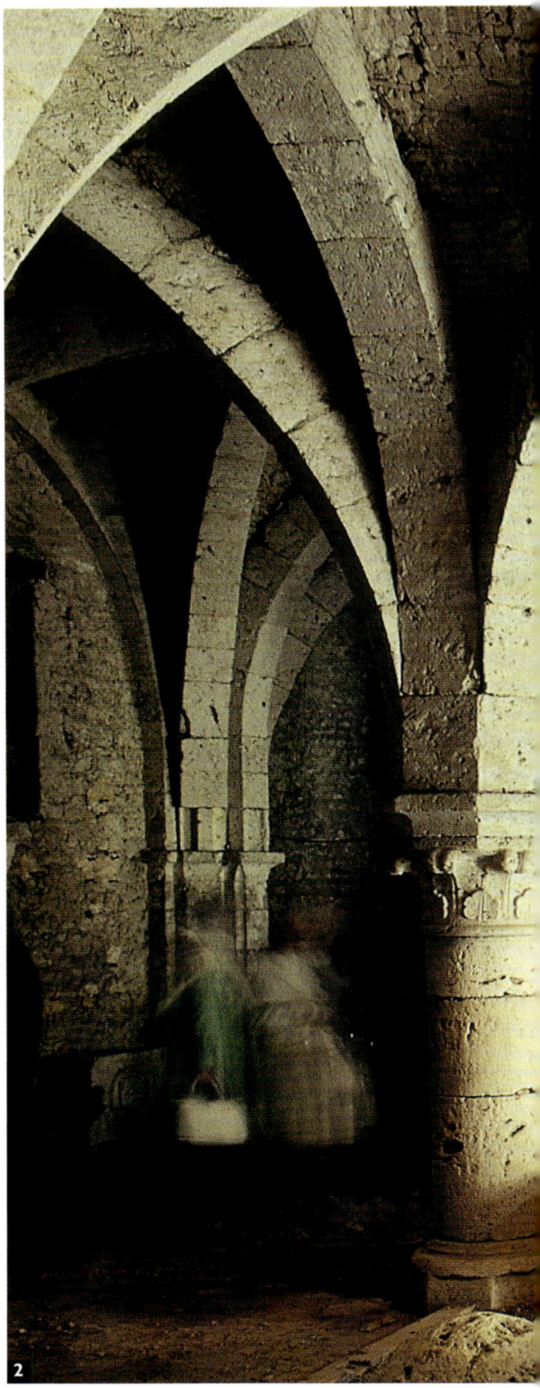

2

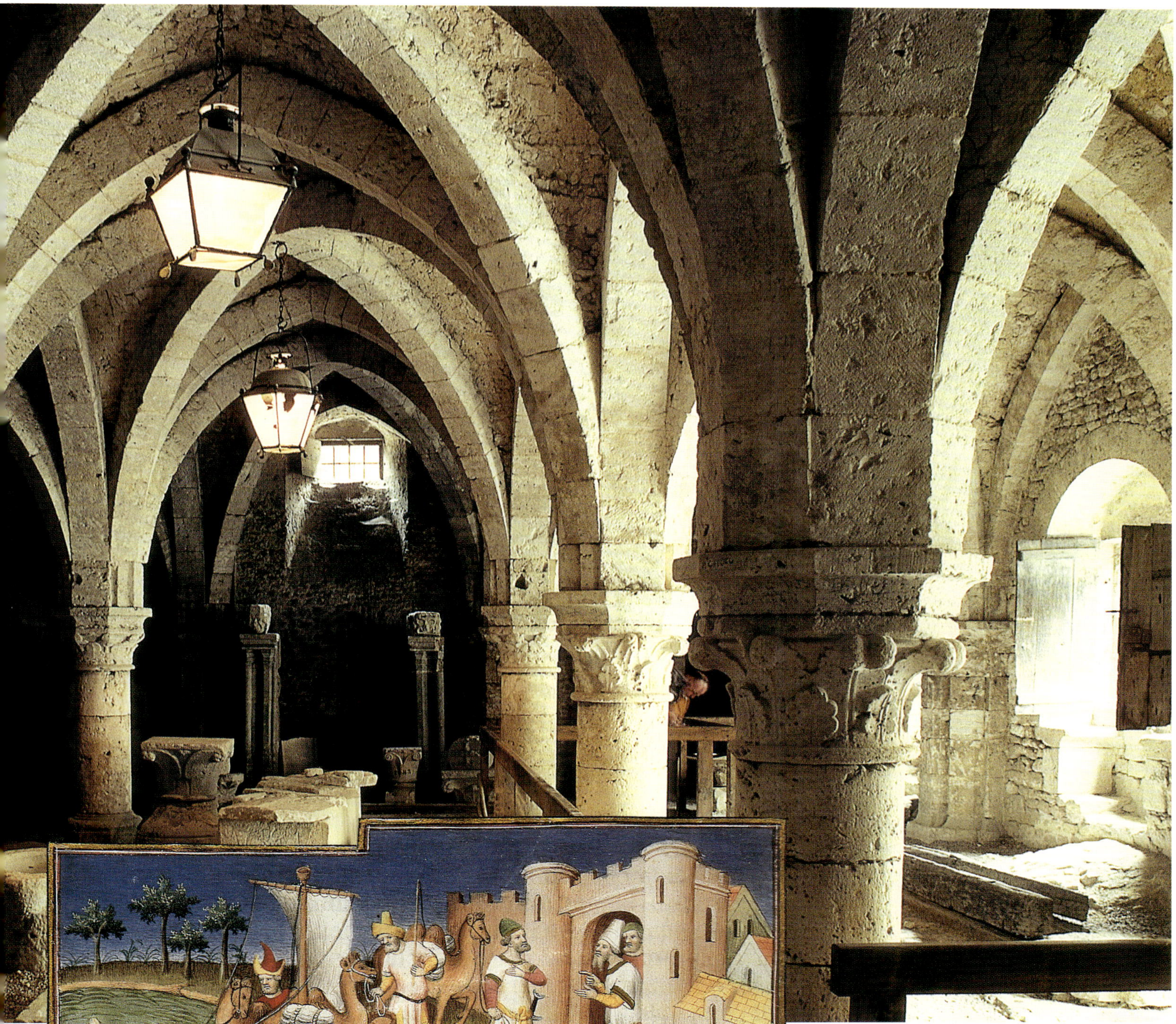

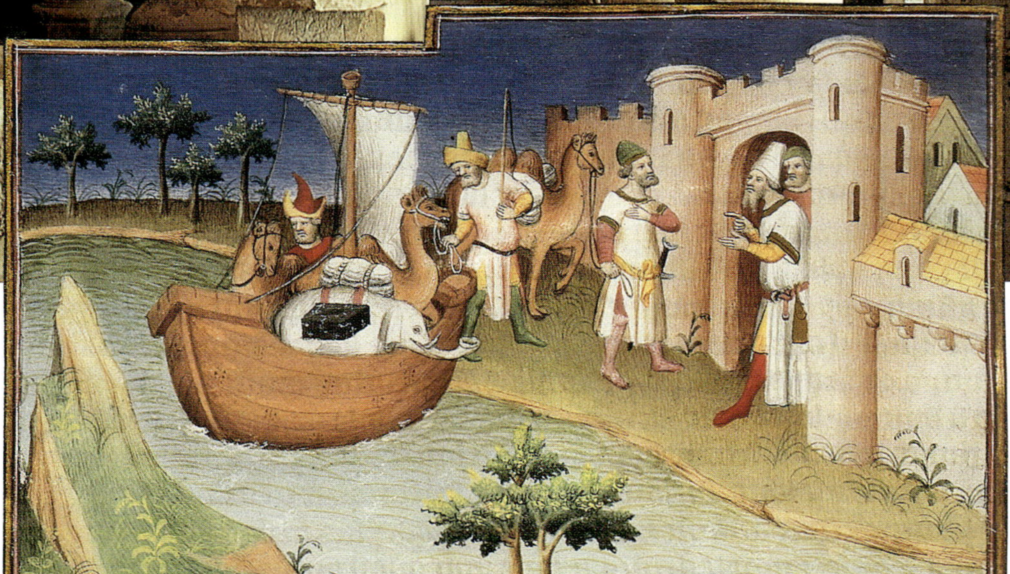

[1] Gros tournois de 1266.
Une monnaie d'argent fiable, créée sous le règne de Saint Louis.
[2] Provins : la Grange aux Dîmes.
Cet édifice sert de marché couvert pendant les foires de Champagne. Provins est, au XIIIe siècle, un important centre d'échanges pour les négociants venus de toute l'Europe.
[3] ***Livre des Merveilles*** de Marco Polo.
Le Vénitien a vu ces marchands accoster dans le port chinois de Formose.
(Paris, Bibliothèque nationale)

19 mars 1314
L'ordre du Temple

s'éteint lorsque meurt son dernier grand maître, Jacques de Molay. Condamné par le roi Philippe IV le Bel, le vieux chevalier périt sur le bûcher dressé à Paris dans l'île aux Juifs.

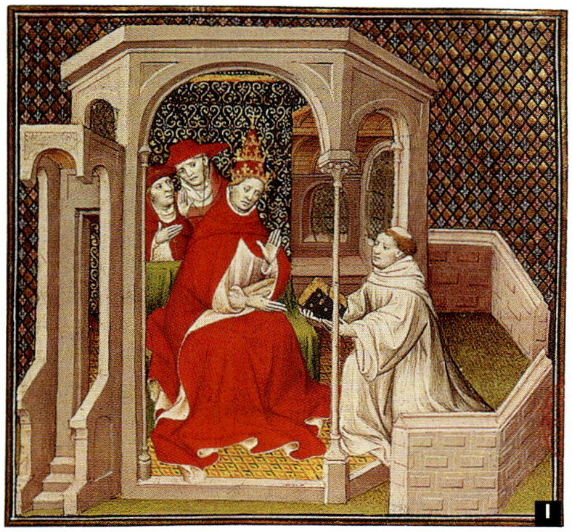
1

■ Edouard Ier d'Angleterre, Philippe IV le Bel en France, Magnus V qui cumule les couronnes de Suède et de Norvège, acceptent difficilement l'autorité du Saint-Père et surtout ses impôts. La révolte des États contre Rome s'affirme avec force dans le procès des Templiers, ces soldats du pape.
"Rendez à César ce qui est à César" disait au pape Boniface VIII le roi de France Philippe le Bel. Le 10 avril 1302, le roi avait convoqué à Notre-Dame les évêques, barons et représentants des bonnes villes qui se rangeaient derrière son autorité et le soutenaient dans son perpétuel conflit avec le pape. Menacé d'excommunication, il n'avait pas hésité à faire enlever le pape par Guillaume de Nogaret dans sa résidence d'Anagni pour le traduire devant un concile à Lyon. Il avait mis fin à la querelle en installant en Avignon, en 1305, un pape qui lui était dévoué, Clément V.
Le pape à disposition du roi de France, c'est la fin du rêve théocratique de domination des souverains de l'Europe par l'autorité spirituelle de l'évêque de Rome. Philippe le Bel a osé porter la main sur Boniface et le faire arrêter. Personne ne l'a défendu.
Sans difficulté, il fait alors saisir en 1307 les Templiers de son royaume, confisque leurs biens et dissout l'ordre. Leur nécessité n'apparaît plus guère, dit-il, depuis que la Palestine a été perdue.
Ils ne sont plus que des banquiers chargés de racheter les chrétiens captifs et disposent d'une fortune alléchante. Les moines-soldats sont ainsi éliminés, sans que le pape puisse les protéger de la fureur de Philippe le Bel.
Qui défendrait le pape, alors qu'il est impuissant et muet devant la montée du crime dans les cours royales ? Les rois rivalisent de cruautés pour garder leur trône et rester maîtres chez eux, sans être aucunement condamnés par l'Église. Alphonse IV, roi du Portugal,

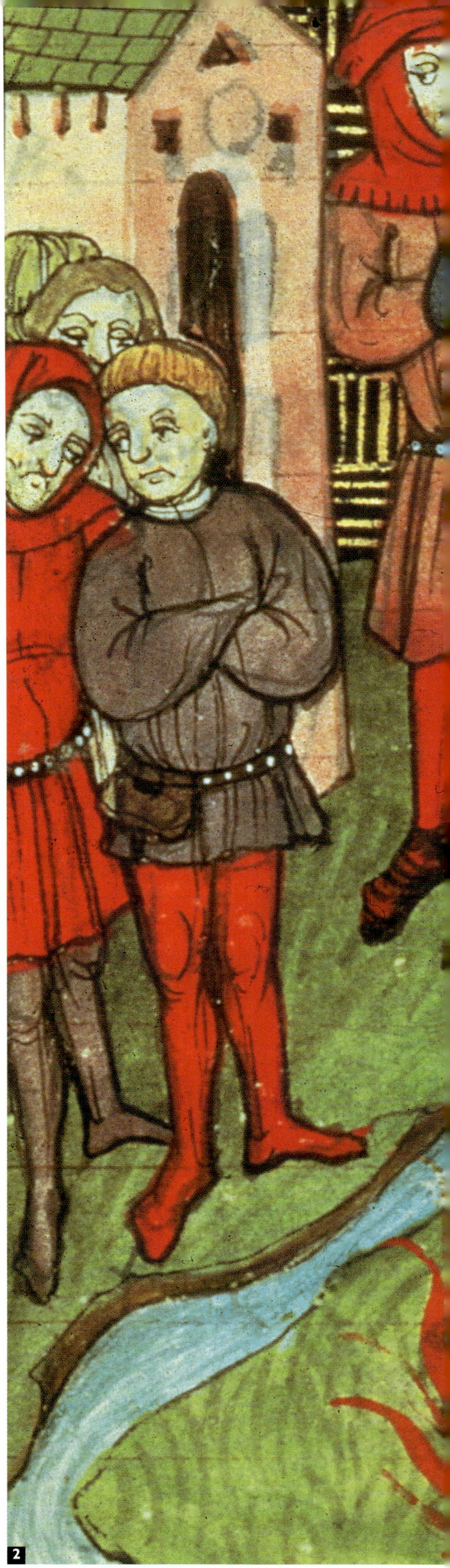
2

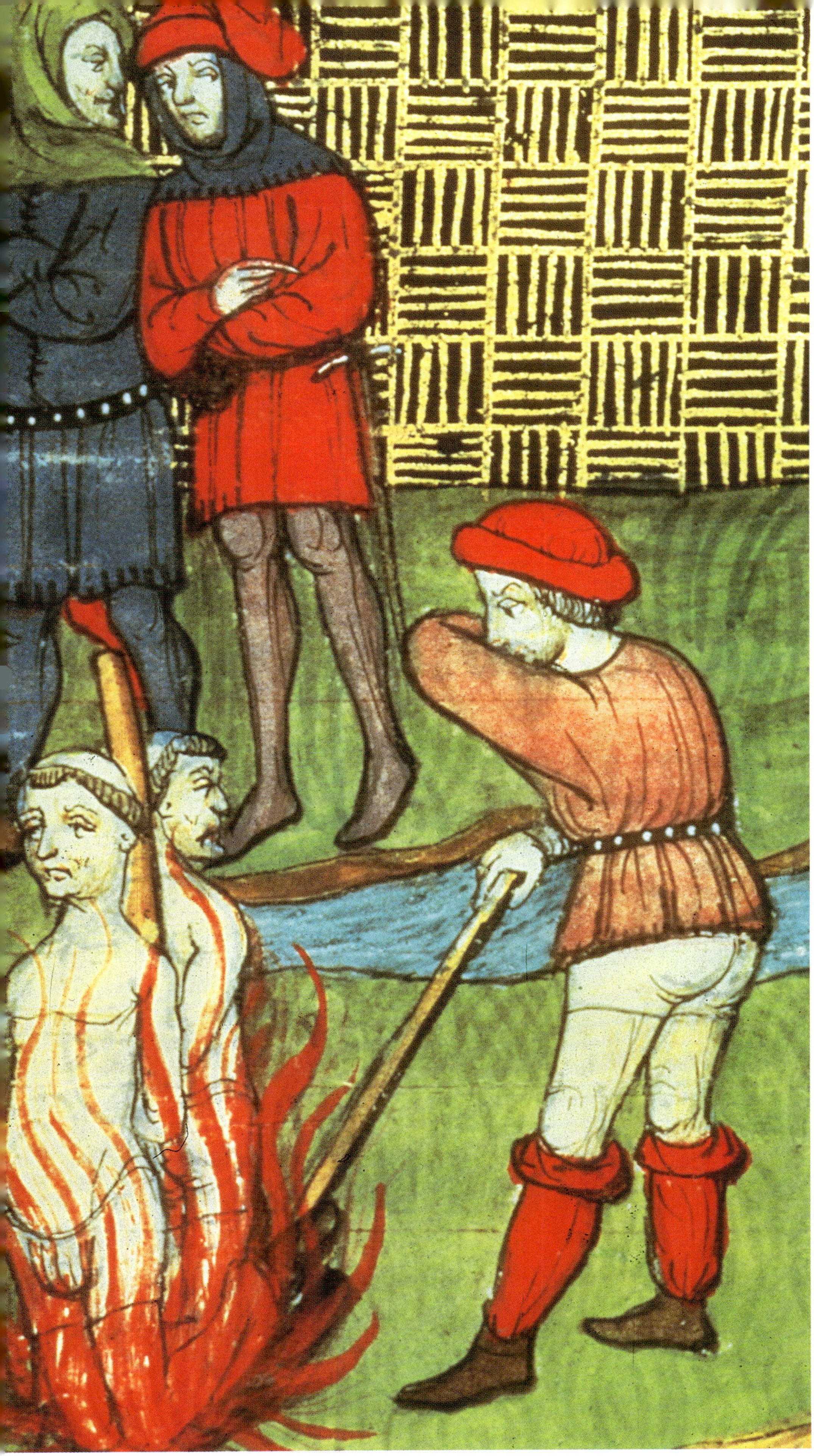

fait assassiner une suivante de sa belle-fille Constance, Inès de Castro, coupable d'avoir séduit et épousé en secret l'infant Pedro. Devenu roi, Pedro fait déterrer le cadavre de la reine morte pour le mettre sur le trône.
Édouard II, roi d'Angleterre, époux d'Isabelle de France, est dominé par ses amants Gaveston et Despenser. Il laisse Robert Bruce s'emparer de l'Écosse et en devenir roi. Mais Isabelle, poussée par son amant Roger de Mortimer, lève contre Édouard des partisans. Elle envahit l'Angleterre, tue le roi en lui enfonçant un fer rougi au feu dans les entrailles, et met sur le trône son fils Édouard III. Il vengera son père en exécutant Mortimer.
Le pape n'est pas intervenu dans ces conflits internes. Les rois d'Europe ont perdu toute dignité.

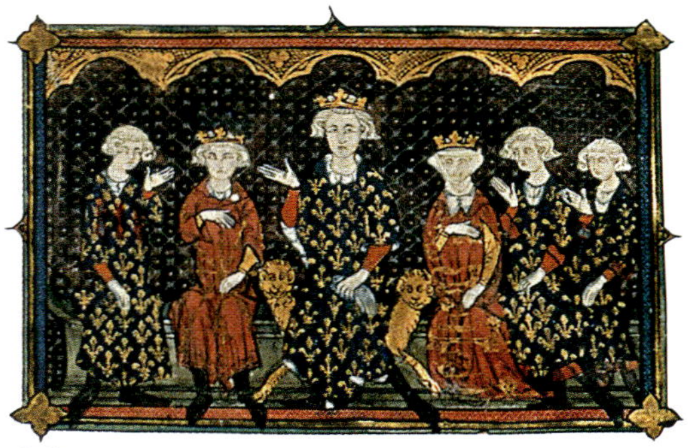

[3]

[1] Le pape Clément V (1264-1314). *Le pape d'Auvergne, doux de cœur, est dévoué au roi Philippe.* (Paris, Bibliothèque nationale)

[2] Le bûcher des Templiers. *La face tournée vers l'Orient, Jacques de Molay, dernier grand maître de l'ordre du Temple, meurt par le feu devant Notre-Dame. L'ordre est détruit.* (Londres, British Library, ms. royal 20, CVII, fol. 48)

[3] Philippe le Bel (1268-1314). *Le roi (au centre) envoie en Italie son conseiller Nogaret pour intimider le pape Boniface VIII dans sa résidence d'Anagni en 1303 : revanche brutale du pouvoir royal contre le maître de la Chrétienté.* (Paris, Bibliothèque nationale)

24 juin 1340

À l'Écluse, port flamand, la flotte française est détruite par les Anglais. C'est le début de la guerre de Cent Ans qui va durer jusqu'en 1453. Elle neutralise les deux plus importants royaumes de l'Europe chrétienne.

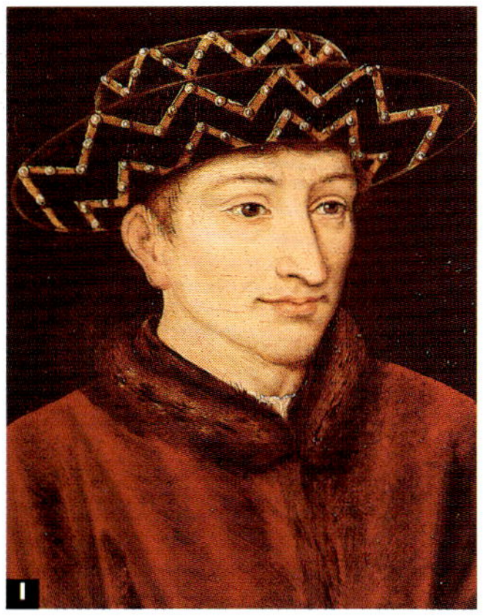

1

■ **U**ne querelle dynastique est à l'origine du conflit. Les Anglais prétendent au trône de France par le biais des femmes, ce que la loi salique de succession par les hommes leur refuse en France. Depuis le mariage d'Henri II Plantagenêt avec Aliénor d'Aquitaine, les Anglais sont maîtres de territoires français, particulièrement de Bordeaux et de la Guyenne que le roi capétien veut reprendre. Anglais et Français se disputent également les Flandres riches en ateliers textiles. Les Français tentent d'armer contre les Anglais les rois d'Écosse et le duc de Bretagne. La guerre concerne donc toute l'Europe occidentale.

Les Anglais y affirment la supériorité du *long bow*, l'arc en bois d'if, contre l'arbalète, et des hommes de pied contre les chevaliers. La noblesse française est décimée lors des batailles de Crécy (1346), Poitiers (1356) et Azincourt (1415). Les Anglais restent constamment maîtres de Calais, de Bordeaux, et débarquent à volonté en France.

Le territoire français est ruiné par le conflit. La guerre civile qui oppose Armagnacs et Bourguignons, alliés des Anglais, ainsi que la peste noire de 1348, font des millions de victimes. La population juive, accusée d'être à l'origine de la colère de Dieu, est massacrée lors d'atroces pogroms.

Un grand État bourguignon reconstitue à l'est de la France la Lotharingie, par l'union de Philippe le Hardi, duc de Bourgogne, avec Marguerite de Flandre. Pendant que Français et Anglais se ruinent dans la guerre, l'axe de la richesse se déplace en Europe : des villes hanséatiques du Nord et des Flandres, il passe par les centres métallurgiques de l'Allemagne du Sud et le foyer commercial de Prague. Des cols alpins, il gagne les villes italiennes qui reprennent leurs relations avec l'Orient. Sur cet axe se concentrent la richesse et la puissance. L'axe occidental des foires de Champagne est abandonné pour toujours.

La France occupée est réduite au petit royaume de Bourges. L'intervention miraculeuse de Jeanne d'Arc permet cependant de délivrer Orléans en 1429, de faire sacrer le roi à Reims et de permettre son entrée dans Paris en 1437. Cette rivalité franco-britannique favorise le développement des villes italiennes de Milan, Venise, Gênes et Florence. La péninsule accroît ses richesses grâce au trafic maritime avec l'Orient que l'avance des Turcs en Europe continentale, sur l'axe du Danube, ne contrarie nullement. Malgré Jacques Cœur, le financier de Charles VII, bientôt banni du royaume pour sa trop grande fortune, la France est épuisée par le conflit. L'Europe riche est celle des villes commerçantes d'Allemagne et d'Italie. Le pape, quand il rentre dans Rome, n'est plus qu'un seigneur italien parmi d'autres.

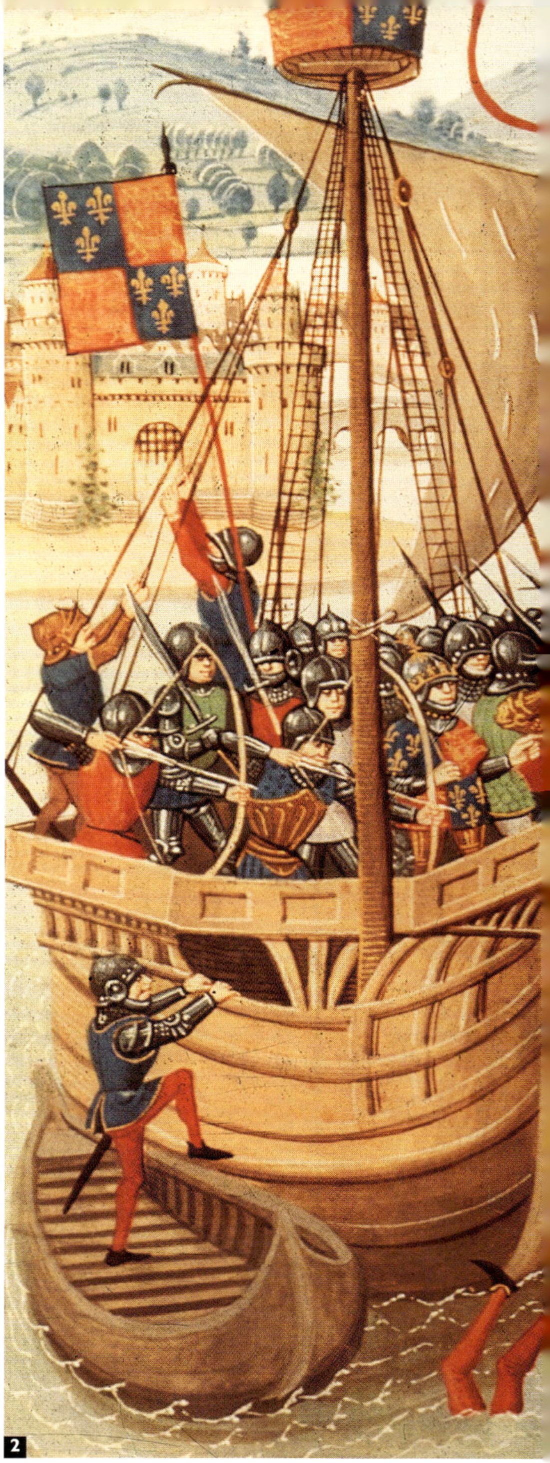

2

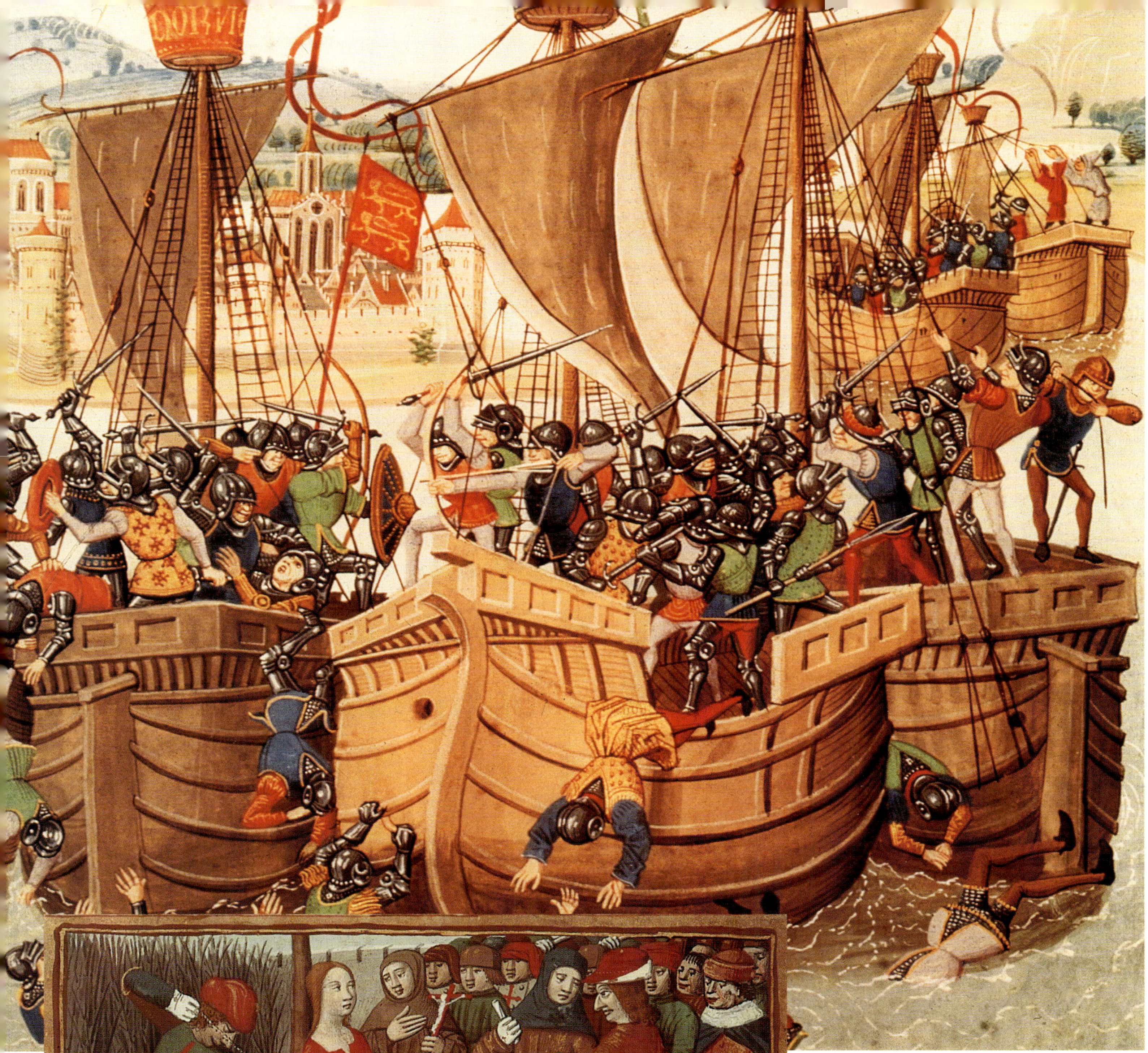

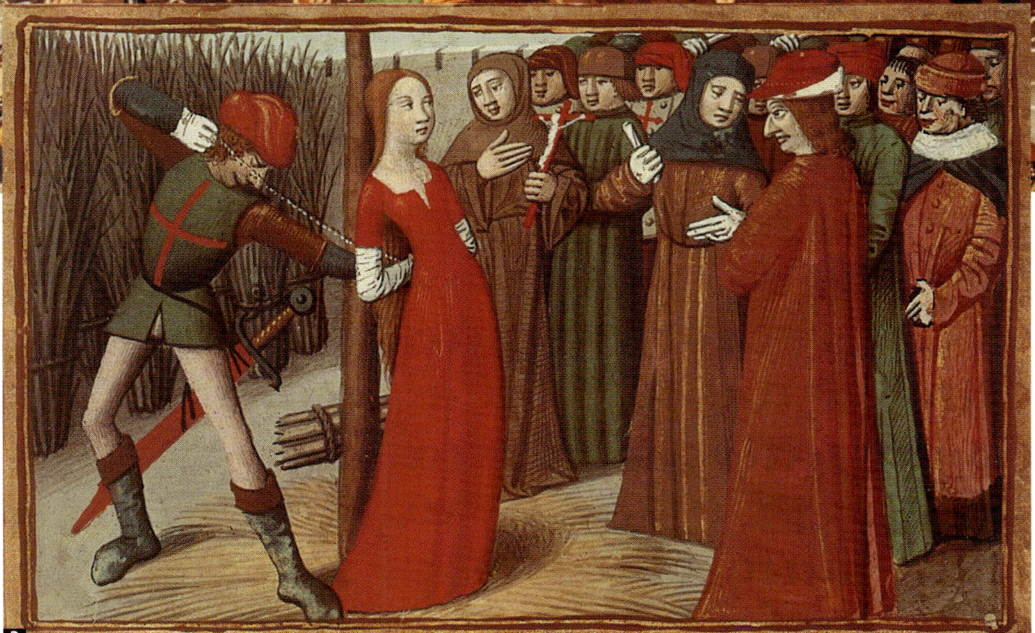

3

[1] **Charles VII (1403-1461).** *Chétif dauphin, il a en lui l'énergie de la reconquête.* (Chantilly, musée Condé)

[2] **Bataille de l'Écluse.** *Les naves s'entrechoquent dans le port flamand de l'Écluse. Les Français sont vaincus par les Anglais. La guerre de Cent Ans débute.* (Paris, Bibliothèque nationale)

[3] **Jeanne d'Arc (1412-1431).** *La Pucelle, victorieuse à Orléans en mai 1429, a été capturée par les Bourguignons puis livrée aux Anglais qui la brûlent sur la place du Vieux-Marché de Rouen le 30 mai 1431.*

30 août 1453

Constantinople est prise

par les Turcs après deux mois de siège. Le sultan Mehmet II le Conquérant fait dire la prière à Allah dans l'église Sainte-Sophie. La ville deviendra sa capitale en 1458

■ **D**epuis 1378, la Chrétienté n'a pas surmonté la crise du grand schisme. Elle avait alors deux papes : l'un à Rome, Urbain VI, l'autre en Avignon, Clément VII. Ce schisme, prolongé jusqu'en 1417, rendait l'Église impuissante contre les progrès des Turcs en Europe.

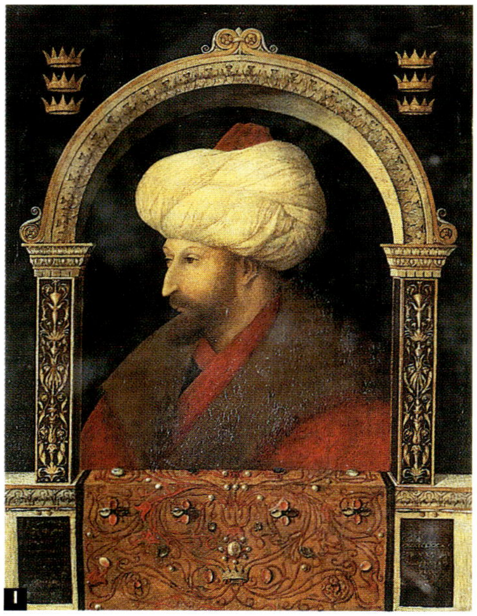

Fuyant Tamerlan, le continuateur de Gengis Khan, qui remuait l'Asie et menaçait Moscou, les Ottomans progressaient vers l'ouest, prenaient Sofia, battaient les Serbes à Kosovo en 1389, et s'emparaient des Balkans. Constantinople était à leur merci.

En Occident, personne ne songeait à venir au secours de Constantinople qui allait tomber sous les coups de Mehmet II. En verrouillant le Bosphore, il avait entrepris un siège de deux mois, et ses canons étaient venus facilement à bout de la résistance du dernier empereur, Constantin XI Dragasès. L'empire chrétien d'Orient avait cessé d'exister.

La religion orthodoxe subsistait, mais le sultan en nommait le patriarche. Les Turcs, loin de persécuter les religions étrangères, les protégeaient et attiraient les commerçants italiens qui assuraient la prospérité des républiques marchandes de Venise, de Gênes et de Florence, patrie des Médicis. La Renaissance artistique multipliait alors les chefs-d'œuvre de Brunelleschi, Léonard de Vinci, Michel-Ange et Raphaël. La guerre des religions était-elle oubliée ?

Sur l'axe italo-allemand du commerce, Lyon, Genève et leurs foires tentaient de capter une partie du trafic rhénan. L'utilisation des nouvelles galées, l'invention rhénane de l'imprimerie par Gutenberg, l'entrée en scène des canons lors des conflits précipitaient l'Europe dans une période de haute technicité dont profitaient les États riches.

Mais l'Angleterre était accablée par la guerre civile des Deux-Roses et la France de Louis XI avait beaucoup de mal à résister aux entreprises du puissant duc de Bourgogne, Charles le Téméraire.

Des regroupements s'esquissaient en Europe : celui des pays scandinaves dans une union des trois royaumes de Suède, Norvège et Danemark, de la péninsule ibérique par l'union d'Isabelle de Castille et de Ferdinand d'Aragon, l'unification, enfin, des principautés russes aux mains d'Ivan III, prince de Moscou et de Novgorod, qui mettait fin en 1480 à la domination mongole et musulmane de la Horde d'Or.

Mais les Turcs restaient maîtres du ventre mou de l'Europe ; ils dominaient la Grèce, la Serbie, la Bosnie, la Crimée et la Valachie. Ils construisaient des centaines de galères pour se lancer à l'assaut de la Méditerranée et reprendre la remontée du Danube. Alors que la France, par l'acquisition de la Provence du roi René, devenait une puissance méditerranéenne, que l'Espagne, par la prise de Grenade en 1492, avait expulsé de son sol les musulmans, on s'attendait au réveil des Turcs libérés des hordes de Tamerlan et du danger mongol.

[1] Mehmet II le Conquérant (1432-1483). *Le sultan, qui rêve de la puissance des basileus, a l'idée fixe de dominer les détroits en prenant Constantinople. Une fois la ville investie, il fait preuve de générosité en garantissant des libertés aux chrétiens, tandis que les Génois et les Vénitiens conservent leurs privilèges commerciaux. Constantinople deviendra sa capitale en 1458.* (Londres, National Gallery)

[2] Siège de Constantinople (avril-29 mai 1453). *Bien que la flotte ottomane soit l'une des plus puissantes du bassin méditerranéen, les Turcs n'auraient jamais pu prendre Constantinople sans la mise en place d'un siège terrestre. La cité, défendue par le dernier empereur d'Orient Constantin XI Dragasès et 6 000 hommes, résista pendant deux mois aux assauts des 100 000 Turcs équipés de nombreuses pièces d'artillerie.* (Paris, Bibliothèque nationale)

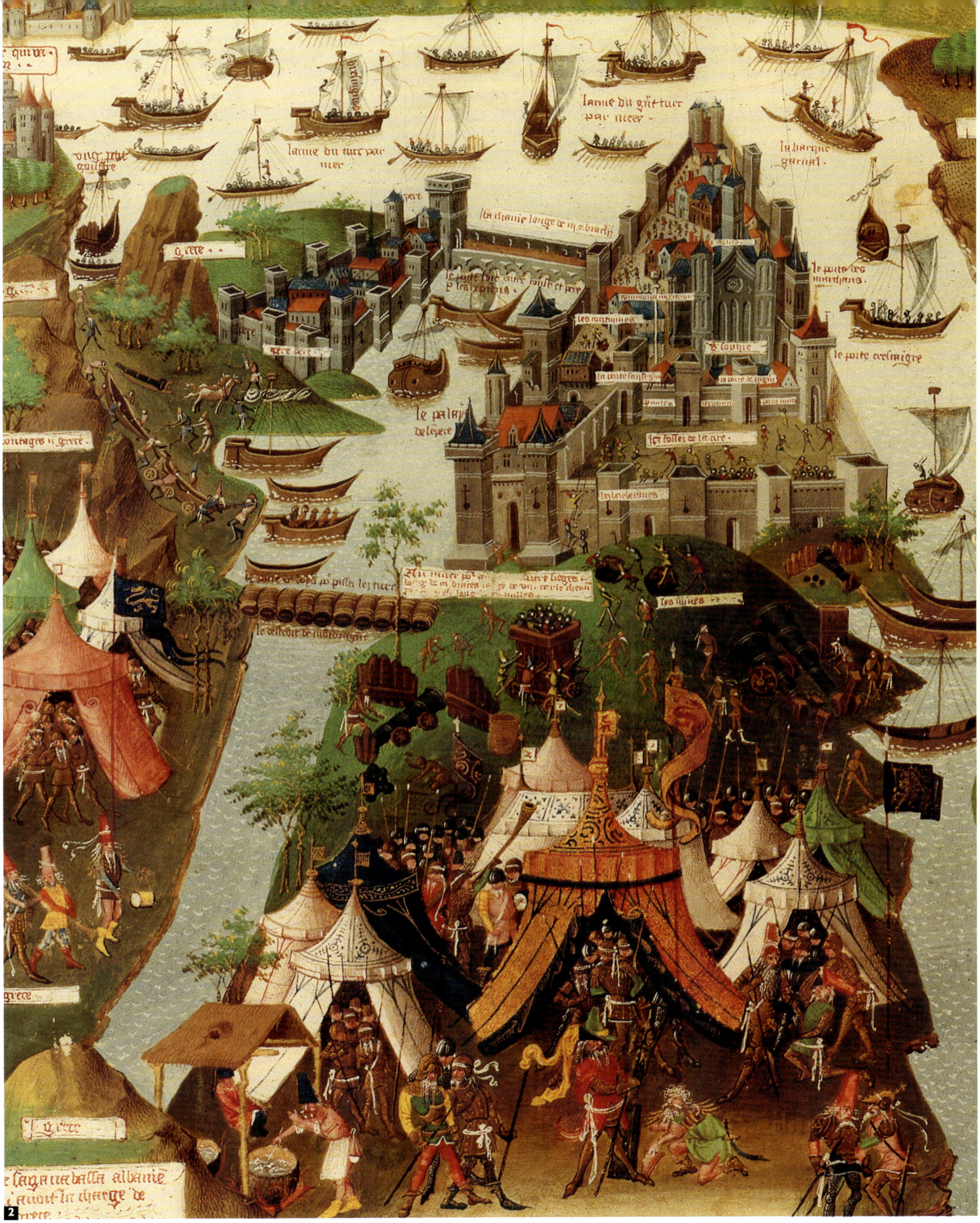

2

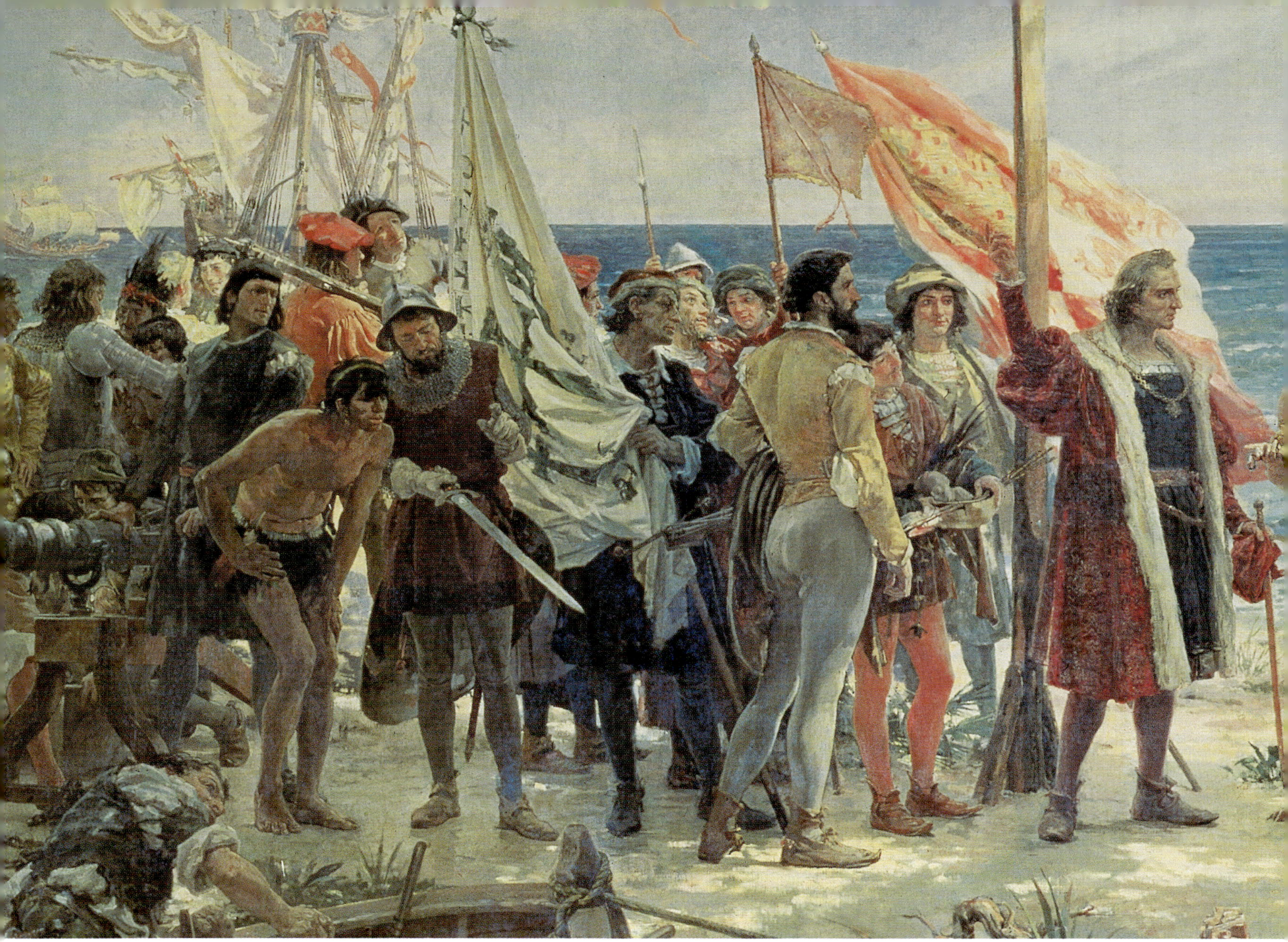

Nuit du 11 au 12 octobre 1492

Christophe Colomb

découvre l'Amérique. Parti d'Espagne avec trois vaisseaux pour relier les Indes par l'ouest, il a accosté sur l'une des îles Caraïbes.

■ **U**n empire espagnol et brésilien va se construire dans le Nouveau Monde, repoussant les Indiens, exigeant de plus en plus de Noirs amenés d'Afrique, main-d'œuvre servile. Les civilisations américaines originales sont détruites, celle des Aztèques par le conquistador Cortez au Mexique, celle des Incas par Pizarro au Pérou. Les découvertes sont prolongées par celles de Vespucci, puis celles de Magellan qui effectue le premier tour du monde.

Les conséquences des navigations sont lourdes. L'Église est sur une position de défense dans l'ordre intellectuel. Les révélations de l'astronome polonais Copernic, confirmées et complétées par Kepler et Galilée, établissent que la terre, planète ronde, tourne sur elle-même autour du soleil. Elle n'est plus le centre du monde. Les navigations confirment ces observations. L'Église condamnera en 1616 les idées coperniciennes comme contraires aux Écritures.

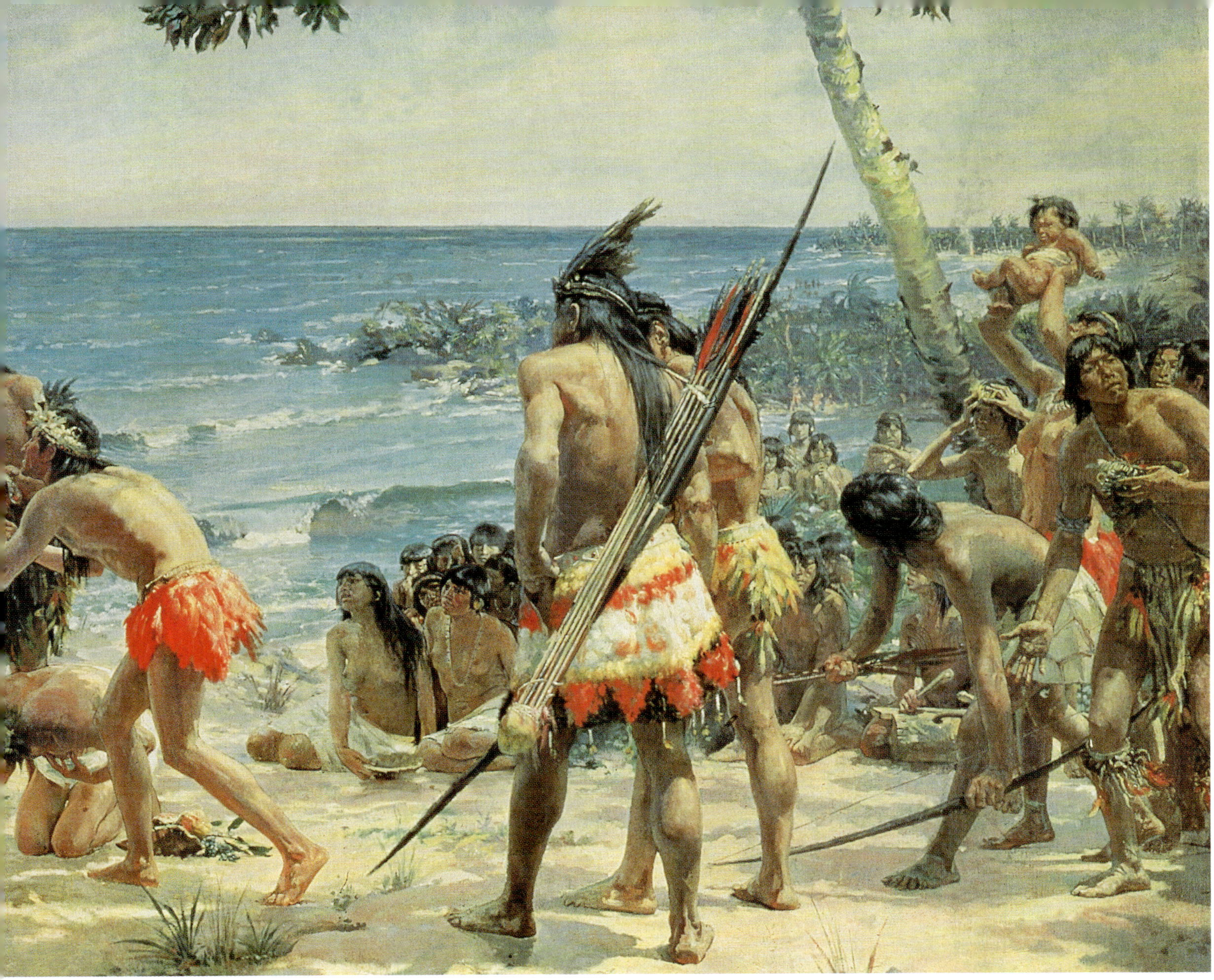

Les Arabes, maîtres du trafic avec l'Extrême-Orient, souffrent des grandes découvertes. Les Portugais ont inauguré, avec Vasco de Gama, la route directe vers l'Inde par le cap de Bonne-Espérance. Le repérage du Pacifique et les navigations vers la Chine mettent un terme au monopole des intermédiaires arabes, persans, orientaux. La découverte de l'or et de l'argent d'Amérique accélère le processus : la fortune de l'Europe est à l'ouest. En réaction, les Turcs vont faire porter leur effort vers l'ouest, pour tenter de relancer la guerre de religion.

Les terres nouvelles d'Amérique sont des conquêtes pour l'Église qui doit y assurer le salut des populations ignorant Dieu. Terres de mission et d'inquisition... Les missionnaires sont présents jusqu'en Chine et au Japon avec François-Xavier. Les Jésuites partent convertir les Indiens du Paraguay parqués dans des réserves. Un clergé colonial met en place un réseau d'évêchés, de monastères et d'églises, sur tous les territoires. Repoussée en Orient, l'Église part à la conquête des mers de l'Ouest.

Sur les terres libérées par la croisade en Europe, l'Inquisition, dont le dominicain Torquemada prend la tête, officie en Espagne et au Portugal, oblige les juifs et les Maures à se convertir. Les rois très catholiques expulsent les juifs d'Espagne en 1492. Les Maures non convertis sont également rejetés.

Les royaumes catholiques enrichis par l'afflux de l'or, de l'argent et des épices sont alors à la pointe du combat mené par l'Église pour conquérir le monde.

Christophe Colomb débarque en Amérique. *Parti d'Espagne le 3 août 1492 avec trois caravelles,* la Niña, *la* Pinta *et la* Santa Maria, *l'amiral Colomb aborde l'île Guanahani (Bahamas), après deux mois passés en mer. Il croit alors débarquer au Japon.* (Madrid, musée naval)

31 octobre 1517

Luther

affiche ses 95 thèses sur la porte de l'église du château de Wittenberg. Excommunié en 1520, il est mis au ban de l'Empire par la diète de Worms. Les guerres de la Réforme commencent.

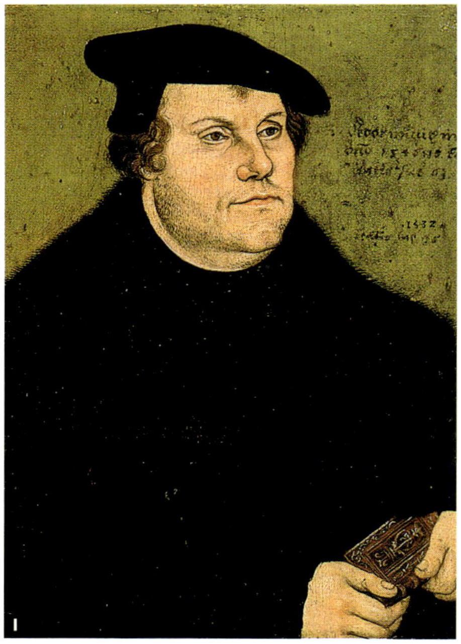

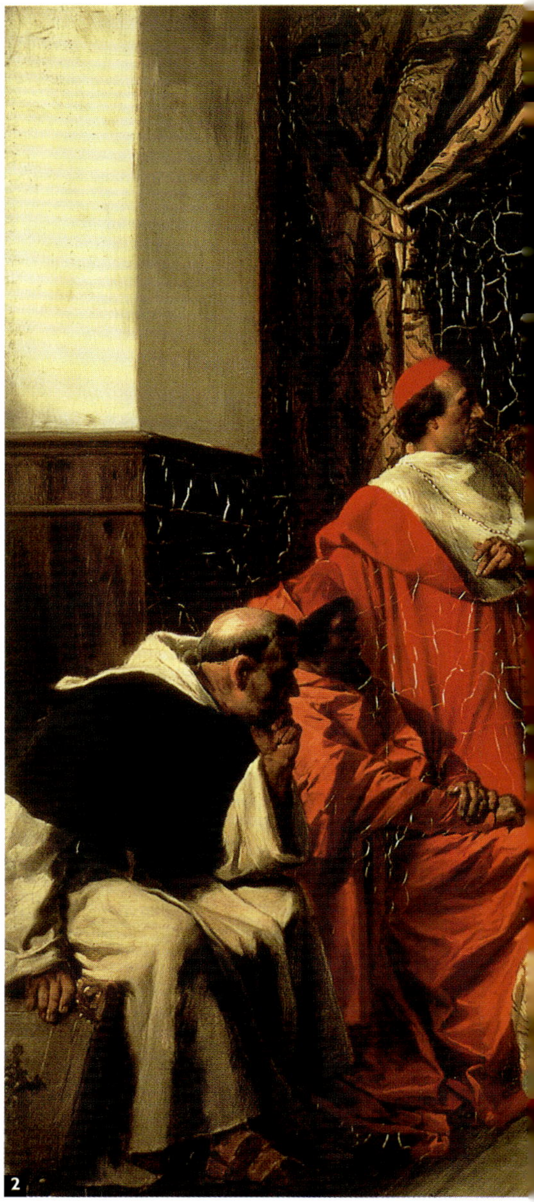

■ **L**'Église a combattu avec succès toutes les hérésies du passé, celle des Albigeois, des Vaudois, des Hussites tchèques. Luther est le premier qui pose à la communauté catholique un problème insoluble, car il n'est pas seulement un réformateur, désireux de supprimer les mauvaises mœurs du clergé.
Il veut d'abord imposer la conception de la grâce divine reçue de saint Augustin. L'homme n'est pas sauvé par ses œuvres, par ses dons à l'Église, mais uniquement par l'abandon à la volonté de Dieu, dans l'espoir de la grâce sanctifiante. Il est seul devant Dieu. Les évêques et les cardinaux ne peuvent rien pour son salut. Ainsi Michel-Ange, quand il peignait le Dieu de la Sixtine, était-il seul devant la création, inspiré seulement par Dieu, et n'avait que faire du pape Jules II.
La pensée de la Renaissance ne révolutionne pas seulement l'art, mais aussi la religion. Elle fait de l'homme l'artisan unique du salut.
Cette doctrine révolutionnaire défie l'institution cléricale, met en péril le pouvoir de l'Église comme corps social. La foi seule sauve, et non l'obéissance à l'autorité, ou même les sacrements et le culte de la Vierge et des saints. Luther ne conserve que le baptême et l'Eucharistie. Tous les autres sacrements sont proscrits.
La rupture avec Rome, la "rouge prostituée de Babylone", est inévitable.
Luther risque le bûcher, mais il est protégé contre l'empereur Charles Quint par l'électeur Frédéric de Saxe, acquis à ses idées. Sa prise de position contre les révoltés du Sud de l'Allemagne lui vaut l'appui des princes, désireux de séculariser les biens du clergé. Albert de Brandebourg s'empare des immenses domaines des chevaliers Teutoniques et fonde le duché de Prusse. Une église luthérienne d'État est mise en place dès 1525 en Saxe,

[1] Martin Luther (1483-1546). *Luther est le "démolisseur" de la Chrétienté unitaire. Il est immédiatement suivi par les princes allemands et scandinaves.* (Dresde, Gemaeldegalerie)

[2] La diète de Worms (1521). *Luther qui affronte les représentants de l'Église est mis au ban de l'Empire lors de cette assemblée réunie à l'instigation de Charles Quint. Le moine augustin risque alors la mort mais il se réfugie dans le château de la Wartburg qui appartient à Frédéric de Saxe.* (Stuttgart, Staatsgalerie)

[3] Nouveau Testament de Luther. *Page de titre illustrée par Cranach (1546).*

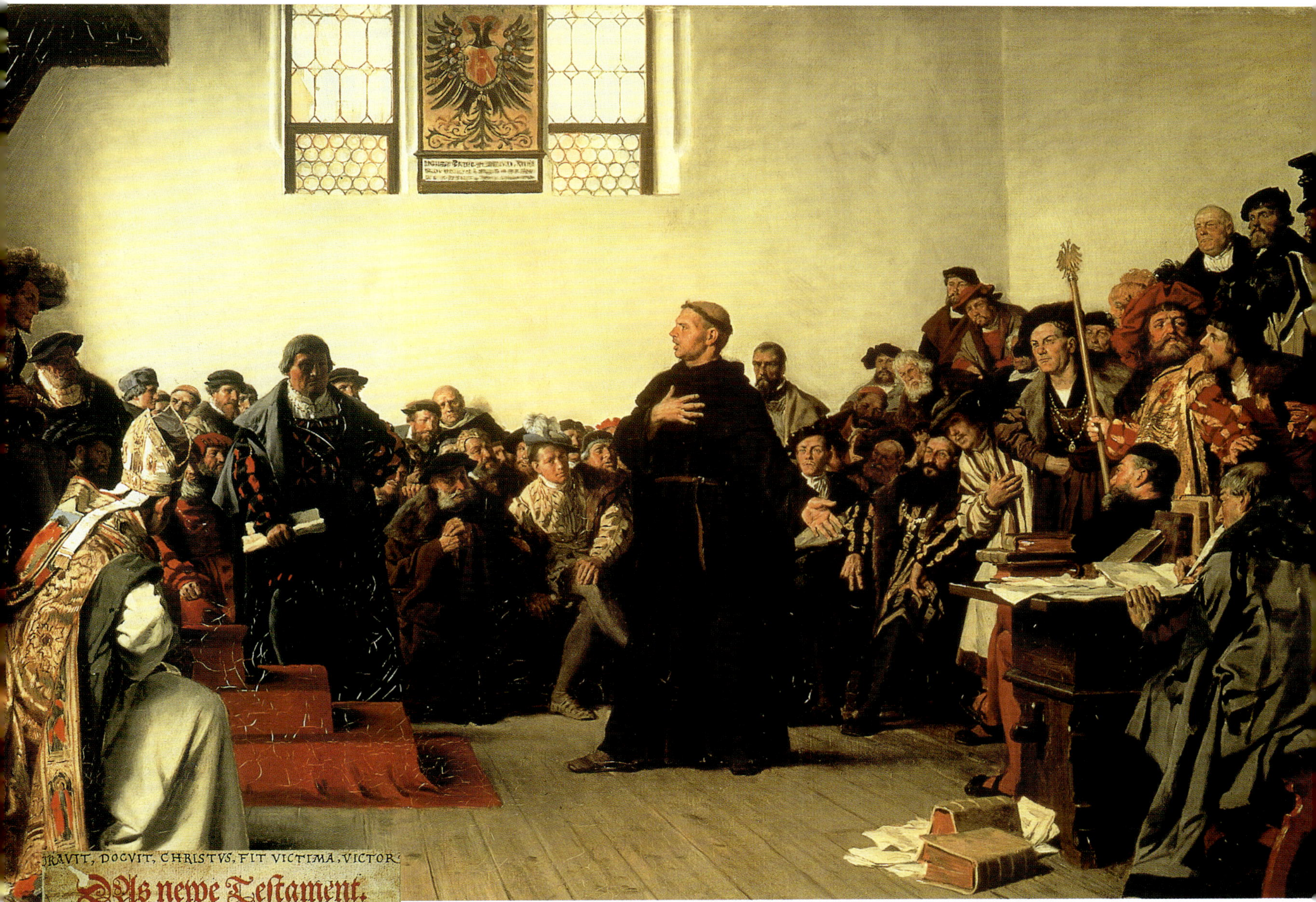

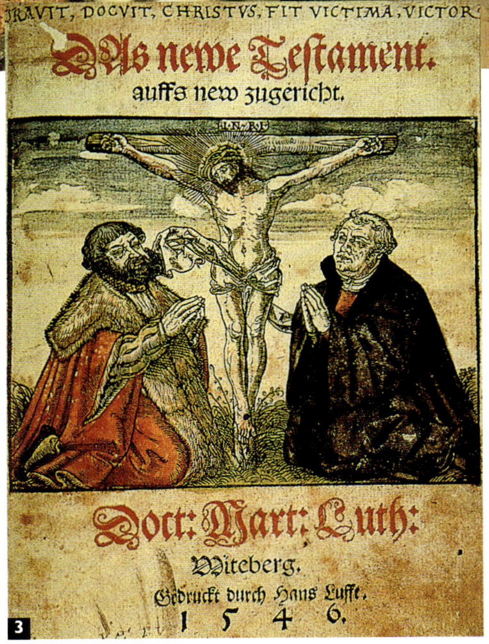

3

une autre en Hesse. En 1526, à la diète de Spire, les protestants reçoivent la liberté d'adopter la Réforme dans le cadre des principautés.

Quand les catholiques refusent la Confession d'Augsbourg en 1530, les protestants forment, pour se défendre, la ligue de Smalkade en 1531 : le temps des guerres de religion est venu en Allemagne.

Charles Quint attaque en effet les princes et les bat à Mühlberg en 1547, mais l'Empereur ne veut pas de la guerre civile. La paix d'Augsbourg signée en 1555 donne à chaque prince le soin de choisir sa religion et de l'imposer à ses sujets en vertu du principe *cujus regio, ejus religio*. L'Allemagne du Nord et du Centre devient protestante, comme le Danemark, la Norvège et la Suède. Seuls les États du Sud demeurent catholiques. Rome vient de perdre, à cause de l'augustin de Wittenberg, la moitié de l'Europe centrale.

21 septembre 1558

Charles Quint, champion de l'Église catholique, meurt au monastère de Yuste dans l'Estrémadure. Avec lui, c'était un roi, et non plus le pape, qui était chargé de porter l'Église comme Atlas portait le monde.

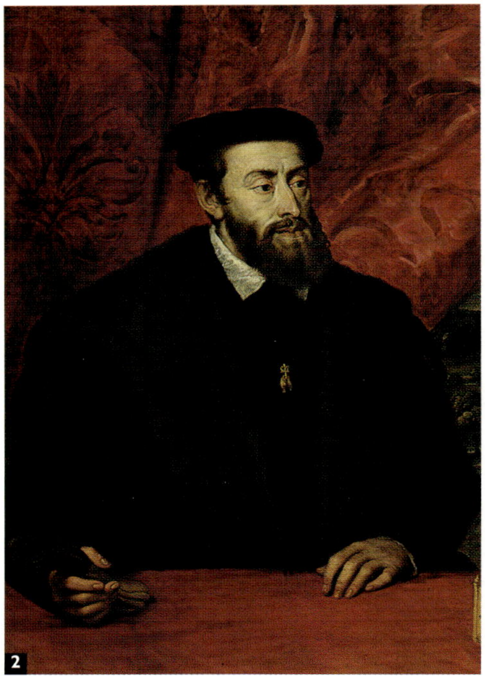

■ **C**et homme chétif et pâle avait hérité de presque toute l'Europe : il était, sous le nom de Carlos I, roi d'Espagne, héritier par sa mère des Rois Catholiques. Mais ce fils du duc de Bourgogne Philippe le Beau était également, par son grand-père Maximilien Ier, l'héritier des Habsbourg. Il avait été élevé par l'évêque d'Utrecht qui lui avait inculqué l'absolu dévouement au seigneur Jésus.

D'abord souverain des Pays-Bas et de Bourgogne, il est proclamé en 1516 roi d'Espagne, des Deux-Siciles et des Amériques. Pour nourrir la guerre, il dispose ainsi de l'or d'Amérique et des tercios castillans, la plus belle infanterie du monde.

Car ce maître du monde fait la guerre à la France qu'il encercle depuis ses possessions quand il devient en 1519 Charles Quint, empereur du Saint-Empire romain germanique. Face à son adversaire qui se donne pour fonction de rétablir l'empire unique de Constantin, celui du Christ régnant, François Ier est le souverain d'un État moderne qui fait alliance avec les princes protestants d'Allemagne et avec le sultan. Un État laïque en quelque sorte.

Mais sur le plan intérieur, le roi de France reste fermement catholique. Sacré à Reims, il a charge d'imposer sa religion à ses sujets et ne tolère pas l'opposition réformée. Il brûle toutes ses réserves dans son duel interminable avec Charles Quint qui règne "sur un empire où le soleil ne se couche pas". Il mène contre lui cinq guerres, de 1521 à 1556. Il s'allie même avec le pape, ce qui permet à Charles, champion du catholicisme, d'envoyer ses lansquenets allemands à l'assaut de Rome.

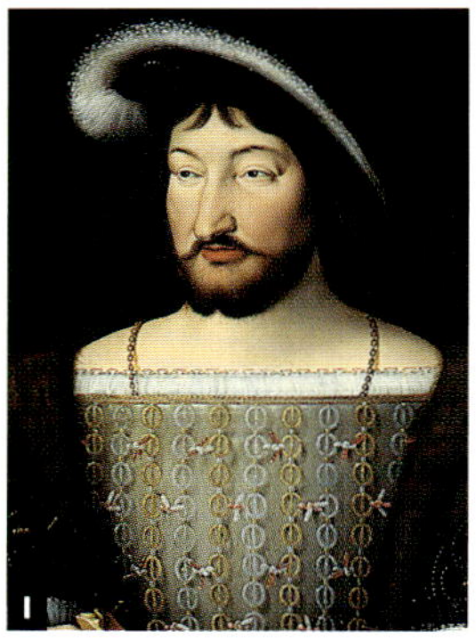

Les Français ne gagnent dans cette guerre que la Bourgogne et les Trois-Évêchés. Charles garde ses liaisons italiennes qui lui permettent d'organiser le boulevard impérial, de Madrid et Barcelone à la Sicile, l'Italie, puis, par la Franche-Comté et l'Alsace, les Flandres et l'Allemagne rhénane. L'Europe impériale dispose de vingt fois plus d'or et d'argent depuis l'exploitation de ses conquêtes américaines.

Il n'importe. Un rêve ancestral s'est brisé. Quand Charles Quint se retire volontairement en 1556. Il sait qu'il ne peut plus être, devant la révolte des Pays-Bas et la sécession religieuse des princes allemands, le dernier souverain d'un empire chrétien universel. Il n'y a déjà plus de pape universel, mais un seigneur italien parmi d'autres, il n'y aura plus d'empereur, mais seulement des souverains d'États nationaux. Ces États modernes n'ont plus besoin d'empire. Ils s'entre-dévorent allégrement en Europe.

[1] François Ier (1494-1547). *Le roi gentilhomme cherche des alliances en Europe contre son puissant ennemi espagnol qui l'entoure de toutes parts. La France est la seule, avec les Turcs, à refuser l'Europe unique de l'empereur Charles.* (Paris, musée Carnavalet)

[2] L'empereur Charles Quint (1500-1558). *Souverain des Pays-Bas (1506), d'Espagne (1516) et empereur germanique (1519), il n'a pas eu à conquérir l'Europe, elle lui revenait de droit à sa naissance, par héritage.* (Madrid, coll. du duc d'Albe)

[3] Mort de Charles Quint. *Cortège funèbre à Bruxelles, en décembre 1558, à l'occasion de la mort de l'empereur pleuré par la Chrétienté.* (Genève, bibliothèque publique et universitaire)

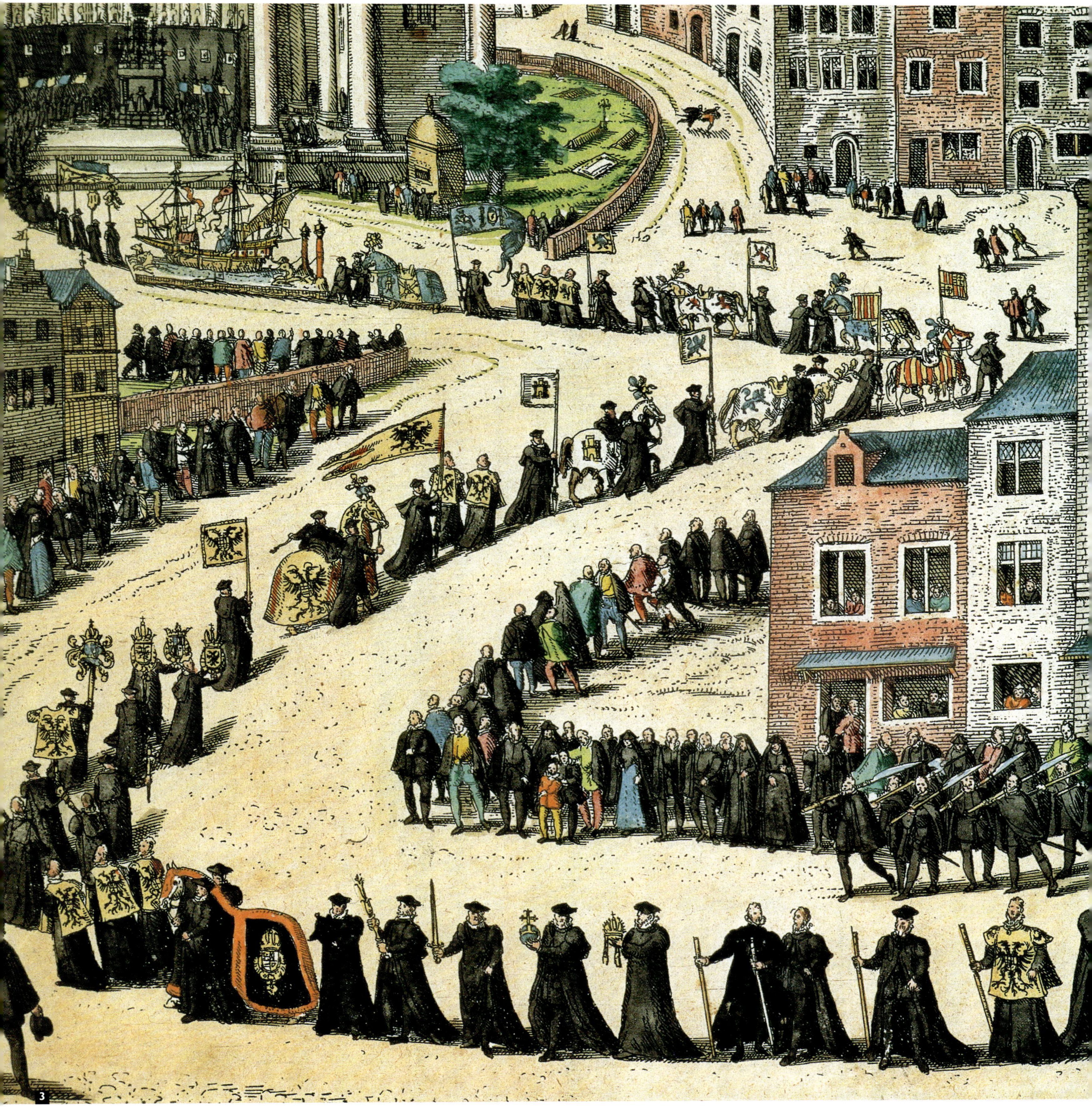
3

1er mars 1562

À Wassy, les troupes du duc de Guise massacrent les protestants. C'est le début de la première guerre de religion. Le royaume de France va connaître jusqu'en 1598 près de quarante années de guerre civile.

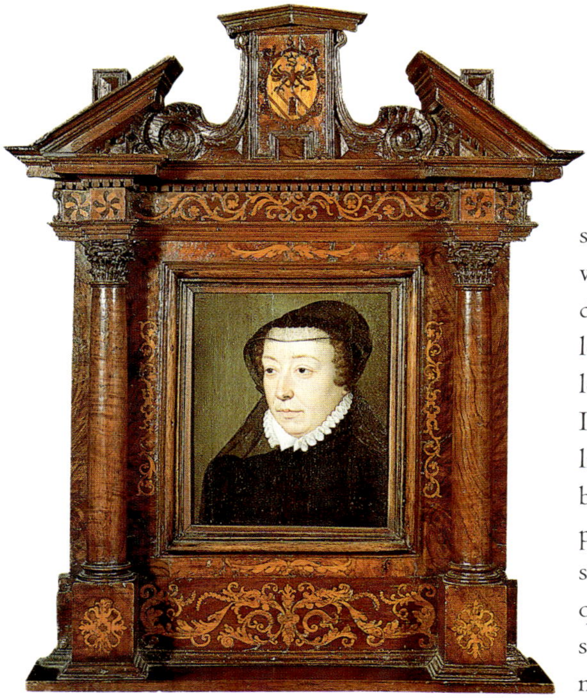

[I]

■ **L**es réformateurs français, inspirés par les idées allemandes, subissent la répression au temps de François Ier qui laisse massacrer les Vaudois du Lubéron et dresse des bûchers dans Paris lorsqu'on affiche sur sa porte des placards contre la messe. Même s'il est l'ami des Turcs et qu'il fait alliance contre Charles Quint avec les princes protestants allemands, ce roi libéral autorise la répression, en particulier contre les imprimeurs qui éditent la Bible.

Le Picard Jean Calvin se charge de répandre en France les idées de la Réforme. Protégé par la sœur du roi, Marguerite de Navarre, il se réfugie à Bâle en 1536, puis à Genève où il veut établir une sorte de société réformée modèle. Le Consistoire des pasteurs choisis par le Conseil de la Ville se charge de contrôler les mœurs et d'imposer un État théocratique. Il envoie des missionnaires en France qui rallient de nombreux paysans des Cévennes, des bourgeois du Midi, des petits seigneurs que la paix de 1559 avec les Impériaux a démobilisés. Il attire les hommes d'entreprise, parce qu'il ne condamne pas le prêt à intérêt mais seulement l'usure. Il explique que la réussite matérielle n'est pas un péché si elle résulte de l'épargne et du courage d'entreprendre. Les églises calvinistes prospèrent aux Pays-Bas, en Angleterre, en Hongrie, en Pologne, en Allemagne et en Écosse.

En France, les guerres de religion commencent lorsque les princes du sang, Antoine de Bourbon, Condé, l'amiral de Coligny, embrassent les idées calvinistes et combattent les catholiques désireux de conserver pour eux seuls le pouvoir, comme les Guise. La régente Catherine de Médicis tente d'apaiser la querelle en signant en 1563 la paix d'Amboise. Mais une deuxième guerre surgit lorsque la reine veut s'allier aux Espagnols. Les protestants sont d'abord battus par Montmorency

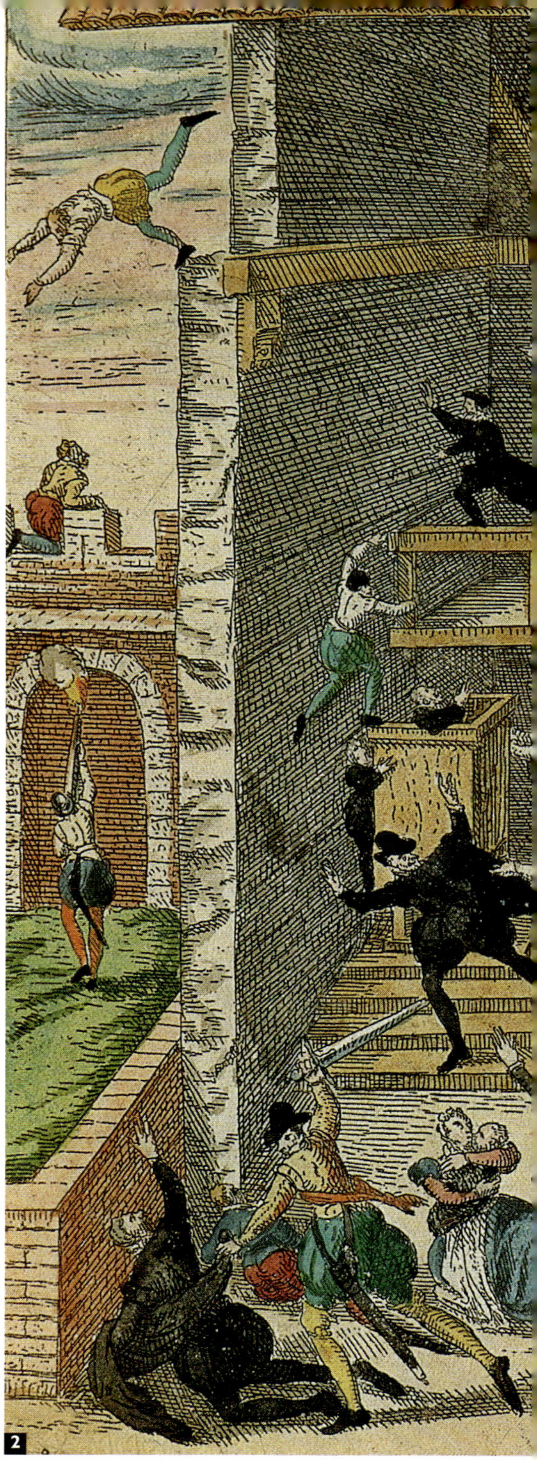

2

lors de la bataille de Saint-Denis, puis, au cours de la troisième guerre, à Jarnac et Moncontour en 1569.

La paix est impossible après le massacre des protestants, autorisé par Charles IX et la reine mère, lors de la Saint-Barthélemy en 1572. Une lutte farouche ensanglante alors le royaume durant cinq guerres successives. La dernière, celle des trois Henri, oppose Henri de Navarre, prince protestant, à l'ultra catholique Henri de Guise et au roi Henri III.

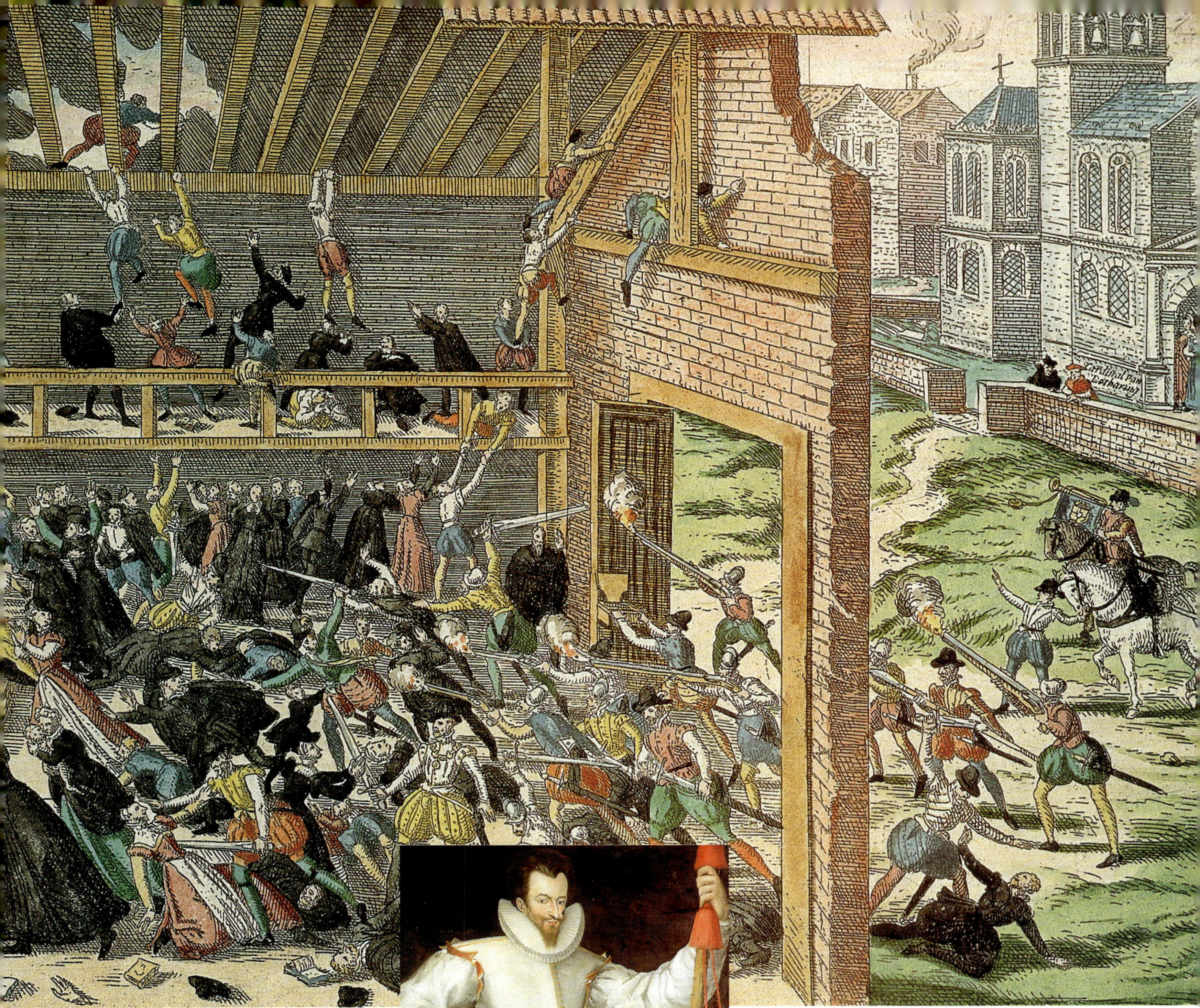

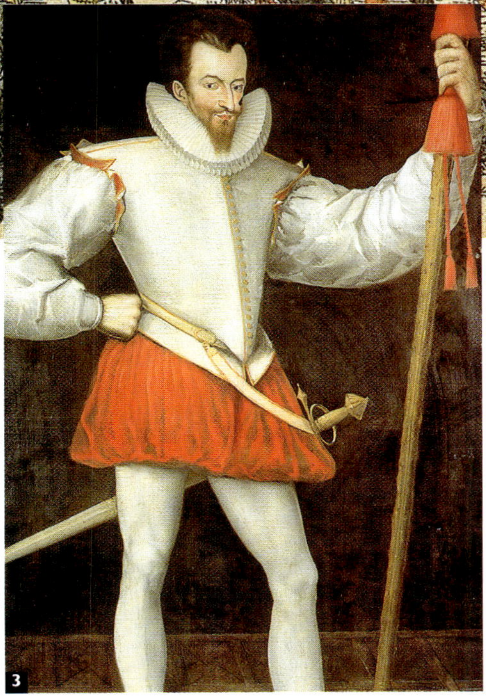

Quand le roi fait assassiner Guise en 1588, les ligueurs se soulèvent. Henri IV, proclamé roi en 1589, abjure sa religion en 1593 pour prendre Paris. Les massacres ne s'arrêteront qu'en 1598.

L'édit de Nantes du 13 avril 1598 mettait un terme aux guerres de religion en accordant aux protestants une place dans l'État catholique. Seule la volonté des Français de sauvegarder l'État l'avait emporté sur les passions religieuses.

[1] Catherine de Médicis (1519-1589).
La reine Catherine vient d'une famille nombreuse de Florence. Pacifiste, elle se laisse entraîner au massacre de la Saint-Barthélemy.
(Paris, musée Carnavalet)

[2] Le massacre de Wassy.
Dans cette ville champenoise, des Huguenots rassemblés pour le culte sont massacrés par les hommes du duc de Guise. C'est le départ des guerres de religion.
(Genève, bibliothèque publique et universitaire)

[3] Henri, duc de Guise (1550-1588).
Le prince des ultras catholiques.
(Paris, musée du Louvre)

5 octobre 1571

À Lépante,

les Turcs sont écrasés par la flotte de la Sainte Ligue. Cette victoire est à mettre au crédit du roi catholique Philippe II d'Espagne. Le pape dont la tiare est humiliée par les guerres italiennes et les convulsions françaises a enfin trouvé un nouveau croisé.

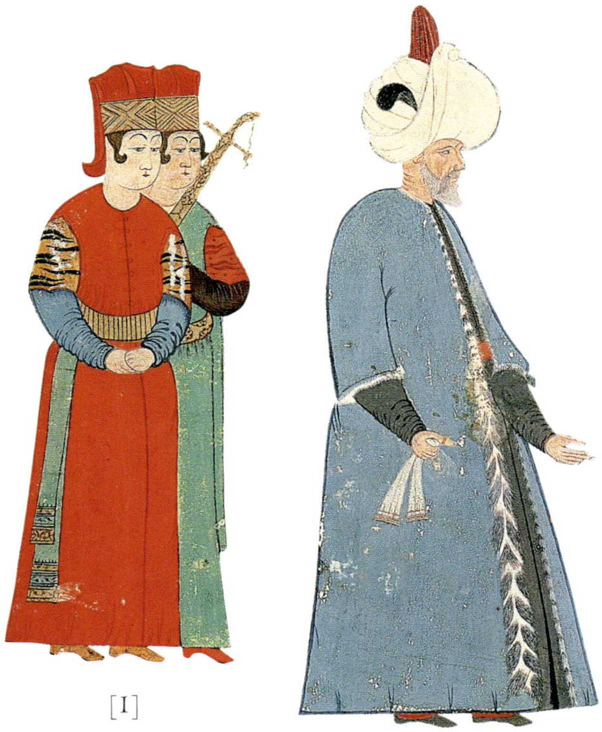

[1]

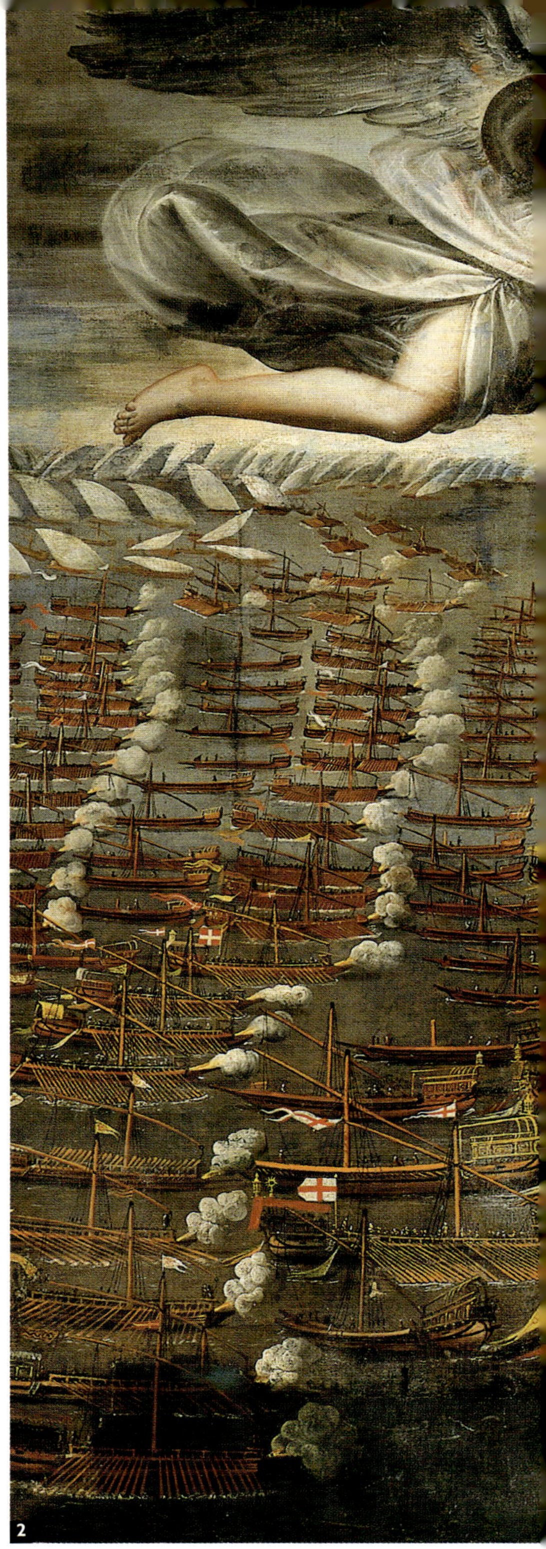

2

■ **C**harles Quint, menacé par les princes protestants d'Allemagne, avait également dû faire face au danger turc en Europe. Les villes barbaresques d'Afrique du Nord avaient en effet demandé la protection des Turcs, dont elles s'étaient reconnues vassales. Charles Quint avait alors réussi à prendre Tunis en 1535, mais il avait échoué en 1541 contre Alger. Sélim Ier, dit l'Inflexible ou le Cruel, avait rétabli l'unité dans son empire musulman par la violence et la terreur. Il avait abattu la dynastie chiite des Séfévides persans, fait massacrer la plupart des Chiites de l'Empire, et écrasé le Chah Ismaïl Ier lors de la bataille de Tchaldiran en 1514. Il éliminait ainsi un concurrent sur la route de la soie, s'emparait du Kurdistan, de la Mésopotamie et de la Syrie, s'imposait aux Mamelouks d'Égypte en 1517.

Son fils et héritier, le sultan Soliman II le Magnifique, était donc en mesure d'attaquer l'Occident avec des forces renouvelées. Il avait pris Belgrade en 1521, puis Rhodes aux chevaliers de l'ordre de Saint-Jean qui avaient dû se réfugier sur l'île de Malte en 1522. Le roi Louis de Hongrie avait été vaincu à Mohacs tandis que Buda était prise en 1526. Vienne avait été assiégée en septembre et octobre 1529. Le sultan ne s'était retiré qu'en signant un traité qui laissait aux chrétiens la Hongrie occidentale, mais les obligeait à payer un lourd tribut. En 1535, Soliman était devenu l'allié de François Ier, avec qui il avait signé les Capitulations. À présent, la Chrétienté n'opposait plus un front uni aux offensives musulmanes. La bataille de Lépante, livrée en Grèce dans le golfe de Patras, arrêtait les Turcs sur mer. Le pape Pie V avait protesté contre la prise de Chypre aux Vénitiens, qui causait un dommage irréparable au commerce de la Sérénissime République. Philippe II avait consenti à participer à une croisade. La flotte chrétienne comprenait des navires espagnols et vénitiens, mais également des bateaux envoyés par Gênes, par le pape et par les chevaliers de Malte. Don Juan d'Autriche avait rassemblé

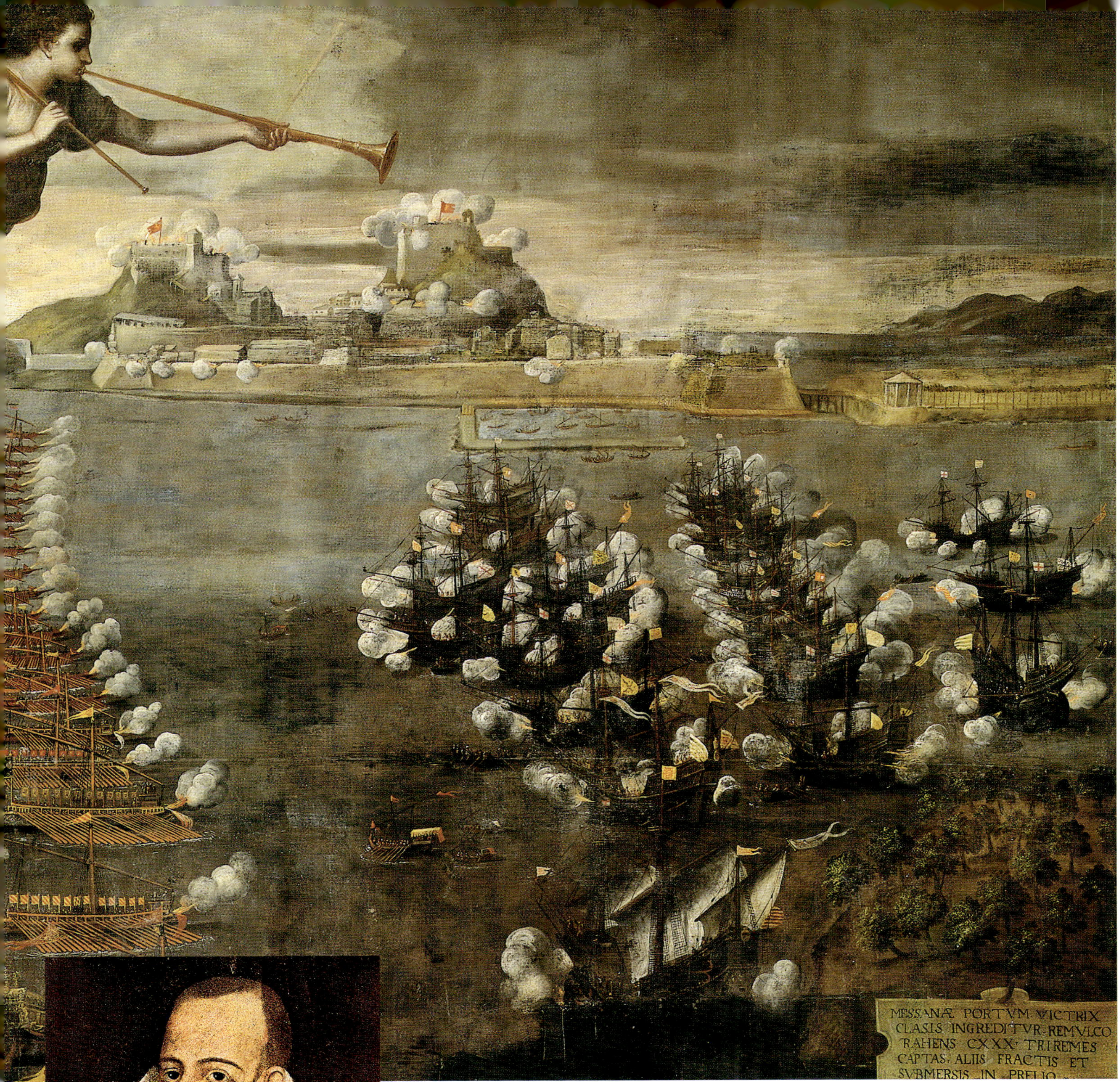

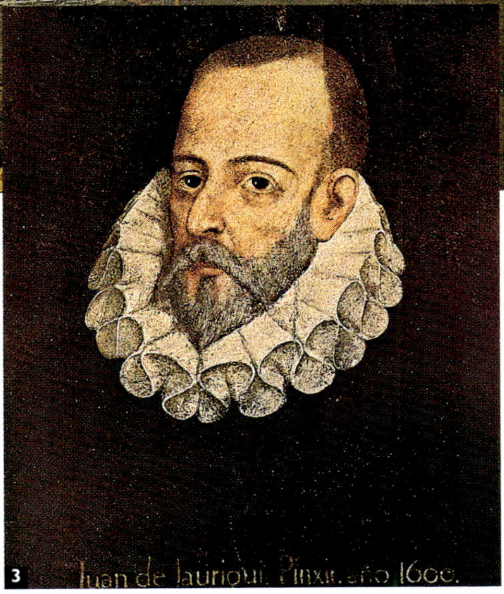

ses 213 galères à Messine. Il avait été assez heureux pour détruire 50 des 300 navires d'Ali Pacha et en capturer le double. 15 000 captifs chrétiens étaient aussitôt libérés. Parmi les blessés de Lépante, le jeune Cervantès put témoigner que le Turc n'était plus invincible. Le reflux de l'Islam avait commencé.

[1] **Soliman II le Magnifique (1495-1566).** *Le sultan, allié de François Ier, défie les Habsbourg et terrorise les pays du Danube.* (Istanbul, Bibliothèque de Topkapi)
[2] **La bataille navale de Lépante.** *Les galères de don Juan d'Autriche remportent le combat contre 300 navires turcs.*
[3] **Miguel de Cervantès (1547-1616).** *Le célèbre auteur aurait pu être tué à Lépante et* Don Quichotte *n'aurait jamais vu le jour.* (Paris, Bibliothèque nationale)

28 mai 1588

L'Invincible Armada

de Philippe II d'Espagne part du Tage pour envahir l'Angleterre. C'est la dernière expédition d'un souverain catholique du Sud pour dominer le monde protestant du Nord.

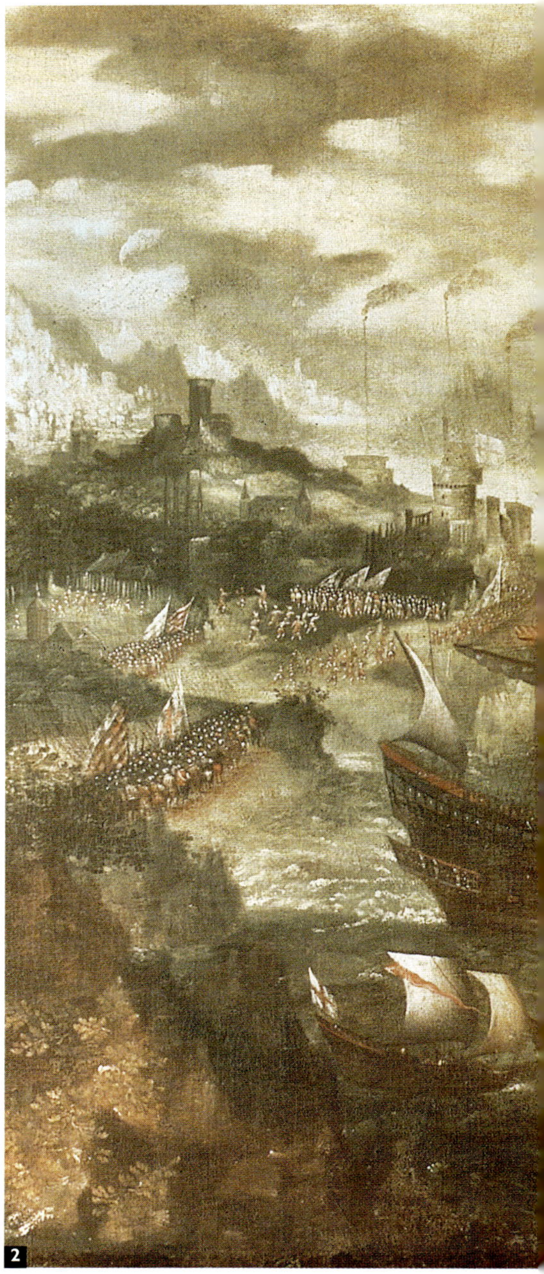

2

■ **P**hilippe II, demi-frère de don Juan d'Autriche, le vainqueur de Lépante, ne règne pas seulement sur l'Espagne et le Portugal (depuis 1580), il est également roi de Naples. De plus, en 1559, il a imposé à Henri II la paix du Cateau-Cambrésis qui lui assure maintenant l'hégémonie en Italie.

Pourtant, le souverain espagnol fait face en 1566 à la révolte des riches provinces des Pays-Bas, acquises partiellement au protestantisme et désireuses de faire sécession. En réaction, le duc d'Albe y fait régner la terreur, comme l'Inquisition l'a fait en Espagne contre les Morisques, ces Musulmans convertis de force et révoltés contre l'Église. Aux Pays-Bas, la répression n'empêche pas le calviniste Guillaume le Taciturne, stathouder de Hollande, de conclure une union fédérale avec toutes les provinces : la Pacification de Gand, en 1576. Devant l'opposition des catholiques, les provinces protestantes des Pays-Bas forment l'Union d'Utrecht en 1579 et se séparent de l'Espagne. La plus grande flotte européenne n'est plus espagnole mais hollandaise.

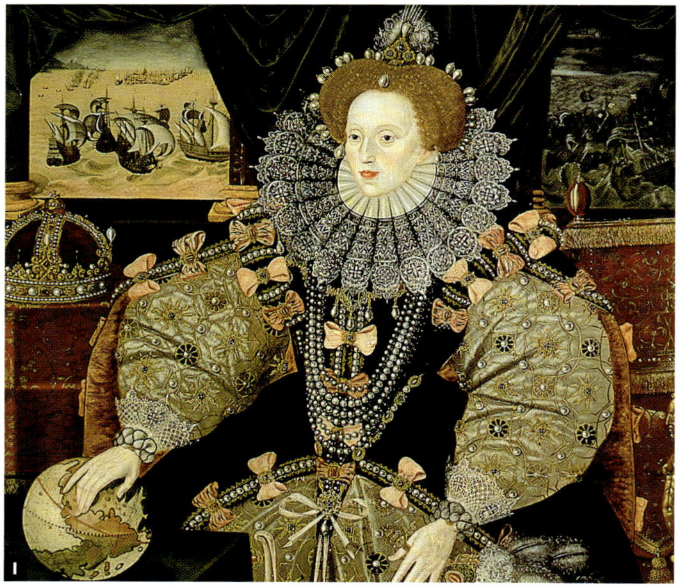

1

Les corsaires anglais, Raleigh et Drake, attaquent les gros galions du roi d'Espagne qui rentrent d'Amérique les cales remplies d'or et d'argent. L'Angleterre aussi est devenue protestante depuis la rupture d'Henri VIII et du pape en 1534. La reine Élisabeth a brisé l'opposition des catholiques, imposé la religion anglicane, condamné à mort la reine d'Écosse Marie Stuart, massacré aussi bien les catholiques irlandais que les calvinistes. Elle a aidé les Hollandais révoltés contre Philippe II. Ce roi entend pourtant lui imposer sa loi.

Aux ordres du duc de Medinasidonia, les 130 vaisseaux espagnols, armés de 2 500 canons et embarquant 30 000 soldats, sont dispersés par la tempête, attaqués par des bateaux anglais commandés par Francis Drake, Charles Howard d'Effingham ou John Hawkins, hardis corsaires et excellents navigateurs rompus aux courses océaniques. Les lourds navires

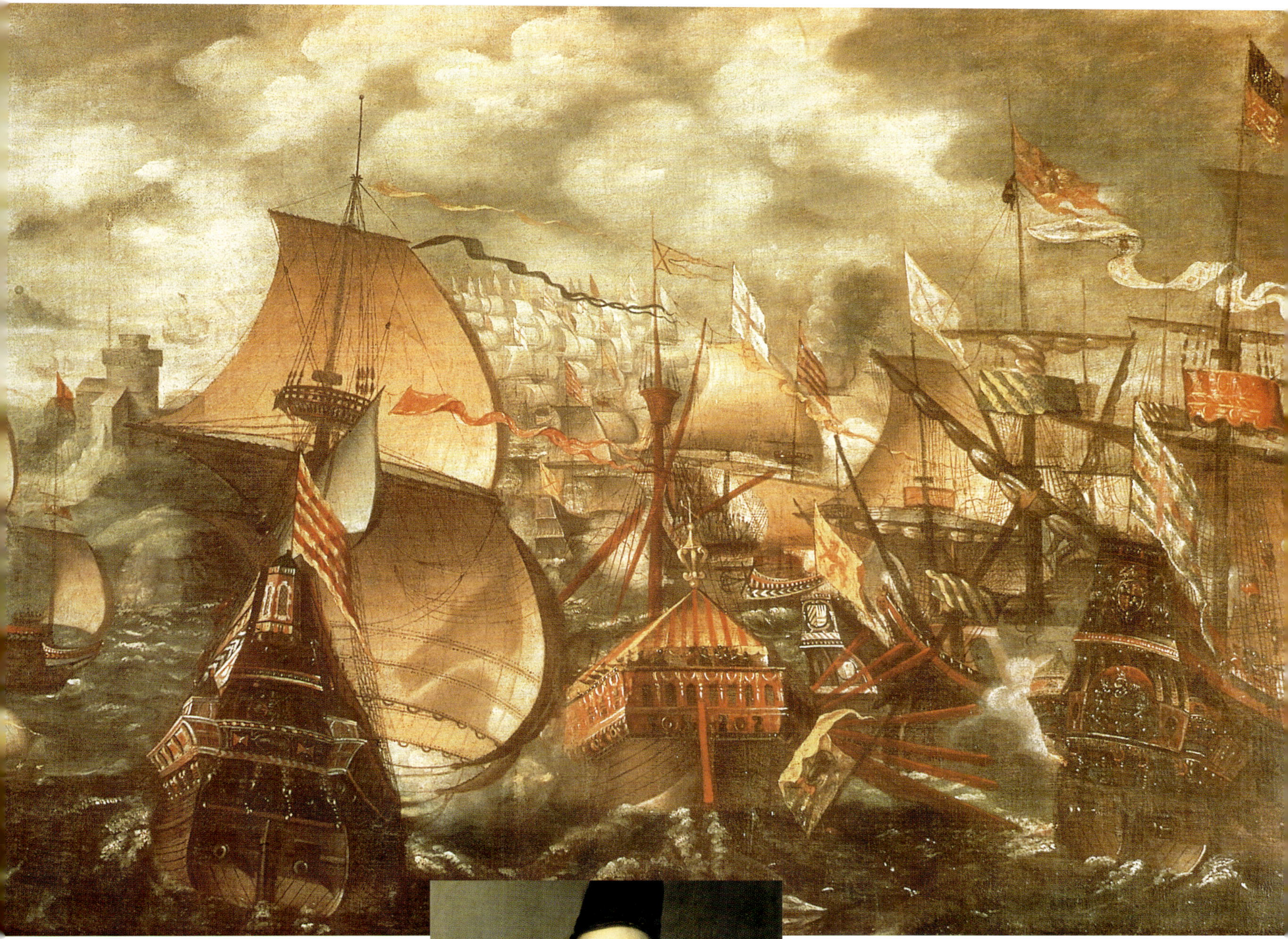

espagnols font le tour des îles britanniques et rentrent en Espagne avec 50 % de pertes. Ce désastre marque le recul de l'influence espagnole en Europe.
Les États protestants et marchands du Nord prennent la tête du développement économique, suivis par le royaume de France. Le pays est enfin libéré des guerres de religion par le huguenot converti Henri IV, que Philippe II, par le traité de Vervins de 1598, doit finalement reconnaître comme roi de France.

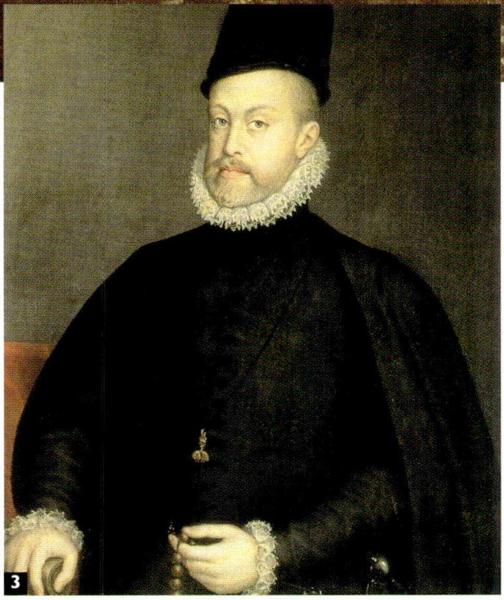
3

[1] Élisabeth Ire d'Angleterre (1533-1603).
La "reine vierge" est éblouissante dans ses tenues de cour qui ont été pieusement conservées à Londres. (Bedfordshire, Woburn Abbey)
[2] Combat entre la flotte britannique et l'Armada.
En juillet-août 1688, les Espagnols rencontrent la tempête dans la Manche. Perdus dans la brume, les navires n'aborderont jamais les côtes anglaises. (Londres, Society of Apothecaries)
[3] Philippe II d'Espagne (1527-1598).
Le roi d'Espagne rêve de purger l'Angleterre de ses hérétiques et de châtier les corsaires qui lui volent l'or d'Amérique. (Madrid, musée du Prado)

23 mai 1618

La guerre de Trente Ans

débute lorsque le comte de Thurn et les protestants défenestrent les gouverneurs impériaux au château du Hradschin à Prague. Ce conflit fera douze millions de morts en Europe.

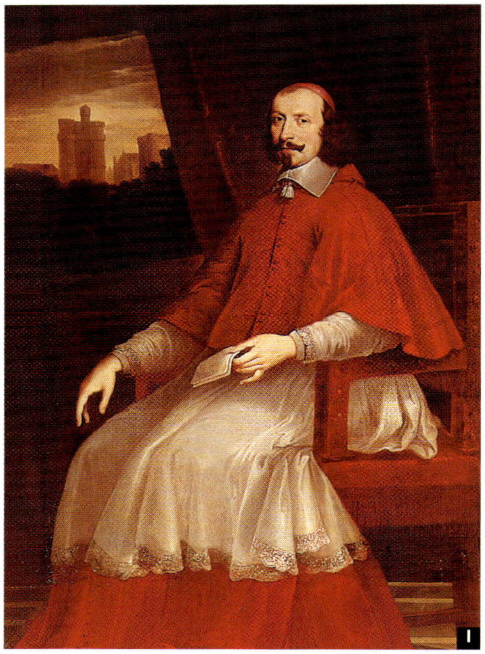

1

■ **L'**empereur Matthias, soumis aux exigences de la contre-Réforme catholique qui comptait sur lui pour reconquérir l'Allemagne, avait annulé les libertés accordées à la Bohême. Il ne reculerait pas devant la force pour rétablir l'unité religieuse. La guerre civile promettait d'être inexpiable.

Elle le fut : les deux partis engageaient des troupes mercenaires et des condottiere, comme Tilly et Wallenstein au service de la Sainte Ligue catholique. Les pillages et les massacres se multipliaient lors des passages d'armées. Les princes et l'empereur constituaient en Europe ligues et alliances, et internationalisaient le conflit.

L'Union évangélique de l'électeur palatin Frédéric V, élu roi de Bohême par les réformés, avait mis sur pied une armée que Tilly, au service du duc de Bavière Maximilien, avait écrasée lors de la bataille de la Montagne Blanche, le 8 novembre 1620. Le roi du Danemark Christian IV voulait prendre sa revanche au nom des protestants. En 1626, il se faisait battre à son tour à Lutter.

En exigeant des réformés la restitution des biens d'Église confisqués, l'empereur Ferdinand rendait toute paix impossible. Le roi de Suède Gustave-Adolphe, soutenu financièrement par le cardinal de Richelieu, battait en Allemagne les armées catholiques en 1631 et 1632, mais, après sa mort, les Impériaux reprenaient le dessus à Nordlingen en 1634, obligeant Richelieu à faire lui-même la guerre.

La France était dès lors menacée sur toutes ses frontières, car l'Espagne catholique entrait dans la danse. Les Espagnols prenaient Corbie, la Picardie, et descendaient en 1636 sur Paris. Les victoires de Louis II de Bourbon,

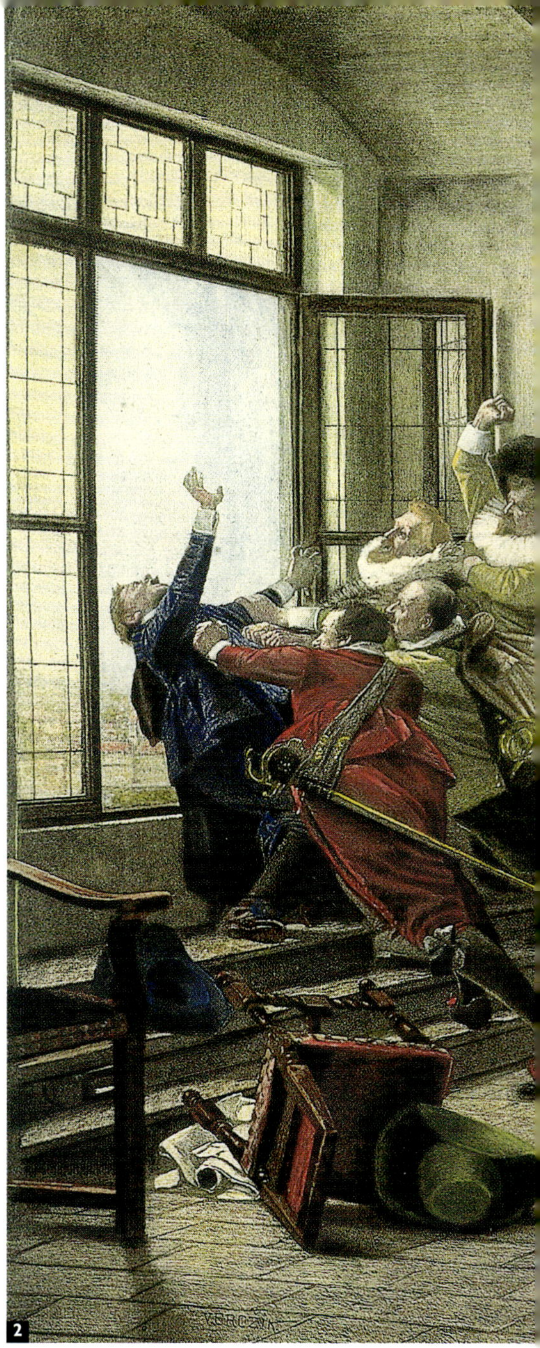

2

prince de Condé, à Rocroi en 1643 et à Lens en 1648, ainsi que les campagnes menées par Henri de Turenne et les Suédois en Bavière et en Bohême, obligeaient l'empereur à signer en 1648, après la mort du cardinal de Richelieu remplacé par Mazarin qui avait poursuivi sa politique, les traités de Westphalie qui mettaient fin à la guerre de Trente Ans.

La France et la Suède en étaient les véritables bénéficiaires. Les Provinces-Unies de Hollande y gagnaient la reconnaissance de leur indépendance. L'Allemagne quant à elle était pour longtemps ruinée. L'Europe avait perdu au moins douze millions d'habitants. La contre-

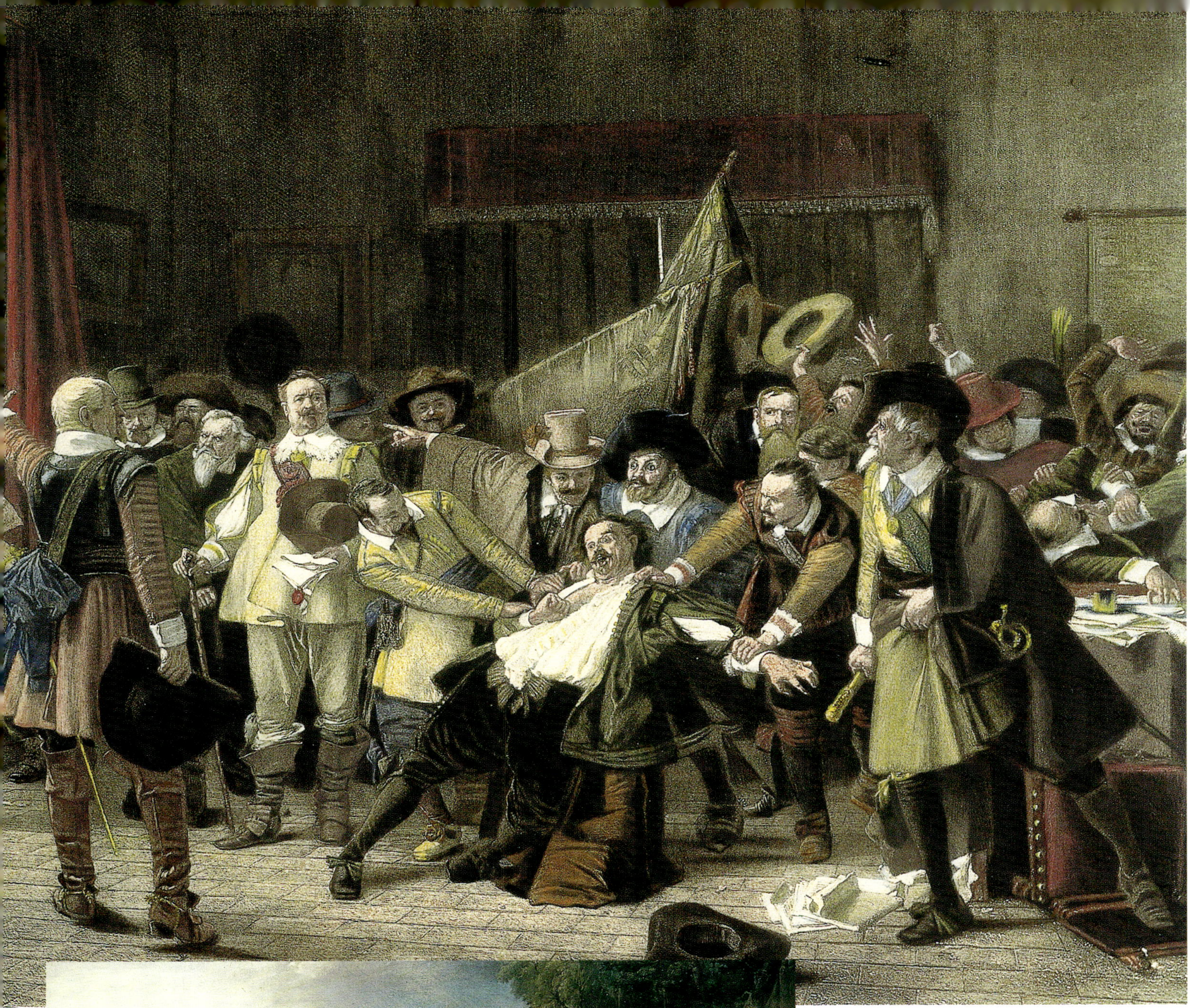

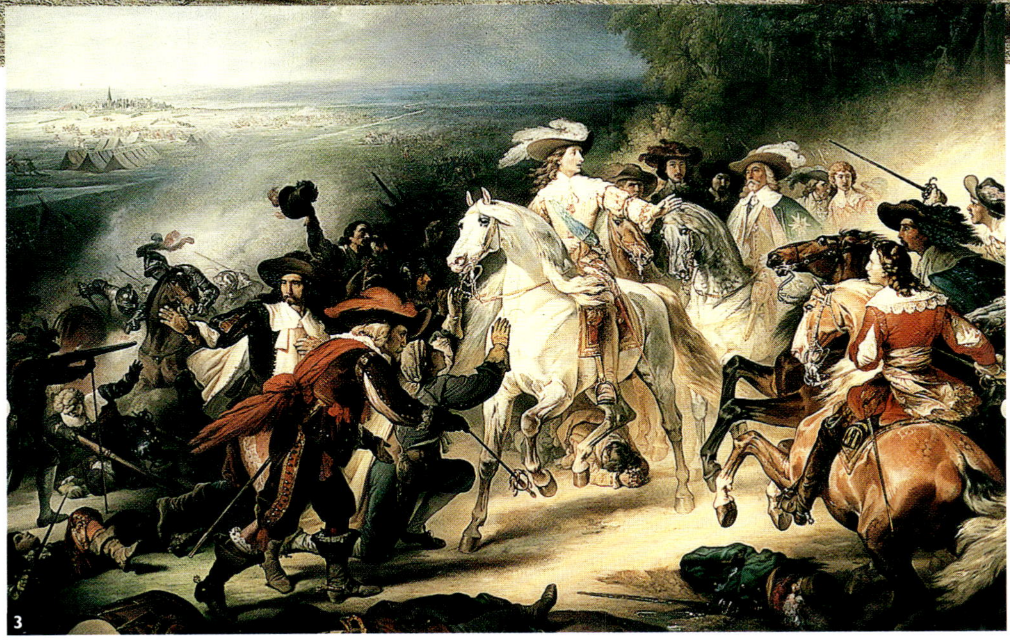

3

Réforme catholique, malgré ce bain de sang, n'avait pas réussi à l'emporter sur les protestants. La division religieuse restait la règle.

[1] Mazarin (1602-1661). *L'Italien est le digne successeur du cardinal de Richelieu.* (Chantilly, musée Condé)
[2] La défenestration de Prague. *Dans le château du Hradschin, les gouverneurs impériaux catholiques, Slawata et Martinic, sont défenestrés par les nobles protestants. C'est le début de la guerre de Trente Ans.*
[3] Le prince de Condé à Rocroi (1643). *Le Grand Condé y remporte une éclatante victoire contre les Impériaux.* (Versailles, musée du château)

16 septembre 1620

Le *Mayflower* quitte l'Angleterre

avec cent un colons à son bord. Ils débarquent le 9 novembre sur les côtes américaines. Ces *Pilgrim Fathers* sont à l'origine des États-Unis d'Amérique.

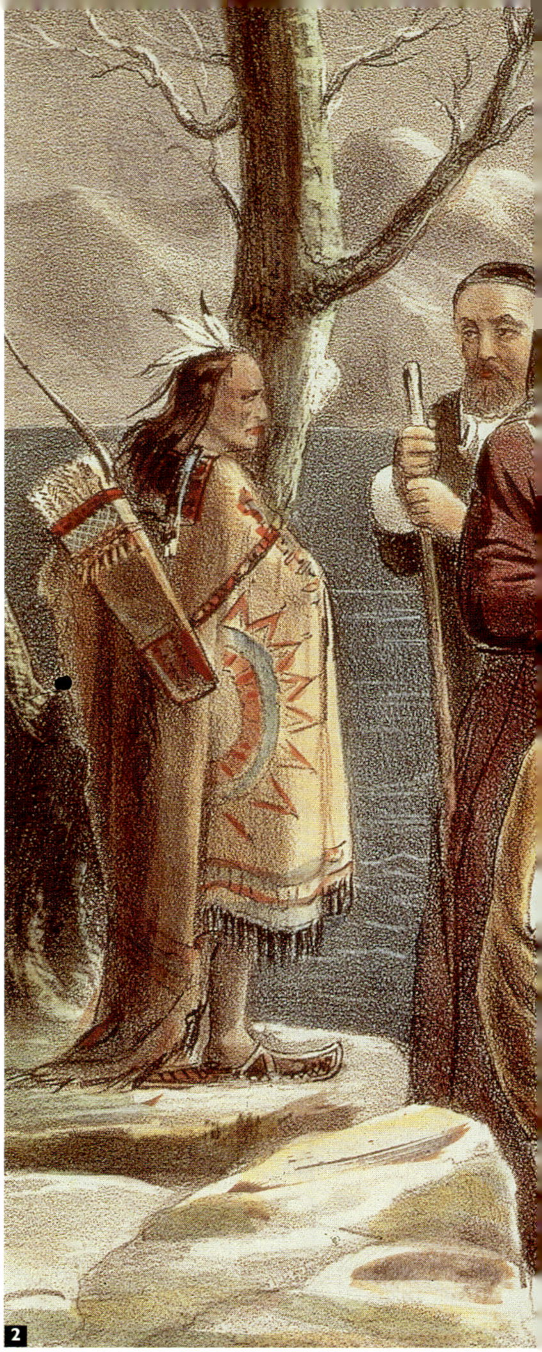

2

Quelques-uns appartiennent à l'Église réformée de Leyde en Hollande, les autres à l'Église anglicane. Ils quittent l'Angleterre parce qu'ils estiment impossible de réformer son Église. Ils fondent alors la colonie de Plymouth dans le Massachusetts, et sont les premiers occupants anglais de la colonie d'Amérique du Nord fondée à l'origine par des Hollandais. Ils cherchent, dans le désert glacé de la Nouvelle-Angleterre à construire une communauté uniquement vouée au service de Dieu.
Ces théocrates puritains, de théologie calviniste, pensent que la nouvelle Jérusalem peut être construite, à condition d'être composée exclusivement de Puritains conformistes, choisis par cooptation. John Winthrop, leur gouverneur, estime que pour construire Sion, il faut rester entre soi. Ceux qui ne partagent pas la foi puritaine peuvent partir pour fonder une nouvelle colonie selon leurs vœux. Les sceptiques, les critiques, les dissidents sont exclus sans violence. La colonie installée dans la baie du Massachusetts veut rester orthodoxe.

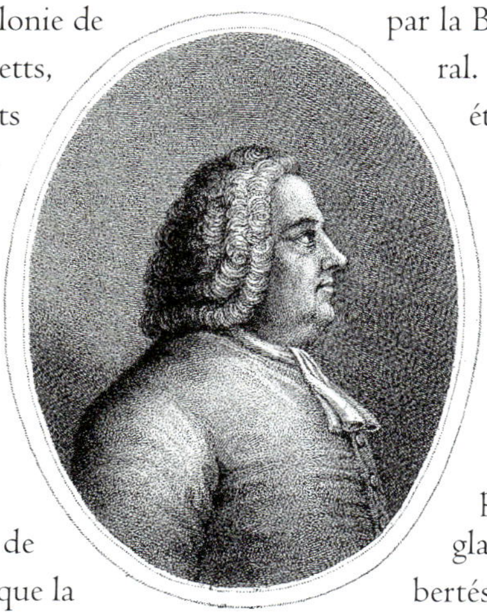

[1]

Dans cette "Genève américaine", l'assistance au sermon était obligatoire. Ni évêques, ni moines. Les Puritains supportaient les églises voisines, à condition qu'elles fussent inspirées par la Bible et unies par un lien fédéral. Les gouverneurs et les juges étaient choisis en fonction de leur respect de Dieu et de la justice. Le roi Charles d'Angleterre, maître de la colonie, autorisait l'assemblée générale des colons à promulguer des décrets et statuts, pourvu qu'ils ne fussent pas contraires aux lois anglaises. Ainsi une charte des libertés avait été rédigée en 1641. Seuls les hommes libres, admis au sein de l'Église, avaient le droit d'occuper des fonctions publiques.
Très différente était la colonie des Quakers de Pennsylvanie, reconnue par la charte royale de 1681. William Penn, son fondateur, croyait à l'égalité entre les hommes, croyants ou non, à la tolérance et à la liberté religieuse. Il ne pensait pas que les Indiens fussent une "escorte du diable". Il était prêt à accueillir des hommes de toutes sectes. Pour Penn, chacun devait participer au gouvernement et élaborer les lois par l'intermédiaire des représentants. "Les gouvernements, écrivait-il, dépendent plus des hommes que les hommes des gouvernements."
Les Quakers prospéraient à Philadelphie, tandis que New Amsterdam, la future New York, peuplée de Hollandais, avait obtenu avec son gouverneur Peter Stuyvesant sa première charte municipale. Les réformés avaient fondé en Amérique des sociétés inspirées par Dieu, mais dont le gouvernement était, par contrat, dans la main d'hommes qui n'avaient besoin ni de rois ni d'évêques.

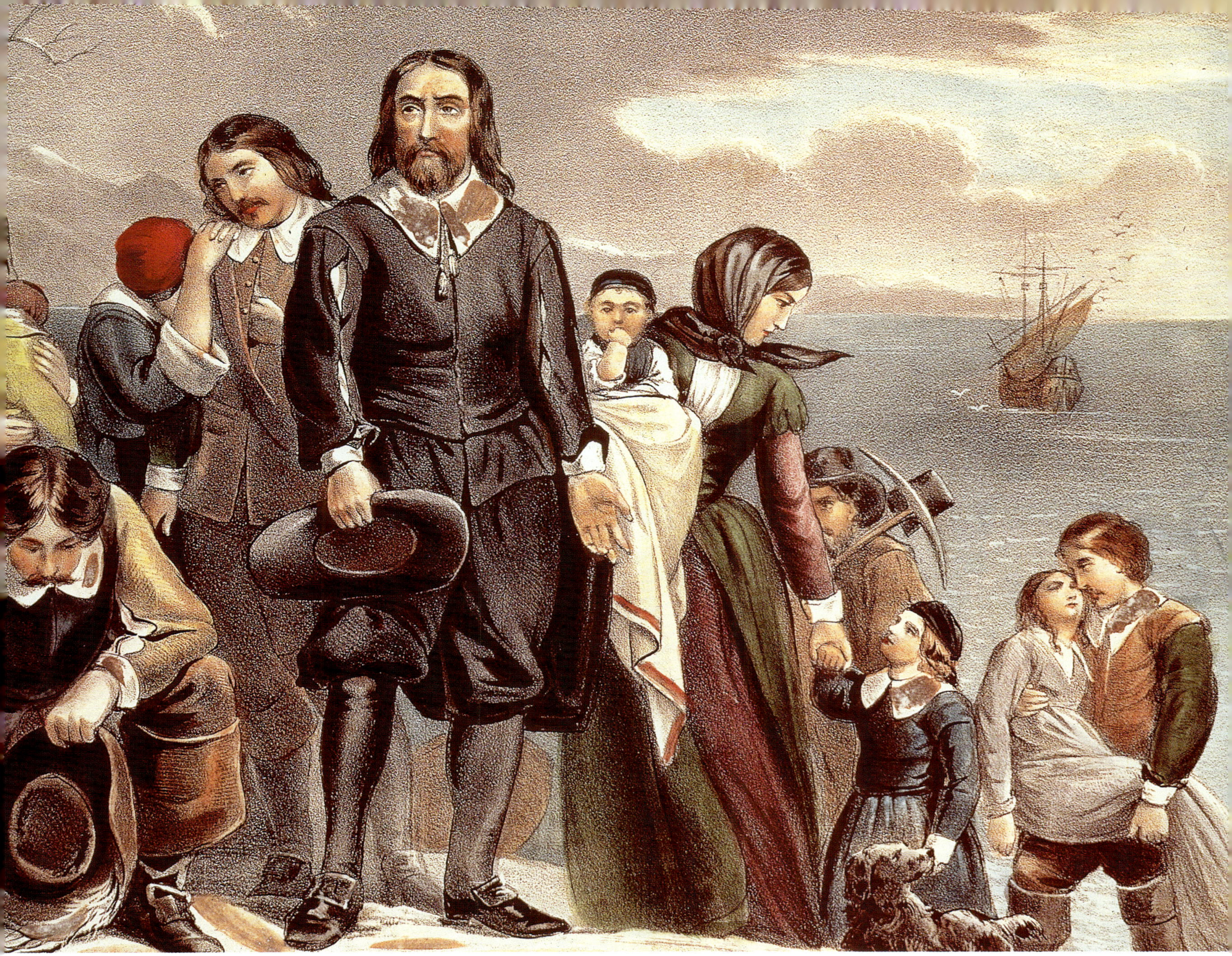

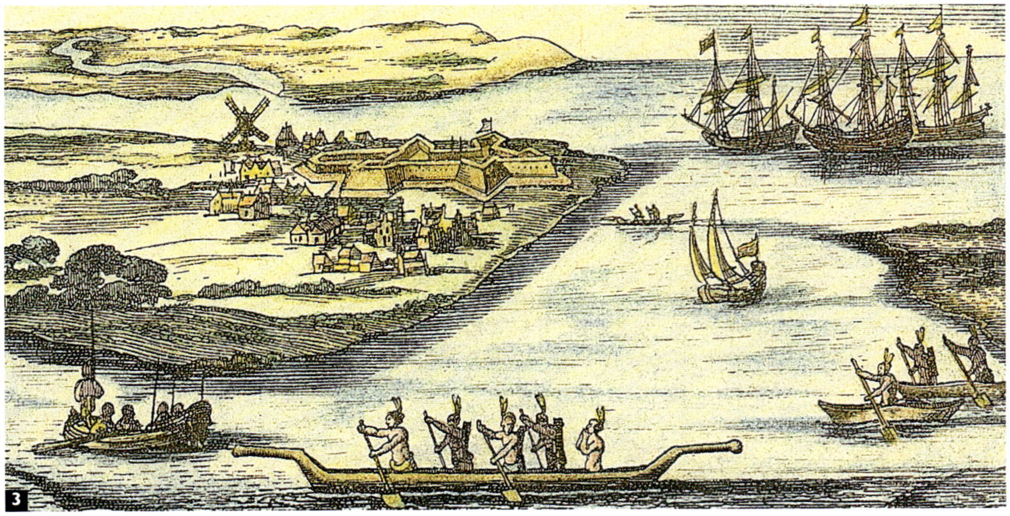

3

[1] William Penn (1644-1718).
Interné plusieurs fois dans la tour de Londres, ce quaker héroïque part pour l'Amérique du Nord et fonde en 1688 la colonie des hommes libres qui prendra le nom de Pennsylvanie. (Paris, Bibliothèque nationale)
[2] Les puritains du *Mayflower*.
Les cent un colons anglais débarquent à Plymouth le 9 novembre 1620. Ils cherchent la nouvelle Jérusalem sur les côtes glacées du Massachusetts. (New Haven, Yale University Art Gallery)
[3] New Amsterdam en 1614.
Les Hollandais, premiers occupants de la future New York, ont construit sur l'île de Manhattan un fort et un moulin à vent.

29 octobre 1628

La Rochelle capitule

face au cardinal de Richelieu. Le ministre de Louis XIII, allié des protestants d'Allemagne, lutte farouchement contre les protestants du royaume de France alliés des Anglais.

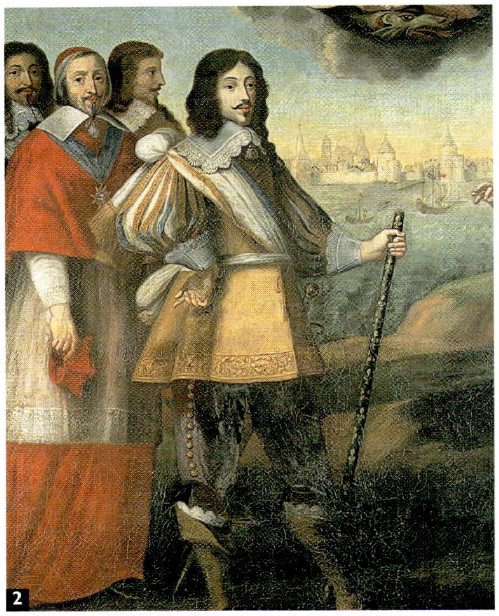

■ Le cardinal engage chez lui, dans son fief de Richelieu, des missionnaires de Vincent de Paul pour lutter contre les protestants. Il pense que le roi Louis XIII, qui voue la France au culte de la Vierge Marie, est un souverain catholique dont tous les sujets doivent partager la foi. Il est donc inadmissible que les protestants français disposent dans le royaume de places de sûreté où ils peuvent braver l'autorité du roi. La Rochelle est la plus forte de ces places. Elle doit tomber.

C'est dans le cadre du royaume et de l'Église de France que Richelieu conçoit la lutte contre l'hérésie. Il ne rêve nullement d'une Europe dominée par le pape. Il prétend que le catholicisme doit être d'abord réalisé intégralement dans un seul pays, avant de s'exporter dans une Europe dominée.

Il faut d'abord maîtriser l'Église de France, en faire une institution forte, indépendante de Rome. Désormais le pape est un gêneur pour la cause catholique intransigeante. Il a déjà prouvé son impuissance.

Depuis Philippe le Bel, la tradition monarchique en France revendique l'autonomie d'une Église acquise au roi, discutant directement de ses problèmes avec l'autorité civile par l'intermédiaire du concile. C'est une tradition gallicane. Il revient à l'Église de France d'envisager avec le roi la lutte contre l'hérésie,

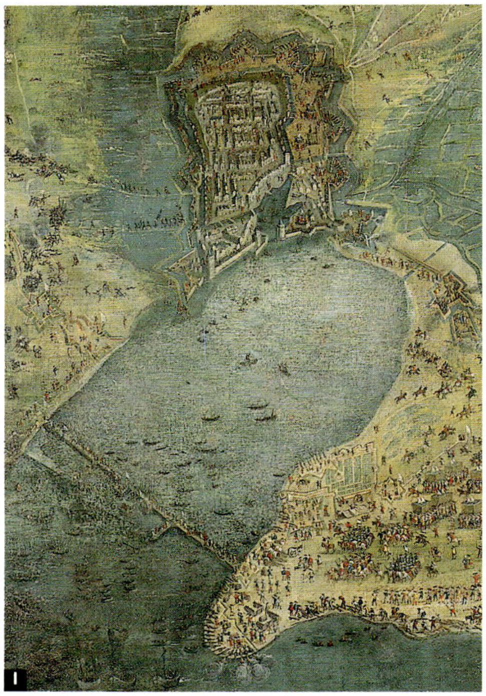

sans que Rome interfère, mais en plein accord avec les conclusions du concile de Trente.

À l'étranger, la politique française est réaliste. Elle n'entre pas dans le cadre d'une croisade catholique, comme jadis celle de Philippe II. Le roi de France est chez lui le Très Chrétien, alors qu'il est l'allié des Suédois et des princes protestants allemands.

Que l'Angleterre anglicane intervienne dans les affaires françaises et soutienne les protestants de La Rochelle, au nom d'une parenté religieuse, est intolérable. Le cardinal fait construire une digue pour empêcher la flotte anglaise d'approcher du port et oblige les Rochelais affamés à capituler après quinze mois. La répression est très sévère.

L'année suivante, l'édit de grâce d'Alès tolère la liberté de culte en France mais enlève aux protestants l'usage de leur organisation militaire : les places fortes sont rasées, les troupes congédiées. Si les cardinaux français ont été chez eux les artisans très actifs de la contre-Réforme, ils ont substitué en Europe, à l'idéal unitariste de Rome, le principe de souveraineté absolue des États, regroupés autour de la personne royale, dominant les Églises nationales et assurant eux-mêmes la police du culte. Le testament de Richelieu contient les germes de la politique de Louis XIV.

[1] Plan du siège de La Rochelle (10 août 1627-29 octobre 1628). *Le port est entièrement fermé par la digue de Richelieu.* (Versailles, musée du château)

[2] Louis XIII et Richelieu. *Qui est le maître, du roi ou du ministre ? Le plus pieux des deux est assurément le roi qui voue un culte à Notre Dame.* (La Rochelle, musée d'Orbigny-Bernon)

[3] Richelieu sur la digue de La Rochelle. *Le cardinal botté et cuirassé, l'épée au côté, attend l'ennemi anglais sur la digue de La Rochelle, un ouvrage colossal de 1 500 mètres de long. Ils ne passeront pas et les Rochelais mourront de faim.* (La Rochelle, musée d'Orbigny-Bernon)

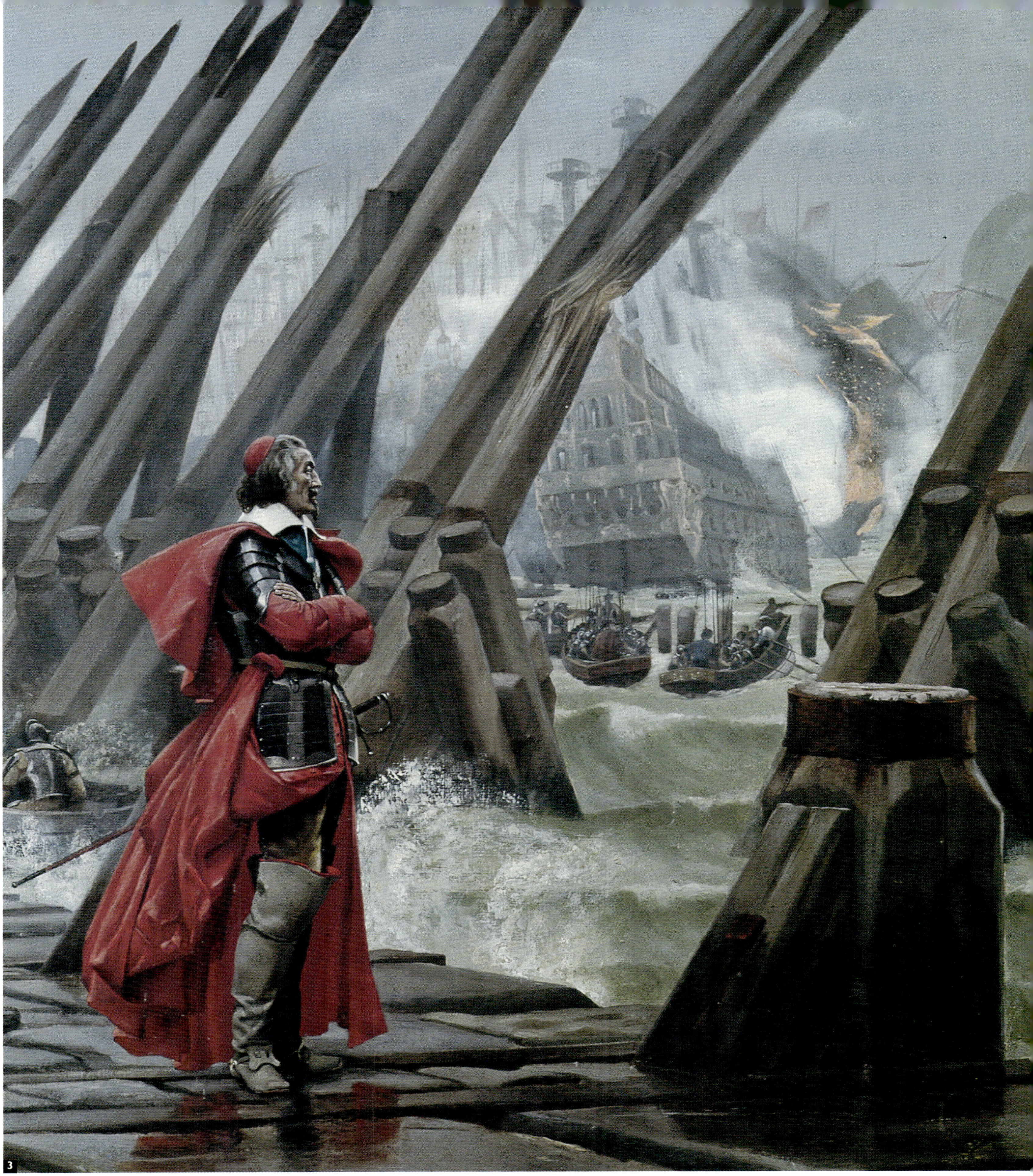

3

30 janvier 1649

Charles Ier d'Angleterre

est décapité devant le palais de Whitehall à Londres. Pour la première fois, des révolutionnaires se rendent coupables de meurtre sur la personne sacrée d'un roi chrétien.

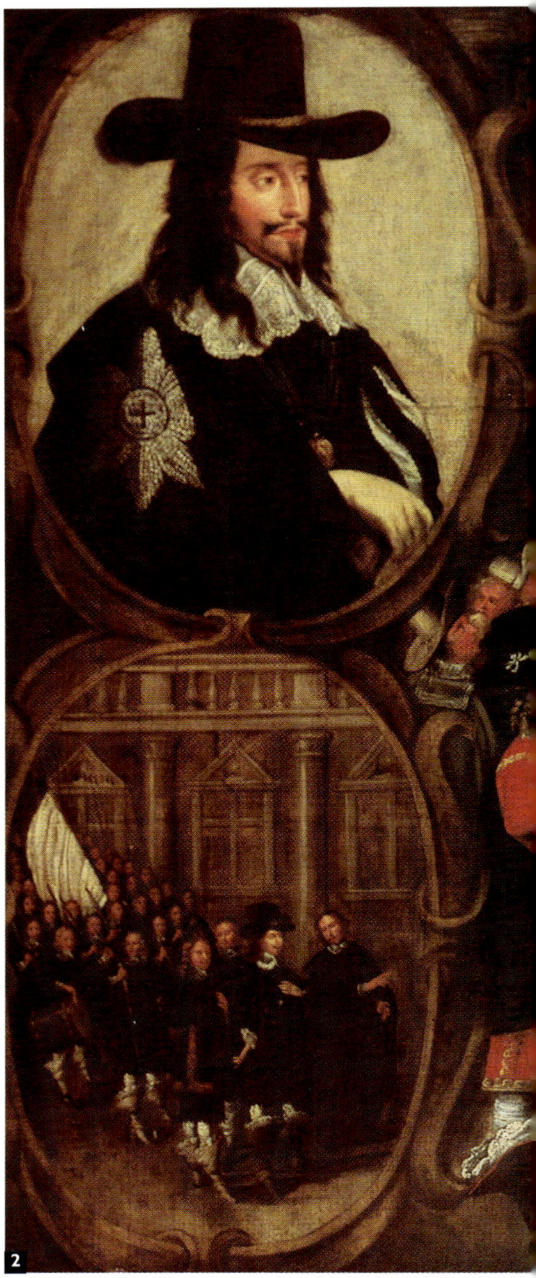

■ Cette révolution suit la publication en 1642, par le philosophe Thomas Hobbes, du *De Cive* qui fait résulter le pouvoir civil d'un contrat implicite entre le peuple et son souverain, et non d'un principe et d'un sacre divins. Cette laïcisation du pouvoir s'inscrit directement contre la tradition chrétienne théocratique et conduit à une révolution civile, celle d'Oliver Cromwell.
Ce parlementaire n'était nullement un laïc tolérant. Il s'insurgeait contre la royauté anglicane qui reposait sur le pouvoir hiérarchique des évêques au nom du presbytérianisme qui trouvait à Genève son modèle dans l'Église de Jean Calvin. Il voulait instaurer, non pas un pouvoir civil, mais un pouvoir religieux démocratique et théocratique. Persécutés sous Élisabeth, ces presbytériens étaient devenus les puritains que Cromwell avait rassemblés autour de la défense des droits du Parlement contre le roi Charles Ier, adepte du droit divin et marié à la sœur de Louis XIII, la très catholique Henriette de France.

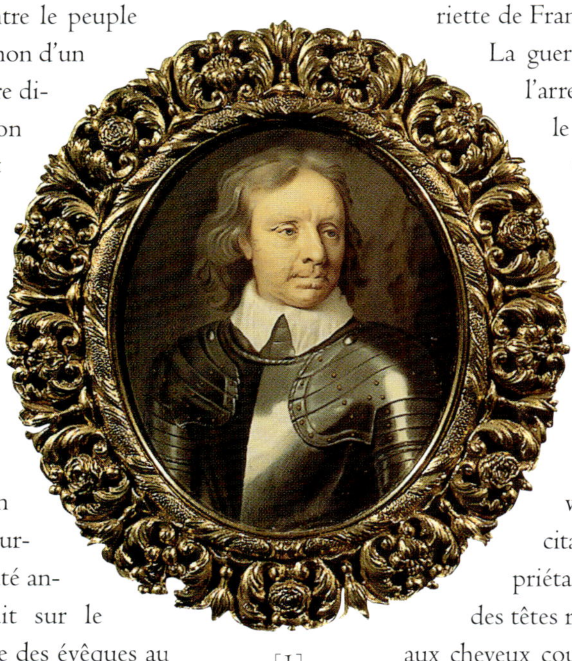

[I]

La guerre civile éclate après l'arrestation ordonnée par le roi de cinq parlementaires de l'opposition. Ceux-ci se réfugient avec Pym dans la cité de Londres qui refuse de les livrer. Pour faire face aux nobles cavaliers de l'armée royale, Cromwell organise avec les citadins et les petits propriétaires ruraux l'armée des têtes rondes, des bourgeois aux cheveux courts. Sa cavalerie des *Iron Sides* se compose exclusivement de puritains fanatiques. Il bat l'armée royale à Naseby en 1645, mais doit repartir en campagne après l'évasion du roi. Il défait de nouveau à Preston les troupes du souverain (août 1648), châtie les Écossais et épure le Parlement. Cromwell fait alors juger Charles Ier et obtient

[1] Oliver Cromwell (1589-1658). *Créateur de la république anglaise, il instaure la dictature en 1653 et prend le titre de "lord-protecteur" du Commonwealth.* (Londres, Wallace collection)
[2] Exécution de Charles Ier. *La décapitation théâtrale du roi d'Angleterre a lieu devant le palais de Whitehall. Le bourreau (médaillon de droite) présente la tête du roi au public.* (Oxford)
[3] Charles Ier d'Angleterre (1600-1649). *Adepte du droit divin, il épouse la sœur de Louis XIII, Henriette de France.* (Innsbruck, Sammlungen Schloß Ambras)

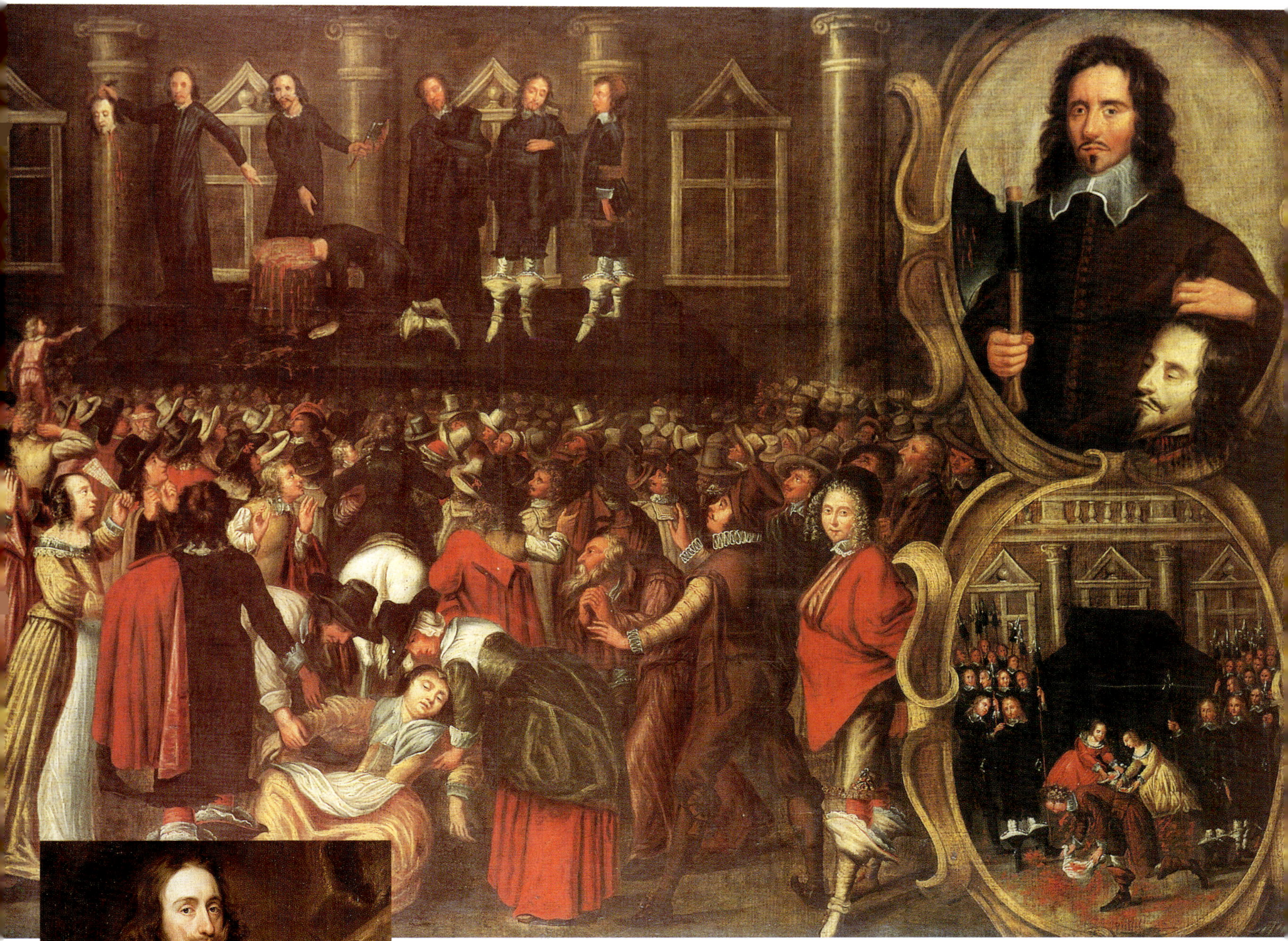

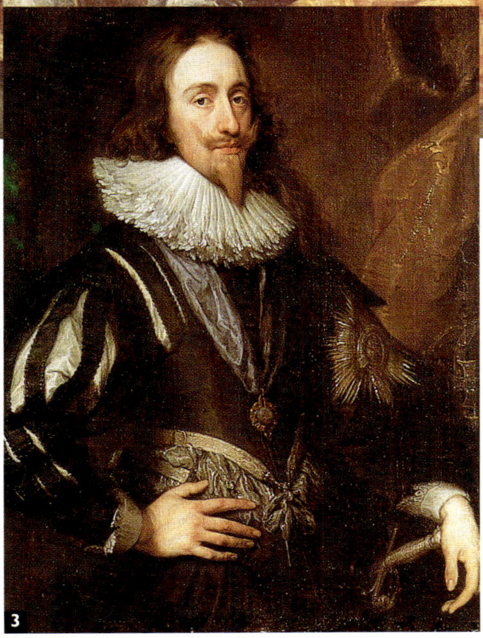

3

sa condamnation. Ensuite il lance en Irlande une expédition punitive contre les catholiques. La garnison de Drogheda, près de Dublin, est impitoyablement massacrée par les soldats puritains qui écrasent également les Écossais à Dunbar et Worcester. Cromwell devient alors dictateur, avec le titre de "lord-protecteur" du Commonwealth, une sorte de République puritaine comprenant l'Angleterre, l'Écosse et l'Irlande.

Après la mort de Cromwell, en 1658, les Anglais sont las de la dictature et de la guerre civile. Ils accueillent Charles II Stuart, le fils de Charles Ier réfugié en France, et le mettent sur le trône en 1660. Ce dernier restaure, malgré ses convictions catholiques, l'Église anglicane.

La première révolution anglaise avait échoué. L'exécution du roi n'avait pas eu pour conséquence l'instauration du pouvoir civil souhaitée par Hobbes.

6 mai 1682

Louis XIV

s'installe définitivement dans le palais de Versailles avec sa cour. Le soleil catholique brille de nouveau sur l'Europe et prétend maintenant éclairer le monde entier.

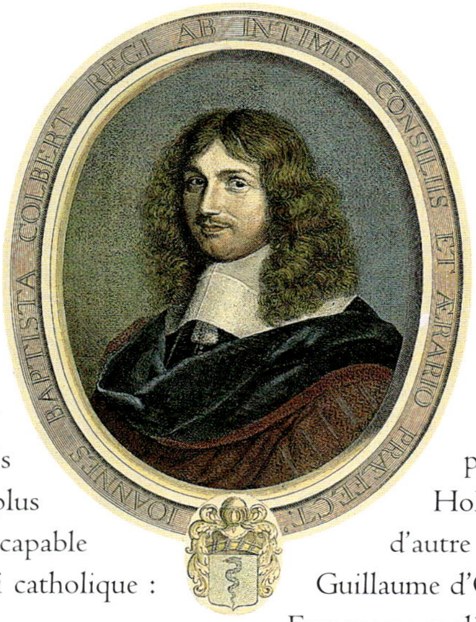

[1]

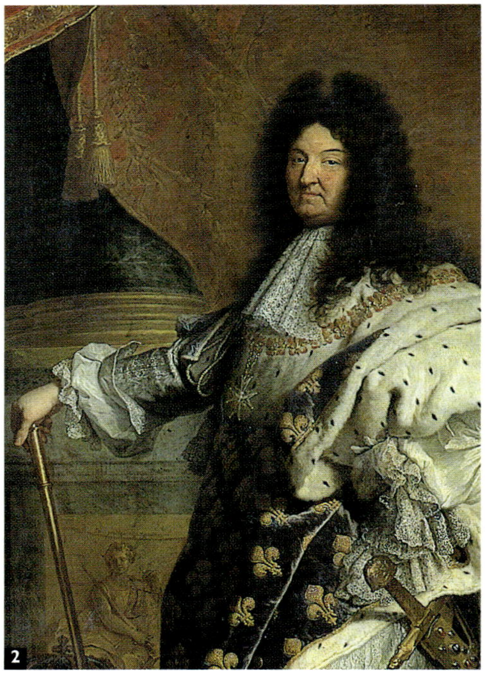
2

■ **D**ésormais les rois cherchent à reconstituer l'unité chrétienne dans une Europe qui n'est plus dominée par le pouvoir spirituel de Rome, mais conquise par un souverain plus puissant que les autres, capable d'imposer le retour à la foi catholique : Louis XIV.

Le pouvoir de Louis XIV, défini par Bossuet, est d'essence religieuse. Par la cérémonie du sacre, il est l'héritier des rois d'Israël. Dieu parle par sa bouche et il a le pouvoir thaumaturgique de guérir les écrouelles. Tout attentat contre lui est puni de la peine réservée aux régicides, l'écartèlement en place de Grève, subi par Ravaillac en 1610 après l'assassinat d'Henri IV.

Le roi soleil établit l'ordre chez lui par un régime hyper-centralisé servi par des ministres bourgeois efficaces (Colbert, Le Tellier, Louvois). Il se dote d'une armée régulière à hauteur de ses ambitions, commandée par les Turenne, Vauban et Luxembourg.

Le roi comprit que, pour être riche et puissant, il devait s'étendre vers l'Europe industrieuse du Nord. Il avait intérêt à faire la guerre pour retirer la Flandre à l'Espagne. Il ne réussit qu'à lui prendre Lille et le Hainaut, ce qui lui valut l'hostilité des pays protestants. La guerre de Hollande (1672-1678) n'eut d'autre résultat que de permettre à Guillaume d'Orange de dresser contre la France une coalition rassemblant l'Espagne, l'Empire et le Brandebourg. Grâce à la paix de Nimègue (1678), Louis XIV parvint néanmoins à prendre la Franche-Comté, coupant définitivement le "boulevard" espagnol de l'Italie aux Pays-Bas. Le Grand Roi arrondissait le "pré carré" français, prenait Strasbourg et Luxembourg, mais ne parvenait pas à être en Europe le fédérateur des États catholiques. L'hostilité de l'Espagne et de l'Empire le lui interdisait.

Dans la guerre de la ligue d'Augsbourg, de 1688 à 1697, l'ensemble de l'Europe se réunissait contre la France, toutes religions confondues. Les Français dévastaient le Palatinat et s'aliénaient les princes protestants d'Allemagne, leurs alliés traditionnels contre les Habsbourg. La politique extérieure du roi devait être définitivement ruinée par la guerre de succession d'Espagne, de 1701 à 1714. Les pays protestants, l'Angleterre du duc de Marlborough et la Hollande, mais aussi l'Empire servi par le prince Eugène, y écrasaient la France n'ayant pour alliées que la Bavière et l'Espagne très affaiblie. La victoire de Villars à Denain en 1712 avait seulement permis de conserver les frontières nouvelles, telles que Strasbourg, la Flandre et la Franche-Comté.

Le rêve d'une hégémonie française en Europe s'était dissipé. Les États protestants marchands avaient montré leur maîtrise et leur absolue domination des mers.

[1] Jean-Baptiste Colbert (1619-1683).
Fils d'un marchand drapier, le grand argentier de Louis XIV donne au budget du royaume des règles mercantilistes bourgeoises.

[2] Louis XIV (1638-1715).
Le roi soleil en tenue de sacre. Il commence à régner en 1661, à la mort de Mazarin, et s'installe à Versailles avec toute sa cour en 1682, au sommet de sa puissance.
(Paris, musée du Louvre)

[3] Le château de Versailles vers 1675.
Le château, dont les travaux furent ordonnés par Louis XIV en 1661, exhibait rarement ses jets d'eau car l'aqueduc qui devait capter les eaux de l'Eure pour alimenter les fontaines ne fut jamais achevé.
(Versailles, musée du château)

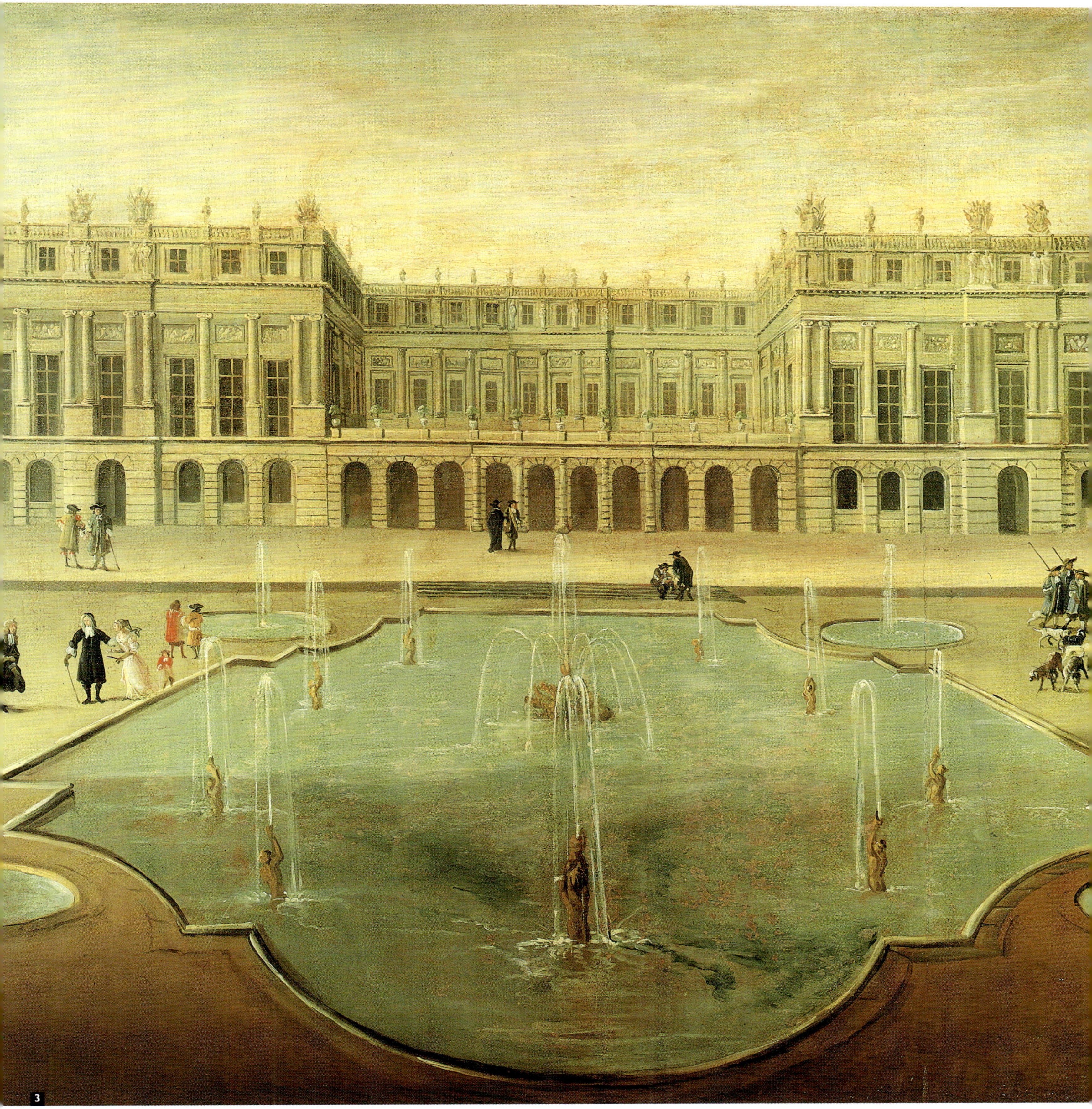

3

18 octobre 1685

La révocation de l'édit de Nantes

est effective avec la promulgation par Louis XIV de l'édit de Fontainebleau. Les protestants sont à présent considérés comme des hors-la-loi dans tout le royaume. Bossuet salue la décision.

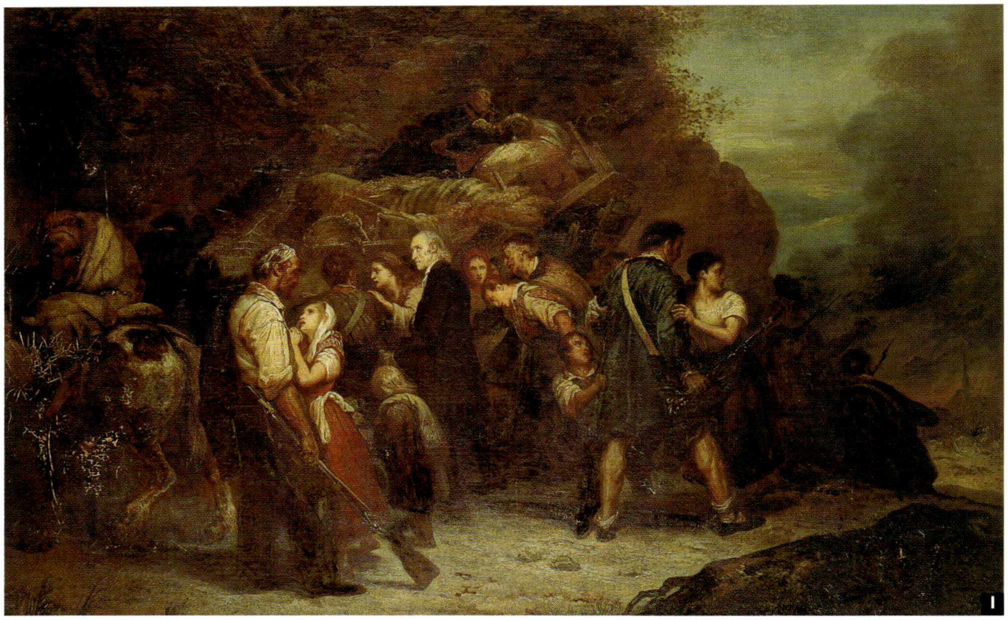

■ Le roi de France réalisait ainsi ce que l'Église de la contre-Réforme ligueuse avait déjà rêvé pendant les guerres de religion, un siècle auparavant. Le culte protestant était condamné, les temples fermés, les écoles supprimées. On interdisait aux fidèles de s'exiler. On les convertissait de force. Ils n'avaient droit à l'état civil que s'ils abjuraient. Les fonctions publiques leur étaient interdites. Par la force, le Grand Roi anéantissait une religion qui avait compté jusqu'à deux millions d'adeptes.

Les protestants qui parvenaient à s'enfuir prenaient le bateau avec leurs biens, franchissaient les frontières clandestinement, gagnaient les pays amis, Prusse et Hollande. Les artisans, laboureurs, commerçants, industriels, officiers de l'armée, n'avaient aucun mal à s'installer à l'étranger où ils constituaient des réseaux puissants, hostiles à la politique française.

Le roi allait jusqu'au bout de la répression, envoyant des dragons dans les régions irréductibles, comme les Cévennes ou le Bas-Languedoc, pour venir à bout des insoumis qui continuaient leur culte au désert. Cette rébellion d'une région entière obligeait le souverain à expédier des régiments en renfort contre les camisards de 1702 à 1705. Mais les huguenots étaient inexpugnables. La férocité de la répression n'arrivait pas à les atteindre dans leur foi profonde.

Louis XIV entreprenait également la persécution des jansénistes de Port-Royal-des-Champs. Déjà Antoine Arnaud, un des maîtres de ce mouvement réformateur, avait été censuré par la Sorbonne et les petites écoles des jansénistes fermées. En 1710, les religieuses de Port-Royal-des-Champs furent dispersées à leur tour et leurs bâtiments entièrement détruits.

Serviteur zélé de la religion catholique, Louis XIV n'était pas pour autant au service du pape. Les conflits avec Rome étaient continuels, au point que Bossuet fut chargé de rédiger en 1682 la déclaration des Quatre Articles qui plaçait maintenant l'Église de France sous la seule autorité du roi.

Ce gallicanisme n'était pas du goût du Saint-Siège qui réussit à rétablir une collaboration normale avec le gouvernement royal. Mais l'Église de France et surtout le Parlement reprenaient à leur compte le gallicanisme, obligeant le clergé à adopter une attitude de résistance au souverain pontife. Le Grand Roi s'estimait le seul vrai défenseur de la foi catholique sur le continent.

[1] Guerre des camisards (1702-1705).
Les huguenots fuient les dragons du roi dans les Cévennes. La répression des protestants révoltés est confiée au maréchal de Montrevel qui emploie des méthodes brutales (pillage, incendies, massacres...)

[2] L'édit de Fontainebleau (1685).
Le roi Louis XIV (à droite sous le dais) signe à Fontainebleau l'acte de révocation de l'édit de Nantes. Cette décision contraint les protestants du royaume à la conversion. (Paris, Bibliothèque nationale)

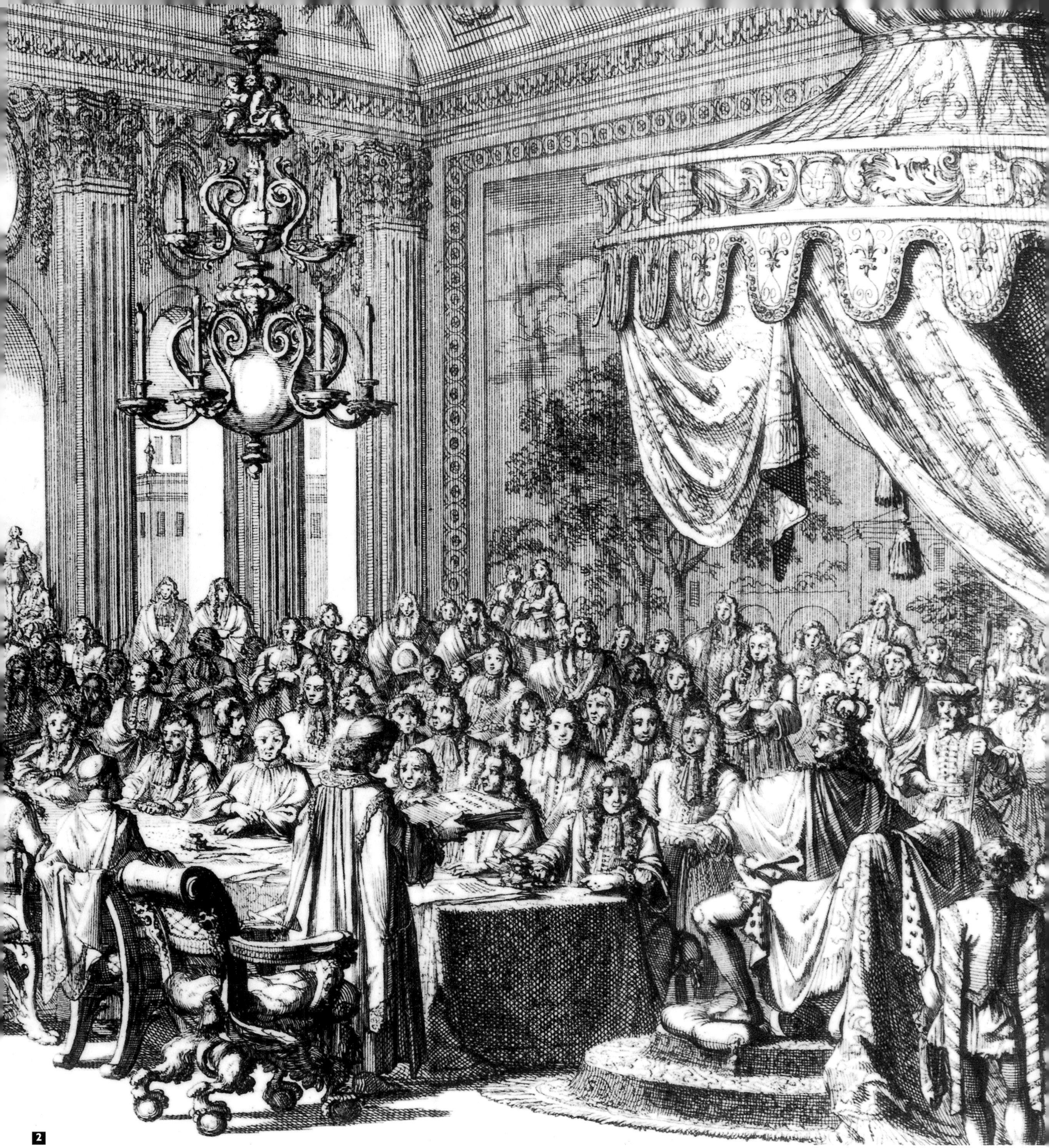

2

9 juillet 1686

Guillaume d'Orange,

champion de l'Europe protestante, conclut la ligue d'Augsbourg. Cette coalition rassemble contre le royaume de France la majorité des pays protestants d'Europe, ainsi que la maison d'Autriche pourtant catholique.

■ **L**e stathouder est l'âme de cette alliance. Champion de l'Europe protestante, il s'affirme comme l'ennemi acharné de Louis XIV. Il est le descendant de Guillaume Ier d'Orange, prince allemand de Nassau-Dillenburg élevé dans le catholicisme auprès de Charles Quint, héritier de la principauté d'Orange, enclave du Comtat Venaissin, et de diverses seigneuries de Hollande, nommé par l'Empereur gouverneur de cette province en 1559. Il avait organisé la résistance hollandaise contre la tyrannie sanglante du duc d'Albe. Converti lui-même au calvinisme, il avait pris la tête de l'Union d'Utrecht, groupant les provinces hollandaises du nord qui avaient rompu avec l'Espagne en 1581. Assassiné en 1584 par un catholique fanatique, il avait eu pour successeurs ses fils Maurice de Nassau et Frédéric-Henri qui devaient s'illustrer durant la guerre contre l'Espagne.

Guillaume III d'Orange était le petit-fils de Frédéric-Henri. Il avait été élevé par le républicain Jean de Witt qui représentait, avec le titre de Grand Pensionnaire, les milieux d'affaires dominants. La Hollande avait en effet construit un immense empire colonial, fondé la banque d'Amsterdam, envoyé sur toutes les mers des navires de commerce battant pavillon des compagnies des Indes occidentales et orientales.

Cette politique active l'avait conduite à une guerre économique, d'abord contre l'Espagne puis contre l'Angleterre qui lui avait ravi ses colonies d'Amérique par le traité de Breda en 1667. L'agression française de 1672 avait jeté la Hollande dans les bras de la Suède et de l'Angleterre protestantes et ramené au pouvoir la dynastie d'Orange.

Guillaume III fut rapidement placé à la tête de l'armée où sa famille avait fait ses preuves. Élu stathouder, il prit la tête de la résistance acharnée aux Français. En épousant

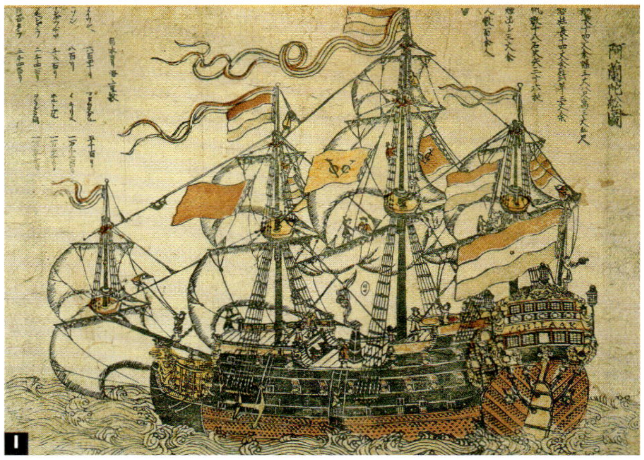
1

2

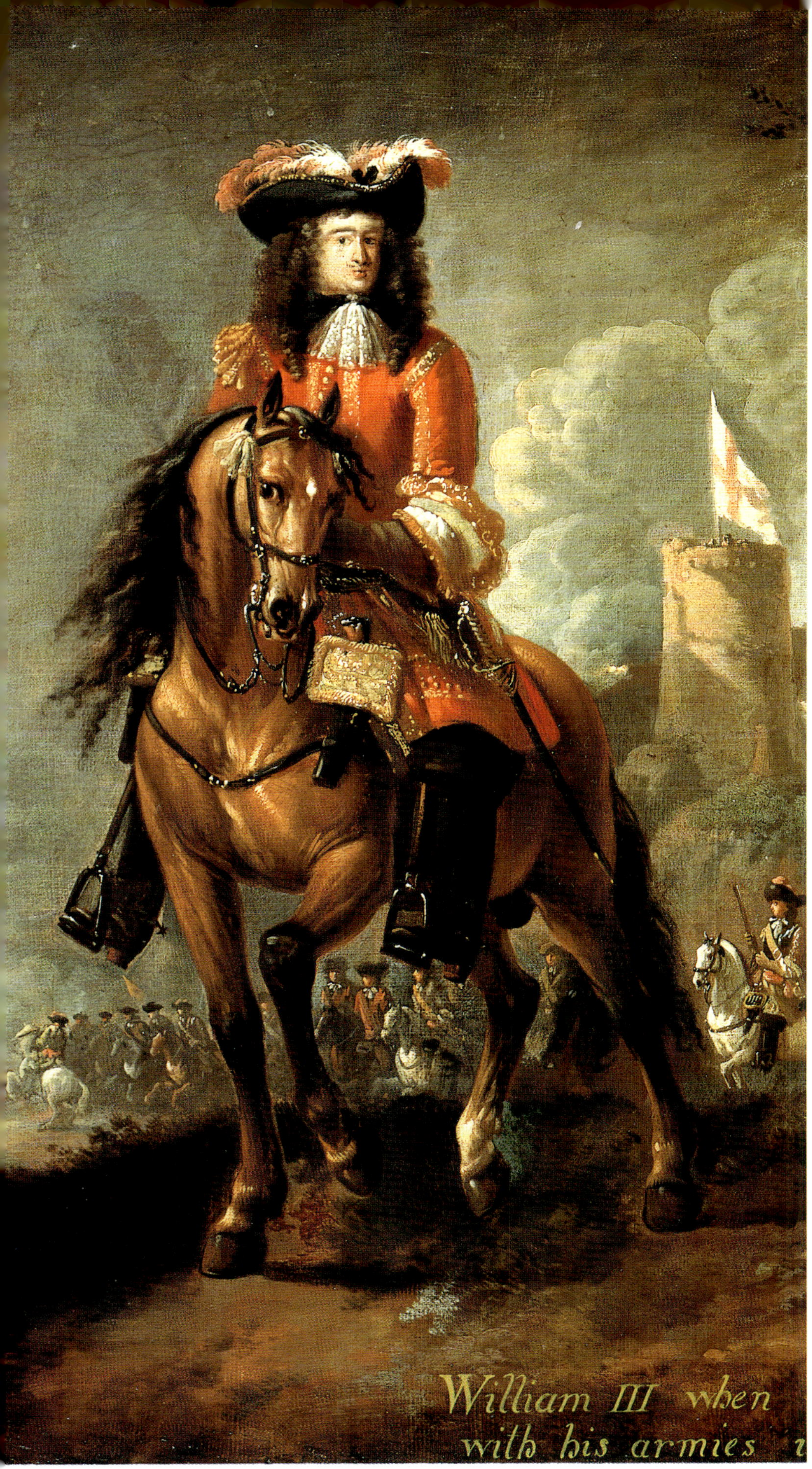

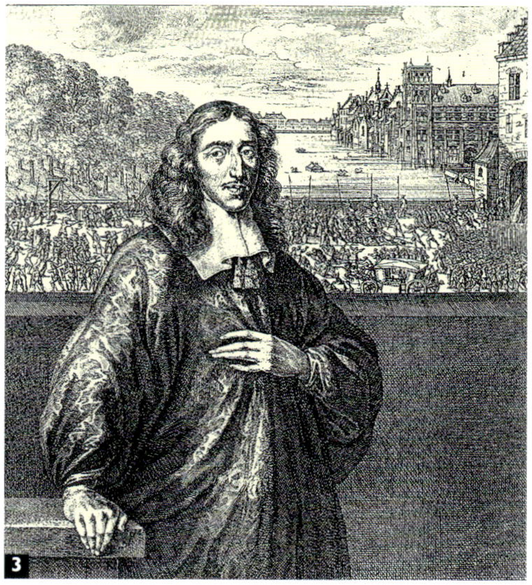

3

Marie, une princesse protestante, fille du futur roi d'Angleterre Jacques II, il détacha définitivement l'Angleterre de la France. Véritable âme de la ligue d'Augsbourg, son action devait mettre un terme à l'hégémonie française. Grâce à lui, les États catholiques d'Allemagne se ralliaient aux protestants de la ligue pour barrer la route de l'Europe à Louis XIV.

Les considérations politiques et économiques l'avaient emporté sur les motivations religieuses. Le temps de la contre-Réforme était passé. Les protestants de Londres et d'Amsterdam, maîtres du nouveau système capitaliste, commercial, industriel et bancaire, étaient devenus les maîtres du jeu mondial.

[1] Navire hollandais (XVIIe siècle). *Les solides vaisseaux de la compagnie des Indes orientales, armés à prix d'or, assurent la fortune hollandaise.* (Paris, bibliothèque Arts déco.)

[2] Guillaume III d'Orange (1650-1702). *Le grand stathouder des Provinces-Unies (gouverneur général) monte à cheval comme un souverain. Il sera, par sa femme Marie, fille de Jacques II, sacré roi d'Angleterre en 1689.* (coll. part.)

[3] Jean de Witt (1625-1672). *Fils d'un patricien, grand pensionnaire de Hollande de 1653 à sa mort, il va porter les Provinces-Unies à leur apogée économique.*

5 novembre 1688

À Torbay,

Guillaume d'Orange, stathouder des Provinces-Unies, débarque avec son armée pour conquérir le trône d'Angleterre. Il déclenche la "Glorious Revolution" qui mettra fin au règne de Jacques II d'Angleterre.

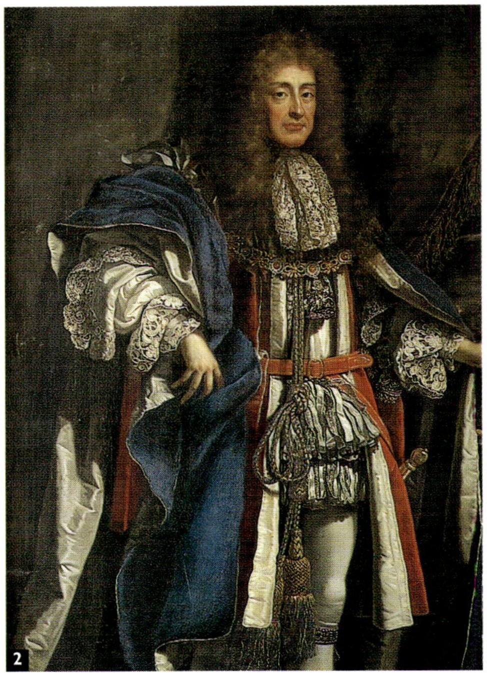

■ **E**n Angleterre, le duc de Marlborough l'attend. Guillaume qui est, par sa mère Henriette-Marie Stuart, le petit-fils du roi Charles Iᵉʳ, a préparé son expédition de longue date.

En voulant favoriser les catholiques, son beau-père, Jacques II, a provoqué la révolte de toute l'Angleterre, à commencer par celle des bourgeois de Londres, toujours prompts à s'indigner de l'intervention du pouvoir royal dans le domaine religieux. Il n'est pas question pour eux de renoncer aux conquêtes libérales. La Convention-Parlement, réunie après la fuite de Jacques II en France, oblige le nouveau roi à accepter la Déclaration des droits de 1689. Le souverain ne pourra lever d'impôts ni se lancer dans une campagne militaire sans l'accord du Parlement qui se réunira régulièrement. Dès 1694, le roi choisissait ses ministres dans le parti qui avait obtenu la majorité à la Chambre des communes. Le régime parlementaire était né.

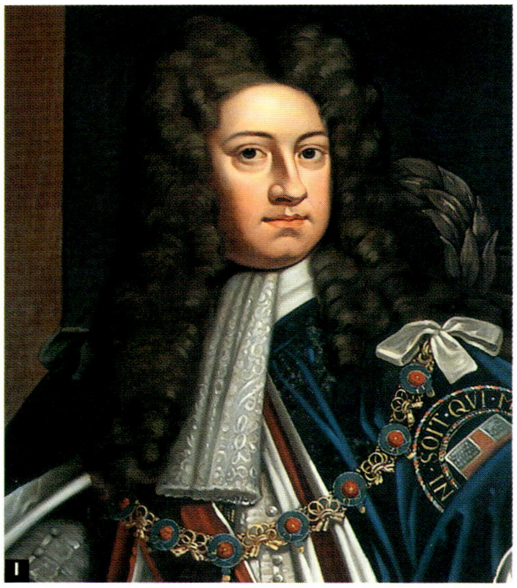

Les catholiques étaient exclus de la succession au trône. L'Acte d'établissement de juin 1701 assurait cette succession en transmettant la couronne à la belle-sœur du roi, la très protestante Anne Stuart. L'héritier de la couronne ne pouvait être qu'un prince protestant, dût-on le choisir à l'étranger. À la mort d'Anne en 1714, on écarta les prétendants catholiques pour aller chercher en Hanovre, province du nord de l'Allemagne, un neveu de la reine, le plus proche héritier protestant. Avec George Iᵉʳ, fils de l'Électeur de Hanovre et de la princesse Sophie, petite-fille de Jacques Iᵉʳ d'Angleterre, commença à régner la dynastie de Hanovre. Elle est toujours présente sur le trône d'Angleterre.

Le philosophe John Locke avait salué dans le nouveau régime anglais la première monarchie constitutionnelle du monde, création de la société protestante. La souveraineté du roi ne venait plus désormais de Dieu, mais d'un contrat social implicite de délégation de la souveraineté populaire. Le pouvoir du roi était limité par ce contrat. Il ne pouvait porter atteinte aux droits des individus. La supériorité du pouvoir législatif élu sur l'exécutif était la base du régime.

L'absolutisme était sur le déclin. L'Angleterre venait d'entrer dans la société civile. Naturellement Louis XIV avait essayé par tous les moyens, mais en vain, de restaurer les Stuarts catholiques. Les Anglais garderaient leur roi allemand, et protestant.

[1] George Iᵉʳ de Hanovre (1660-1727).
Un prince allemand appelé en 1714 pour succéder à Anne Stuart parce qu'il est le plus proche héritier protestant. La dynastie qu'il a fondée règne toujours.
(Versailles, musée du château)

[2] Jacques II Stuart (1633-1701).
Le roi déchu ne put jamais se rétablir sur le trône malgré l'aide de Louis XIV.
(coll. particulière)

[3] Le débarquement de Torbay (1688).
Guillaume III d'Orange débarque en Angleterre et déclenche la "glorieuse révolution" qui l'amène au pouvoir.
(Paris, Bibliothèque nationale)

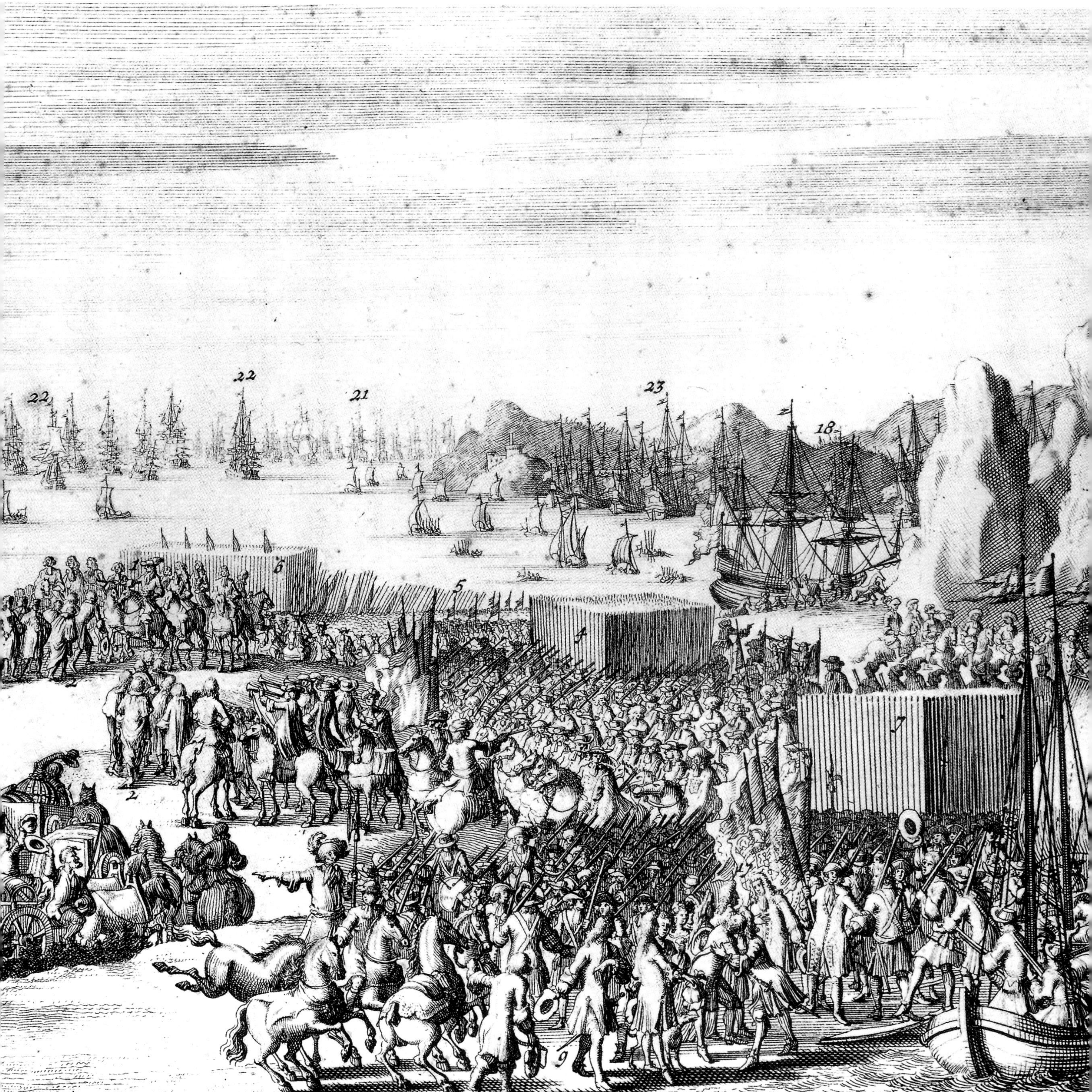

3

30 novembre 1700

À Narva, en Estonie, le roi Charles XII de Suède met en déroute une armée de 40 000 Russes commandés par le tsar Pierre Ier le Grand. Il rêve de faire de la Baltique un "lac suédois" et protestant.

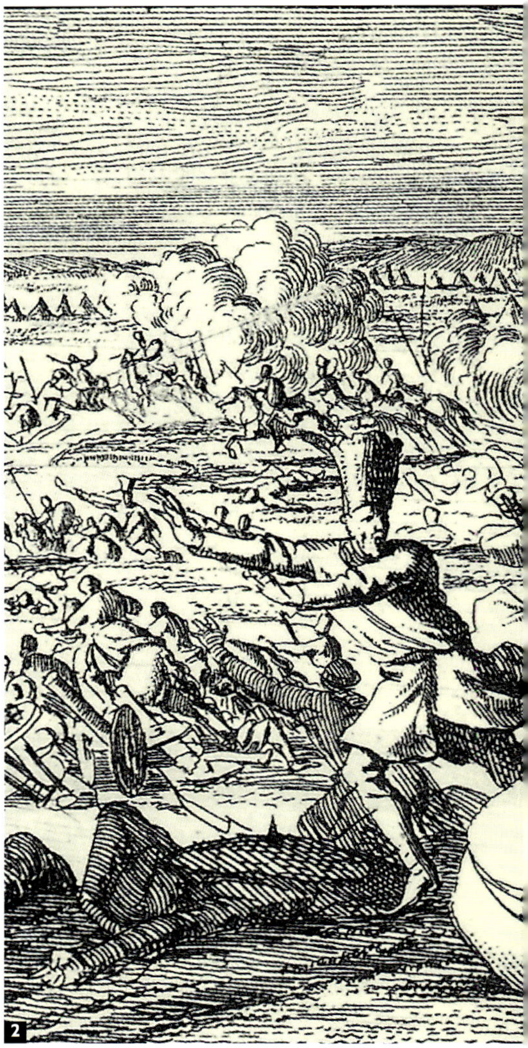

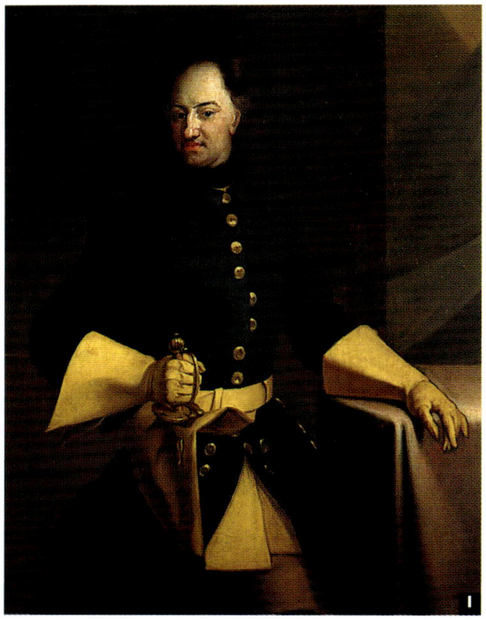

■ Les rois de Suède, luthériens, descendaient de Gustave Ier Vasa, qui avait chassé les Danois de son pays en s'appuyant sur les paysans. Élu roi en 1523 par la diète de Strängnäs, il avait établi l'Église nationale protestante suédoise et confisqué les terres de l'Église catholique. Son petit-fils Gustave II Adolphe avait fait de l'armée nationale suédoise une puissance européenne, et participé à la guerre de Trente Ans pour défendre les princes protestants d'Allemagne. Il était mort vainqueur de Wallenstein sur le champ de bataille de Lützen en 1632, laissant la couronne à sa fille, la reine Christine, la protectrice de Descartes qui avait abdiqué en faveur de son cousin Charles X, le conquérant de la Pologne catholique.

Ce roi avait fait franchir à son armée de professionnels les détroits gelés du Sund pour mettre le siège devant Copenhague. La surprise était telle, devant la réussite d'une manœuvre aussi risquée, que les Danois ne croyaient plus être en mesure de résister. Toutes leurs défenses étaient tournées. Le Danemark, après cette opération-surprise que le Dieu hiver avait favorisée, avait dû abandonner la suprématie dans la Baltique à la Suède qui en contrôlait l'entrée. Ainsi deux États protestants se livraient une lutte mortelle à des fins de domination économique et politique. La guerre des religions semblait oubliée.

Charles XII avait repris cette tradition impérialiste et lancé en 1700 une expédition contre le Danemark protestant, qui se retira rapidement de la lutte et fut contraint de capituler, puis contre la Russie orthodoxe et la Pologne catholique. Il l'avait emporté sur les Russes à Narva, avec une armée de 9 000 hommes, combattant à un contre quatre.

Il aurait pu envahir directement la Russie mais il s'enlisa pendant cinq années en Pologne, en tentant de substituer Stanislas Leszczynski, dévoué aux Suédois, à Auguste II de Pologne. En 1706, il reprenait l'offensive contre le tsar orthodoxe Pierre le Grand. Ce dernier avait disposé du temps nécessaire pour reconstituer une puissante armée. Pas plus que le roi du Danemark ou le roi de Pologne, Pierre le Grand ne livrait une guerre de religion aux Suédois. La conquête des terres du Nord avait des objectifs strictement politiques et visait à établir des hégémonies. Les Russes devaient l'emporter définitivement à Poltava en juillet 1709, parce qu'ils s'étaient mis, avec Pierre le Grand, à l'école technicienne de l'Occident moderne.

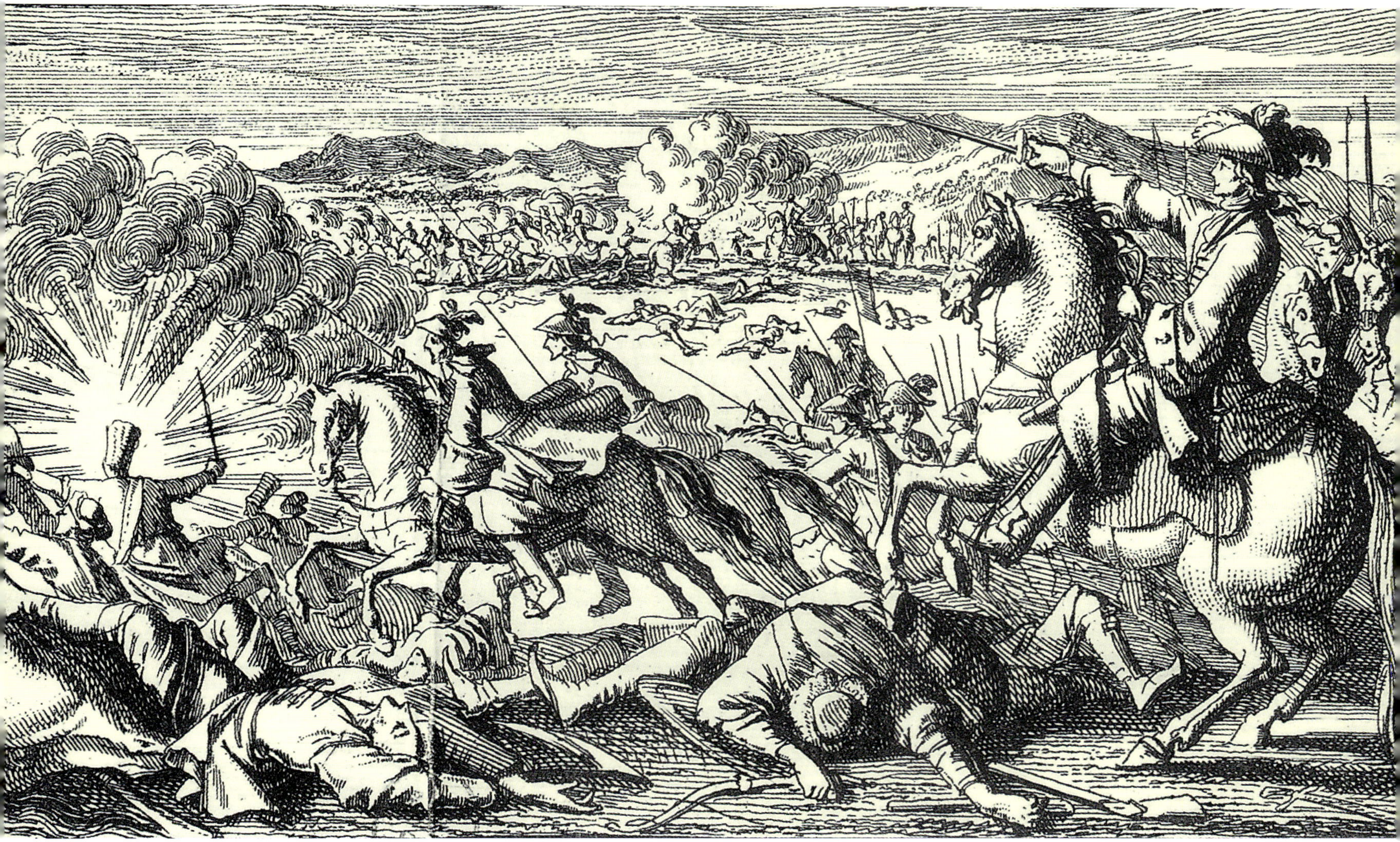

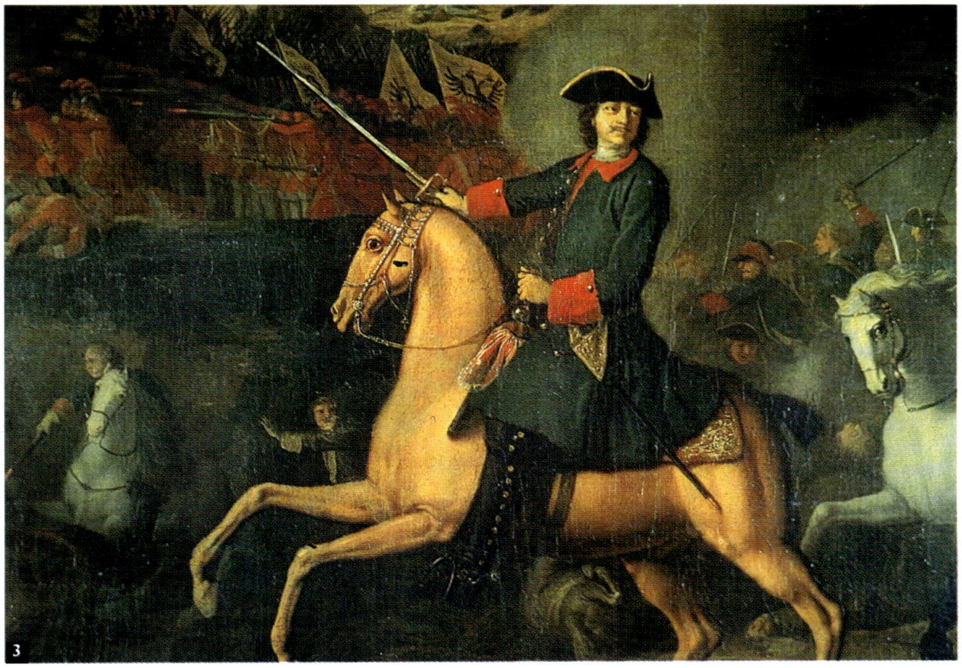

[1] Charles XII de Suède (1682-1718). *Reprenant la tradition impérialiste de ses prédécesseurs, il lance en 1700 une expédition contre le Danemark protestant, la Pologne catholique et la Russie orthodoxe. Ce roi fut cher à Voltaire qui écrivit sa biographie en 1731.* (Paris, Bibliothèque nationale)

[2] Bataille de Narva (1700). *Avec un contingent de 9 000 hommes, les Suédois l'emportent à Narva, en Estonie, sur 40 000 Russes, grâce à leur armement supérieur. La ville sera pourtant prise par Pierre le Grand en 1704.*

[3] Pierre Ier à Poltava (1709). *Le tsar offre aux Russes leur revanche sur les Suédois en écrasant l'armée de Charles XII à Poltava, en Ukraine.*

16 mai 1703

Pierre le Grand

tsar de Russie, fonde sur la Baltique la ville de Saint-Pétersbourg dont il fait sa capitale. La Russie devient un État moderne, ouvert sur l'Europe et maître d'un empire maritime.

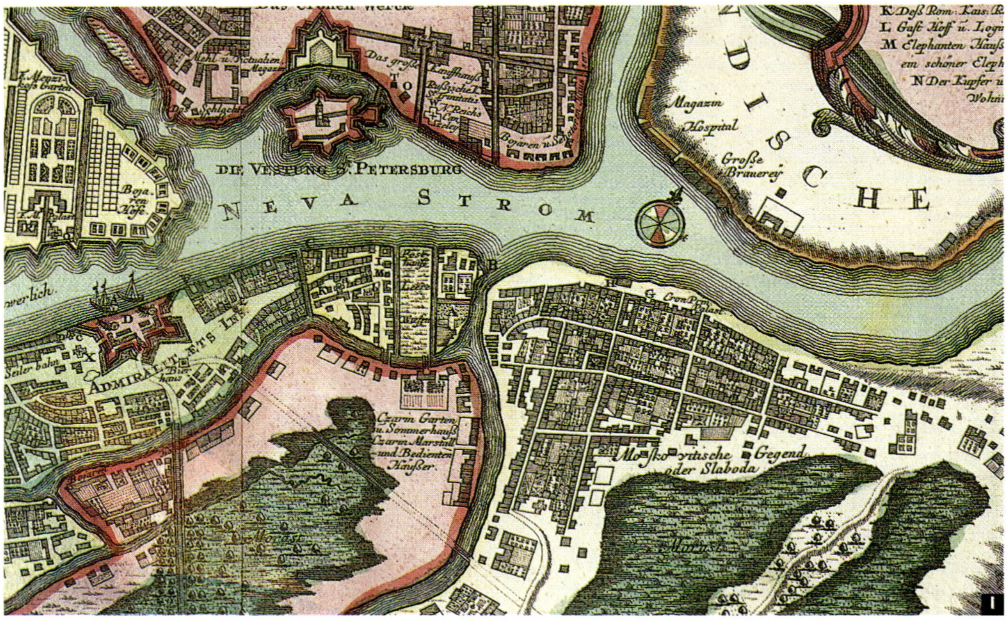

La Russie devait se défendre au Nord contre les puissances protestantes de la Baltique et la Pologne catholique, et au Sud contre les Turcs qui progressaient sur la mer d'Azov. Le fait national russe s'appuyait sur la religion orthodoxe dont Pierre Ier Alexeïevitch, dit le Grand, voulait faire un des éléments constitutifs de l'État. Aussi supprima-t-il le patriarcat de Moscou pour lui substituer en 1721 l'institution du Saint-Synode. Il en nommait le procureur qui dirigeait en son nom l'Église des popes. Il instaurait ainsi une religion d'État.

Sa principale préoccupation fut de se mettre à l'école capitaliste et technicienne des États protestants du Nord. Après s'être emparé du pouvoir, en septembre 1689, il accomplit aussitôt un voyage d'étude dans les pays protestants, Angleterre, Hollande, Allemagne. Il visita les chantiers navals et les écoles techniques, les centres d'instruction militaire et les flottes de guerre. Son but était de mettre fin à l'isolement géographique de la Russie en lui donnant les moyens de déboucher sur le monde développé. Moins qu'un tsar défenseur de l'orthodoxie, c'était déjà un despote éclairé, soucieux d'attirer en Russie les savants et les ingénieurs. Le Français Alexandre Leblond tracerait ainsi les plans de Saint-Pétersbourg.

Vaincu par les Suédois à Narva, Pierre Ier n'avait pas accepté sa défaite et préparait activement sa revanche. Construisant à Saint-Pétersbourg la citadelle de Kronstadt, il recrutait des ingénieurs d'artillerie et constituait une armée moderne qui devait écraser lors de la bataille de Poltava, à l'ouest de Kharkov, le 8 juillet 1709, les troupes de Charles XII de Suède aventurées en Ukraine. Après ce succès, Pierre le Grand pouvait occuper facilement les provinces suédoises de Carélie, d'Ingrie, d'Estonie et de Livonie, lesquelles devenaient définitivement russes avec le traité de Nystad signé en août 1721.

Une nouvelle puissance venait de naître en Europe, freinant vers l'est les ambitions du protestantisme du nord.

Mais si Pierre le Grand avait réussi à déboucher sur la Baltique, il n'avait pas réglé le conflit avec les Turcs qui restaient les maîtres de la mer Noire et des steppes du Sud. La Russie, comme l'Autriche, était menacée par l'Islam. Son unité religieuse lui était plus que jamais nécessaire pour résister aux incursions des musulmans qui n'avaient nullement renoncé à dominer l'Europe orientale.

[1] Plan de Saint-Pétersbourg vers 1728. *Bâtie au fond du golfe de Finlande, la ville a pour noyau la forteresse Pierre-et-Paul.* (Atlas Novus)

[2] Le tsar Pierre Ier Alexeïevitch (1672-1725). *Pierre le Grand, frappé par la supériorité technique de l'Angleterre, dirige en personne les travaux de construction de Saint-Pétersbourg dont les plans ont été tracés par l'architecte français Alexandre Leblond. Sa future capitale devra être aussi solidement bâtie que Londres.* (Munich, Stiftung Maximilianeum)

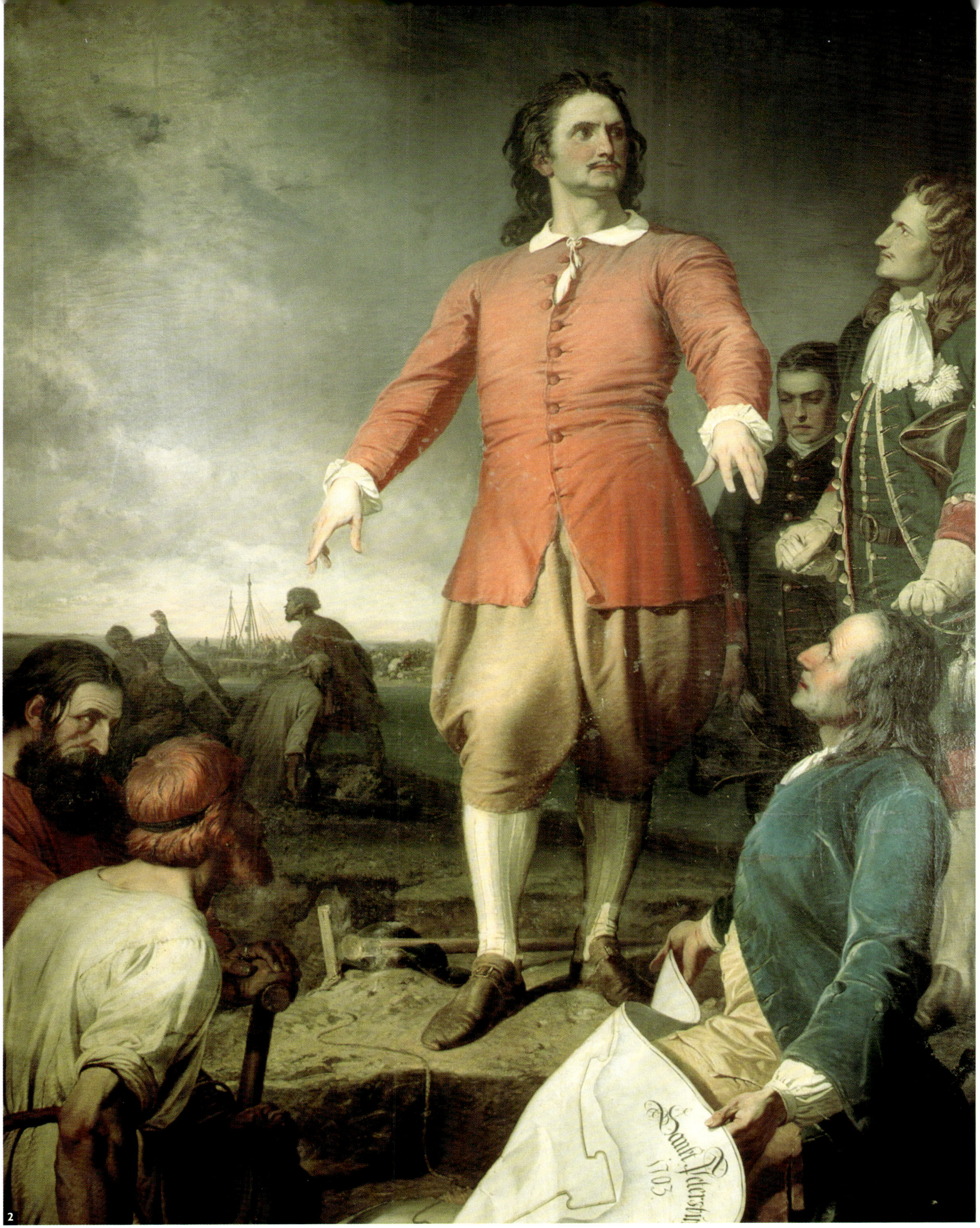

2

16 août 1717

À Belgrade, les Ottomans sont défaits par l'armée du prince Eugène de Savoie, maréchal de l'Empereur d'Autriche. Après cette écrasante victoire, le reflux de la puissance ottomane commence en Europe.

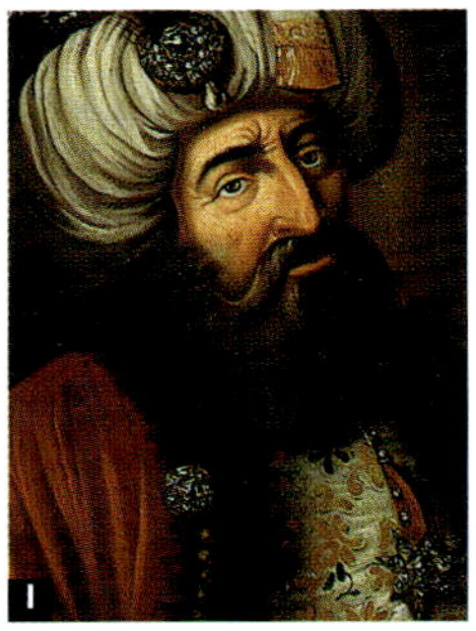
1

■ **L**es hostilités se prolongeront avec les Ottomans jusqu'en 1791, mais Vienne n'est plus menacée. Elle le fut en 1683 lorsque la dynastie des grands vizirs Koprülü avait porté la puissance militaire turque à son maximum. La Crète avait été conquise en 1669, et les confins autrichiens attaqués. En 1661 déjà, Ahmed Koprülü avait lancé une série d'offensives sur le Danube. Il avait été arrêté en 1664, mais, en 1672, la province catholique de Podolie avait été enlevée aux Polonais. En 1683, Kara Mustafa Pacha avait orienté de nouveau ses armées dans la direction de Vienne qu'il voulait enlever à tout prix. Le siège avait duré de juillet à septembre. L'armée polonaise et allemande commandée par Jean Sobieski avait libéré la ville.

Les Autrichiens catholiques prenaient alors l'avantage, et tentaient de reconquérir les Balkans islamisés. Ils investissaient Buda en 1686, et les Turcs, battus à Mohacs, lâchaient en partie la Serbie et la Bosnie. La victoire décisive du prince Eugène remportée à Zenta sur Mustafa II, le 11 septembre 1697, avait donné la Hongrie et la Transylvanie à l'Autriche. Seul le Banat de Temesvar restait turc. La Pologne récupérait la Moldavie, Venise, la Dalmatie et la Morée.

Le reflux semblait définitif. Le prince Eugène remportait de nouvelles victoires à Petrovaradin et à Belgrade, le 16 août 1717, qui permettaient à Vienne d'annexer le Banat, le nord de la Bosnie et de la Serbie, avec Belgrade, ainsi qu'une partie de la province roumaine de Valachie.

Les Russes ne resteraient pas inactifs. Après les victoires du prince Eugène, ils étaient obsédés par la conquête de la mer Noire que réaliserait en partie Catherine II. La Crimée deviendrait russe, ainsi qu'Azov, Perth et l'embouchure du Dniepr. La base navale de Sébastopol une fois construite sur la mer Noire, la Russie se poserait en protectrice des chrétiens orthodoxes de l'empire ottoman. Elle se donnerait les moyens politiques d'intervenir dans la question d'Orient, et de s'emparer des détroits des Dardanelles.

La victoire autrichienne contre les Turcs avait permis à Vienne de récupérer la Hongrie et de

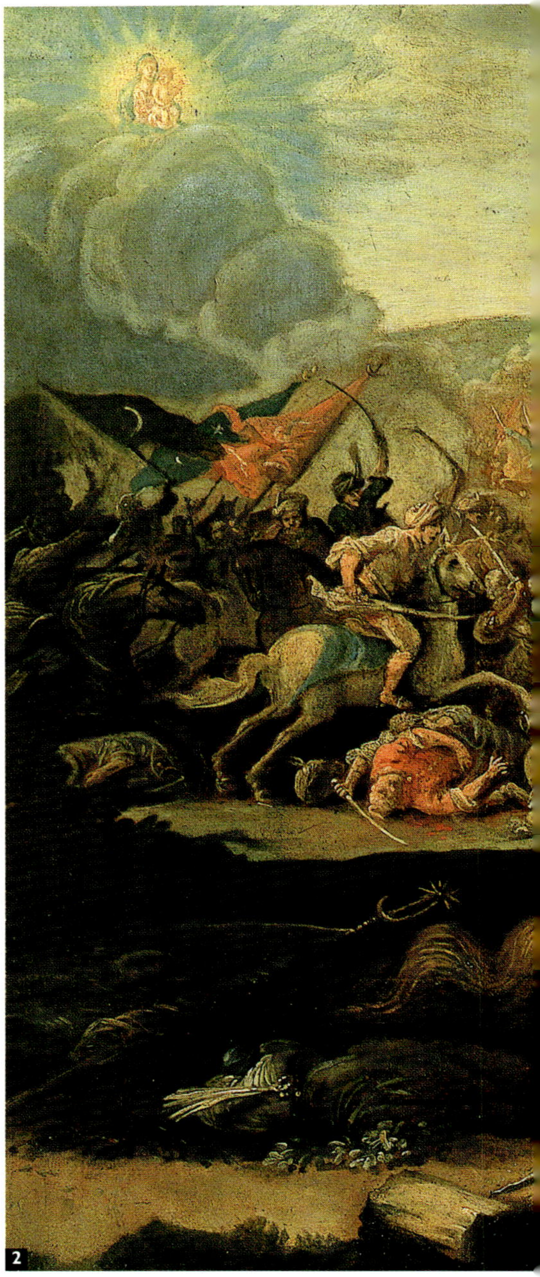
2

peser sur les peuples slaves des Balkans, mais l'intervention russe offrait bien davantage, avec la mer Noire. Seule l'hostilité des Français et des Anglais empêcherait les armées orthodoxes de reprendre Constantinople. Le jeu diplomatique des puissances en Europe imposerait désormais aux nations de l'Ouest de s'opposer à la Russie pour défendre l'empire turc devenu, dès le XVIIIe siècle, l'homme malade de l'Orient. Il n'y avait plus de croisade à lancer contre le Turc. On ne songeait plus qu'à l'exploiter, sans l'achever.

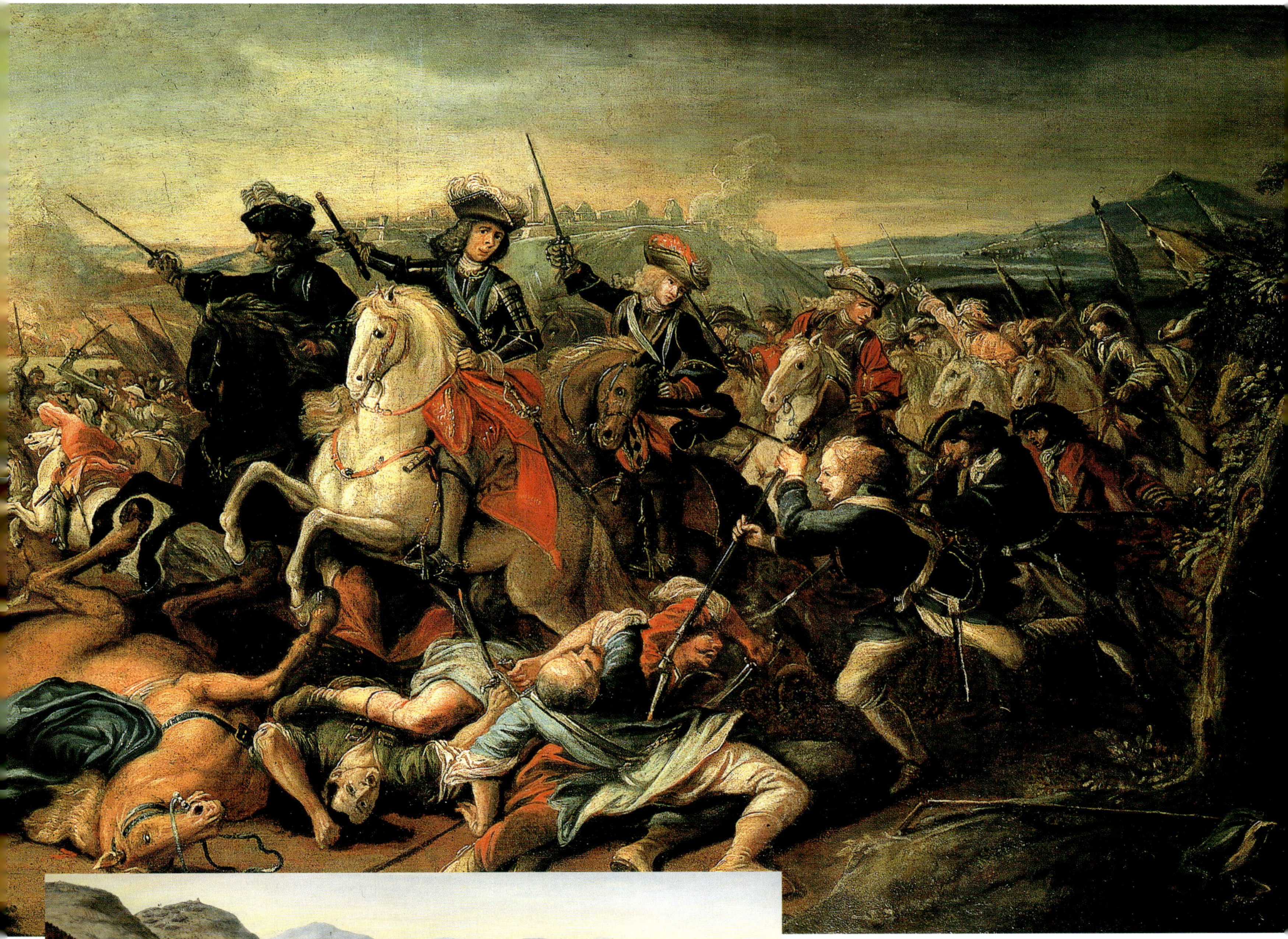

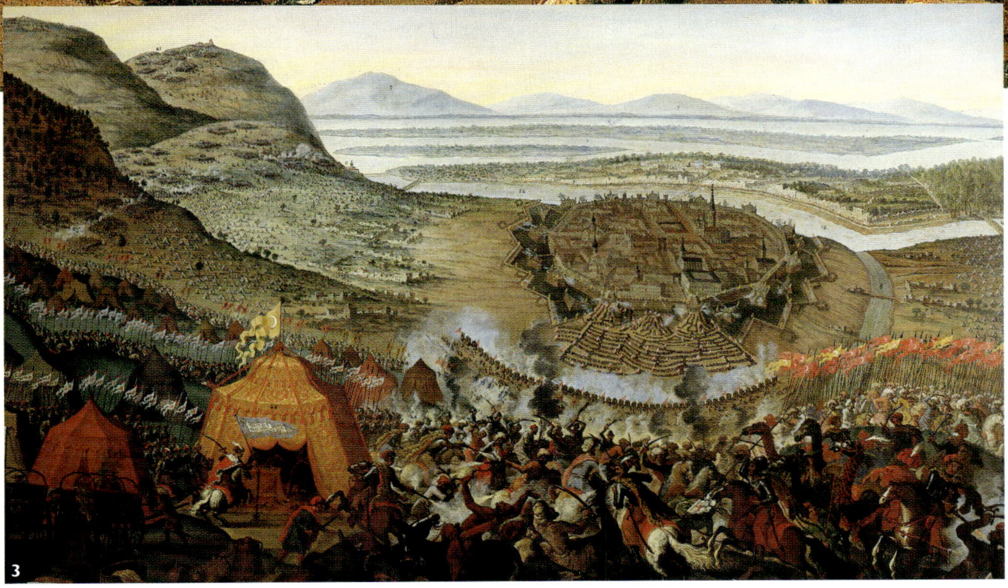

[1] Kara Mustafa Pacha (1633-1683). *Un conquérant redouté de l'Europe entière. Il déclenche une offensive d'envergure contre l'empire des Habsbourg dès 1682.* (Vienne, Historisches mus.)

[2] Bataille de Belgrade (1717). *Le prince Eugène de Savoie (au centre) l'emporte sur les Turcs. Il va ensuite reconquérir les terres serbes islamisées.* (Vienne, Heeresgeschichtliches mus.)

[3] Siège de Vienne (1683). *Les assiégeants turcs sont repoussés par l'armée de secours de Jean Sobieski.* (Vienne, Historisches mus.)

10 février 1763

Le traité de Paris

conclu entre la France, l'Angleterre, l'Espagne et le Portugal consacre le triomphe maritime et colonial du gouvernement de Londres et lui assure la maîtrise exclusive des mers.

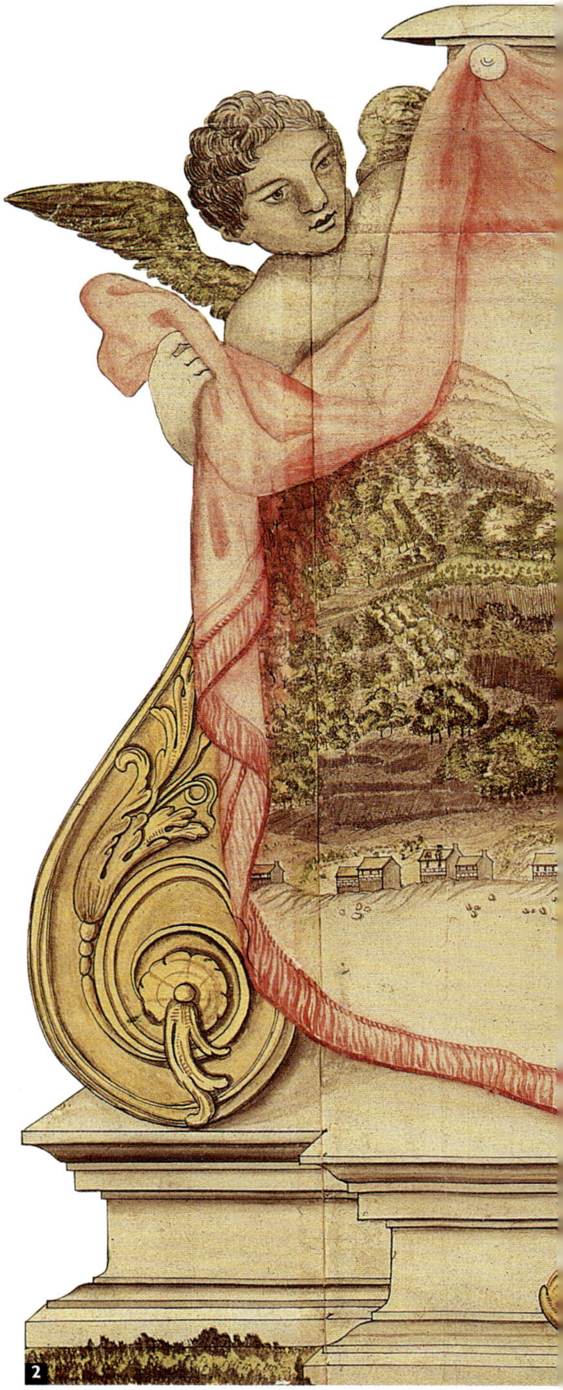

■ **C**e traité mettait fin à la guerre de Sept Ans qui avait opposé les puissances protestantes, Angleterre, Prusse et Hanovre à la coalition des très catholiques France, Espagne et Autriche réconciliées, soutenues par la Russie orthodoxe, la Suède et la Saxe protestantes jalouses de la Prusse. Le véritable vainqueur de cet affrontement sanglant, malgré ses défaites, était le roi de Prusse.

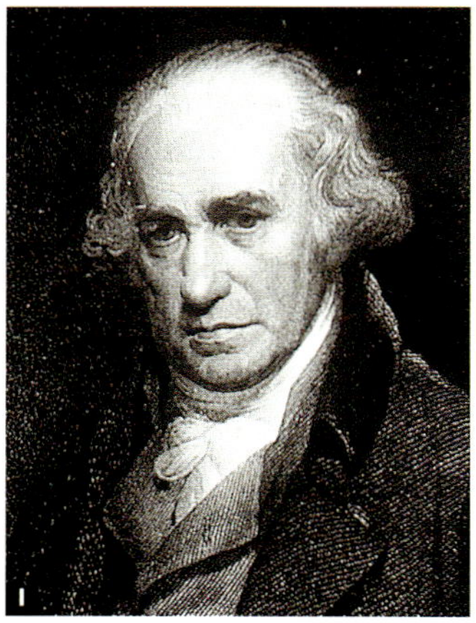

La France perdait son empire colonial. La mort de Montcalm et la capitulation de Québec en 1759 mettaient fin à la colonisation française en Amérique du Nord. La capitulation de Lally-Tollendal à Pondichéry en 1761 avait livré l'Inde aux Anglais. Avec le traité de Paris, la France cédait à l'Angleterre l'Acadie, le Canada, le golfe du Saint-Laurent, certaines îles des Antilles et le Sénégal. La Louisiane était abandonnée à l'Espagne.

Le triomphe du ministre anglais Pitt était complet. Beaucoup moins peuplé que la France, (9 millions d'habitants, contre 25) son pays était plus développé. La fin des petites exploitations agricoles avait offert à l'industrie naissante une main-d'œuvre bon marché. Les inventions se succédaient tout au long du XVIIIe siècle, en particulier dans le textile : la navette volante de Kay, la Jenny, machine à filer le coton, et le waterframe, machine à filer utilisant la force de l'eau, inventée par Arkwright, devaient faire la fortune des cotonniers de Manchester. Le haut fourneau à coke de Darby et le puddlage de Henry Cort permettant de fabriquer l'acier annonçaient l'avènement des chemins de fer, quand John Watt eut mis au point sa machine à vapeur à partir de 1769.

La houille, l'acier, le textile et la construction maritime assuraient à l'Angleterre une fortune mondiale. Maîtresse de l'Atlantique et de l'Océan indien, elle tenait la Méditerranée par la possession de Malte et ses positions commerciales et diplomatiques en Italie du Sud. L'Angleterre avait acquis assez de puissance capitaliste pour alimenter en Europe continentale des coalitions militaires favorisant ses intérêts. Elle avait ainsi payé la Prusse.

Son régime politique libéral inspirait les philosophes français qui le présentaient comme un modèle de gouvernement civil, selon des principes laïques.

La montée en puissance de l'Angleterre sonnait le glas de l'ère des croisades et des guerres de religion pour préparer l'avènement des nations librement constituées. Le paradoxe est que la première de ces nations, les États-Unis d'Amérique, se constitua contre elle.

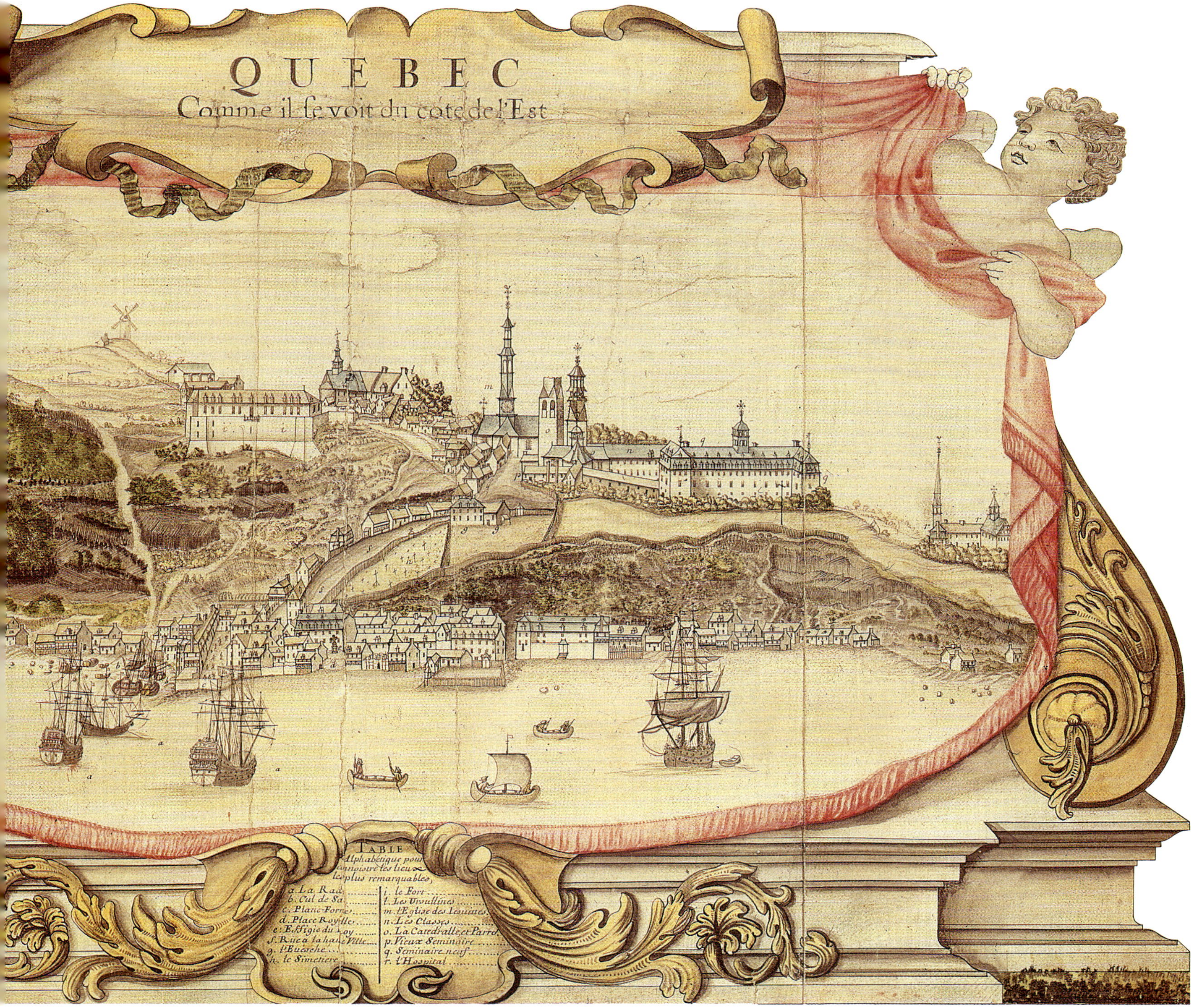

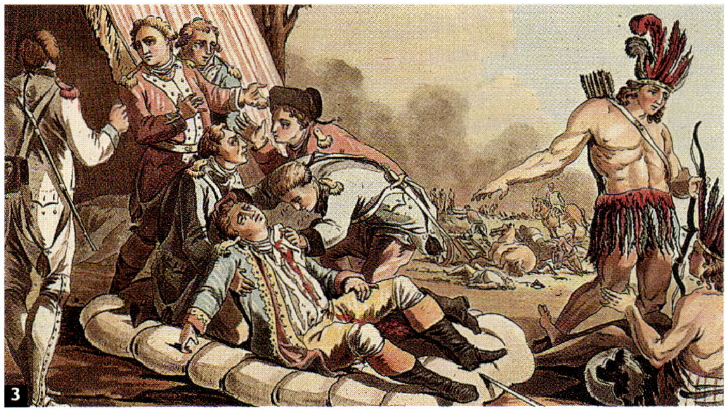
3

[1] **James Watt (1736-1819).** *L'inventeur écossais permet à la machine à vapeur de recevoir ses premières applications industrielles en 1782.*

[2] **Québec à la fin du XVII**

[3] **Mort de Montcalm (1759).** *Le marquis de Montcalm (1712-1759) meurt en défendant Québec face aux Anglais. La fin d'un rêve.* (Paris, Bibliothèque nationale)

15 février 1763

Le roi de Prusse triomphe

lors du traité d'Hubertsbourg, signé avec l'Autriche et la Saxe, qui clôt la guerre de Sept Ans. L'Autriche reconnaît à la Prusse toutes ses conquêtes dans les territoires allemands.

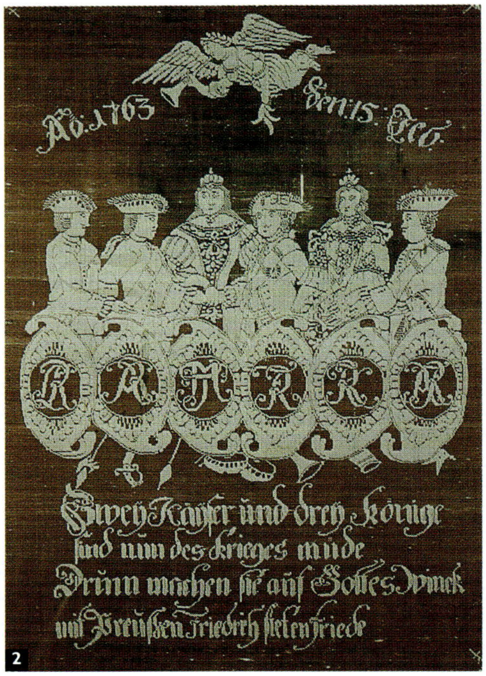

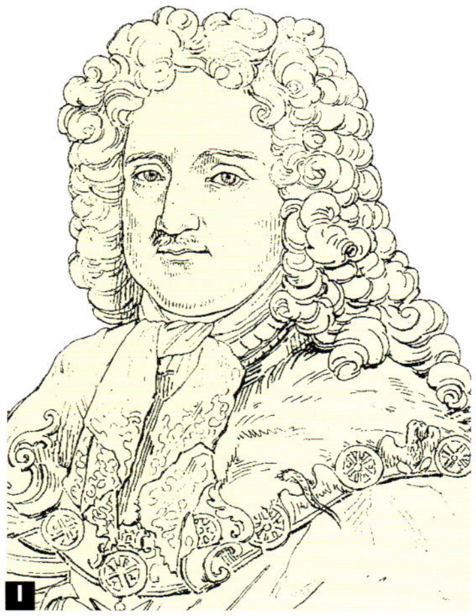

■ **L**a lutte à mort pour la possession des terres allemandes est engagée entre Vienne la catholique et Berlin la luthérienne, capitale du nouvel État de Prusse où règne le roi Frédéric le Grand.

Cette lutte est un affrontement impérialiste entre des États qui ne constituent nullement des nations. La Prusse a été créée par les chevaliers Teutoniques, entre la Vistule et le Niémen, autour des forteresses de Königsberg, Thorn et Marienwerder, ainsi que par des colons allemands installés dans les ports hanséatiques. La victoire polono-lituanienne de Tannenberg en 1410 avait mis en question la domination allemande dans cette région où les Polonais avaient établi leur souveraineté. Albert de Hohenzollern, grand maître de l'ordre Teutonique depuis 1511, avait alors adhéré au luthéranisme et obtenu des Polonais la création d'un duché héréditaire de Prusse, bientôt allié à l'Électeur de Brandebourg, avant de devenir, en 1701, royaume de Prusse. Les Hohenzollern avaient eu beaucoup de mal à se détacher de la tutelle de l'empereur de Vienne pour l'électorat de Brandebourg, et des rois de Pologne pour le duché de Prusse.

Frédéric-Guillaume, dit le Grand Électeur, avait véritablement fondé l'État prussien en 1657, lorsqu'il avait obtenu l'abandon de la tutelle de Varsovie. Sa victoire de 1675 contre les Suédois lui avait valu un prestige immense en Allemagne. Il était devenu le champion du protestantisme dans les pays allemands et s'était fait couronner roi de Prusse à Königsberg en 1701 sous le nom de Frédéric Ier.

Le roi sergent Frédéric-Guillaume Ier avait constitué une armée de 83 000 soldats pour deux millions d'habitants. Le duel contre l'Autriche catholique devait être engagé par son successeur, Frédéric II le Grand, qui dut combattre à la fois l'Autriche, mais aussi la France et la Russie au cours de la guerre de Sept Ans. Berlin fut occupée par les Russes en 1760 après la défaite de Kunersdorf, et les Autrichiens reprirent la riche Silésie dont les Prussiens s'étaient emparés. Mais la mort de la tsarine Élisabeth, en 1762, sauva le roi Frédéric qui obligea les Autrichiens, par le traité d'Hubertsbourg de 1763, à reconnaître toutes les conquêtes prussiennes.

En 1772, Vienne et Berlin se partageaient la Pologne vaincue. Le royaume de Prusse était d'un seul tenant entre l'Elbe et le Niémen. Frédéric II pouvait maintenant faire construire le palais *Sans-Souci* de Potsdam et y recevoir Voltaire.

En prenant la tête d'un État militaire redoutable, le roi Frédéric II se posait en Allemagne comme l'adversaire de l'État historique d'Autriche, le champion de l'unité des pays allemands. La Prusse attendait, pour pouvoir s'affirmer, le début de l'ère des nations.

[1] Frédéric-Guillaume Ier de Prusse (1688-1740). *Surnommé le Roi Sergent, il choisit lui-même ses grenadiers. La guerre est en effet la première industrie de la Prusse.*

[2] Le traité d'Hubertsbourg. *Représentation sur broderie des souverains signant le traité. Une image pieuse de propagande.* (Munich, Sammlung Gräfin Harrach)

[3] Frédéric II (1712-1786). *Le Grand Frédéric est le souverain le plus recherché des philosophes. Il reçoit dans le palais du Sans-Souci à Potsdam son inestimable ami Voltaire (à gauche de profil) grâce auquel il restera dans l'Histoire comme un prince éclairé et non comme un roi sergent.* (Berlin, Nationalgalerie)

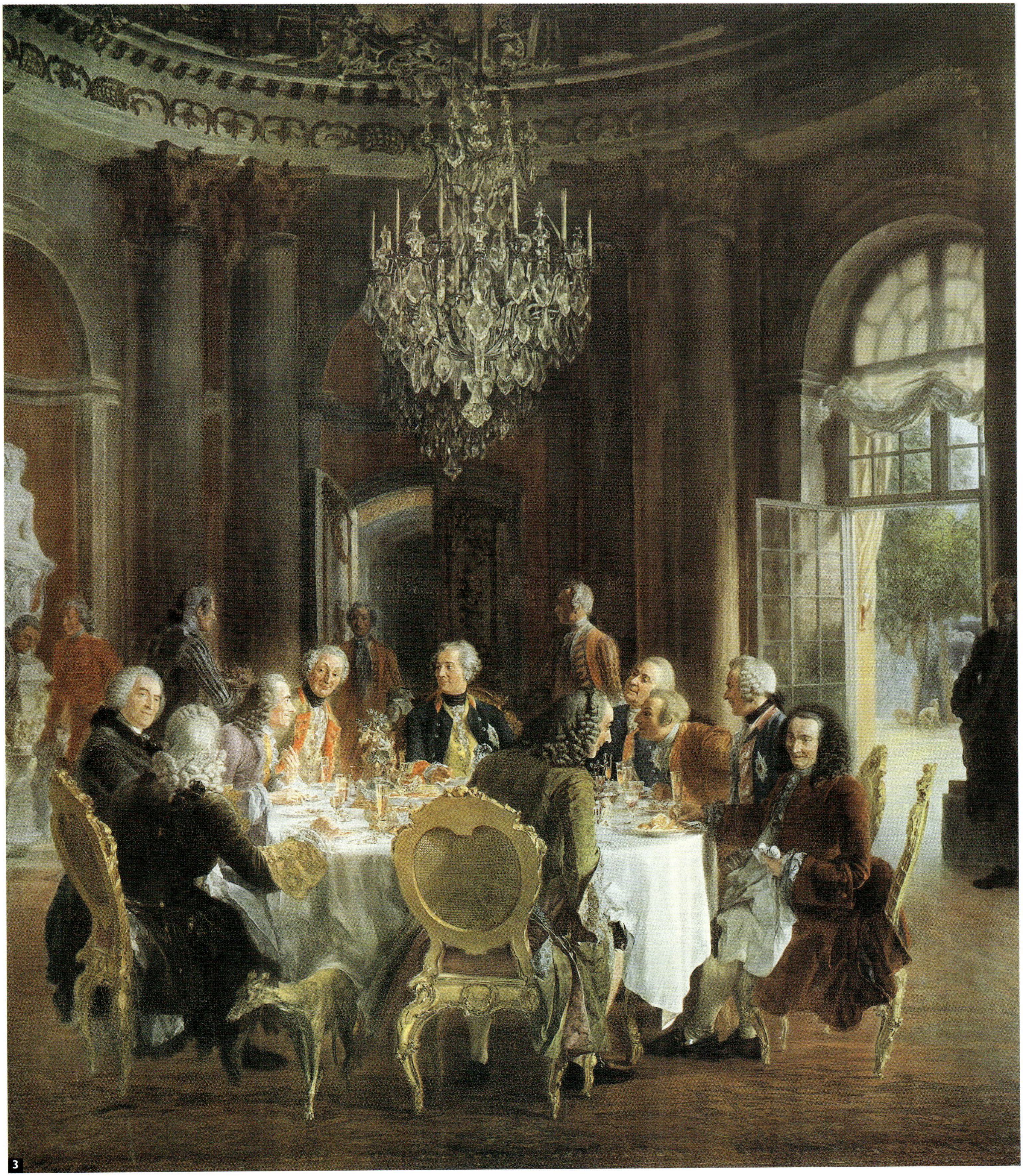

3

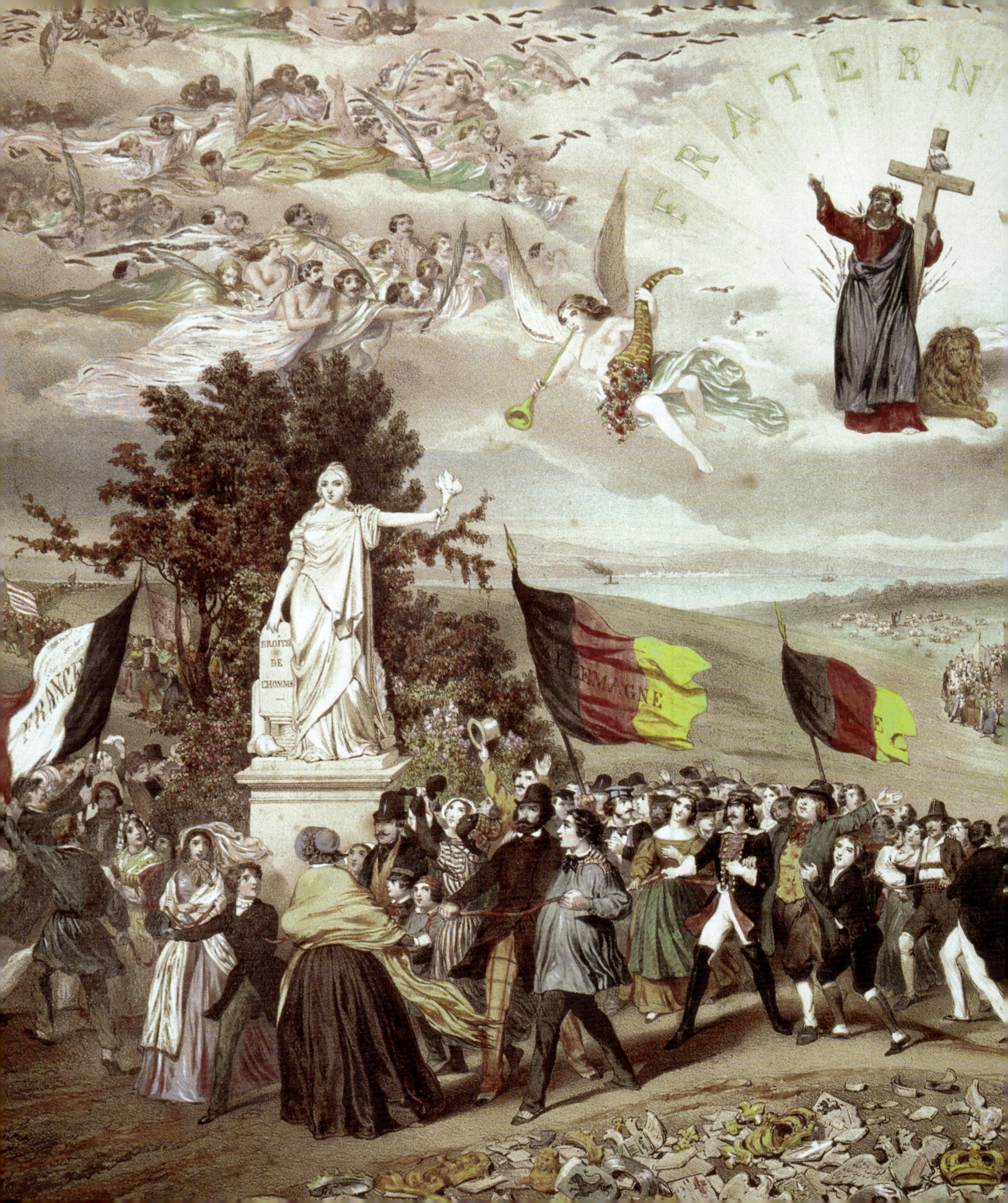
FRATERN
DROITS
DE
L'HOMME
FRANCE
LLEMAGNE

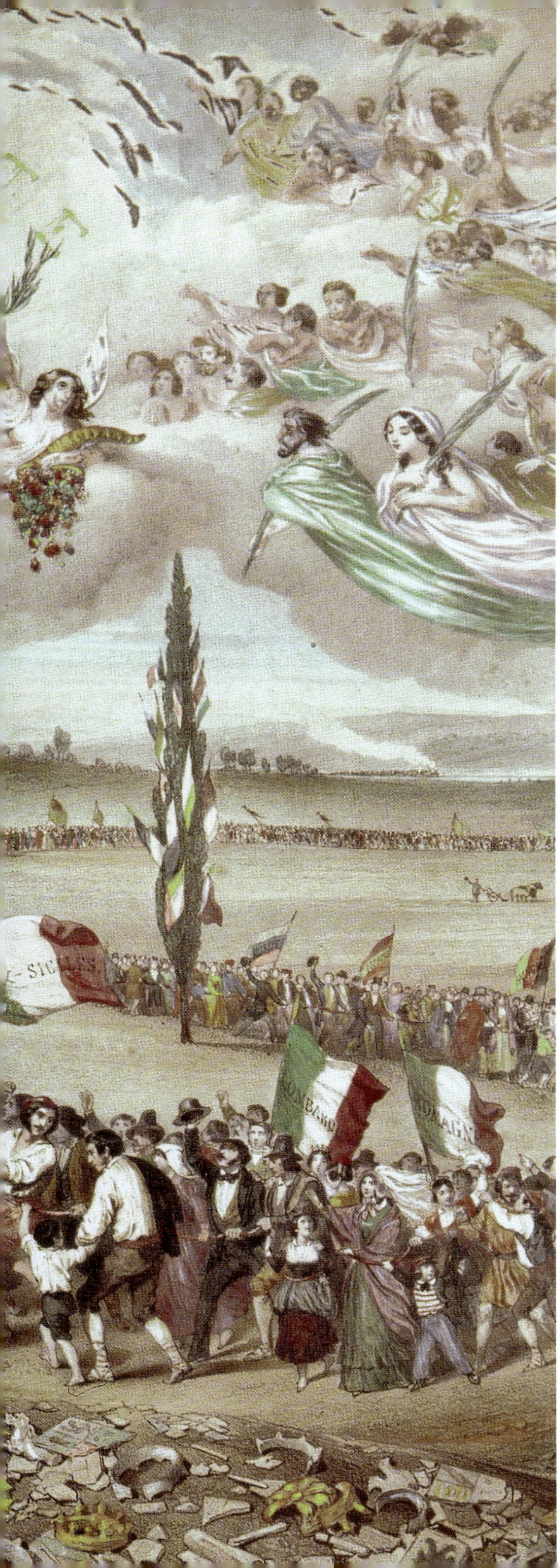

1776 – 1918

La Sarabande des nations

La liberté, et non la contrainte, est le signe de la première nation constituée du monde, celle des colonies américaines soulevées contre l'Angleterre, qui affirment leur indépendance. La volonté des Américains de vivre ensemble est à l'origine de la nation et celle-ci émane d'un ardent désir de liberté. Les nations constituées en État ne sont autres que les treize colonies de la Couronne. Leur acte fondateur en fait plutôt des États constitués en nation. Naturellement, ces États sont sur un pied d'égalité. Mais on respecte trop leur liberté pour leur imposer un carcan de lois unitaires.

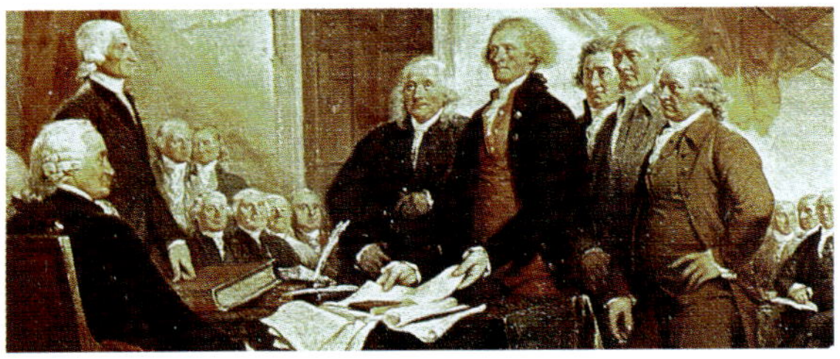

L'État est fédéral, il résulte d'un pacte. Il n'a le droit d'imposer que les mesures consenties et acceptées par tous. L'égalité n'est pas une obligation, mais une harmonisation.

La religion, en tant qu'institution, n'est pas obligatoire, même si tout se déroule sous le regard de Dieu. Pour ces États protestants, le principe théocratique ne préside pas à la constitution de la nation. Son organisation provient d'un pacte civil dont Dieu, par la cérémonie du serment, garantit la loyauté et la conformité à l'ordre divin. Dieu peut-il vouloir la contrainte et la tyrannie ? Il souhaite seulement le respect des lois que les hommes se sont librement données, dans le but du bien commun. Les Foundative Fathers *estiment donc indécente, ou inconvenante, la théorie qui veut qu'un seul homme, le roi, le basileus, le calife, l'empereur, le tsar, soit habité par l'Esprit divin. Le rapport des hommes à Dieu est individuel, il ne souffre pas d'intermédiaire. Il n'y a pas de pouvoir religieux. La religion est seulement l'horizon du pouvoir. La République américaine souhaite garder l'Esprit saint de Jérusalem, mais ne veut en aucune manière créer une société de lévites.*

La première diffusion de l'idée de nation tient à sa vertu libératoire et s'applique d'abord au continent américain où apparaissent au XIXe siècle une multitude de nations libérées, sur les ruines des empires coloniaux espagnol et portugais.

Cette idée sera exportée en Europe à la fin du siècle, et surtout après la Première Guerre mondiale, dans l'explosion des empires russe, autrichien et turc, puis, après la Seconde Guerre mondiale, dans le mouvement de la décolonisation.

Le modèle de ces nations est toujours le même : elles se libèrent d'une domination, se donnent un drapeau, une constitution, des institutions. Ces nations nouvelles proviennent des empires coloniaux et des États multinationaux, y compris l'État fédéral américain devenu, à la fin du XIXe siècle, annexionniste et colonial ; les Philippines et Cuba ont ainsi choisi de vivre en dehors de la communauté des étoiles américaines, contrairement à Hawaii.

Le deuxième modèle n'est pas américain, mais français. Vivent ensemble dans une nation ceux qui ont choisi de constituer un nouveau régime, et de répudier l'ancien. La liberté n'est pas une libération – la France de Louis XVI était déjà indépendante depuis au moins un millénaire –, mais un principe de gouvernement. Le peuple décide librement de se donner une constitution qui d'abord intègre la personne du roi, puis l'exclut. Dans cette France révolutionnaire, Louis XVI ne peut se maintenir que quatre ans, non comme la personnification du principe monarchique, mais seulement comme le chef du pouvoir exécutif dans une constitution libérale de séparation des pouvoirs. On peut maintenant se passer du roi et même l'exécuter s'il trahit la nation. On lui demande de prêter serment à la nation. Il n'est qu'un élément, et non un principe. L'acte de constitution de l'État dépend exclusivement de la souveraineté populaire. Le principe du gouvernement monarchique inspiré par Dieu est aboli. Dieu est facultatif, et l'Église seulement utile : on paie les évêques comme des fonctionnaires, à condition qu'ils prêtent, comme le roi, serment à la Constitution.

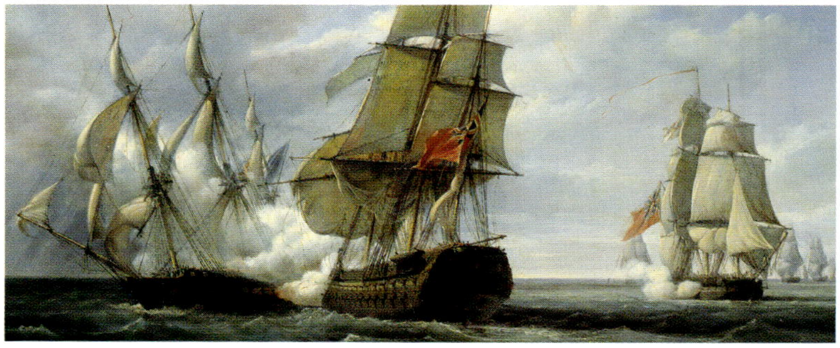

Le modèle national répond au principe de liberté et d'égalité des peuples rassemblés. Il n'implique ni la race ni le sang, ni même la langue. Les Français viennent de tous les horizons de l'Europe, de l'Alsace au langage germanique, à la Catalogne et au Pays basque. Le principe finit par coïncider avec un territoire, parce que ceux qui veulent vivre ensemble se donnent des frontières qui protègent leur liberté et leur permettent de résister aux agressions des États anti-révolutionnaires. La nation implique la patrie et choisit pour symbole la Marseillaise *de Rude et de Rouget de Lisle. Les Français du territoire s'opposent aux Français de l'étranger, ces émigrés de Coblence, ceux qui refusent le pacte national, les armes à la main et la cocarde blanche ou noire au chapeau.*

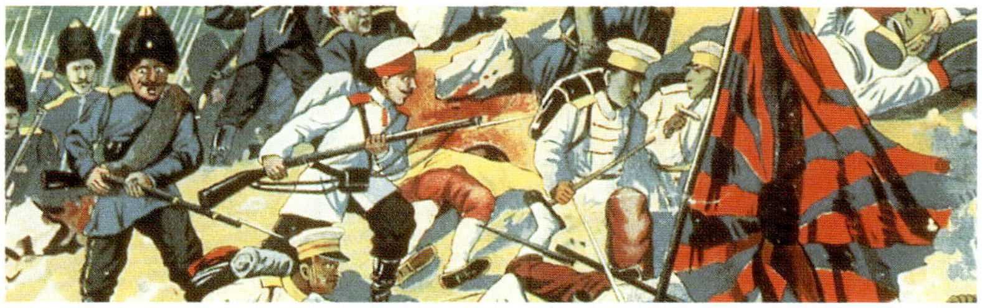

*La première dérive impérialiste de l'idée de nation tient à la nature de la guerre révolutionnaire française qui se veut libératrice, mais qui devient oppressive pour des peuples qui refusent le pacte civil et tiennent à la société théocratique. La réaction contre l'Europe française, au temps des guerres de la Révolution et de l'Empire, engendre la constitution de patries allemande (*Vaterland*), espagnole, italienne, polonaise, autrichienne et même britannique. Wellington et Pitt forgent ainsi la future nation de Disraeli, Gladstone, Kipling et du* Rule Britannia. *Les nations se coalisent contre la France au nom du principe de l'indépendance nationale, et refusent la conception d'une guerre libératoire au nom des droits de l'homme. Le "concert des nations" de la Sainte-Alliance est réactionnaire et répressif. Il s'appuie sur les vieux États de l'Europe que la furie française a transformés en nations.*

La troisième étape du rassemblement national se manifeste au milieu du XIXe siècle, lorsque, de l'Europe théocratique et monarchique, vient l'exigence du rassemblement de nations nouvelles. Pour être reconnues comme des ensembles nationaux, elles s'appuient sur des critères de race ou de langue. L'Italie et l'Allemagne constituent ainsi leur unité, sur des principes qui ne sont ni égalitaires, ni démocratiques, ni forcément libéraux. Le Reich *allemand fait appel au droit du sang, et l'*Italia fara da se *à la culture commune des enfants de la Louve romaine. Ni l'Allemagne, ni l'Italie n'ont de prétentions hors de leurs frontières, si ce n'est le rassemblement des terres irrédentes qui justifie plusieurs entrées en guerre. Les nations, les "monstres froids" de Nietzsche, n'ont pas d'autre justification que d'exister. Elles peuvent trouver, dans l'aventure coloniale, le droit de "civiliser" d'autres peuples hors d'Europe. Elles restent alors fidèles à leur drapeau qu'elles plantent partout dans le monde, jusqu'au Spitzberg.*

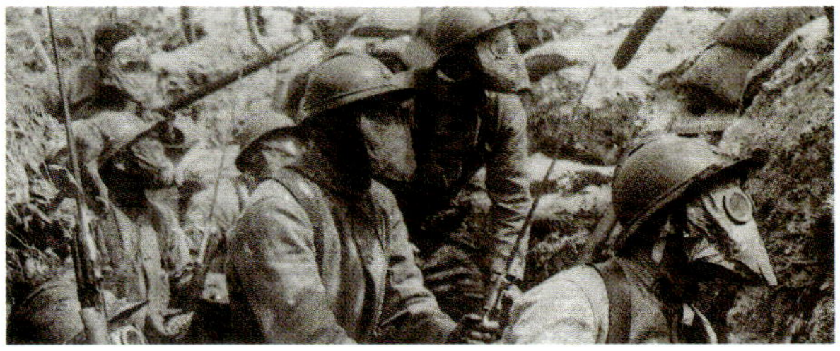

De la sorte, la constitution des nations est, en Europe, l'occasion de guerres interminables, parfois de guerres civiles, mais aussi des deux guerres mondiales. Celles-ci sont suivies de deux entreprises antagonistes de retour au "monde un" : celle de Lénine qui prône en 1917 la révolution universelle, et celle de Wilson, apôtre en 1919 de la Société des Nations. Ces deux tentatives de super-États qui tendent, malgré leur vocation internationale, à devenir des super-nations, marque le début d'une troisième étape du millénaire, celle du retour à l'unité du monde après une succession de massacres. ■

4 juillet 1776

L'Indépendance américaine

est proclamée par les "pères fondateurs" à Philadelphie où les habitants quakers entendent sonner la "cloche de la liberté". C'est le Saint-Graal de la révolution américaine.

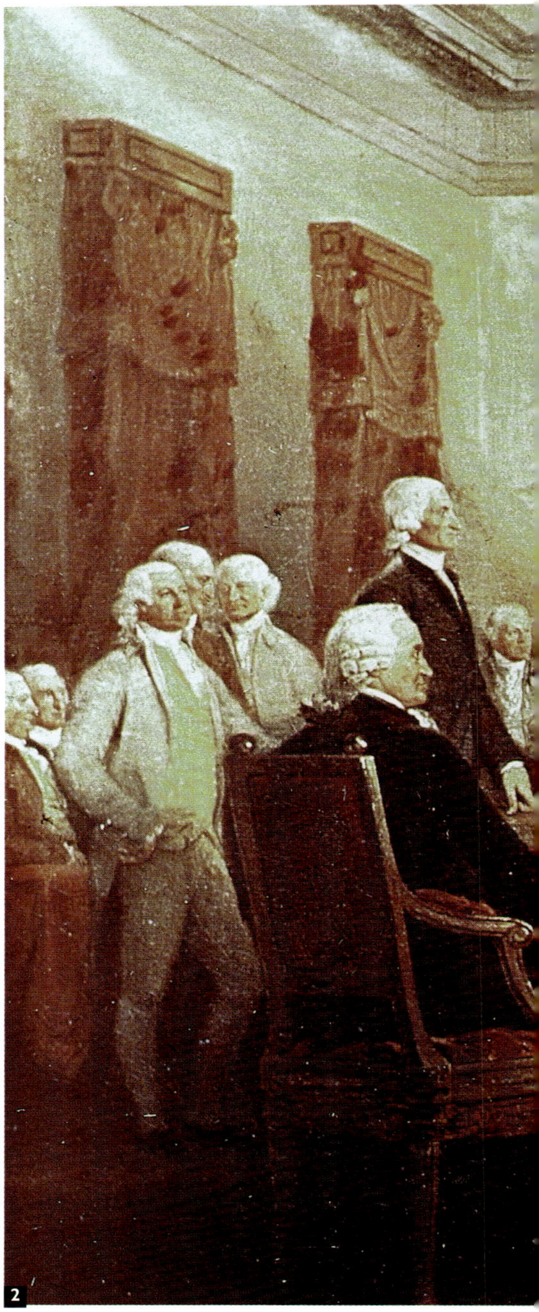

2

■ **O**n peut lire cette inscription sur cette cloche pieusement conservée : "Proclame la liberté à tout le pays et à tous ses habitants !" La révolution est faite. En 1781, quand l'armée anglaise capitule à Yorktown, le général Cornwallis qui la commande fait jouer par ses musiques la marche "C'est le monde à l'envers". Les Anglais sont effondrés. Devront-ils évacuer tout le nord de l'Amérique ? Abandonner devant cette "fronde des planteurs" les prospères colonies du sud, la Virginie riche en tabac ? Donneront-ils aussi l'indépendance aux "quakers illuminés" de Philadelphie ? Les représentants de Philadelphie font connaître au monde entier la déclaration d'indépendance des États-Unis d'Amérique. Ils ont décidé, derrière Jefferson et les autres *Foundative Fathers*, que la souveraineté du peuple exige l'indépendance, et que désormais le roi d'Angleterre n'a plus d'autorité dans ces colonies.

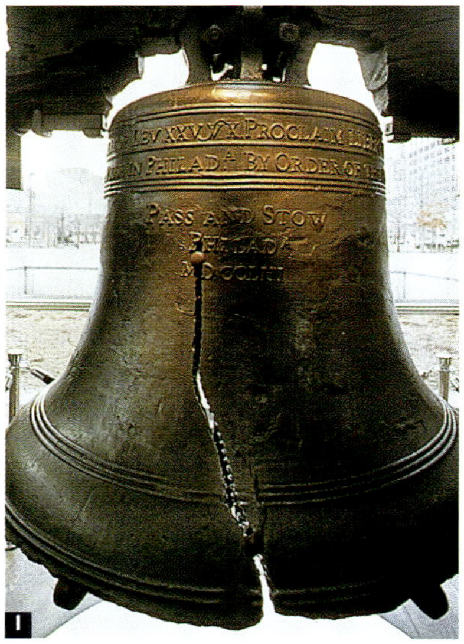

1

Le mouvement d'indépendance proclame la souveraineté non pas de la nation, mais des treize nations constituant l'Union. C'est l'idée de nation, non sa réalité, qui constitue une révolution, parce qu'elle affirme que "tous les hommes ont été créés égaux, qu'ils sont pourvus par le Créateur de certains droits inaliénables, parmi lesquels le droit à la vie, à la liberté et au bonheur".

La volonté des hommes de vivre ensemble sous les mêmes lois, sans considération de sol, de race, ni même de langue ou de religion est un droit absolu qui ne souffre pas de partage ou de discussion.

La nation américaine est juridiquement créée lors de l'assemblée constituante de Philadelphie, en mai 1787. La Constitution des États-Unis, rédigée entre autres par George Washington et Benjamin Franklin, est votée le 17 septembre suivant. En réalité, l'indépendance américaine a été reconnue par la Grande-Bretagne depuis le traité de Versailles de 1783.

Le 4 mars 1789, George Washington est élu premier président des États-Unis. Il n'est pas alors question de république. Le nouvel État fédéral est une nation confédérée qui ne désigne pas un régime particulier. Il est l'association, librement consentie, de treize États souverains qui choisissent d'élire un Président, un Congrès et une Cour suprême, selon le principe de la séparation des pouvoirs. Le texte du 17 septembre 1787 marque l'avènement d'une forme entièrement nouvelle et pragmatique de gouvernement des hommes.

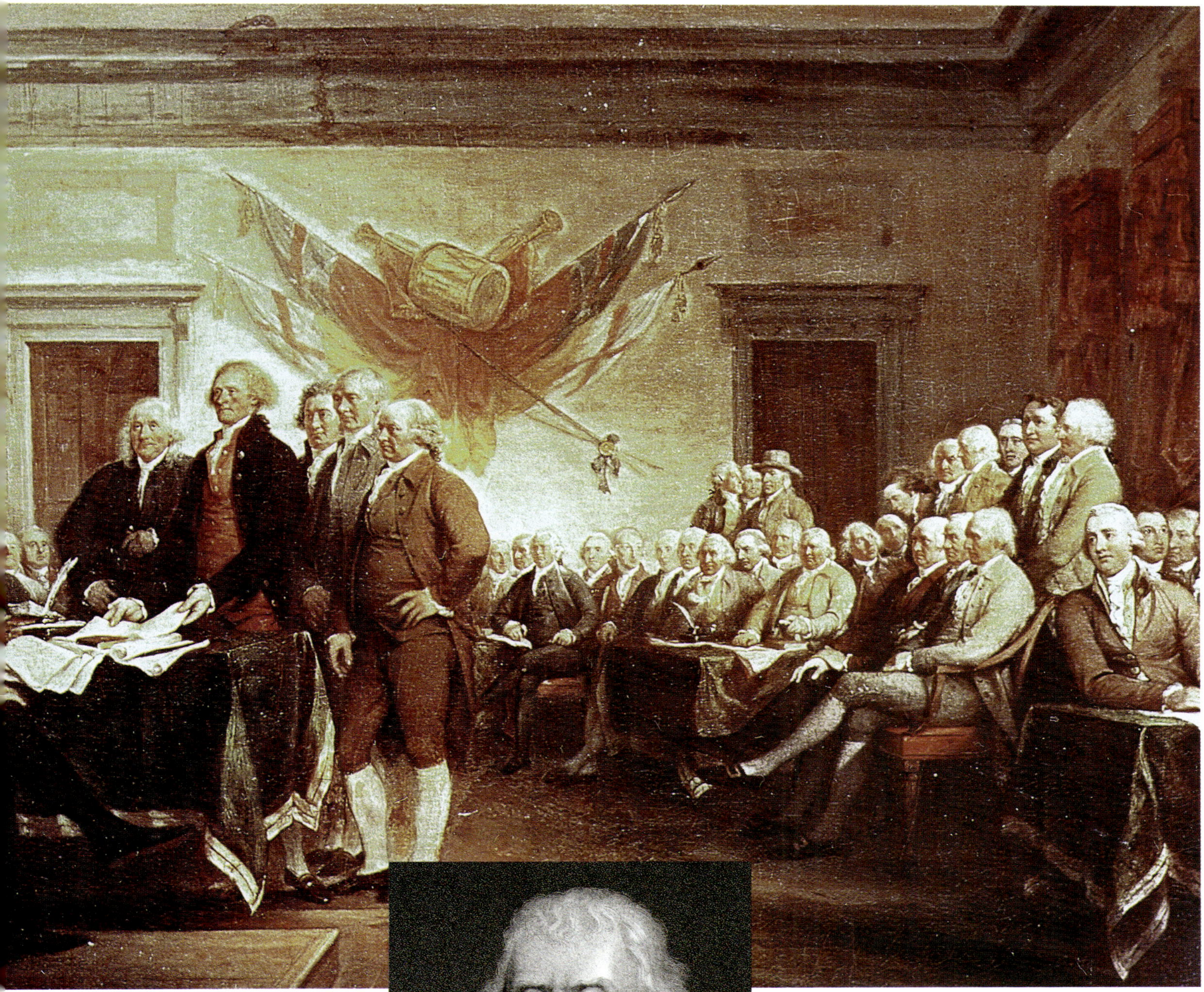

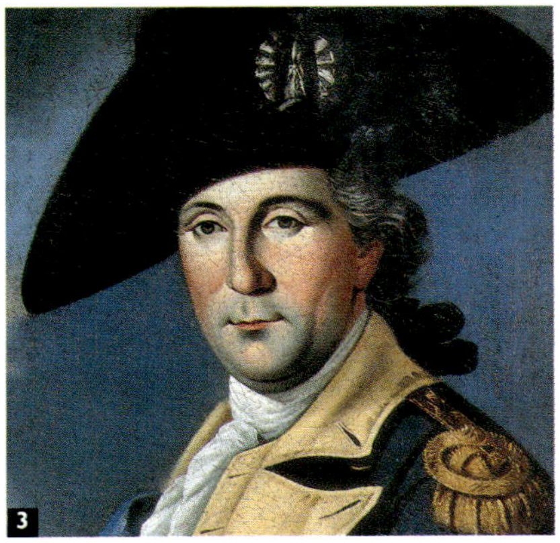

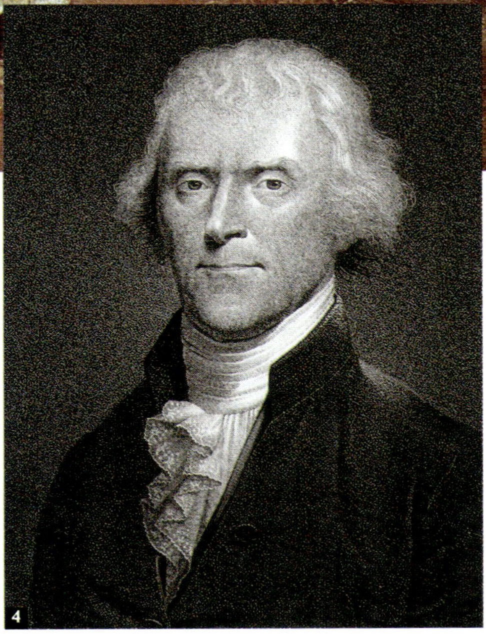

[1] La cloche
de la liberté.
Elle est conservée à Philadelphie.

[2] La déclaration d'indépendance des États-Unis (1776).
Le premier régime à fondement civil, et non religieux. Un événement majeur de l'histoire du monde.
(Washington, Capitole)

[3] George Washington (1732-1799).
Le héros de l'indépendance américaine.
(Blérancourt, château)

[4] Thomas Jefferson (1743-1826).
Un des partisans de l'indépendance, fondateurs de la nation américaine.
(Paris, Bibliothèque nationale)

26 août 1789

La Déclaration des droits

de l'homme et du citoyen est votée par l'Assemblée nationale française. Elle fera le tour du monde avant même d'avoir donné une Constitution à la France révolutionnaire .

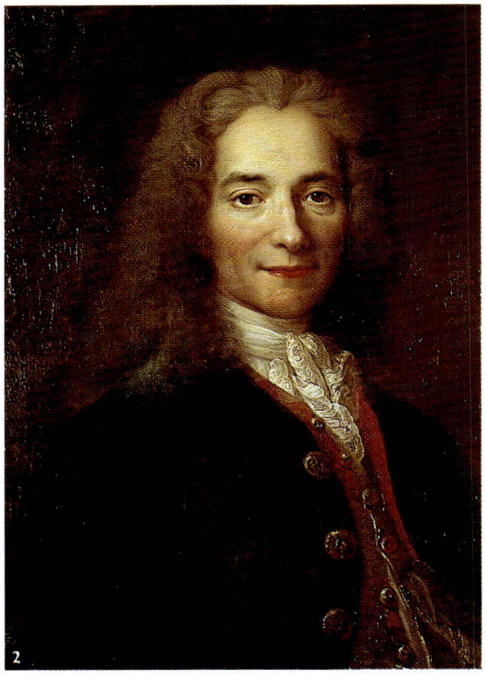

■ **L**a volonté de constituer une nation selon des principes nettement définis, pouvant prétendre à une diffusion planétaire, était à l'origine de ce texte, qui affirme dans son article premier que "tous les hommes sont libres et égaux en droit". La Révolution française affichait d'entrée de jeu le principe d'égalité cher à Rousseau.

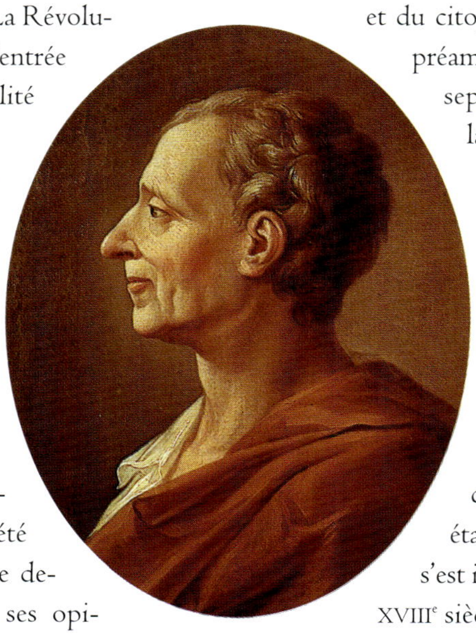

[1]

L'article II définissait les droits naturels, "la liberté, la propriété, la sûreté et la résistance à l'oppression". La loi qui protège et qui punit devait être "la même pour tous" et tout homme devait être "présumé innocent jusqu'à ce qu'il ait été déclaré coupable". Nul ne devait être "inquiété pour ses opinions, même religieuses", et chacun devait pouvoir "parler, écrire, imprimer librement". L'accès de tous aux emplois publics devait être garanti, et la force publique était au service de tous.

La loi, "expression de la volonté générale", ne pouvait émaner que des représentants élus de la nation, car "le principe de toute souveraineté réside essentiellement dans la nation". Elle était le fondement indispensable de tout pouvoir, qu'il soit exécutif, législatif ou judiciaire. La Déclaration des droits de l'homme et du citoyen devait être inscrite au préambule de la Constitution de septembre 1791 qui fondait la monarchie constitutionnelle en France sur la base de la séparation des pouvoirs. Dans ce texte, il n'était pas question du Roi Très Chrétien, ni de la tradition monarchique, encore moins de Dieu. Le fondement de cette charte de la liberté était exclusivement civil. Elle s'est inspirée des philosophes du XVIIIe siècle, des libéraux Voltaire et Montesquieu, du démocrate Rousseau. Pour Voltaire, chacun, en France comme en Angleterre, devait "aller au ciel par le chemin qui lui plaisait". Il fallait en finir avec l'exclusivisme religieux, devenu anachronique.

Les États modernes avaient des fondements civils. La charte révolutionnaire instaurait la tolérance religieuse et rompait avec la tradition du pouvoir inspiré, authentifié par le Très Haut.

Le pouvoir, chose humaine, devait, pour Montesquieu, admettre les garde-fous libéraux, protecteurs des citoyens. Ainsi la nation s'opposait à l'État monarchique et chrétien. Elle inaugurait en Europe et dans le monde l'ère des révolutions.

[1] Charles-Louis de Montesquieu (1689-1755). *Le philosophe libéral a écrit* L'esprit des lois *en 1748. Les pères fondateurs américains l'ont lu et relu.* (Versailles, musée du château)

[2] François-Marie Arouet dit Voltaire (1694-1778). *Il est à l'origine de l'anglomanie de la fin du XVIIIe siècle en France qui présente le régime britannique comme le meilleur au monde.* (Versailles, musée du château)

[3] La Déclaration des droits de l'homme et du citoyen (1789). *Un grand texte français à vocation mondiale. Il est adopté par l'Assemblée nationale constituante en août 1789 et va être inscrit au préambule de la Constitution de 1791.* (Paris, musée Carnavalet)

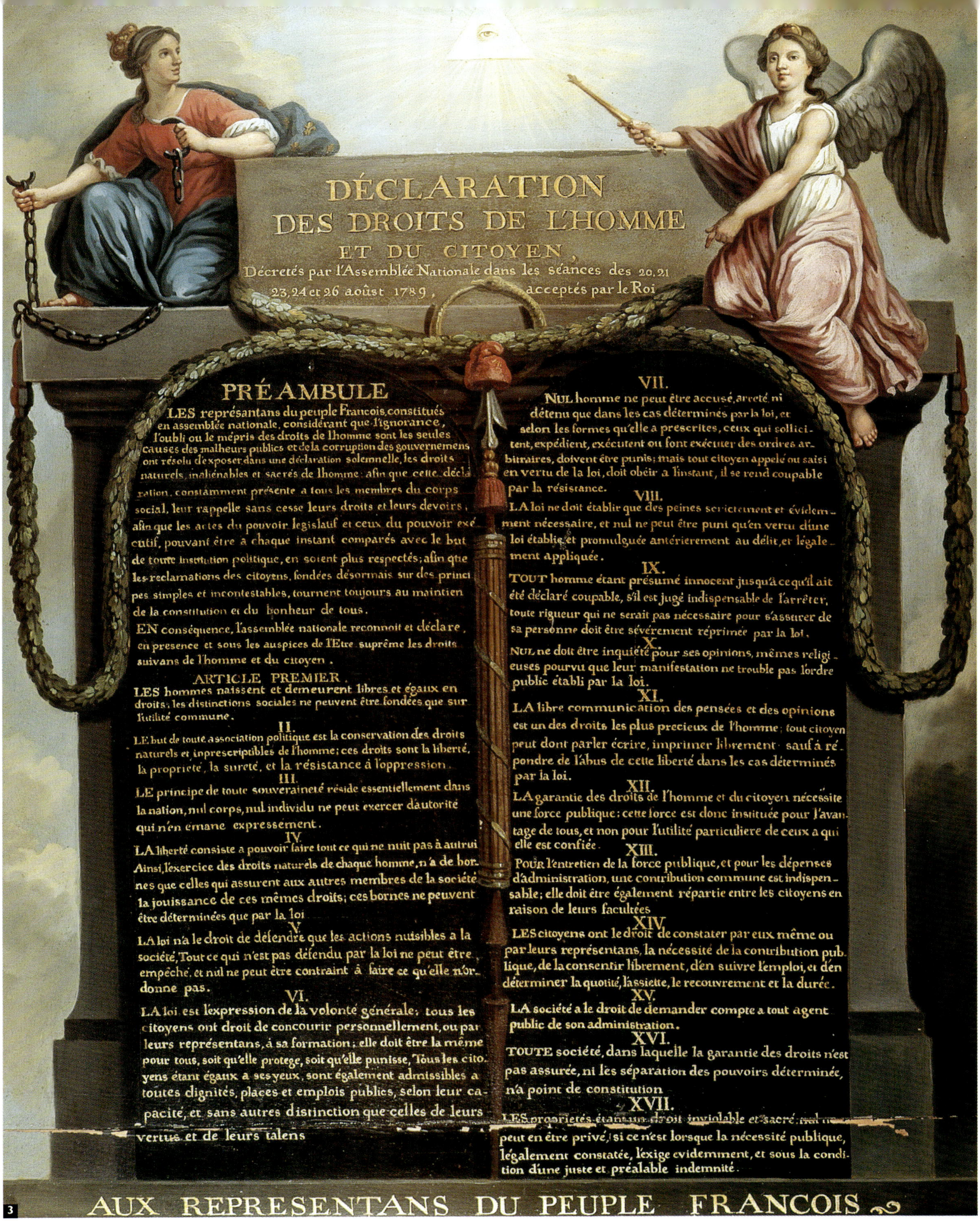
DÉCLARATION
DES DROITS DE L'HOMME
ET DU CITOYEN,
Décretés par l'Assemblée Nationale dans les séances des 20, 21 23, 24 et 26 aoûst 1789, acceptés par le Roi
PRÉAMBULE
LES représantans du peuple François, constitués en assemblée nationale, considérant que l'ignorance, l'oubli ou le mépris des droits de l'homme sont les seules causes des malheurs publics et de la corruption des gouvernemens ont résolu d'exposer dans une déclaration solemnelle, les droits naturels, inaliénables et sacrés de l'homme: afin que cette déclaration, constamment présente a tous les membres du corps social, leur rappelle sans cesse leurs droits et leurs devoirs; afin que les actes du pouvoir législatif et ceux du pouvoir exécutif, pouvant être à chaque instant comparés avec le but de toute institution politique, en soient plus respectés; afin que les reclamations des citoyens, fondées désormais sur des principes simples et incontestables, tournent toujours au maintien de la constitution et du bonheur de tous.
EN conséquence, l'assemblée nationale reconnoit et déclare, en presence et sous les auspices de l'Etre suprême les droits suivans de l'homme et du citoyen.
ARTICLE PREMIER.
LES hommes naissent et demeurent libres et égaux en droits; les distinctions sociales ne peuvent être fondées que sur l'utilité commune.
II.
LE but de toute association politique est la conservation des droits naturels et imprescriptibles de l'homme; ces droits sont la liberté, la propriété, la sureté, et la résistance à l'oppression.
III.
LE principe de toute souveraineté réside essentiellement dans la nation, nul corps, nul individu ne peut exercer dautorité qui n'en émane expressément.
IV.
LA liberté consiste a pouvoir faire tout ce qui ne nuit pas à autrui Ainsi, l'exercice des droits naturels de chaque homme, n'a de bornes que celles qui assurent aux autres membres de la société la jouissance de ces mêmes droits; ces bornes ne peuvent être déterminées que par la loi.
V.
LA loi n'a le droit de défendre que les actions nuisibles a la société. Tout ce qui n'est pas défendu par la loi ne peut être empêché, et nul ne peut être contraint à faire ce qu'elle n'ordonne pas.
VI.
LA loi est l'expression de la volonté générale; tous les citoyens ont droit de concourir personnellement, ou par leurs représentans, à sa formation; elle doit être la même pour tous, soit qu'elle protege, soit qu'elle punisse. Tous les citoyens étant égaux a ses yeux, sont également admissibles a toutes dignités, places et emplois publics, selon leur capacité, et sans autres distinction que celles de leurs vertus et de leurs talens.
VII.
NUL homme ne peut être accusé, arreté ni détenu que dans les cas déterminés par la loi, et selon les formes qu'elle a prescrites, ceux qui sollicitent, expédient, exécutent ou font exécuter des ordres arbitraires, doivent être punis; mais tout citoyen appelé ou saisi en vertu de la loi, doit obéir a l'instant, il se rend coupable par la résistance.
VIII.
LA loi ne doit établir que des peines strictement et évidemment nécessaire, et nul ne peut être puni qu'en vertu d'une loi établie et promulguée antérierement au délit, et légalement appliquée.
IX.
TOUT homme étant présumé innocent jusqu'à ce qu'il ait été déclaré coupable, s'il est jugé indispensable de l'arrêter, toute rigueur qui ne serait pas nécessaire pour s'assurer de sa personne doit être sévérement réprimée par la loi.
X.
NUL ne doit être inquiété pour ses opinions, mêmes religieuses pourvu que leur manifestation ne trouble pas l'ordre public établi par la loi.
XI.
LA libre communication des pensées et des opinions est un des droits les plus precieux de l'homme; tout citoyen peut dont parler écrire, imprimer librement sauf à répondre de l'abus de cette liberté dans les cas déterminés par la loi.
XII.
LA garantie des droits de l'homme et du citoyen nécessite une force publique; cette force est donc instituée pour l'avantage de tous, et non pour l'utilité particuliere de ceux a qui elle est confiée.
XIII.
POUR l'entretien de la force publique, et pour les dépenses d'administration, une contribution commune est indispensable; elle doit être également répartie entre les citoyens en raison de leurs facultées
XIV.
LES citoyens ont le droit de constater par eux même ou par leurs représentans, la nécessité de la contribution publique, de la consentir librement, d'en suivre l'emploi, et d'en déterminer la quotité, l'assiette, le recouvrement et la durée.
XV.
LA société a le droit de demander compte a tout agent public de son administration.
XVI.
TOUTE société, dans laquelle la garantie des droits n'est pas assurée, ni les séparation des pouvoirs déterminée, n'a point de constitution
XVII.
LES propriétés étant un droit inviolable et sacré, nul ne peut en être privé, si ce n'est lorsque la nécessité publique, légalement constatée, l'exige evidemment, et sous la condition d'une juste et préalable indemnité.
AUX REPRESENTANS DU PEUPLE FRANCOIS
3

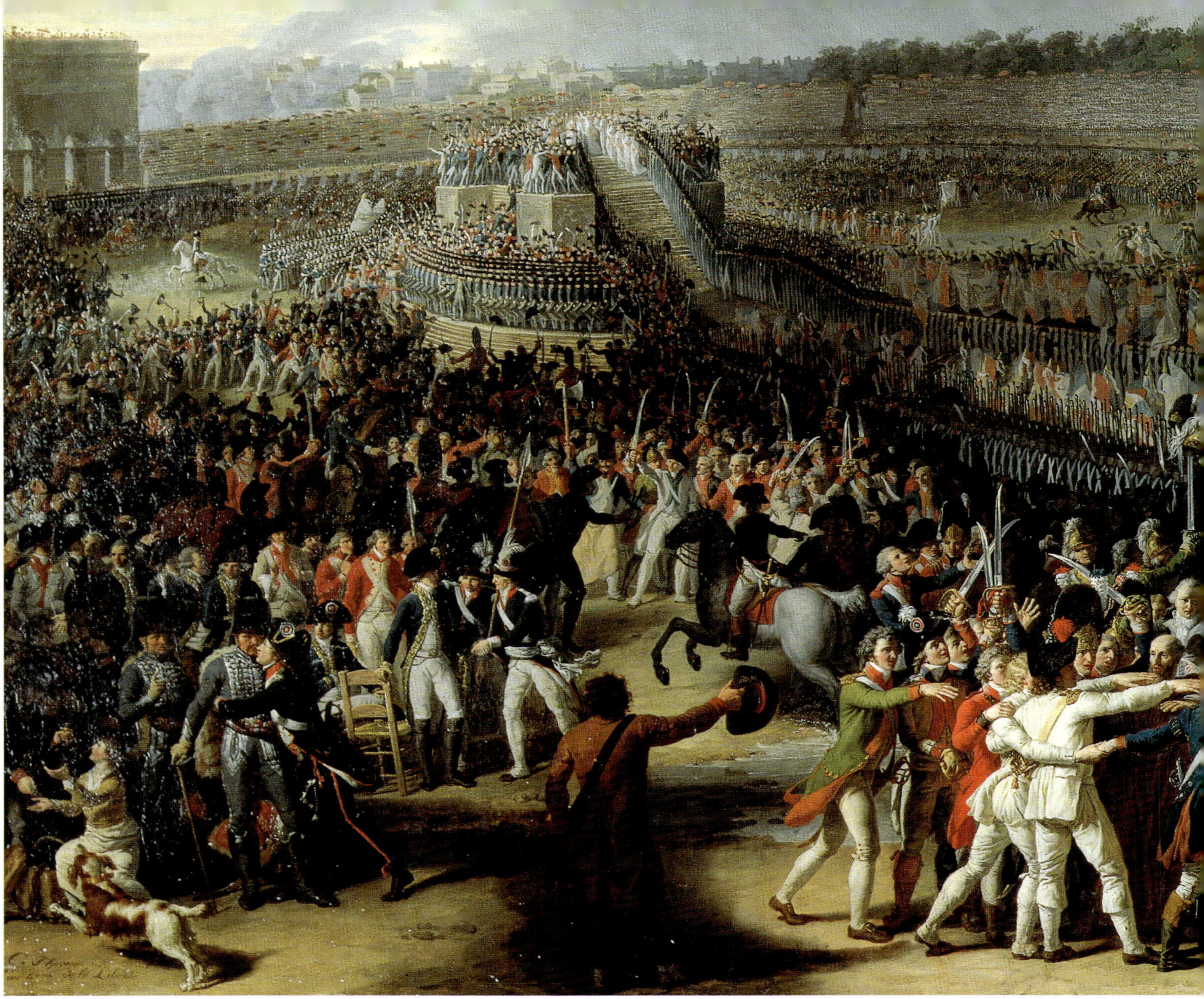

14 juillet 1790

La fête de la Fédération

se tient sur le Champ-de-Mars. Louis XVI prête serment de fidélité à la Constitution sur l'autel de la Patrie où l'évêque Talleyrand vient de célébrer la messe. C'est le sacre de la Révolution.

■ Le choix du 14 juillet est symbolique. Un an plus tôt, la Bastille, forteresse de l'absolutisme, est tombée. Date magique dans l'histoire du monde. On assure que le philosophe Kant, à Königsberg, a interrompu ce jour-là sa promenade quotidienne pour célébrer à sa manière, par une minute de réflexion, l'avènement de la liberté dans le monde.

Depuis le 17 juin 1789, le Tiers État avait fait savoir qu'il tenait son pouvoir de la nation et se formait en Assemblée nationale, devenue constituante à partir du 9 juillet.

Une tentative de résistance du roi, qui avait rassemblé des régiments de mercenaires aux

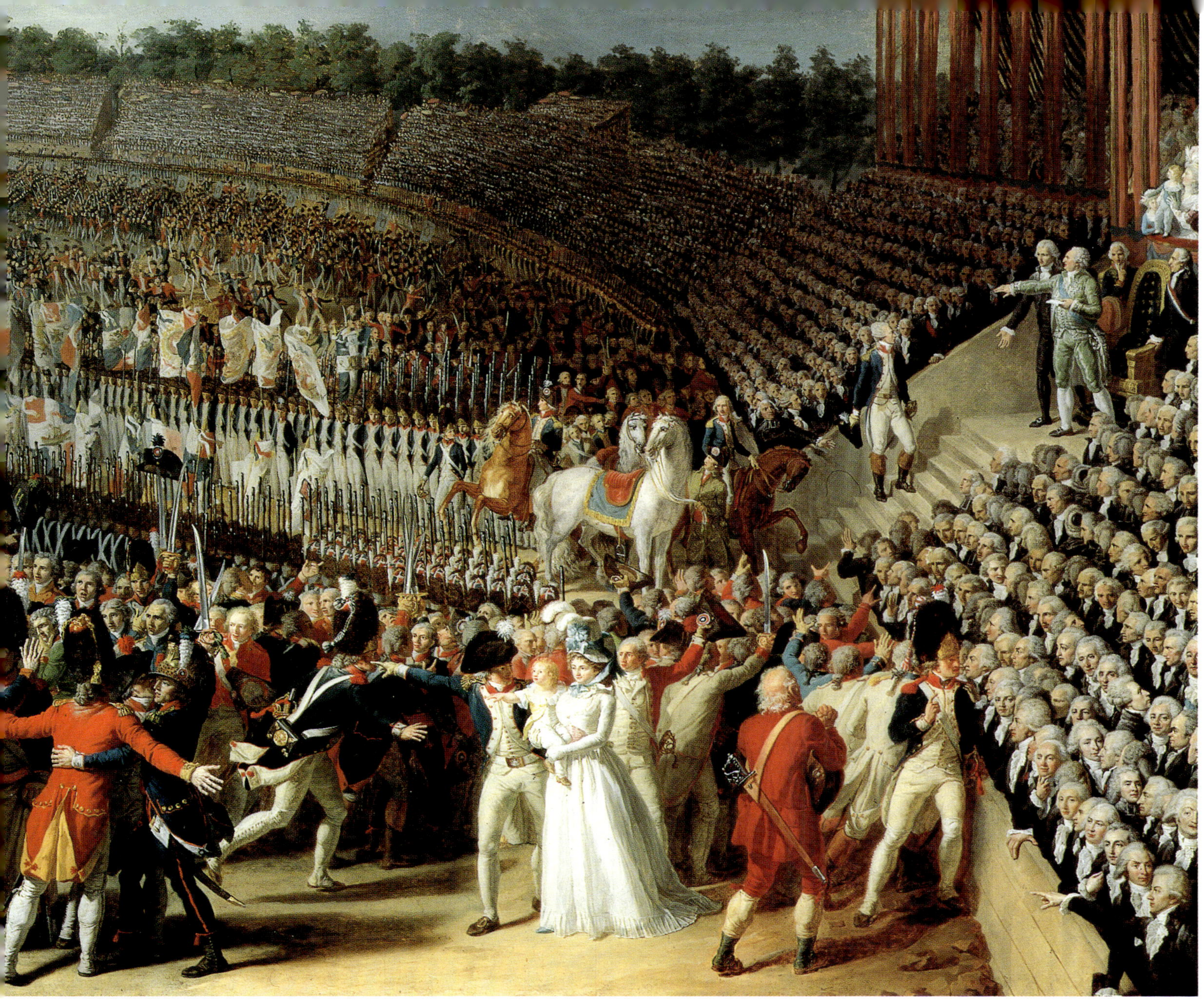

noms étrangers, comme le Royal cravate (croate) ou le Royal Allemand autour de Paris et dans la capitale, avait provoqué la révolution violente du 14 juillet, destructrice de l'absolutisme. Après la flambée de la Grande Peur dans les campagnes, elle avait été suivie par la révolution sociale de la nuit du 4 août qui abolissait les privilèges.

Un nouveau régime était né, qui devait faire "un sort" à la religion. Deux jours avant la cérémonie du 14 juillet 1790, l'Assemblée avait voté la Constitution civile du clergé, condamnée peu après par le pape. Depuis le 2 novembre 1789, les biens du clergé (20 % de la fortune foncière française) avaient été sécularisés et mis à la disposition de la nation. Le clergé ne constituait plus un ordre mais un service public. Ses membres étaient appointés comme des fonctionnaires. Ils devaient prêter serment de fidélité à la Constitution dont le fondement était la souveraineté populaire, et non la volonté de Dieu.

Ce régime civil, laïc, devenait le fondement de la société. Trois cents prêtres ceints de l'écharpe tricolore étaient présents sur l'autel de la Patrie en juillet 1790, devant les 14 000 gardes nationaux venus de tous les départements, y compris du Comtat Venaissin, terre papale qui avait demandé son rattachement à la France. Ce mouvement spontané de fraternisation faisait de cette manifestation le symbole de la Révolution, la première dans le monde à associer la liberté à l'égalité et à l'idée de patrie. En faisant de la souveraineté populaire le fondement du régime à construire, elle n'écartait ni le roi ni les religions, mais les mettait à disposition du pouvoir civil, celui des libres citoyens.

Fête de la Fédération. *Le peuple rassemblé célèbre le premier anniversaire de la prise de la Bastille durant lequel Louis XVI jure fidélité à la nation.* (Paris, musée Carnavalet)

20 avril 1792

La France entre en guerre

contre le "roi de Bohème et de Hongrie". Elle inaugure un cycle d'affrontements qui se perpétue en Europe jusqu'en 1815 où disparaissent les trois couleurs révolutionnaires à Waterloo.

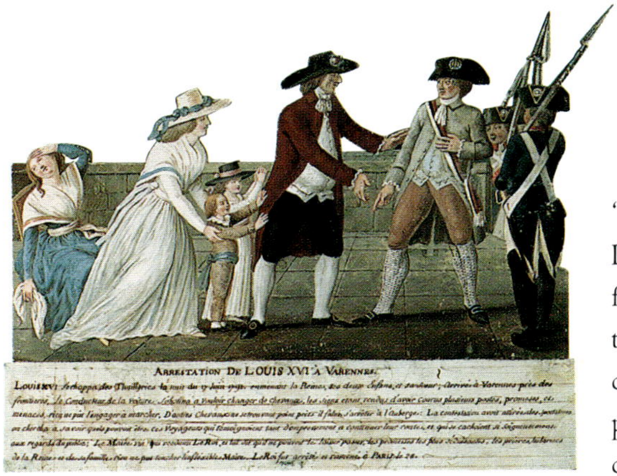

[1]

■ La Révolution française provoque des troubles en Europe. Outre le rattachement d'Avignon, qui indigne le pape, des clubs de patriotes se forment en Italie et menacent de lancer des insurrections. Le 10 janvier 1790, les révolutionnaires brabançons ont annoncé l'indépendance des "États belgiques unis". La proclamation par l'Assemblée française, le 22 mai 1790, du principe de souveraineté des peuples semble un défi lancé à l'Europe des princes. Déjà les Alsaciens ont répondu aux princes allemands qui possèdent des fiefs en Alsace, et donc des prétentions à toucher des droits féodaux et seigneuriaux, que "les Alsaciens sont français de leur propre volonté", et qu'ils ne demandent nullement à être libérés. La réaction violente des trônes ne s'est pas fait attendre. Les troupes autrichiennes sont entrées dans Bruxelles en décembre 1790. Le pape a condamné la constitution civile du clergé le 10 mars 1791 et la déclaration des droits de l'homme le 29 mars, rendant impossible la situation de Louis XVI. Un roi "par la grâce de Dieu" peut-il jurer fidélité à une Constitution que l'Église condamne ? Peut-il présider à la persécution des curés non-jureurs ? Il s'enfuit avec sa famille vers Nancy, est arrêté à Varennes le 21 juin 1791, puis ramené à Paris où il jure fidélité à la Constitution le 14 septembre.

Son arrestation provoque la réaction immédiate de son beau-frère, l'empereur d'Autriche Léopold II, et du roi de Prusse Frédéric Guillaume II. Les deux souverains réunis le 27 août 1791 au château de Pillnitz, près de Dresde, affirment leur volonté de "mettre le roi de France en état d'affermir les bases d'un gouvernement monarchique". Une intervention européenne menace la Révolution.

Les Girondins décident de prendre les devants, en dépit des avertissements de Robespierre. Ils déclarent la guerre au seul "roi de Bohème et de Hongrie", pensant ainsi s'épargner l'agression de la Prusse qu'ils croient libérale. Ils sont soutenus par l'Assemblée, et même par le roi qui se réjouit à l'idée que les Impériaux vont enfin marcher sur la frontière.

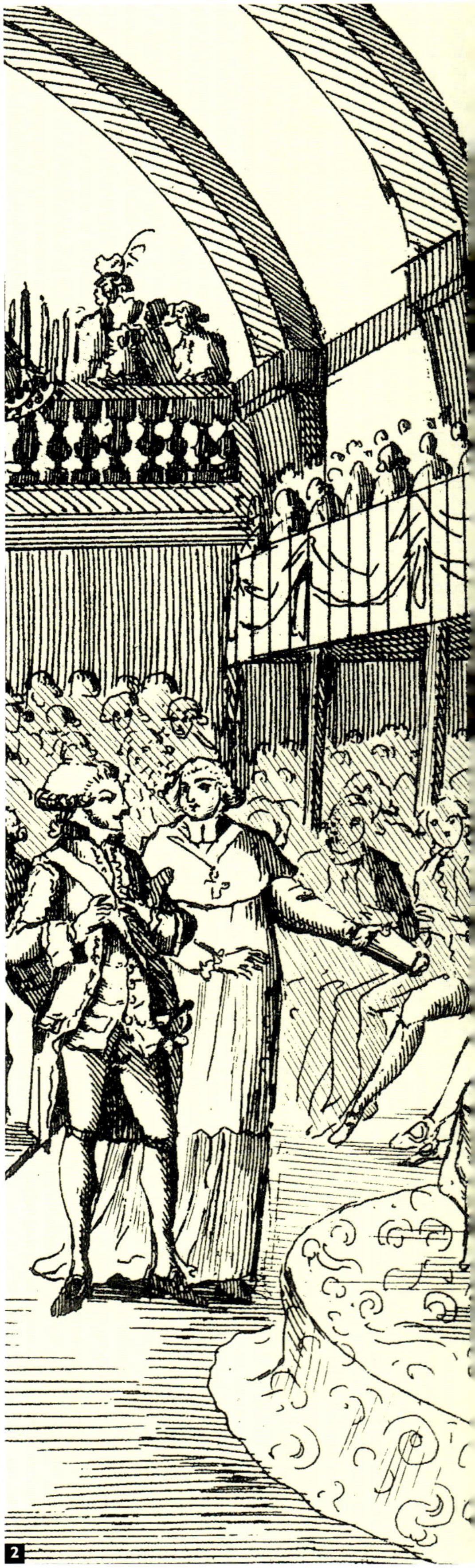
2

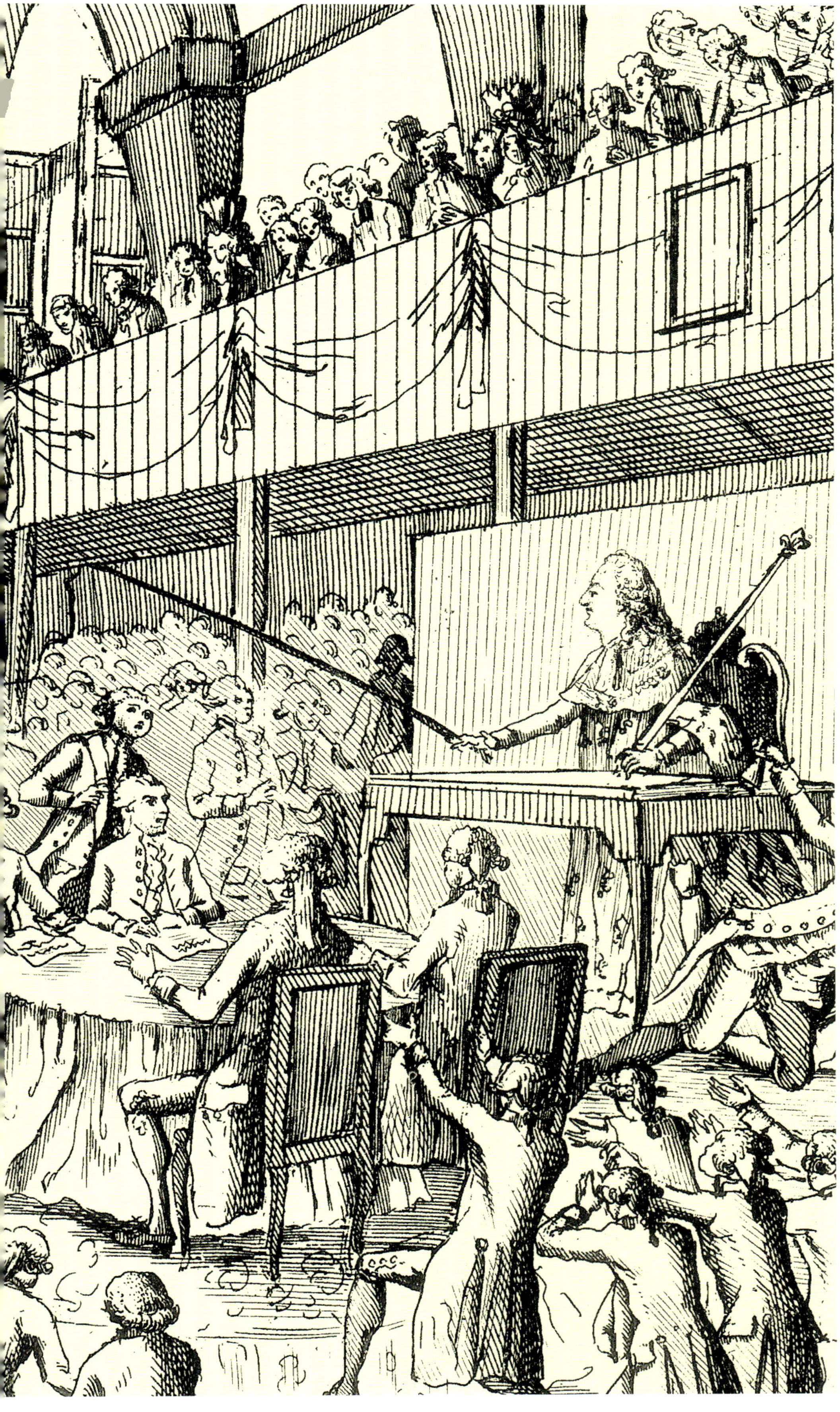

La déclaration de guerre du 20 avril 1792 est effectivement suivie par un manifeste du duc de Brunswick, commandant en chef des armées de la coalition austro-prussienne, menaçant de détruire Paris et de fusiller comme rebelles les gardes nationaux pris les armes à la main. Le roi de Prusse et l'empereur ont décidé d'"arrêter les attaques portées au trône et à l'autel". Il s'agit d'une répression idéologique.
Le 10 août 1792, une émeute aux Tuileries met fin à la monarchie en France.

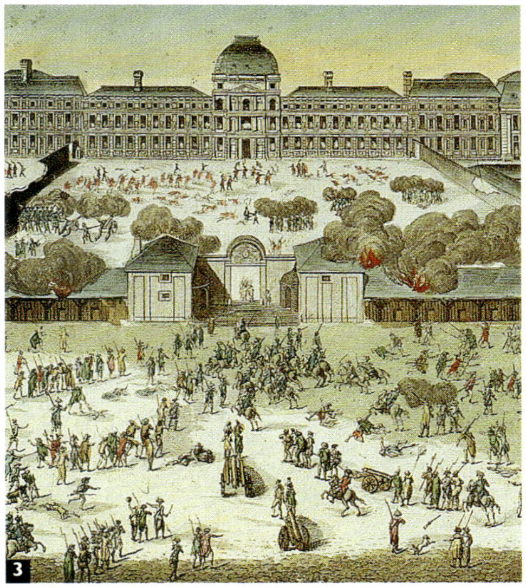

3

[1] L'arrestation de Varennes (20 juin 1791). *Le roi et sa famille, qui tentent de rejoindre des troupes fidèles stationnées à Metz, sont interceptés à Varennes puis ramenés de force à Paris.* (Paris, musée Carnavalet)

[2] L'assemblée déclare la guerre à l'Autriche (avril 1792). *Louis XVI (à droite) se "frotte les mains". Il pense que la Révolution sera bientôt vaincue par les Impériaux.* (Paris, Bibliothèque nationale)

[3] Prise des Tuileries (10 août 1792). *Le palais où réside Louis XVI et ses proches est pris par les Brestois et les Marseillais qui massacrent la garde suisse. C'est la fin de la monarchie.*

21 janvier 1793

Louis XVI est guillotiné

sur la place de la Révolution. Indignée par le régicide, l'Europe prend les armes. La guerre idéologique des défenseurs du trône et de l'autel devient une croisade contre-révolutionnaire.

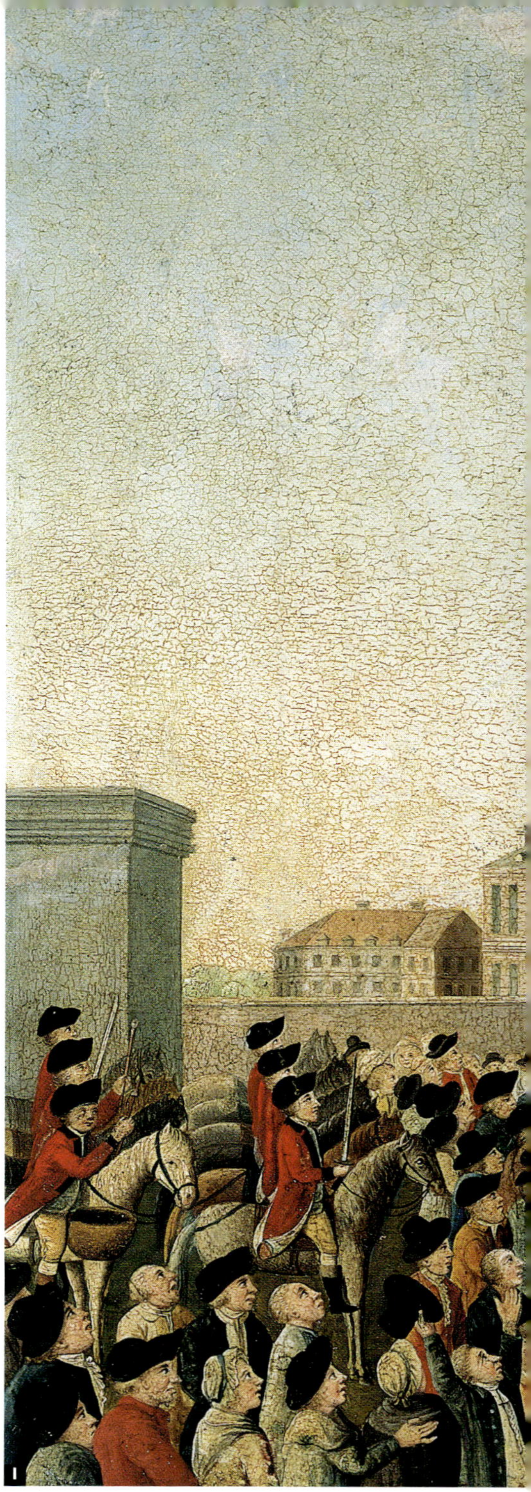

I

■ Le 11 juillet 1792, l'Assemblée révolutionnaire a déclaré "la patrie en danger" et a laissé massacrer les détenus politiques dans les prisons. Elle a remporté les victoires de Valmy (20 septembre) et Jemmapes (6 novembre), tandis que la République a été proclamée "une et indivisible". Une levée de 300 000 hommes a permis de constituer une armée révolutionnaire, par la fusion entre l'ancienne armée et les volontaires. "Vaincre ou mourir" est sa maxime.

Le 1er février 1793, la Convention déclare la guerre à l'Angleterre et à la Hollande qui bloquent les ports avec leurs flottes et soutiennent la révolte vendéenne. C'est le début d'un long affrontement entre Londres et Paris. La monarchie anglaise n'a pourtant aucune raison de combattre la révolution libérale et bourgeoise. Elle saisit l'occasion de l'exécution du roi et du terrorisme montagnard pour subventionner la coalition qui comprend toutes les monarchies européennes, sauf la Russie occupée à réduire les troubles de Pologne et à combattre les Turcs. L'Angleterre veut protéger le statu quo européen favorable à son expansion commerciale dans les ports belges, allemands, italiens, et faire main basse sur ce qui reste des colonies françaises.

Les Montagnards gagnent, au prix de violences inouïes comme les massacres de Vendée. Le 13 juillet 1793, l'assassinat du leader extrémiste Marat provoque une intensification de la Terreur. La Convention rend publique une constitution démocratique qui ne sera pas appliquée et une nouvelle déclaration des droits garantissant le droit à l'instruction, et aux secours publics. Les Montagnards vont jusqu'au bout de leurs principes en adoptant un nouveau calendrier qui marque l'entrée dans une ère nouvelle. Ils décrètent l'école primaire obligatoire pour les garçons et les filles, abolissent l'esclavage dans les colonies. Une vague de déchristianisation s'accompagne de provocations dans les églises. Robespierre proteste, fait voter la liberté des cultes. Après son exécution, le 10 thermidor (28 juillet 1794), la séparation de l'Église et de l'État est assurée par la suppression du budget des cultes. La Révolution a jeté les bases de l'égalité civile et de la laïcité. Par les décrets de ventôse, qui ne seront pas appliqués, elle a prévu la redistribution des biens des émigrés aux indigents. Elle s'est engagée dans la voie de la dictature démocratique.

La victoire de Fleurus (26 juin 1794) lui a ouvert les portes de la Belgique et de la Hollande. La Pologne de Kosciuszko se révolte contre les occupants étrangers. Les Irlandais s'insurgent en janvier 1795. Les Hongrois se révoltent contre Vienne et demandent leur indépendance. L'Europe va-t-elle échapper aux forces contre-révolutionnaires ?

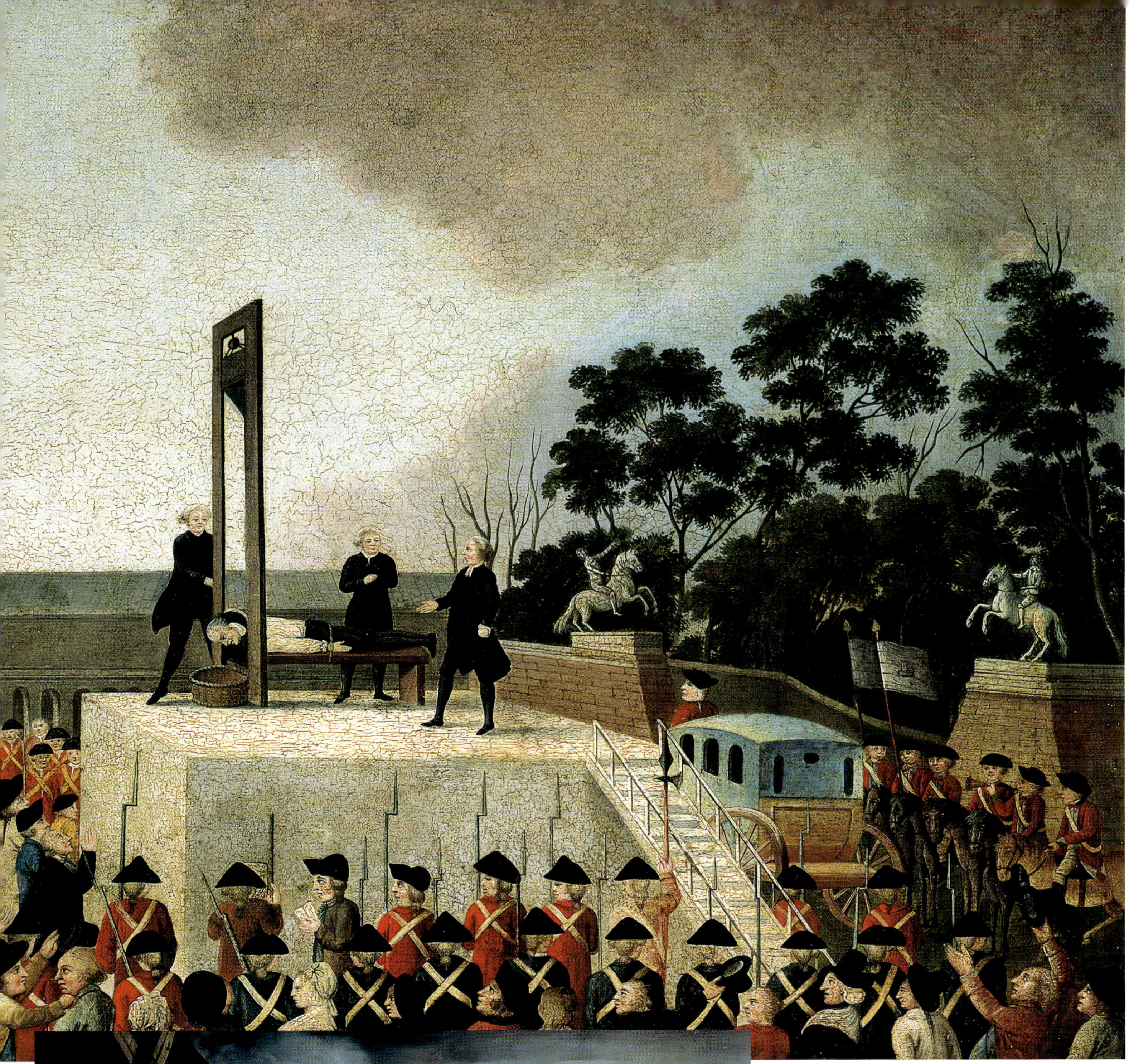

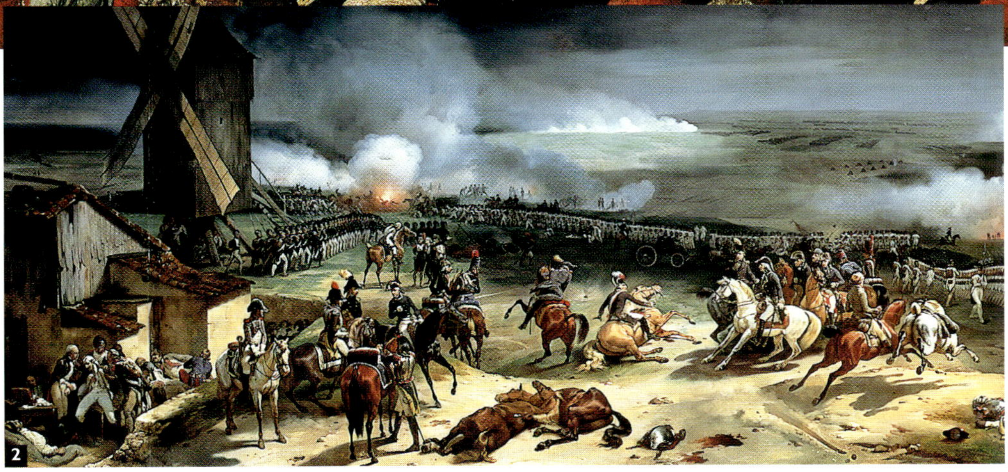

[1] **Décapitation de Louis XVI.**
L'échafaud est entouré de troupes favorables au régime.
(Paris, musée Carnavalet)
[2] **Valmy (20 septembre 1792).**
La première bataille révolutionnaire, remportée par les généraux Kellermann et Dumouriez. Les Prussiens se replient. Ils ne pensaient pas que les Français utiliseraient si bien leur artillerie.
(Versailles, musée du château)

28 juillet 1794

Robespierre est exécuté.

Le député montagnard, maître du Comité de salut public responsable de la Terreur, meurt sur l'échafaud avec vingt de ses compagnons dont Couthon et Saint-Just.

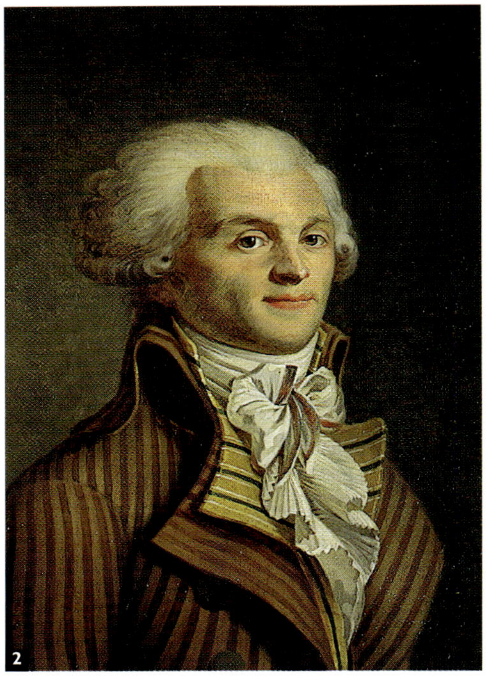

■ **L**e coup d'État du 9 Thermidor a emporté la dictature démocratique du Comité de salut public, mais il n'a pas mis fin à l'exportation des idées françaises en Europe et dans le monde.

Sans doute un complot indépendantiste a-t-il été tué dans l'œuf au Brésil, et la révolte polonaise a-t-elle été noyée dans le sang par l'armée russe. Mais la Savoie et Nice sont devenues françaises. La victoire de Jourdan à Fleurus a permis d'annexer la Belgique dès octobre 1795. Elle est divisée en neuf départements français où règnent les lois révolutionnaires abolissant les privilèges et les droits féodaux. Des "républiques-sœurs" ont été partout installées dans les pays voisins "libérés" par les armées de la République. Une République batave s'installe en Hollande avec Charles Pichegru. Un club helvétique ouvert à Paris permet au Vaudois Frédéric César la Harpe d'organiser la propagande à Genève où s'est installé, à la fin de 1792, un gouvernement révolutionnaire qui a décrété la Terreur. Enfin, un département français du "Mont-Terrible" est formé aux dépens de l'archevêché de Bâle.

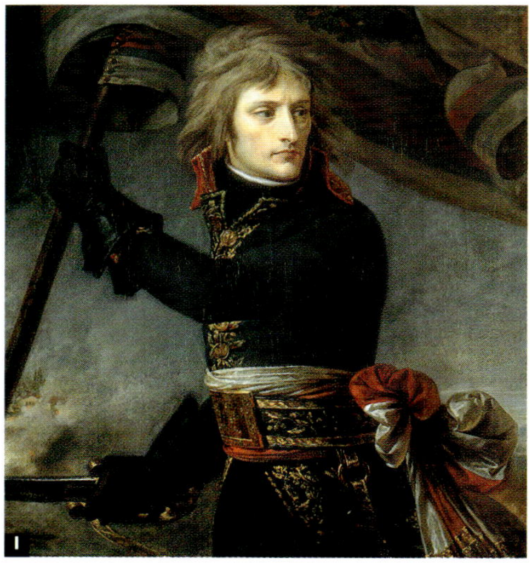

Mais la République des Thermidoriens devient conquérante, et le Directoire qui lui succède veut se nourrir de ses conquêtes. Le général Bonaparte, bien vu de Barras pour avoir réprimé l'insurrection royaliste du 13 vendémiaire (5 octobre 1795), est nommé à la tête de l'armée d'Italie. Il fait son entrée à Milan en mai 1796, remporte les victoires d'Arcole (novembre 1796) et de Rivoli (janvier 1797), et crée dans ce pays des républiques-sœurs qui doivent payer tribut au Directoire : la Cispadane, la Cisalpine, la Ligurienne et la Parthénopéenne. Elles ont les mêmes raisons que la République batave de protester contre l'occupation française, ruineuse pour les finances, odieuse pour le peuple. Les catholiques de Belgique et d'Italie n'apprécient pas la politique religieuse de la Révolution. Le pillage systématique de la Belgique provoque une réaction nationale violente, ainsi qu'en Allemagne où la rive gauche du Rhin est annexée. La transformation de la croisade révolutionnaire libératrice en guerre de conquête provoque en Europe des réactions de rejet qui se traduisent par des mouvements nationaux de résistance.

Les opposants aux Français ne sont pas toujours des nostalgiques de l'ancienne Europe des princes, même si la question religieuse joue un rôle capital dans la révolte des occupés. Ils sont aussi des partisans de l'indépendance qui s'exprimeront avec plus de force encore pendant les guerres de l'Empire.

[1] **Bonaparte à Arcole (1796).** *Le jeune général se fait un nom en Italie.* (Versailles, musée du château)
[2] **Maximilien de Robespierre (1758-1794).** *L'âme de la dictature montagnarde.* (Paris, musée Carnavalet)
[3] **Exécution de Robespierre.** *L'organisateur de la Terreur est conduit à la guillotine.* (Paris, Galerie Dijol)

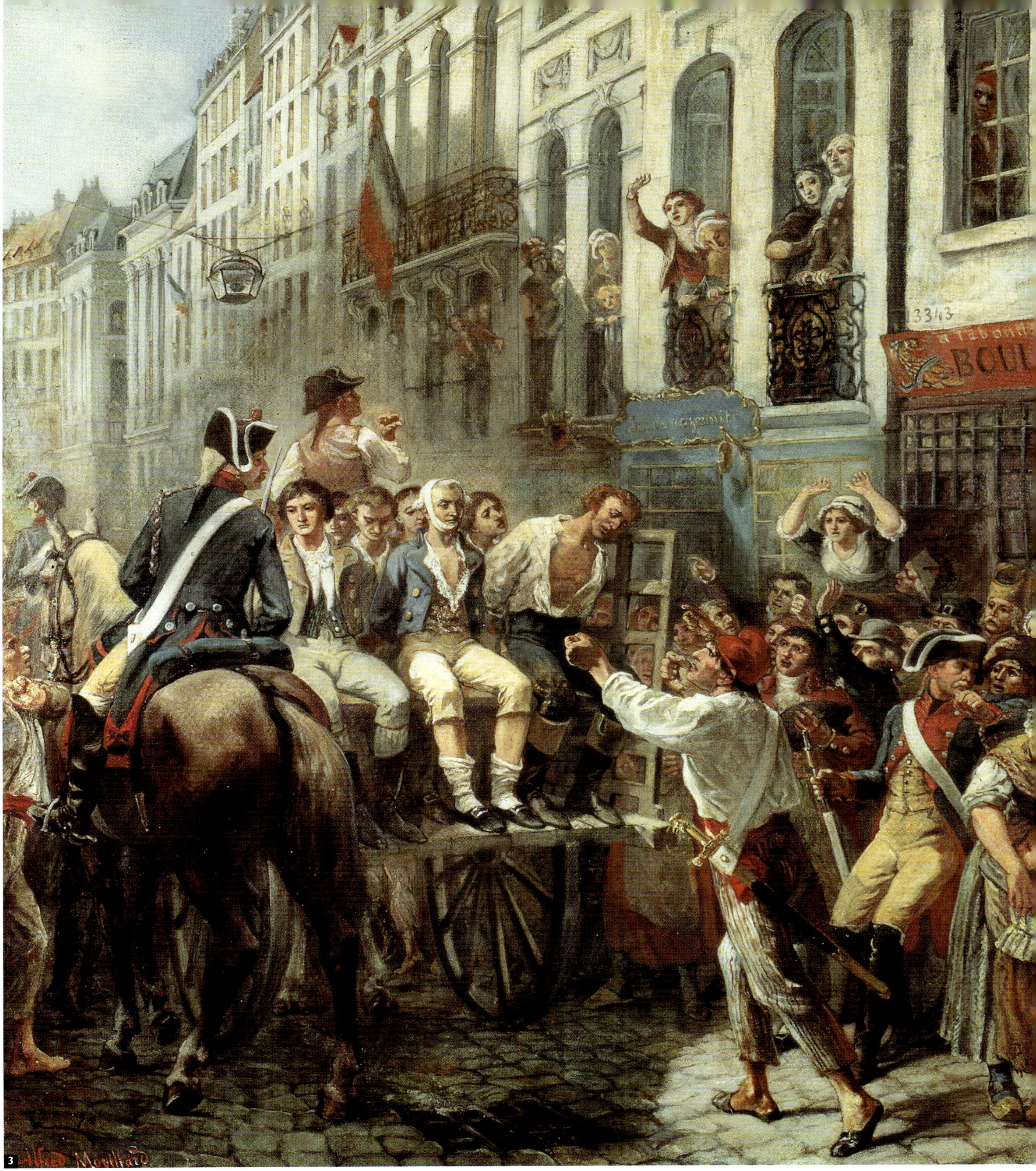

3

9 novembre 1799

Le 18 Brumaire,

Napoléon Bonaparte, encouragé par les notables qui veulent établir un régime d'ordre et protéger les conquêtes libérales de la Révolution, prend le pouvoir en France par un coup d'État militaire.

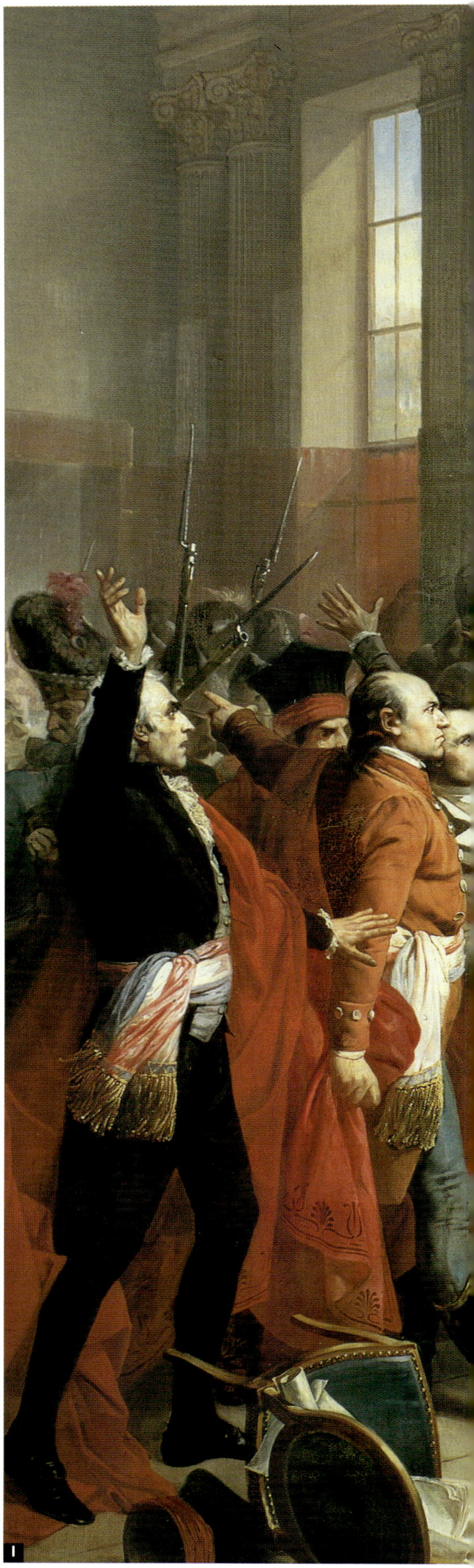
1

■ Le Premier Consul Bonaparte se hâte de rassurer l'opinion en négociant avec le pape le Concordat de 1801.

L'héritier de la Révolution n'est pas hostile à l'Église, dont il reconnaît le rôle social. Il admet que le catholicisme est "la religion de la grande majorité des Français". Si elle n'est pas religion d'État, ses membres sont nommés par le Saint-Siège, mais présentés par le gouvernement. Le pape renonce à demander la restitution des biens du clergé. En échange, l'État prend en charge évêques et curés. Si plus tard Napoléon, devenu empereur par sénatus-consulte, se fait sacrer à Notre-Dame par le pape Pie VII, cette cérémonie n'est qu'une bénédiction. Il ne tient sa couronne ni de Dieu ni du pape, mais du peuple français par plébiscite.

Napoléon fait la sourde oreille lorsque le pape proteste vivement contre les articles organiques accompagnant le Concordat. Ceux-ci nuisent en effet aux intérêts de Rome en rétablissant le gallicanisme de la Déclaration du clergé de France de 1682.

Alors qu'il s'oppose à l'occupation de Rome par les troupes françaises, l'Empereur fait enlever Pie VII par le général Radet et l'oblige à signer le nouveau concordat de janvier 1813. Dans ce document, le pape renonce à sa souveraineté temporelle et abandonne à Napoléon la nomination des évêques. Libéré, Pie VII le révoquera publiquement.

Néanmoins la paix religieuse était faite, les églises rouvertes et entretenues, et les curés payés. La France avait retrouvé ses clochers. Le code civil organisait un régime social de propriété protégée et de patriarcat. Les préfets assuraient l'ordre. En 1797, la paix de Campoformio avec l'Autriche avait permis d'organiser un espace français en Europe. On avait fait de même avec l'Angleterre, après l'expédition d'Égypte qui l'avait fort inquiétée, et qui avait justifié la formation d'une seconde coalition dissoute après la victoire de Marengo en 1800.

Napoléon semblait désireux de digérer les conquêtes de la Révolution. L'Empire français, avec sa façade monarchique, était doté d'une constitution, même s'il était héréditaire. Il avait été ratifié par consultation populaire.

Ce cadre officiel était une caricature de libéralisme mais les institutions - Banque de France, Conseil d'État, système judiciaire et fiscal, université à monopole d'État et système des grandes écoles recrutant par concours - étaient d'esprit libéral et conformes aux besoins de la

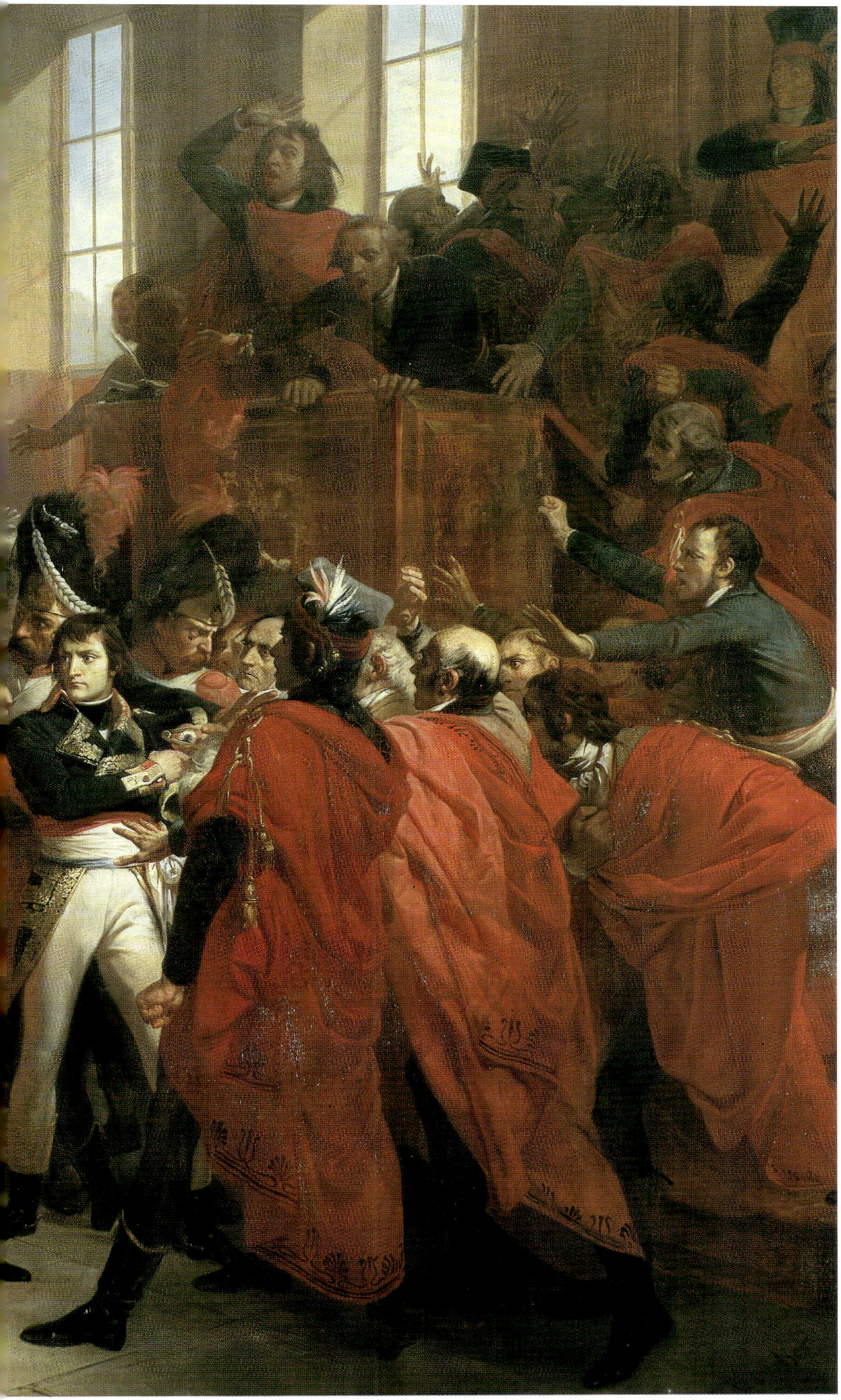

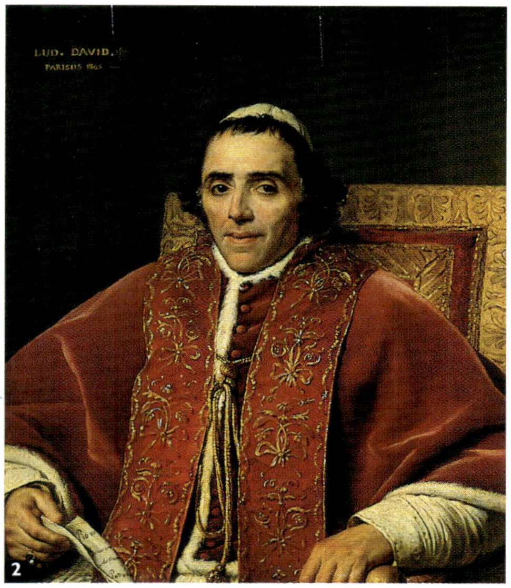

bourgeoisie dominante. La France impériale restait un modèle de développement pour les sociétés d'ancien régime d'Europe.
La constitution du royaume d'Italie et de la confédération du Rhin, puis du grand-duché de Varsovie semblait étendre à l'Europe le système français appliqué dans le grand empire aux cent trente départements.

[1] Bonaparte au Conseil des Cinq-Cents (10 novembre 1799).
Avec son frère Lucien, Napoléon Bonaparte intervient contre les députés du Directoire.
Au lendemain du coup de force du 18 Brumaire, il se présente au Conseil des Cinq-Cents à Saint-Cloud et oblige les Assemblées à abandonner le pouvoir à trois consuls.
(Versailles, musée du château)

[2] Le pape Pie VII (1740-1823).
Le souverain pontife est la patience même mais il ne peut accepter que Bonaparte traite l'Église de France en institution mineure. Trop d'intérêts sont en jeu. Il accepte de venir sacrer le nouvel empereur à Paris en 1804, mais va longtemps refuser de donner son agrément aux nominations d'évêques par le pouvoir impérial.
(Paris, musée du Louvre)

21 novembre 1806

Le blocus continental,

décrété à Berlin par Napoléon, interdit tout commerce entre l'Europe et l'Angleterre. Il entraîne la France dans des guerres contre les coalitions de nations-États alimentées par l'or anglais.

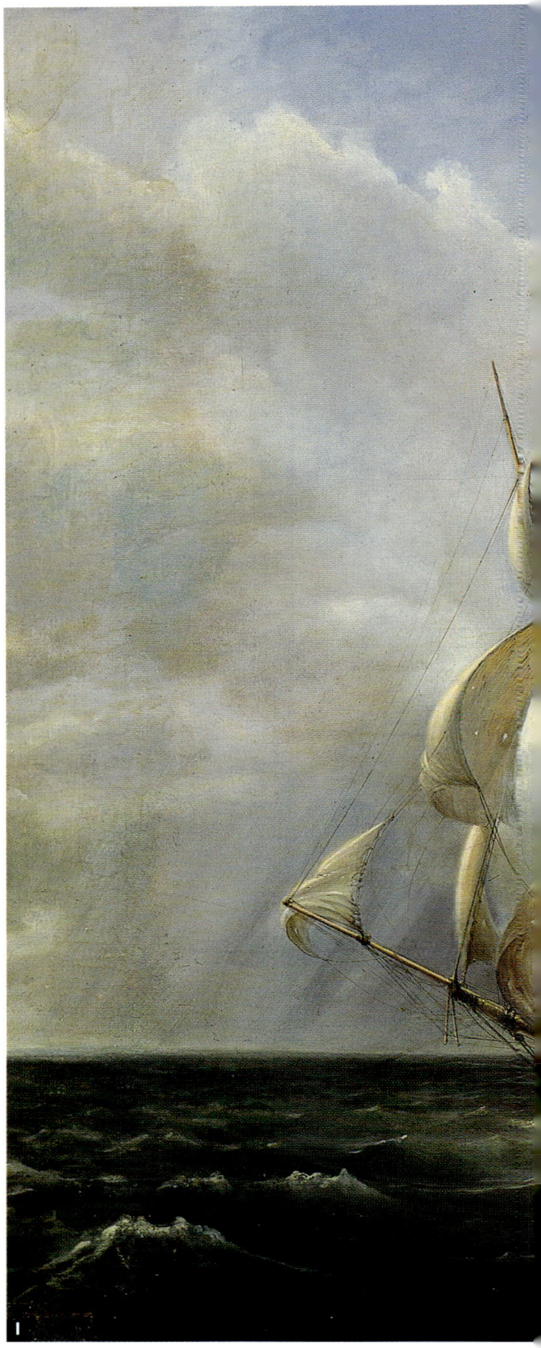

1

■ **E**n octobre 1806, Berlin est occupé par les Français à la suite de leur victoire d'Iéna. Ils y parlent en maîtres. Depuis Austerlitz (décembre 1805), ils sont en mesure de dicter leur loi à Vienne.

Le génie militaire de Napoléon permet la conquête d'une grande partie du continent. Les Autrichiens sont chassés d'Allemagne et d'Italie, les Prussiens sont à genoux, les Russes, vaincus en 1807 à Eylau et Friedland, signent le traité de Tilsit.

Napoléon croit pouvoir, de Berlin, ruiner le commerce britannique en lui fermant tous les ports d'Europe. Il répond ainsi au blocus maritime exercé par Londres, de Brest à Hambourg.

Pour faire appliquer le blocus, Napoléon doit annexer le royaume italien d'Étrurie et les États pontificaux, intervenir au Portugal et en Espagne, annexer la Hollande, le grand-duché d'Oldenburg et les villes hanséatiques. L'Angleterre accuse une baisse de ses importations alimentaires et connaît la disette, le chômage et la crise. Mais elle accroît son commerce avec l'Amérique latine et interdit les exportations de sucre et de produits tropicaux vers l'Europe. Napoléon développe les cultures de lin et de betterave à sucre, creuse des canaux, lance des routes pour accroître les échanges continentaux, mais ne peut empêcher les États de bafouer les interdits du blocus. Le tsar, qui vend son blé et son bois aux Anglais, est le premier à faire défection.

La campagne de Russie de 1812 est un désastre qui conduit l'Empire à sa perte. En 1813, une nouvelle coalition abat l'armée impériale à Leipzig et libère l'Allemagne, pendant que l'armée du duc de Wellington récupère le Portugal et l'Espagne.

Le système continental a provoqué des révoltes nationales d'une grande âpreté, notamment dans les pays catholiques où le clergé fanatise les résistances, présentant Napoléon comme l'Antéchrist, ainsi au Tyrol ou en Espagne. En Russie, le tsar Alexandre est le "petit père" qui conduit la guerre sainte et patriotique contre les Français.

Les luthériens de Prusse animent un mouvement de réforme de l'État autour de l'université de Berlin, de l'administration de Stein et Hardenberg, de l'armée nouvelle de Blücher, Scharnhorst et Gneisenau. Le vieux "général Vorwärtz" porte à Napoléon les coups ultimes, en 1814, lors de la bataille de France, et en 1815 avec Wellington à Waterloo.

Napoléon a été vaincu par l'or anglais et l'impérialisme de la mer, mais aussi par les nations européennes dont il a fouetté au vif le patriotisme et l'esprit de résistance aux Français. L'Empereur n'a exporté en Europe le principe des nationalités que pour en être la première victime.

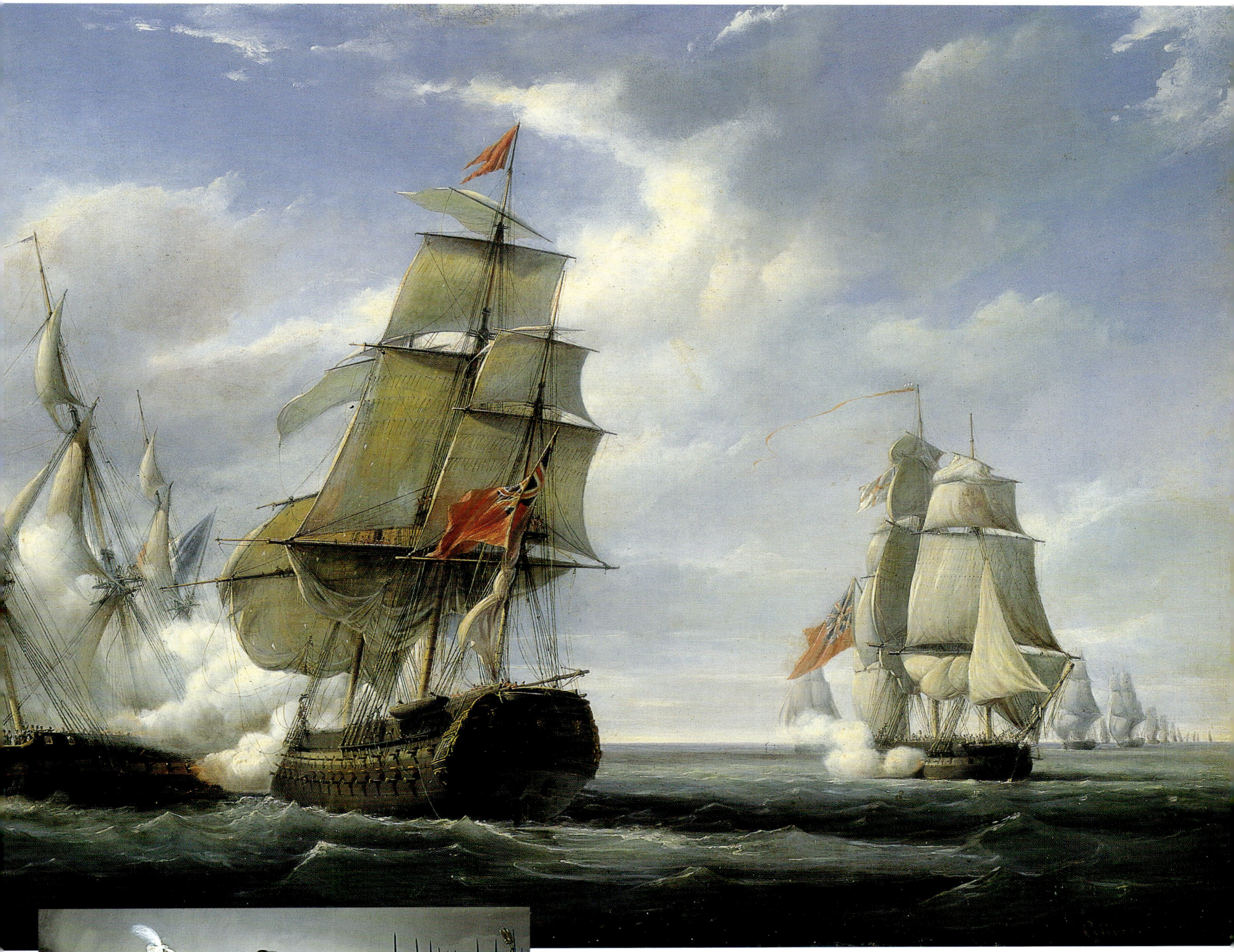

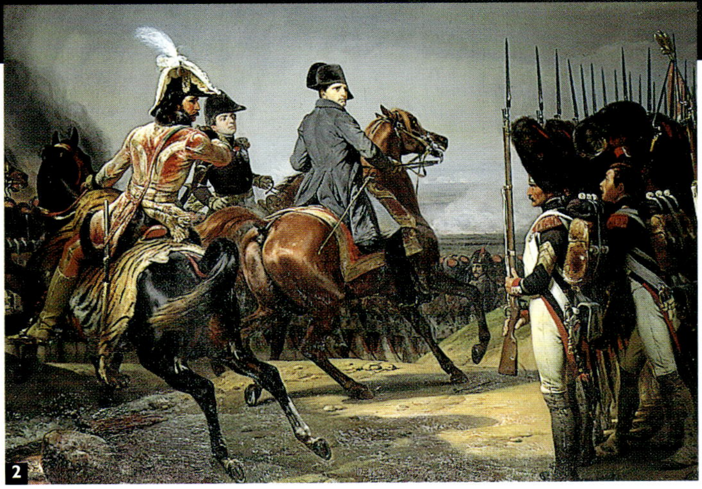

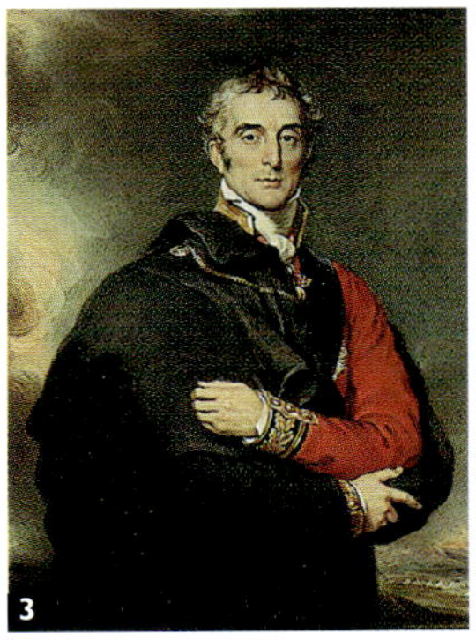

[1] Combat naval franco-britannique (1806). *Les Anglais sont à deux contre un, ainsi que l'exige la stratégie navale.* (Versailles, musée du château)
[2] Napoléon à Iéna (1806). *L'Empereur se prépare à donner l'assaut à l'armée prussienne créée jadis par le Roi-Sergent.* (Versailles, musée du château)
[3] Le duc de Wellington (1769-1852). *C'est un général pragmatique qui prétend vaincre Napoléon à l'usure. Il en viendra à bout à Waterloo.* (Londres, Wallace coll.)

mai 1810

L'Amérique latine se révolte.

En Argentine, une junte révolutionnaire prend le pouvoir dans les pays de la Plata et destitue le vice-roi espagnol pour proclamer l'indépendance du pays le 9 juillet 1816.

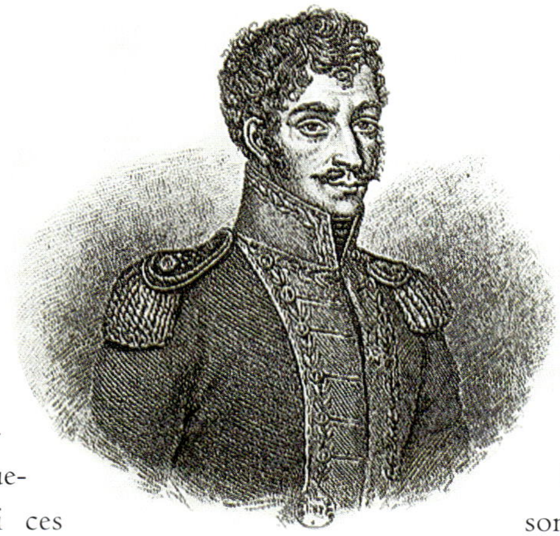

[1]

■ **D**es mouvements analogues sont engagés par Miranda au Venezuela, les prêtres Hidalgo et Morelos au Mexique, Simon Bolivar en Nouvelle-Grenade, puis au Venezuela sans succès. Parmi ces hommes, Miranda a combattu à Valmy, aux côtés de Dumouriez et de Kellerman, contre l'armée du roi de Prusse. La Révolution française accueillait tous les étrangers désireux de défendre la liberté.

Les libertadores de l'Amérique croyaient pouvoir l'emporter facilement. Ils avaient sous-estimé la capacité de riposte des armées coloniales au service des puissances européennes. Pourtant, ces États étaient en pleine décadence et leur résistance ne pouvait se prolonger longtemps. Ainsi les libérateurs, malgré le désordre de leur mouvement, ont profité de la faiblesse de l'Espagne, dont la flotte, alliée à la française, avait été coulée par Nelson à Trafalgar, et surtout de la déposition de la dynastie des Bourbons de Madrid par Napoléon. L'État espagnol était devenu incapable d'assurer l'ordre dans ses possessions d'outre-mer.

Dans cette Amérique espagnole, les colons n'avaient plus comme interlocuteur que le roi Joseph, frère de l'Empereur, dont ils ne voulaient pas, tandis que Ferdinand VII était prisonnier des Français. Leur révolte était vivement soutenue par les Anglais et les Américains désireux de s'ouvrir d'immenses marchés commerciaux. Ils applaudirent donc lorsqu'un Empire indépendant du Brésil fut paisiblement constitué en 1822, au profit d'un fils du roi du Portugal, dom Pedro. Les Américains firent connaître à l'Europe la doctrine de leur Président Monroe, qui réservait la possession de l'ensemble du continent américain aux États libres d'Amérique, écartant tous les intrus d'outre-Atlantique. Ils allaient jusqu'à répudier la doctrine coloniale au nom de la liberté des peuples d'Amérique à choisir leur propre destin.

Les États-Unis laissèrent donc Bolivar libérer la Colombie, le Venezuela et l'Équateur, San-Martin chasser les Espagnols du Pérou et du Chili, Iturbide s'emparer du Mexique et

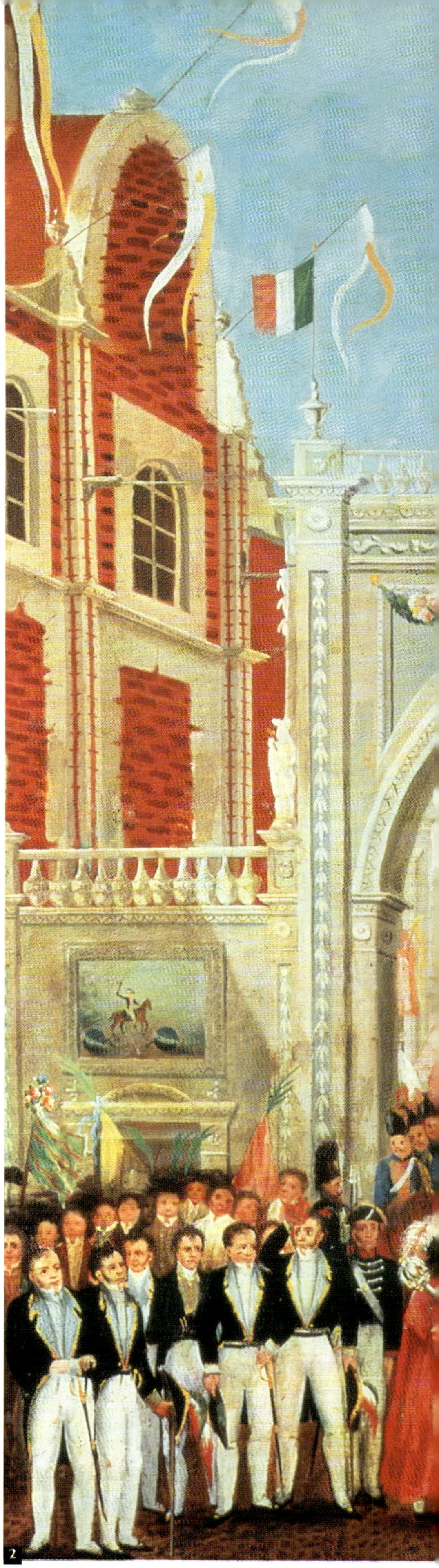

2

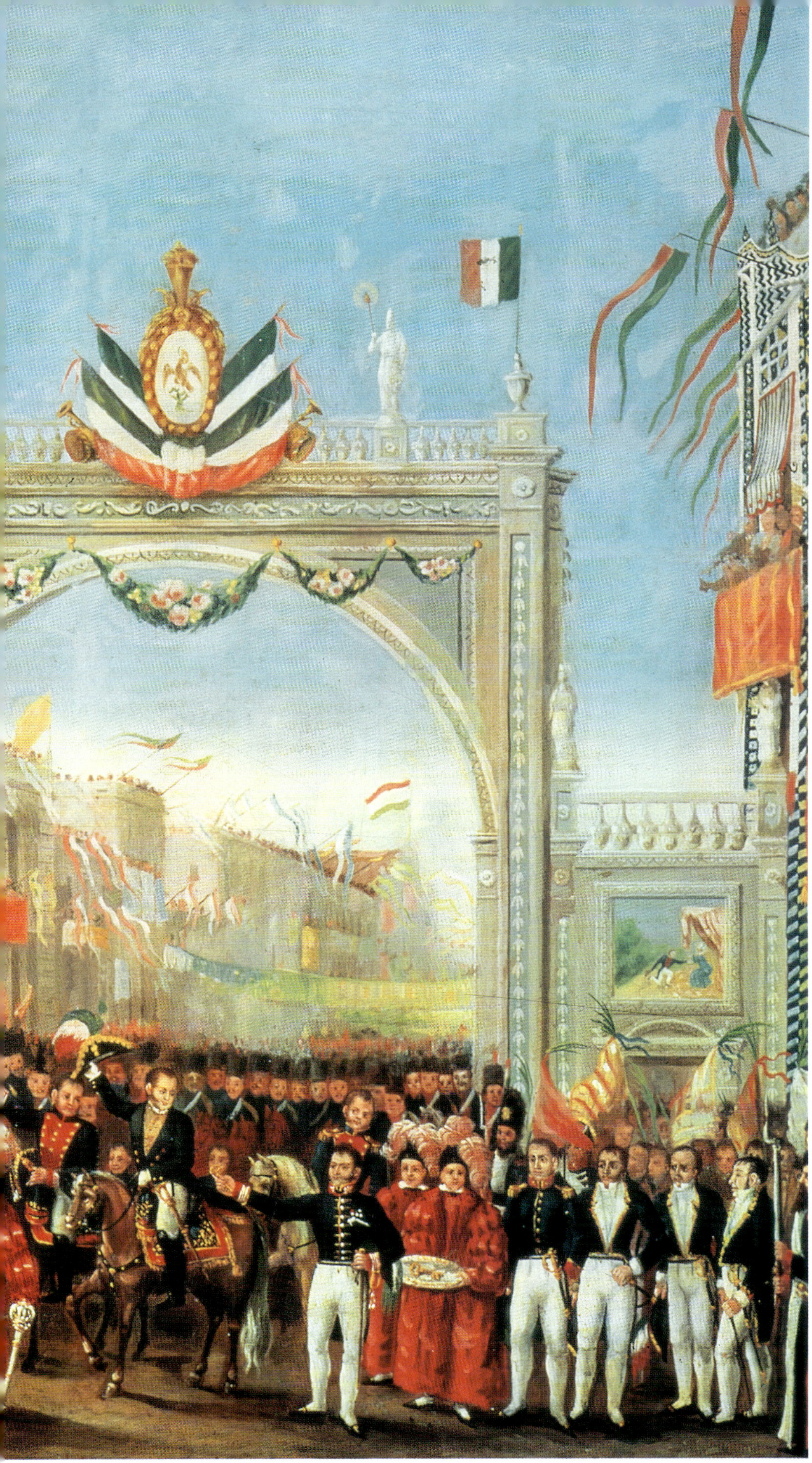

Sucre battre en 1824 la dernière armée espagnole au Pérou. Bolivar était inspiré par les idées de Rousseau et l'idéal révolutionnaire de Napoléon, pénétré des idéaux des Lumières. De son côté, Sucre était un disciple de Miranda qui avait séjourné en France. La force de l'idée nationale française et révolutionnaire s'était imposée en Amérique latine, nullement contrariée par les Nord-Américains sensibles au thème de la décolonisation.

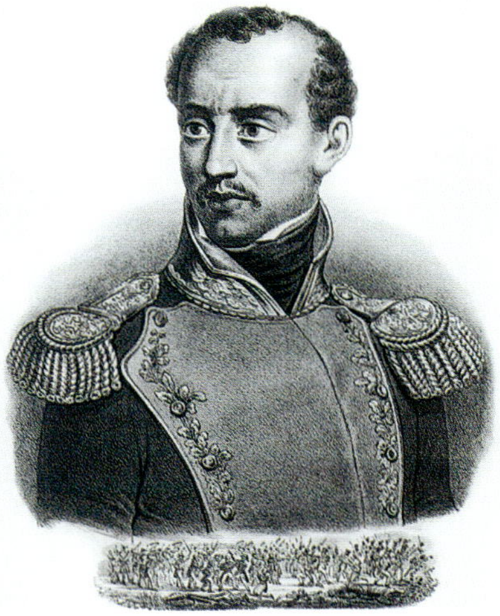

3

[1] Simon Bolivar (1783-1830). *Le libérateur de la Colombie, du Venezuela et de l'Équateur est l'idole des loges maçonniques françaises.* (Paris, Bibliothèque nationale)

[2] L'indépendance du Mexique (1821). *L'armée "des trois garanties" (autonomie du Mexique, catholicisme comme religion d'État et égalité raciale) entre à Mexico le 27 septembre. Augustin de Iturbide sera proclamé empereur du Mexique en mai 1822.* (Mexico, Mus. nac. de Historia)

[3] Antonio José Sucre (1795-1830). *C'est un disciple de Miranda qui a combattu à Valmy. Il défait en décembre 1824 la dernière armée espagnole encore présente au Pérou. L'Amérique latine est maintenant totalement indépendante.* (Paris, Bibliothèque nationale)

26 septembre 1815

La Sainte-Alliance est signée

entre Alexandre Ier de Russie, François Ier d'Autriche et Frédéric-Guillaume III de Prusse. Le "concert des nations" qui vient d'abattre Napoléon veut restaurer l'Europe des trônes.

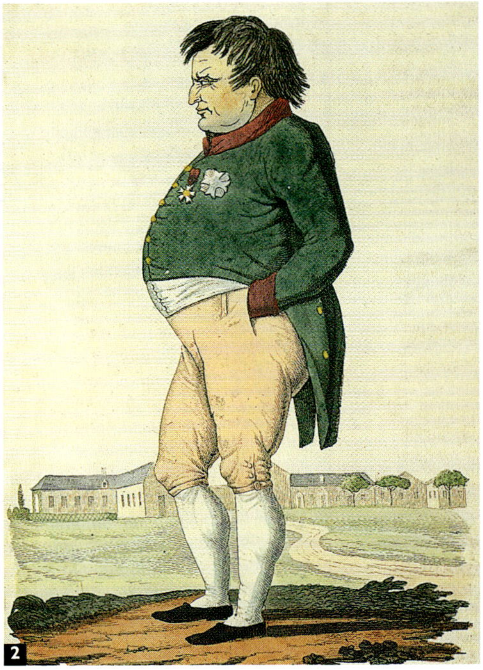

2

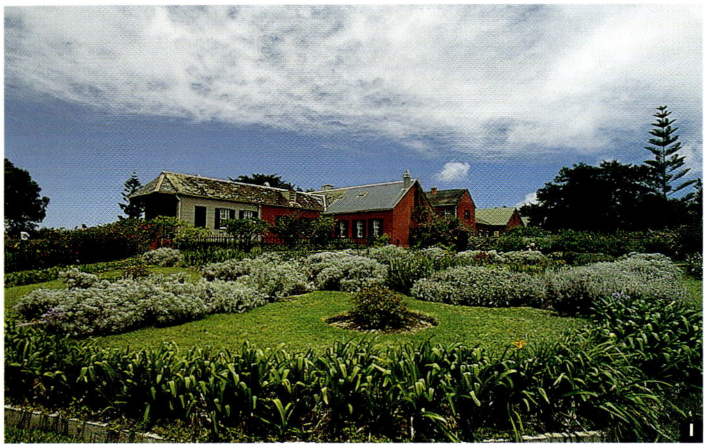

1

■ Le 20 novembre 1815, les trois signataires s'associent à l'Angleterre pour faire respecter la paix en Europe à travers une nouvelle alliance dite "Quadruple". À cette date, Napoléon est déporté dans l'île de Sainte-Hélène et la France revient aux Bourbons.

Le sort de l'Europe a été fixé le 9 juin par l'acte final du Congrès de Vienne. Le triomphe des nations-États impose un découpage qui correspond aux ambitions des gouvernements, mais ne songe nullement à satisfaire les désirs d'indépendance des peuples. Le tsar de Russie annexe la Pologne libérée par Napoléon, occupe la Finlande au nord, la Bessarabie au sud. La Prusse s'empare de la Posnanie polonaise, de la Poméranie suédoise, du nord de la Saxe, de la Westphalie et surtout des régions rhénanes. Elle devient ainsi, grâce à la disposition du bassin houiller de la Ruhr, l'État le plus puissant d'Europe. De son côté, l'Autriche, qui renonce à la Belgique, reçoit des compensations, non en Allemagne, mais en Italie où elle annexe la Lombardie et la Vénétie, domine les duchés de Parme et Modène, ainsi que la Toscane, s'agrandit en Adriatique des terres slaves d'Illyrie et de Dalmatie.

Dans le nouveau puzzle européen élaboré par la diplomatie anglaise, il n'y a pas place pour les nationalités. La Suède domine la Norvège, le Danemark, le Holstein allemand, le royaume de Piémont-Sardaigne, les départements français de Nice et de Savoie, l'Autriche, la Galicie ukraino-polonaise. Il n'y a pas encore d'unité allemande, mais une vague confédération de trente-neuf États, pas d'unité italienne, mais sept États dont ceux du pape.

L'Angleterre se contente de s'assurer la route des Indes par la possession de Malte, de contrôler l'espace commercial du nord de l'Allemagne avec l'île-entrepôt d'Helgoland. Pour surveiller la France, elle rattache la Belgique à un royaume de Hollande qu'elle domine étroitement. Elle fonde en Afrique du Sud la colonie du Cap. Sa présence à Ceylan et à l'île Maurice lui assure la maîtrise de l'Océan indien, tandis que la Trinité, Santa-Lucia et Tobago lui permettent de dominer le commerce du sucre et du rhum de la mer des Caraïbes. L'Angleterre ne souhaite plus, sur le continent, que le maintien du statu quo que doit assurer la Sainte-Alliance, pacte mystique conclu à Paris par les trois souverains orthodoxe, protestant et catholique. Le sultan n'était pas convié et le pape avait refusé de s'y associer pour ne pas rencontrer des hérétiques. En fait l'alliance devait se traduire par une série de concertations des souverains contre les mouvements nationaux en Europe. Les États historiques prétendaient imposer leur ordre aux poussées des nations.

[1] **Longwood.** *La demeure de Napoléon à Sainte-Hélène.*
[2] **Napoléon à Sainte-Hélène.** *L'Empereur déchu.*
[3] **La Sainte-Alliance.** *François Ier est catholique, Alexandre Ier orthodoxe et Frédéric-Guillaume protestant. Ils invoquent leurs trois dieux contre le "diable français".* (Paris, Bibliothèque nationale)

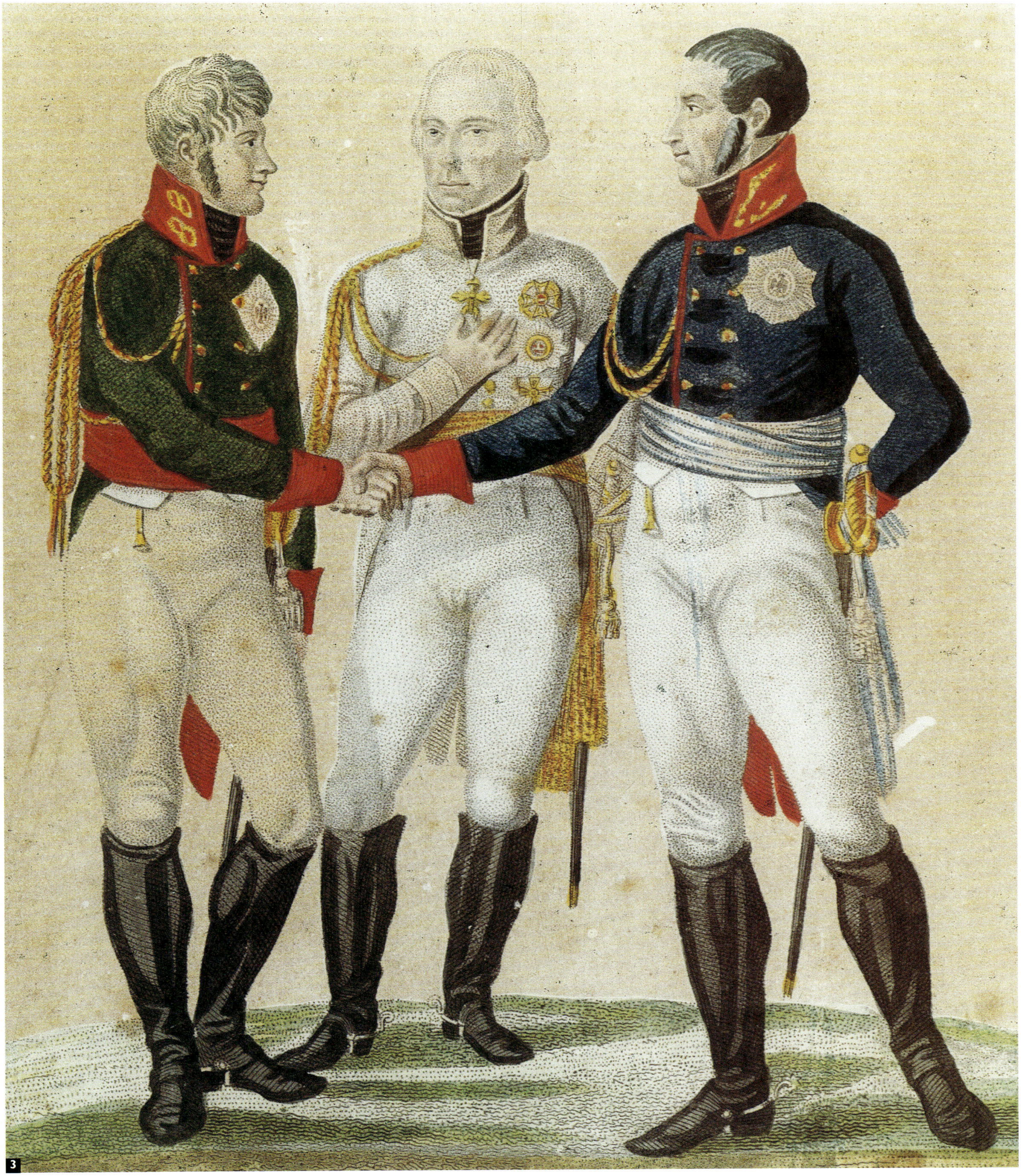

3

25 mars 1821

Les Grecs veulent obtenir leur indépendance.

Germanos, archevêque de Patras, appelle à la révolte. C'est le premier mouvement révolutionnaire aboutissant à la création d'une nouvelle nation en Europe.

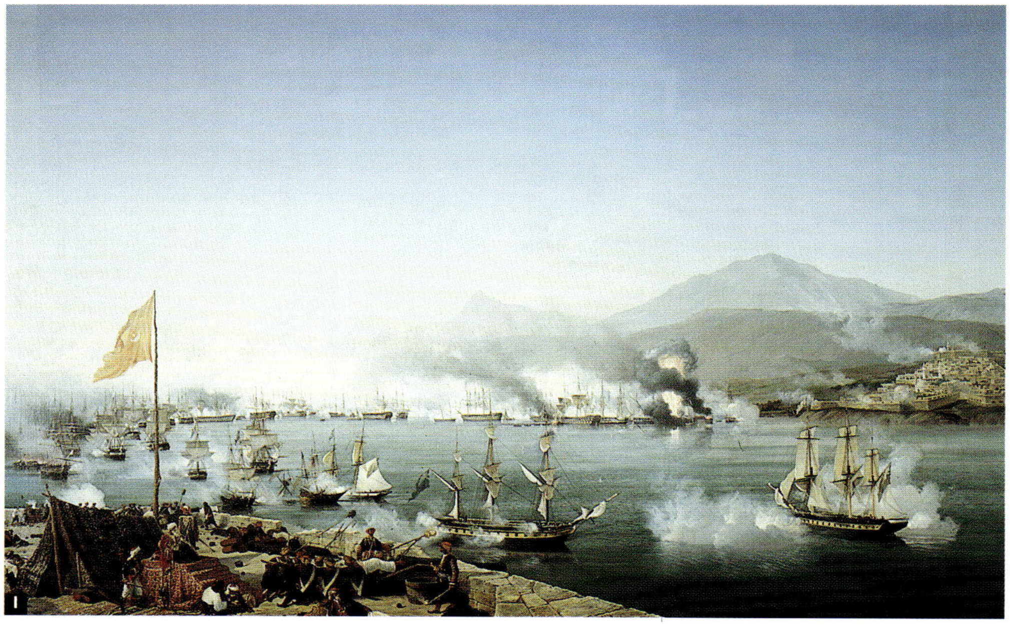

■ **D**urant les guerres de l'Empire, les Français, les Russes puis les Anglais ont successivement occupé les îles ioniennes. Avec cette présence étrangère, les patriotes grecs ont trouvé des protecteurs contre la tyrannie du pacha Ali qui ne reconnaissait plus l'autorité du sultan ottoman. Orthodoxes comme les Russes, les Grecs ont demandé l'aide des conseillers du tsar, Capo d'Istria et Ypsilanti. Ce dernier prendra la tête du combat pour l'indépendance.

Le 25 mars 1821, la guerre de libération commence. Les Turcs ripostent en massacrant les Grecs d'Istanbul. Le mouvement gagne Athènes et les îles. Un congrès national réuni à Épidaure proclame l'indépendance du pays le 12 janvier 1822.

Après avoir éliminé Ali Pacha, le sultan massacre la population de l'île grecque de Chio en avril 1822, provoquant dans l'Europe de la Sainte-Alliance une immense indignation. Pourtant, Metternich n'est pas favorable à une intervention qui risquerait de donner des ailes au mouvement des nationalités en Europe. Cependant, les volontaires, comme le poète anglais Byron, affluent de toute l'Europe pour soutenir les indépendantistes. Sentant que la situation lui échappe, le sultan demande au pacha d'Égypte d'intervenir. En 1825, Ibrahim, le fils de Mehemet Ali, débarque en Morée avec 20 000 hommes. Il prend Missolonghi en avril 1826, où les Grecs préfèrent sauter avec la citadelle plutôt que de se rendre, puis, en juin 1827, l'acropole d'Athènes défendue par un colonel français.

La Russie, la France et l'Angleterre interviennent alors. Une flotte turco-égyptienne est détruite à Navarin en octobre 1827. La Morée est libérée, les troupes russes passent la frontière turque et contraignent le sultan à signer le traité d'Andrinople en septembre 1829, confirmé par le protocole de Londres du 3 février 1830 qui reconnaît l'indépendance de la Grèce, limitée à une petite bande de territoire. La Grèce continentale, de l'Épire à la Thessalie, reste turque ainsi que la Crète et une grande partie des îles des Cyclades. Mais le mouvement de libération des peuples est donné en Orient, au détriment de l'Empire le plus faible, celui des Ottomans.

Pourtant les Roumains, les Serbes et les Bulgares devront encore patienter quelques décennies avant d'obtenir leur liberté car les puissances de la Sainte-Alliance n'ont aucune envie de créer, même aux dépens des Turcs, des nations indépendantes.

[1] Bataille de Navarin (20 octobre 1827). *En mer Ionienne, les flottes française, russe et britannique anéantissent l'escadre turco-égyptienne d'Ibrahim Pacha pour le compte des Grecs. La Morée est libérée.* (Versailles, musée du château)

[2] Le massacre de Chio (avril 1822) par Delacroix. *Cet acte de barbarie perpétré par les Turcs à l'encontre des Grecs révoltés de l'île de Chio provoque l'indignation dans l'Europe de la Sainte-Alliance. Les volontaires comme le poète Byron affluent pour soutenir les indépendantistes dans leur lutte.* (Paris, musée du Louvre)

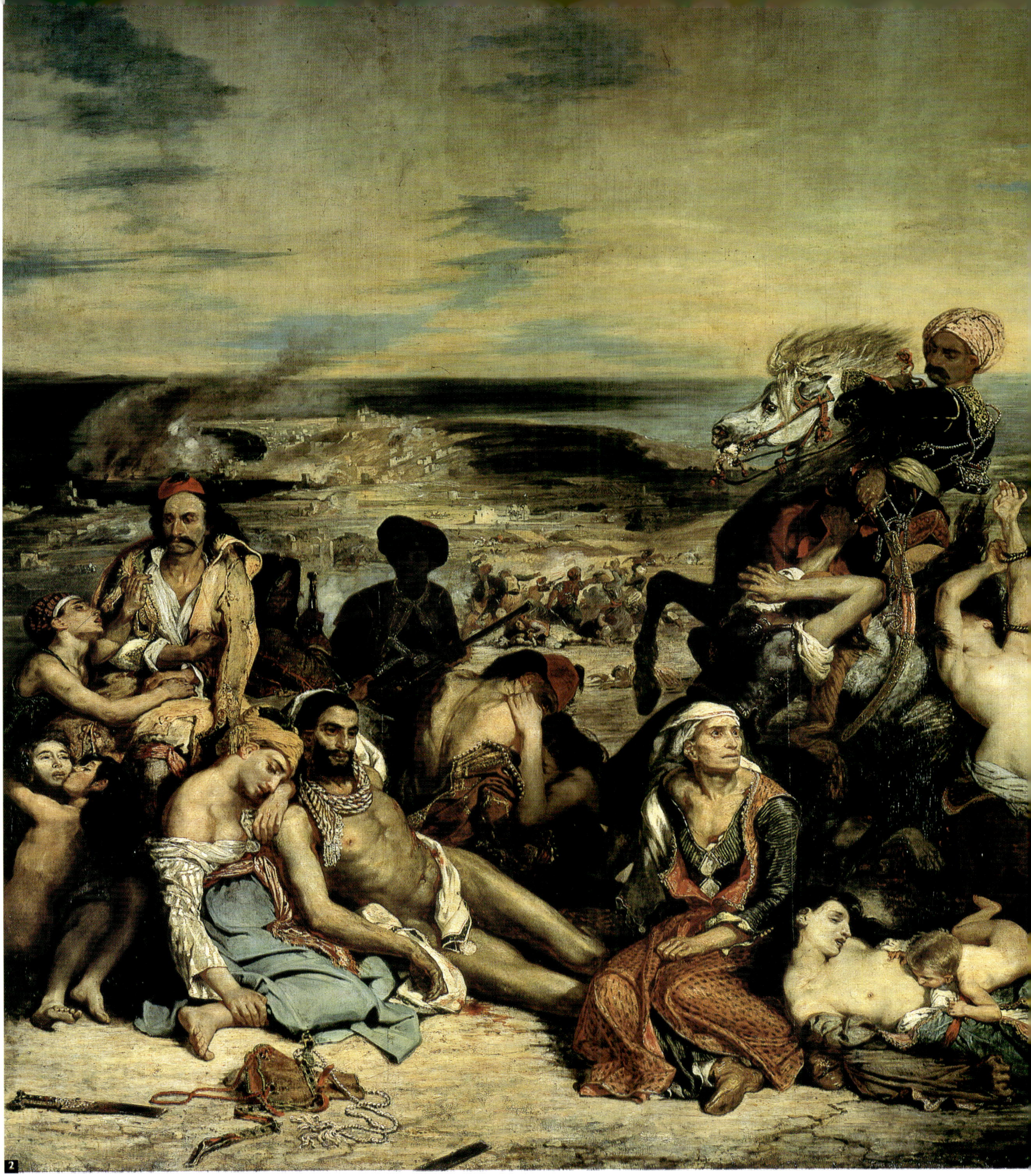

2

25 août 1830

La Belgique se révolte

contre la domination hollandaise qui leur a été imposée par les États de la Sainte-Alliance. Elle donne le signal des révolutions nationales en Europe.

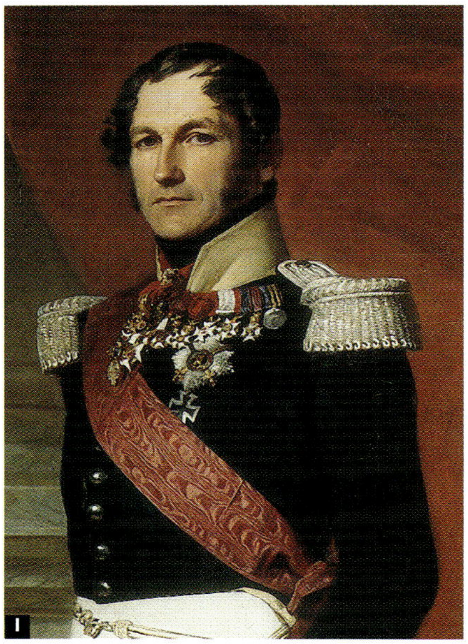
1

■ **L**a révolution parisienne de juillet 1830 contre Charles X avait été vécue comme un signal à Bruxelles, où la communauté catholique supportait mal l'impérialisme linguistique des Néerlandais et l'autorité du roi protestant de Hollande, Guillaume Ier des Pays-Bas. Outre le fait national belge, la question religieuse tenait également une place importante.

Après un violent affrontement autour du parc de Bruxelles le 27 septembre, l'armée hollandaise devait se replier car l'émeute gagnait toute la ville. Le 4 octobre, un gouvernement provisoire proclamait l'indépendance du pays. Il libérait l'ensemble du territoire, sauf la forteresse d'Anvers toujours occupée par les soldats hollandais.

Un congrès national élu le 3 novembre était chargé d'établir une Constitution, pendant qu'une conférence réunie à Londres prenait acte de l'indépendance de la Belgique et de sa séparation avec la Hollande, reconnue le 20 décembre par la France, l'Angleterre, l'Autriche, la Russie et la Prusse. Ces mêmes puissances signaient le 20 janvier 1831 un protocole proclamant la neutralité du nouvel État. La couronne de Belgique, d'abord offerte au duc de Nemours, second fils de Louis-Philippe, fut, sur l'intervention de l'Angleterre, dévolue à un autre candidat, le prince Léopold de Saxe-Cobourg-Gotha qui monta sur le trône le 21 juillet 1831.

La Hollande n'acceptait pas le tracé des frontières et repartit en campagne. Après dix jours d'hostilités en août 1831, une conférence réunie à Londres imposa aux belligérants le traité des vingt-quatre articles, peu favorable aux Belges : le Luxembourg était divisé, le Limbourg de la rive droite de la Meuse, avec Maastricht, étaient hollandais et la Belgique devait payer des annuités de réparation.

Le roi de Hollande trouvait que ces clauses n'étaient pas assez contraignantes pour la Belgique et persévérait dans sa résistance. La France et l'Angleterre aidèrent alors les Belges à dégager Anvers et le traité définitif entre la Belgique et la Hollande fut enfin signé à Londres, le 19 avril 1839. Comme l'indépendance grecque, celle de la Belgique avait nécessité l'intervention diplomatique et militaire des puissances libérales de l'Ouest. Le fait national belge avait obtenu la révision du

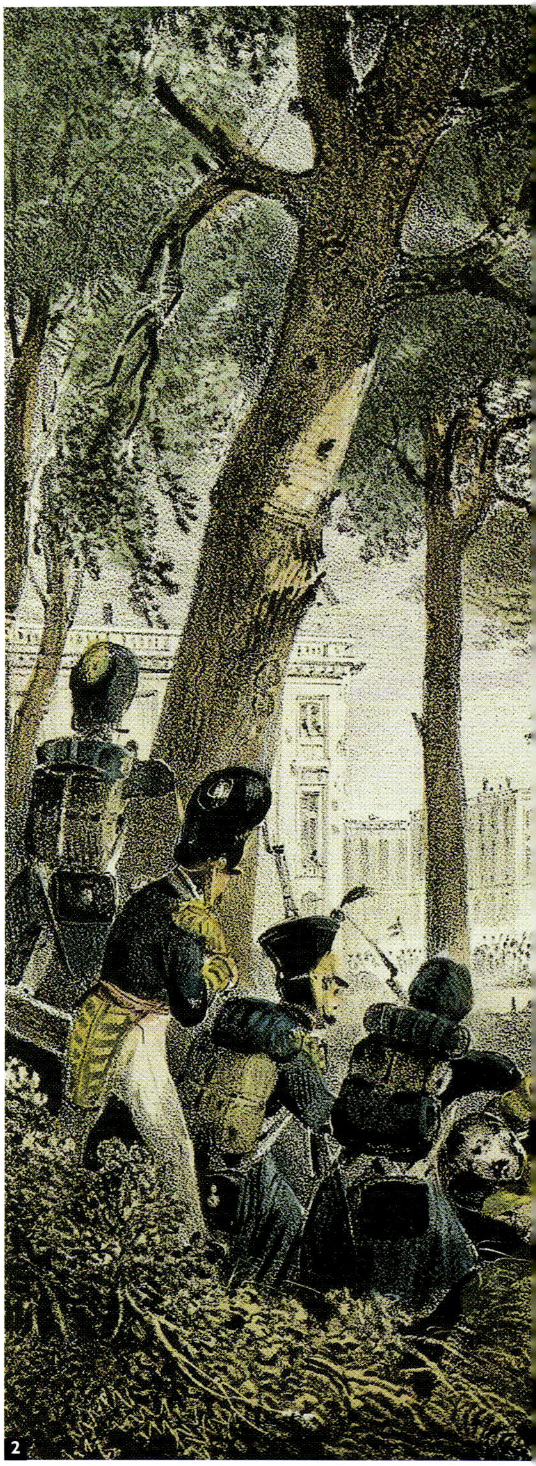
2

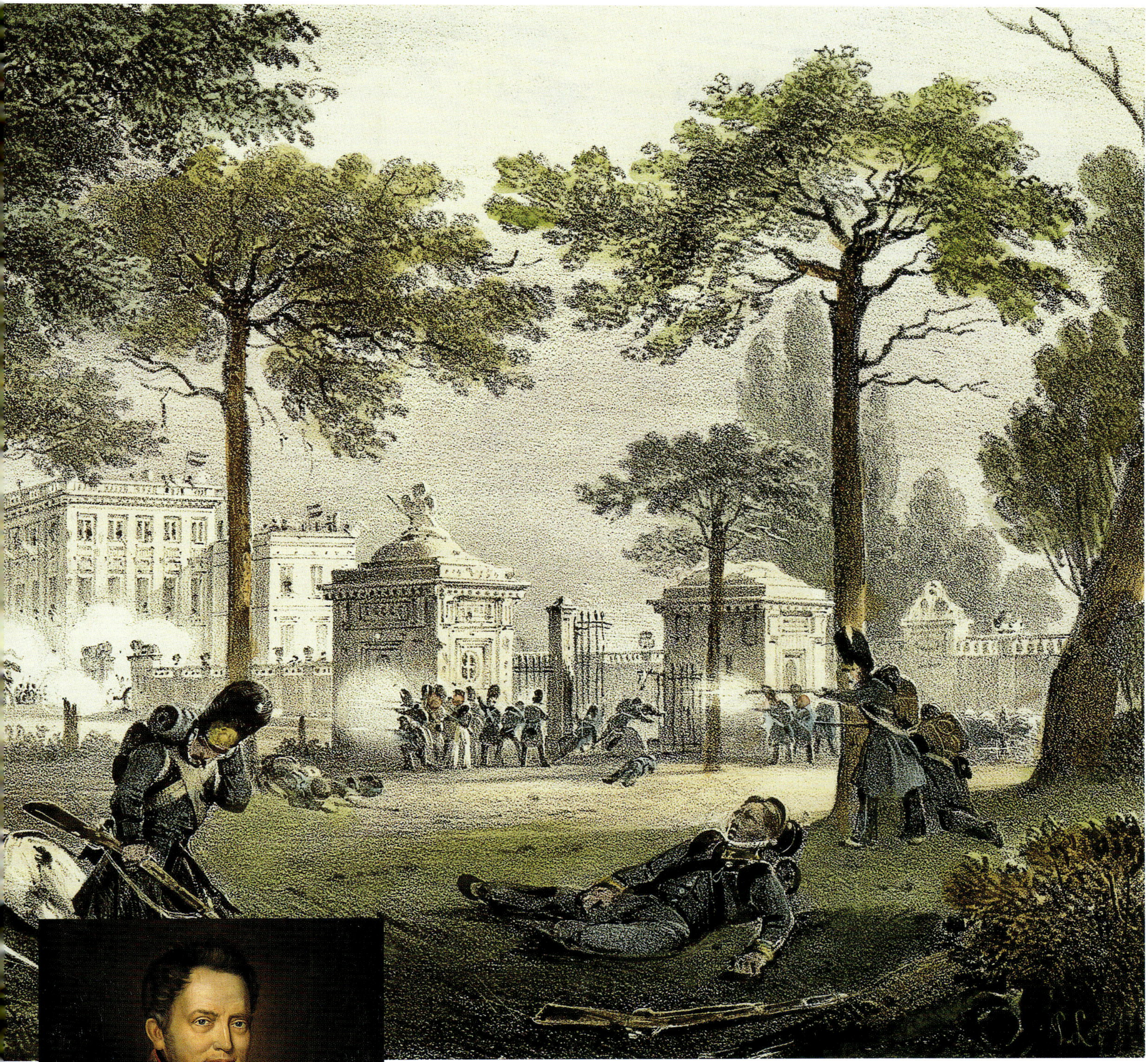

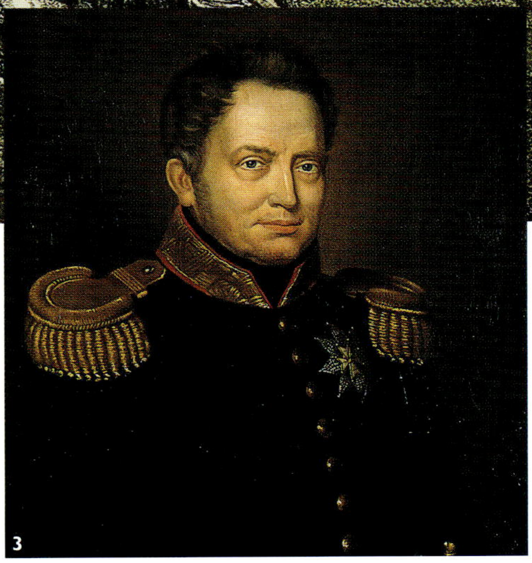

3

traité de Vienne. C'était un précédent significatif. On considérait désormais, à Londres et à Paris, que les nouvelles nations avaient le droit d'exister. La révolution parisienne de 1830 contre le dernier des Bourbons était passée par là.

[1] **Léopold Ier (1790-1865).**
Le canditat de l'Angleterre pour le trône.
(Versailles, mus. du château)
[2] **L'indépendance belge (1830).**
Combats dans le parc de Bruxelles le 27 septembre.
(Bruxelles, mus. roy. de l'armée)
[3] **Guillaume Ier des Pays-Bas (1772-1843).**
L'adversaire de l'indépendance belge.
(Bruxelles, mus. roy. de l'armée)

29 novembre 1830

Les Polonais, excédés par l'autoritarisme du tsar Nicolas Ier, prennent les armes contre les troupes d'occupation russes. Ils demandent leur indépendance, bafouée par les puissances du traité de Vienne.

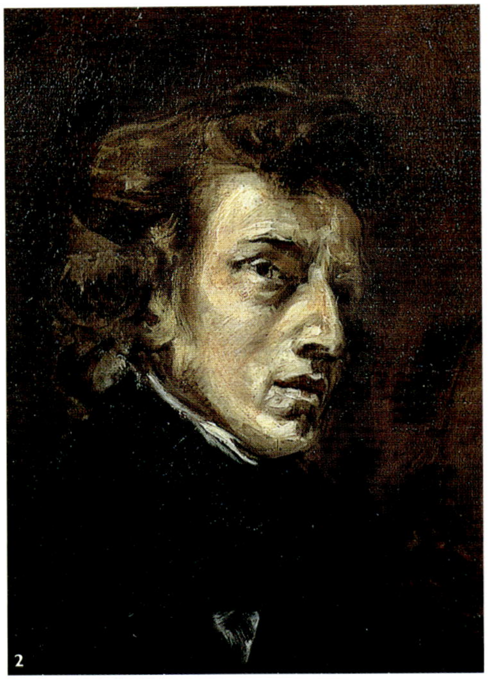

■ Les Polonais étaient reconnaissants à Napoléon "d'avoir rendu un corps à la Pologne, qui n'était plus qu'une âme", devait écrire de Gaulle. Mais en 1815, le grand-duché de Varsovie perdait son indépendance. 100 000 Polonais avaient en effet combattu dans la Grande Armée contre les Russes.
Alors que l'Autriche catholique instaurait en Galicie polonaise un régime d'autonomie assez libéral, que même la Prusse affranchissait du servage les paysans de Posnanie, les Russes occupaient tous les territoires de l'Ouest, Russie blanche, Lituanie, l'ancienne Ukraine polonaise et les territoires autour de Varsovie, sans égards pour le fait national polonais. Le régime d'autonomie accordé par la constitution du 25 novembre 1815 était battu en brèche après 1825 par l'autocratie du tsar Nicolas Ier. Dans les universités de Varsovie et de Vilna, les étudiants, en relation avec les milieux français et britanniques d'intellectuels, constituaient des groupes d'agitation patriotique et libérale.

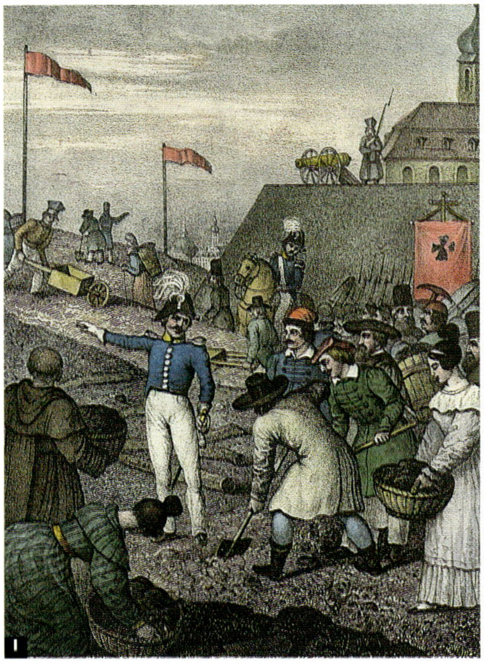

Les étudiants furent surveillés. Les suspects déportés en Sibérie. Le climat de fronde devint révolutionnaire à l'annonce des événements parisiens. L'insurrection éclata le 29 novembre 1830. Elle fut surtout militaire. Le grand-duc Constantin, représentant du tsar, dut s'enfuir. La diète polonaise proclama la déchéance des Romanov qui n'avaient aucun droit à gouverner le pays.
Malheureusement, les insurgés ne reçurent aucune aide des gouvernements de Paris ou de Londres. Pour venir à bout des 80 000 Polonais en armes, le tsar leva une armée de 110 000 hommes. En mai 1831, les Russes remportaient la victoire d'Ostrolenka et, le 8 septembre, l'ordre régnait à Varsovie.
La Pologne perdait son autonomie, les universités étaient fermées, l'armée dissoute, les catholiques persécutés. Le pape Grégoire XVI, qui ménageait le tsar de la Sainte-Alliance, leur demandait de se soumettre. Jamais Chopin, Mickiewicz et Slowacki, artistes et poètes, n'avaient été plus fêtés dans Paris où affluaient les réfugiés politiques. La répression du tsar, imitée par le roi de Prusse en Posnanie, avait poussé jusqu'à l'exaspération le sentiment national polonais et excité toutes les nationalités encore dominées par les Empires. Mais l'ordre restait assuré par les puissances de la Sainte-Alliance.

[1] La révolte polonaise (1831). *La population de Varsovie prépare la défense de la ville avant l'arrivée des Russes.*
[2] Frédéric Chopin (1810-1849) par Delacroix. *Une des nombreuses voix, parmi les émigrés, qui s'élèvent contre l'oppression russe.* (Paris, musée du Louvre)
[3] Le "Prométhée polonais". *L'aigle russe est venu à bout de la révolte polonaise. Le tsar a mobilisé une armée de 110 000 hommes pour mater l'insurrection.* (Paris, Sté. hist. et litt. polonaise)

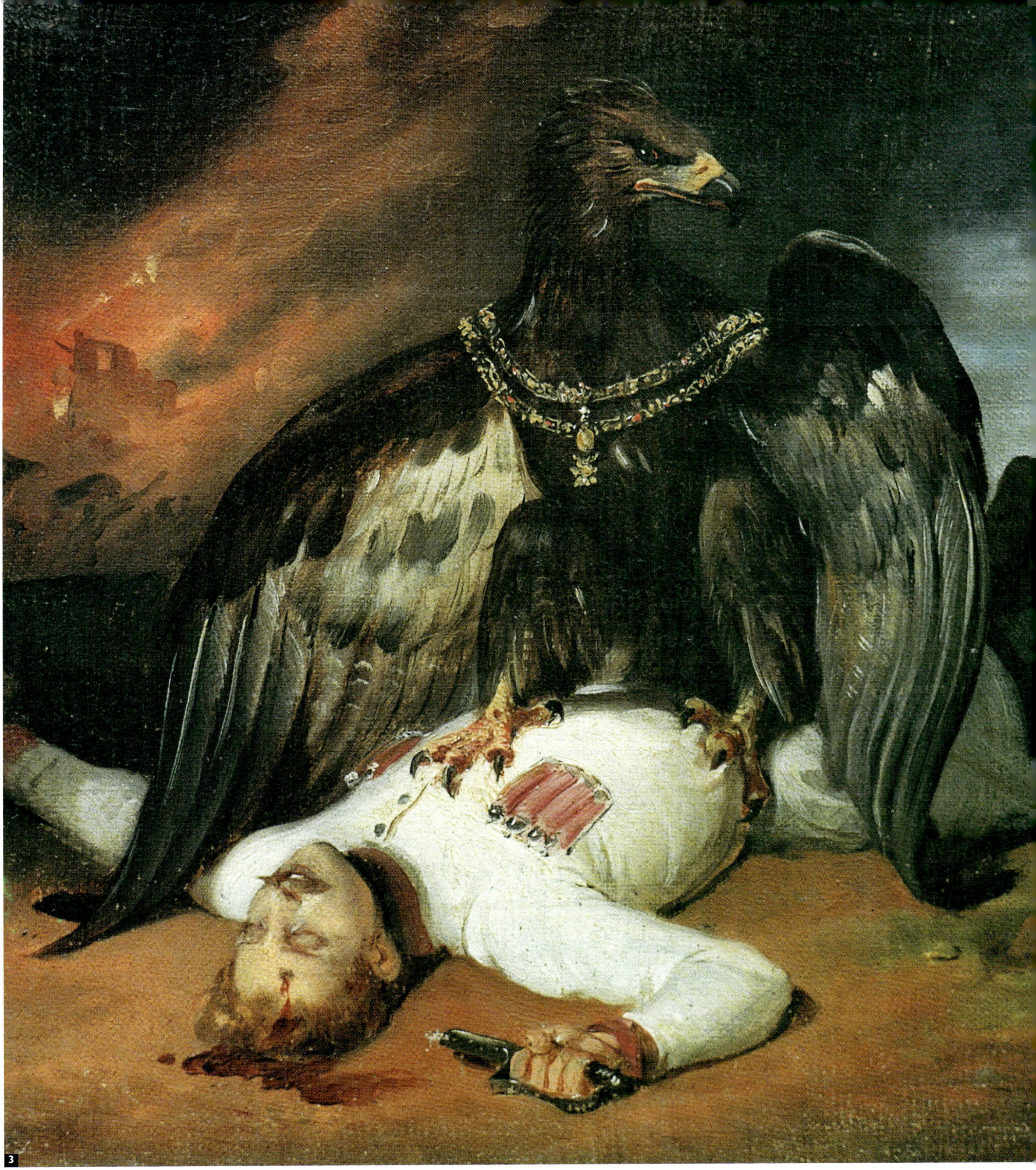
3

20 juin 1837

Victoria devient reine d'Angleterre et d'Irlande.

La Grande-Bretagne, enrichie par la révolution industrielle et le développement de son commerce mondial, réprime dans son empire les mouvements des nationalités.

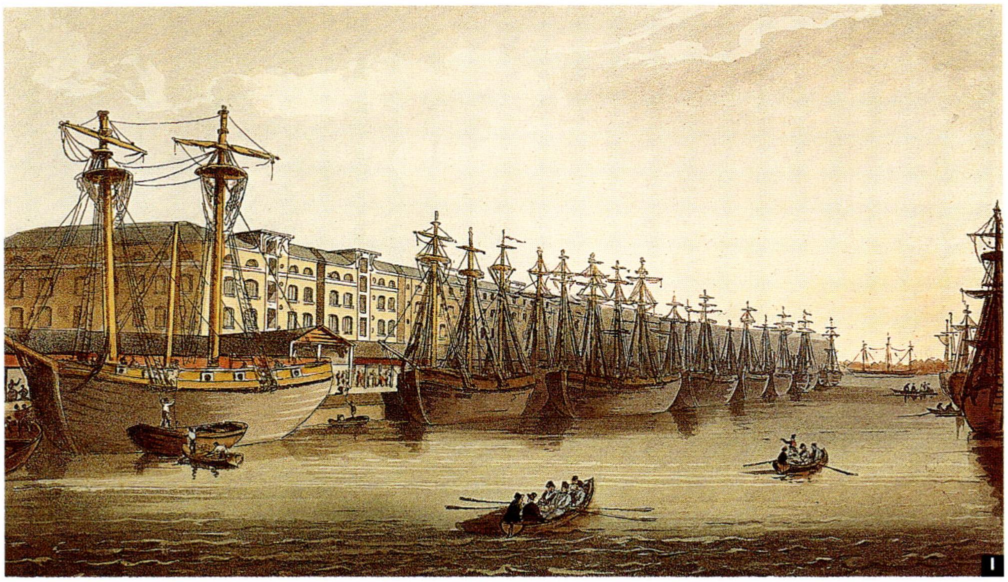

■ **E**n Afrique du Sud, les Boers menacés par la pression des colons anglais du Cap, et ruinés par l'abolition de l'esclavage, commencent le grand Trek, un mouvement de colonisation de l'arrière-pays qui les oppose aux Zoulous, tandis que les Anglais s'emparent de la province du Natal en 1843.
Au Canada, les francophones du Québec se soulèvent en 1837 mais le mouvement est écrasé par les Anglais qui envoient lord Durham pour rétablir l'ordre. En 1840, le Parlement de Londres vote l'Union Act qui rassemble en une seule province le Bas et le Haut-Canada et place donc les francophones dans une position minoritaire.
En Australie, la découverte de mines d'or dans l'État de Victoria provoque un afflux sans précédent de mineurs.
En Nouvelle-Zélande enfin, les chefs Maoris sont contraints d'accepter la souveraineté anglaise et de recevoir des milliers de colons qui fondent la capitale, Wellington. Les quatre dominions de la couronne britannique se mettent en place, couvrant l'espace mondial de relais pour la flotte et le commerce de Londres.
Pendant que la France, depuis 1830, exploite ses conquêtes d'Algérie, et que les États-Unis constituent aux dépens du Mexique un nouvel État du Texas, les Anglais veulent empêcher Mehemet Ali, maître de l'Égypte, de constituer une nation moderne et puissante sur la route des Indes.
Ils s'inquiètent également de l'avancée russe en Orient. Le tsar profite en effet de la révolte des peuples balkaniques (Grecs, mais aussi Serbes, Monténégrins et Roumains) pour se poser en protecteur des chrétiens orthodoxes au Proche-Orient, et revendiquer l'héritage de la "troisième Rome". Mehemet Ali, défenseur des Turcs contre les Grecs, envahit la Syrie qu'il n'a pas réussi à obtenir du sultan de Constantinople pour prix de ses services. Les Turcs font alors appel au tsar qui impose aux Égyptiens le traité d'Unkiar Skélessi en 1833, fermant les détroits à tout navire de guerre autre que turc ou russe.
Les Anglais ne peuvent accepter que l'Égypte renforce ses positions sur la mer Rouge. Pour protéger la route des Indes, ils occupent Aden en 1839, et poussent les Turcs à tenter de reprendre la Syrie. Les Ottomans sont défaits à Nizib par Mehemet Ali. En réaction, les Anglais passent outre l'opposition du ministre français Thiers qui se pose en médiateur du conflit turco-égyptien et débarquent des troupes en Syrie pour épauler les Turcs. La diplomatie britannique obtient alors de Mehemet Ali qu'il se contente du titre de vice-roi d'Égypte sous surveillance anglaise, et que les détroits soient fermés à tous les navires de guerre. L'Angleterre vient de condamner le redressement national égyptien de Mehemet Ali.

[1] Les docks de la West Indies Company au XIXe siècle. *L'une des plus actives plates-formes commerciales d'Europe à cette époque.* (Paris, Bibliothèque nationale)

[2] La reine Victoria (1819-1901). *Elle est le symbole du* Rule Britannia, *l'Angleterre impérialiste et orgueilleuse. Durant son règne de soixante-quatre ans, le pays, enrichi par la révolution industrielle et ses activités commerciales, est à l'apogée de sa puissance.* (Londres, National Portrait Gallery)

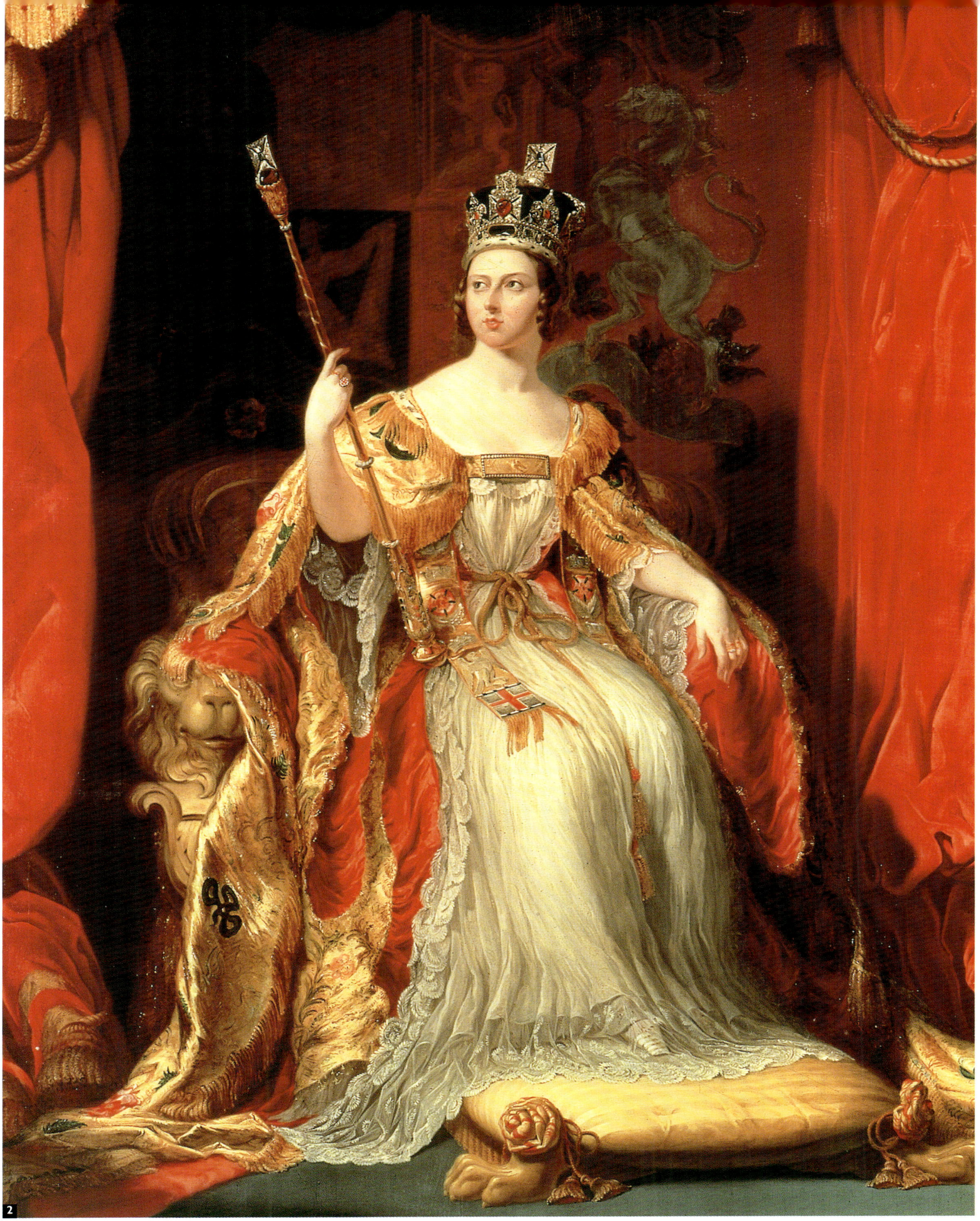

2

26 janvier 1841

En Chine, les Britanniques débarquent à Hongkong. L'Asie, où l'Occident n'avait jamais pénétré, s'ouvre à la politique et à l'économie mondiale par la domination européenne et américaine de ses zones portuaires.

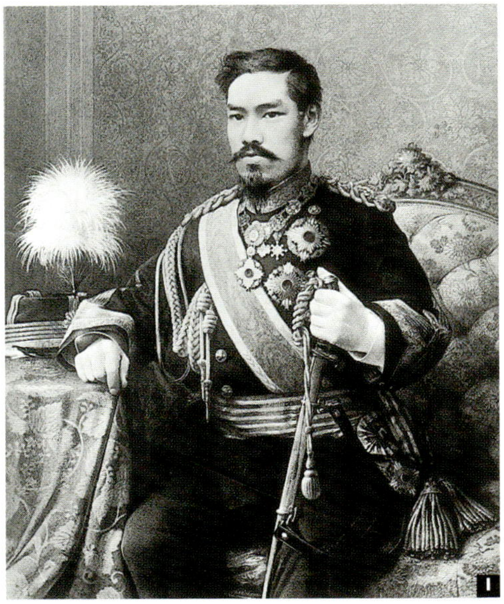

■ **S**i les Anglais interviennent en Chine, c'est avant tout pour y rétablir la vente de l'opium cultivé en Inde. Les démonstrations de la flotte britannique contraignent l'Empereur à signer le traité de Nankin en 1842 qui cède Hongkong à l'Angleterre et ouvre cinq ports au commerce anglais. Les Américains et les Français recevront les mêmes privilèges en 1844 et 1845.

Désormais, l'Extrême-Orient est ouvert au monde occidental. Les marchands anglais de coton et de sucre vont pouvoir inonder le marché chinois, et les pasteurs protestants multiplier les missions, en concurrence avec les jésuites français. Canton est occupé par les Franco-Britanniques en 1857, et le traité de Tien-Tsin, en 1858, impose aux Chinois l'ouverture de onze nouveaux ports.

Face à la résistance des Chinois, les Occidentaux interviennent une nouvelle fois. En 1860, le général Cousin-Montauban bat les troupes impériales à Palikao, occupe Pékin et pille le palais d'été. Le second traité de Tien-Tsin rend alors effective l'ouverture des ports. Shanghai devient en 1863 une concession internationale. L'indépendance de la Chine est maintenant une fiction.

Pendant que les Anglais progressent en Birmanie et en Malaisie (ils dominent depuis 1795 le détroit de Malacca), les Français reçoivent la Cochinchine orientale lors du traité de Saïgon signé en 1862 avec l'empereur d'Annam, et protègent également le Cambodge.

Si l'on excepte la fiction de l'Empire chinois, les entreprises coloniales franco-britanniques s'emparent de l'Asie du sud-est où les Pays-Bas conservent des positions en Indonésie.

Le Japon précède la conquête de l'Occident en affirmant sa volonté nationale de progrès. Le commodore américain Perry, commandant du Fulton, premier navire à vapeur des États-Unis, force en février 1854 l'entrée du port d'Uraga dans la baie de Tokyo. Le 31 mars suivant, l'empereur (mikado) signe le traité de Kanagawa. Deux ports japonais sont ouverts aux navires américains, puis européens.

En 1867, l'empereur Mutsuhito lancera l'ère Meiji, ouvrant complètement le pays à l'étranger. Le Japon entend se constituer, face à la Chine, en grande nation moderne.

Les progrès des transports, des moyens militaires et des communications ont rendu possible l'exploitation du monde par l'Angleterre, la plus avancée, puis par l'Europe et les États-Unis. Des nations nouvelles sortent de ce mouvement général, dont certaines, le Japon, l'Égypte, le Mexique provoquent des affrontements et risquent un jour de menacer le leadership occidental.

Le monde est encore un lieu de conquête où les nations anciennes et nouvelles, oppressives ou opprimées, s'affrontent. Il n'y a plus de "concert européen".

[1] L'empereur du Japon Meiji Tenno (1852-1912).
Le mikado prend en 1868 la décision historique de faire basculer son pays dans l'ère Meiji. Le Japon s'ouvre aux Occidentaux et va combler son retard technologique et industriel.
(Paris, Bibliothèque nationale)

[2] Les Hongs de Canton vers 1850.
Les légations occidentales jouxtent le port de Canton ouvert au commerce étranger depuis le traité de Nankin.
(Londres, Roy. Miles Fine Paintings)

[3] Le traité de Nankin (29 août 1842).
La Chine cède Hongkong à la Grande-Bretagne et ouvre cinq ports aux négociants anglais qui peuvent librement commercer l'opium. Américains et Français reçoivent les mêmes privilèges quelques années plus tard.
(Londres, National Maritime Museum)

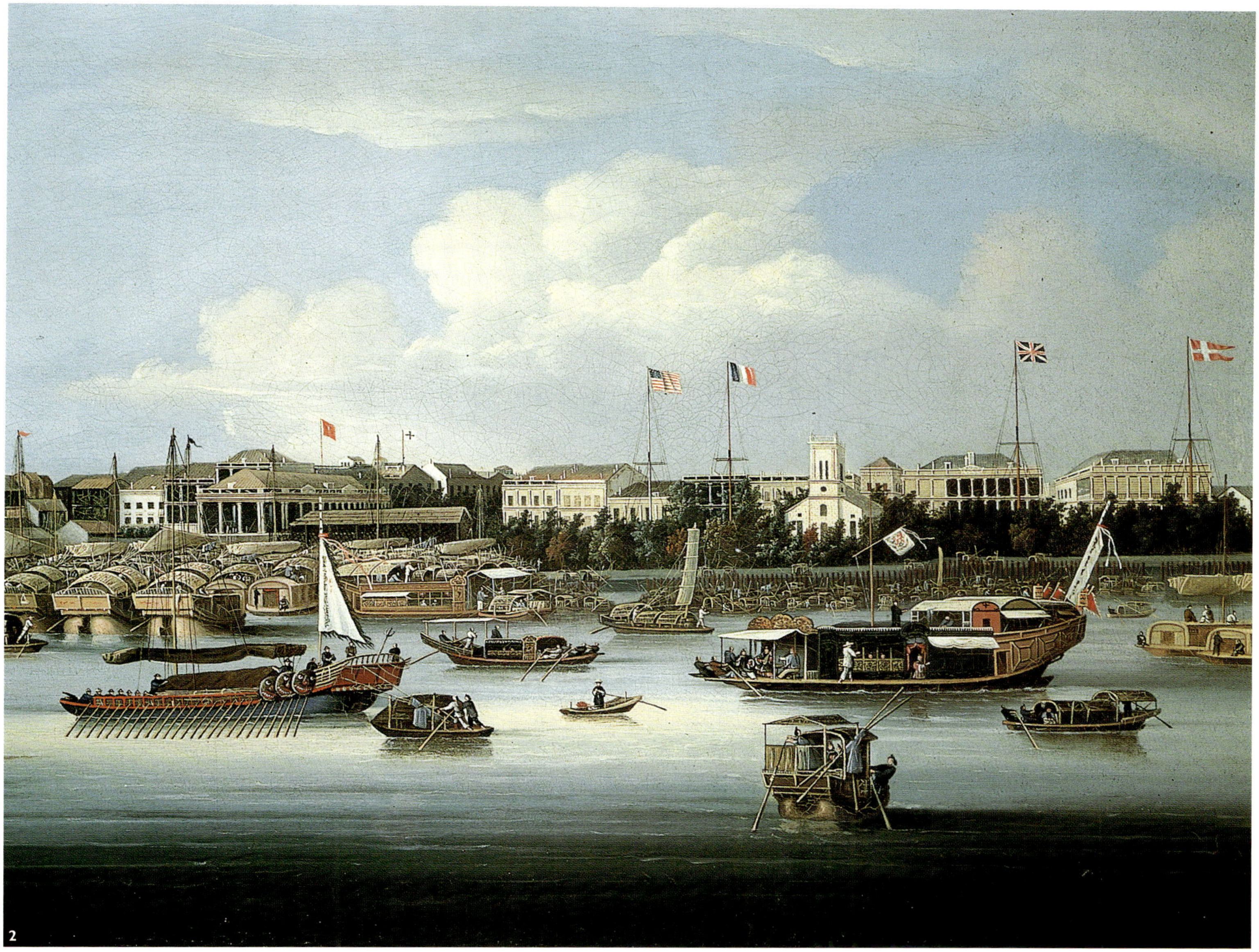

2

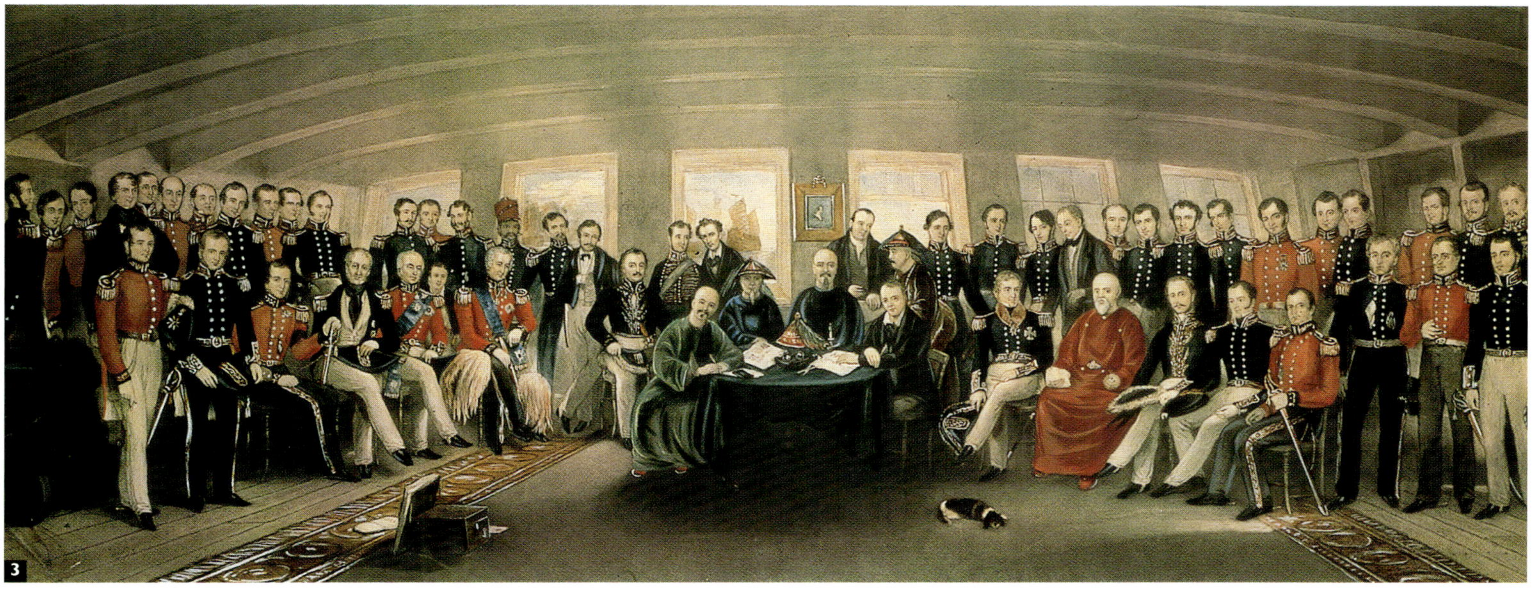

3

22 février 1848

Une révolution d'un type nouveau

éclate à Paris. La France se propose d'établir l'égalité politique des citoyens, mais aussi l'égalité sociale des hommes. C'est une réponse à l'exploitation industrielle des prolétaires européens.

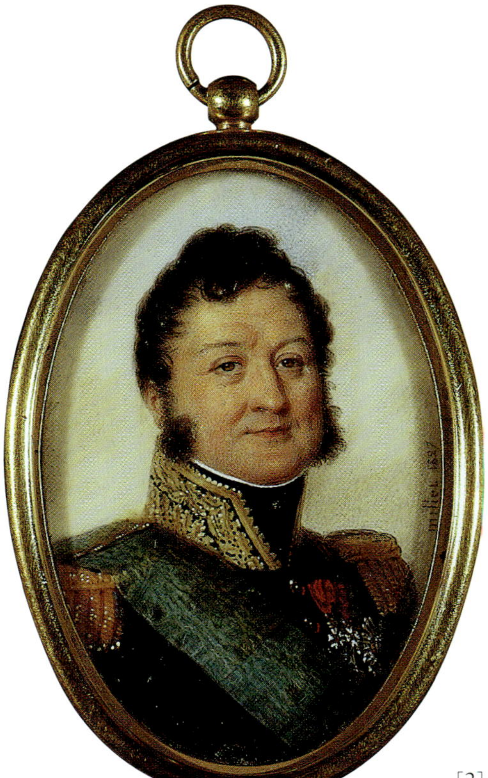
[2]

Le 24 février, Louis-Philippe abdique. La République est proclamée. La France accablée par la crise économique et le chômage imagine alors de rassembler la nation en une démocratie d'entraide, et proclame le droit au travail dans le préambule de la Constitution. Les chômeurs parisiens seront pris en charge par l'État dans les "ateliers nationaux" qui leur fourniront du travail. L'esclavage, selon le vœu du parlementaire Victor Schoelcher, sera aboli, le travail des femmes et des enfants réglementé. Le suffrage universel sera instauré, et l'instruction gratuite va permettre à la nation d'accéder à la maturité politique. Lamartine, un poète placé à la tête du gouvernement provisoire, considérait que la nation des trois couleurs devait poursuivre dans le monde sa mission de libération. La France promettait son aide aux peuples en marche vers l'indépendance, même si Lamartine s'efforçait par ailleurs de rassurer les gouvernements de la Sainte-Alliance. En vain. La chute de Metternich, qui avait fui en se cachant dans la voiture d'une blanchisseuse, provoquait la révolution dans toute l'Europe centrale. L'Autriche imposait à l'empereur Ferdinand Ier une Constitution, le régime de la sujétion qui tenait les paysans de l'Empire dans une condition voisine du servage était aboli, les libertés proclamées. En Hongrie, Kossuth demandait l'indépendance. Les Tchèques exigeaient l'égalité de traitement avec les Allemands. En Italie, la Lombardie et la Vénétie s'insurgeaient contre les Autrichiens. Le roi de Piémont rassemblait la nation italienne dans le Nord et lançait une armée contre Vienne, comptant parmi ses troupes des régiments de Naples et de Toscane. Il devenait le champion de l'unité. Même le roi de Prusse Frédéric Guillaume IV avait dû accorder une constitution aux Berlinois en révolte et arborer le drapeau tricolore allemand – rouge, noir et or –, symbole de liberté et d'unité. À Heidelberg, les patriotes allemands du Sud réclamaient une assemblée nationale allemande, qui devait se réunir à Francfort. Seuls les Polonais accablés par l'occupation très dure des troupes de l'autocrate russe Nicolas restaient en dehors du mouvement libérateur ; leurs chefs nationaux étaient en prison ou en exil. Un formidable espoir agitait la vieille Europe des trônes et des autels, dessinée et tenue en tutelle par Metternich. La Sainte-Alliance avait vécu.

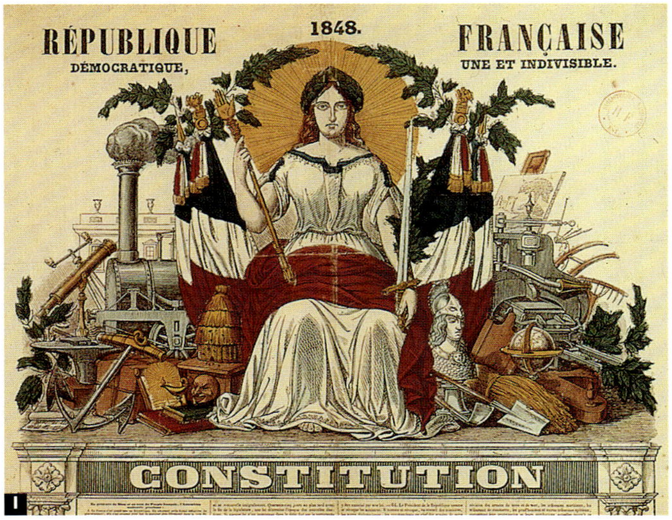

1

[1] Constitution de 1848.
La République est femme, installée sur un trône.
(Paris, Bibliothèque nationale).

[2] Louis-Philippe Ier (1773-1850).
Le roi anglophile, lecteur du Times.
(Chantilly, musée Condé)

[3] Lamartine à l'Hôtel de Ville de Paris (25 février 1848).
Victor Hugo refusera d'être ministre de l'Éducation nationale dans son gouvernement.
(Paris, musée du Petit Palais)

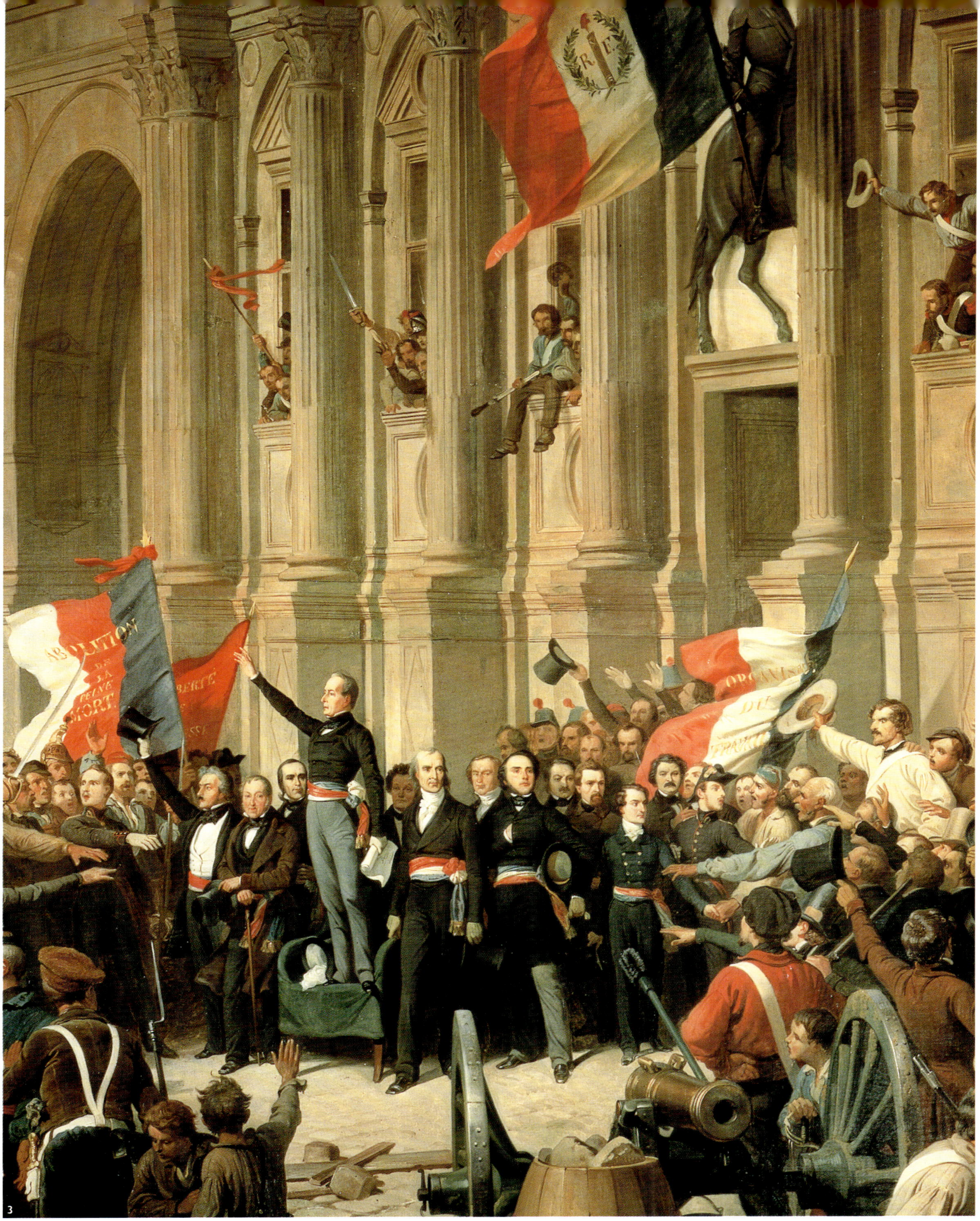

3

23 juin 1848

Des barricades sont dressées à Paris dans les quartiers populaires. La suppression des ateliers nationaux a engendré l'émeute. Le 26 juin, l'insurrection est brisée dans le sang par le général Cavaignac.

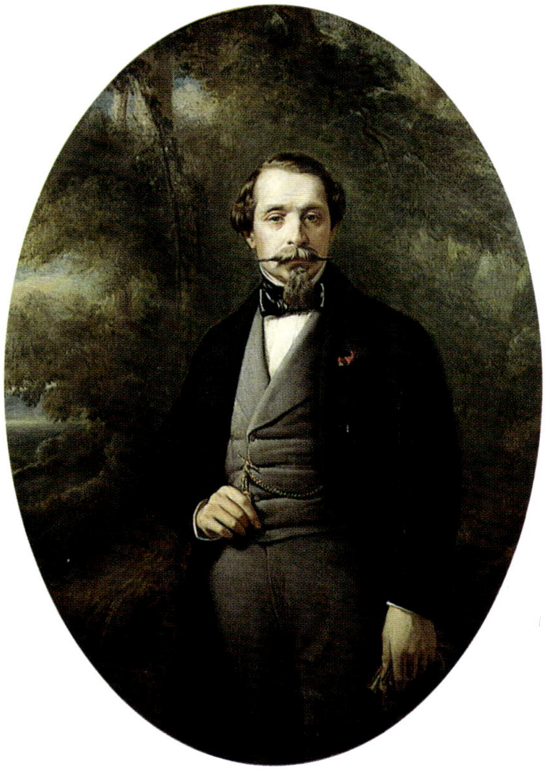

[1]

■ Cette victoire de la réaction dans la nation-phare de la Révolution gagne l'Europe tout entière et compromet l'idée de nation.
En France, les élections au suffrage universel ont porté les conservateurs au pouvoir. Une réaction sociale et politique fait glisser le régime républicain vers le Second Empire proclamé en 1852. Il se donne pour tâche le développement économique du pays par la construction des ports, des chemins de fer et la mise en place des grandes industries. Inspiré par les saint-simoniens, l'empereur Napoléon III croit au progrès économique par la constitution en Europe de grands ensembles nationaux et, dans le monde, par des regroupements de territoires sous une autorité commune. Il voudra ainsi créer un empire au Mexique, un royaume arabe en Afrique du Nord, et aidera de tout son poids les unités allemande et italienne. L'idée de nation n'est plus populaire et libératrice, mais libérale et capitaliste. Elle permet de rassembler les capitaux en de grands ensembles qui favorisent le développement.
En Europe centrale, les nations-États historiques reprennent le pouvoir. L'heure des unités nationales n'est pas venue. L'Autrichien Radetsky rassemble une armée fidèle au trône et écrase les Italiens à Custozza en juillet 1848. Le prince de Windischgrätz se charge de réduire la révolte hongroise et tchèque, établissant une dictature militaire à Prague. L'armée impériale prend d'assaut Vienne. Le prince de Schwarzenberg devient Premier Ministre et obtient l'avènement sur le trône du jeune François-Joseph, âgé de 18 ans, qui couvrira la politique de réaction sévère.
Berlin est également assiégée, prise par l'armée fidèle au roi Frédéric Guillaume IV qui organise la répression, change de Constitution pour garder en ses mains tous les pouvoirs. À Rome, Mazzini proclame la République le 9 février 1849, tandis que le pape, exilé à Gaëte, espère tout de l'intervention autrichienne. Le général Radetsky va battre une fois encore à Novare le roi de Piémont Charles-Albert qui avait repris les armes. Il abdique alors en faveur de son fils Victor Emmanuel II. Rien ne peut sauver l'Italie de la réaction. De son côté, le tsar offre son aide à François-Joseph pour réduire la résistance prolongée des Hongrois.
En Allemagne enfin, le roi de Prusse refuse la couronne impériale que lui propose le Parlement de Francfort, car il ne veut pas tenir son pouvoir de la "canaille". Le rêve d'unité allemande, démocratique et libérale, se dissipe après la dissolution du Parlement.
Les nations déçues devront attendre la reprise du mouvement unitaire sous une forme militaire et bourgeoise.

[1] Napoléon III (1808-1873).
Représenté en dandy en 1857, il n'a rien perdu de son charme. Élu à la présidence de la République en 1848, il a dissous l'Assemblée nationale lors du coup d'État du 2 décembre 1851 et s'est attribué tous les pouvoirs. Le Second Empire a été proclamé un an plus tard. Le nouvel empereur s'est donné pour objectif le développement économique du pays.
(Compiègne, château)

[2] Prise du Panthéon (24 juin 1848).
Après la suppression des Ateliers nationaux, Paris connaît quatre journées d'émeutes. L'État de siège est proclamé et le général Cavaignac, investi des pleins pouvoirs, écrase la révolte dans le sang. On compte près de 4 000 morts.
(Paris, musée Carnavalet)

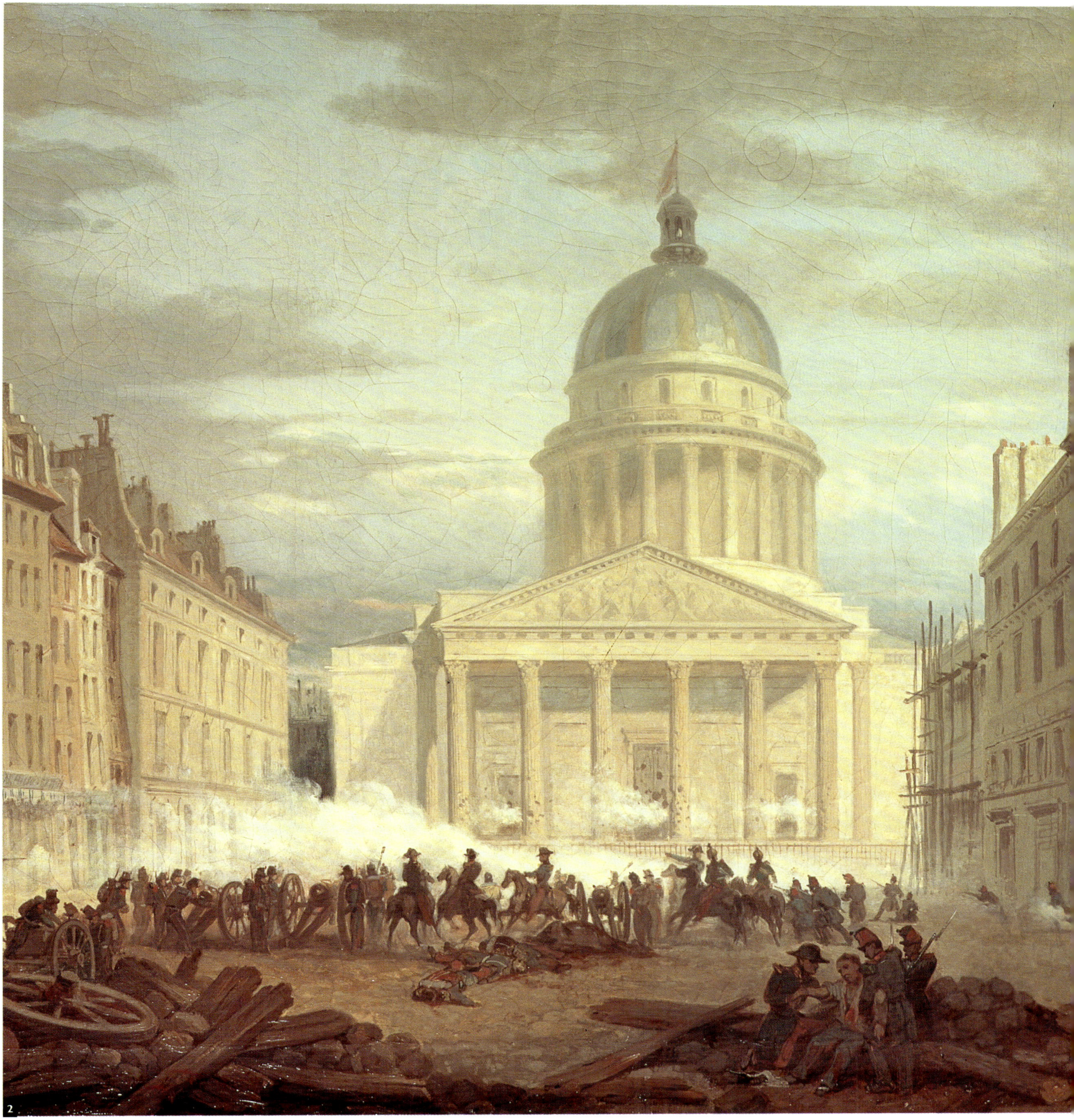

2

30 mars 1856

La guerre de Crimée prend fin

avec la signature du traité de Paris. En libérant la Moldavie de l'empire ottoman, le traité donne le signal de départ du mouvement national dans l'Europe balkanique.

■ **D**éjà les Serbes avaient manifesté leur volonté d'indépendance. Leur mouvement nationaliste voulait effacer l'affront de la défaite de Kosovo qui avait permis au sultan, à la fin du XIVe siècle, d'envahir cette province dont les habitants avaient fui vers le nord.

Napoléon III, défenseur des nationalités en Europe, va porter un coup fatal à la Sainte-Alliance en participant à l'expédition organisée par l'Angleterre en Crimée. Le tsar Nicolas Ier avait en effet pour ambition de démembrer l'empire ottoman et de déboucher en Méditerranée. Les Anglais voulaient l'en empêcher. Les Français, qui se présentaient comme les protecteurs des intérêts catholiques en Orient s'opposaient aussi au tsar, qui revendiquait le rôle de protecteur des intérêts orthodoxes.

Après la destruction d'une flotte ottomane par la marine russe de Sébastopol, les Français et les Anglais volent au secours des Turcs et déclarent la guerre aux Russes. Vainqueurs à l'Alma, ils sont longtemps arrêtés devant Sébastopol, mais finissent par l'emporter en 1856. Le nouveau tsar Alexandre II décide alors de traiter car il est isolé en Europe et ne peut compter sur l'alliance autrichienne.

Le traité de Paris maintient la fiction de l'Empire ottoman, désormais dominé par les intérêts franco-britanniques. Les Anglais obtiennent la neutralisation de la mer Noire et la liberté de navigation sur le Danube, où ils constituent des compagnies de commerce. La pénétration commerciale des pays balkaniques est maintenant possible. Elle est facilitée par le début des indépendances nationales consacré par le traité de Paris.

Les provinces roumaines de Moldavie et de Valachie sont déclarées autonomes dans le cadre de l'empire turc, ainsi que la Serbie. Londres et Paris, en les laissant sous la souveraineté théorique du sultan, souhaitaient en réalité la création d'un État roumain indépendant. Napoléon III suggéra aux Moldaves et aux Valaques de se donner le même gouverneur, le hospodar Alexandre Cuza. Dès 1859, ces provinces étaient de fait indépendantes. La Roumanie serait officiellement créée en 1878 au Congrès de Berlin, comme la Serbie, également dominée par la Turquie. Ainsi, les premières nations de l'Europe balkanique accédaient à l'indépendance grâce au conflit qui opposait des nations industrialisées de l'Ouest à des États-nations de l'Orient, Russie et Turquie.

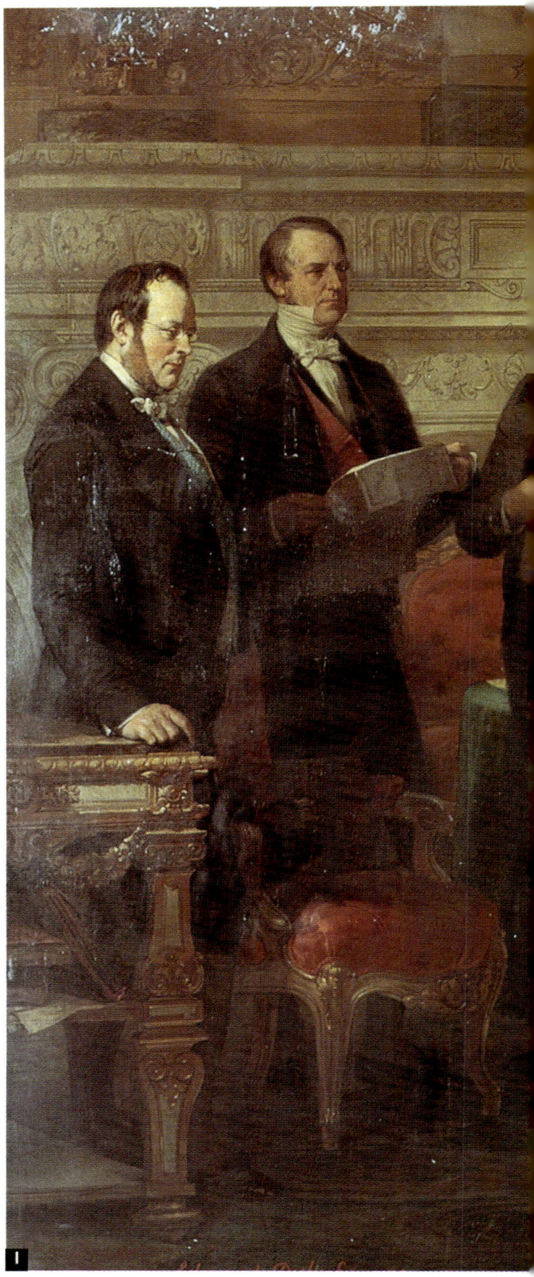

1

[1] Traité de Paris (1856). *Les Européens y affirment leur volonté d'interdire aux Russes les détroits du Bosphore.* (Versailles, musée du château)

[2] Sébastopol bombardée par la flotte alliée (octobre 1854). *Les zouaves et les chasseurs du corps expéditionnaire français qui ont débarqué en septembre 1854 pour tenter d'enlever Sébastopol aux Russes n'en viendront à bout qu'après une année de siège.*

[3] Quartier général britannique en Crimée (1855). *Le premier reportage photographique de guerre de l'Histoire.* (Paris, Bibliothèque nationale)

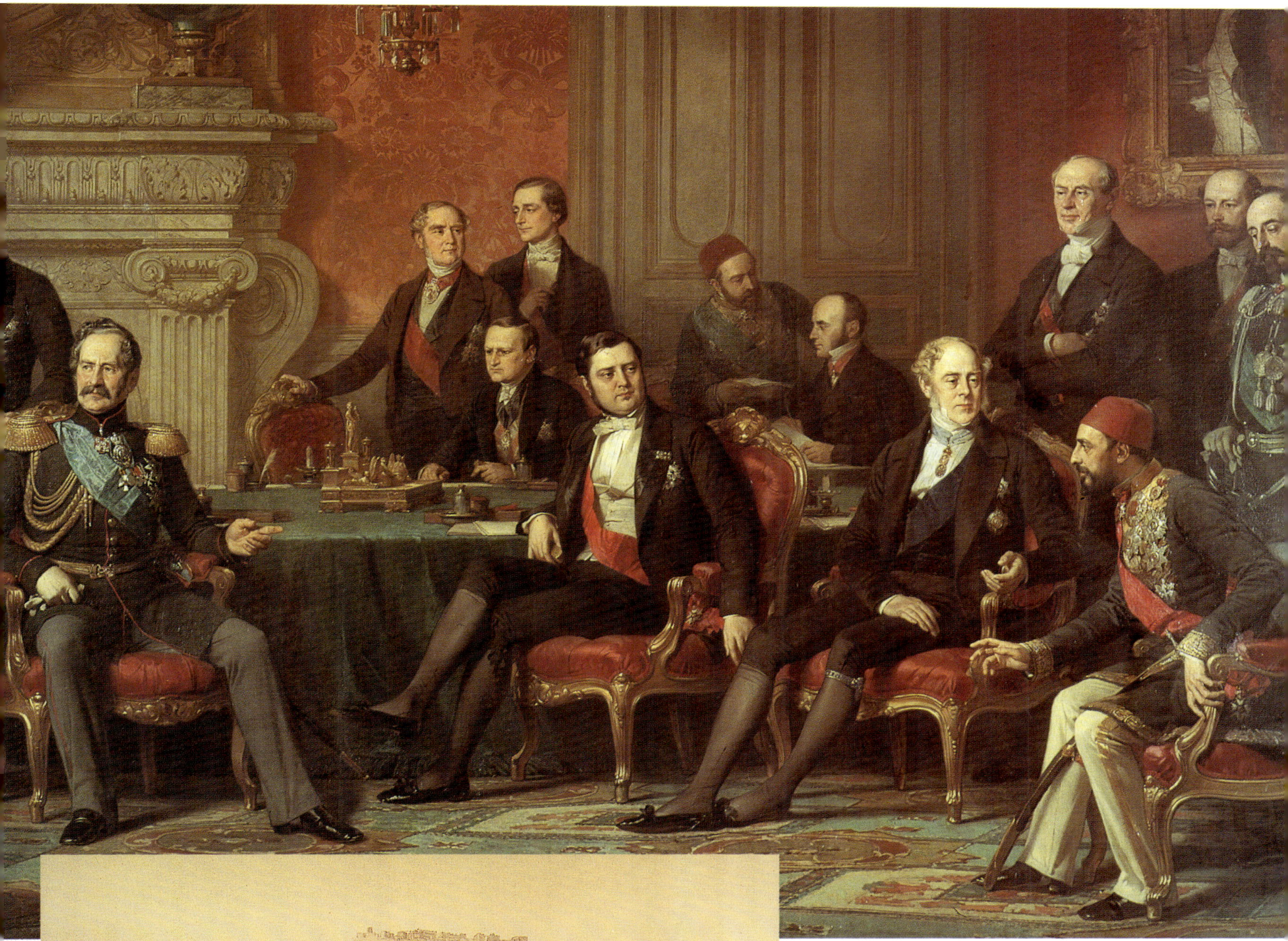

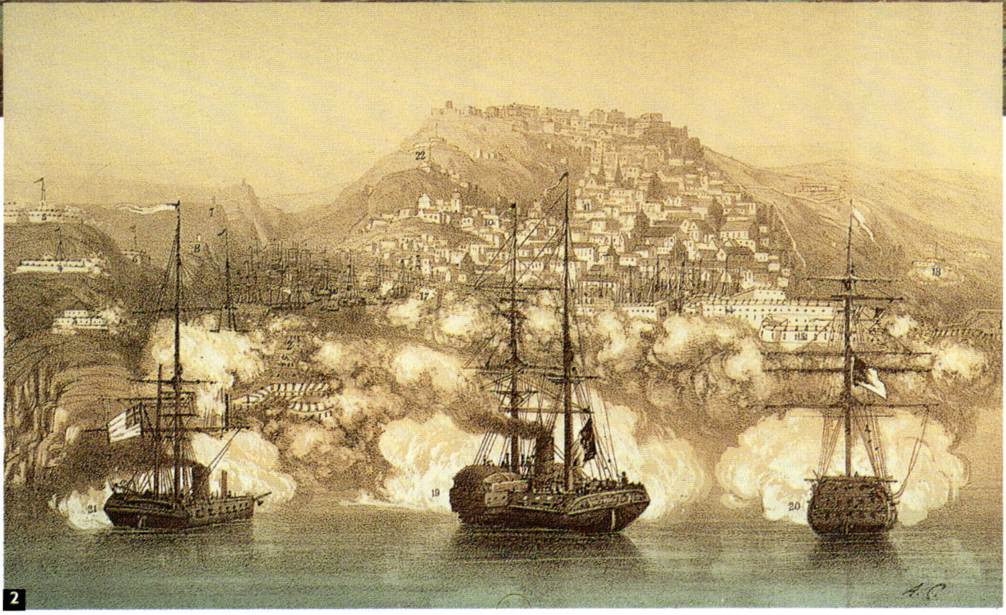

2

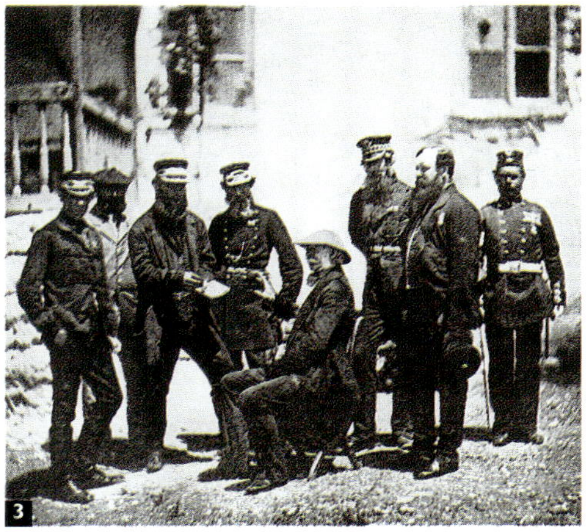

3

4 juin 1859

À Magenta, l'armée française remporte une victoire sanglante contre l'armée autrichienne occupant l'Italie. Le deuxième État-Empire de l'Europe de la Sainte-Alliance va céder. L'unité italienne est le résultat du conflit des nations européennes.

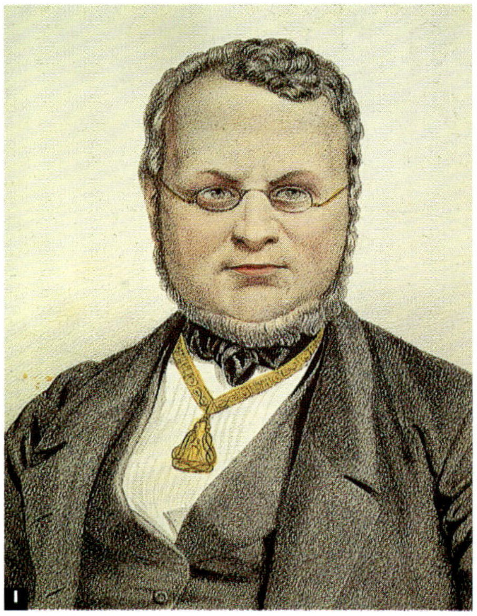

1

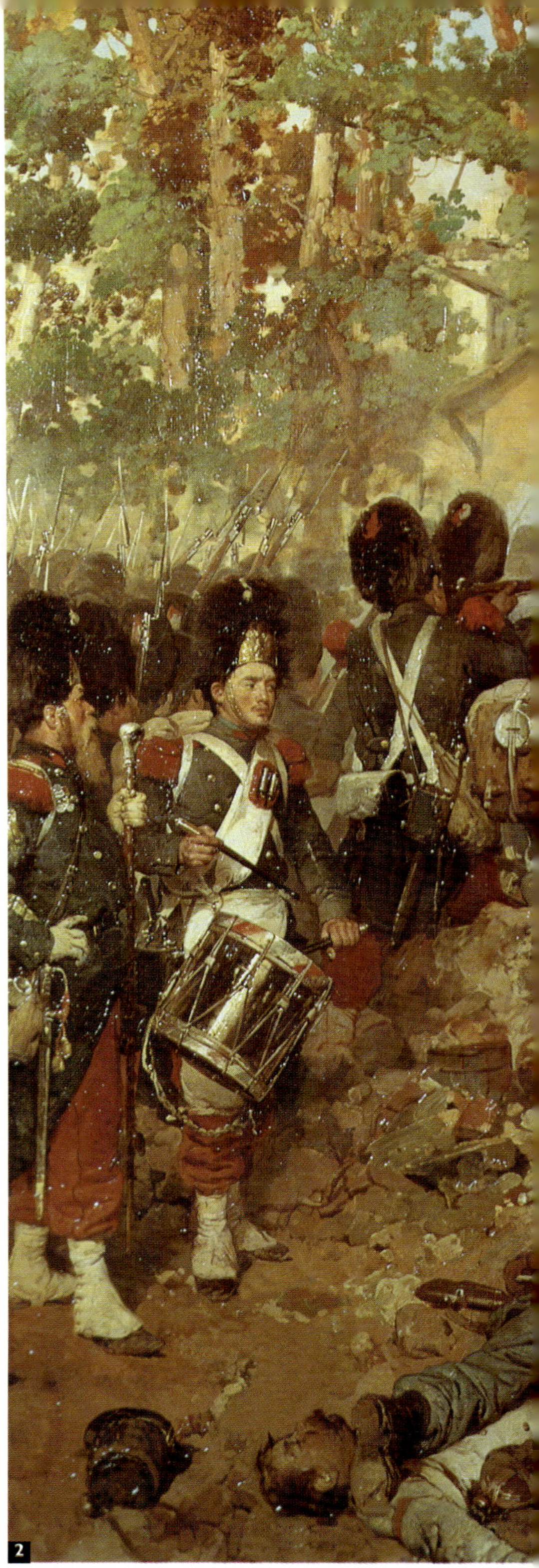

2

■ **N**apoléon III avait été sensible à la participation du royaume de Piémont-Sardaigne à la guerre de Crimée. Le ministre Cavour avait pu poser la question italienne au congrès de Paris en 1856. Mais, pour l'emporter, il souhaitait que son royaume indépendant reçût le soutien effectif d'une grande puissance, capable de chasser l'armée autrichienne de Lombardie et de Vénétie. Par l'entrevue de Plombières et le traité de Turin en 1859, il obtint cet appui, en échange de la Savoie et de Nice rétrocédées aux Français. Napoléon III se réjouissait de pouvoir entreprendre sa politique des nationalités, qui libérerait l'Europe des anciens empires. Il s'estimait en cela le successeur de son oncle qui avait créé la Confédération de l'Allemagne du Nord et le Royaume d'Italie dont il avait pris la couronne, constituant une force militaire italienne qui avait combattu dans la Grande Armée en Russie. Le Piémont-Sardaigne était un État moderne, constitutionnel, qui se dotait de chemins de fer et de routes, qui construisait une flotte dans ses arsenaux de la Spezzia. L'Italie unifiée devait se réunir autour de lui.

Grâce à l'intervention française, le Piémont annexait la Lombardie. Mais la Vénétie restait autrichienne et le pape ne voulait pas renoncer à sa souveraineté temporelle sur ses États. Par des moyens pacifiques, Cavour avait obtenu le ralliement de Parme, de Modène et de la Toscane. Le recours au révolutionnaire Garibaldi, chef de l'expédition des Mille, avait permis d'enlever le royaume de Naples. L'armée du pape était ensuite vaincue à Castelfidardo en septembre 1860.

Cavour annexait ainsi l'Italie centrale, celle des États du pape, et Victor-Emmanuel II, entré à Naples, prenait le titre de roi d'Italie le 17 mars 1861, "par la grâce de Dieu et la volonté de la nation".

Le Piémont ne pouvait plus compter sur l'aide de la France. Pour ne pas s'aliéner l'Église, Napoléon III avait dû protéger le pape en occupant Rome. En s'alliant à la Prusse dans sa guerre contre l'Autriche en 1866, le roi d'Italie obtenait la Vénétie et complétait

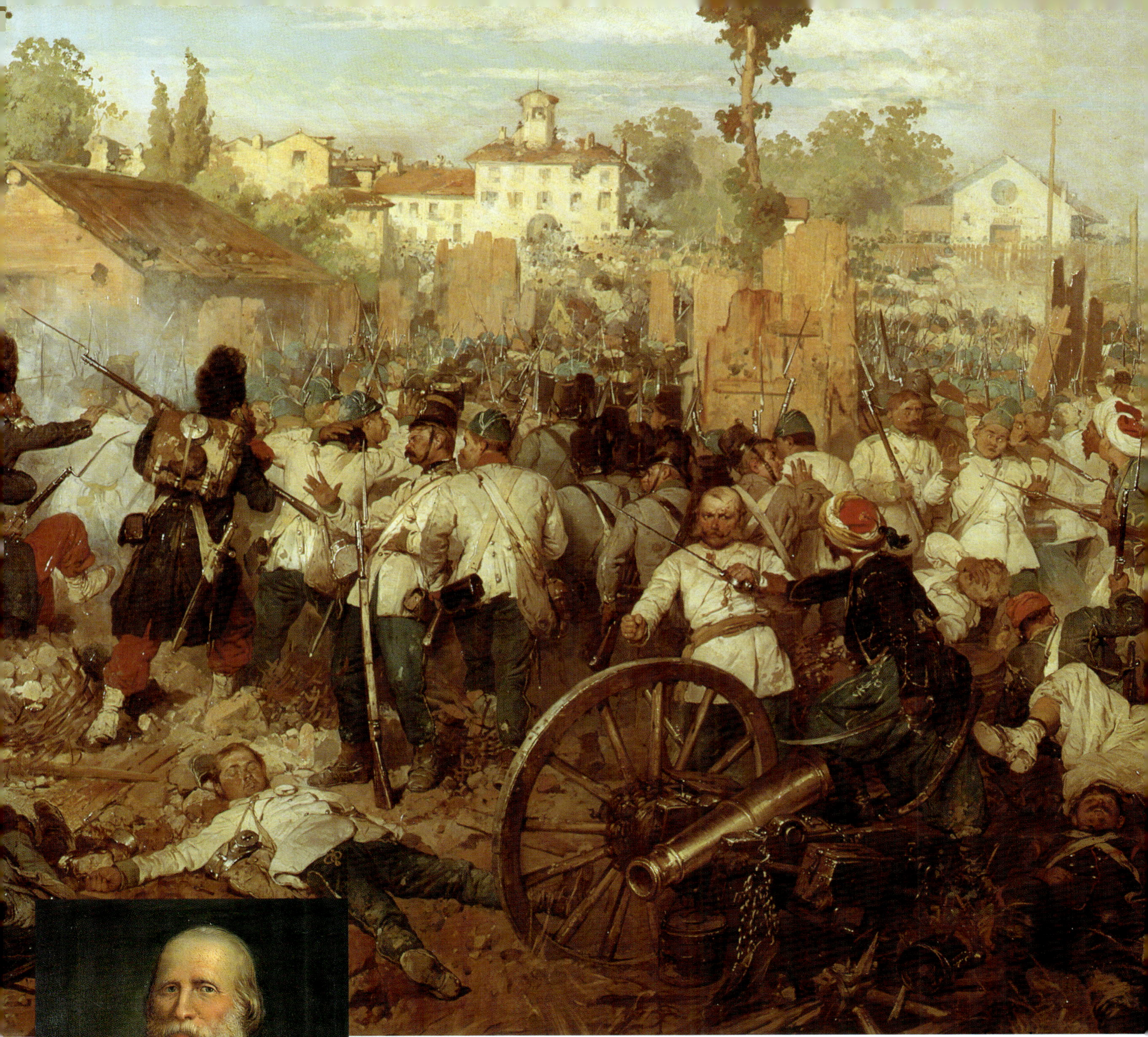

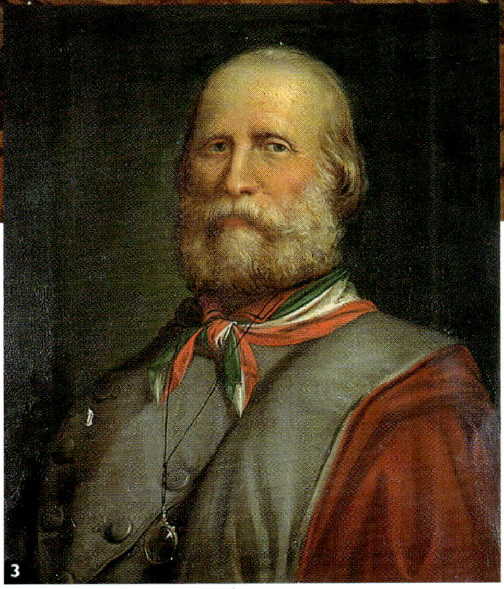

l'unité italienne. Il libérerait Rome pendant la guerre franco-prussienne de 1870. Ainsi l'unité italienne avait été obtenue grâce à une politique habile d'utilisation successive des puissances européennes.

[1] Camillo Benso comte de Cavour (1810-1861). *Un homme d'État. Il réussit à unifier autour du royaume de Piémont toute l'Italie du Nord.* (Milan, mus. de Risorgimento).
[2] Bataille de Magenta (1859). *Les troupes de Napoléon III chassent les Autrichiens d'Italie pour le compte de Cavour.* (Milan, mus. de Risorgimento)
[3] Garibaldi (1807-1882). *L'agitateur, chef de l'expédition des Mille, est un homme de bandes.*

18 janvier 1871

Guillaume Ier, roi de Prusse, est proclamé empereur d'Allemagne dans la galerie des glaces du château de Versailles. Au prix de trois guerres, le chancelier Bismarck a enfin réalisé l'unité allemande.

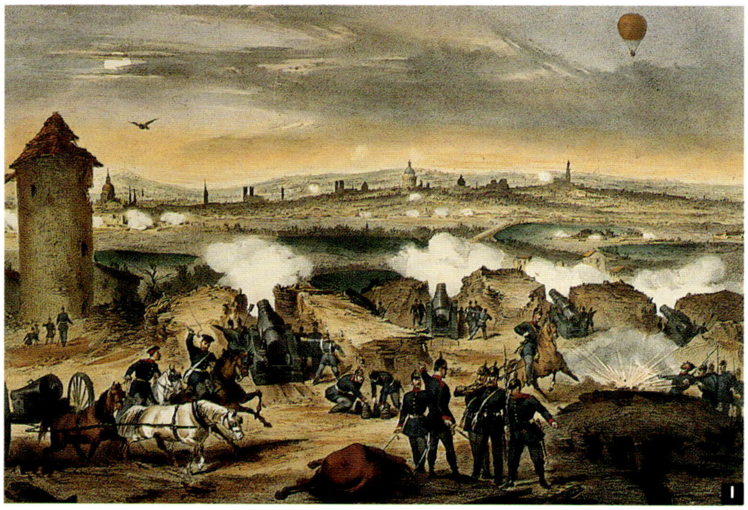

■ **B**ismarck avait d'abord réuni à la Prusse les duchés de population en partie allemande du Danemark (le Schlesvig et le Holstein), en engageant la puissante armée prussienne dans une expédition facilement victorieuse en 1864. Il avait fait la preuve, au cours de cette opération, que l'Autriche ne poursuivait en Allemagne que des buts dynastiques alors que la Prusse moderne, bien assise sur la sidérurgie de la Ruhr en plein essor, championne de l'union douanière ou Zollverein qui enrichissait tous les États allemands, était seule capable de réaliser l'unité de l'ensemble de ces États. Une épreuve de force était nécessaire pour décourager activement l'Autriche dans la compétition. L'armée prussienne n'eut aucun mal à l'écraser à Sadowa le 3 juillet 1866. À la suite de cette victoire fratricide, Bismarck avait les mains libres pour se livrer à la politique des compensations avec Napoléon III.

La politique des pourboires devait se révéler entièrement négative pour l'empereur français, acculé à la guerre par l'incident machiné par Bismarck de la "dépêche d'Ems". Déjà épuisée par l'expédition du Mexique, l'armée française ne devait pas résister à la conjonction de l'artillerie Krupp et des chemins de fer qui favorisaient la concentration rapide et le mouvement des unités. Après des succès en Alsace, les Prussiens alliés aux Bavarois et aux autres États du Sud investissaient la France, faisaient prisonnier l'empereur et son armée à Sedan et imposaient un traité qui rattachait au Reich allemand les provinces françaises d'Alsace et de Lorraine. Ni le sursaut républicain et patriotique des armées de la Loire levées par Léon Gambetta, ni l'insurrection de la commune de Paris n'avaient gêné Bismarck. Au contraire, la menace de subversion sociale avait incité la droite française à traiter au plus vite, et Thiers était salué du titre de "libérateur du territoire" parce qu'il avait réussi à rassembler rapidement, grâce au concours non désintéressé des banques, l'énorme indemnité de guerre que s'adjugeaient les vainqueurs.

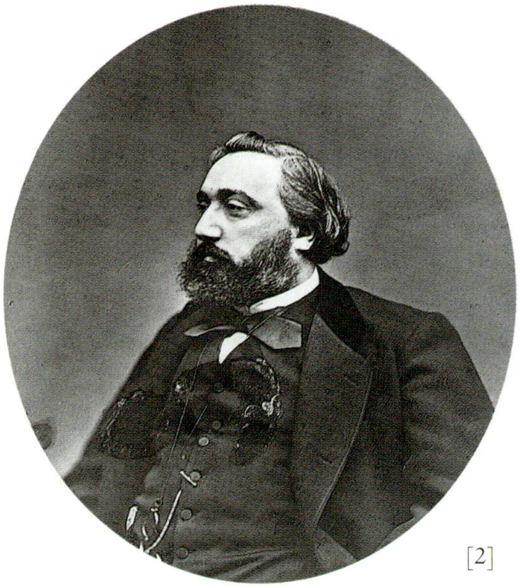

[2]

Ainsi, la nation allemande s'était faite en partie par le ralliement librement consenti des États monarchiques ou princiers du Sud, mais surtout à l'initiative d'un État-nation, la Prusse, qui finit par constituer, après ses succès, la nation-État d'Allemagne. Rien de comparable à la constitution des États américains en nation par des voies démocratiques. La force avait présidé aux deux mouvements unitaires italien et allemand.

[1] **Bombardement de Paris.**
Les batteries prussiennes prennent la capitale sous leur feu.
(Paris, musée Carnavalet)

[2] **Léon Gambetta (1838-1882).**
Il s'enfuit de Paris en ballon pour mener la résistance en province.

[3] **Guillaume Ier à Versailles (1871).**
Le roi de Prusse est proclamé empereur du Reich au château de Versailles.
(Friedrichsruh, Bismarck Museum)

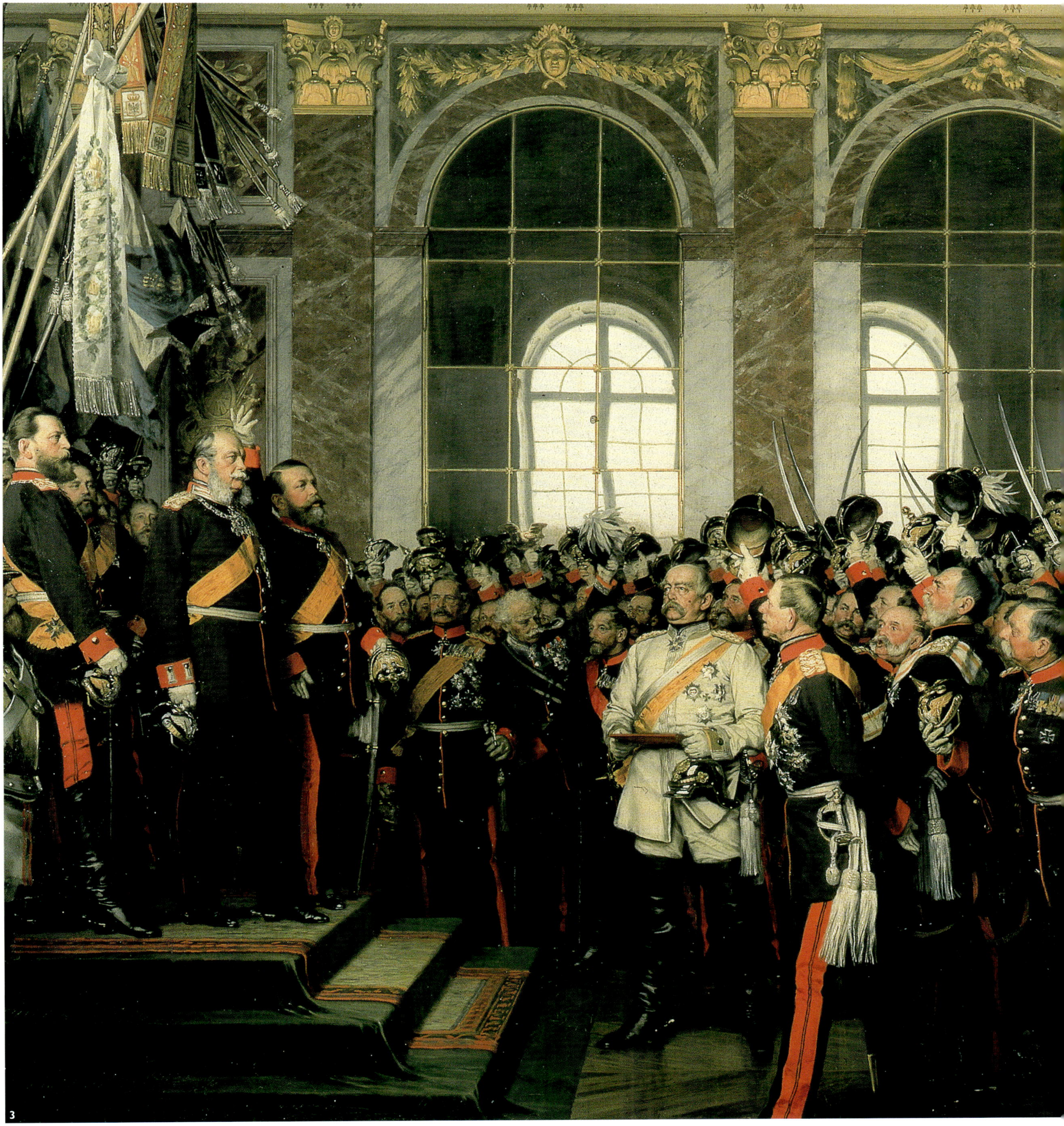

3

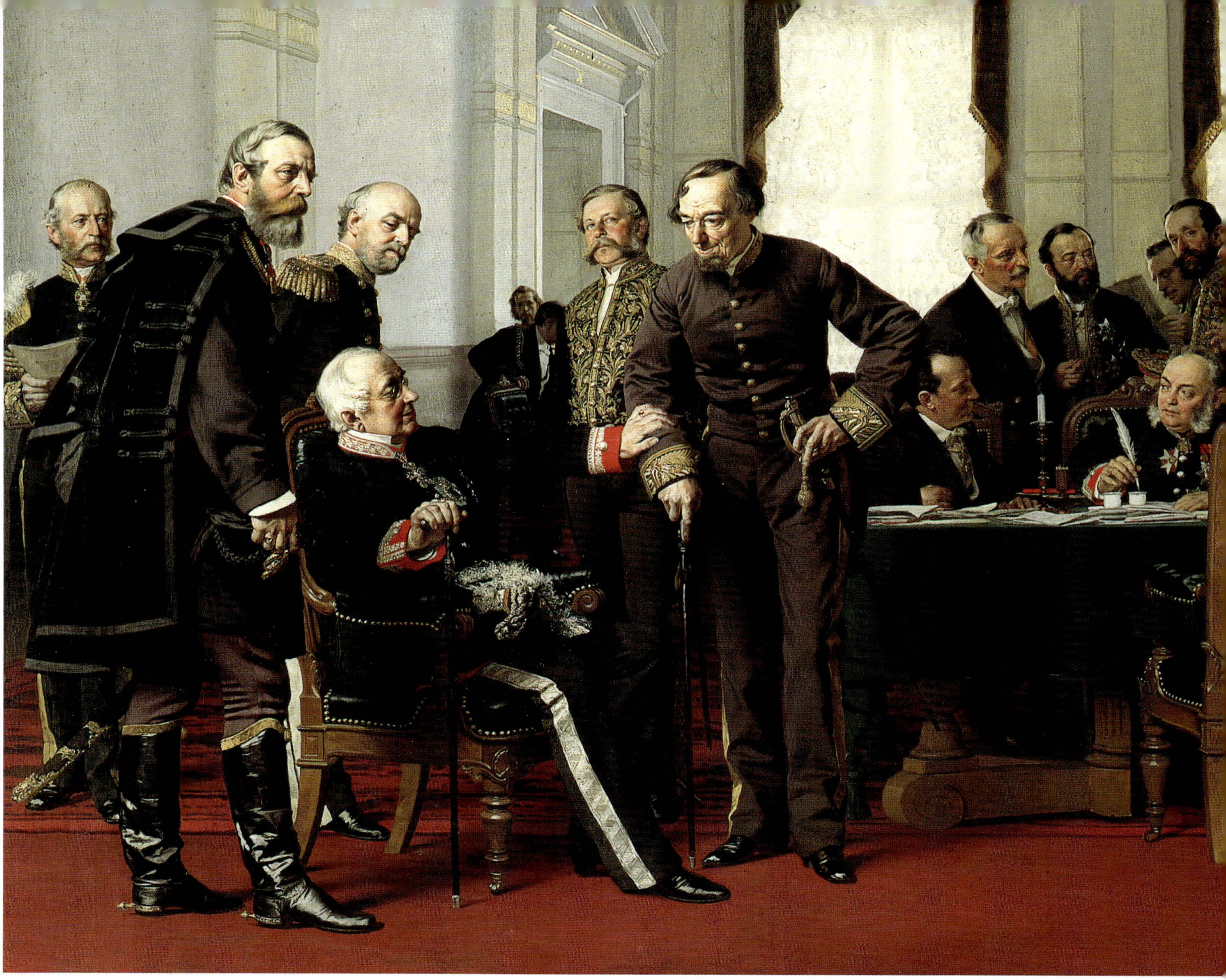

13 juillet 1878

Le congrès de Berlin

voit les puissances européennes dessiner la carte des Balkans en créant des nations qui échappent à la domination ottomane.

■ **L**es territoires balkaniques sont découpés en fonction des rapports de force entre les nations dominantes, l'Allemagne, la Russie, la Grande-Bretagne, la France, l'Italie et l'Autriche, celles qui se feront la guerre en 1914. La Russie, par exemple, exige un découpage des Balkans favorable à la nation satellite de Bulgarie, "petit frère slave" qu'elle protège en Orient et qu'elle a porté sur les fonts baptismaux. En 1878, elle a les moyens d'imposer un partage créant une "grande Bulgarie". Il existe un panslavisme comme un pangermanisme qui assignent aux nations-mères le rôle de protecteur et, s'il le faut, de conquête des frères de race et de religion.

Seule l'opposition de l'Angleterre, qui protège "l'équilibre européen", marque un coup d'arrêt aux déchaînements impérialistes. Mais l'Angleterre n'a pas les moyens militaires d'intervenir directement dans les conflits des États européens. Elle ne peut agir qu'en constituant des alliances, ou par la menace

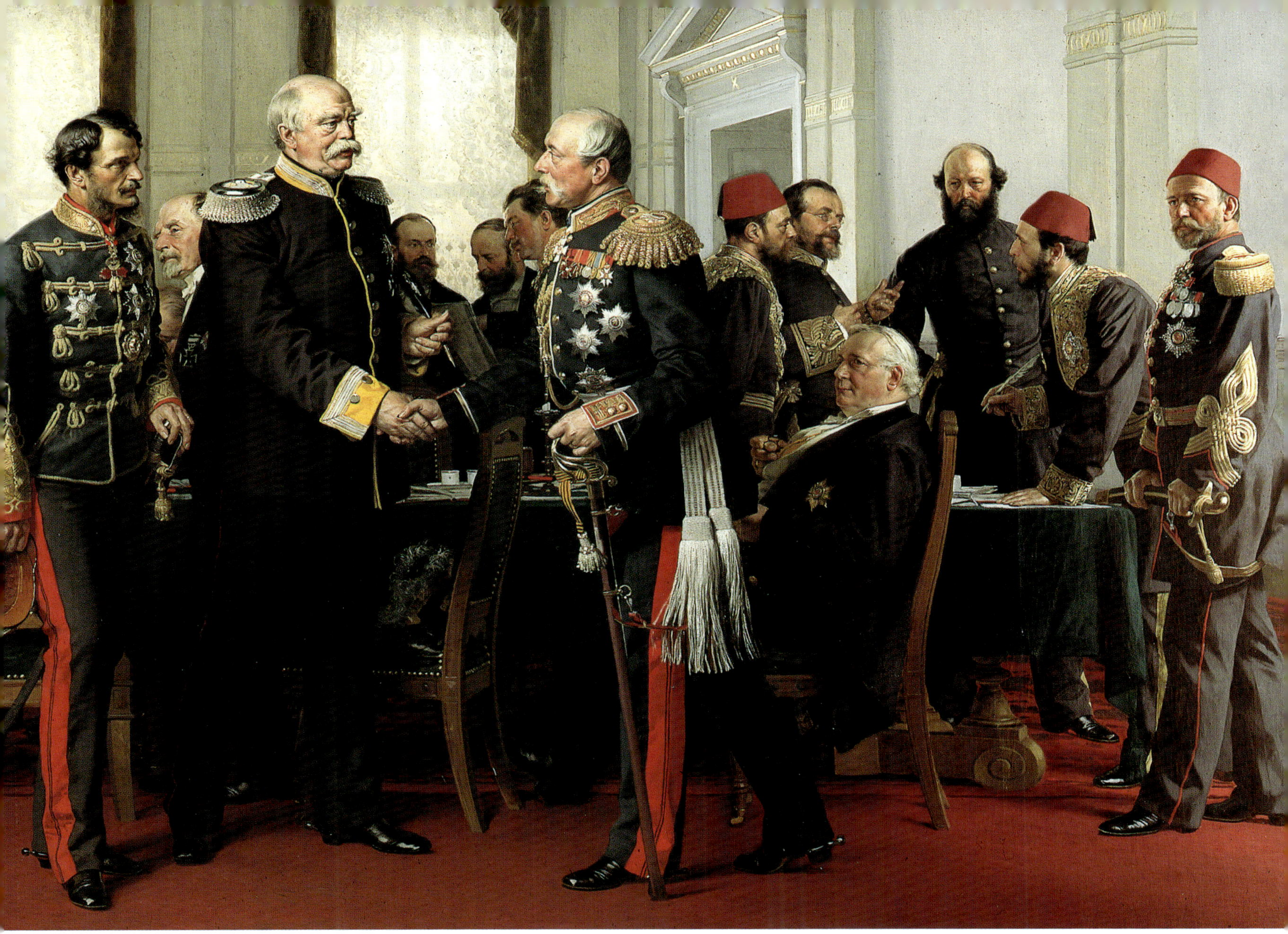

d'une intervention de sa flotte. Elle possède également l'arme financière. Le tsar, dont le commerce dépend de l'Angleterre, ne peut manquer d'en tenir compte.

Quand les Russes déclarent la guerre au sultan en 1877, ils dédommagent d'avance l'Autriche-Hongrie, leur principale rivale, en lui reconnaissant le droit d'occuper la Bosnie-Herzégovine, peuplée de musulmans à 45%, et toujours sous la suzeraineté théorique du sultan. Les Russes battent l'armée d'Osman Pacha et occupent Sofia puis Andrinople. Ils dictent alors le traité de San Stefano (mars 1878), prélude au démembrement complet de l'Empire ottoman. Il faut alors que la flotte anglaise intervienne pour obliger les Russes à accepter la médiation européenne du traité de Berlin.

La Grande Bulgarie, du Danube à la mer Égée, est taillée en pièces par la volonté des puissances. Mais il reste une Bulgarie indépendante que le tsar protège. Qui mettre à sa tête ? D'abord un Allemand bien vu à Saint-Pétersbourg, le prince Alexandre Ier de Battenberg. On décide que la province bulgaro-roumaine de Dobroudja sera affectée à la Roumanie, alliée de la Russie dans la guerre russo-turque, dont l'indépendance est également reconnue. Le prince régnant à Bucarest est un Hohenzollern russophile. La Russie protège également la Serbie orthodoxe dont l'indépendance est affirmée comme pour le Monténégro. Ainsi le tsar, même après le congrès de Berlin, a créé quatre petites nations favorables à sa politique de dépècement de l'Empire ottoman et de percée vers la Méditerranée. Mais il a fait des Balkans une poudrière.

Congrès de Berlin. *Il inaugure le démembrement de l'empire ottoman. Lors de cette entrevue, on partage l'Europe balkanique entre "gens de qualité". L'Allemagne y est représentée par Bismarck, l'Angleterre par Disraeli, l'Autriche-Hongrie par Andrassy, la France par Waddington, la Russie par Gortchakov, l'Italie par Corti et la Turquie par Karathéodori Pacha.* (Berlin, Alte Nationalgalerie)

23 février 1885

L'Afrique est partagée

entre les quatorze nations occidentales présentes à la conférence qui se déroule à Berlin. Un continent entier est ainsi placé sous la tutelle des puissances coloniales européennes.

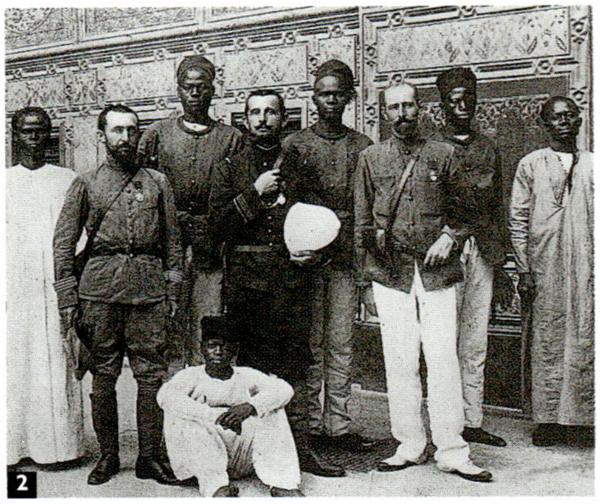

■ Il est désormais convenu que ces puissances ont le droit de posséder des prolongements permanents dans les terres inconnues, couverts par le principe de souveraineté.

Elles peuvent faire flotter leur drapeau, exercer leur souveraineté sur toutes les terres qu'elles se sont appropriées par la force ou par des traités avec les souverains locaux. Il n'y a pas en Afrique de nations, mais des territoires de statuts variables possédés directement ou indirectement (colonies ou protectorats) par les véritables nations organisées et reconnues au plan international, celles de l'Europe. Parmi les quatorze participants de Berlin, les principaux sont l'Angleterre, la France, l'Allemagne la Belgique, l'Italie, la Turquie et l'Espagne. Mais la Russie, la Suède, le Danemark, les Pays-Bas sont également parties prenantes, ainsi que l'Autriche-Hongrie, le Portugal et les États-Unis, qui protègent l'État libre du Liberia, peuplé d'esclaves affranchis.

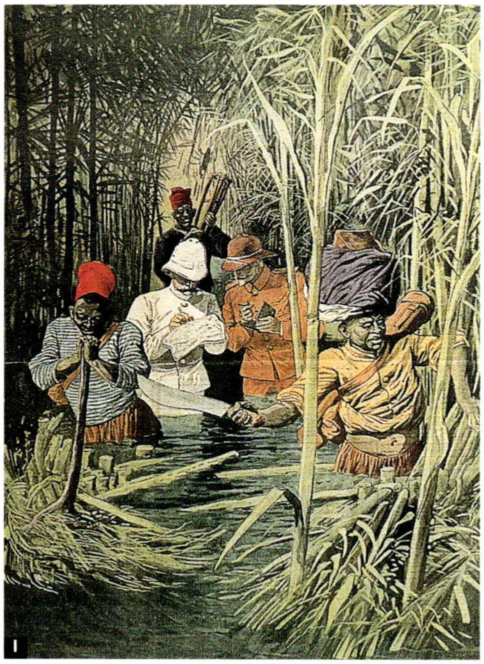

Les nations se fixent entre elles les règles du jeu de l'appropriation. Les fleuves sont déclarés libres d'accès à tous. On ne parle pas du Nil, que la Grande-Bretagne se réserve, mais du Congo et du Niger. Toute puissance établie sur la côte pourra revendiquer l'arrière-pays en reculant ses frontières, selon les étapes de la pénétration, jusqu'au point où sa zone d'influence en rencontre une autre. Le partage sera réalisé par des accords directs de puissance à puissance.

Quant à l'annexion, elle suppose une occupation effective du terrain, des traités conclus avec les indigènes, une notification officielle faite aux autres puissances. Telles sont les règles du partage colonial, qui n'évitent pas les conflits. Ainsi, la colonne française du capitaine Marchand, dans son désir de créer une transversale française des pays du Niger jusqu'à Djibouti, rencontre à Fachoda, en 1898, une colonne de 20 000 Anglo-Égyptiens commandée par Kitchener qui veut établir la liaison entre Le Cap et Le Caire. La guerre est imminente. La presse nationaliste française est déchaînée. Le gouvernement est-il en mesure de résister ? L'Angleterre ne peut renoncer à l'axe fondamental de domination de l'Afrique orientale. Aucun compromis n'est possible. Les Français doivent céder.

Seule la modération du ministre français Delcassé, qui veut conclure avec l'Angleterre l'Entente cordiale, évite la guerre.

[1] Le partage de l'Afrique. *Les experts français et allemands tracent la nouvelle frontière dite du "bec de canard" au Congo en 1913.* (Le Petit Journal, nov. 1913)

[2] Le commandant Marchand (au centre). *En 1897, il arrive à Fachoda, sur le haut Nil, avant les Anglais de Kitchener et refuse de leur abandonner la position. Il crée un incident diplomatique majeur. La France va céder pour maintenir l'entente avec l'Angleterre.*

[3] Carte de l'Afrique. *Les Allemands produisent en 1885 cette carte assez bien informée. Les possessions coloniales françaises, allemandes, anglaises, portugaises et espagnoles y sont fidèlement représentées.* (Leipzig, Bibliographiches Institut)

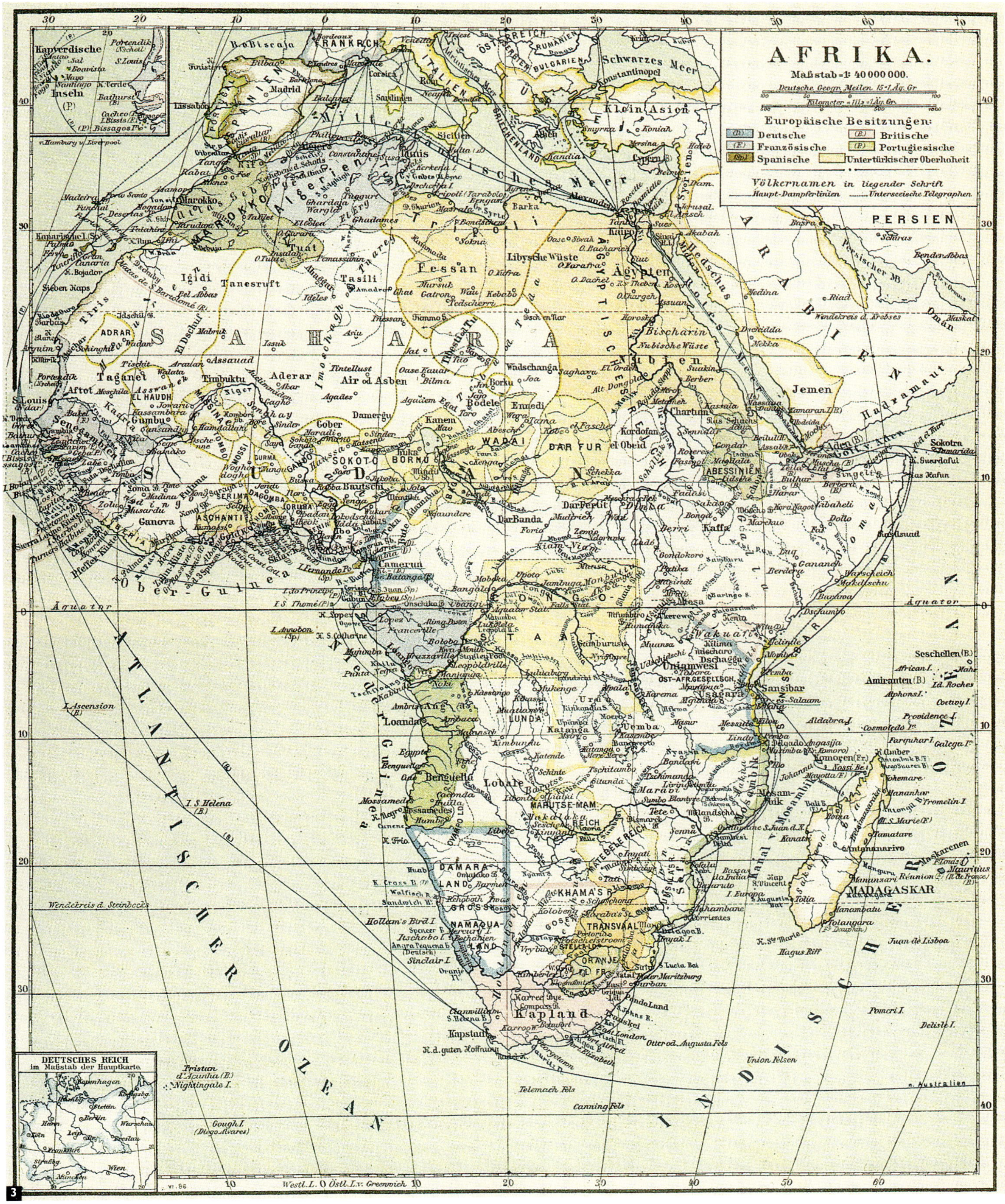
AFRIKA.
Maßstab = 1: 40 000 000.
Europäische Besitzungen:
Deutsche
Britische
Französische
Portugiesische
Spanische
Untertürkischer Oberhoheit
Völkernamen in liegender Schrift
Haupt-Dampferlinien
Unterseeische Telegraphen
Kapverdische Inseln
DEUTSCHES REICH im Maßstab der Hauptkarte
SAHARA
SUDAN
ATLANTISCHER OZEAN
INDISCHER OZEAN
ARABIEN
PERSIEN
Mittelländisches Meer
Schwarzes Meer
Klein Asien
Ägypten
Marokko
Algerien
Tripolis
Fessan
Libysche Wüste
Nubien
ABESSINIEN
KONGO-STAAT
Kamerun
Ober-Guinea
Nieder-Guinea
DAMARA LAND
NAMAQUA-LAND
TRANSVAAL
Kapland
MADAGASKAR
Äquator
Wendekreis d. Krebses
Wendekreis d. Steinbocks
Westl. L. 0 Östl. L. v. Greenwich
3

20 juin 1900

Les Boxers, membres d'une société secrète, poussent à la révolte la population de Pékin avec l'accord de l'impératrice Tseu-hi. Un sévère avertissement est donné aux Occidentaux en Chine.

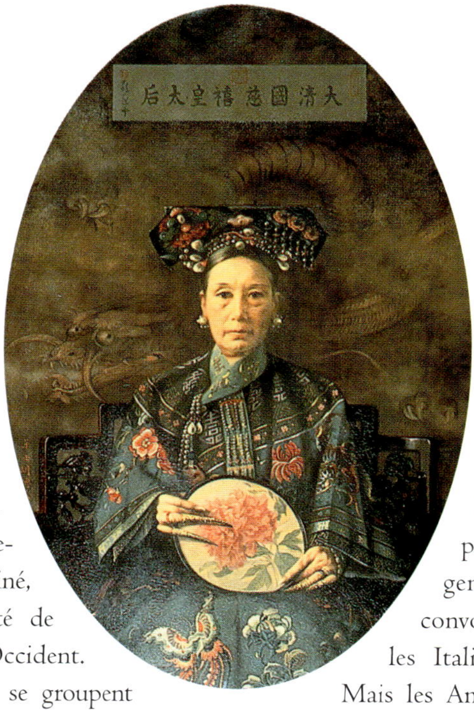

[1]

■ **L**es prêtres des missions sont massacrés, les légations pillées, les territoires européens couverts par l'exterritorialité, violés.
La Chine se réveille et prétend revenir sur les accords inégaux. Le 20 juin 1900, l'ambassadeur allemand à Pékin est assassiné, pour marquer la volonté de rupture totale avec l'Occident.
Les nations européennes se groupent pour organiser une intervention commune, conduite par un général prussien, von Waldersee.
C'est une expédition internationale, où le "concert des puissances" impose une direction commune, assortie d'une action diplomatique. Le contingent français accepte de se placer sous les ordres d'un général allemand.
En mer de Chine, les querelles nationales s'estompent dans la communauté d'intérêt des prédateurs du commerce chinois. Français et Allemands sont armés de Lebel et de Mauser, de mitrailleuses et déjà de canons à tir rapide.
Les Allemands ont organisé des comptoirs et une légation dans la presqu'île du Liao Toung. Ils sont les premiers concernés par l'intervention, de même que les Français présents à Canton et dans le Sud, et les Anglais occupants les régions portuaires du Yang Tsé Kiang. D'autres Européens envoient des contingents, les Russes, qui convoitent la Mandchourie, les Italiens et les Autrichiens.
Mais les Américains et les Japonais lancés dans l'industrialisation sont aussi partie prenante dans le commerce chinois. Ils se joignent à l'expédition.
Cette étrange cohorte dispose d'une supériorité absolue en armements, elle l'emporte facilement sur les Chinois, qui perdent Tien-Tsin le 14 juillet 1900, puis Pékin. Les légations étrangères sont délivrées, l'impératrice est en fuite.
La Chine signe finalement le traité du 17 septembre 1901 qui l'oblige à présenter des excuses, à exécuter les chefs de la révolte et à payer une lourde indemnité. Les étrangers ont le droit d'entretenir des forces armées dans Pékin pour protéger leurs légations.
Tseu-hi est enfin décidée à moderniser la nation chinoise, à lui donner une armée efficace, à développer l'enseignement et à se mettre à l'école de l'Occident. Paradoxalement, la révolte réactionnaire des Mandchous contre le colonialisme économique des nations occidentales pousse la Chine à constituer une grande nation qui, en 1912, proclamera la République.

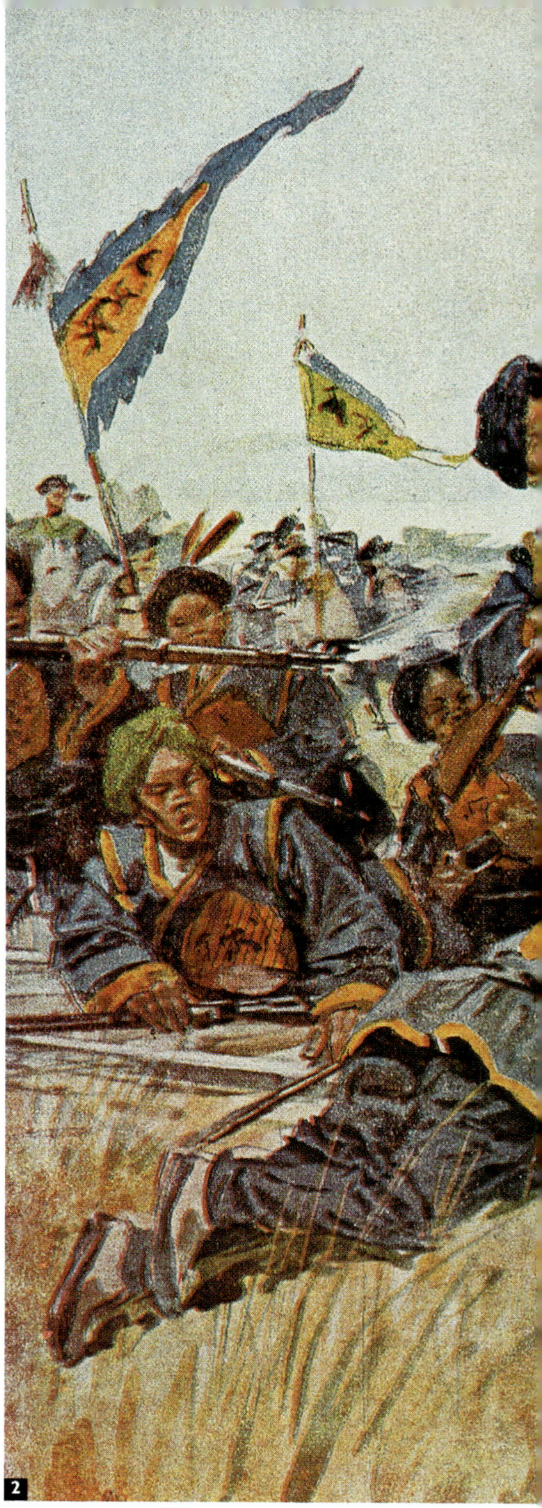
2

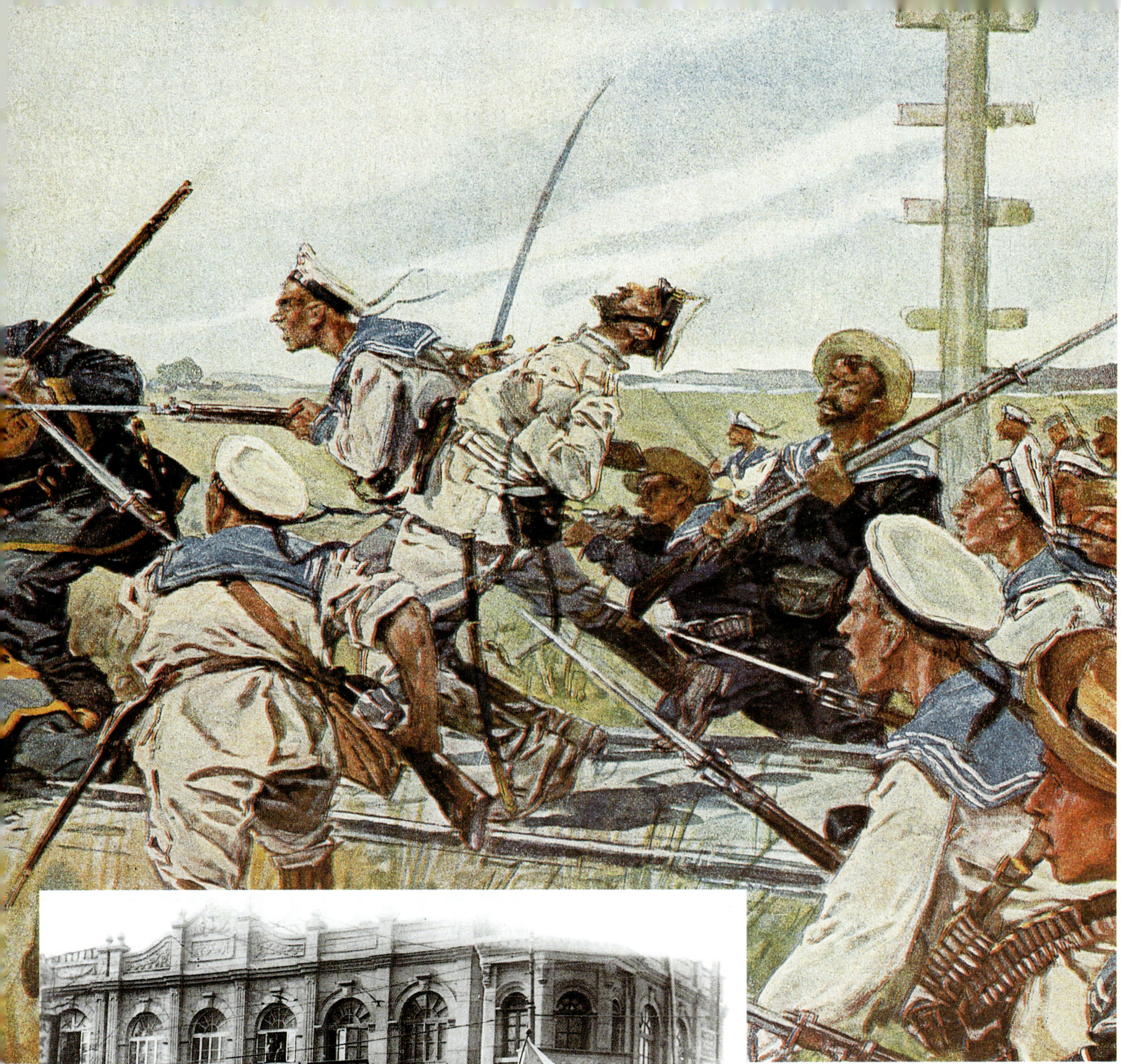

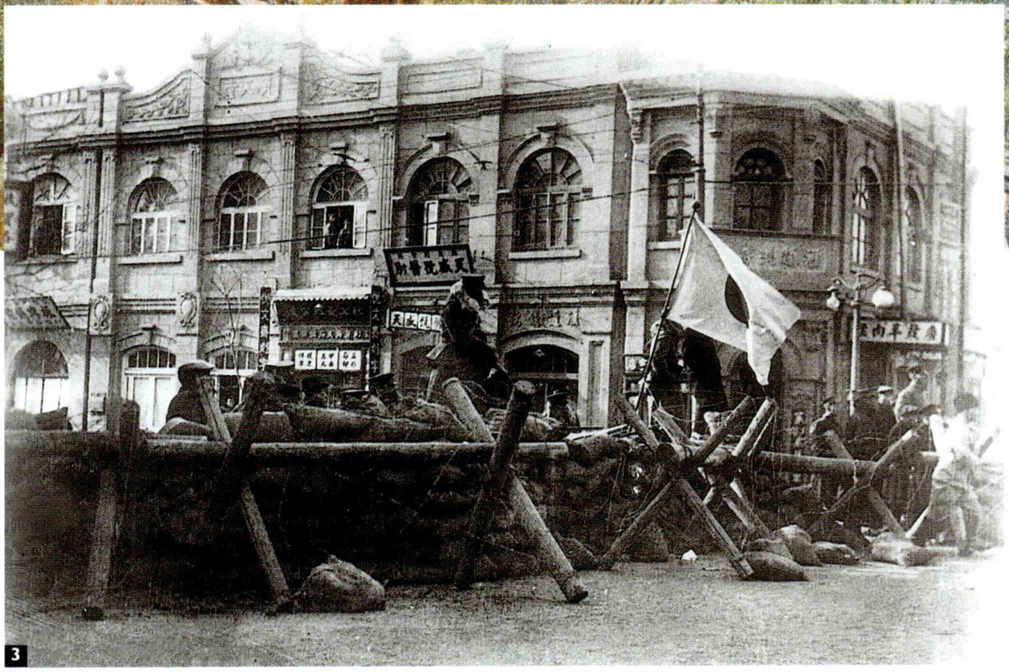

3

[1] L'impératrice Tseu-hi (1835-1908).
La régente xénophobe s'appuie sur la société secrète des Boxers pour déclencher le soulèvement contre les Occidentaux. (Cambridge, Harvard Univ. Art Mus.)

[2] Révolte des Boxers.
Les marins allemands attaquent à la baïonnette les révoltés chinois.

[3] Barricade japonaise à Tien-Tsin.
Comme à Pékin, les Occidentaux et les Japonais se retranchent dans le quartier des légations pour résister aux Boxers.

11 juin 1903

Alexandre de Serbie

et son épouse, l'aventurière Draga Machin, sont assassinés. Les petites nations balkaniques sont victimes de convulsions politiques dues aux rivalités des grandes puissances.

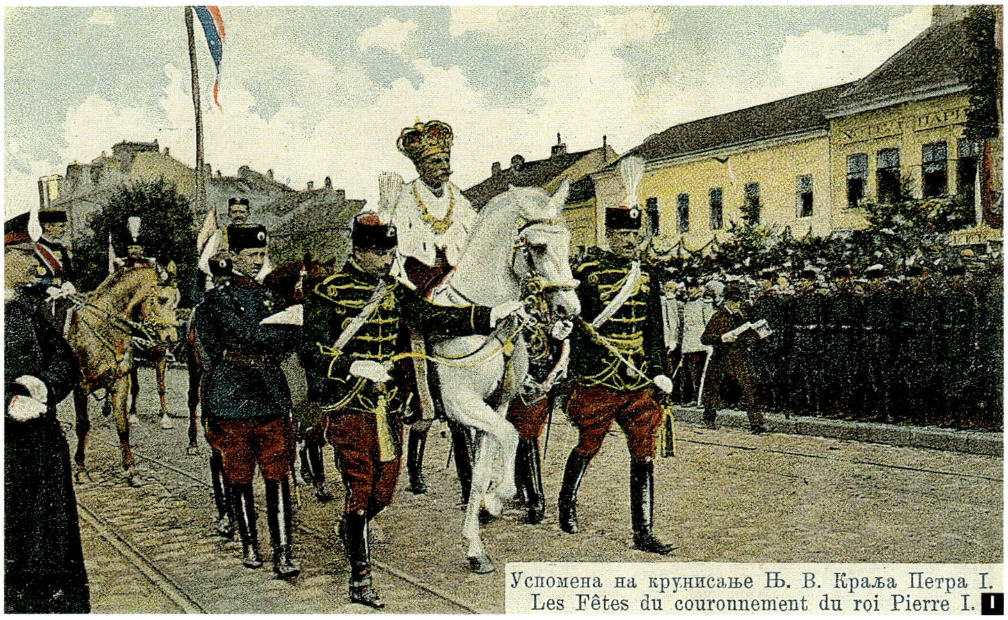

■ **L**e nouveau roi Pierre Ier Karageorgévitch est de plus en plus anti-autrichien et russophile. Les Serbes s'activent en Bosnie pour protéger leurs ressortissants et lutter contre l'influence autrichienne.

Vienne décide alors d'annexer la Bosnie, en 1908. La rivalité russo-autrichienne s'affirme dans les Balkans non seulement en Serbie, mais en Bulgarie où la diplomatie autrichienne a circonvenu le nouveau roi, Ferdinand de Saxe-Cobourg-Gotha qui convoite la Macédoine, en même temps que les Serbes et les Grecs.

Une résistance macédonienne se développe pour constituer un État qui puisse aussi accéder à l'indépendance. Mais les réticences sont fortes, aussi bien des Serbes et des Bulgares que des Grecs. La Macédoine devra attendre très longtemps son indépendance malgré la richesse de sa tradition culturelle.

Vienne et Berlin poursuivent leur offensive dite de la Mitteleuropa, d'expansion vers Salonique et vers la mer Noire. Ils ont conclu une alliance secrète avec le roi de Roumanie, Charles de Hohenzollern-Sigmaringen. Le but de la diplomatie autrichienne est d'obtenir un débouché sur Salonique, ville turque, pour empêcher les Russes de déborder les détroits pour être directement présents en Méditerranée.

Encore faut-il tenir la Grèce. Déjà l'Angleterre est intervenue après la guerre de Crimée pour renverser le roi Othon favorable aux Russes et installer à Athènes une dynastie danoise, parente de la famille royale britannique. L'Épire en partie, la Thessalie dans sa totalité, ont été rattachés à la Grèce qui est soumise étroitement à l'influence britannique.

De la sorte, les conflits qui se préparent dans les Balkans ont deux causes : des frontières qui ne tiennent pas compte, ou ne peuvent pas tenir compte, de la répartition géographique des peuples, mais surtout des diplomaties qui décident de ces frontières en fonction de leurs objectifs propres, au hasard des guerres et des alliances. Les ambitions et les amertumes de la Bulgarie privée de la Dobroudja, de la Roumanie qui lorgne vers la Transylvanie et se plaint d'être dépossédée de la Bessarabie, de la Grèce, de la Bulgarie et de la Serbie qui brûlent de faire main basse sur la Macédoine, comptent peu au regard des vues géopolitiques des grands États, pour qui le débouché en Méditerranée est un prélude à la maîtrise du Proche-Orient.

[1] Fête du couronnement de Pierre Ier (septembre 1904). *Le nouveau roi, allié des Russes et des Français, est foncièrement anti-autrichien.*

[2] L'assassinat d'Alexandre de Serbie. *Le roi de Serbie et son épouse impopulaire Draga Machin (en bas) trouvent la mort à la suite d'un complot militaire. Pierre Ier (en médaillon) lui succède.* (Le Petit Journal, juin 1903)

Le Petit Journal

Le Petit Journal
CHAQUE JOUR — SIX PAGES — 5 CENTIMES
Le Supplément illustré
CHAQUE SEMAINE 5 CENTIMES

5 Centimes — SUPPLÉMENT ILLUSTRÉ — 5 Centimes
Huit pages
L'AGRICULTURE MODERNE, 5 cent. —*— La Mode du Petit Journal, 10 cent.

ABONNEMENTS

	SIX MOIS	UN AN
SEINE ET SEINE-ET-OISE	2 fr.	3 fr. 50
DÉPARTEMENTS	2 fr.	4 fr.
ÉTRANGER	2 50	5 fr.

Quatorzième année — DIMANCHE 28 JUIN 1903 — Numéro 658

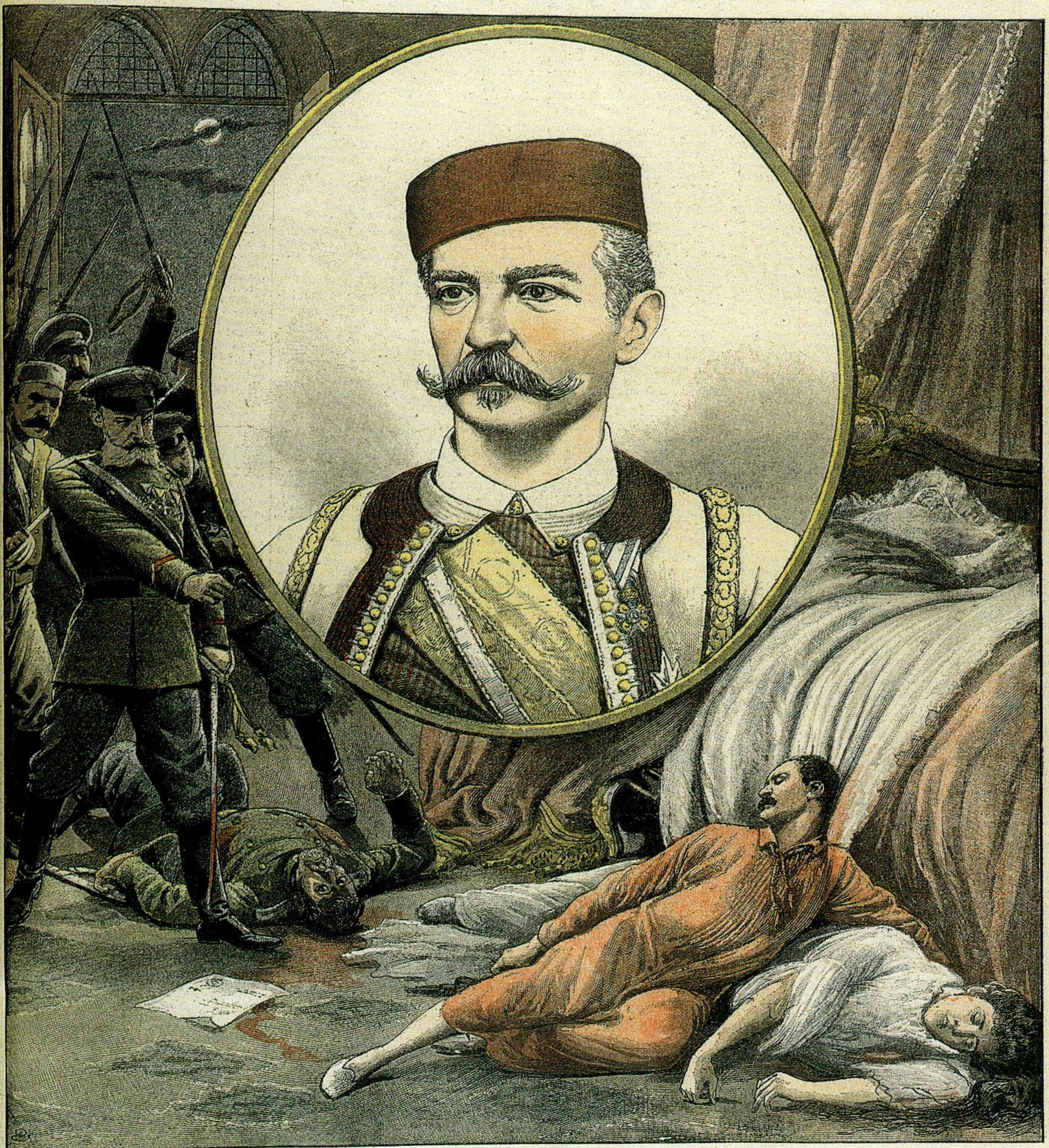

PIERRE Ier KARAGEORGEWITCH
Proclamé roi de Serbie à l'unanimité par la grande Skouptchina

2

Nuit du 8 au 9 février 1904

À Port-Arthur, la flotte japonaise attaque sans déclaration de guerre les unités de la marine russe. Cette agression déclenche la guerre russo-japonaise qui donne pour la première fois la victoire à une puissance non-occidentale.

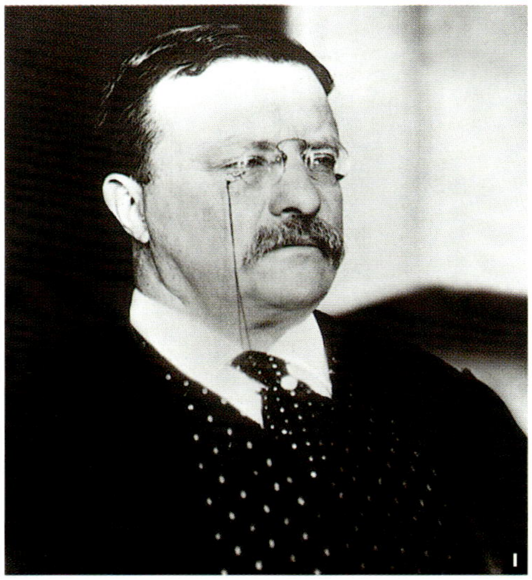
1

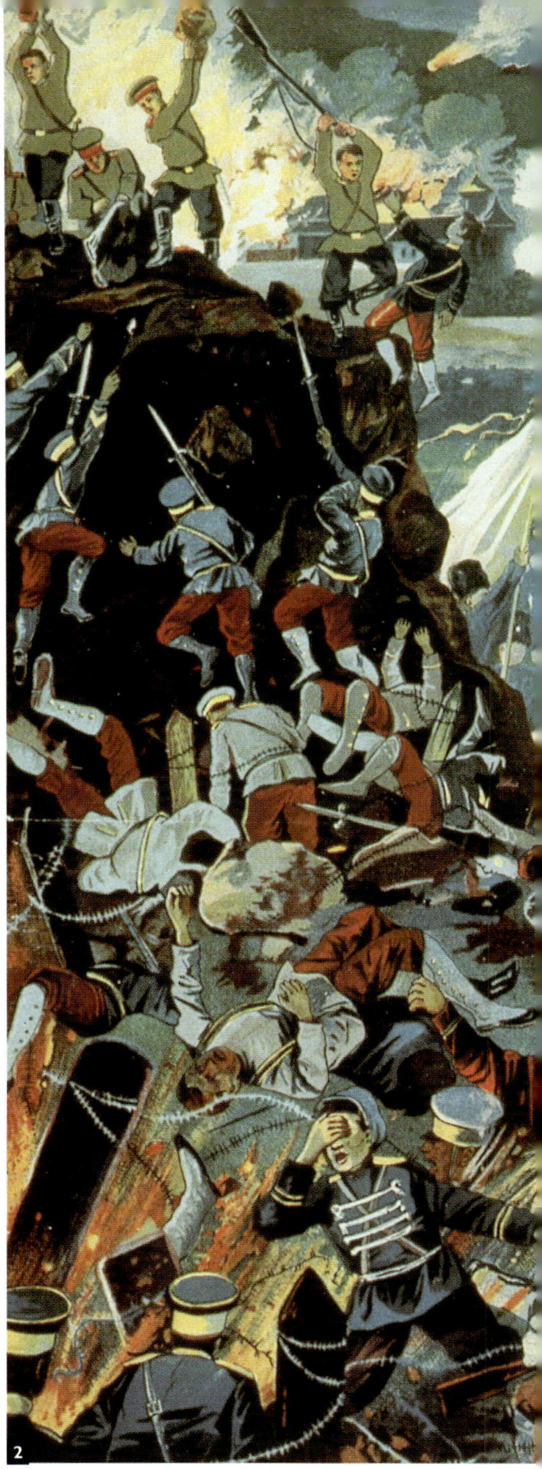
2

■ **L**e Japon est allé vite. Il a construit une flotte moderne avec l'aide de la Grande-Bretagne, soucieuse de contenir l'avance des Russes en Extrême-Orient. Il dispose d'une armée bien entraînée, d'officiers formés dans les écoles et les états-majors britanniques. Il a construit des lignes de chemin de fer et de télégraphe. Il a établi le service militaire obligatoire et développé l'enseignement. Son industrie a besoin des mines de fer de Mandchourie, et de la main-d'œuvre de Corée. Il les convoite. Dans une première guerre contre la Chine (1894-1895), il a conquis par le traité de Shimonoseki, les Pescadores, Formose, le Liao-Toung. Mais les alliés sont intervenus, le Japon a dû reculer et la Russie a installé la base de Port-Arthur dans le Liao-Toung.

Allié de l'Angleterre depuis 1902, le Japon s'estime capable d'affronter la Russie et de la chasser de Mandchourie. Lors de l'attaque sur Port-Arthur, sept navires russes sont coulés dans la rade. La base navale sera investie en janvier 1905. Les Russes reculent constamment en Mandchourie et perdent la bataille de Moukden, le 10 mars 1905.

C'est un désastre. Pour la première fois un peuple asiatique inflige une défaite cuisante à une nation européenne. Quant à elle, la flotte de la Baltique envoyée par le tsar pour tenter de redresser la situation se fait anéantir par les navires japonais de l'amiral Togo lors de la bataille de Tsushima, en mai 1905.

Les États-Unis s'inquiètent. Ils craignent que les Japonais n'imposent aux Russes une paix léonine. Le président Théodore Roosevelt intervient pour proposer sa médiation. Au traité de Portsmouth (septembre 1905), il ne peut empêcher le Japon de s'emparer du Liao-Toung, de Port-Arthur et de la moitié de l'île de Sakhaline, qui commande le débouché du port russe de Vladivostok. La Russie évacue la Mandchourie et reconnaît le protectorat du Japon sur la Corée.

Le Japon avait les moyens de devenir une grande puissance industrielle et militaire. Une nation pleinement indépendante venait de naître en Asie, chassant le tsar de Russie de la mer de Chine, disputant aux Américains le marché chinois. La victoire japonaise constituait une référence pour les nations opprimées par le colonialisme en Asie, mais aussi pour la Chine qui subissait le joug des puissances occidentales.

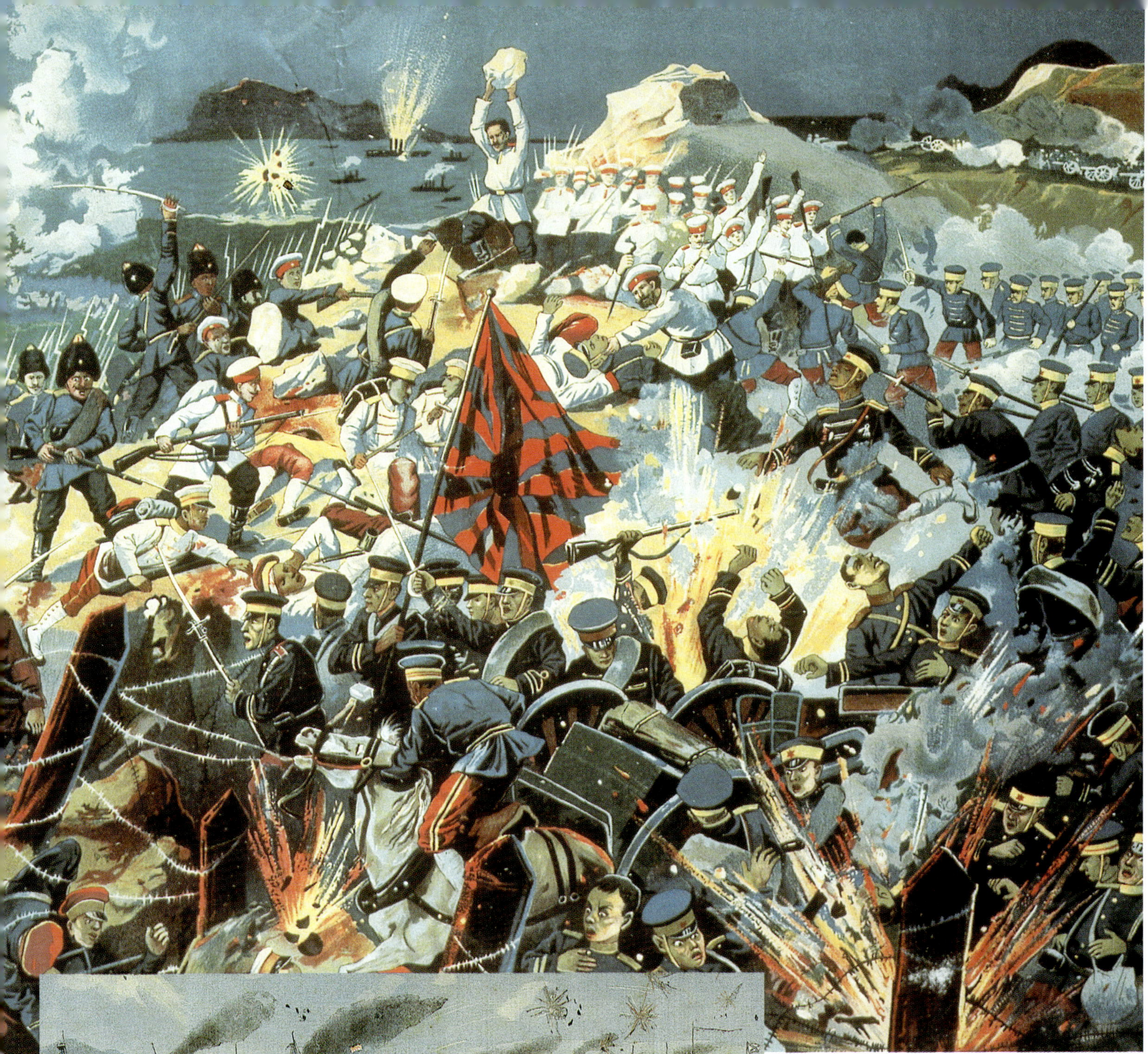

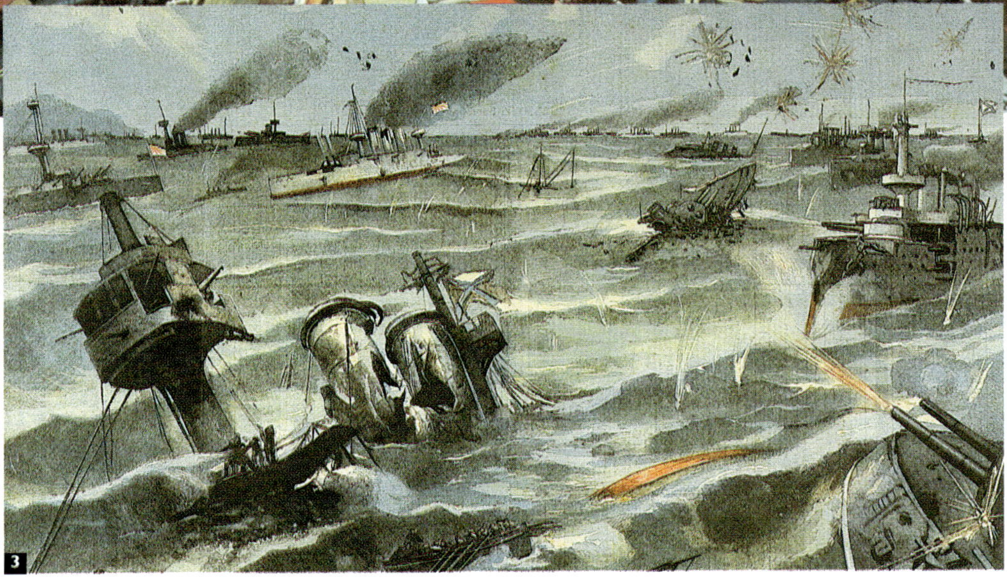

3

[1] Théodore Roosevelt (1858-1919).
Le président des États-Unis, très impérialiste en Amérique, est pacifiste dans le reste du monde. Il propose sa médiation pour mettre fin au conflit russo-japonais.
[2] Combats à Port-Arthur.
Les Russes y affrontent la puissance de feu de l'armée japonaise et sont vaincus après une année de siège.
[3] Bataille navale de Tsushima (27 mai 1905).
La flotte de la Baltique envoyée en renfort par le tsar est anéantie par les navires de l'amiral Togo.

26 avril 1909

Les Jeunes-Turcs prennent le pouvoir. Une armée partie de Thessalonique marche sur Istanbul et dépose le sultan Abdul-Hamid II. Une nouvelle nation dirigée par des officiers se constitue sur les ruines du vieil Empire ottoman.

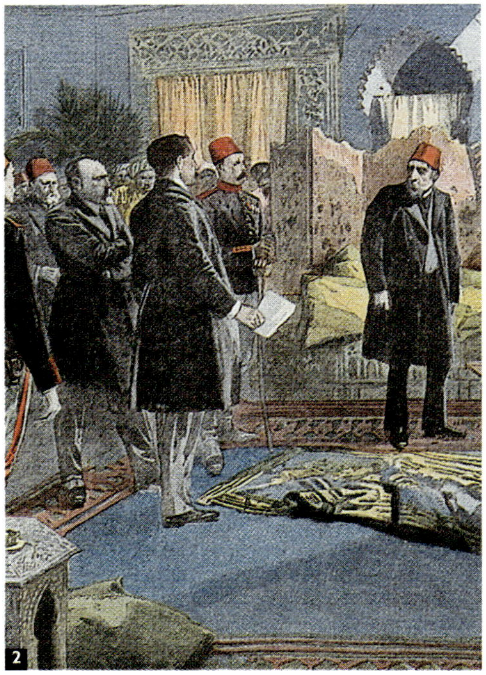

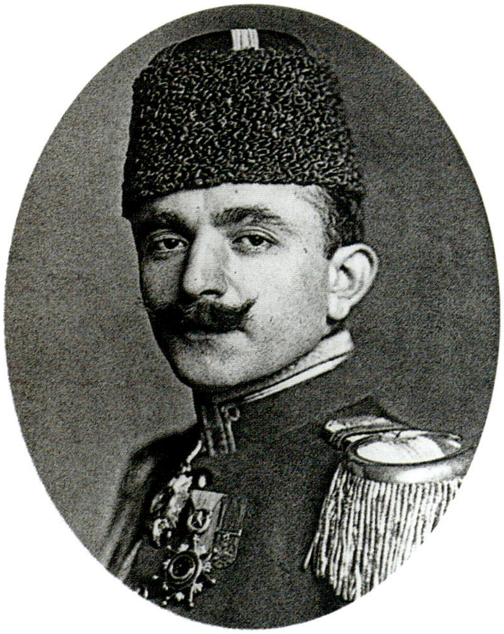

[1]

■ **C**ette révolution bouleversait les diplomaties occidentales et en particulier celle de Saint-Pétersbourg, qui attendait la chute prochaine de l'Empire ottoman pour le dépecer. Les officiers de l'armée turque complotaient depuis 1895 pour tenter de rendre à l'Empire la force d'une nation moderne. En juillet 1908, ils sont passés à l'action et ont imposé au sultan Abdul-Hamid II un régime constitutionnel. Quelque temps plus tard, l'annexion de la Bosnie par les Autrichiens a mis le feu aux poudres. Les officiers turcs se sont rebellés. Le général Enver Pacha a pris le pouvoir et entrepris la modernisation du pays.

À cette époque, les finances turques étaient sous la domination des Anglais et des Français, maîtres de la Banque ottomane, qui récupéraient la dette sur le pays, aux dépens de sa souveraineté. Ils obtenaient le droit de percevoir des taxes, des revenus douaniers, et ruinaient ainsi les finances turques qu'ils étaient censés protéger. Face à cette situation, les Jeunes-Turcs ont recherché un soutien du côté de l'Allemagne. Le Kaiser Guillaume II saisit cette opportunité et décida d'équiper l'armée turque en matériels de pointe, tels les canons Krupp, et envoya sur place un grand nombre d'instructeurs comme experts militaires. En échange de cette aide, les Allemands obtinrent des concessions minières et portuaires en Turquie, ainsi que la maîtrise de la ligne du chemin de fer reliant Bagdad, qui devait leur permettre de déboucher directement en Syrie et en Mésopotamie, dans les régions pétrolières alors en pleine prospection.

Avec l'aide allemande aux Jeunes-Turcs, les Franco-Britanniques n'étaient plus en présence d'un régime faible qu'ils pouvaient aisément dominer, mais d'une dictature militaire exaltant le sentiment national, développant l'instruction et l'encadrement du peuple, capable de mobiliser d'importantes forces militaires pour mener une guerre moderne.

Le redressement de la Turquie, avec l'appui de l'Allemagne, rappelle la croissance rapide du Japon, dans la seconde moitié du XIXe siècle, due aux conseils des Anglais.

Les nations européennes ont, par deux fois, favorisé la croissance de nations modernes, étrangères à leur civilisation et à leurs religions, capables de développer une armée puissante et d'entrer finalement en guerre avec de fortes chances de vaincre.

[1] Enver Pacha (1881-1922). *Le général, formé au métier des armes en Allemagne avec la garde prussienne, est l'idole des officiers nationalistes jeunes-turcs. Chef du mouvement révolutionnaire turc, il s'illustre dans la seconde guerre balkanique et devient ministre de la Guerre en 1914.*

[2] Déchéance du sultan Abdul-Hamid II (avril 1909). *La théocratie turque n'existe plus.* (Le Petit Parisien, mai 1909)

[3] Combats autour d'Yildiz-Kiosk. *Victoire des Jeunes-Turcs contre les troupes restées fidèles au sultan.* (Le Petit Parisien, mai 1909)

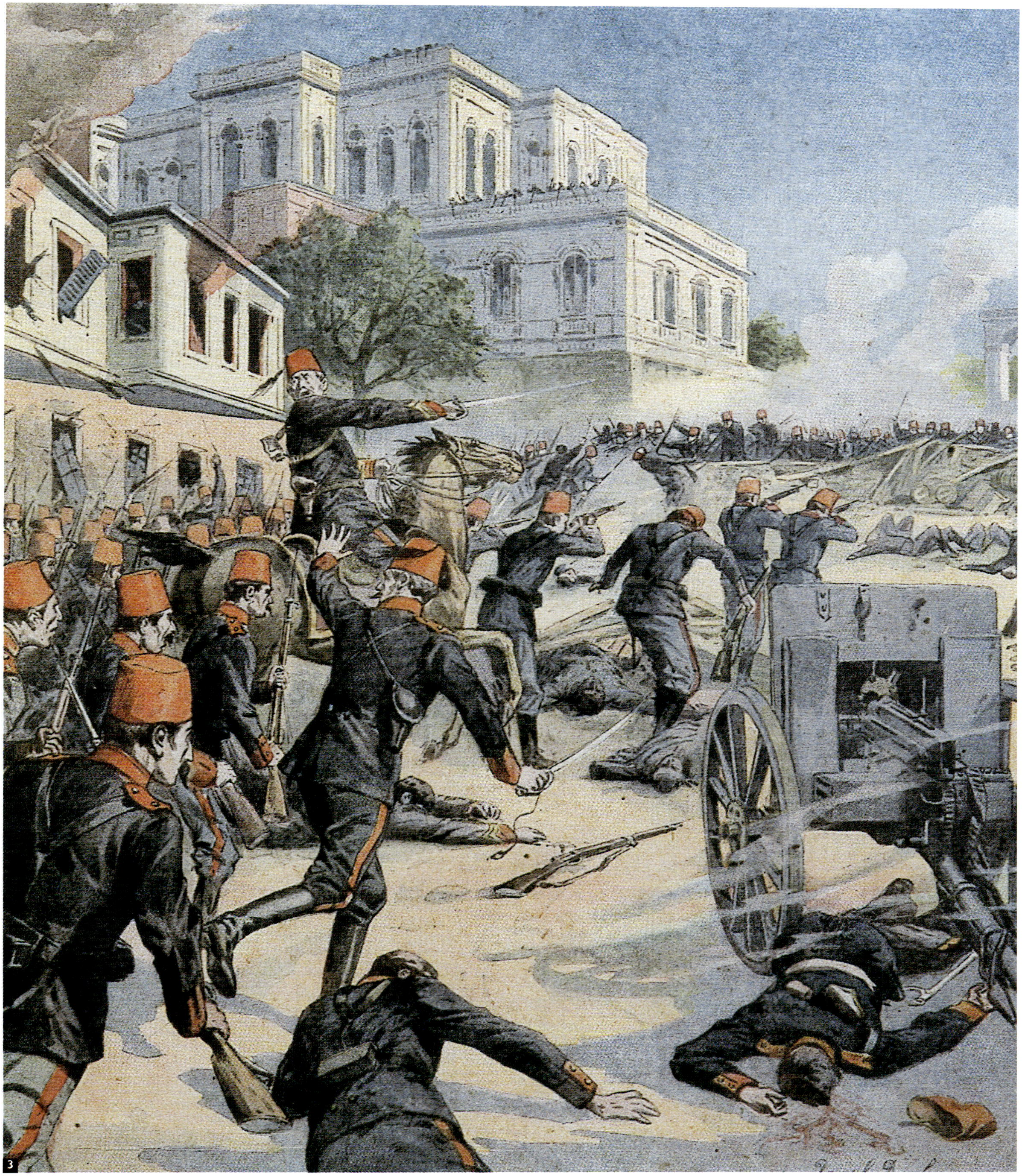

3

18 octobre 1912

La Ire guerre balkanique

éclate. Le ministre russe des Affaires étrangères, Isvolski, a poussé les nations balkaniques nouvellement constituées à chasser par la force la Turquie d'Europe.

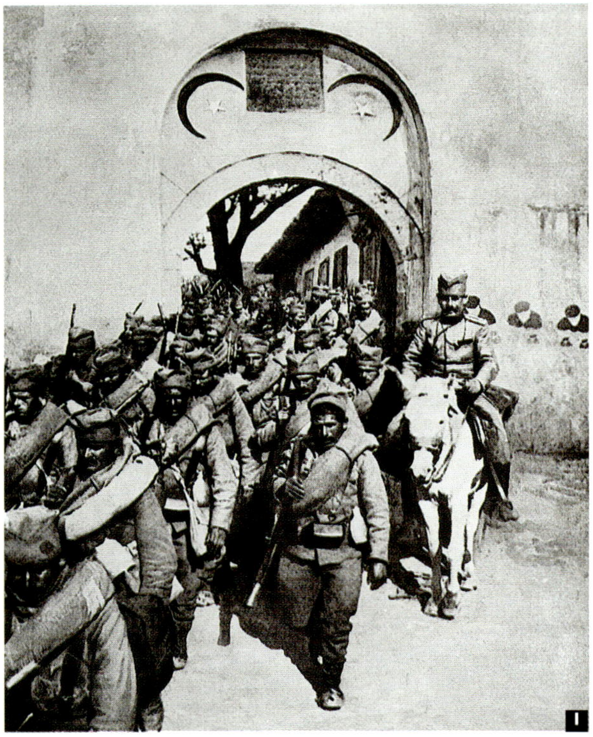

Ce conflit comporte un risque de guerre continentale, car les Russes sont alliés par un pacte défensif avec la France depuis 1892, et les Autrichiens, leurs rivaux dans les Balkans, sont les alliés des Allemands.
La Bulgarie et la Serbie partent les premières. Elles sont armées par les Russes et par les Français. La Bulgarie s'est rangée aux côtés de la Russie, pour avoir la première part dans la conquête des territoires turcs. Les Jeunes-Turcs ont-ils les moyens de s'opposer à cette coalition, à laquelle se joignent en mars 1912 la Grèce et le Monténégro, persuadés qu'ils vont bénéficier de la curée ?
Il s'agit d'une offensive générale des jeunes nations des Balkans contre l'Empire ottoman. Elle ne peut servir que le panslavisme et les ambitions du tsar dans la région. Elle ne peut se faire qu'au détriment de l'axe de pénétration germano-autrichien vers Salonique.
La Turquie enregistre désastre sur désastre. L'armée n'est pas encore prête, malgré ses conseillers allemands et la volonté de résistance des Jeunes-Turcs. Les Bulgares enlèvent Andrinople (Edirne) en Turquie d'Europe, et les Grecs s'emparent de Salonique, en novembre 1912.
Le traité de Londres du 30 mai 1913 exclut les Turcs d'Europe. Ils ne gardent sur la rive européenne du Bosphore que la ville de Constantinople, devenue Istanbul, avec un tout petit territoire en Thrace.
L'Albanie en majorité musulmane, qui a donné tant de serviteurs et de soldats à l'Empire ottoman, devient à son tour indépendante quelques mois plus tard, en novembre 1913.
Les populations de Macédoine, qui veulent se grouper en une seule nation, sont disputées entre les Bulgares, qui bordent à la fois la mer Noire et la mer Égée, les Grecs et les Serbes. Deux nouveaux facteurs de tensions dans le jeu balkanique.
Les nations coalisées se sont partagées l'empire turc, mais elles ne s'entendent pas entre elles. Le ministre des Affaires étrangères du Tsar, Isvolski, les a poussées à la guerre sans résultat. Le contrôle du détroit des Dardanelles est laissé aux Turcs. Les Britaniques n'ont pas cédé. Ils ont une fois de plus empêché la diplomatie russe de s'emparer de Constantinople.
Les Jeunes-Turcs ont tout loisir de reconstituer leur armée, de demander une nouvelle aide militaire à l'Allemagne, et de préparer leur revanche. Enver Pacha a pris le pouvoir. Il entend faire de son pays une nation moderne, capable de résister à la poussée des Slaves. Il sait que son premier ennemi est la Russie de Nicolas II.

[1] Les Serbes à Uskub (26 octobre 1912). *Un détachement de l'armée serbe du prince royal Alexandre franchit la porte de la forteresse d'Uskub. Battus précédemment à Kumanovo, les Turcs ont renoncé à défendre l'ancienne capitale serbe. Ils y ont abandonné des canons et des fusils par milliers.* (L'Illustration, nov. 1912)

[2] Guerriers albanais en 1912. *Ils luttent contre la domination turque et obtiennent l'indépendance de leur pays en novembre 1913.*

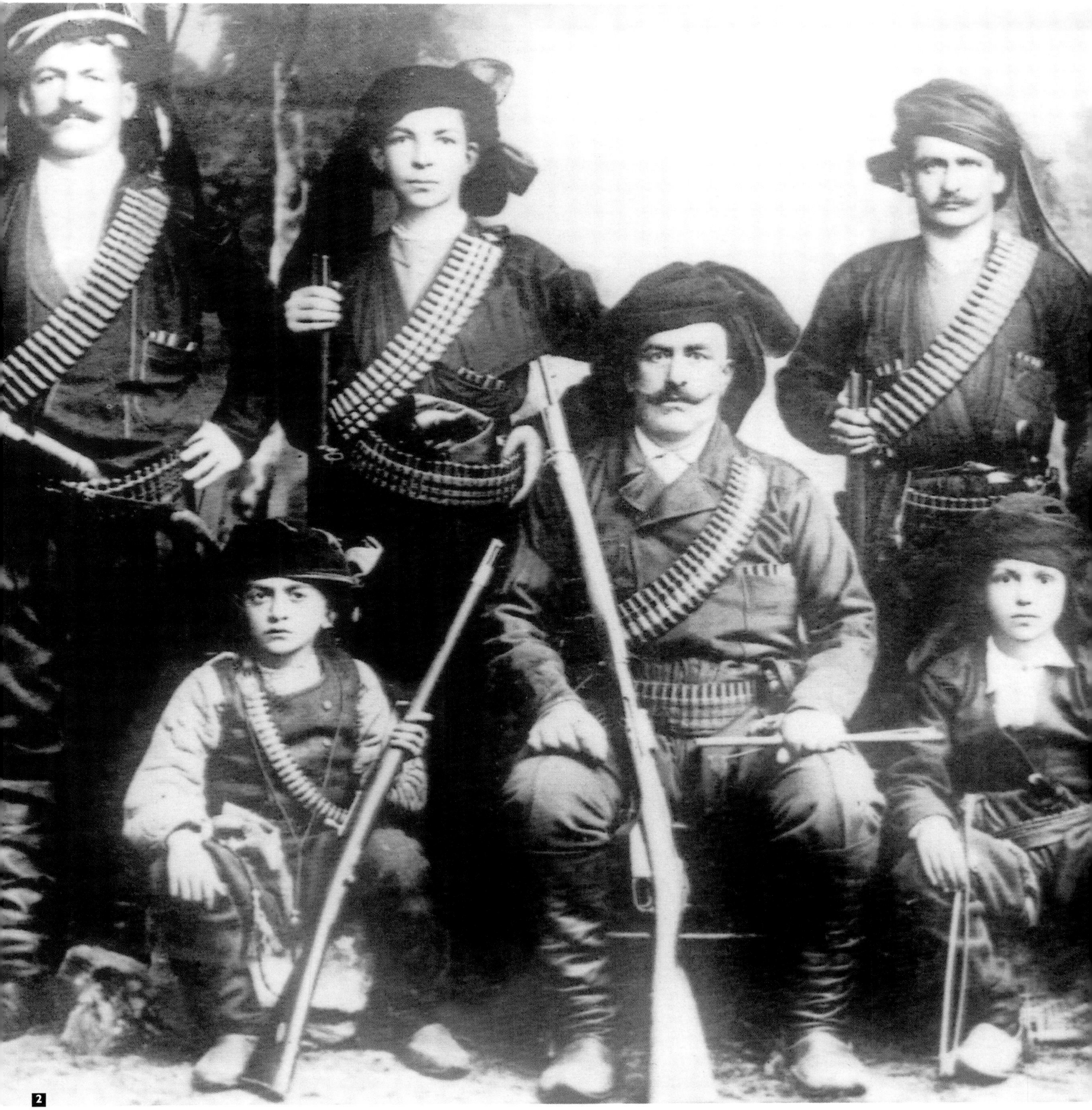

2

29 juin 1913

La 2e guerre balkanique

est déclarée. L'armée bulgare entre en campagne contre ses voisins serbes et grecs. Les Roumains et les Turcs accourent pour s'agrandir aux dépens des Bulgares.

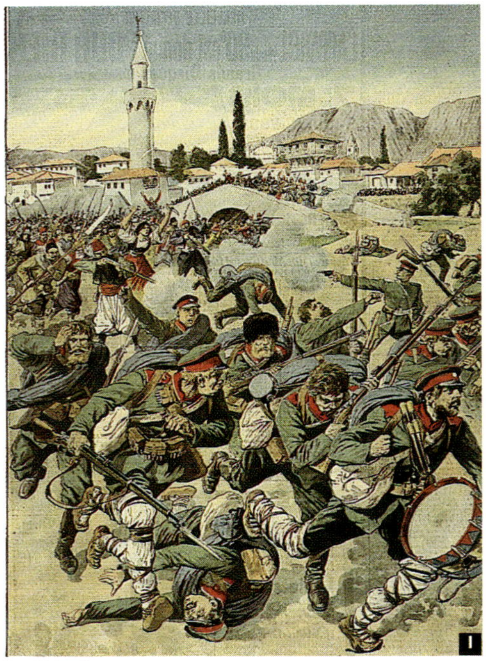

1

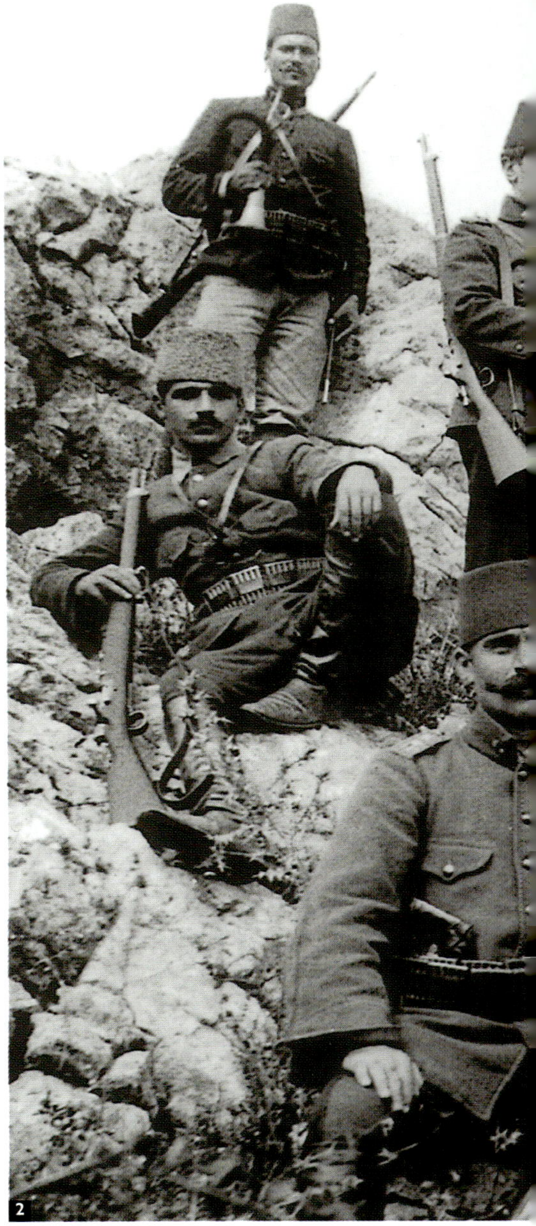

2

■ Les petites nations, armées par les grandes, se déchaînent dans des guerres impérialistes qui n'ont plus rien à voir avec le droit des peuples.

La création d'un royaume d'Albanie, à l'instigation de la diplomatie viennoise, met aux prises les États slaves qui se disputent les populations de Macédoine. Les Serbes et les Grecs s'opposent violemment aux Bulgares. Ces derniers commencent les hostilités, sûrs de leur force. Mais ils sont pris à revers par les Roumains qui veulent s'emparer de territoires bulgares, et surtout par les Turcs équipés maintenant par les Allemands de mitrailleuses et des canons Krupp de campagne. Tandis que les troupes ottomanes sont dirigées par Enver Pacha et les instructeurs envoyés par Guillaume II, la flotte turque continue d'être commandée par des officiers formés en Grande-Bretagne, sous la responsabilité d'un amiral anglais. Deux cuirassés lourdement armés ont été commandés par la Turquie aux arsenaux britanniques. À aucun prix l'Amirauté ne veut accepter le désarmement des détroits et leur ouverture aux navires de guerre russes. L'influence britannique à Constantinople balance celle des conseillers allemands, et les places de Londres et de Paris tiennent la gestion de la dette ottomane. Aucun pays n'a intérêt à voir la Turquie démantelée. Les Bulgares savent qu'ils ne peuvent aller trop loin.

Le 10 août 1913, ils doivent céder la Macédoine aux Grecs et aux Serbes. La Roumanie rend aux Turcs la ville européenne d'Andrinople et obtient le sud de la riche province bulgare de la Dobroudja. Celle-ci, comprise entre le Danube et la mer Noire, faisait jadis partie de la province romaine de Mésie et de l'empire d'Orient. Elle avait été occupée et colonisée depuis 679 par les Bulgares. Ceux-ci n'admettent pas la décision de Bucarest et ne rêvent que de revanche.

Désormais Serbes et Bulgares se haïssent autant que Bulgares et Roumains. Le gouvernement de Belgrade regrette la création de l'Albanie, qui exerce une dangereuse attraction sur le Kosovo, province attribuée à la Serbie, mais dont la population est à 80 % albanaise. La deuxième guerre balkanique n'a donné satisfaction à personne, et attisé les nationalismes des nouvelles nations, dont la plus puissante est la Turquie. Les Balkans sont devenus la poudrière de l'Europe.

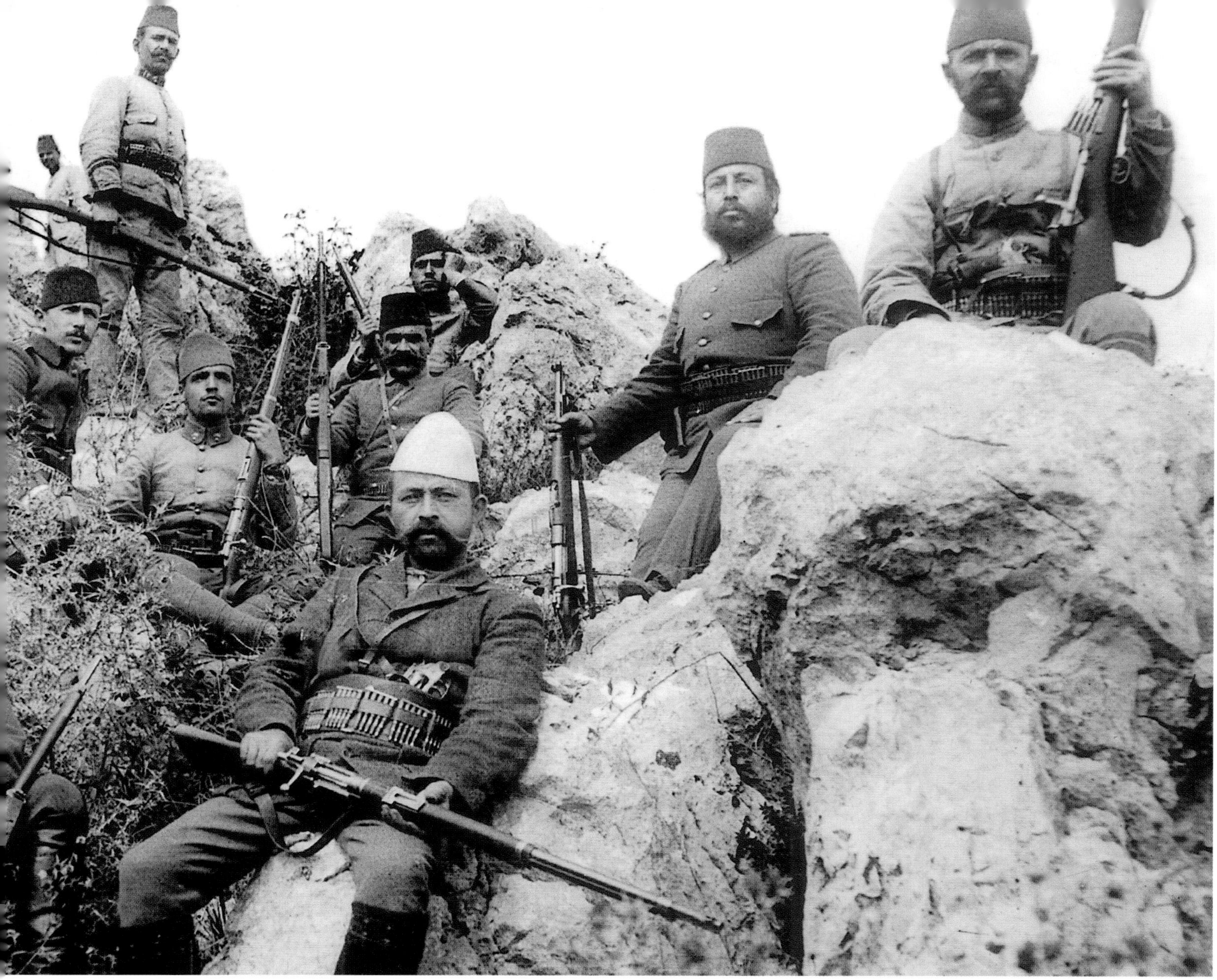

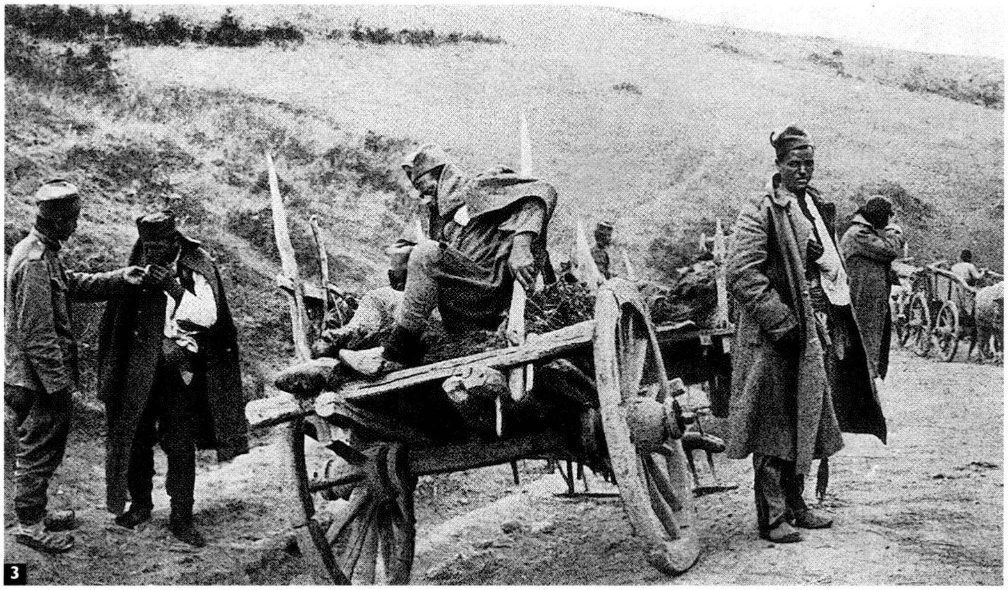

3

[1] Émeutes de Gumurdjina (1913).
La population turque chasse les troupes bulgares chargées d'occuper la ville. (Le Petit Journal, sept. 1913)

[2] **Soldats turcs pendant la guerre des Balkans.**
Les troupes ottomanes sont équipées de fusils Mauser fabriqués en Allemagne.

[3] **Blessés serbes après la bataille de Brégalnica (2 juillet 1913).**
Cette bataille, remportée par les Serbes sur les Bulgares, marque la fin de la deuxième guerre balkanique.
La redistribution des possessions balkaniques au traité de Bucarest du 10 août suivant ne fait qu'accroître le mécontentement général.

28 juin 1914

La Première Guerre mondiale

commence à Sarajevo. L'archiduc héritier d'Autriche François-Ferdinand et son épouse sont assassinés par Gavrilo Prinzip, un terroriste serbe de la Main Noire.

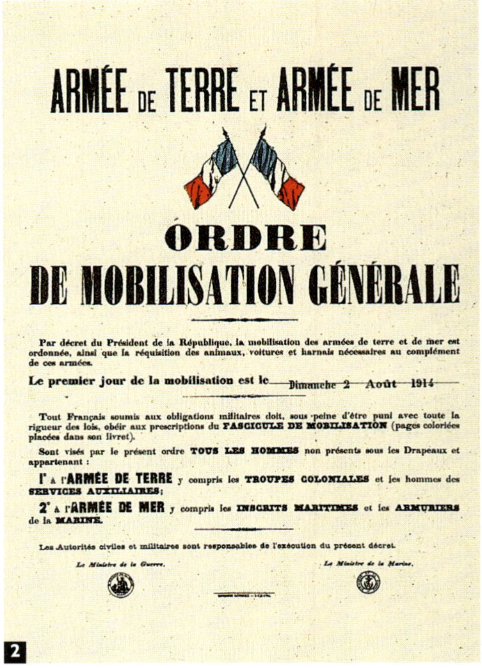
ARMÉE DE TERRE ET ARMÉE DE MER

ORDRE
DE MOBILISATION GÉNÉRALE

Par décret du Président de la République, la mobilisation des armées de terre et de mer est ordonnée, ainsi que la réquisition des animaux, voitures et harnais nécessaires au complément de ces armées.

Le premier jour de la mobilisation est le Dimanche 2 Août 1914

Tout Français soumis aux obligations militaires doit, sous peine d'être puni avec toute la rigueur des lois, obéir aux prescriptions du FASCICULE DE MOBILISATION (pages coloriées placées dans son livret).

Sont visés par le présent ordre TOUS LES HOMMES non présents sous les Drapeaux et appartenant :

1° à l'ARMÉE DE TERRE y compris les TROUPES COLONIALES et les hommes des SERVICES AUXILIAIRES;

2° à l'ARMÉE DE MER y compris les INSCRITS MARITIMES et les ARMURIERS de la MARINE.

Les Autorités civiles et militaires sont responsables de l'exécution du présent décret.

Le Ministre de la Guerre. *Le Ministre de la Marine.*

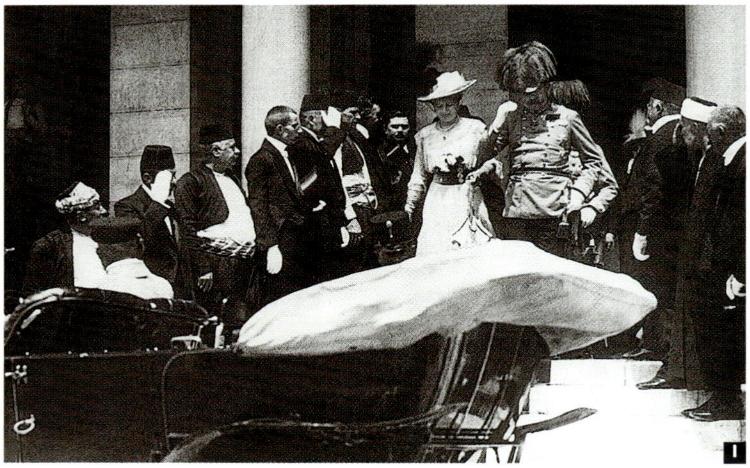

■ La Main Noire est une organisation nationaliste serbe qui ne reçoit pas directement ses ordres du gouvernement de Belgrade. Les Serbes sont en effet nombreux en Bosnie, et demeurent hostiles à la main mise autrichienne sur la province. Il reste que le gouvernement de Vienne demande des comptes à celui de Belgrade, exige la recherche et la punition des coupables et finit par lancer un ultimatum à la Serbie.

Celle-ci est défendue par la Russie au nom de la solidarité slave. Si l'armée autrichienne intervient en Serbie, les Russes devront mobiliser leur armée. Si Berlin soutient Vienne, Paris sera obligé de défendre la Russie menacée par une mobilisation allemande. Le système des alliances, extrêmement rigide, rend la crise de Sarajevo insoluble.

Les tentatives de médiation britanniques échouent devant la détermination des Allemands à soutenir pour la première fois jusqu'au bout leurs alliés autrichiens dans leur intransigeance, et le parti français de ne pas laisser l'allié russe sans aucun soutien. Il y a lieu de penser qu'une guerre, au moins localisée, est inévitable.

L'Autriche-Hongrie ne peut tolérer la menace exercée à sa périphérie par le royaume serbe sur les minorités slaves de l'Empire. Les Serbes de Bosnie, les Croates, les Slovènes menacent de faire sécession, comme les Tchèques et les Polonais de Galicie. Sur ses trente-cinq millions d'habitants, l'empire d'Autriche-Hongrie compte seulement neuf millions d'Allemands, six millions et demi de Hongrois et cinq millions et demi de Slaves de diverses origines, d'Italiens et de Roumains.

L'archiduc héritier François-Ferdinand était un libéral, partisan de l'émancipation progressive des Slaves du Sud. Son assassinat signifiait que les extrémistes cherchaient la sécession des Serbes de Bosnie, leur rattachement à la Serbie, et l'explosion de l'Empire sous l'effet de la poussée des nationalités. Pour cette raison, le vieil empereur François-Joseph avait donné les mains libres à son chef d'État-Major, Conrad von Hötzendorf. L'armée autrichienne déclarait la guerre à la Serbie le 28 juillet 1914 et bombardait Belgrade. La Première Guerre mondiale commençait. La fièvre des petites nations avait poussé les grandes à s'entre-tuer.

[1] François-Ferdinand et son épouse à Sarajevo. *Dans cinq minutes, le couple tombera sous les balles des terroristes. Un événement aux conséquences désastreuses.*
[2] 2 Août 1914. *La France mobilise ses troupes pour une guerre qu'on espère courte.*

[3] L'arrestation de Prinzip. *Le terroriste serbe de la Main Noire est l'auteur des coups de feu sur l'archiduc héritier d'Autriche et sa femme.*

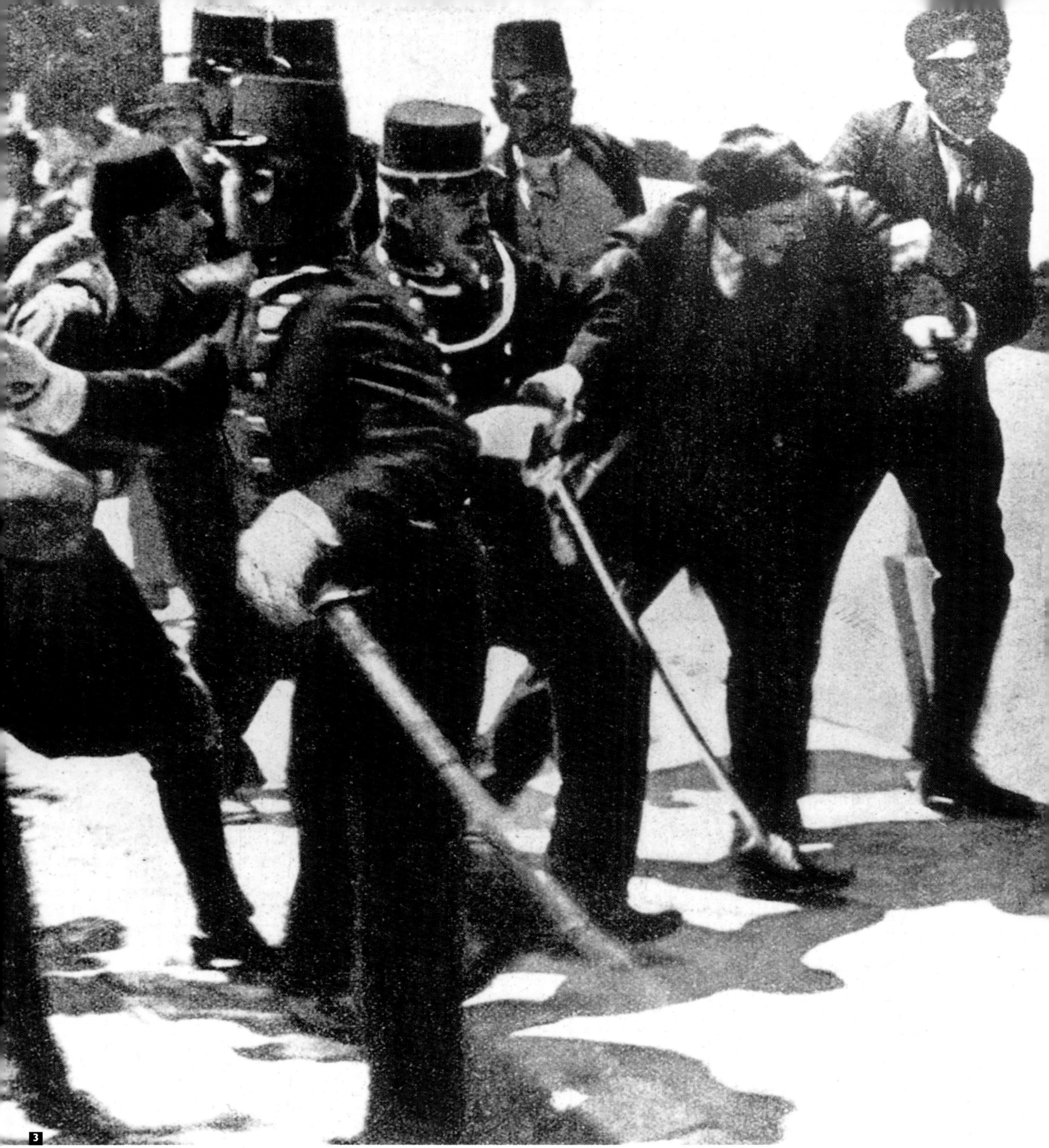

3

mars 1917

Les dominions britanniques

doivent être, selon le maréchal sud-africain Jan-Christian Smuts, reconnus "comme des nations autonomes du Commonwealth impérial". C'est le début de la décolonisation des empires européens.

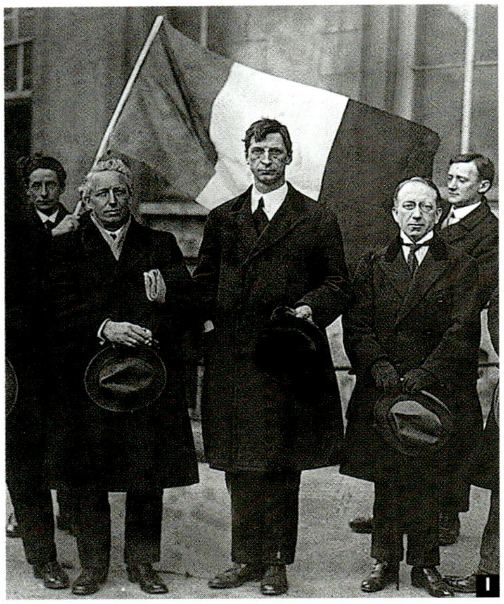

1

■ **D**es cinq dominions existants, le Canada, constitué dès 1867, négocie souverainement ses accords commerciaux depuis 1907, et participe librement à la guerre, aux côtés de la Grande-Bretagne, son armée placée sous commandement canadien. Les Canadiens francophones s'opposent pourtant à la conscription et revendiquent leur propre autonomie. Il en est de même de l'Irlande, constituée en Dominion en 1921 seulement, après l'Australie en 1901, la Nouvelle-Zélande en 1907, l'Union Sud-Africaine en 1910, et Terre-Neuve en 1917.

Cette indépendance de l'Irlande était le résultat d'un long combat. Les Irlandais catholiques spoliés par les protestants avaient d'abord exigé la restitution d'une grande partie de leurs terres par le vote des lois agraires au Parlement britannique. Ils obtinrent le statut d'autonomie du Home Rule en mai 1914. Pourtant, pendant la guerre, les extrémistes de l'armée clandestine du Sinn Fein traitaient avec les Allemands pour obtenir des armes et engageaient la "révolte de Pâques" (avril 1916), qui fut écrasée par une division anglaise. Le Sinn Fein constituait un Parlement séparé en 1919, la Dàil, et déclarait unilatéralement l'indépendance de l'Irlande.

Le traité de Londres du 6 décembre 1921 croyait mettre fin aux troubles en créant un dominion indépendant d'Irlande, au sein du Commonwealth, pendant que la province de l'Ulster, au nord-est de l'île, resterait uni à la Couronne britannique. La guerre civile recommençait entre les deux Irlandes.

En 1937, Eamon de Valera, leader irlandais, faisait voter à Dublin une nouvelle Constitution qui abolissait le statut de dominion et affirmait l'indépendance totale de l'Irlande.

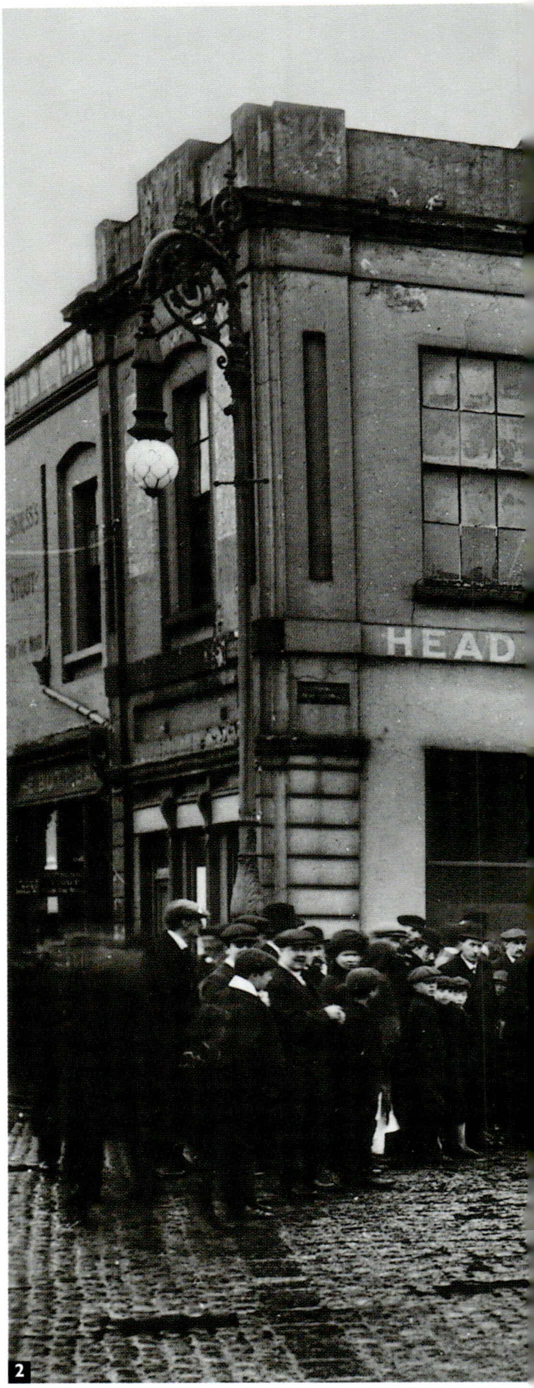

2

Celle-ci resterait obstinément neutre pendant la Seconde Guerre mondiale.

L'évolution violente de l'Irlande ne doit pas masquer l'évolution pacifique des dominions. En 1931, le statut de Westminster établissait la totale indépendance du Canada et des autres dominions, même si les liens théoriques d'allégeance à la Couronne subsistaient. De la sorte, l'Empire britannique avait

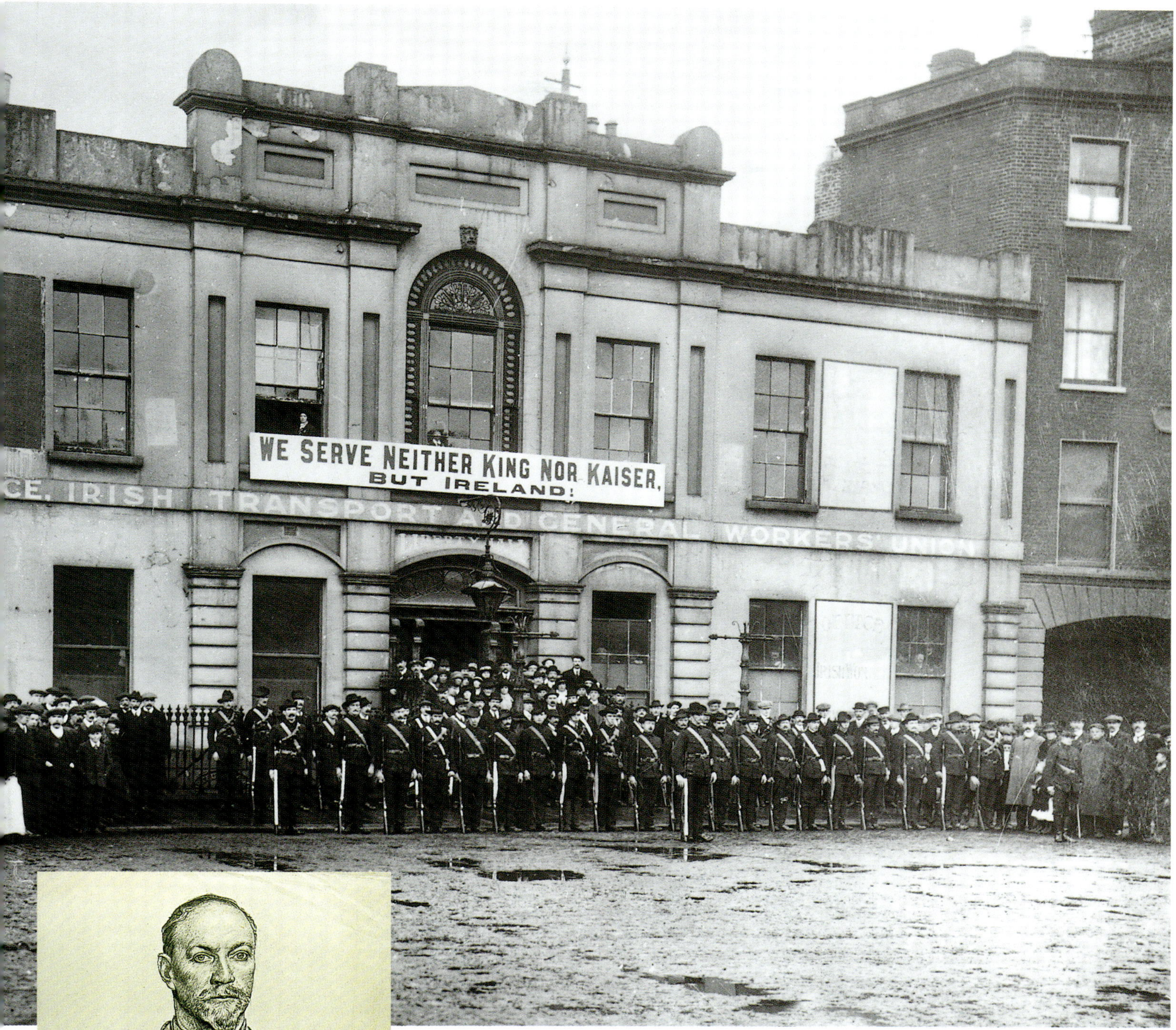

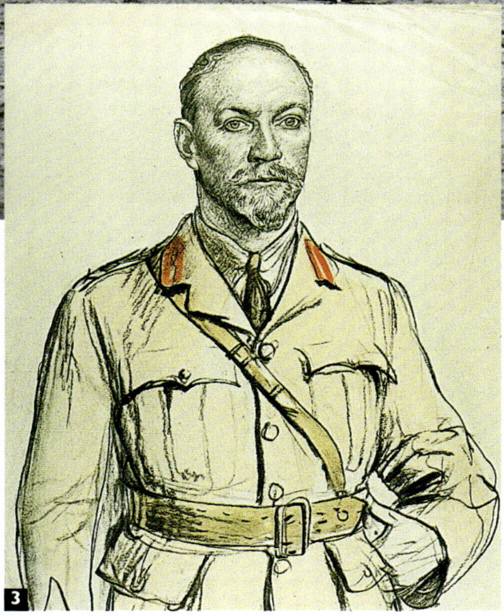
3

bien sécrété la formation de grandes nations indépendantes, unies à la Grande-Bretagne par un lien de plus en plus ténu, mais jamais totalement rompu, celui d'une sorte de "club familial international".

[1] **Eamon de Valera** (1882-1975). *Le leader indépendantiste est élu en 1918 président de la République d'Irlande durant sa captivité en Angleterre.*

[2] **L'armée des citoyens irlandais devant Liberty Hall** (1916). *Le quartier général des insurgés à Dublin.*

[3] **Jan-Christian Smuts** (1870-1950). *Il propose que les dominions acquièrent un statut d'autonomie à l'intérieur du Commonwealth.*

11 heures le 11 novembre 1918

L'armistice

signé à Rethondes met fin aux hostilités. Après quatre ans de carnage, la Première Guerre mondiale prend fin sur tous les fronts. Neuf millions d'hommes ont perdu la vie. Le monde espère la paix.

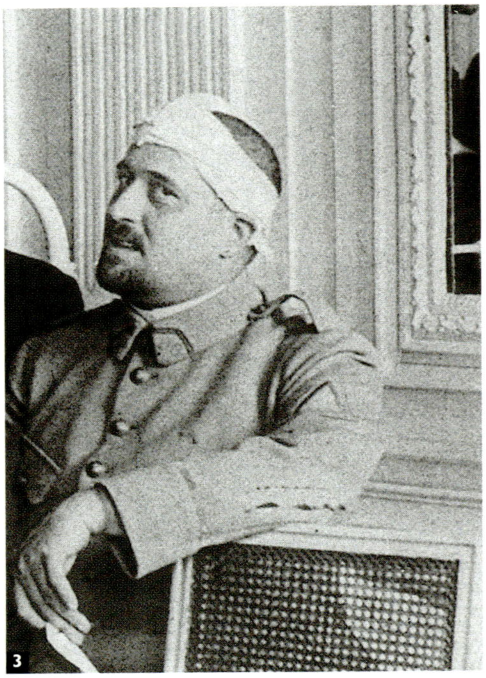

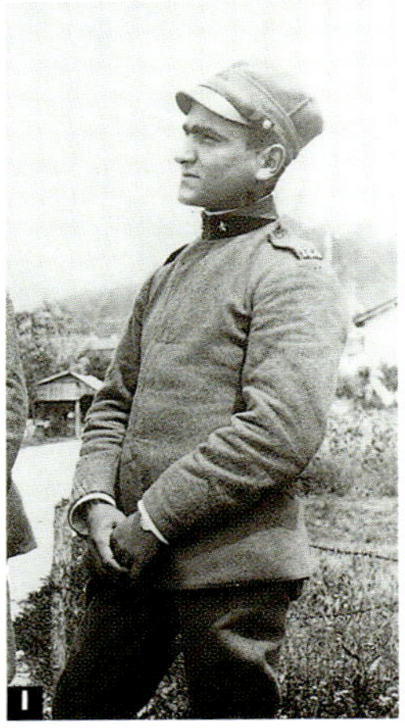

■ **L**a jeunesse de tous les pays belligérants d'Europe a payé un lourd tribut à la guerre. On a levé des soldats de 18 et de 19 ans, les expédiant après une formation accélérée dans les lignes. Les grandes offensives meurtrières des Allemands à Verdun en 1916 puis en Picardie, dans les Flandres et en Champagne en 1918 ont causé des centaines de milliers de morts, comme les batailles des frontières engagées par Joffre en 1914, les offensives françaises et britanniques de la Somme, des Flandres et de Champagne, l'effroyable carnage de 1917 au Chemin des Dames qui a provoqué, dans l'armée française, une vague de mutineries touchant jusqu'à quarante divisions, avec la condamnation à mort et l'exécution des mutins.

La guerre industrielle a multiplié les invalides, les amputés, les handicapés. L'emploi des gaz asphyxiants dont les effets ne pouvaient être combattus par les services de santé, ont rendu aveugles ou handicapés des centaines de milliers de combattants. Les blessés sont très souvent morts sur le champ de bataille, faute d'avoir pu être soignés ou opérés par les services débordés à chaque offensive.

Les champs de bataille ont été des lieux de destruction totale, comme à Verdun ou dans la Somme. Des villages entiers ont disparu, anéantis. Les villes elles-mêmes ont été bombardées, sans égard pour la population civile. Les bombes de dirigeables et d'avions tombaient sur Londres et Paris. Les canons à longue portée faisaient de Reims, d'Arras, de Verdun, de Dunkerque et de Nancy des cités aux ruines fumantes. Les enfants de Reims dont les familles n'avaient pas été évacuées apprenaient à lire dans les caves.

L'intervention sur le sol français de deux millions de soldats américains en 1917 a changé l'aspect de la guerre en opposant à l'Allemagne une coalition des armées alliées où l'armée française n'était plus qu'un élément important d'une force de plus de douze

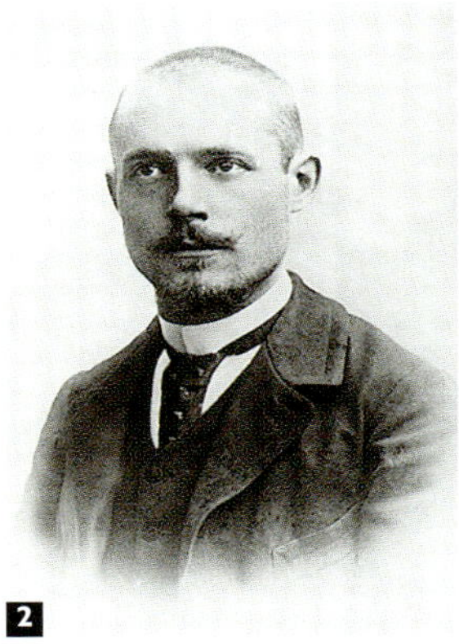

nations belligérantes. Les alliés avaient engagé dans la bataille des troupes venues d'outre-mer qui connurent de lourdes pertes : Sénégalais et Maghrébins du côté français, troupes indiennes dans l'armée britannique, sans oublier les soldats des dominions, Anzac d'Australie et de Nouvelle-Zélande, un contingent sud-africain et plusieurs divisions canadiennes ayant éprouvé d'énormes pertes sur le sol français. De la sorte, la fin de la guerre, après la défection de la Russie, apparaissait comme la victoire des peuples de l'Atlantique et de leurs empires coloniaux contre les empires continentaux de l'Europe.

[1] Un Italien de 20 ans. *Il partira à l'assaut du Monte Grappa en 1918. Un rendez-vous avec la mort.*

[2] Charles Péguy. *Il tombe dans les blés moissonnés de la Marne en septembre 1914.*

[3] Guillaume Apollinaire. *Le poète assassiné. L'artilleur, amoureux de "Lou", ne survivra pas à ses blessures.*

[4] Les gaz au front (1917). *Sans le masque, c'est la mort assurée dans les tranchées.*

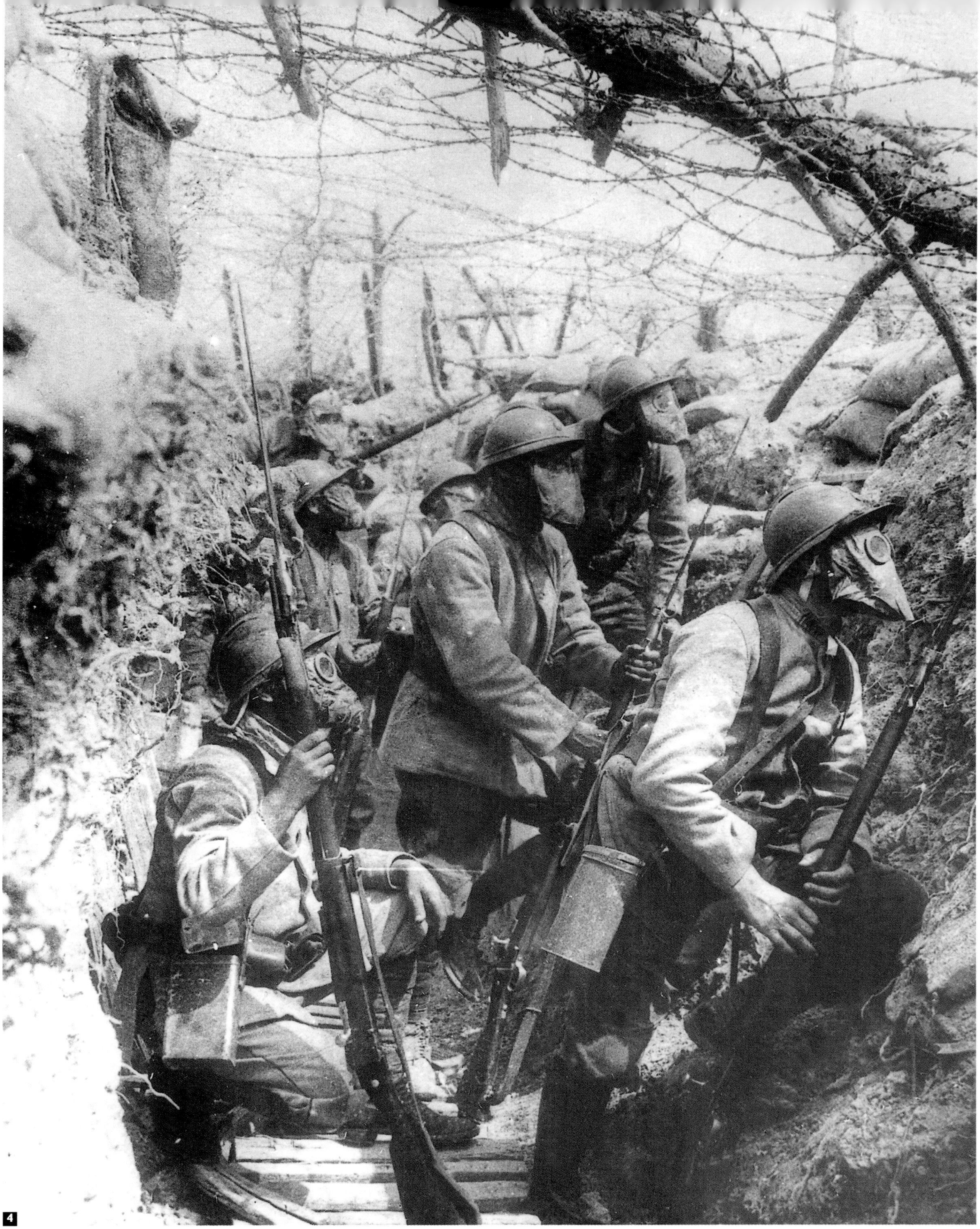

4

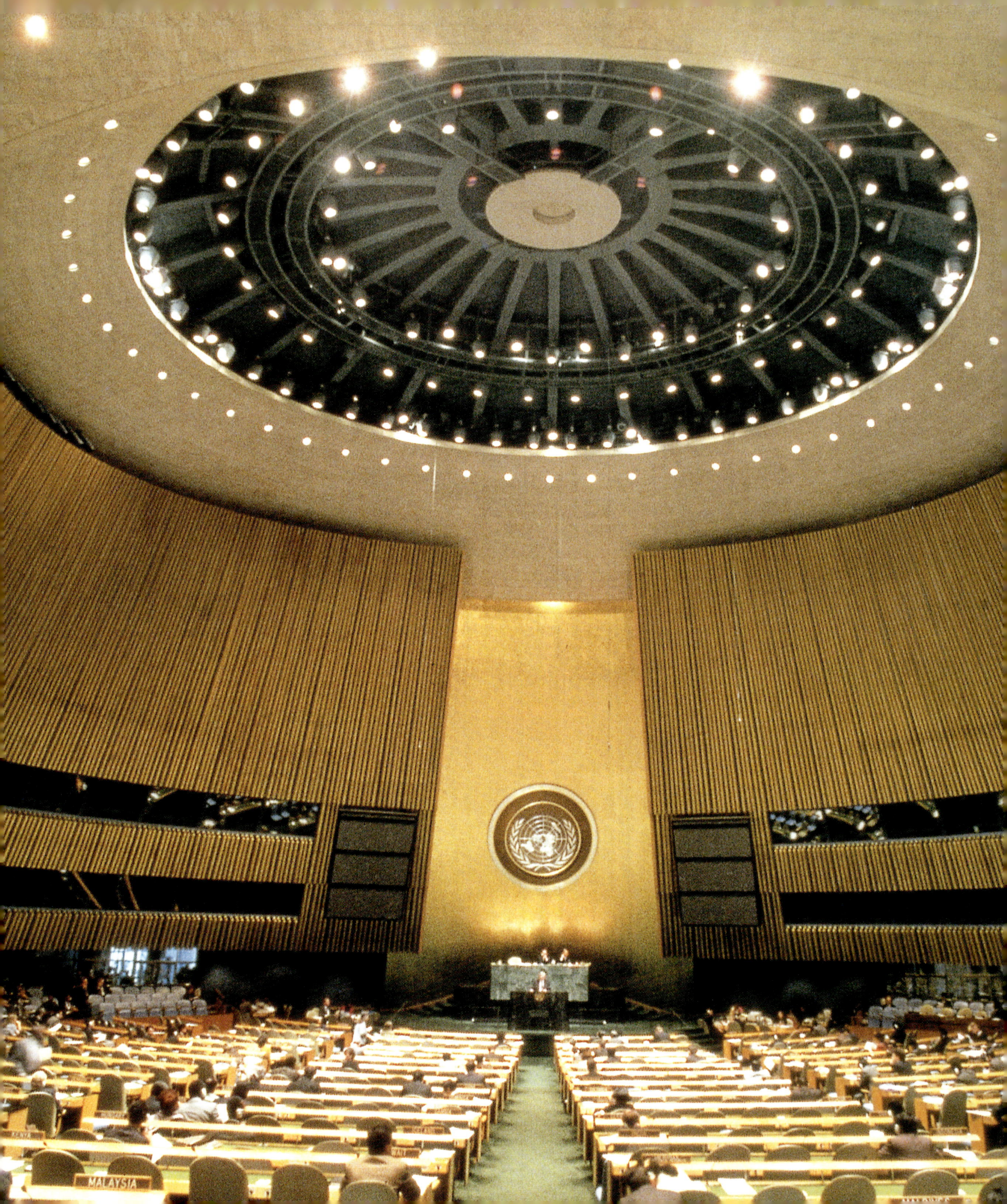
MALAYSIA

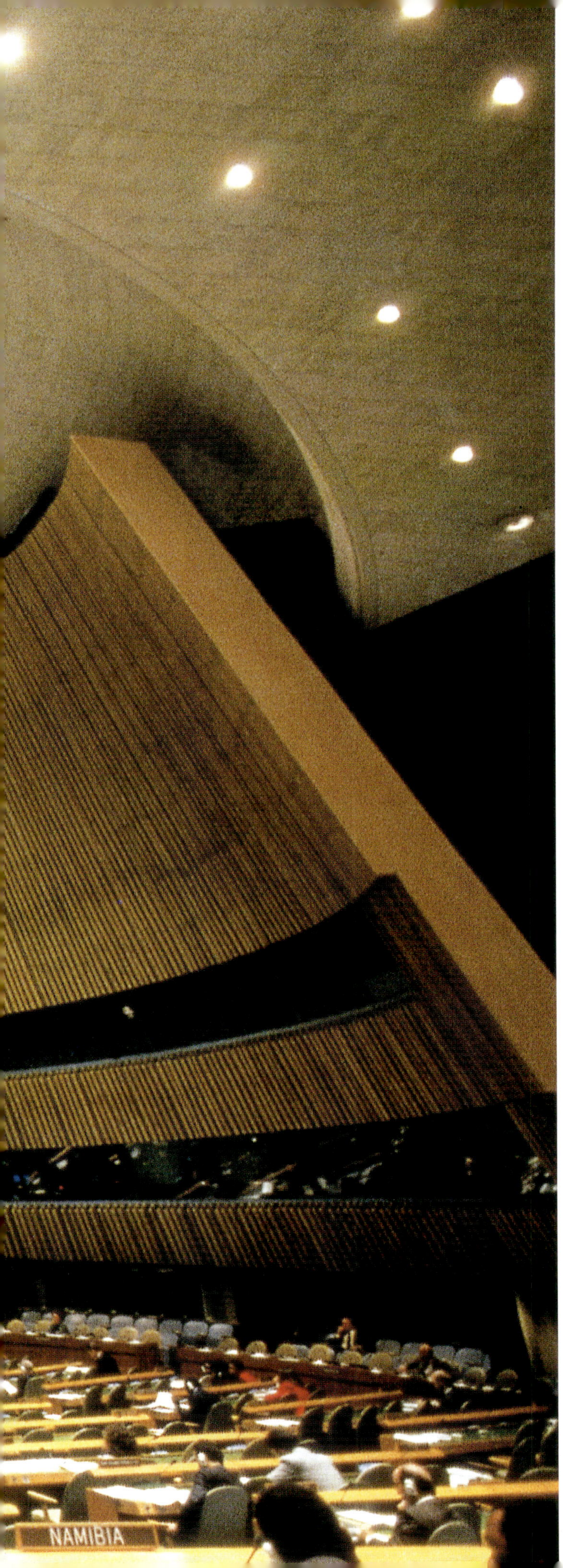

1920 – 2000 Le Monde un

E*n décembre 1918, le 28*[e] *président des États-Unis, Thomas Woodrow Wilson, un démocrate fils de pasteur presbytérien, débarque en Europe. Élu contre le républicain Théodore Roosevelt en 1912, réélu en 1916 sur un programme de paix, il a engagé son pays dans la guerre en avril 1917, définissant le 8 janvier 1918 les "Quatorze Points" sur lesquels il entendait rétablir la paix. Une paix qu'il voulait faire respecter par les nations du monde entier, sur la base du droit international, du principe des nationalités et de la liberté des mers.*

À Moscou, en mars 1919, une conférence réunie par

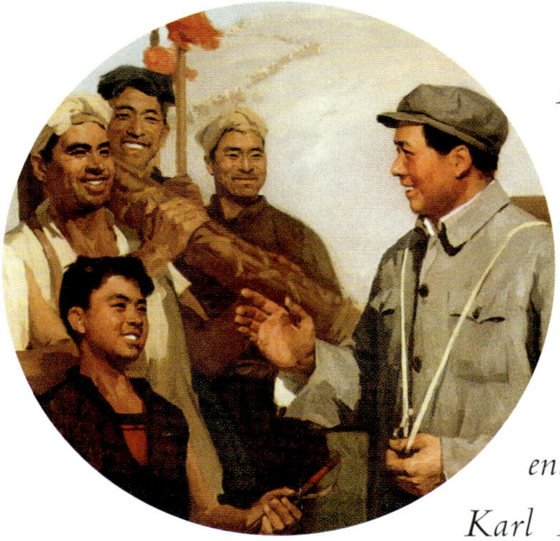

Lénine vote la constitution de la IIIe Internationale, le Komintern, *présidé par Zinoviev. Son but est d'étendre la révolution russe au monde entier. Elle réalise le vœu de Karl Marx exprimé dans le* Manifeste du parti communiste *de 1848 : "Prolétaires de tous pays, unissez-vous !". Depuis le 8 novembre 1917, les Bolcheviks ont pris le pouvoir à Petrograd, éliminant successivement tous leurs adversaires. Lénine a conclu avec les Allemands la paix de Brest-Litovsk et transféré à Moscou, le 12 mars 1918, la capitale de la révolution mondiale.*

Ces deux idéologies, l'une libérale, l'autre marxiste, veulent réaliser le monde-un et le purger de sa fièvre nationale et de ses antécédents religieux. Lénine et Wilson sont messianiques. Ils croient incarner les temps nouveaux, selon le schéma du philosophe français Auguste Comte. Après l'âge des religions et celui de la métaphysique, voici venu le temps de la science positive qui doit régénérer l'univers et unir les hommes. Pour le presbytérien américain, seul le mondialisme, en imposant la liberté des échanges, des capitaux et des idées, peut réaliser le règne du droit international annoncé par Hegel dans L'Esprit du Capitalisme, *un droit chrétien fondé sur le respect des lois humaines, qui ne peuvent être que conformes à la volonté divine quand elles recherchent l'intérêt général.*

Pour Lénine, la démocratie qui doit s'étendre au monde entier est celle du peuple organisé, conscient de son pouvoir absolu d'imposer sa dictature pour construire le monde nouveau du droit égalitaire.

Voici donc deux pôles opposés, à l'ouest et à l'est de la planète. Les antagonistes renoncent vite à leurs illusions unitaristes. L'échec de la propagation du communisme en Europe conduit Lénine à réviser ses ambitions, à se résigner à construire le communisme "dans un seul pays". Les options sont prises bien avant l'arrivée de Staline au pouvoir. Il est question de rassembler les forces du pays pour l'industrialiser, le militariser, le rendre invulnérable. L'Amérique, qui voulait évangéliser le monde grâce aux principes du droit, ferme hermétiquement ses frontières aux émigrés et renforce ses possessions dans le Pacifique et la mer des Caraïbes, elle devient, comme l'URSS, une super-nation.

Dans le monde en crise, le principe national est utilisé comme concept de défense sociale. Il donne alors naissance au fascisme italien, au franquisme espagnol, au salazarisme portugais, au pilsudskisme polonais, à l'uriburisme argentin, au racisme hystérique d'Hitler, aux monstres sortis de la boîte de Pandore. Par crainte du communisme, les nations se jettent dans les dictatures dont certaines affichent des prétentions de conquête : révisionnisme hitlérien en Europe, création d'un espace économique en Asie pour le Japon, guerre coloniale italienne en Éthiopie. La confrontation de cette explosion expansionniste et des intérêts des nations libérales conduit à la Seconde Guerre mondiale, où l'action commune de la dictature stalinienne et de l'Amérique du Victory Program *permet d'abattre les régimes de l'ordre noir, d'en finir avec les nationalismes.*

De nouveau s'affirme le désir d'un monde unifié par le droit, dans la maison de verre construite pour l'ONU à New York. Il a pour effet de favoriser l'éclosion dans le tiers monde de nouvelles nations, hors des serres du colonialisme. La décolonisation commence avec l'indépendance de l'Inde, suivie de près par

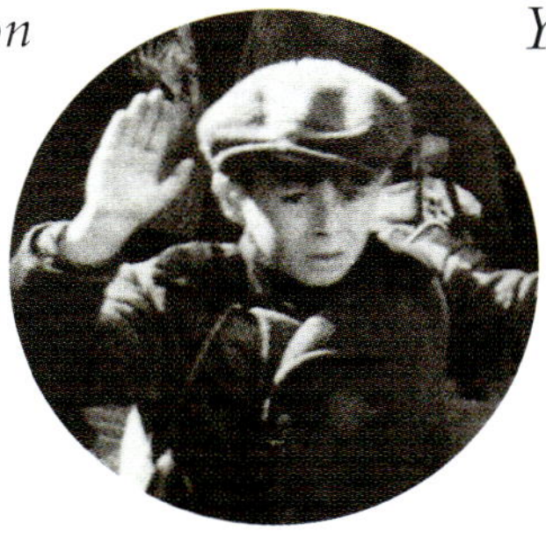

une guerre de religion avec le Pakistan musulman. Un modèle laïc, et non religieux, favorise l'expansion des libres nations de l'Orient musulman, rejoignant la Turquie de Mustafa Kemal Atatürk dans leur désir d'accéder à la modernité. Le vent d'est pousse la vague libératrice de l'océan Indien au Nil et à l'Atlas. L'Afrique noire suit, avec le consentement plus ou moins rapide des pays de tutelle. Un parti du tiers monde se constitue à Bandoeng en 1955, envoie des représentants à New York.

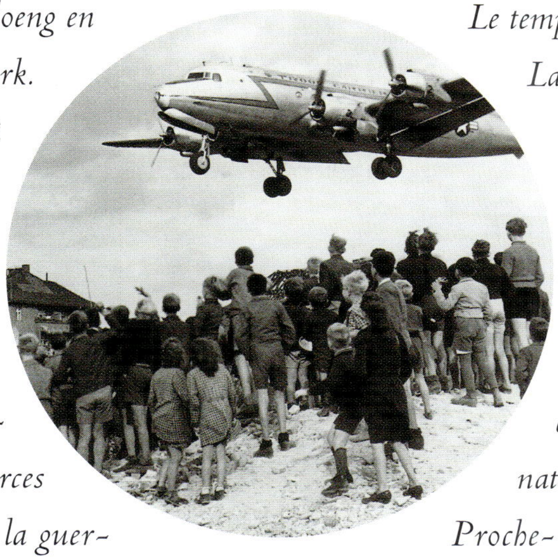

Dans l'après-guerre, l'URSS est à l'ONU, mais non la Chine communiste de Mao Zedong qui révolutionne l'Asie au point de transformer en guerre de libération communiste les conflits colonialistes de l'Asie du Sud-Est. Le monde est partagé en deux forces antagonistes, des blocs. C'est le temps de la guerre froide. Le stalinisme ne manque pas d'utiliser les ingrédients nationalistes pour reconstituer les nations libérées de l'Europe orientale, après avoir rassemblé les populations, par la migration forcée de millions d'habitants, dans des espaces soigneusement délimités. Ils ne doivent gêner en rien, mais servir, au contraire, les intérêts du grand frère russe, qui satellise ces nations en un cordon de peuples dépendants. Comme la Russie de Staline a jadis absorbé l'Arménie, la Géorgie, les États baltes et toutes les "républiques allogènes" en une fédération politique dirigée par Moscou, ainsi sont absorbés les États d'Europe de l'Est par des révolutions internes imposées par le politburo *et exécutées avec l'aide éventuelle de l'Armée Rouge.*

Le monde-un de Staline ressemble fort à un empire laïc qui expurge les livres et détruit les religions. Les contestations nationales s'emparent naturellement du fait religieux pour alimenter la guérilla idéologique, déjà amplement nourrie par les oppositions de toutes sortes que la tyrannie soviétique ne manque pas de soulever. De la sorte, la Pologne et la Hongrie catholiques, l'Allemagne de l'Est protestante, reconstituent des oppositions nationales que libère la chute du mur de Berlin en 1989, lorsque la super-nation soviétique explose.

Le temps du monde-un de Wilson est-il revenu ? La super-nation américaine met au point, avec la "guerre des étoiles", l'arme absolue qui lui permet de rétablir la paix dans l'une des régions les plus chaudes de la planète, le Moyen-Orient. On annonçait la fin des guerres de religion et la disparition des nations. Voici que les nations arabes veulent faire disparaître du Proche-Orient la jeune nation israélienne si douloureusement constituée. Voici que l'Iran aux femmes voilées dépêche dans le monde des terroristes suicidaires, prêts à mourir pour la cause. Voici qu'en Yougoslavie le fait national se conjugue avec la résurgence des passions religieuses pour orchestrer les massacres de Bosnie.

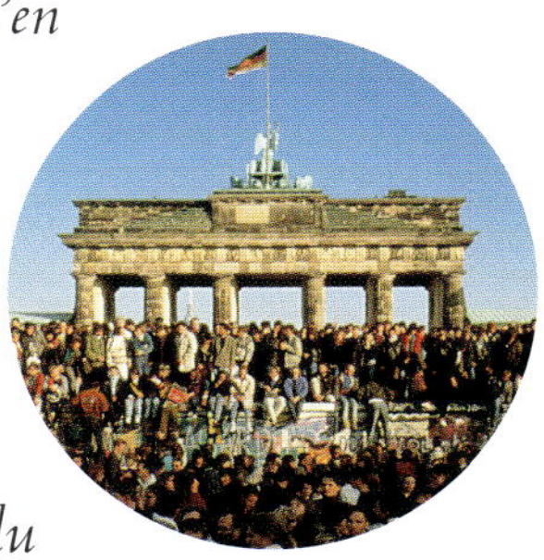

La fin de la guerre froide a rendu possible la réalisation du monde-un, ou du moins des grands ensembles organisant la paix et les libres échanges. Au seuil de l'an 2000, cet espoir est plus vif que jamais. Les vieilles passions qui ont déchiré l'humanité en mille ans d'histoire n'ont jamais réussi un retour aussi angoissant. Mais jamais n'a été plus fort le désir unanimement partagé par les peuples martyrs de conjurer les démons et de parvenir enfin à vivre ensemble. ■

10 janvier 1920

La Société des Nations

ouvre ses portes à Genève. Les États-Unis, l'URSS et l'Allemagne n'y ont pas de représentants. L'assemblée rêvée par Wilson pour établir la paix dans le monde ne regroupe que les vainqueurs de la guerre.

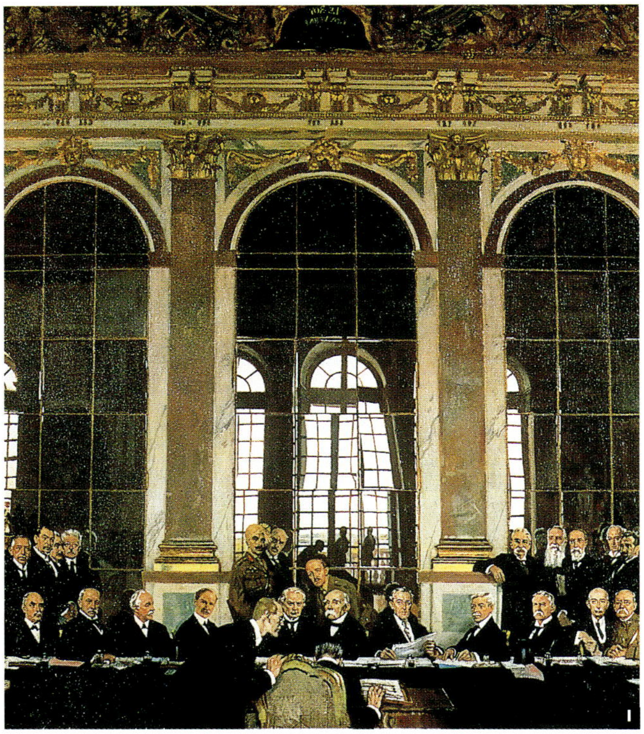

■ **L**es quatre chefs d'État ou de gouvernement siégeant à Paris pour la conférence de la paix qui précéda le traité de Versailles de juin 1919 (Clemenceau, Lloyd George, Wilson et Orlando) ont constitué de nouvelles nations en Europe, non seulement en fonction du droit des peuples à disposer d'eux-mêmes, mais de critères politiques qui ont ouvert la porte à toutes les contestations. Pour combattre le communisme, la grande Pologne et la grande Roumanie ont rassemblé des millions d'habitants étrangers revendiqués par les États proches. Ainsi la Transylvanie roumaine par les Hongrois, la Bessarabie par les Soviétiques, la Galicie par les Ukrainiens. Pour contenir l'Allemagne, la Tchécoslovaquie créée par les Alliés a reçu sur son sol trois millions de Sudètes, et la Pologne, le corridor de Dantzig ainsi que le bassin houiller de Katowice. La Société des Nations (SDN) arbitrait ainsi les conflits dans un sens favorable aux nations créées pour monter la garde en Europe de l'Est. Elle n'appliquait nullement le principe wilsonien du droit des peuples à disposer d'eux-mêmes. On avait confié en mandats à la SDN les anciens territoires de l'Empire ottoman devenus des nations et les colonies allemandes. Celles-ci, le Togo, le Cameroun et l'Afrique orientale étaient partagées entre la France et la Grande-Bretagne sous l'autorité, seulement théorique, de la SDN. Elle attribuait de la même manière l'Irak, la Palestine et la Transjordanie à la Grande-Bretagne, la Syrie et le Liban à la France. Ces territoires resteraient sous contrôle français jusqu'à la guerre au prix d'une répression impitoyable de toute velléité d'indépendance (révolte des Druzes de 1925 à 1926) et du refus de mettre en œuvre des constitutions pourtant votées. Si la Grande-Bretagne accordait l'indépendance à la Transjordanie où régnait l'anglophile Abdullah ibn Hussein, fils de Hussein, le chérif de La Mecque et le roi du Hedjaz, ainsi qu'à l'Irak au profit du roi Fayçal, chassé de Syrie par les Français, elle prit soin de préciser que la Palestine sous mandat n'était pas attribuée au "foyer national juif" où affluaient les émigrants, et que juifs et Arabes devaient coexister, ce qui suscitait, dès 1929, des réactions violentes des Arabes.

Dans toutes les parties du monde, la SDN avait multiplié les occasions de conflits, sans avoir les moyens de les régler. Elle devait s'en remettre aux cinq nations permanentes de son conseil (France, Grande-Bretagne, Italie, Japon, Chine) qui conduisaient la politique des mandats selon leurs intérêts nationaux.

[1] Signature du traité de Versailles (28 juin 1919).
Les représentants de la nouvelle République allemande signent ce traité qu'ils considèrent comme un diktat, dans la galerie des glaces du château de Versailles, à l'endroit même où Guillaume Ier a été proclamé empereur du Reich en 1871. (Londres, Imperial War Museum).

[2] Session de la Société des Nations (vers 1930).
Organisation internationale rêvée par le Président américain Wilson, la SDN se donne pour but de maintenir la paix dans le monde et d'assurer la coopération entre les nations. Elle naît officiellement lors de l'entrée en vigueur du traité de Versailles, en janvier 1920, et regroupe alors 45 membres.

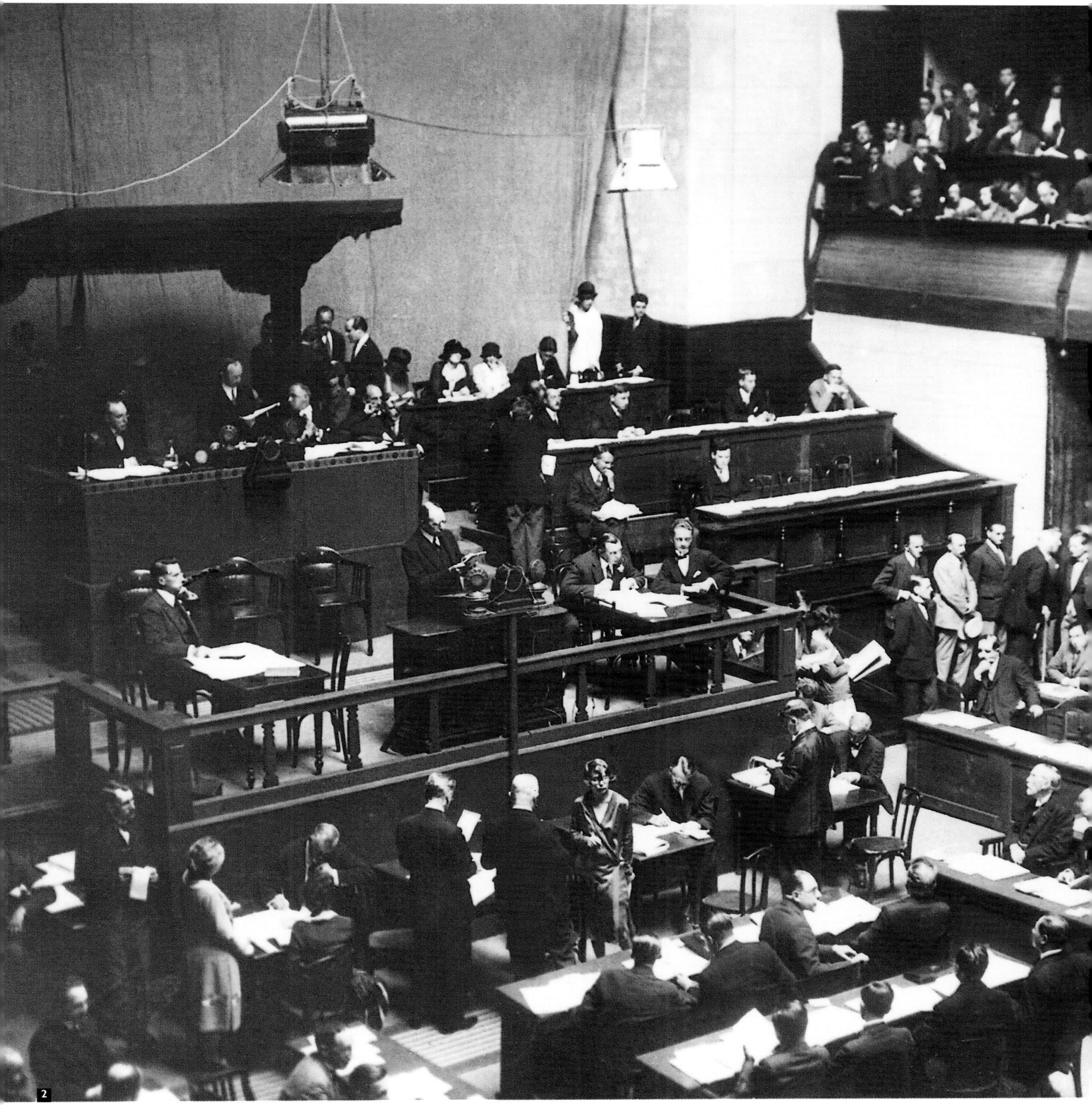

2

29 octobre 1923

Mustafa Kemal devient président de la République turque. Une nation moderne, militaire et laïque, commandée par un général, va servir de modèle aux pays arabes souhaitant accéder à leur indépendance.

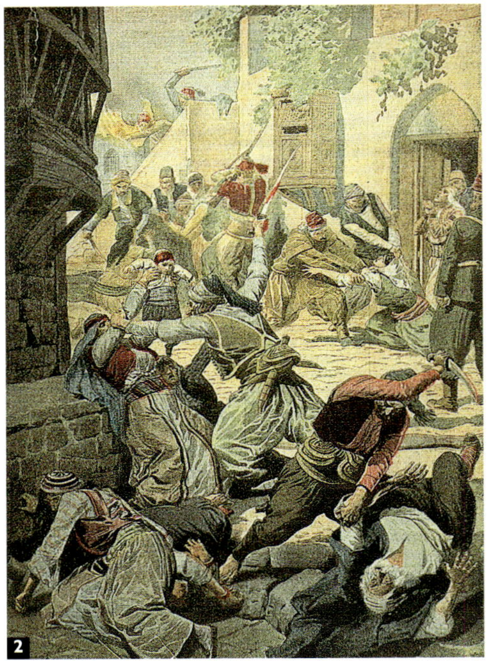

Les minorités étaient impitoyablement traquées et massacrées sur le territoire turc depuis le début de la Première Guerre mondiale. Les Arméniens accusés d'aider les Russes étaient déportés par centaines de milliers à partir de 1915 et mouraient de faim, de soif et de fatigue. Les Grecs, à qui le traité de Sèvres de 1920 avait attribué des territoires en mer ionienne avec Smyrne, étaient à leur tour victimes de la défaite militaire contre les Turcs et devaient signer l'armistice de Moudanya en 1922. Le traité de Lausanne de juillet 1923, annulant celui de Sèvres, avait assuré à Mustafa Kemal non seulement la possession de l'Anatolie, de la Cilicie, de l'Arménie et du Kurdistan, mais aussi de la Thrace orientale et des détroits. Les Alliés avaient lâché les Arméniens, devenus pour peu de temps indépendants, victimes d'une nouvelle répression des Turcs. Les Kurdes eux-mêmes, soupçonnés de revendications nationales, seraient frappés durement entre 1925 et 1929.

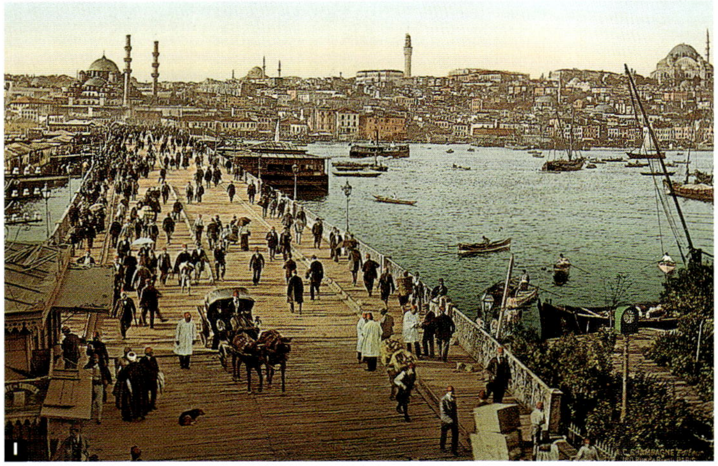

En 1923, le sultanat était aboli, Mehemet VI chassé du pays. Mustafa Kemal, nommé Président, créait un État fondé sur la souveraineté populaire, avec Ismet Pacha comme premier ministre chargé de réaliser la modernisation. Pour la première fois un officier qui avait fait ses preuves durant la guerre prenait la tête d'un État laïcisé et engageait par la force, grâce à un régime autoritaire, le vieux pays ottoman amputé de nombreuses provinces (réduit à l'Anatolie et à quelques territoires européens) dans la voie du renouvellement. Il voulait mettre la Turquie à l'heure de l'Europe. La justice et l'enseignement à l'occidentale étaient rapidement mis en place, l'écriture et le calendrier latinisés, le port du fez interdit, ainsi que celui du voile pour les femmes qui recevaient le droit de vote et le droit au divorce. La polygamie était définitivement abolie.

La Turquie, dotée d'une armée solide, abandonnait Mossoul à l'Irak en 1925 et signait des traités de non-agression avec l'Iran et l'URSS. Elle fixait précisément ses frontières pour éviter tout conflit ultérieur. Elle entrait sans difficulté, grâce au soutien de la Grande-Bretagne qui voulait assurer l'invulnérabilité des détroits, à la SDN en 1932, malgré la longue série de massacres de minorités qui avaient permis au Kemalisme de constituer un État exclusivement turc, où la liberté de culte était garantie par la séparation absolue de la religion et de l'État.

[1] Constantinople vers 1920. *Les nombreuses mosquées ne doivent pas faire illusion : la Turquie de Mustafa Kemal est bien une République laïque.*

[2] Les massacres d'Arménie. *Accusés de venir en aide aux Russes, les Arméniens sont impitoyablement massacrés par les Turcs à partir de 1915. Ce génocide fait plus d'un million de victimes.* (Le Petit Journal, déc. 1916)

[3] Mustafa Kemal en 1929. *Le Président turc donne une leçon d'écriture suivant l'alphabet latin, désormais seul officiel.*

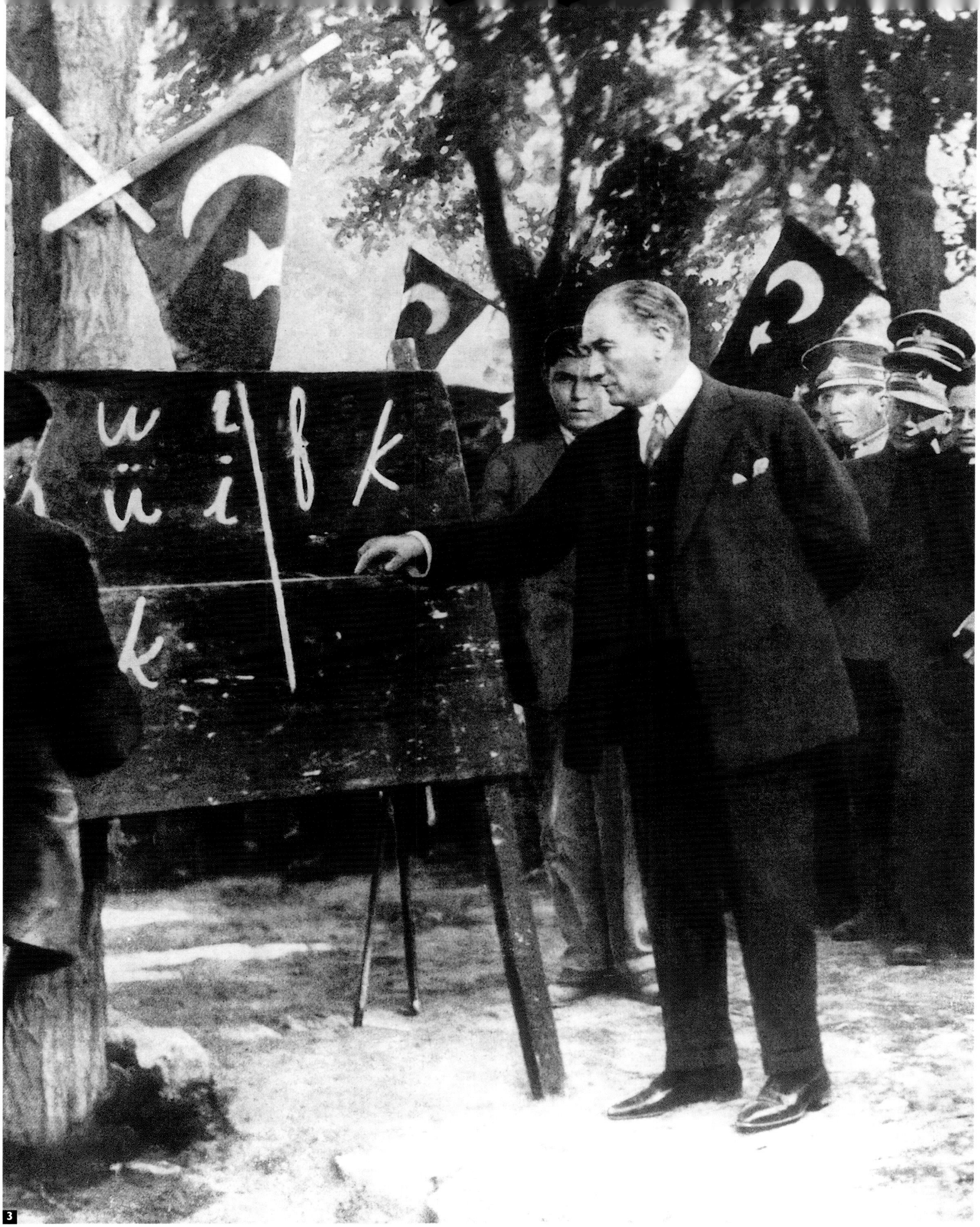

3

décembre 1925

Reza Pahlévi devient chah de Perse.

Il fonde une dynastie qui n'ose pas rompre avec le clergé chiite, mais instaure un État moderne qu'il croit capable de résister aux pressions du capitalisme pétrolier international.

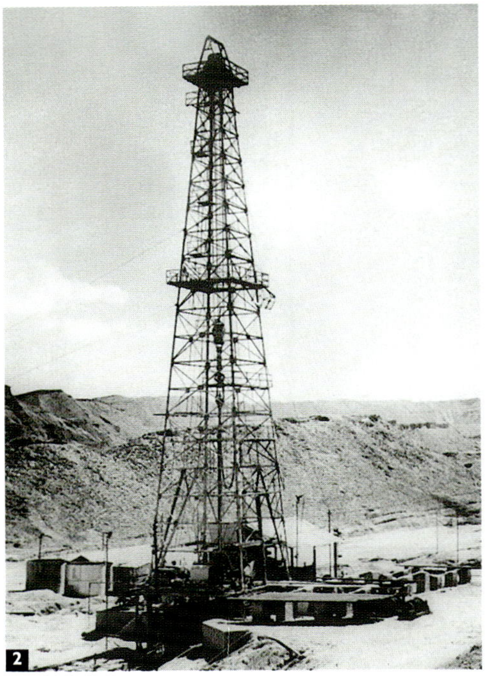

2

■ **M**ême s'il révoque en 1932 la concession de l'Anglo-Persian company, Reza Pahlévi recourt ensuite à l'aide des États-Unis et de l'Allemagne et accorde de nouvelles concessions pétrolières. La Perse reprend le nom d'Iran en 1935 mais reste une nation religieuse qui prétend imposer sa neutralité aux grandes puissances.

Dans les autres pays arabes, l'Irak du roi Fayçal, proclamé indépendant en octobre 1932, était la proie des grandes compagnies pétrolières anglo-hollandaises qui lui imposaient une occupation militaire, malgré l'opposition des milieux nationalistes et islamiques. En Arabie saoudite, Ibn Séoud s'était fait proclamer roi le 22 septembre 1932. Il régnait sur un État religieux et théocratique qui brisait dans le sang toute révolte. Il avait déjà imposé la modernisation du pays lors de la découverte du pétrole dans l'Asha en 1930. Les intérêts anglo-américains étaient alors dominants et l'indépendance du pays conditionnée par les contrats pétroliers dont le monde avait le plus urgent besoin. La révolution industrielle du pétrole avait en effet permis la production sur une grande échelle d'automobiles et d'avions dans tous les pays développés, et les marines avaient abandonné le charbon pour le fuel. Les besoins pétroliers allaient croissant.

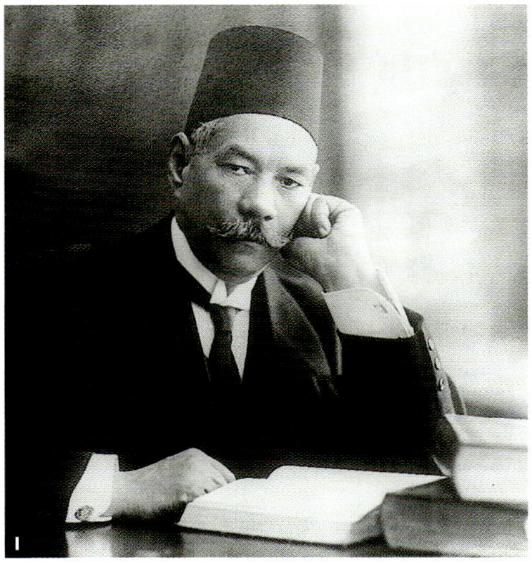

1

L'Égypte était tout aussi attachée à la religion que l'Arabie saoudite, et sa modernisation ne s'accompagnait nullement d'une laïcisation à la turque. Le canal de Suez imposait aux Anglais une occupation militaire du pays qui retardait l'accès à l'indépendance, demandée dès 1919 à la conférence de la paix par Saad Zaghloul Pacha, chef du Wafd, parti indépendantiste musulman conforme aux idées religieuses et modernistes du mufti d'Égypte Mohammed Abdouh, grand maître avant la guerre de l'université d'El-Azar. Les Anglais avaient prononcé dès 1922 l'indépendance de l'Égypte, mais en se réservant le droit d'y entretenir des troupes. Ils ne devaient évacuer le pays – mais non la zone du canal de Suez – qu'en 1936, sous la pression du parti nationaliste.

En Égypte comme en Irak, en Iran comme en Arabie saoudite, le mouvement indépendantiste des nations arabes restait bridé par la présence des capitalistes du pétrole et des militaires occupant les zones stratégiques. La constitution de nations indépendantes était un leurre destiné à dominer les revendications nationalistes qui restaient, dans tous les pays, liées aux mouvements religieux et aux foules musulmanes.

[1] **Saad Zaghloul Pacha (1860-1927).** *Le fondateur du Wafd, le parti indépendantiste musulman, est le chef incontesté du nationalisme égyptien.*
[2] **Puits de pétrole en Perse vers 1930.** *Le chah révoque unilatéralement la concession pétrolière de l'Anglo-Persian company en 1932, mais doit négocier après que l'affaire ait été portée devant la SDN.*
[3] **Reza Pahlévi (1878-1944).** *Avec l'aide des Américains et des Allemands, il entreprend de moderniser l'économie de son pays en le dotant d'une industrie performante.*

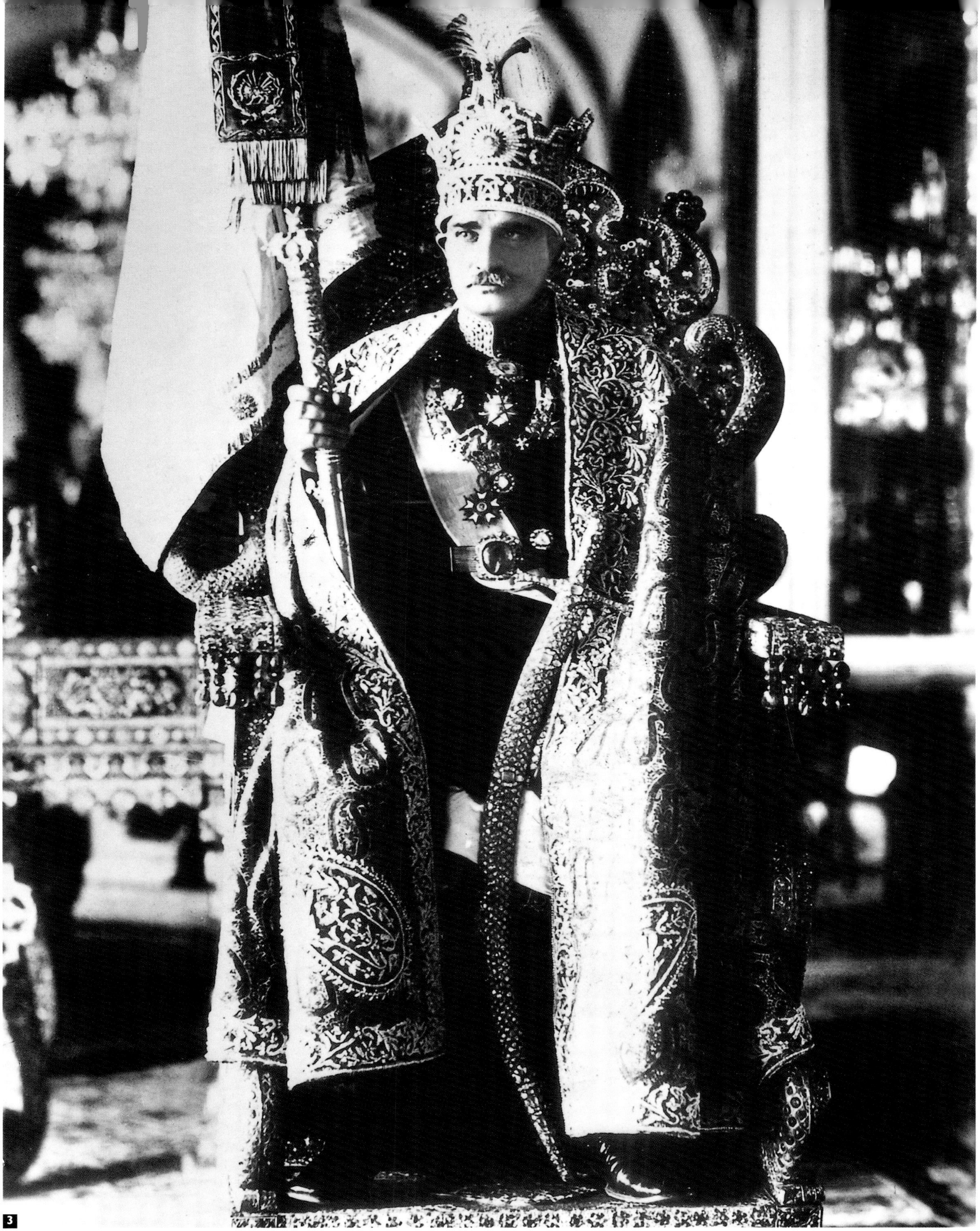

3

4 juin 1928

Les nationalistes chinois

entrent à Pékin. Le communisme n'a pas réussi à s'emparer de la Chine. En 1920, l'Internationale communiste avait pourtant décidé d'appuyer dans le monde la libération des peuples colonisés.

■ **M**algré l'implication de Moscou, aucune nation libre ne verra le jour avant 1939, car la plupart des mouvements anticolonialistes sont nationaux et non communistes.

C'est le cas en Inde, où le parti du Congrès de Gandhi multiplie les formes d'opposition à la domination britannique, jusqu'à obtenir le 2 août 1935 le Government of Indian Act qui donne à l'Inde l'autonomie, mais oppose le parti du Congrès à la Ligue musulmane pakistanaise. Le rôle du parti communiste indien, créé en 1924, est seulement de gauchir les revendications du parti du Congrès et de le pousser à adopter des méthodes terroristes, en contradiction avec la tactique de la non-violence de Gandhi.

Les révoltes de l'Afrique du Nord n'ont aucune origine communiste, même si le PC français s'oppose de toutes ses forces à l'envoi de renforts militaires au Maroc lors de la guerre du Rif fomentée par Abd el-Krim en 1925. La France organise une véritable expédition, confiée au commandement du maréchal Pétain, avec des chars, des avions et de l'artillerie lourde pour venir à bout de la rébellion d'Abd el-Krim retranché dans les montagnes marocaines et qui ne reçoit aucune aide en armes lourdes, aucun financement suffisant pour résister à la répression française. Il n'y a pas de politisation internationale de l'affaire marocaine.

Le Neo-Destour tunisien n'est pas communiste, pas plus que le parti algérien de Messali Hadj. Ces nationalismes des pays musulmans regardent vers Le Caire, et non vers Moscou, sans recevoir d'aide efficace car les Britanniques mènent en Égypte une lutte pour la domination du canal de Suez et la résistance égyptienne a fort à faire pour maintenir ses réseaux et poursuivre son action. La possession du Caire est considérée par le cabinet britannique comme vitale, sur la route des Indes.

Le mouvement de rénovation qui affecte la Chine depuis la proclamation de la République par Sun Yat-sen en 1911 profite au parti nationaliste du Kouo-min-tang, et non au parti communiste chinois créé en 1921. Sun Yat-sen, puis Tchang Kaï-chek, acceptent pourtant l'aide de Moscou et rétablissent l'unité chinoise contre les seigneurs de la guerre qui tiennent des provinces entières sous la botte de leurs armées. Mais Tchang décide en 1927 de se séparer du communisme en massacrant les cadres du parti et en écrasant le mouvement ouvrier de Canton.

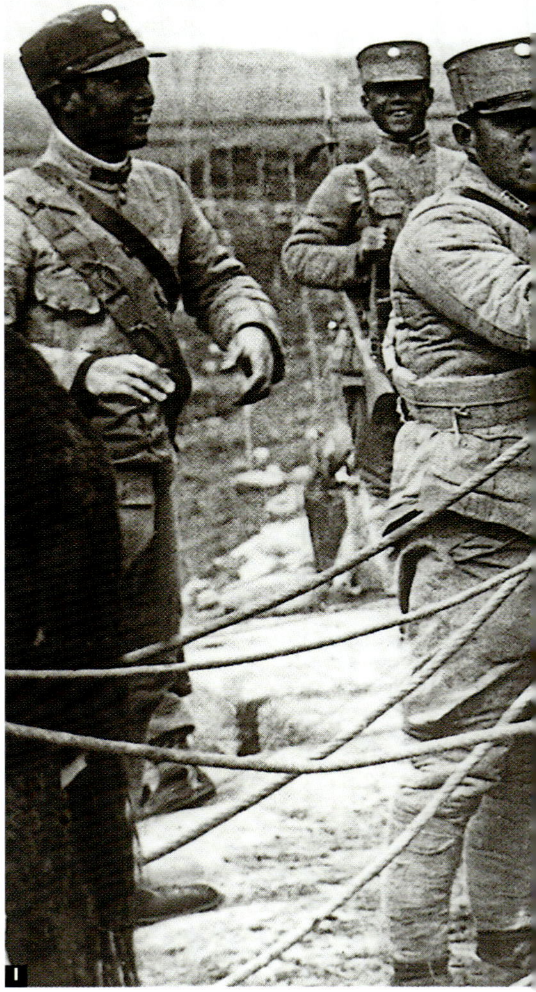

1

L'entrée des troupes nationalistes à Pékin, le 4 juin 1928, affirme la volonté du nouveau régime de moderniser l'immense pays en restant fidèle à ses traditions culturelles et religieuses. Ainsi la mort de Confucius est-elle déclarée en 1934 fête nationale. Il est clair que le communisme n'a pas encore vraiment réussi à s'emparer de la Chine.

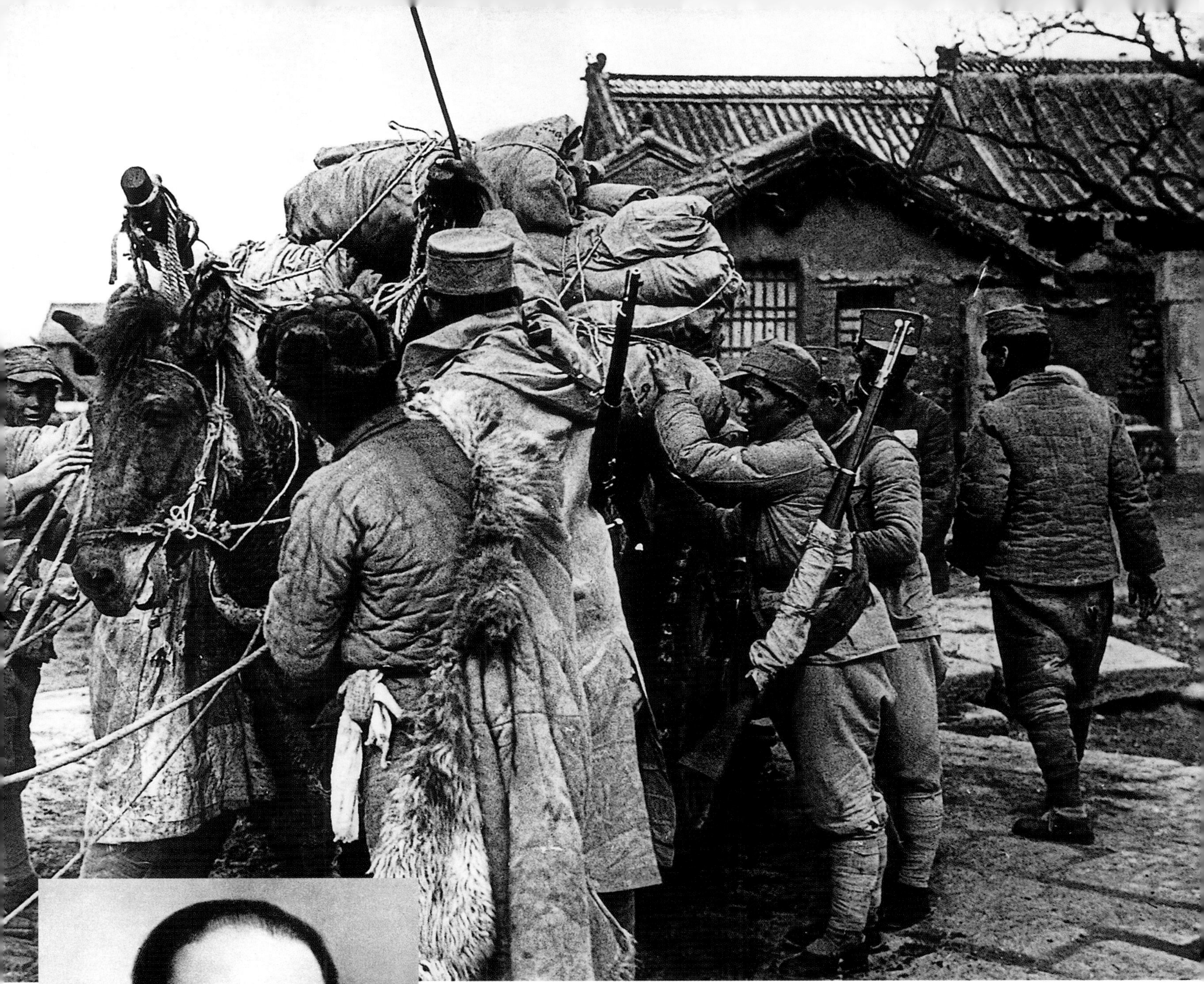

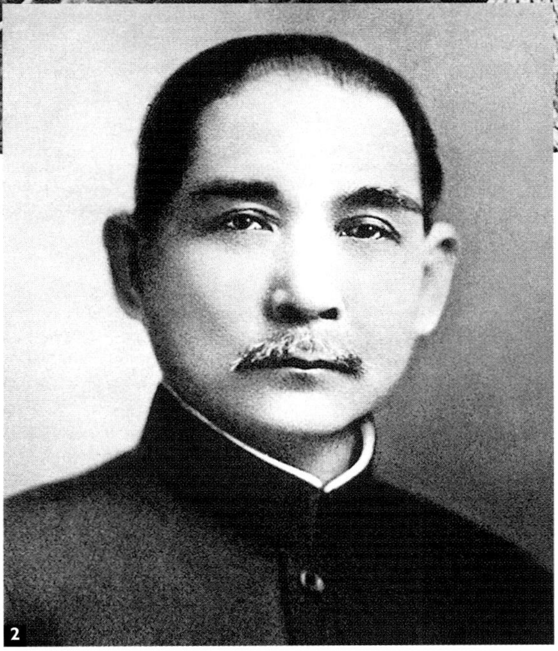

2

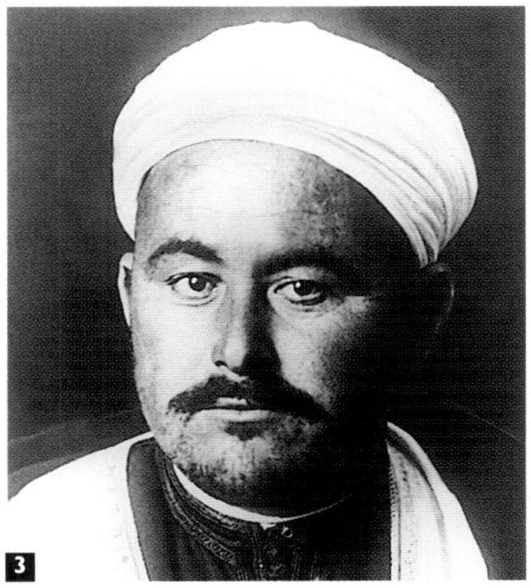

3

[1] Soldats nationalistes chinois en 1928. *Après l'échec de l'insurrection communiste de 1927, les troupes du Kouo-min-tang se lancent en campagne contre Mao Zedong et ses hommes réfugiés dans les provinces du Hou-nan et du Kiang-si.*

[2] Sun Yat-sen (1866-1925). *Le fondateur du Kouo-min-tang est proclamé président de la République chinoise le 30 décembre 1911.*

[3] Abd el-Krim (1882-1963). *En avril 1925, il passe à l'offensive contre le Maroc français. Battu par le maréchal Pétain, il est condamné au bagne dont il ne s'échappera qu'en 1947.*

Octobre 1934

La Longue Marche conduit Mao et les communistes, du Kiang-si où la République soviétique chinoise a été proclamée en novembre 1931, jusqu'au Chen-si, après un an et 12 000 kilomètres d'épreuves.

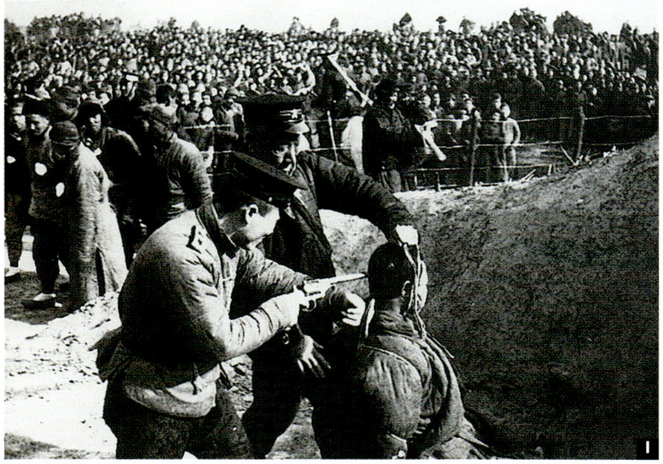

1

■ **U**n réduit communiste existait en Chine. Il était le résultat de l'agression japonaise contre la Mandchourie en 1931, et de l'occupation de cette région industrielle par une armée qui soutenait l'État fictif et satellite du Mandchoukouo, sous la souveraineté théorique du dernier empereur de la dynastie mandchoue, P'ou-Yi. Cette attaque était la première manifestation de rupture violente contre l'ordre international défendu par l'institution de la Société des Nations. La réaction de Genève au coup de force japonais avait été inefficace. La division de la Chine en armées antagonistes donnait à l'Occident le sentiment qu'il était incapable de maîtriser l'espace extrême-oriental.

Mao Zedong, élu président de la République soviétique chinoise du Kiang-si en 1931, avait profité de l'impuissance de l'armée nationaliste et de la corruption des généraux de Tchang Kaï-chek pour rallier cette province en distribuant les terres aux paysans et en abolissant l'usure. Un nouveau communisme agraire était en marche, il était le résultat de l'invasion japonaise et provoquait le ralliement de milliers de paysans. Seul Mao Zedong défendait efficacement les campagnes, sans les écraser.

En 1937, Tchang Kaï-chek avait été contraint d'arrêter la lutte anticommuniste, l'opinion nationaliste exigeant l'union prioritaire contre le Japon qui était entré en guerre contre la Chine avec toutes ses armées le 7 juillet. Pékin était occupée le 28 juillet, ainsi que toute la Chine du Nord. Shanghai et Nankin tombaient avant la fin de l'année. L'armée japonaise se rendait coupable d'exactions contre la population civile, massacrant sans

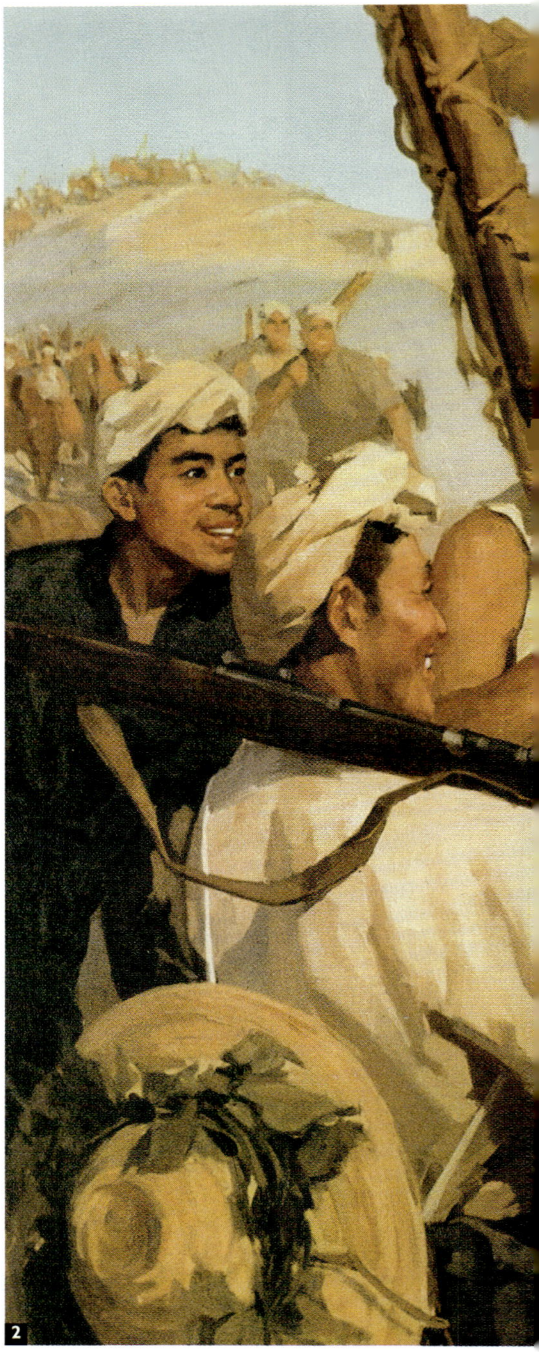

2

[1] Exécution d'un prisonnier chinois (1935). *Les Japonais ont envahi la Mandchourie sans tenir compte des réactions de la S.D.N. Ils se livrent à des exactions sur les populations civiles.*
[2] La Longue Marche (1934-1935). *Traqués par les forces de Tchang Kaï-chek, les communistes chinois dirigés par Mao parcourent 12 000 km pour trouver refuge dans le Chen-si.*
[3] Tchang Kaï-chek (1887-1975). *Le général nationaliste s'allie provisoirement avec les communistes contre les Japonais dès 1937.*

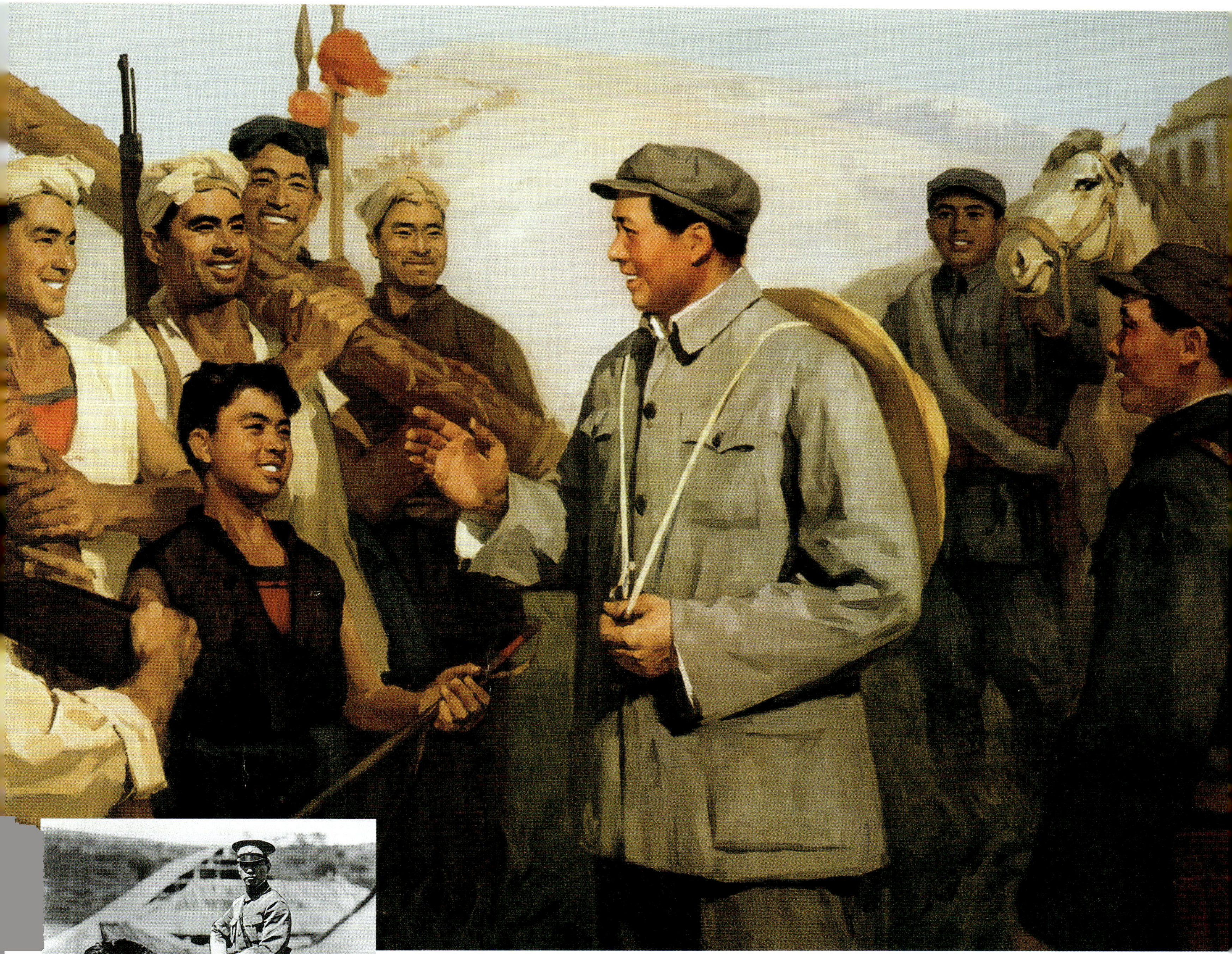

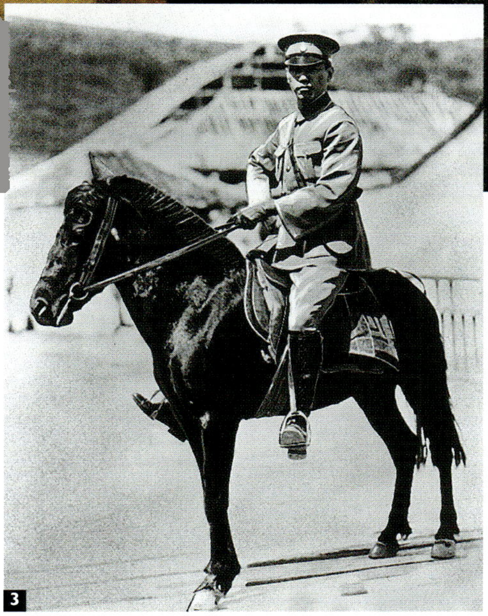

3

pitié. Tchang Kaï-chek devait abandonner la Chine maritime pour se réfugier à l'intérieur des terres, autour de Tchong-k'ing.
Un gouvernement chinois des régions occupées s'était installé à Nankin en mars 1938. Les communistes et les nationalistes, loin de s'entendre, rivalisaient pour dominer les régions de l'intérieur où les techniques de guérilla de Mao Zedong avaient le plus souvent l'avantage. En 1939, la nation chinoise envahie, divisée, meurtrie ne constituait plus une nation. Elle était partagée entre les foyers révolutionnaires, les zones maritimes et industrielles d'occupation, et la province du Sseutch'ouan restée aux mains de Tchang Kaï-chek. Ni les communistes de Moscou, ni les Américains, n'avaient pu s'opposer à la conquête japonaise qui engendrait l'anarchie et la guerre permanente dans la nation la plus peuplée du monde.

3 octobre 1935

L'Italie fasciste envahit l'Éthiopie

sans déclaration de guerre. Le Duce veut trouver à la nation fasciste italienne un débouché colonial, en s'emparant par la force d'un État indépendant reconnu par la Société des Nations.

■ **L'**Éthiopie héritait d'un passé prestigieux. L'empereur y était considéré comme le descendant de la reine de Saba et du roi Salomon. Le pays était resté fidèle, malgré les agressions musulmanes, au christianisme monophysite des églises d'Orient. Le ras Tafari, proclamé négus ou "roi des rois" en 1930 sous le nom d'Haïlé Sélassié Ier, était un homme de progrès attaché à l'indépendance nationale. Son prédécesseur, Ménélik, avait déjà infligé aux Italiens le désastre militaire d'Adoua en mars 1896, qui les avait dissuadés de tenter une entreprise de colonisation en Éthiopie. L'Italie avait alors reconnu l'indépendance du pays.

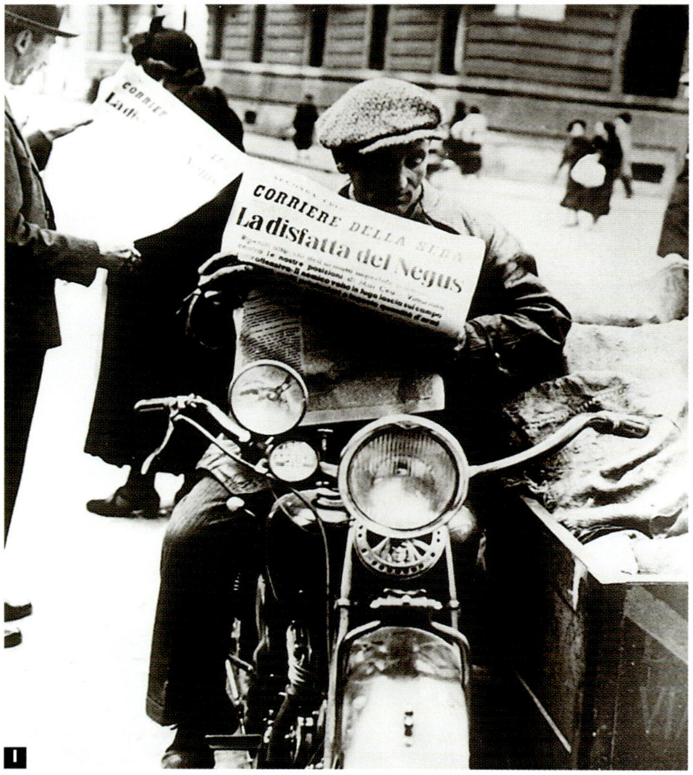

1

Mussolini avait pris le pouvoir en octobre 1922, après la marche sur Rome, instaurant un régime fasciste et nationaliste qui se donnait pour objectif la conquête par les Italiens de terres de colonisation. Stoppant l'émigration, encourageant la natalité, il se faisait l'avocat des "nations pauvres" contre les nations nanties et prétendait conquérir une place dans le partage du monde.

Les troupes italiennes utilisant les armes modernes, y compris les gaz asphyxiants, avaient fait leur entrée dans Addis-Abeba en mai 1936, proclamant le roi Victor-Emmanuel III empereur d'Éthiopie. Les sanctions économiques prises par la SDN à l'encontre de l'Italie, et à l'instigation de la Grande-Bretagne, n'avaient pu empêcher cette conquête. Haïlé Sélassié avait trouvé refuge à Londres.

Cette agression était significative de la volonté des nations fascistes de déchirer l'internationalisme de Genève par la force. Mussolini soutenait de tout son poids l'entreprise putschiste du général Franco qui menait la guerre civile en Espagne depuis son pronunciamento du 18 juillet 1936. Dans toute l'Europe, des dictatures nationalistes avaient pris le pouvoir : le général Pilsudski en Pologne en 1926, Antonio Salazar en 1932 au Portugal, le régent Horthy en Hongrie. La crise économique de 1929 avait provoqué dans les nations d'Amérique latine une généralisation des dictatures. Un coup d'État militaire avait permis au général Uriburu d'établir un régime militaire en Argentine en 1930. À la même époque, le président brésilien Getulio Vargas établissait un régime totalitaire, l'Estado novo.

La réponse des nations à la crise internationale était la dictature nationaliste qui "insularisait" les pays dans une autarcie agressive.

[1] L'invasion de l'Éthiopie.
En mai 1936, le journal italien Corriere della Sera *titre sur la défaite du souverain éthiopien Haïlé Sélassié. À la recherche d'un débouché colonial en Afrique, l'Italie fasciste a envahi l'Éthiopie sans déclaration de guerre en octobre 1935. Une victoire sans gloire pour les Italiens qui ont écrasé les troupes éthiopiennes grâce à leur matériel de pointe et leurs gaz de combat.*

[2] L'Italie de Mussolini.
Après la marche sur Rome de 1922, le Duce reçoit le pouvoir en Italie et instaure un régime nationaliste qui cultive le culte de la personnalité du dictateur et prétend restaurer le rayonnement et la gloire des Césars.

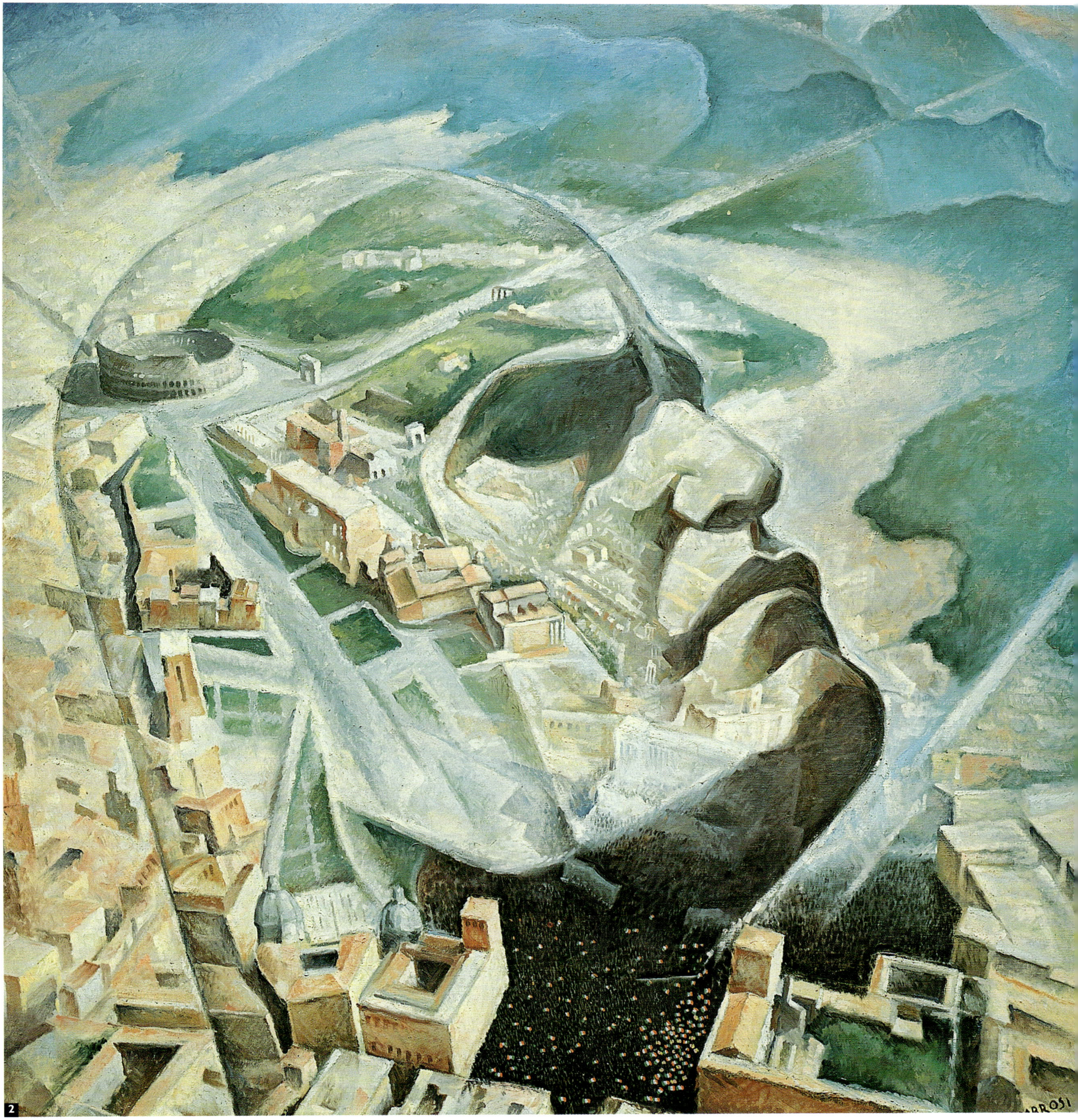
2

7 mars 1936

Adolf Hitler

fait entrer les troupes allemandes en Rhénanie, dans la zone démilitarisée. Il commence la révision du traité de Versailles qui met de nouveau au premier plan en Europe l'affrontement des nations qui conduira à la guerre.

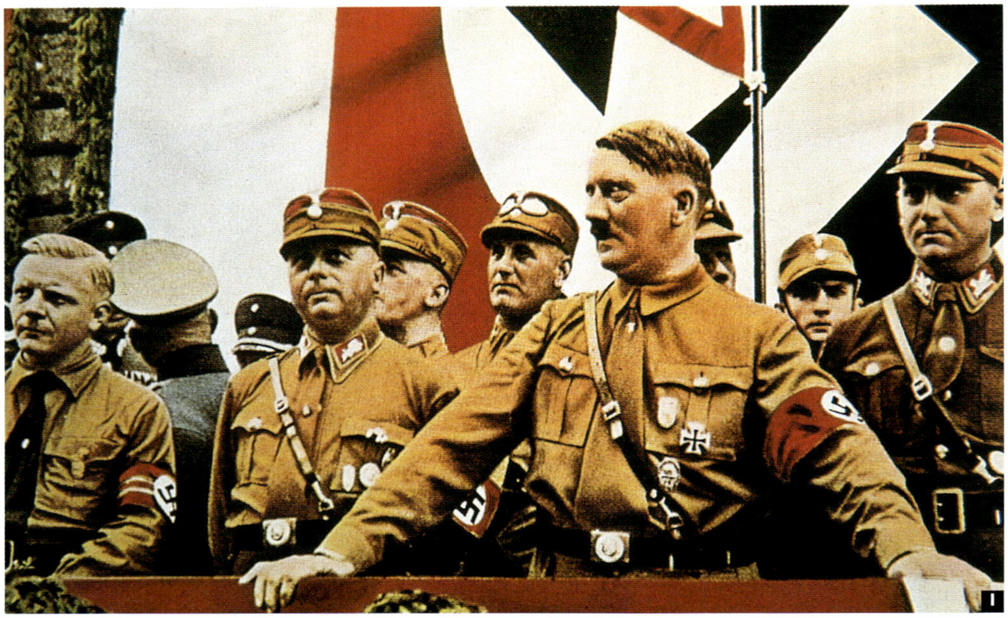

■ **M**ais l'auteur de *Mein Kampf* (publié en 1925) était beaucoup plus qu'un nationaliste allemand. Sa théorie de la race privilégiée qui devait assurer par la force son espace vital et détruire chez elle les éléments dénoncés comme corrupteurs – les juifs et autres minorités raciales –, visait à un partage du monde, annoncé par les premiers "géopoliticiens", avec le Japon en Asie, et l'Italie en Méditerranée. La France et l'Angleterre seraient détruites, l'Amérique isolée, l'Europe entièrement conquise. Les races inférieures, les Slaves de l'Est, les Français abâtardis de l'Ouest, seraient réduits au servage. La "puissance de la terre" l'emporterait sur l'Angleterre et les États-Unis, "puissances de la mer".

Le réarmement de l'Allemagne s'orientait vers l'idée d'une force offensive spécialisée, pratiquant la "guerre-éclair" par la synchronisation absolue de l'aviation d'assaut, des chars, de l'infanterie de choc, des parachutistes et du régiment de saboteurs Brandenburg, connu à l'Ouest sous le nom de "cinquième colonne". La propagande nazie inonderait le monde par la radio, et grâce au concours des nombreuses communautés allemandes installées en Amérique du Nord et du Sud, en Afrique du Sud, au Proche et au Moyen-Orient. Une organisation spéciale était mise au point pour doubler l'action diplomatique à l'étranger : l'ordre noir des SS. Responsable de la sécurité en Allemagne, il serait secondé par la Gestapo, police politique chargée de traquer les opposants pour les envoyer dans les premiers camps de concentration.

La dictature préparait la guerre dès 1933. Après le plébiscite sur la Sarre et la remilitarisation de la Rhénanie, Hitler rectifiait le traité de Versailles en rattachant l'Autriche à l'Allemagne (l'Anschluss), puis en s'emparant, après la conférence de Munich du 29-30 septembre 1938, du territoire tchécoslovaque des Sudètes, peuplé en majorité d'Allemands. Le 15 mars 1939, il faisait main basse sur la Tchécoslovaquie tout entière et préparait l'agression de la Pologne. Depuis le 5 novembre 1937 il avait en effet averti ses généraux qu'ils devaient se préparer à faire la guerre. Les trois bataillons qui avaient occupé la Rhénanie, en l'absence de toute réaction franco-britannique, n'étaient que l'avant-garde de la Wehrmacht, qui partirait trois ans plus tard à la conquête de l'Europe. L'idée allemande de nation était annexée par le nazisme qui en faisait le cheval de Troie investissant le continent et rendant dérisoire la tentative d'organisation d'un monde unique et pacifié conçue par Wilson, la SDN.

[1] Adolf Hitler à Nuremberg (1933). *Profitant de la crise économique qui secoue l'Allemagne, le parti national-socialiste, ou parti nazi, remporte les élections. Investi de la dictature par les députés du Reichstag, Hitler établit un régime totalitaire où les libertés fondamentales sont suspendues.*

[2] La Wehrmacht entre en Rhénanie (1936). *Hitler profite de l'apathie des démocraties pour remilitariser la Rhénanie. Un "coup de bluff" lorsqu'on sait que les Allemands n'auraient pas pu résister à une intervention militaire française.*

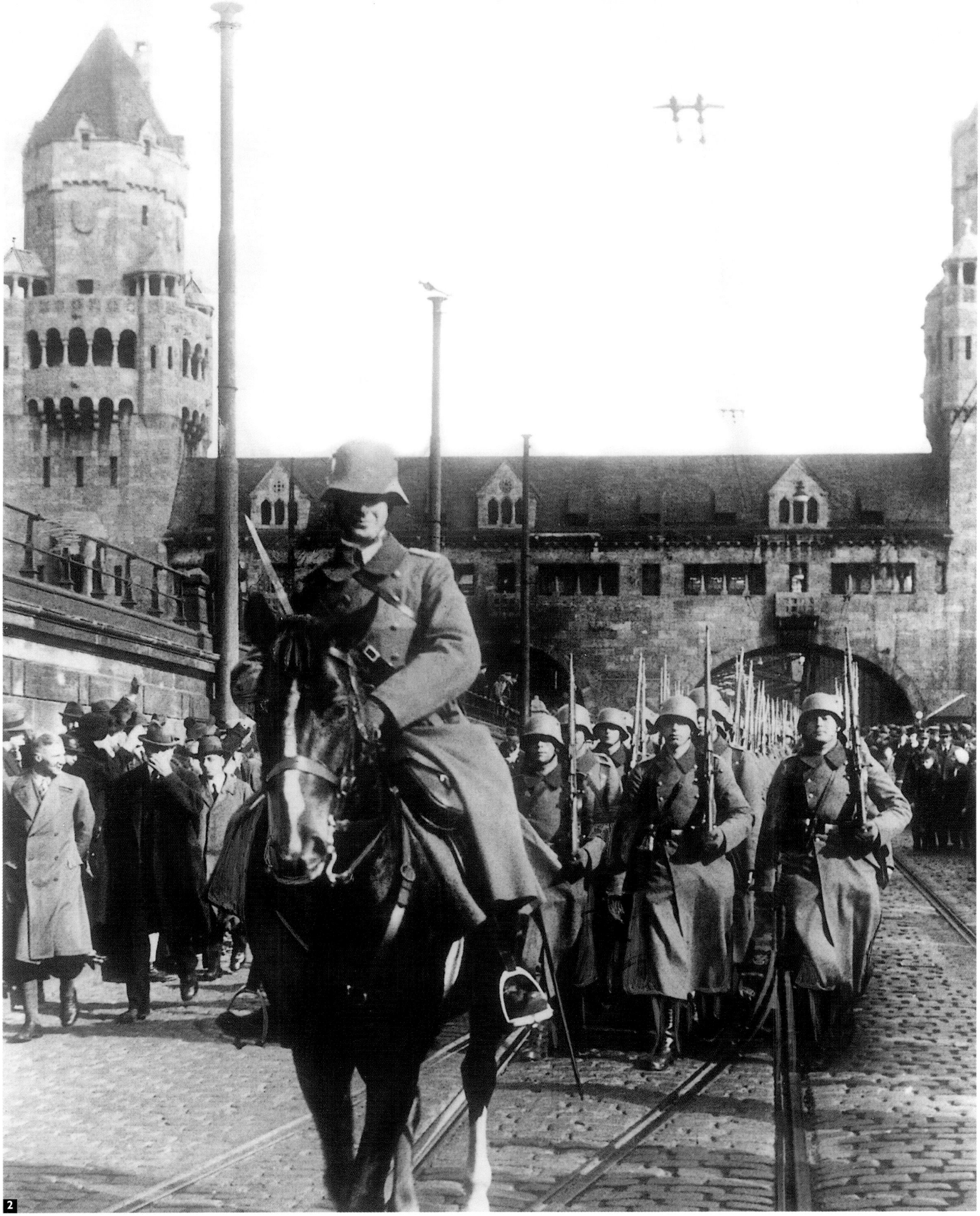
2

23 août 1939

Le pacte germano-soviétique,

signé par Molotov et Ribbentrop, rend possible l'agression de l'Europe par l'Allemagne nazie. Le "réalisme" stalinien l'emporte sur l'ambition mondiale du communisme afin de protéger l'URSS.

L'Union des républiques socialistes soviétiques (URSS) se présentait comme une fédération de républiques-sœurs, désireuse de s'élargir progressivement à d'autres États, à condition qu'ils fussent communistes. Au prix de six millions de morts, l'Armée Rouge avait repoussé les Polonais, reconquis l'Ukraine, éliminé les Russes blancs, soumis les peuples musulmans du Turkestan et les républiques de Transcaucasie. Ces conquêtes de Trotski avaient permis d'installer le régime révolutionnaire sur le territoire en partie reconstitué de l'ancien empire tsariste. Il y manquait la Pologne, une partie de l'Ukraine et de la Biélorussie, la Finlande et les provinces baltes.

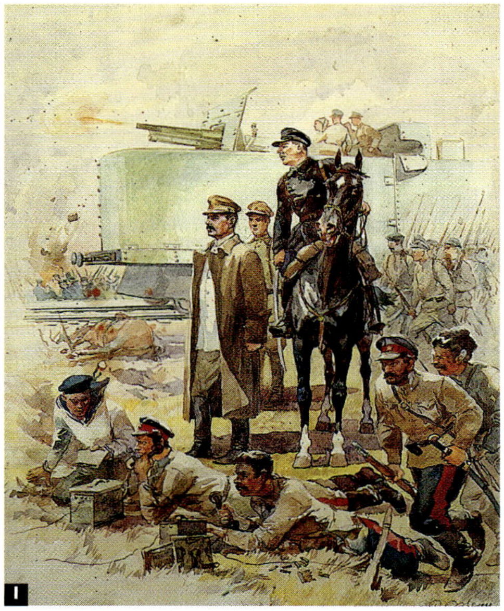

1

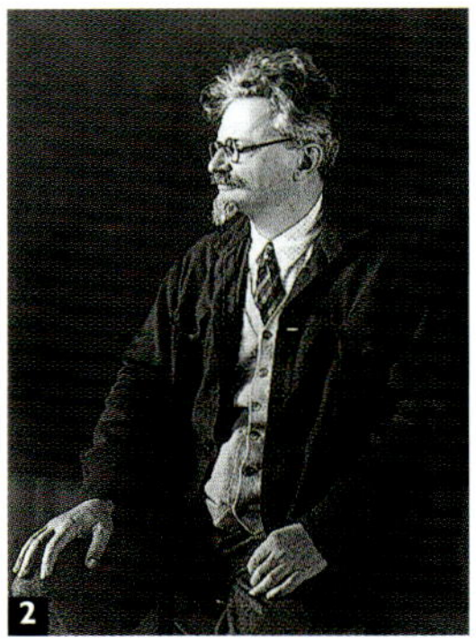

2

Dans cet espace où régnait la "dictature du prolétariat", l'autorité fédérale suprême appartenait au congrès des soviets de l'URSS, mais le pouvoir allait aux commissaires du peuple. Le parti communiste constituait le véritable lien fédéral entre les républiques.

Lénine avait réussi la collectivisation du pays, au prix d'une redoutable famine qui avait causé des millions de morts et renoncé à la politique trotskiste de "révolution permanente" dès 1921. La théorie de la "réalisation du communisme dans un seul pays" conduisait l'URSS à reprendre des relations diplomatiques normales avec l'extérieur, y compris avec les États-Unis qui reconnurent le régime soviétique en 1933, et même à entrer à la SDN en 1934.

Staline, secrétaire général du parti, devait progressivement prendre le pouvoir. Contrôlant l'Armée Rouge à partir de 1925, il excluait Trotski du parti en 1927 et menait, grâce aux 300 000 hommes de la police politique (Guépéou), une action répressive qui peuplait les goulags de 6 à 10 millions de prisonniers en 1935. Alors commençaient les grandes purges politiques, les procès de Moscou qui n'épargnaient même pas les chefs de l'armée, de 1936 à 1938.

Devenue la troisième puissance industrielle du monde, pourvue d'une armée nombreuse et moderne, la Russie stalinienne amorçait avec le pacte germano-soviétique une politique de révision des traités de Brest-Litovsk. Des accords économiques étaient conclus, livrant du blé russe et des métaux stratégiques aux Allemands. Un plan de partage de la Pologne serait mis en application en septembre 1939, lors de l'invasion de ce pays par l'Allemagne. Staline obtiendrait de Hitler les pays Baltes, obligerait au terme d'une guerre difficile la Finlande à se soumettre et reprendrait la Bessarabie à la Roumanie. La Russie était devenue une super-nation se partageant l'Europe continentale avec Hitler. Ce réalisme condamnait l'universalisme révolutionnaire trotskiste. Réfugié au Mexique, Trotski serait assassiné par le NKVD (successeur de la Guépéou) en 1940.

[1] Staline inspecte l'Armée Rouge.
Les Soviétiques envahissent la Pologne le 17 septembre 1939 et annexent la partie orientale du pays.

[2] Léon Trotski (1879-1940).
Condamné par le régime stalinien, le leader de la révolution d'Octobre est assassiné au Mexique où il avait trouvé refuge.

[3] Le pacte germano-soviétique (1939).
Ribbentrop (au premier plan), ministre des Affaires étrangères d'Hitler, signe un pacte de non-agression avec l'URSS qui prévoit notamment le partage de la Pologne entre les deux États. Staline (à droite) et son ministre Molotov (à gauche) ont momentanément réussi à protéger l'URSS de la déflagration qui s'annonce.

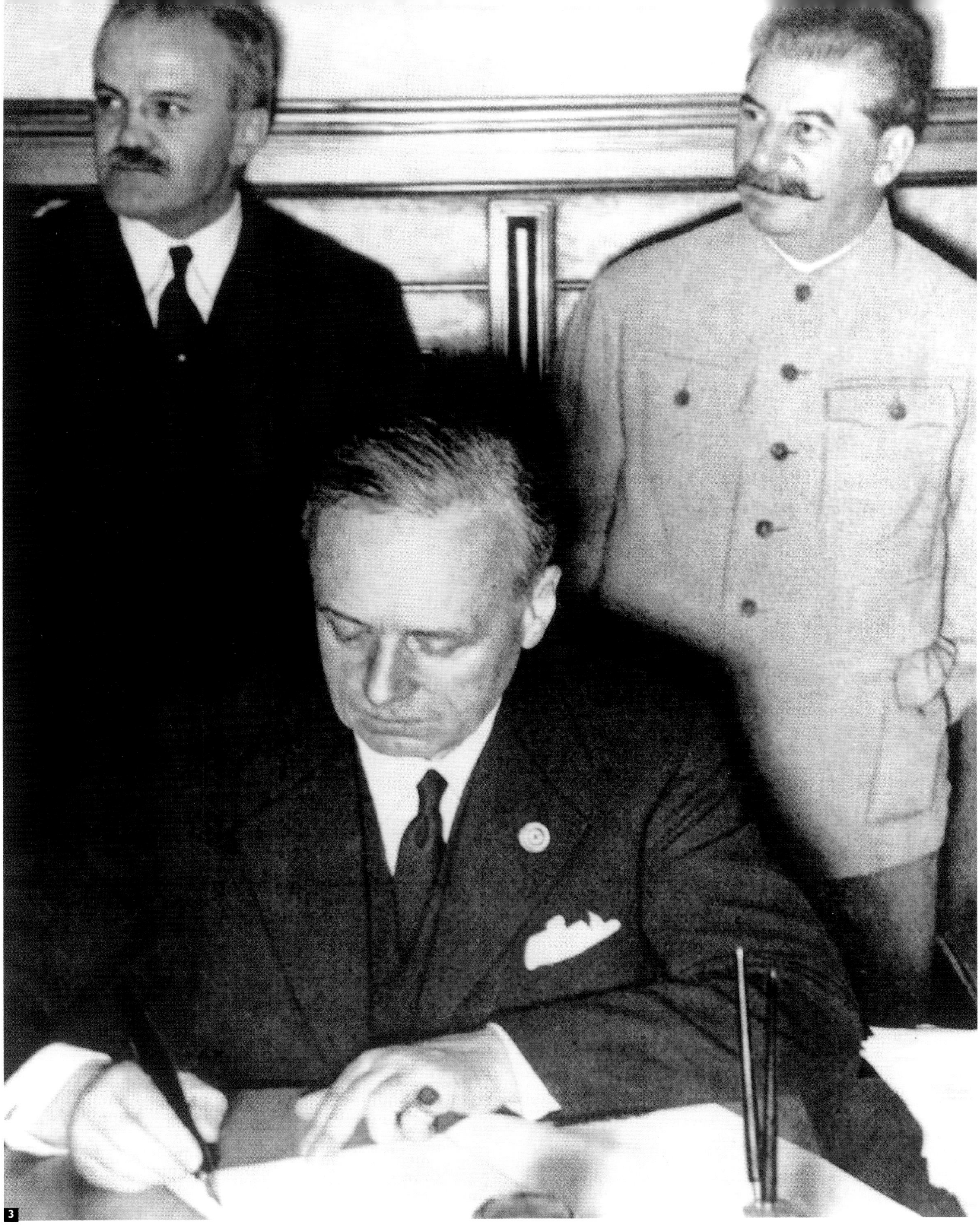

3

22 juin 1941

Le second conflit mondial

fait rage. L'URSS est envahie par les blindés de la Wehrmacht. Toute l'Europe du nord-ouest est occupée. Seule l'Angleterre résiste encore. Le nazisme est en passe de submerger tout le continent.

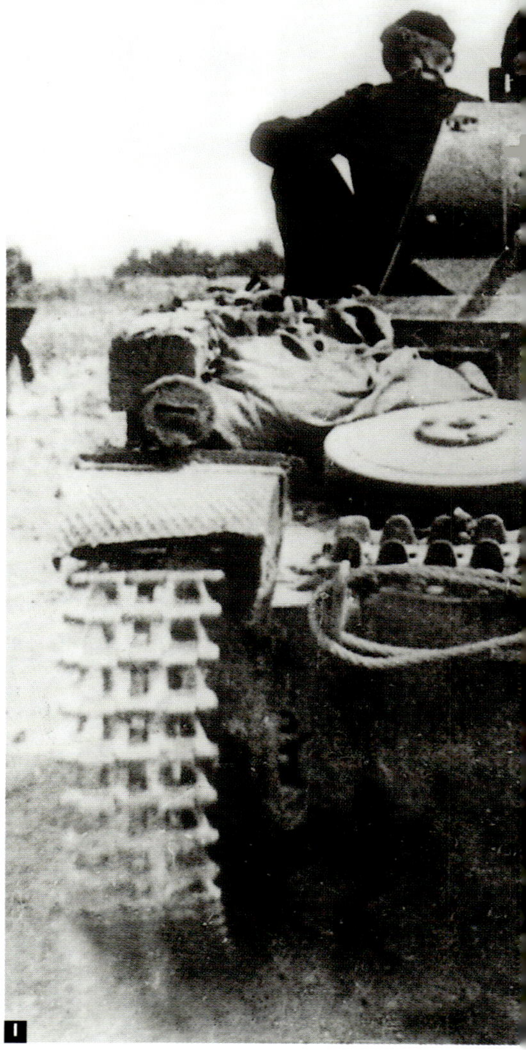

I

■ **E**n Europe, la situation est précaire. La France n'a pas résisté à l'assaut des divisions blindées et de l'aviation allemande, lancées le 10 mai 1940 dans la trouée de Sedan. Durant l'été 1940, l'Angleterre a remporté la bataille aérienne contre la Luftwaffe de Gœring, et dans l'Atlantique elle poursuit la lutte contre les sous-marins de l'amiral Dönitz. Mais en 1942, elle résiste à grand-peine en Libye à l'offensive de l'Afrika Korps de Rommel appuyée par les Italiens, en direction de Suez.

L'agression japonaise contre la flotte américaine basée à Pearl Harbour, le 7 décembre 1941, a enfin décidé les États-Unis à entrer dans la guerre. À cette date, les Allemands sont devant Moscou. Les généraux de la Wehrmacht, appliquant les préceptes du général Guderian, ont réussi une série d'encerclements des grandes unités de l'Armée Rouge, et capturé des centaines de milliers de combattants soviétiques.

La Grande-Bretagne et les États-Unis concluent alors avec l'URSS la grande alliance qui provoque dans le monde un retournement de situation. Roosevelt, avec le Victory Program, fait de l'Amérique "l'arsenal des démocraties" et fournit une aide substantielle à Staline. Le redressement allié est engagé.

Dans le Pacifique, le surarmement naval américain permet à la flotte commandée par Nimitz de gagner la bataille de Midway en juin 1942. Un coup d'arrêt est porté à l'expansion japonaise. En Méditerranée, les Anglais dégagent l'Égypte par la victoire d'El Alamein et débarquent en Afrique du Nord avec les Américains le 8 novembre 1942. La reconquête se poursuit avec le débarquement en Sicile et en Italie du Sud dès septembre 1943. À l'Est, les Soviétiques remportent en février 1943 la victoire de Stalingrad qui marque la fin de l'offensive allemande vers les puits de pétrole du Caucase. Le reflux de la Wehrmacht a commencé.

Hitler compte maintenant sur les armes spéciales, les V1 et les V2, ainsi que sur la bombe atomique, pour redresser la situation. Mais les Américains veulent en finir rapidement. Ils mettent au point la formidable opération de débarquement (Overlord) en Normandie du 6 juin 1944, et celle du 15 août en Provence. Les Allemands, repoussés au-delà du Rhin, capitulent à Reims dans la nuit du 7 au 8 mai 1945.

En Asie, pour éviter que le conflit contre les Japonais s'éternise, les Américains lancent les deux premières bombes atomiques sur les villes d'Hiroshima et de Nagasaki, les 6 et 9 août 1945, obligeant l'empire du Soleil-Levant à capituler le 2 septembre. Aucune nation au monde, pas même la Grande-Bretagne, ne peut alors balancer la puissance des deux supernations victorieuses, l'URSS et les États-Unis.

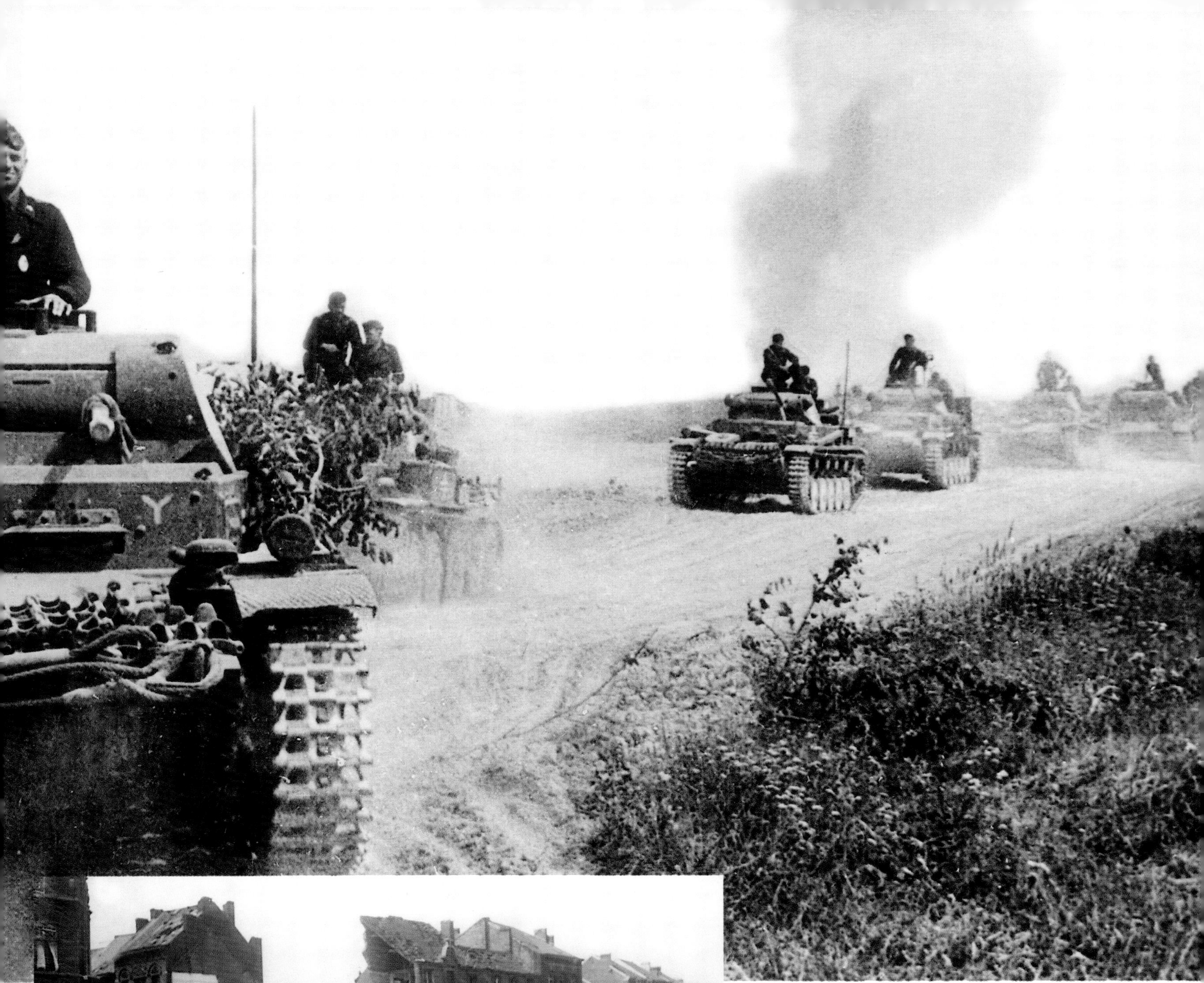

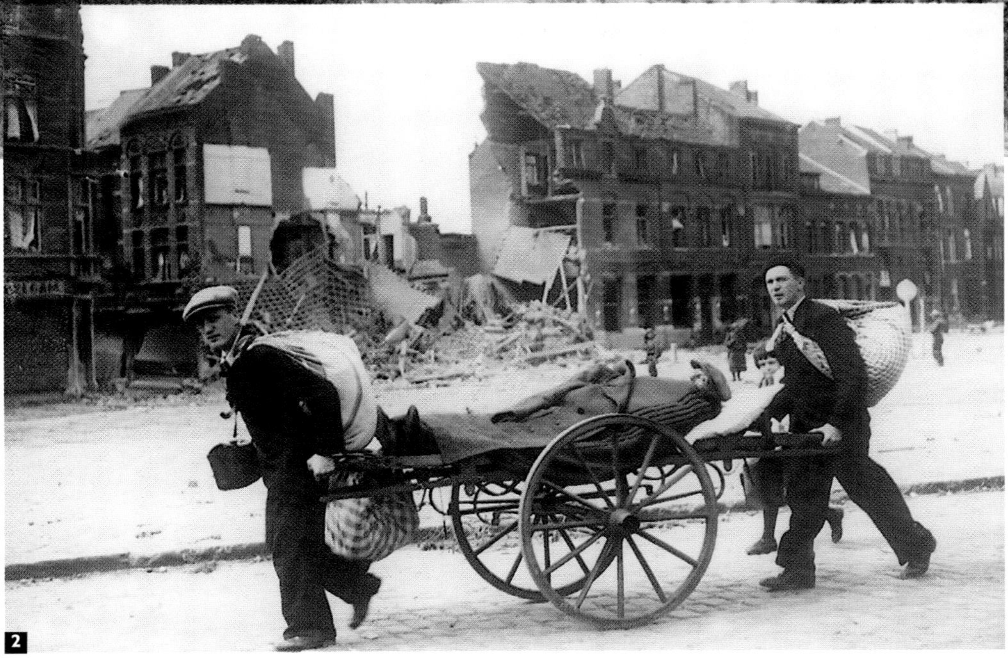

2

[1] Les panzers allemands envahissent l'URSS (juin 1941).
Comme Napoléon deux siècles plus tôt, l'offensive allemande sera stoppée par la rigueur de l'hiver russe.

[2] L'exode des populations civiles (1940).
Les civils fuient les villes bombardées par l'aviation allemande lors de l'offensive du printemps 1940 sur le front Ouest.

20 janvier 1942

La solution finale

du "problème juif" est décidée lors de la conférence de Wannsee. Heidrich y annonce qu'Hitler l'a chargé de planifier l'extermination systématique des juifs dans des camps spéciaux.

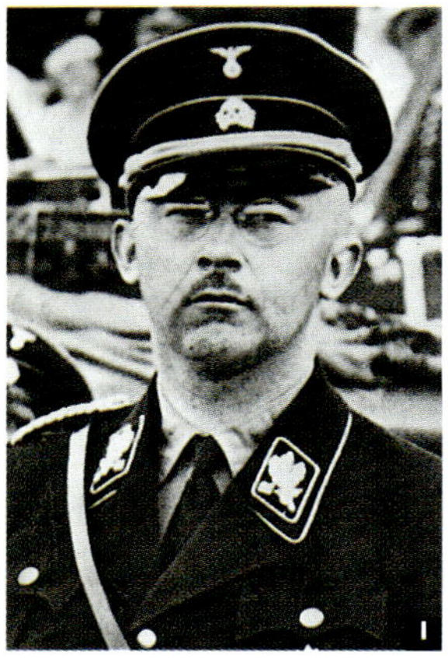

1

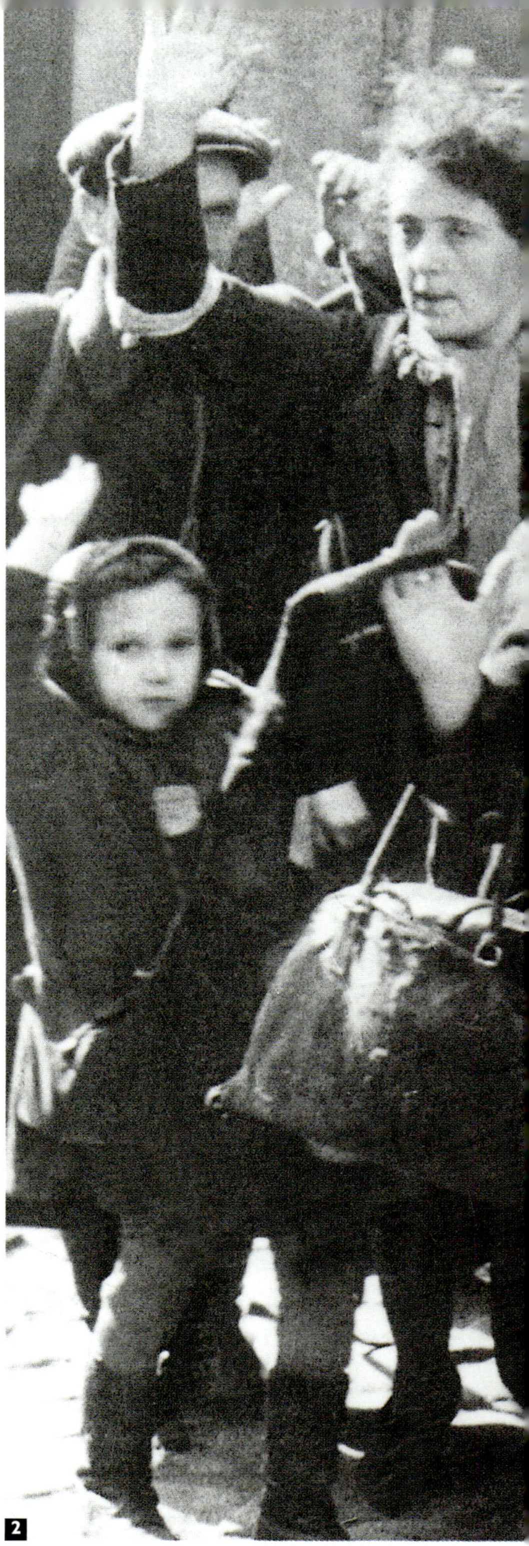

2

■ **À** Wannsee, le crime de la Shoah était ainsi lucidement préparé, marquant d'une pierre noire l'histoire du millénaire. Plus de six millions de juifs devaient périr dans des camps d'extermination où les victimes étaient impitoyablement gazées. Himmler, chef des SS, en avait d'abord fait construire quatre en Pologne : Belsec, Chelmno, Sobibor et Treblinka. Pendant l'été de 1942, Auschwitz devint le plus grand centre de concentration et d'extermination en Europe. Des milliers de victimes périrent par les gaz, leurs corps étant ensuite livrés aux fours crématoires. Comble de la monstruosité, des médecins, comme Joseph Mengele, pratiquaient sur les détenus promis à la mort des expériences médicales qui ne faisaient pas avancer la recherche d'un pouce mais qui livraient les victimes à une torture insupportable, comme dans les expériences de résistance au grand froid.

Dans les quatre camps d'Auschwitz dirigés par le SS Hoess, surtout à Birkenau, les nazis exterminèrent d'abord les juifs des ghettos de Silésie et de Slovaquie pendant l'hiver de 1941-1942, puis les juifs venus de France, raflés au Vélodrome d'hiver, internés par le régime de Vichy dans les camps du sud de la France et livrés aux Allemands. D'autres vinrent aussi de Belgique et des Pays-Bas. Au début de 1943 commença la persécution systématique des Tziganes. Au printemps de la même année, les juifs de Grèce et des Balkans trouvèrent la mort par familles entières. En 1944 enfin, ce furent les survivants du ghetto de Varsovie et les juifs de Hongrie que l'on envoya à la mort. La libération du camp par les armées soviétiques en janvier 1945 permit au monde de découvrir l'horreur.

Auschwitz et le processus d'extermination marquent une étape capitale dans l'histoire du millénaire. Jusque-là, les guerres de religion avaient ensanglanté l'humanité, provoquant la destruction de communautés entières. les guerres nationales avaient multiplié les victimes par millions. Mais le crime raciste nazi dépassait pas son ampleur, et par son caractère d'extermination systématique, industrielle, froidement programmée, les perversions meurtrières des affrontements religieux ou nationaux. Pour la première fois, on avait voulu exterminer un peuple entier pour la seule raison qu'il existait et qu'on lui en déniait le droit.

La Shoah prenait une dimension mondiale. On connaissait jusque-là les crimes de guerre. Elle inaugurait sinistrement le crime contre l'humanité que les sanctions infligées par le tribunal international de Nuremberg ne suffiraient pas à juger.

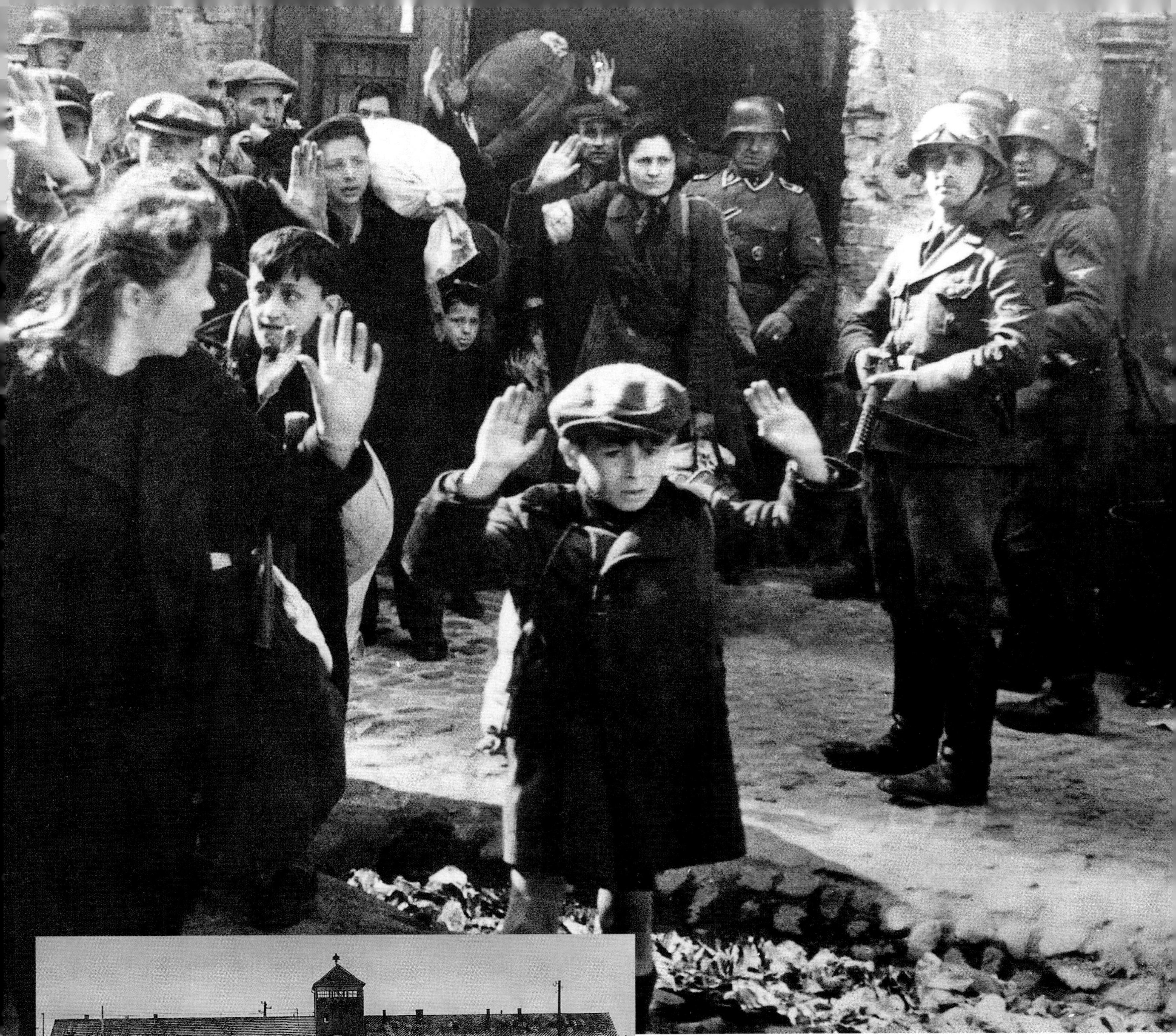

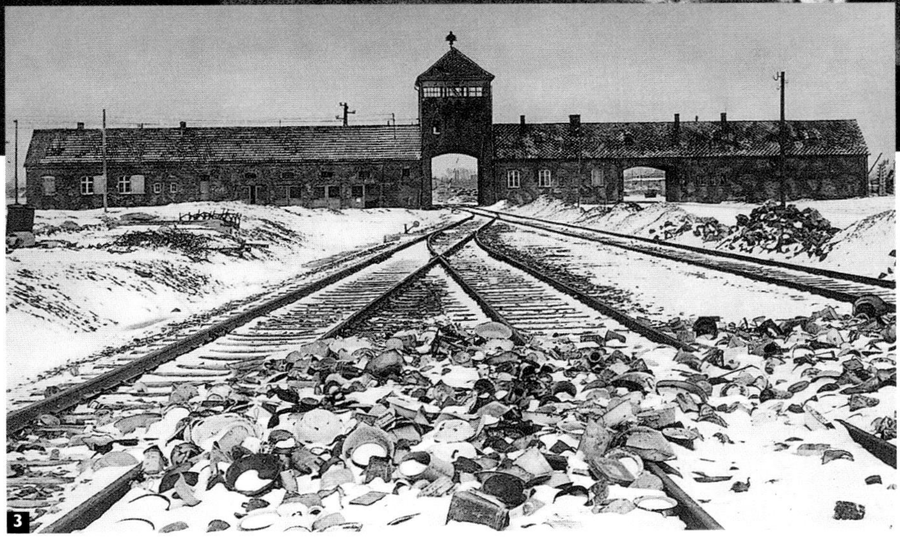

3

[1] Heinrich Himmler.
Le chef des SS est le responsable de la mise en application de la "solution finale".
[2] Rafle dans le ghetto de Varsovie (avril 1943).
Toute la détresse du peuple juif est exprimée dans le regard de cet enfant. Déporté à Bergen-Belsen, il survivra à la Shoah.
[3] Auschwitz.
Le symbole de la barbarie absolue des nazis. Un des camps est un camp d'extermination par les gaz : il y aura des millions de victimes.

26 juin 1945

La Charte des Nations unies

est signée à San Francisco par les représentants de cinquante et une nations en lutte contre l'Axe. Inspirée par Roosevelt, l'ONU a pour mission "d'établir la paix et la sécurité internationale".

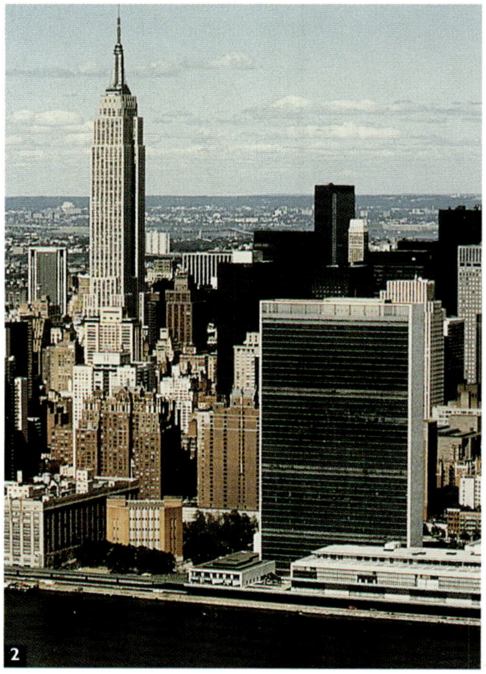

2

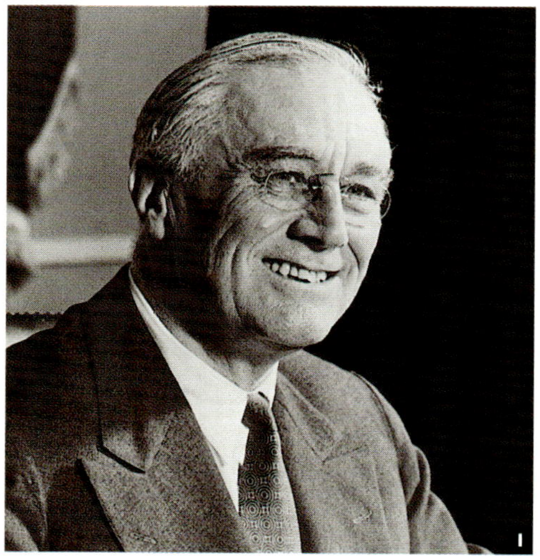

1

■ **L'**ONU représentait la reprise du rêve wilsonien d'un monde unique, conforme au droit et respectueux de la liberté. Le 10 janvier 1946, une première assemblée générale se tenait à Londres. À partir de 1952, l'ONU disposait d'un siège permanent sur les bords de l'East River, à New-York, où les représentants des États membres se réunissaient chaque année en septembre. Entre chaque session siégeait le conseil de sécurité. Sur quinze membres, dix étaient élus par l'assemblée, cinq sièges étaient permanents, ceux de la Chine de Tchang Kaï-chek, de l'URSS, des États-Unis, de la Grande-Bretagne et de la France. L'ONU disposait de pouvoirs étendus pour arbitrer les conflits, et pouvait même employer la force armée. Mais les décisions devaient être prises à l'unanimité du conseil. Cette disposition bloquait complètement la machine si l'un des membres usait de son droit de veto, ce que Molotov, ministre des Affaires étrangères de Staline, faisait constamment pour bloquer tout processus d'intervention hostile à la politique soviétique. L'ONU était, dans son principe, fermée aux nations fascistes, à celles qui ne reconnaissaient pas la nouvelle charte des droits de l'homme, qui ne mettaient pas le racisme hors la loi. Pourtant, les anciens alliés de l'Allemagne y furent admis dès les années cinquante, y compris le Japon. L'Espagne et le Portugal faisaient leur entrée en 1955, et les deux Allemagne en 1973. Il ne manquait que la Chine communiste, dont la présence était exigée par l'Inde. Elle fut admise en 1971, lorsque les États-Unis se décidèrent enfin à reconnaître, sous la présidence de Richard Nixon, Kissinger étant secrétaire d'État, le régime créé par Mao Zedong.

L'ONU devait jouer un rôle utile dans la reconnaissance des nouvelles nations du tiers monde qui fleurissaient dans les années soixante. 115 États étaient représentés en 1964, 127 en 1970, 144 en 1976. À cette date, seuls les deux Viêt Nam, les deux Corée, et quelques pays neutres comme la Suisse, restaient encore à l'extérieur de l'Organisation. Mais l'afflux des nations ne devait pas cesser, jusqu'à l'approche de l'an deux mille où l'explosion de l'empire soviétique a libéré des peuples qui ont demandé immédiatement leur accession à l'ONU, symbole éclatant de leur indépendance.

Quelques années après la création de l'ONU, le monde entier, ou presque, était présent dans la grande maison de verre de l'East River. Et cependant, pendant un demi-siècle, il devait être déchiré par la guerre froide.

[1] Franklin Delano Roosevelt (1882-1945). *Le Président américain est l'un des principaux inspirateurs de l'ONU.*

[2] Le siège de l'ONU à New York. *L'Organisation s'installe à partir de 1952 sur les bords de l'East River.*

[3] Signature de la Charte des Nations unies (1945). *Cinquante et une nations en guerre contre l'Axe signent le 26 juin à San Francisco la Charte qui servira de base à l'ONU.*

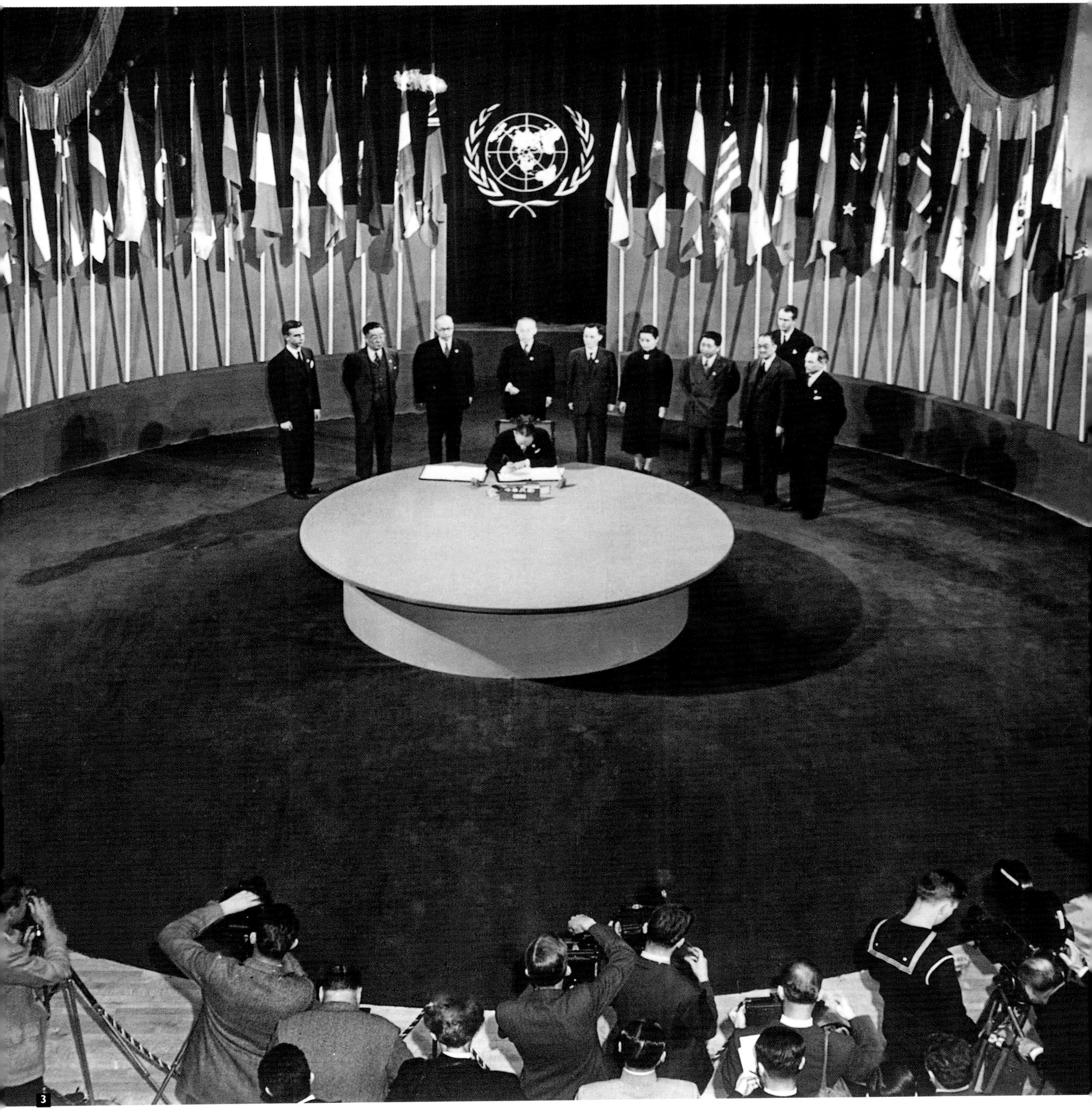

3

15 août 1947

L'Inde est indépendante.

Le pays est partagé en deux États, l'Inde et le Pakistan, dont les frontières restent à fixer. Une guerre de religion commence alors entre les deux voisins. Mauvais départ pour le monde-un.

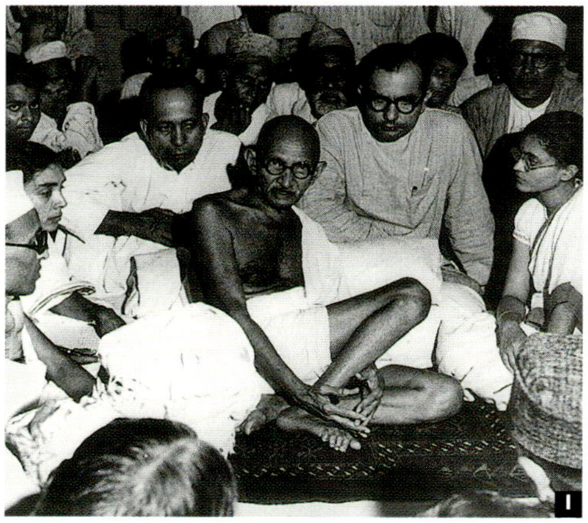

1

■ Le *bill* d'indépendance du pays, voté à Londres en juillet 1947, entra en vigueur le 15 août suivant. Au cours du partage, plus de dix-sept millions d'hommes et de femmes furent déplacés et l'on déplorait déjà 400 000 morts dans les premiers affrontements entre hindous et musulmans. Le Pakistan occidental, le plus riche, était séparé de l'oriental (futur Bangladesh) par toute l'étendue de l'Inde. Dix millions d'hindous avaient quitté le Pakistan pour retrouver l'Inde, alors que sept millions et demi de musulmans avaient gagné le Pakistan, surtout occidental. Gandhi, assassiné par un extrémiste hindou en janvier 1948, avait tenté en vain de maintenir l'unité.

Le partage du Cachemire donna lieu à la première guerre indo-pakistanaise. Le souverain de cette province était hindou, mais la majorité de la population, musulmane. La haine religieuse des deux camps atteignit des sommets. Le pays fut dévasté pendant toute l'année 1948.
L'ONU réussit à imposer sa médiation. Elle était pourtant mal reçue des Pakistanais qui devaient se contenter des régions montagneuses

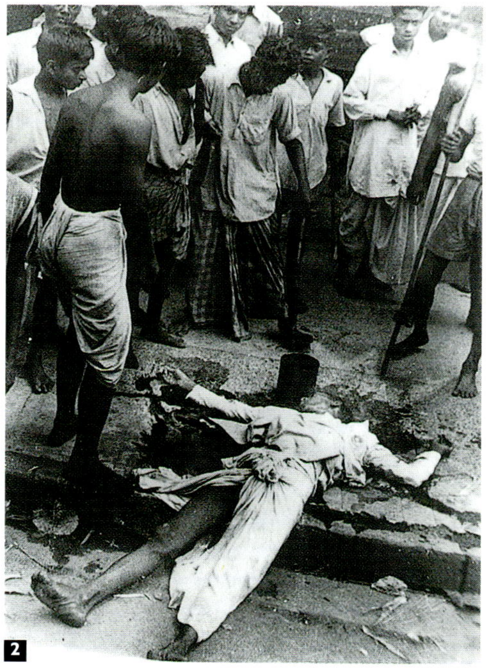

2

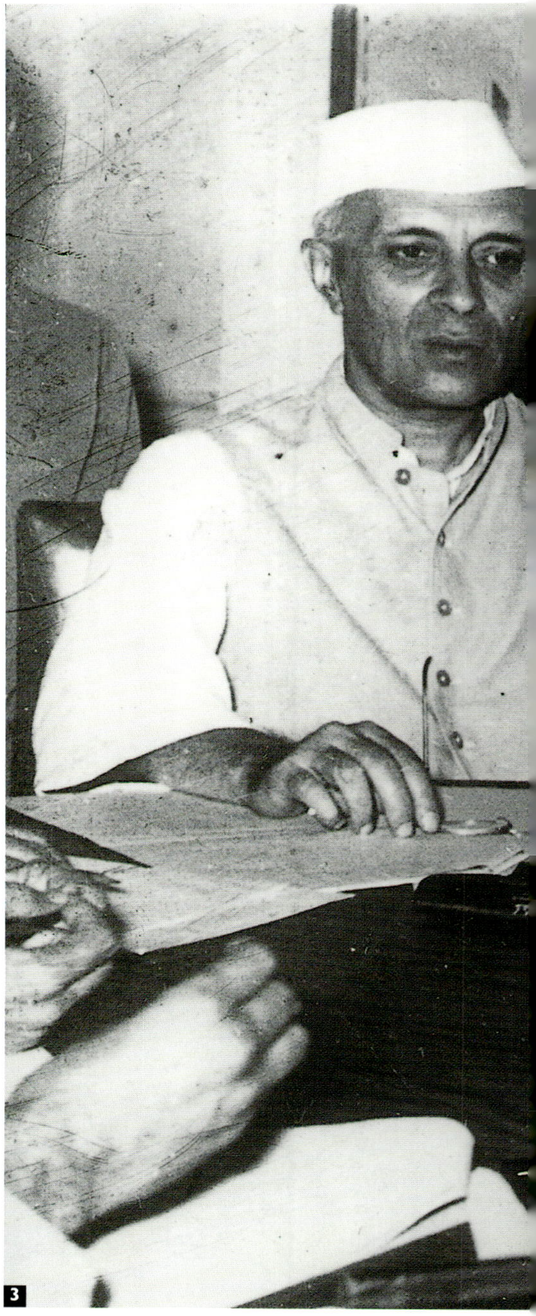

3

et pauvres du Cachemire, tandis que les Indiens occupaient les deux tiers les plus prospères du pays qu'ils devaient annexer en 1957.
La guerre reprendrait en 1965, sans aboutir à un règlement véritable. L'intervention de l'URSS contraindrait en effet les adversaires à interrompre les combats, mais les troubles seraient permanents. Un nouveau conflit éclaterait en décembre 1971.
Le désir de paix de l'ONU entre l'Inde et le Pakistan se heurta à l'intransigeance religieuse

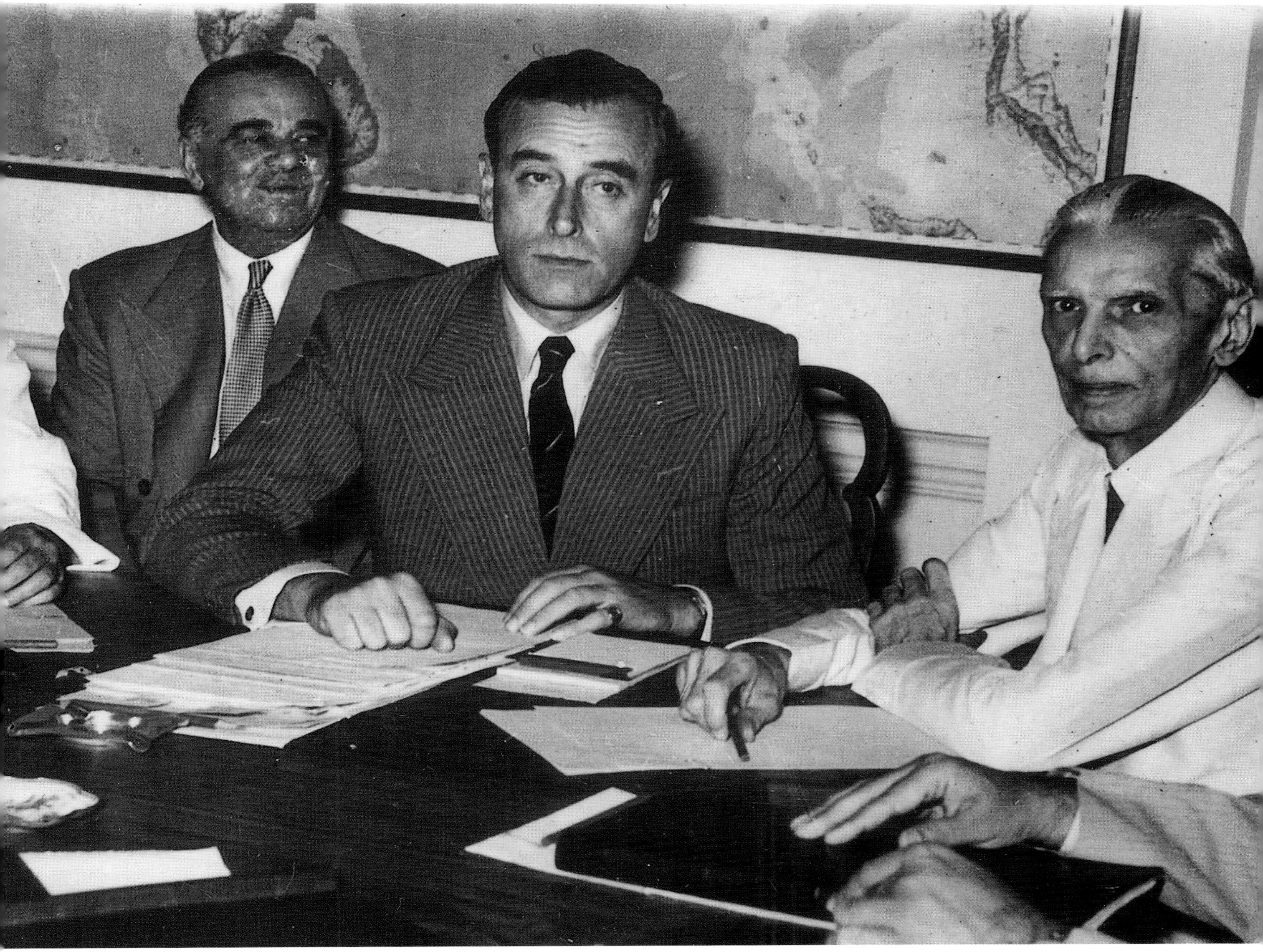

car les musulmans ne purent jamais se résoudre à l'annexion du Cachemire par la force. Malgré les recommandations de l'ONU, l'Inde ne voulut jamais organiser dans ce pays un libre référendum. L'Organisation était impuissante devant l'anachronique résurgence des passions religieuses qui animaient les revendications nationales.

Le développement militaire simultané de l'Inde – armée par l'Union soviétique –, et du Pakistan, longtemps protégé par les escales de la VIIe flotte américaine, fit longtemps régner dans la zone de l'océan Indien un climat d'insécurité permanent, aggravé par les tensions sino-indiennes, et par des politiques d'acquisition de l'arme atomique. Les conflits furent avivés par la pression démographique constante et par l'arrivée dans les villes des populations affamées des campagnes qui demandaient aide et protection.

[1] **Gandhi (1869-1948).** *L'apôtre de la non-violence ne peut empêcher la partition de l'Inde en deux États. Il tombe sous les balles d'un extrémiste hindou en janvier 1948.*
[2] **Les émeutes en Inde.** *Les affrontements entre hindous et musulmans font 400 000 victimes durant l'été 1947.*
[3] **La conférence de New Delhi (1947).** *L'indépendance de l'Inde est entérinée par (de gauche à droite) Nehru, lord Ismay, lord Mountbatten représentant la Grande-Bretagne, et Jinnah, premier chef de l'État du Pakistan.*

29 novembre 1947

La Palestine est partagée

par l'ONU en deux États : l'un est juif et l'autre arabe. Jérusalem et les Lieux saints sont placés sous contrôle international. Les pays arabes déclenchent la première guerre israélo-arabe.

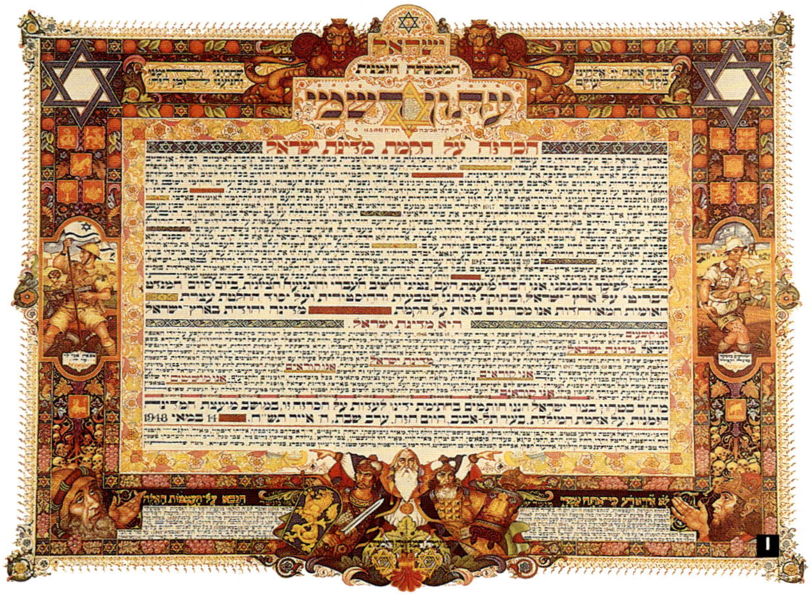

■ **L**es juifs avaient commencé à s'installer en Palestine dès 1882, lorsque les pogroms des centuries noires menaçaient leur sécurité en Russie. En 1914, ils étaient cent mille, et le 2 novembre 1917, le ministre anglais Balfour leur avait promis la création d'un "foyer national" en Palestine. Espoir déçu après la guerre, parce que l'Angleterre voulait ménager le nationalisme arabe qui s'opposait déjà aux colons juifs. Après 1933 les persécutions nazies avaient provoqué l'émigration des juifs d'Allemagne. En 1939, un Livre blanc de Londres la limitait à 75 000 personnes pour cinq ans, ce qui exaspérait les juifs soumis aux pires traitements. Ils avaient alors organisé la résistance contre les Anglais en créant des groupes terroristes, l'Irgoun et le Stern. Durant l'été 1947, l'Exodus, navire d'émigrants juifs en route vers Israël, était intercepté par la Royal Navy et reconduit en Allemagne. Après cet épisode, l'exaspération était à son comble. Londres n'avait plus d'autre solution que le partage.

Le mandat anglais devait prendre fin le 15 mai 1948 à minuit. Huit heures avant son expiration, David Ben Gourion proclamait l'indépendance d'Israël. La Ligue arabe levait aussitôt des armées en Égypte, Transjordanie, Syrie et Liban, 80 000 hommes contre 60 000 combattants israéliens de la Haganah. Les Irakiens entouraient le lac de Tibériade, la Légion arabe du roi de Jordanie assiégeait Jérusalem, s'emparait du mur des Lamentations. Les Égyptiens, vers le sud, prenaient Gaza et encerclaient Tel Aviv.

Une trêve imposée par l'ONU était acceptée en juin et permettait à Israël de reconstituer ses forces pour engager la foudroyante "campagne des Dix jours" (juillet 1948) qui permettait la conquête de la Galilée. Une nouvelle trêve intervenait alors, mais le comte Folke Bernadotte, médiateur de l'ONU, était assassiné par un extrémiste juif et, le 15 octobre, Israël lançait deux nouvelles offensives sur le Néguev et en Galilée. Les Éyptiens abandonnaient les premiers le combat en février 1949, suivis par leurs alliés, sauf l'Irak qui refusait obstinément de négocier. Israël possédait à présent un territoire d'un seul tenant et partageait Jérusalem avec la Jordanie. 120 000 Arabes restaient dans le nouvel État, jouissant en théorie des mêmes droits que les juifs.

L'État d'Israël était né. Il avait acquis, par le sacrifice de ses combattants, les moyens d'exister. Il siégeait à l'ONU. Pourtant les Arabes refusaient de le reconnaître. Un extraordinaire mouvement de retour des juifs à Jérusalem, sanctifié par le massacre sans précédent de la Shoah, se heurtait aux passions nationales et religieuses des nouveaux États arabes.

[1] La déclaration d'indépendance d'Israël.
Depuis 1917 et la déclaration Balfour, les juifs de la diaspora espèrent la création d'un foyer national en Palestine. Ce vœu est exaucé par l'ONU en 1947. La Palestine sera partagée en deux États : l'un juif, l'autre arabe.

[2] David Ben Gourion proclame l'indépendance d'Israël (14 mai 1948).
Huit heures avant l'expiration du mandat britannique sur la Palestine, le futur Premier ministre proclame l'indépendance de l'État juif. Le lendemain, les armées arabes passent à l'offensive contre le nouvel État. La guerre d'Indépendance prend fin en 1949 sur une victoire israélienne.

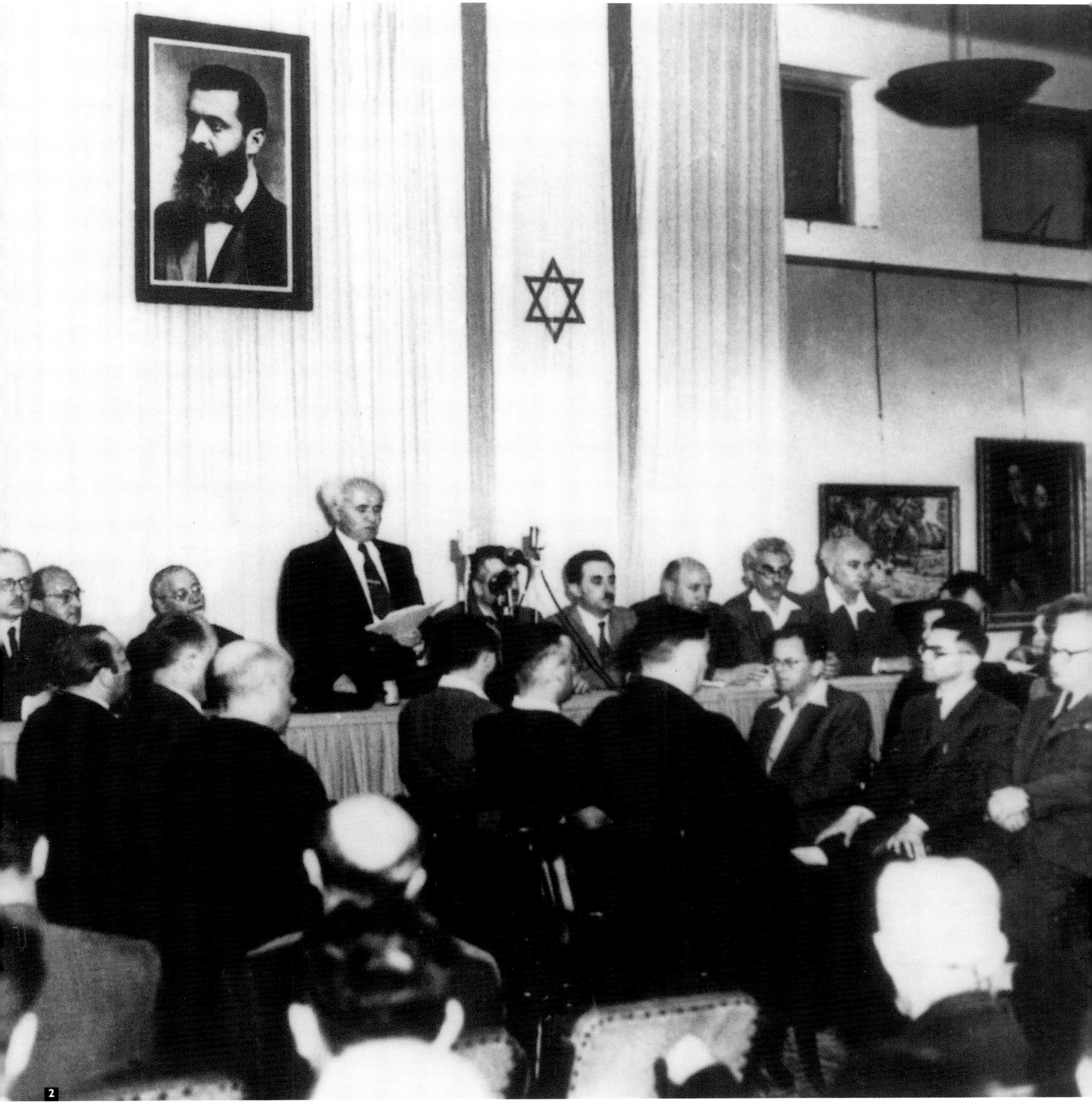

2

avril 1948 à mai 1949

Le blocus de Berlin

est mis en place par les Soviétiques. Impossible d'accéder à la ville qui, depuis la conférence de Potsdam de 1945, est divisée en quatre secteurs d'occupation : soviétique, américain, anglais et français.

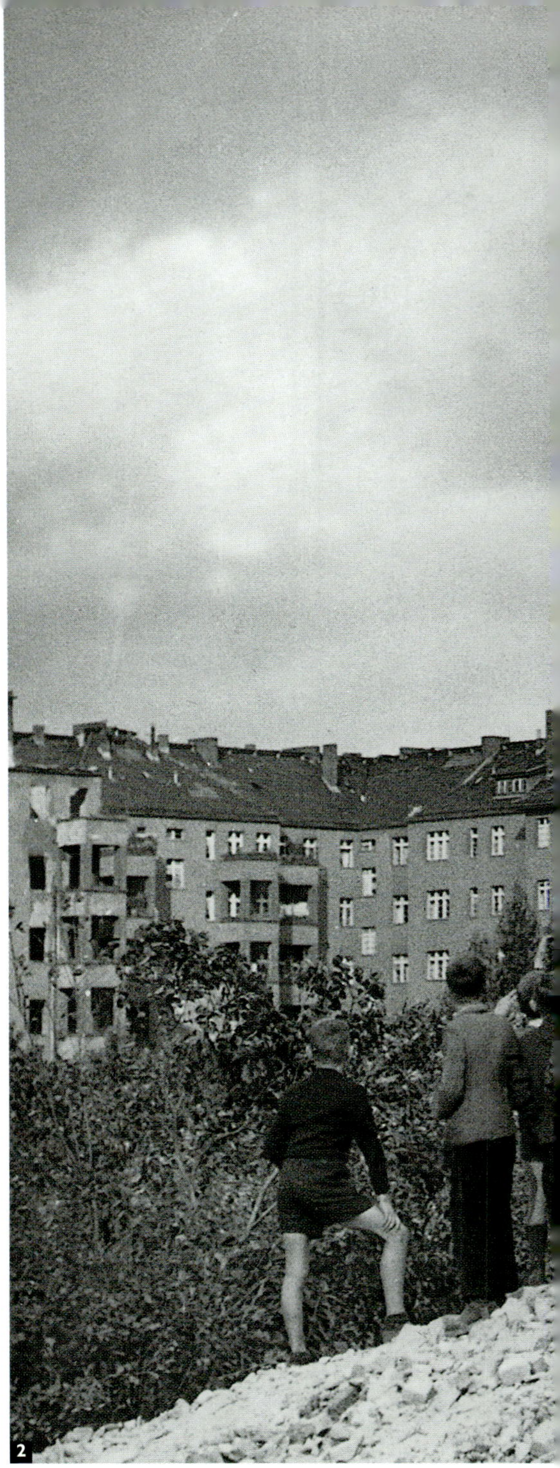

■ **À** Berlin, les Alliés de l'Ouest avaient décidé unilatéralement de créer une monnaie commune. Staline s'était "fâché". La guerre froide commençait. Elle couvait depuis le discours de Churchill prononcé à Fulton le 5 mars 1946, où il avait lancé l'expression du "rideau de fer" qui coupait l'Europe en deux ; et surtout depuis le discours du président Truman, du 12 mars 1947, qui avait affirmé la volonté des États-Unis de barrer la route au communisme partout dans le monde.

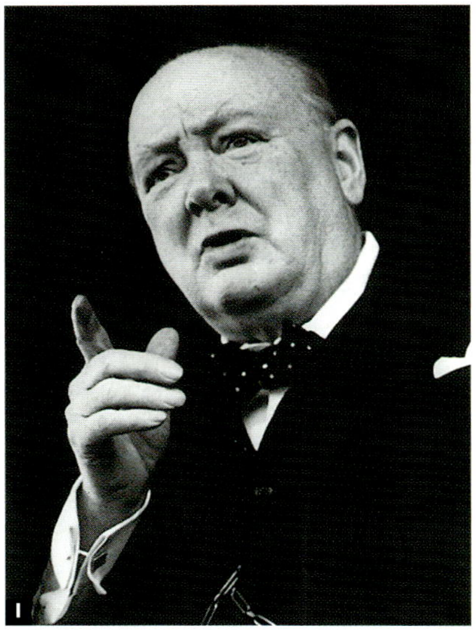

Le 5 octobre 1947 était fondé le Kominform, organisation destinée à coordonner l'action des partis communistes dans le monde. En Grèce, contrairement aux accords de Yalta, les communistes passaient à l'offensive et les troupes britanniques éprouvaient les pires difficultés à défendre Athènes. En Bulgarie, depuis la fin de 1946, en Roumanie, depuis 1947, les communistes avaient pris le pouvoir. En Pologne, les élections de janvier 1947 avaient donné 80 % des voix au communiste Gomulka allié au socialiste Cyrankiewicz. En Tchécoslovaquie, le "coup de Prague", organisé par le parti le 25 février 1948, dispersait les opposants bourgeois et mettait en place une démocratie populaire.

Staline avait tenté d'installer un gouvernement communiste au nord de l'Iran. Une république communiste était fondée en Corée du Nord. En Indochine, Hô Chi Minh repoussait les offres françaises de négociation et engageait une guerre de sept ans. La victoire de Mao Zedong sur Tchang Kaï-chek soutenu par les États-Unis avait permis la création de la République populaire de Chine en octobre 1949.

En 1948-1949, les deux Allemagne se faisaient face en Europe, celle de Bonn, création des Alliés de l'Ouest, celle de Berlin, communiste. Pour enrayer le blocus soviétique,

[1] **Winston Churchill (1874-1965).** *En 1946, l'ex-Premier ministre britannique dénonce à Fulton le "rideau de fer" soviétique qui s'est abattu sur l'Europe.*
[2] **Le blocus de Berlin (1948-1949).** *Après la décision soviétique d'interdire les accès terrestres à Berlin, Américains et Anglais organisent un pont aérien qui permet d'acheminer près d'1,7 million de tonnes de vivres.*
[3] **L'aide américaine à l'Europe.** *Colis de vivres américains envoyés aux populations européennes après-guerre.*

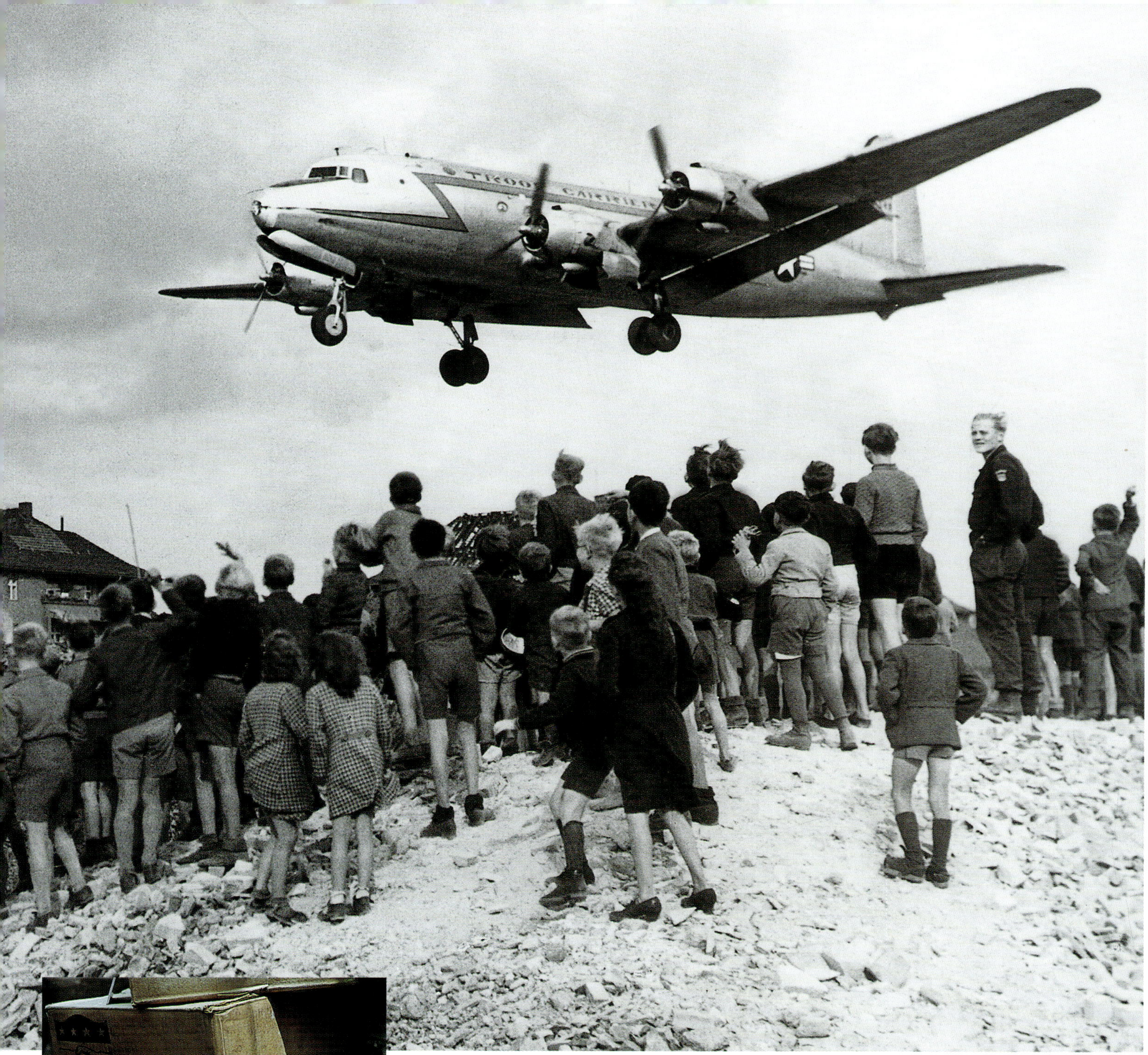

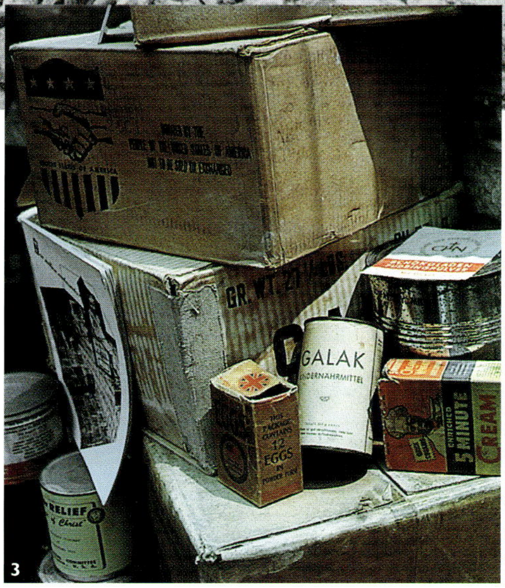

3

Truman avait organisé un pont aérien pour maintenir libre les secteurs occidentaux de la capitale et débloqué les crédits du plan Marshall pour permettre à l'Europe de lutter contre la subversion communiste. Une aide immédiate permettait de reprendre la Grèce aux communistes et de protéger la Turquie.

En France, les ministres du PCF avaient été "démissionnés" par le socialiste Ramadier en 1947. Des syndicats FO soutenus par l'Amérique se mettaient en place pour combattre la CGT qui multipliait les grèves violentes. La création de l'OTAN, le 4 avril 1949, permettait d'organiser la défense de l'Europe grâce aux crédits, au matériel et à la participation de troupes américaines. En septembre 1949, l'URSS faisait exploser sa premier bombe atomique. On disait alors que le monde était partagé en deux blocs.

13 juillet 1949

Pie XII

condamne le communisme. Dans un décret du Saint-Office, le pape estime que la religion catholique est menacée en Extrême-Orient comme en Europe, particulièrement en Pologne et en Hongrie.

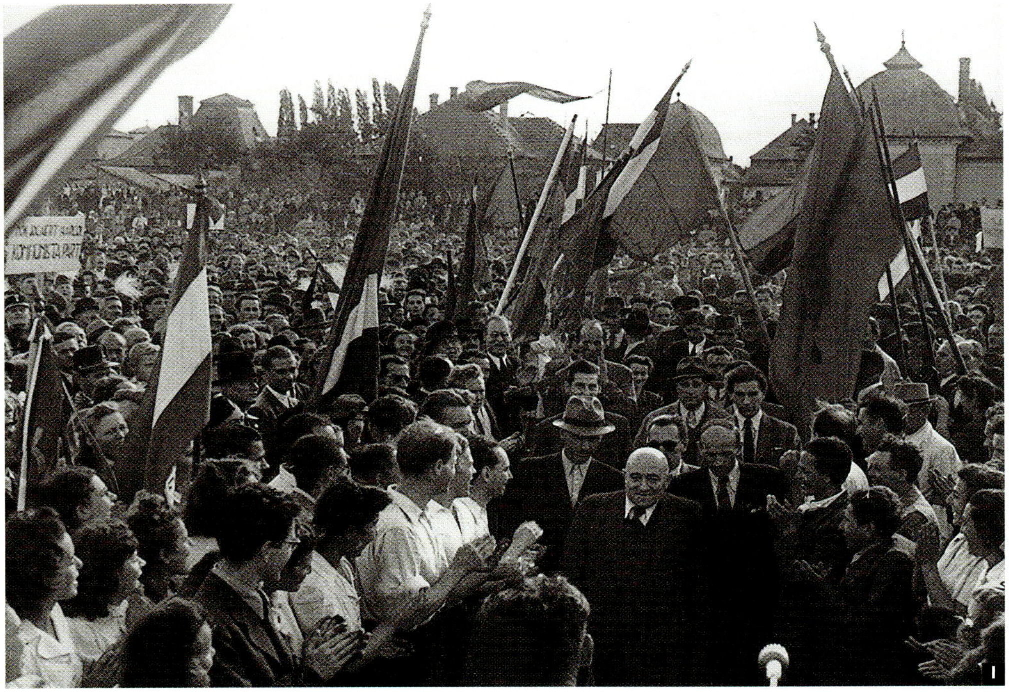

■ **L**a croisade est engagée. L'Église constitue en Italie, en France, en Belgique, en Allemagne de l'Ouest et en Autriche des partis chrétiens qui militent contre le communisme. En Hongrie, un parti des petits propriétaires soutenu par l'Église avait obtenu la majorité aux élections de novembre 1945. Mais les communistes, maîtres du ministère de l'Intérieur, organisaient de nouvelles élections en 1946, qui donnèrent à l'union des gauches 60 % des voix, puis celles de 1949, avec liste unique, réunissant 95,6 % des suffrages. La République populaire hongroise proclamée en août 1949 était strictement laïque et soumise au *politburo* dirigé par le stalinien Rakosi. La lutte contre l'Église était entreprise avec vigueur. Les biens du clergé étaient nationalisés, ainsi que l'enseignement. Le cardinal Mindszenty, primat de Hongrie, était condamné en février 1949 à la détention perpétuelle après un "lavage de cerveau". Les autorités communistes ne reculaient pas devant la laïcisation forcée de l'État qui, dans ce pays croyant, heurtait profondément les consciences.

En Pologne, Gomulka, trop indépendant, était soupçonné de sympathies pour Tito, le leader communiste yougoslave, héros de la résistance, qui avait rompu avec Staline. Tito avait pourtant mis en place un véritable régime communiste, éliminant toute opposition comme la résistance serbe armée pendant la guerre par les Anglais mais dont les dirigeants avaient été abandonnés par Churchill. On oubliait ainsi la sévère répression du titisme pour considérer le maréchal comme un ennemi de Staline, donc un ami de l'Occident.

En Pologne, le modéré Gomulka fut arrêté en 1951 et remplacé par le stalinien Bierut, avec le maréchal russe d'origine polonaise Rokossovski comme ministre de la Défense. Tous les biens de l'Église furent nationalisés, les prêtres arrêtés par centaines, le cardinal primat Wyszynski enfermé dans un monastère en septembre 1953. Déjà déportés par les nazis, les curés polonais trouvaient de nouveaux bourreaux dans les prisons communistes.

Dès lors, l'opposition de l'Église devait se manifester constamment dans les pays catholiques de l'Est, aussi bien dans les églises pour protéger la liberté de culte, que dans les syndicats clandestins appelés "commissions ouvrières". La politique intransigeante de Moscou avait allumé dans ces Républiques populaires une guerre de religion qui, malgré la répression vigilante, ne s'éteindrait pas.

[1] Meeting du parti communiste hongrois en 1946. *Le stalinien Mathias Rakosi (au premier plan), premier secrétaire du* politburo, *prend la tête de la République populaire hongroise en 1949. Il engage le pays dans une laïcisation forcée.*

[2] Pie XII (1876-1958). *Le pape condamne publiquement le communisme après l'emprisonnement du primat de Hongrie.*

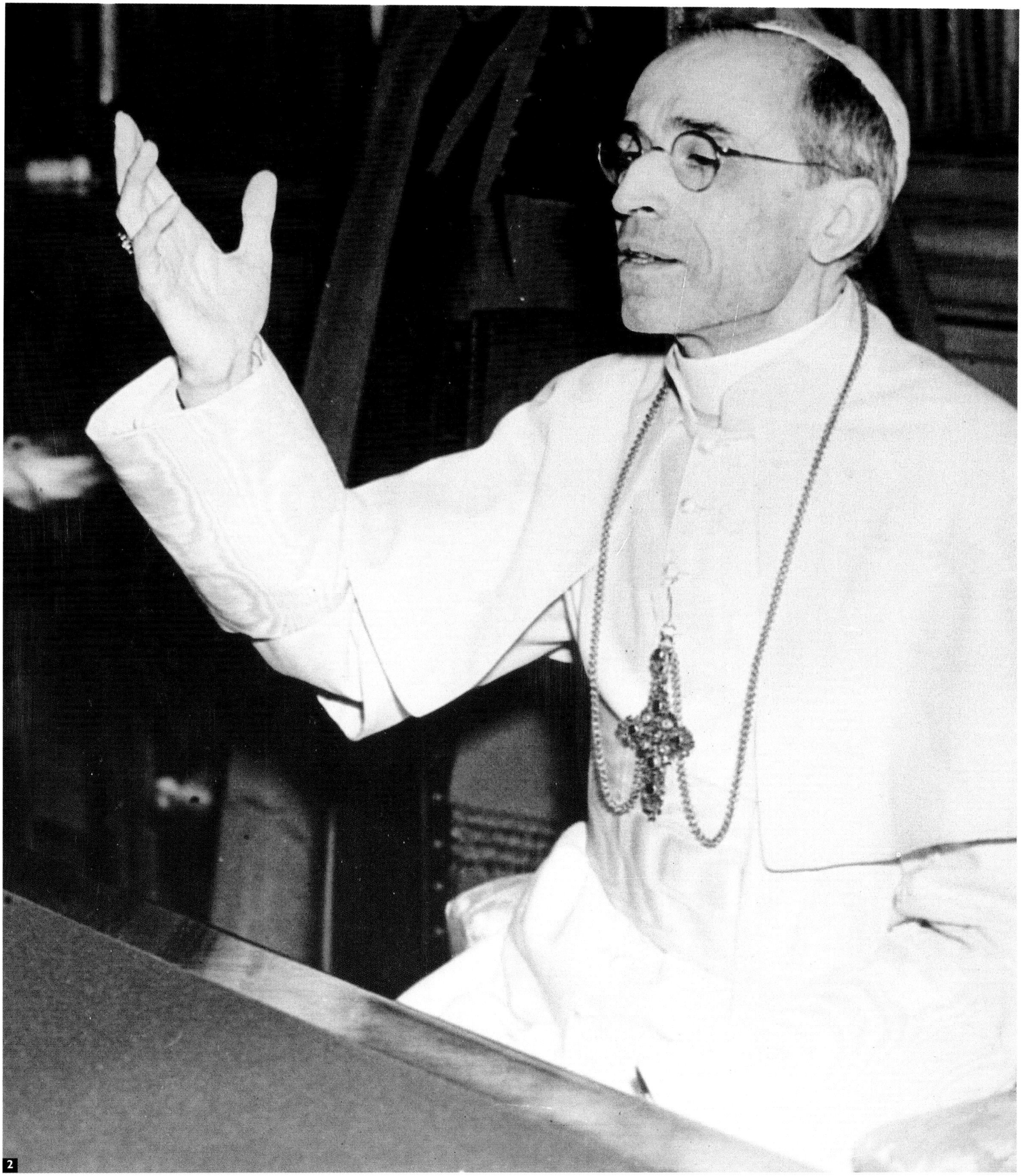

2

25 juin 1950

La Guerre de Corée débute

avec l'invasion de la Corée du Sud par les troupes nord-coréennes communistes. Les Nations unies constituent une force militaire d'intervention armée dont les États-Unis prennent la tête.

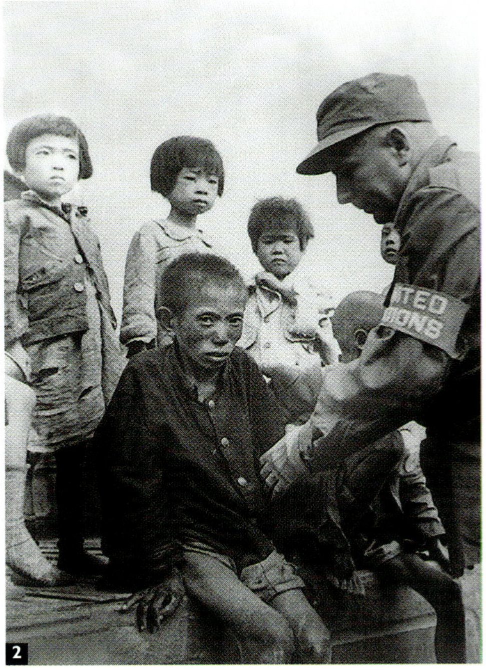

■ **F**ace au problème coréen, les super-nations ont reculé devant le risque d'une troisième guerre mondiale. Mais elles ont néanmoins accepté d'intervenir dans la guerre froide et de constituer des blocs pourvus d'armes traditionnelles.

Si l'ONU a pu mobiliser une force armée pour intervenir en Corée, c'est avant tout parce que le délégué soviétique "boudait" le conseil de sécurité depuis le mois de janvier 1950. Ayant perdu la Chine, les Américains voulaient garder leurs positions dans l'Asie du Sud-Est. Truman envoya un important contingent sous les ordres de MacArthur, utilisant le Japon comme relais d'invasion. Dès le 26 octobre 1950, la contre-offensive des forces de l'ONU permettait d'atteindre la frontière mandchoue.

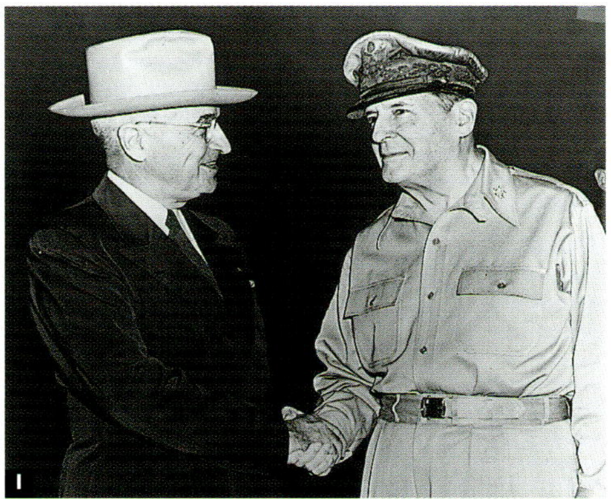

La Chine populaire décida alors d'intervenir en envoyant des "volontaires" par centaines de milliers. Une offensive disposant de moyens lourds obligea MacArthur à évacuer Séoul et à reculer à cent kilomètres au sud du 38e parallèle. Les renforts américains permirent, par une guerre très coûteuse en hommes, de rétablir la situation en janvier 1951, et de repousser les Chinois et les Nord-Coréens au-delà du 38e parallèle. On se battait sur des fronts enterrés qui rappelaient ceux de la Première Guerre mondiale.

Même si l'ONU condamnait la Chine comme agresseur, les Américains ne pouvaient franchir la frontière chinoise. MacArthur demandait pourtant le bombardement aérien de la Mandchourie et même l'emploi de la bombe atomique. Le président américain Truman qui voulait bien aller, selon la formule de Dulles "jusqu'au bord du précipice", ne voulait cependant pas risquer la chute. Le bouillant MacArthur fut ainsi remplacé par Ridgway en avril 1951. Truman avait refusé d'engager une troisième guerre mondiale en Corée.

L'armistice signé à Panmujon le 27 juillet 1953 fixa le 38e parallèle comme frontière entre les deux Corée. On retrouvait la même configuration politique qu'auparavant. Les Nord-Coréens avaient fait la guerre pour rien. La sauvegarde de la Corée du Sud était une victoire pour les États-Unis.

Les pertes de la guerre étaient considérables : 38 000 soldats des Nations unies tués, 70 000 Coréens du Sud, peut-être deux millions de combattants Nord-Coréens et de Chinois, sans compter trois millions de civils anéantis par les bombardements incessants de l'Air Force. L'Union soviétique n'était pas intervenue dans ce conflit. La Chine de Mao Zedong ne s'était pas "officiellement" engagée. Les Américains pouvaient se retirer après le rétablissement du statu quo. Leurs efforts n'avaient servi qu'à contenir le communisme. Ils n'avaient pas risqué la guerre généralisée.

[1] **Truman et MacArthur (1950).** *Le général américain qui préconise l'emploi de la bombe atomique contre les Chinois est remplacé par Ridgway en avril 1951.*

[2] **Les victimes civiles.** *Un infirmier de l'ONU soigne des enfants coréens. Le conflit a fait près de trois millions de victimes dans la population.*

[3] **Chasseurs américains "Corsair" en Corée.** *Les États-Unis fournissent le contingent le plus important dans ce conflit mené sous l'égide de l'ONU.*

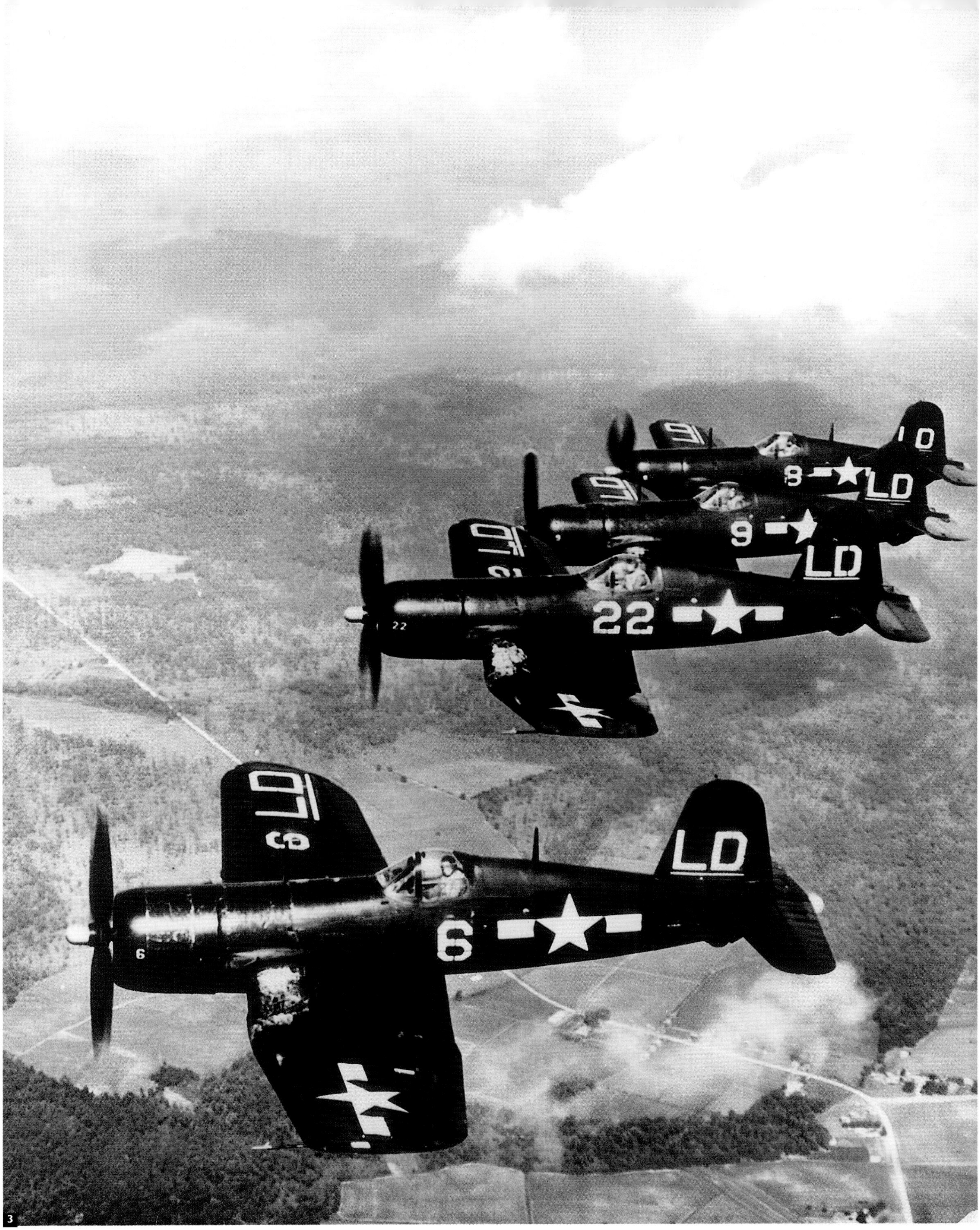
LD
LD
LD
LD
22
9
8
6
3

23 octobre 1956

Budapest se révolte

après que la police ait ouvert le feu sur une manifestation étudiante. La révolution hongroise est bientôt écrasée par les chars de l'Armée Rouge, sans que l'ONU ni les États-Unis n'interviennent.

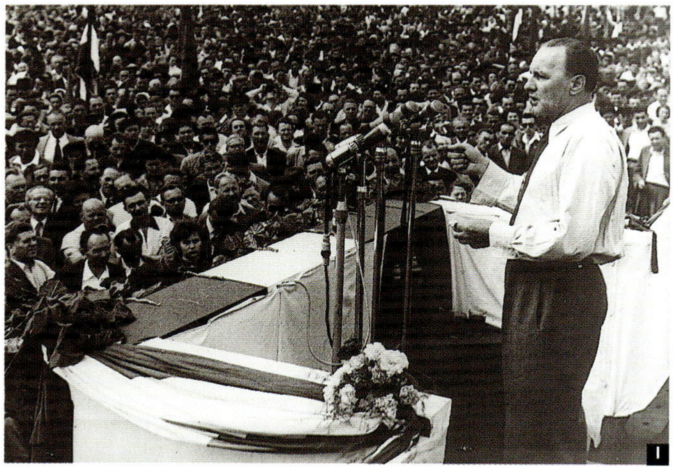

■ **L**a mort de Staline en 1953 a mis un terme au culte de la personnalité pratiqué jusqu'alors, mais n'a nullement affaibli la dictature du prolétariat en URSS, ni l'impérialisme soviétique dans les pays satellites. En Hongrie, le stalinien Rakosi est bien remplacé par le modéré Imre Nagy en juillet 1953, mais celui-ci est bientôt chassé du pouvoir par le retour de Rakosi deux ans plus tard. Sous la pression de l'opinion et devant l'hostilité de la masse restée catholique, Rakosi démissionne en juillet 1956. Un nouveau stalinien, Gerö, le remplace. En liaison avec la Pologne où ont éclaté les émeutes de Poznan en juin 1956, la jeunesse étudiante manifeste pour le retour à la modération. Dans un premier temps Moscou accepte le retour d'Imre Nagy. Celui-ci prétend se retirer du pacte de Varsovie et demande à l'ONU de garantir la neutralité de la Hongrie. Les troupes soviétiques interviennent alors le 4 novembre, et Janos Kadar, fidèle à Moscou, arrive au pouvoir. On compte 25 000 morts dans Budapest. 15 000 Hongrois sont déportés. Le cardinal Mindszenty demande asile à l'ambassade américaine. Le chef des insurgés, Pal Maleter, est arrêté puis fusillé en 1958. Kadar instaure ensuite un régime plus modéré.

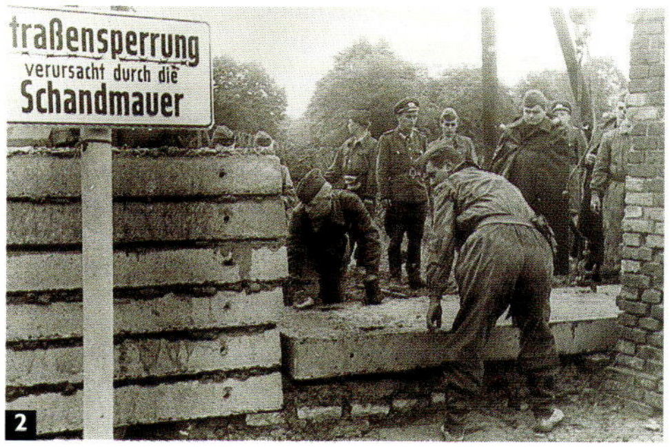

Ainsi la déstalinisation n'implique pas l'abandon de la politique des blocs. En Pologne où Gomulka est rappelé au pouvoir, les grèves de juin 1956 réunissant 50 000 ouvriers ont obligé Moscou à tolérer une politique de détente. Mais la libération du primat de Pologne, le cardinal Wyszinski, ne s'est pas accompagnée d'un relâchement de la lutte contre l'Église polonaise. L'enseignement religieux a été supprimé dans les écoles publiques et le pape s'est vu refuser le droit de venir célébrer en Pologne le millénaire du pays.

En Allemagne de l'Est, les grèves insurrectionnelles de 1953 ont été brisées par l'intervention des chars de l'Armée Rouge, mais la libéralisation qui a suivi la déstalinisation n'a pas empêché la fuite des Allemands de l'Est vers l'Ouest. On enregistrait trois millions de départs de citoyens de la RDA entre 1949 et 1961.

Pour faire cesser cet exode, Nikita Khrouchtchev, l'apôtre du XXe congrès, celui de la déstalinisation, faisait construire en août 1961 le mur qui séparerait la ville de Berlin pendant près de trente années. Il symbolisait la coupure définitive des deux blocs.

[1] Janos Kadar (1912-1989).
Placé à la tête de la Hongrie par Moscou après l'insurrection de Budapest, Kadar reprend le contrôle du pays et fait exécuter les meneurs dont Nagy et Pal Maleter.

[2] Le "mur de la honte".
Afin d'enrayer l'exode de ses citoyens vers l'Ouest, la RDA érige à Berlin, dans la nuit du 13 août1961, un mur de 45 km de long qui empêche toute communication avec les secteurs occidentaux.

[3] La révolte de Budapest (1956).
Fin octobre, la révolte éclate après que la police ait ouvert le feu sur une manifestation étudiante. Imre Nagy, appelé au pouvoir pour calmer la situation, prend la décision, sous la pression populaire, de retirer la Hongrie du pacte de Varsovie et de demander à l'ONU de garantir sa neutralité. C'en est trop pour les Soviétiques. Ils interviennent le 4 novembre et écrasent l'insurrection dans le sang.

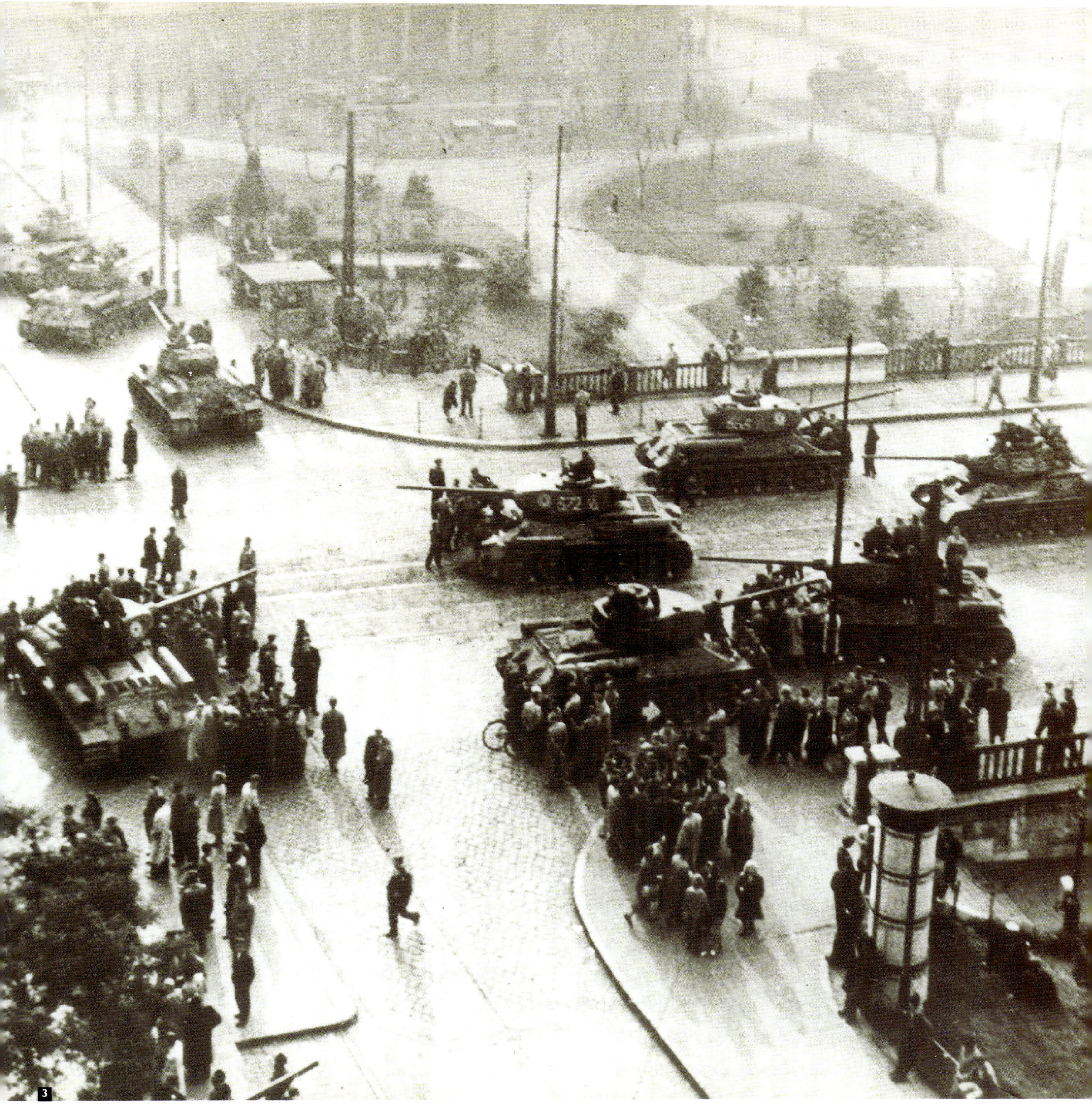

3

14 juillet 1960

Au Congo, l'ONU envoie des casques bleus à la demande de Patrice Lumumba, chef du gouvernement congolais mis en danger par la sécession du Katanga, riche en mines de cuivre, dominé par Moïse Tschombé.

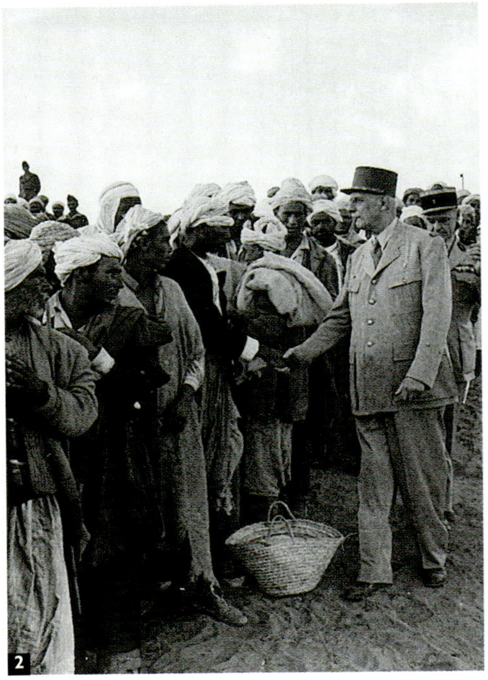

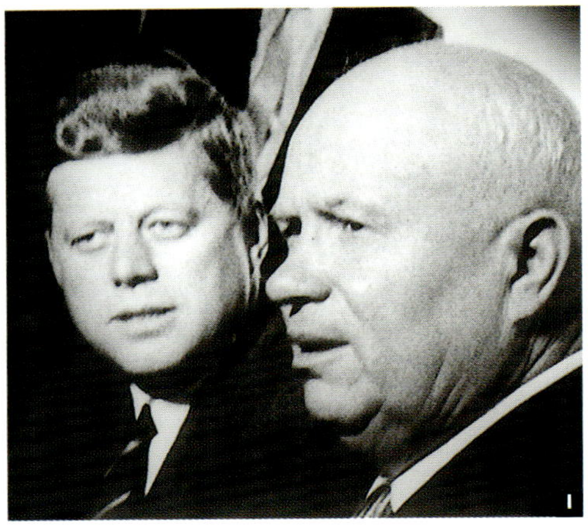

■ La décolonisation qui s'étend à tous les pays d'Afrique noire se heurte au Congo à une guerre civile, pour partie tribale, mais surtout alimentée par l'Union minière du Katanga hostile au gouvernement pro-communiste de Lumumba. Face à la non-intervention de l'ONU dans les affaires intérieures, Lumumba fait appel à l'aide de l'URSS. Le colonel Mobutu, chef de l'armée congolaise, intervient alors avec l'approbation de l'ONU et arrête Lumumba qui sera tué en captivité. Les casques bleus finissent par obtenir en décembre 1962 l'élimination de la sécession katangaise, mais les désordres reprennent en 1963 jusqu'à l'arrivée au pouvoir, le 25 novembre 1965, de Mobutu qui se fait élire président du Zaïre.

Si les communistes ne sont pas intervenus directement au Congo pour aider Lumumba, ils soutiennent Cuba où Fidel Castro a constitué une démocratie populaire en janvier 1959. Il a repoussé en avril 1961 un débarquement financé par les Américains dans la baie des Cochons, et accepté l'installation de fusées soviétiques sur son sol. Khrouchtchev ne les retirera que sous la menace directe de Kennedy en octobre 1962.

Depuis la seconde guerre israélo-arabe de 1956, où les Soviétiques sont intervenus pour donner un coup d'arrêt à l'offensive victorieuse de Moshe Dayan et obliger les Franco-Britanniques à abandonner la zone du canal de Suez, Moscou soutient en Égypte le gouvernement du colonel Nasser qui a constitué en 1958 la République arabe unie avec la Syrie. Si les Soviétiques encouragent les pays arabes laïques, ils n'interviennent pas dans les guerres de décolonisation du Maghreb. L'ONU s'en charge, en soutenant le Gouvernement provisoire de la république algérienne (GPRA). L'Algérie est le seul chapitre difficile de la décolonisation française, après la guerre d'Indochine. Le conflit s'y prolonge de 1954 à 1962. Il n'est réglé que par les accords d'Évian signés par le général de Gaulle, qui laisse se constituer une République algérienne après le rapatriement douloureux d'un million de Français vers la métropole. La guerre d'Algérie est restée presque exclusivement, malgré le soutien des pays arabes au GPRA, une affaire franco-française.

L'ONU est impuissante à obtenir de l'Afrique du Sud la fin du régime de la ségrégation. Elle ne peut que voter des motions qui ne se traduisent par aucun résultat concret. Ni au Congo, ni en Afrique du Sud, ni en Afrique du Nord, elle n'a pu défendre efficacement les droits de l'homme. Ainsi, les massacres se perpétraient au Biafra (Nigeria) en 1967 et au Bangladesh (Pakistan oriental) en 1971, dans l'indifférence des deux grands et l'impuissance de l'ONU.

[1] Khrouchtchev et Kennedy.
En octobre 1962, l'Amérique menace l'URSS de débarquer à Cuba pour démanteler les rampes de lancement de fusées installées par Moscou. Khrouchtchev recule face au risque d'escalade nucléaire.

[2] De Gaulle en Algérie (1958).
Le seul écueil dans la décolonisation française après l'Indochine.

[3] Les casques bleus au Congo.
L'ONU soutient Lumumba aux prises avec la sécession katangaise.

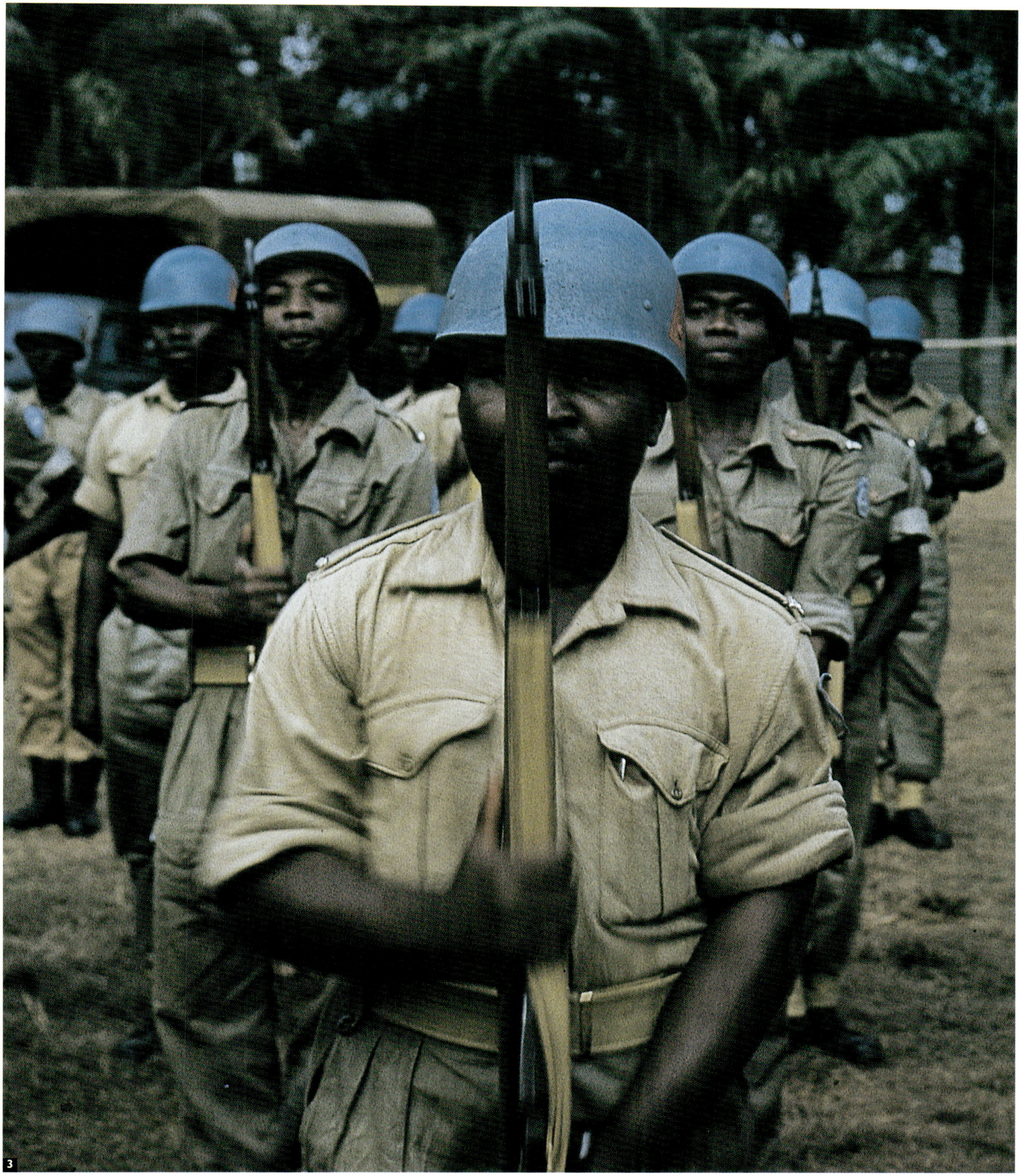
3

13 mai 1968

Les étudiants révoltés

occupent la Sorbonne. Un mouvement de protestation gagne toutes les universités du monde, à l'Ouest comme à l'Est. Les mots d'ordre de liberté et de justice s'entrecroisent. On demande la fin de l'oppression.

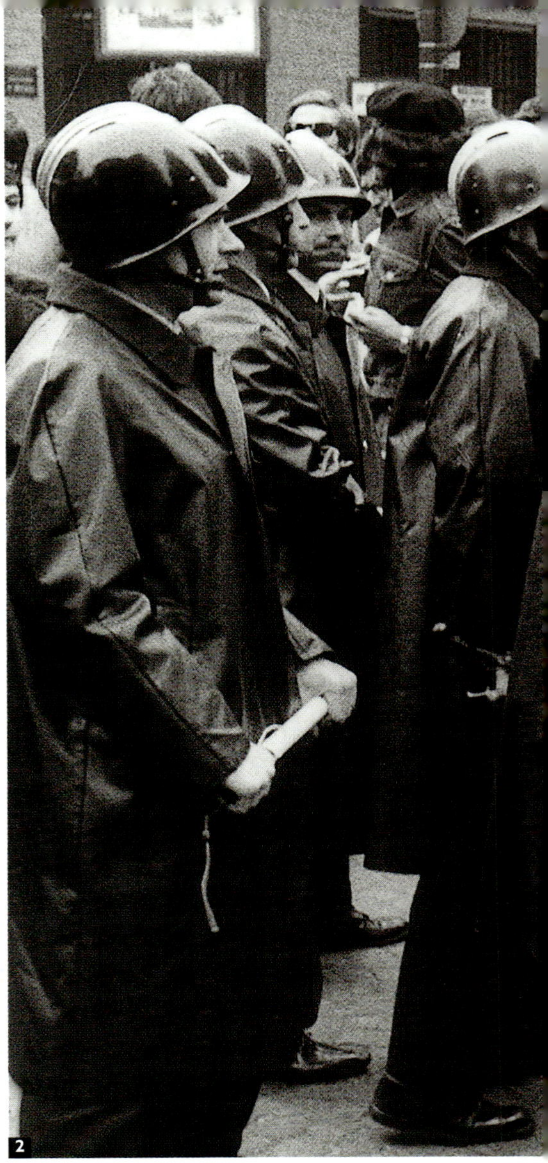

2

■ **À** l'université de Berkeley en Californie, c'est la guerre du Viêt Nam qui est mise en question. L'impérialisme américain du Pacifique, la société de consommation, le capitalisme militaire sont dénoncés, ainsi que l'*american way of life*. En France, on proteste contre un régime d'ordre qui met l'Université au service de l'expansion industrielle, responsable de la

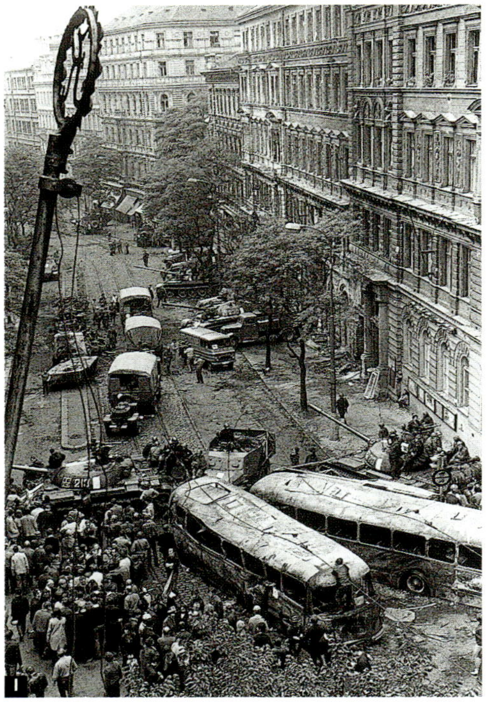

1

réalisation du programme atomique des gaullistes. Au Japon, c'est l'industrialisation forcenée qui fait l'objet de toutes les critiques, ainsi que la complicité du gouvernement avec les Américains engagés au Viêt Nam.

Si la répression est douce dans les pays capitalistes, et se traduit par des bouleversements sociaux en profondeur, avec promotion des Noirs aux États-Unis, bataille féministe, changement d'organisation de la production industrielle, décolonisation et développement des secteurs de gestion et de la recherche dans les pays riches, elle est brutale et sévère dans les pays de l'Est, où Leonid Brejnev règne sans partage de 1964 à 1982.

En août 1968, il fait intervenir l'Armée Rouge, aux côtés des chars du pacte de Varsovie pour rétablir l'ordre à Prague où soufflait l'air du printemps révolutionnaire. Il n'empêche pas la Pologne de se révolter de nouveau en décembre 1970, mais maintient la solidité du bloc socialiste, en dépit des tendances nationales affirmées par l'Albanie qui regarde vers la Chine, et par la Roumanie de Ceausescu.

L'URSS mène une politique étrangère très ambitieuse, s'appuyant sur un complexe militaro-industriel qui profite des succès spatiaux du Spoutnik en 1957 et du vol de Youri Gagarine

1] Le Printemps de Prague (1968).
Du 8 avril au 20 août 1968, le régime communiste tchécoslovaque dirigé par Alexander Dubcek s'oriente vers la libéralisation. Comme à Budapest en 1956, les troupes du pacte de Varsovie interviennent pour rétablir l'ordre, en évitant toutefois le bain de sang.

[2] Mai 68.
Policiers et manifestants se font face sur le boulevard Saint-Michel à Paris. Le mouvement protestataire s'est étendu à toute la société. On compte 6 millions de grévistes le 20 mai. La Vᵉ République pourrait vaciller.

[3] Les Américains au Viêt Nam.
Malgré leur supériorité technologique et leurs 550 000 hommes présents sur le terrain en 1969, les États-Unis ne peuvent venir à bout du Viet Cong et des troupes régulières du Nord-Viêt Nam.

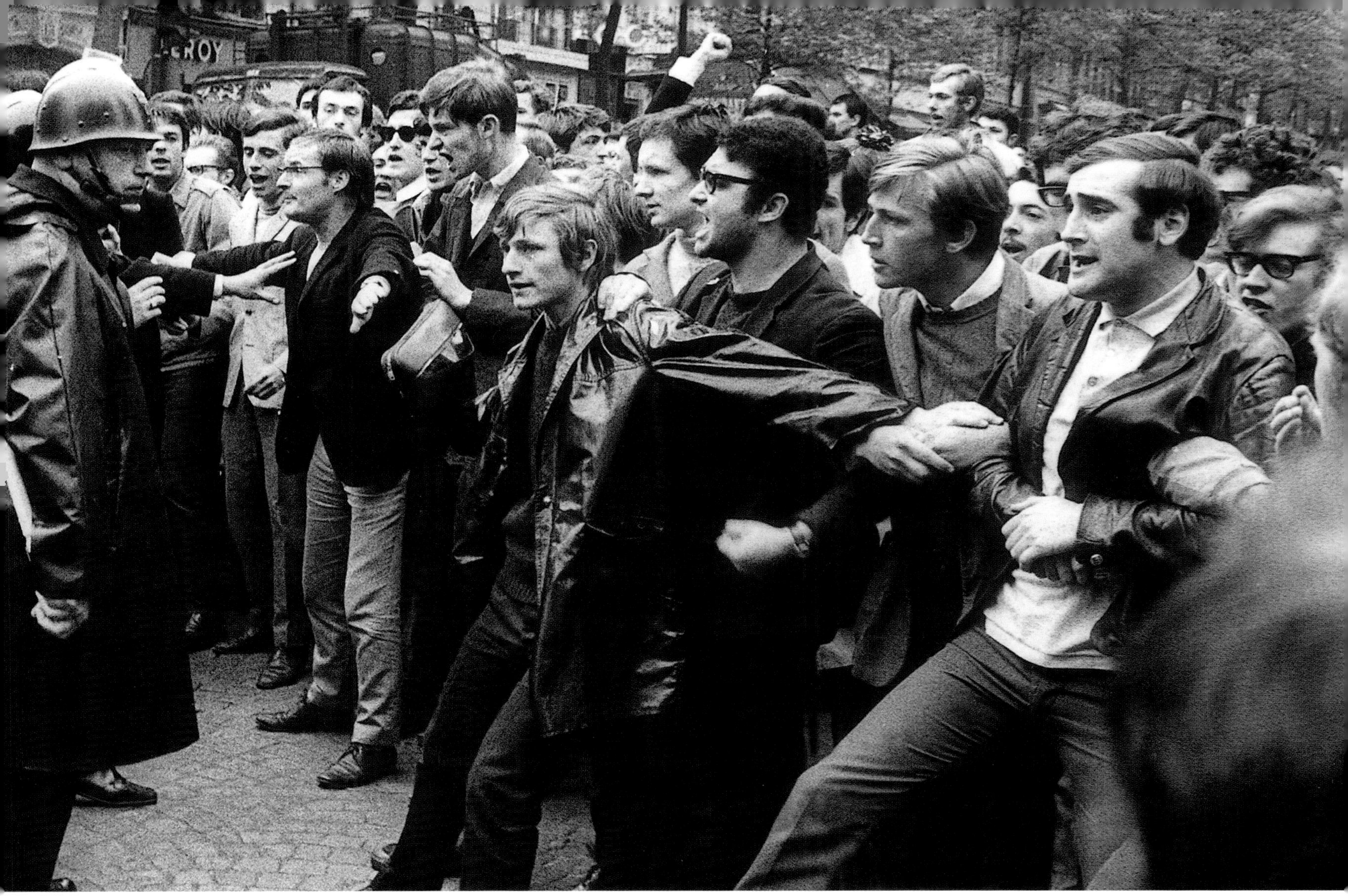

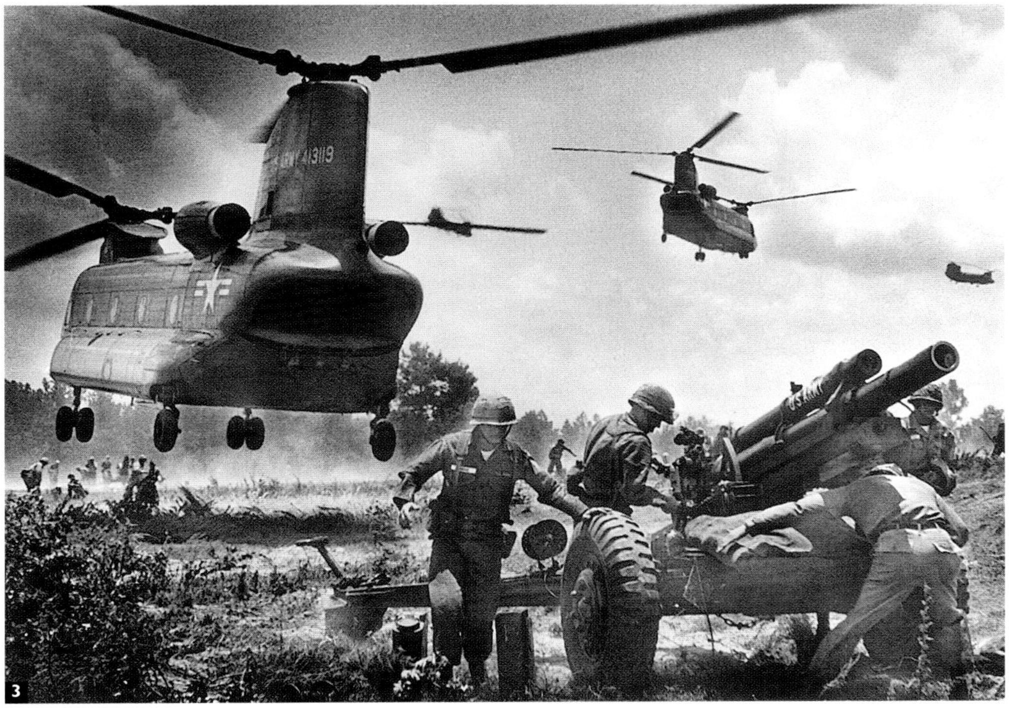

3

en 1961, pour constituer une impressionnante flotte de sous-marins atomiques, de croiseurs disposant de bases au Viêt Nam, dans le golfe d'Aden et en Éthiopie. Les Soviétiques sont également présents au Proche-Orient où ils livrent des fusées aux Égyptiens et des chars aux Syriens. La production de têtes nucléaires soviétiques équilibre celle des Américains, au point qu'on envisage lors des sommets pour le désarmement (les rencontres Salt) de diminuer les stocks d'armes atomiques devenu monstrueux. Malgré ces rencontres, Brejnev installe en Europe de l'Est des fusées SS20, ce qui oblige les pays de l'Ouest à accepter la mise en place des fusées américaines Pershing. L'Europe risque ainsi d'être l'enjeu d'une bataille atomique limitée. Jamais la puissance militaire des Soviétiques n'a été plus redoutable.

23 mars 1983

Le projet "guerre des étoiles",

programme d'Initiative de défense stratégique (IDS), est présenté par le président américain Reagan. Il prévoit la surveillance de l'espace pour contrer toute attaque nucléaire soviétique.

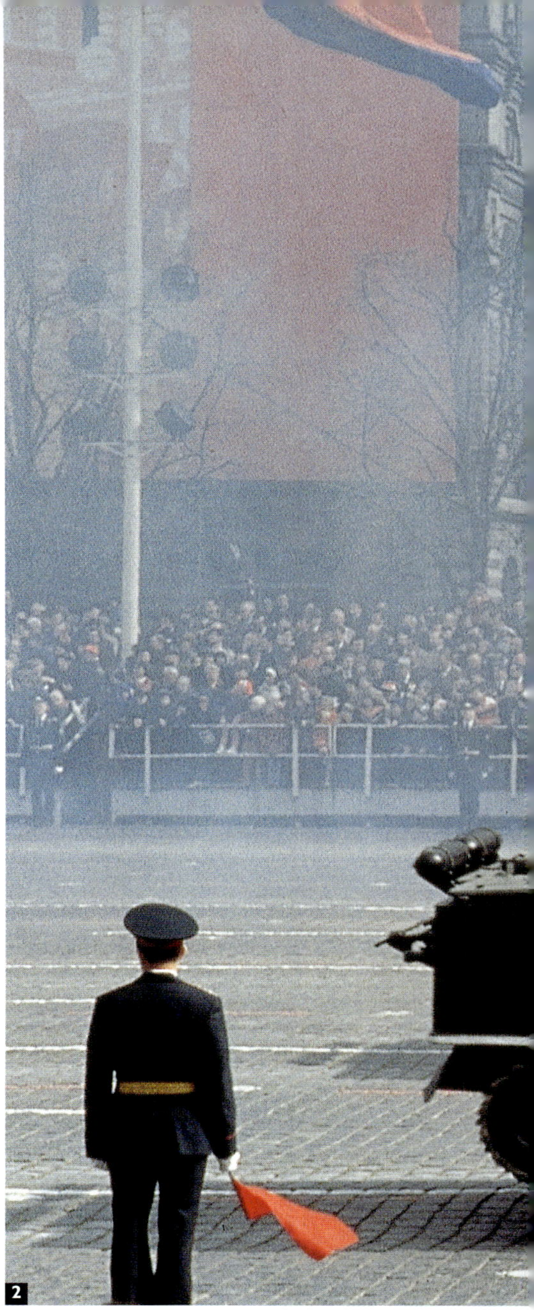

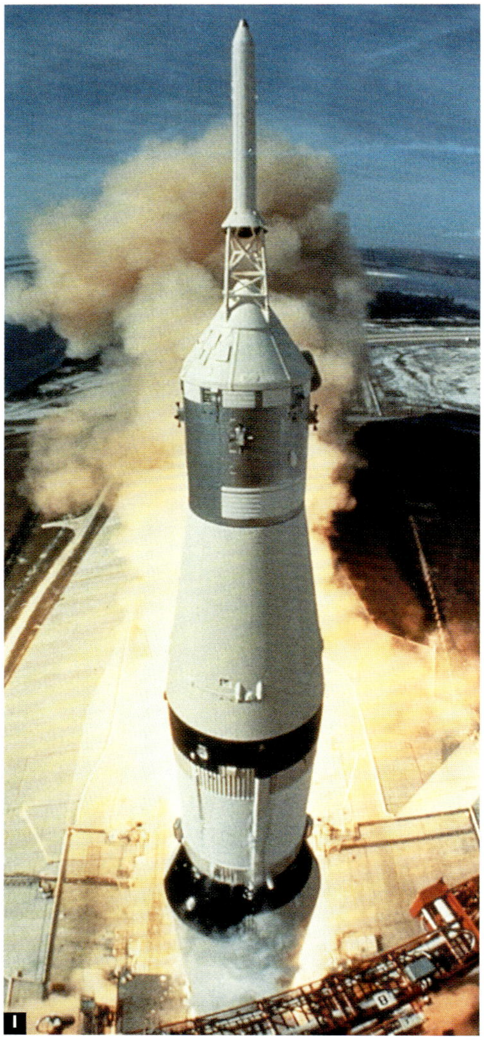

■ Le programme IDS marque le retour de la supériorité américaine en armements et met en danger la solidité du bloc de l'Est. Il est désormais question pour les États-Unis, vainqueurs de la course à la lune avec le programme Apollo en 1969, de rétablir leur leadership mondial en utilisant la révolution technologique de la communication pour supplanter leur concurrent. Le budget militaire passe de 280 milliards de dollars en 1984 à 364 milliards en 1986, ce qui permet, au prix d'un retour drastique au système libéral, de pousser la recherche à une cadence jamais atteinte et de réaliser un bond en avant technologique que l'URSS ne peut pas combler.

D'autant moins que, depuis le voyage à Pékin de Nixon et Kissinger en 1972, la Chine reconnue par les États-Unis est devenue pour eux un partenaire, alors qu'elle cause à Brejnev de graves soucis. Maîtres de la bombe H depuis 1967, les Chinois multiplient les incidents de frontières et portent leur armée à l'effectif de quatre millions d'hommes. Contraints de surveiller les rives du fleuve Amour, les Soviétiques, mal assurés de la fidélité des pays satellites d'Europe, doivent faire face au mécontentement intérieur dû à la pénurie de blé et à l'insuffisance des biens de

[1] La conquête spatiale américaine. *Apollo XI s'envole pour la lune avec trois astronautes à son bord. Le 20 juillet 1969, Neil Armstrong est le premier homme à fouler le sol lunaire. Les Américains viennent définitivement de prendre l'ascendant sur leurs concurrents russes.*

[2] Défilé de l'Armée Rouge à Moscou (1985). *L'URSS et son potentiel nucléaire constitue une menace suffisamment sérieuse, au début des années 80, pour que le président Reagan lance le programme IDS qui vise à établir dans l'espace une ligne de défense contre les missiles stratégiques soviétiques.*

[3] Groupe de moudjahidins afghans. *Comme les Américains au Viêt Nam, les Soviétiques s'enlisent dans le guêpier afghan. Ils évacuent le pays en 1989, après dix ans d'occupation.*

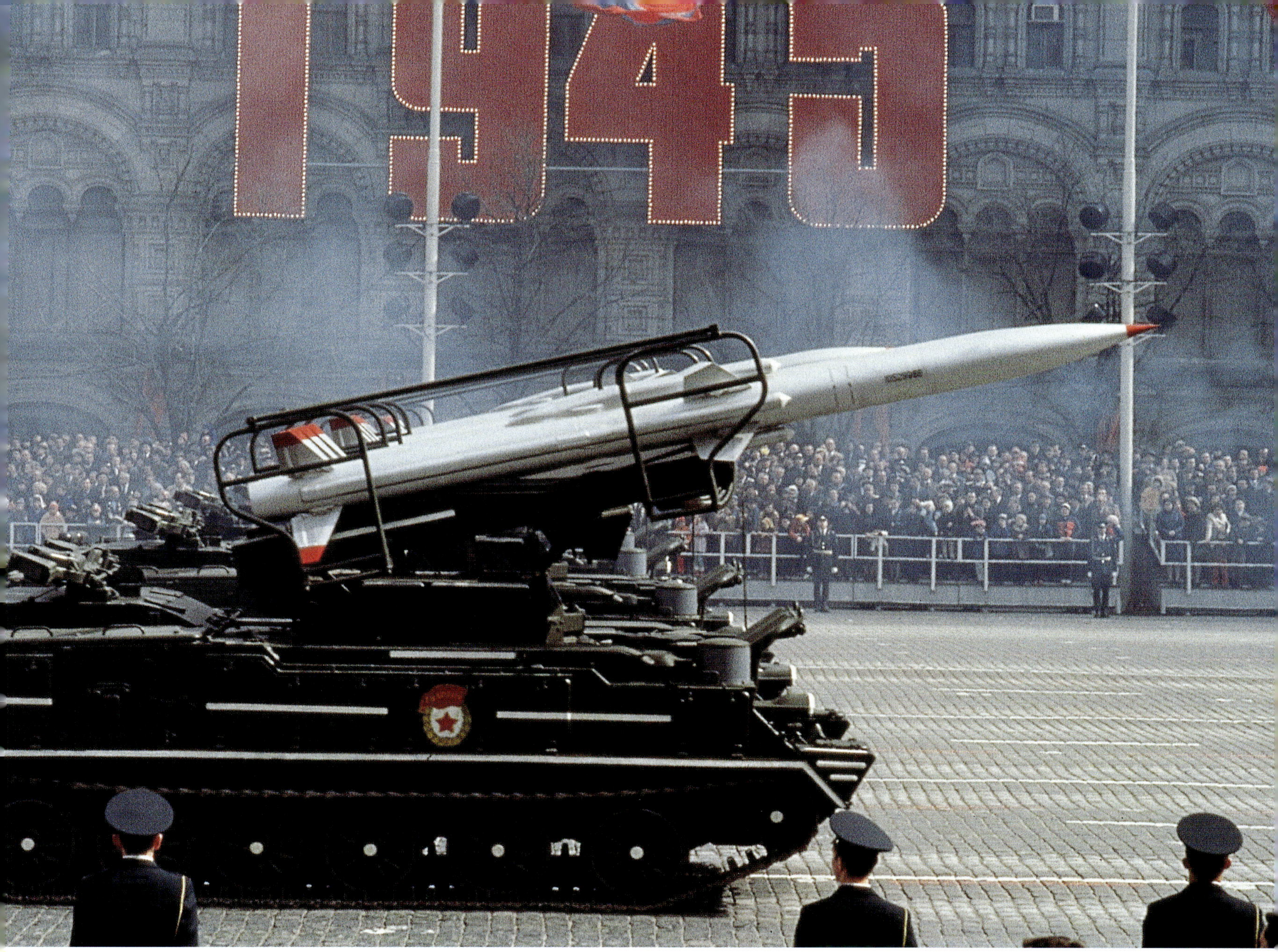

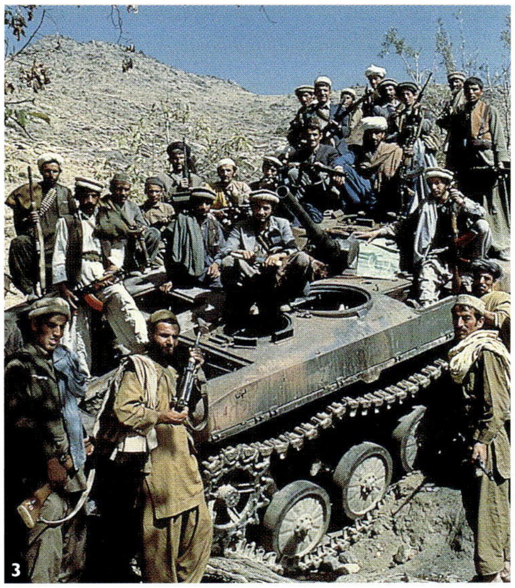

3

consommation. Brejnev accentue la répression contre les intellectuels, les refuzniks, qui dénoncent le goulag et les atrocités du régime. Alexandre Soljenitsyne est expulsé en février 1974, Sakharov, le prix Nobel de 1975, est interdit de séjour à Moscou et assigné à résidence à Gorki (Sibérie) de 1980 à 1985. Les États-Unis négocient leurs livraisons de blé contre l'émigration de juifs persécutés par le régime. Ils ont déjà les moyens d'intervenir sur Brejnev, au nom des droits de l'homme.

En 1979, l'agression soviétique en Afghanistan est condamnée en vain par l'ONU. Les États-Unis fournissent alors aux rebelles afghans une aide logistique qui équilibre celle que les Russes apportaient en Amérique latine aux révolutionnaires communistes du Nicaragua. La prolongation du conflit et l'accentuation de la crise intérieure obligent le successeur de Brejnev, Mikhaïl Gorbatchev, à abandonner à partir de 1985 la politique impérialiste de l'URSS.

En décembre 1987, le Président russe signe avec Reagan un premier accord de désarmement simultané. En 1988, il abandonne l'Afghanistan, mais aussi l'Éthiopie, "porte-avions" soviétique en Afrique et l'Angola. Le dégel de la perestroïka fait perdre à l'URSS une grande partie de son leadership mondial. Est-ce l'avènement du monde-un ?

9 novembre 1989

Le mur de Berlin tombe.

Cet événement marque la fin d'un demi-siècle de guerre froide. Les Soviétiques jettent l'éponge dans la course pour la domination du monde. Seule la super-nation américaine est encore présente sur la scène internationale.

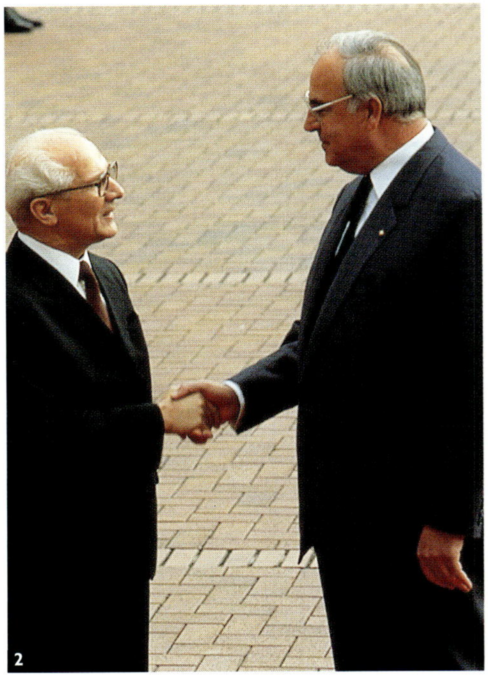

■ **D**e 1961 à 1989, soixante-seize Allemands de l'Est ont trouvé la mort en essayant de franchir le "mur de la honte" qui séparait la ville de Berlin où Kennedy avait prononcé sa célèbre phrase *"Ich bin ein Berliner"* en juin 1963. Alors que la Pologne était soumise à la répression sans faille du général Jaruleski dont le "comité de guerre" traquait les syndicats clandestins comme Solidarnosc, et bientôt au blocus de l'Amérique, l'Allemagne de l'Est a vu se développer autour des églises une opposition croissante.

Le pasteur allemand Eppelmann lançait dès 1982 le mouvement *Frieden schaffen ohne Waffen* (créer la paix sans les armes) avec prières communes, manifestations, concerts de rock clandestins. En 1987, la rencontre entre Helmut Kohl, chancelier de l'Ouest, et Erich Honecker, Premier ministre de la RDA, ne fut pas suivie d'assouplissement. Le gouvernement continuait de réagir contre les manifestations de l'opposition avec des arrestations et une censure accrue. Même la presse catholique était frappée.

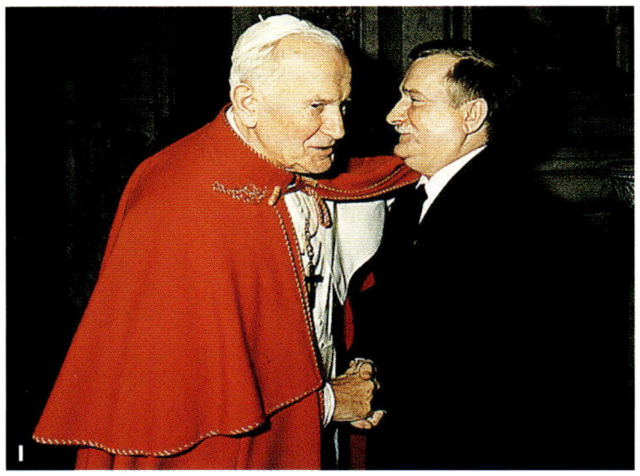

Pendant l'été 1989, les Allemands de l'Est émigrent vers la RFA par le biais de ses ambassades dans les autres pays communistes en voie de libéralisation : la Hongrie, la Pologne, la Tchécoslovaquie. Berlin est le point le plus dur de la résistance communiste au dégel venu de Moscou. Honecker s'entête, s'empêtre dans sa rigueur anachronique, reste sourd au message de Gorbatchev : "Celui qui vient trop tard est puni par la vie." Les manifestations de masse qui se déroulent à Leipzig ont raison de son entêtement. Il est suspendu le 18 octobre et l'ensemble du gouvernement démissionne le 7 novembre. Deux jours plus tard, le mur tombe.

En décembre 1990, Lech Walesa est élu président de la République polonaise. Dans toutes les démocraties populaires, la fin de la dictature communiste s'effectue sans violence. À Moscou, le 25 décembre 1991, Gorbatchev confirme la dissolution de l'URSS en démissionnant de sa fonction de Président, attestant ainsi l'explosion programmée et irrémédiable de l'empire soviétique. Le 1er juillet 1990, les deux Allemagne sont économiquement réunifiées et la porte de Brandebourg rendue, dans Berlin, à la circulation.

De Berlin en 1945 à Berlin en 1989, la boucle est bouclée. Un nouveau monde commence après la fin de la guerre froide. Est-ce que les États-Unis sont maintenant en mesure de reconstituer l'unité de la planète sous l'égide des droits de l'homme ? Est-ce le monde-un ?

[1] Jean-Paul II et Lech Walesa (1991). *Le pape reçoit au Vatican l'ancien électricien de Gdansk, leader du syndicat Solidarnosc, élu président de la République polonaise en décembre 1990 après le départ du général Jaruzelski. Une belle revanche de l'histoire.*

[2] La rencontre Kohl-Honecker (1987). *Erich Honecker est le premier chef de l'État est-allemand reçu à Bonn depuis la fin de la guerre. Cette rencontre historique ne sera pourtant pas suivie d'assouplissements à l'Est.*

[3] La chute du mur de Berlin (9 novembre 1989). *Les Berlinois se rassemblent autour de la porte de Brandebourg pour fêter l'ouverture de la frontière avec l'Ouest. La RDA est condamnée.*

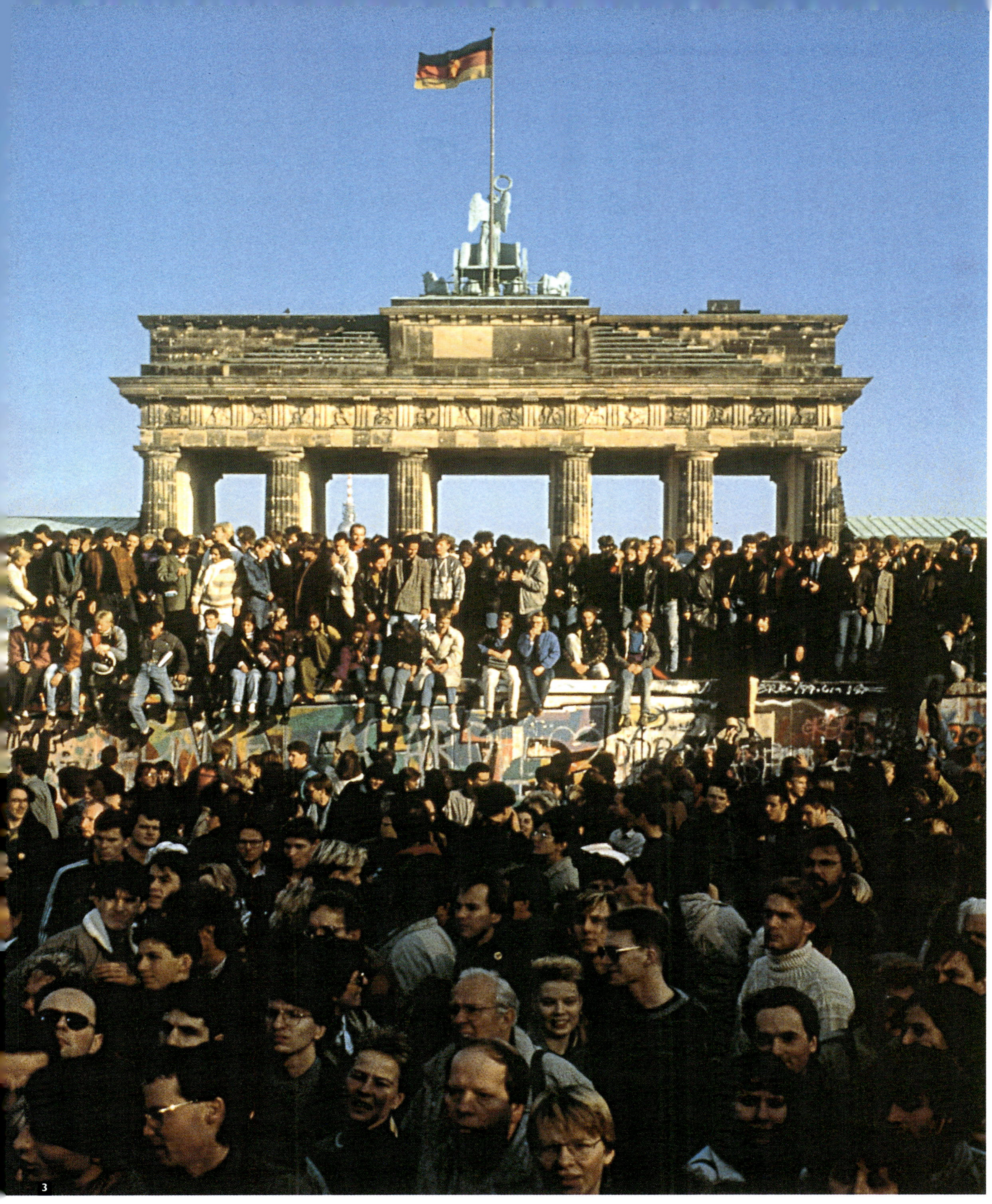

3

nuit du 3 au 4 juin 1989

Sur la place Tian An-Men,

devant le mausolée de Mao, on compte mille morts et des dizaines de milliers de blessés après la répression de la révolte étudiante par les chars de l'armée populaire. La Chine entend rester communiste.

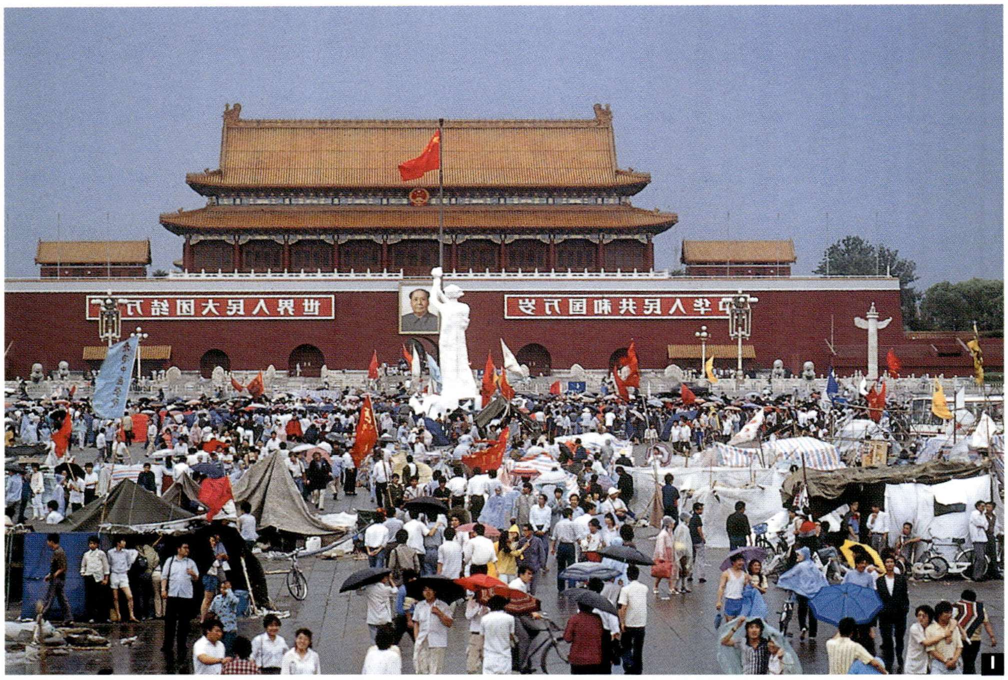

1

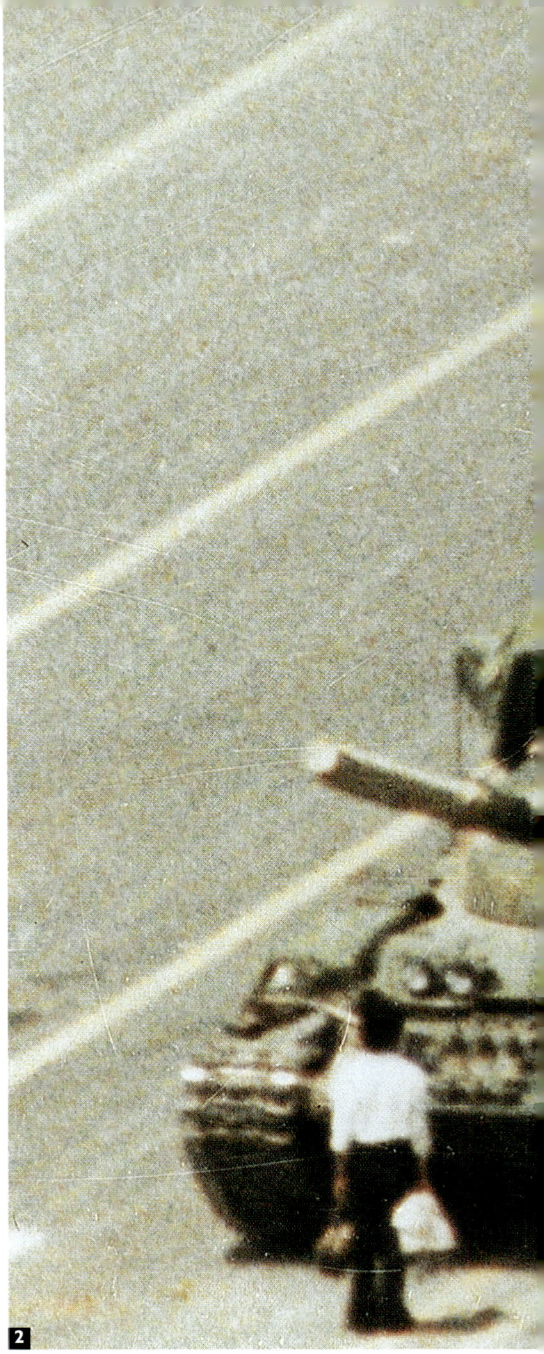

2

■ **P**uissance atomique et bientôt spatiale, la Chine, admise à l'ONU comme membre du conseil de sécurité à la place du régime de Formose depuis le 25 octobre 1971, s'est ouverte au commerce extérieur après la liquidation de la "bande des quatre" qui a suivi la mort de Mao Zedong en 1976. Sous la direction de Deng Xiaoping, elle a signé des accords commerciaux et technologiques avec le Japon, puis en 1979 avec les États-Unis. Trois millions de cadres du parti condamnés par le régime de la Révolution culturelle ont été réhabilités. Avec Hu Yaobang et Zao Ziyang, Deng Xiaoping entreprend les "quatre modernisations", l'ère Meiji chinoise, et ouvre aux capitalistes étrangers des sociétés mixtes, des "zones franches", des centres d'exportation et des zones économiques spéciales.

En même temps, le XIIe congrès du parti réaffirme en 1982 les "quatre principes fondamentaux" de la révolution : la voie socialiste, la dictature du prolétariat, la direction du PCC et le marxisme léninisme, pensée de Mao Zedong. Le parti communiste réaffirme sa maîtrise de l'État chinois. Pourtant les conservateurs s'inquiètent. Les réformes qui s'accélèrent de 1984 à 1986 ne vont-elles pas compromettre l'avenir de la révolution ?

Déjà des manifestations étudiantes demandent le retour à la liberté. Le conservateur Li Peng, parvenu à la tête du gouvernement en novembre 1987, donne un coup d'arrêt aux

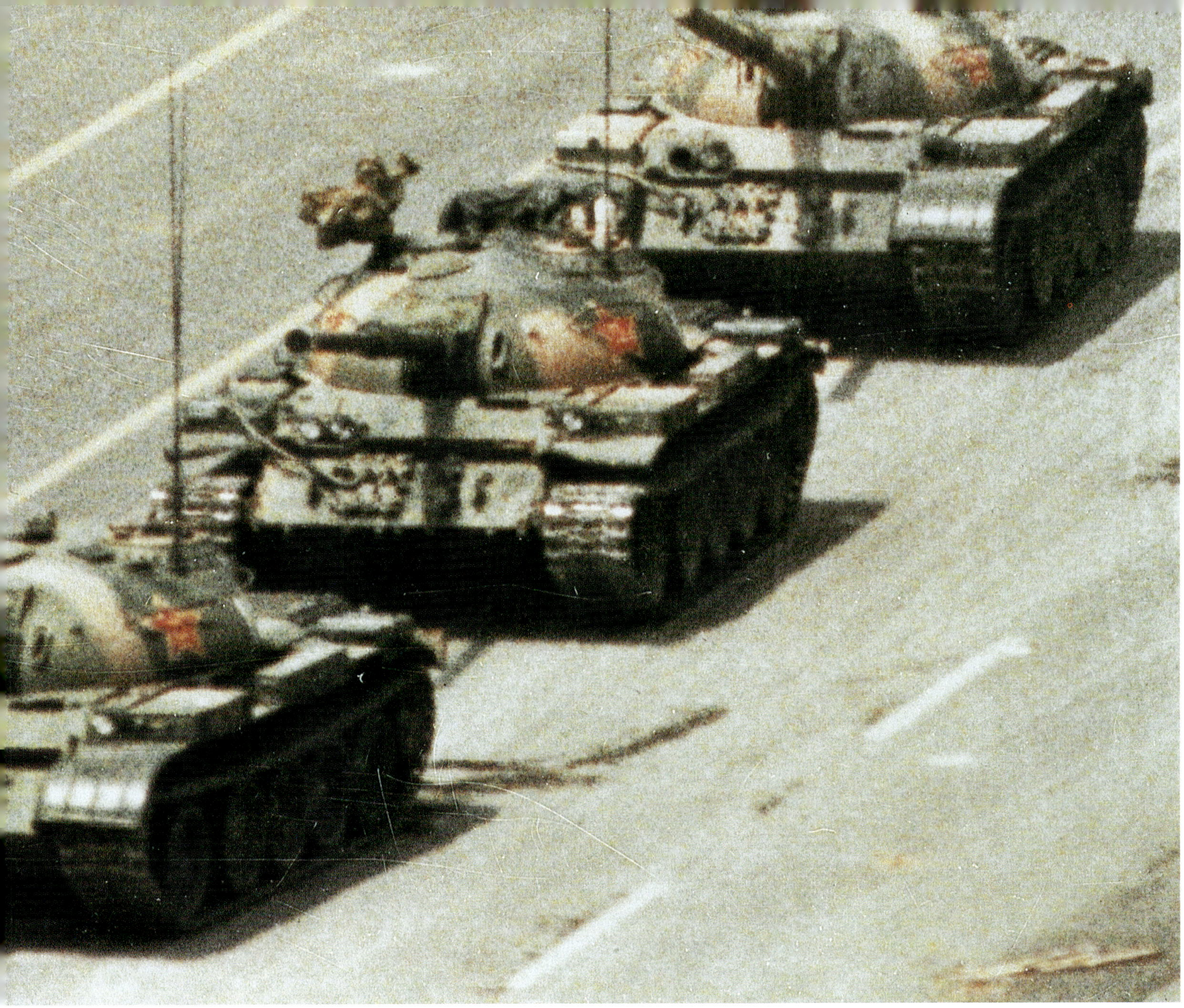

réformes et tient tête au mécontentement de la population et à l'agitation étudiante. La mort non expliquée de Hu Yaobang le 15 avril 1989, symbole de l'évolution réformiste, et la visite de Mikhaïl Gorbatchev, engagent le mouvement étudiant dans la voie de la révolte symbolique. Une réplique de la statue de la Liberté est dressée sur la place Tian An-Men. Deng Xiaoping décrète alors la loi martiale et l'armée intervient brutalement, offrant au monde l'image d'une Chine dont le gouvernement ne respecte pas les droits de l'homme.

Après la mort de Deng Xiaoping en 1997, la Chine a accéléré l'ouverture au capitalisme et réalisé une percée économique qui l'a poussée au premier rang des nations du Pacifique. Elle n'est plus seulement un marché gigantesque de plus d'un milliard d'hommes et de femmes, mais une superpuissance de rang mondial, capable de reprendre aux Britanniques la place capitaliste essentielle de Hongkong, avant celle de Macao. Dans cette République communiste conquérante, il n'est pas question d'abandonner "les quatre principes", ni la "théorie des trois mondes" qui donne désormais à la Chine communiste mission de libérer les nations opprimées en étouffant les nations oppressives.

[1] La place Tian An-Men (mai 1989).
En ce printemps 1989, la société chinoise aspire à plus de liberté. Les étudiants de Pékin érigent symboliquement une réplique de la statue de la Liberté devant le mausolée de Mao sur la place Tian An-Men. Deng Xiaoping va-t-il céder face au mouvement contestataire ?

[2] La répression (4 juin 1989).
Avec son courage comme seule arme, un jeune Chinois stoppe une colonne de chars de l'armée populaire devant les caméras de télévision du monde entier. Cet acte désespéré n'empêchera pas la machine répressive de se mettre en branle. On compte un millier de morts et des dizaines de milliers de blessés dans les rues de Pékin. La libéralisation n'est pas encore à l'ordre du jour en Chine.

2 août 1990

La guerre du Golfe commence

par l'invasion irakienne du Koweït. Elle mobilise contre Saddam Hussein, maître de l'Irak, une véritable croisade dirigée par les États-Unis qui font la preuve de leur maîtrise technologique absolue.

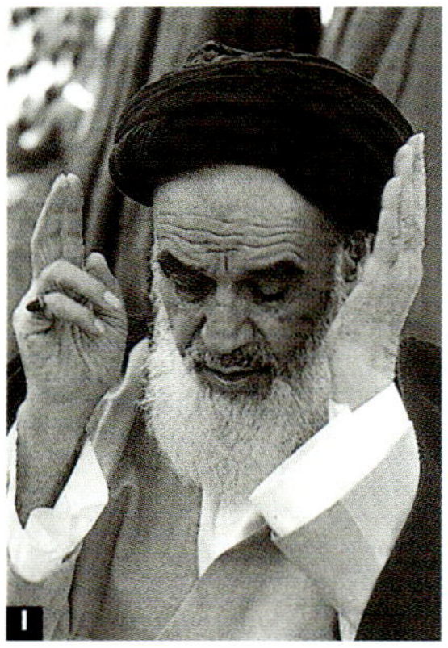

■ **D**epuis le 2 avril 1979, date de la proclamation de la République islamique d'Iran, la révolution qui avait porté au pouvoir l'ayatollah Khomeyni aux dépens du chah exilé, avait répandu la terreur par une épuration de l'ancien régime ouvert à l'Occident et armé par l'Amérique. L'Iran devenait un État chiite théocratique gouverné par 180 000 mollahs fanatisant le peuple lors de la sanglante guerre contre l'Irak qui, de 1980 à 1988, devait faire 1 300 000 morts.

À l'extérieur, l'Iran intégriste soutenait le terrorisme international des Palestiniens contre Israël et les nations occidentales. Au Liban, le Djihad islamique organisait des prises d'otages approuvées, et peut-être commanditées par Téhéran. Le gouvernement français se trouvait contraint de négocier, en raison de deux vagues d'attentats sur son territoire, en 1986 puis en 1995.

Face aux Iraniens, l'Occident avait surarmé les Irakiens, voyant en Saddam Hussein un colonel laïque, dans la lignée de Nasser, luttant contre un pays qui poursuivait dans le monde sa politique terroriste.

L'intégrisme débordait les frontières de l'Iran pour s'étendre à l'Afghanistan libéré de l'Armée Rouge, et pour fomenter en Égypte des troubles destinés à rompre l'entente imposée par les États-Unis avec Israël. Depuis l'assassinat, le 6 octobre 1981, du président égyptien Sadate qui avait signé en 1978 les accords de Camp David, le mouvement chiite

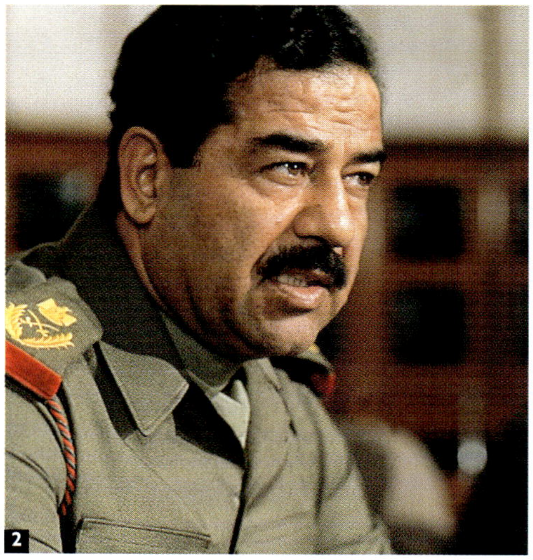

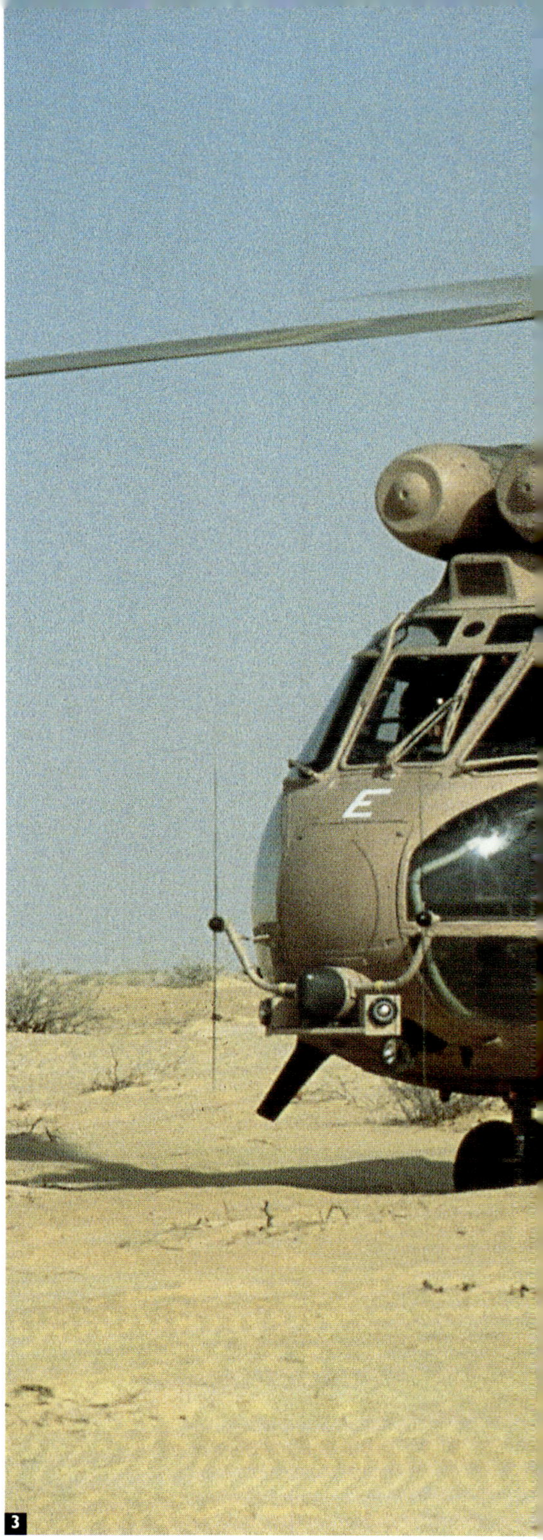

[1] **L'ayatollah Khomeyni.**
Porté au pouvoir par la révolution de 1979, il engage l'Iran dans une guerre de huit ans contre son voisin irakien.

[2] **Saddam Hussein.**
Il n'a pas prévu la riposte de la communauté internationale après l'invasion du Koweït par ses troupes.

[3] **"Tempête du désert".**
Le 24 février 1991, après une campagne de bombardements, les forces alliées déclenchent une offensive terrestre qui vient à bout de la résistance irakienne en seulement quatre jours.

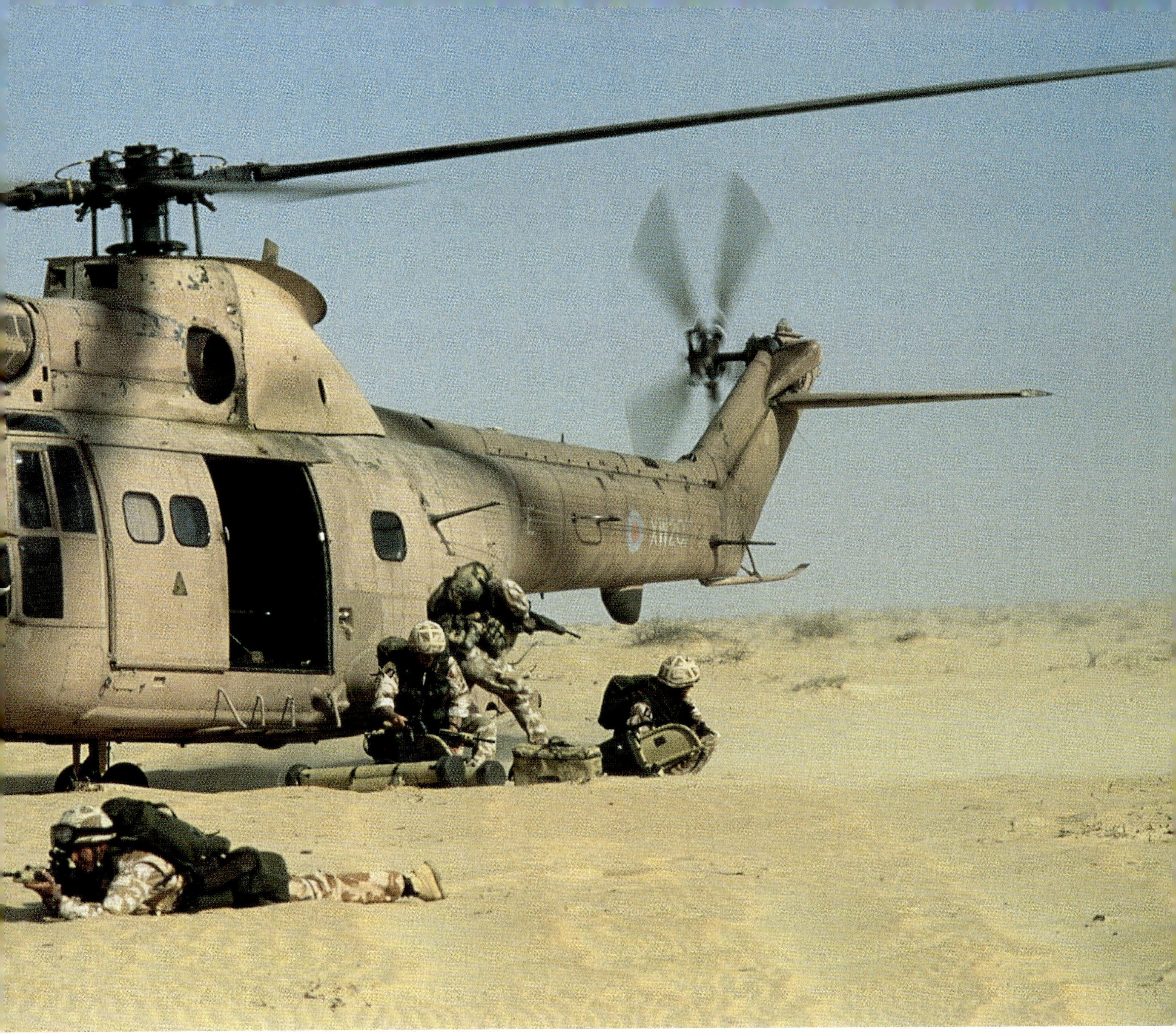

progressait dans le pays, s'emparait des syndicats et de la "rue arabe", protestait contre l'engagement du pays aux côtés de l'Irak dans la guerre contre l'Iran, organisait des attentats contre les touristes. Hosni Moubarak, réélu Président en 1987, restait l'allié des États-Unis. Il dut pratiquer dans son pays une répression accentuée lorsque l'armée égyptienne fut engagée, avec celles de l'Arabie saoudite, du Maroc et de quelques autres pays arabes, dans la guerre du Golfe contre l'Irak.

L'armée de Saddam Hussein ne résista pas à l'opération "Tempête du désert" lancée le 17 janvier 1991 après l'ultimatum de l'ONU. Sa puissance militaire fut démantelée. Mais l'Iran, resté neutre, demeurait le phare de la lutte intégriste anti-occidentale, menaçant plus que jamais Israël où le retour d'une majorité de droite mettait en question les accords avec les Palestiniens modérés d'Arafat. À l'aube de l'an 2000, la passion religieuse a remplacé les affrontements nationaux en Orient, et la nation de l'espoir, née à Tel Aviv, attend toujours la paix.

4 octobre 1993

Le putsch de Moscou

est un échec. On relève 150 victimes dans les rues de la capitale russe. Les communistes, retranchés dans le Parlement, ont tenté de destituer le président Eltsine afin de rétablir l'ancien régime.

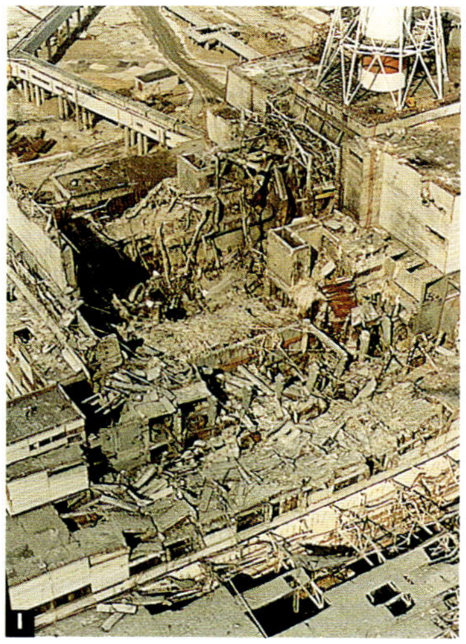

■ La victoire des forces gouvernementales en 1993 semblait barrer la route à la réaction communiste, mais traduisait aussi la faiblesse de la nouvelle Russie, devenue l'homme malade de l'Eurasie. En effet, l'explosion de la centrale atomique de Tchernobyl, en avril 1986 montrait déjà l'immense danger du délabrement de la puissance atomique soviétique, dont l'énorme arsenal pouvait constituer une menace pour la paix mondiale, même si les républiques de l'Ukraine et du Kazakhstan acceptaient, après l'éclatement de l'URSS, de démanteler leurs arsenaux nucléaires.

En 1991, Gorbatchev avait provoqué de vives réactions dans les républiques périphériques en envoyant l'Armée Rouge mater les troubles de Vilnius en Lituanie. Il n'avait pu éviter la sécession des pays Baltes, de l'Arménie, de la Géorgie, de la Moldavie. L'Azerbaïdjan, l'Ouzbékistan, la Kirghizie, le Turkménistan et le Tadjikistan, républiques à majorité musulmane, devaient suivre également. Vingt millions de Russes installés dans ces pays, les "pieds rouges", étaient abandonnés par le pouvoir de Moscou qui avait dissous l'URSS et s'était concentré autour de la Fédération de Russie, dont le président élu était Boris Eltsine, en rupture de parti depuis 1990. Une première opposition des communistes avait été brisée en août 1991. Les membres du putsch avaient été arrêtés sans que la population de Moscou les soutînt.

Eltsine, avec ses collègues de Biélorussie et d'Ukraine, avait contraint Gorbatchev à prononcer la dissolution de l'URSS, pour former le 8 décembre 1991 la Communauté des États indépendants (CEI). Mais le passage à l'économie de marché avait eu des conséquences brutales sur le niveau de vie des populations, et l'opposition conservatrice des ex-communistes relevait la tête.

Victorieux au référendum d'avril 1993, Boris Eltsine, ayant dissous le Congrès des députés du peuple, avait provoqué la révolte et le complot d'octobre, vite réprimé. Une nouvelle Constitution, donnant au Président des pou-

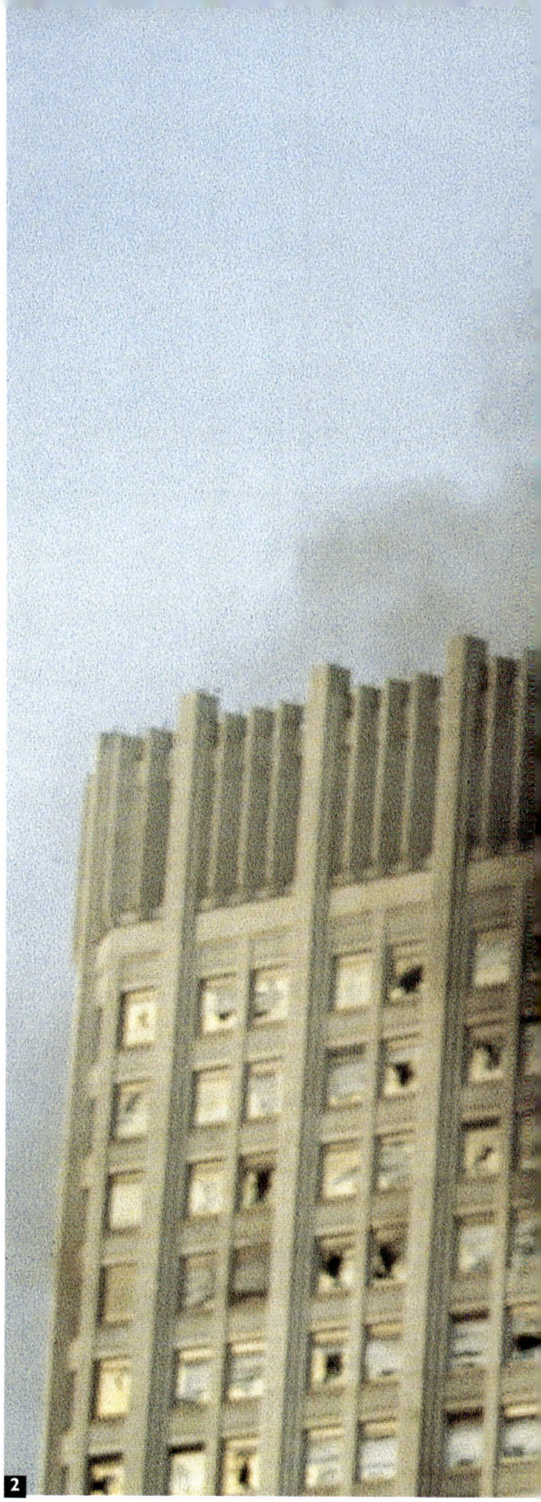

[1] Tchernobyl (1986).
L'explosion de la centrale nucléaire en avril 1986 montrait déjà le niveau de délabrement de la puissance atomique de l'URSS.

[2] Le putsch de Moscou (1993).
Les députés conservateurs retranchés dans le Parlement de Russie ont perdu leur bras de fer contre Boris Eltsine.

[3] Création de la CEI (21 décembre 1991).
La Russie, l'Ukraine, la Biélorussie et six autres Républiques se regroupent dans la Communauté des États indépendants. L'URSS a cessé d'exister.

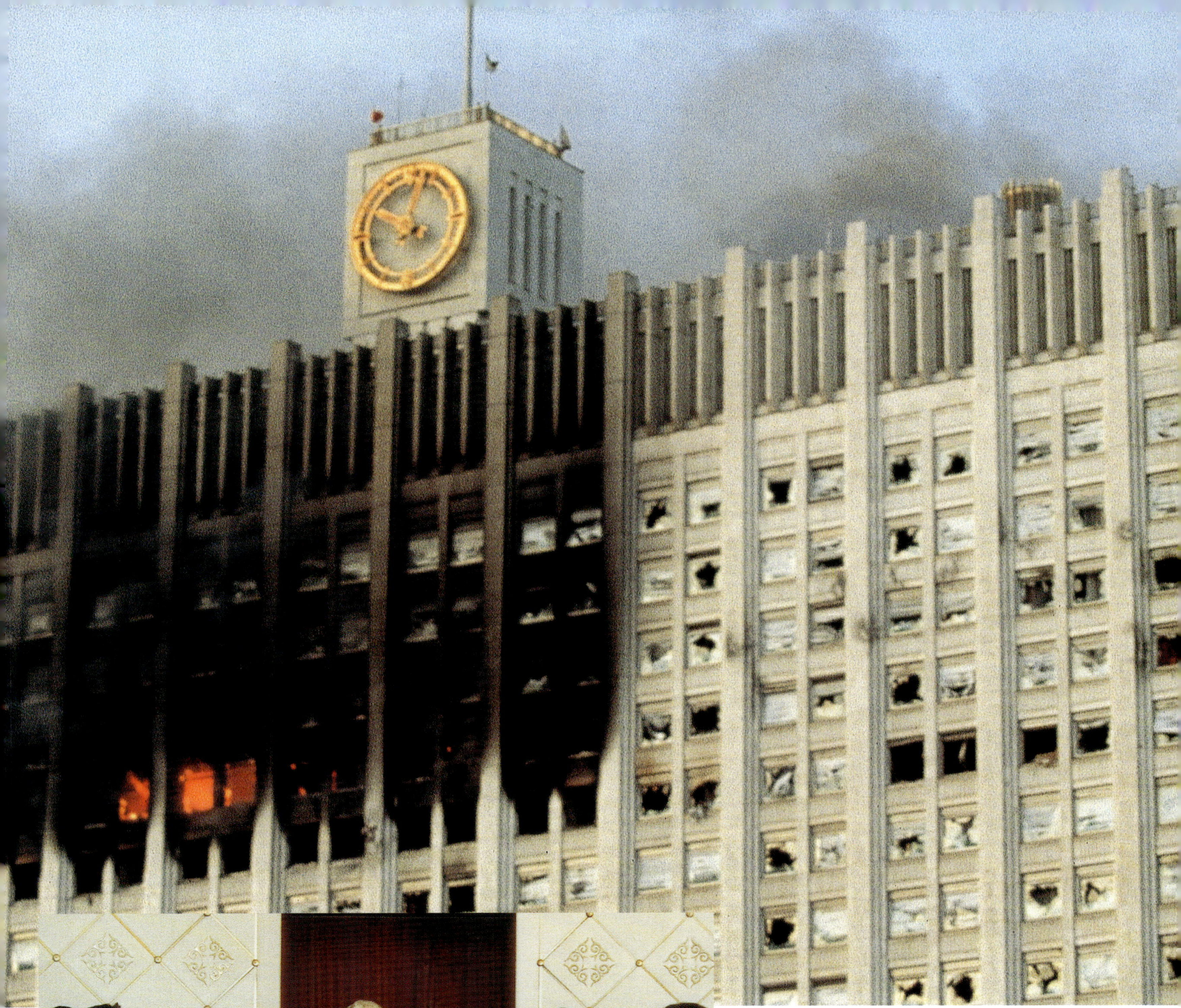

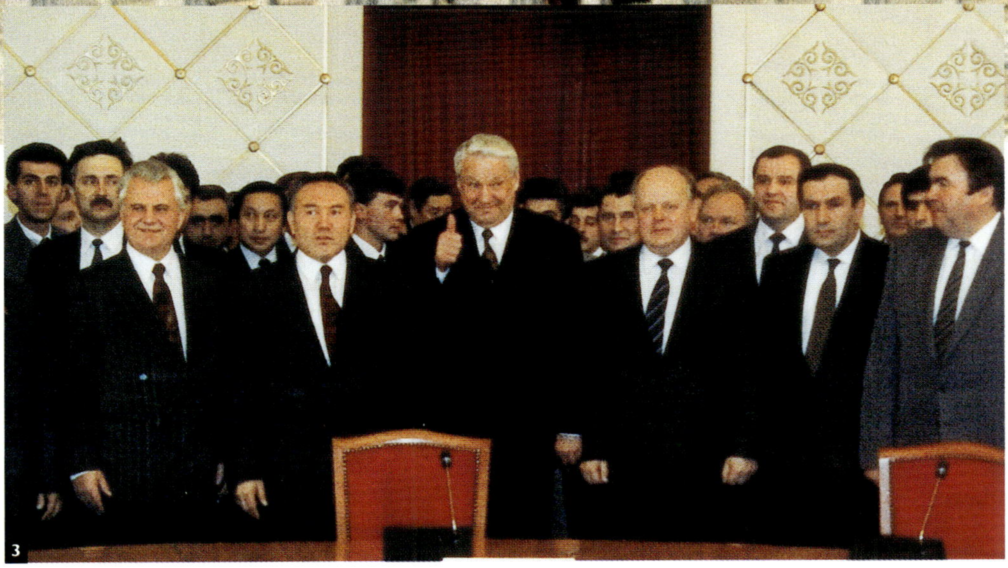

3

voirs étendus, était mise en place, mais se heurtait à l'opposition des députés qui provoquait une instabilité du régime. Les Républiques indépendantes se disputaient les peuples et les territoires, créant des zones d'insécurité en périphérie de la Russie. L'écroulement de l'empire stalinien, au lieu de faire régner le monde-un, livrait le bloc communiste à l'aventure, malgré le soutien américain et international prodigué au régime d'Eltsine.

11 décembre 1994

La Tchétchénie est envahie par les Russes. L'invasion de ce territoire caucasien de religion musulmane est dictée par son importance stratégique, car il commande la route du pétrole de la Caspienne vers l'Ouest.

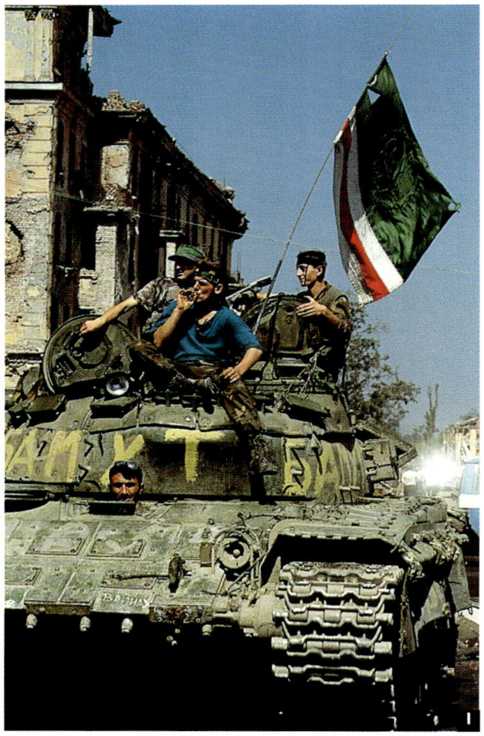

■ **L**es troupes russes se lancèrent en Tchétchénie dans une véritable guerre de religion, qui risquait d'avoir des conséquences sur les 25 millions de musulmans vivant dans les territoires de l'ancienne URSS. Le nationalisme religieux de type iranien retrouvait sa place dans l'espace politique russe.

Le 4 novembre 1991, le général Djokhar Doudaev avait proclamé unilatéralement l'indépendance de la Tchétchénie. Il fallait que Moscou empêche les velléités sécessionnistes de se répandre dans tous les territoires de la Fédération. En 1994, l'armée russe franchissait la frontière tchétchène et s'engageait dans un conflit qui fit près de 40 000 morts et provoqua le déplacement de 400 000 personnes. Cette guerre du Caucase affaiblissait le personnage d'Eltsine, accusé de répression féroce contre les Tchétchènes, petit peuple musulman jaloux de son indépendance.

Cet affrontement fut inexpiable. Il alterna guérilla, attentats, prises d'otages, répression par l'aviation russe qui bombardait Grozny, la capitale, multipliant les victimes civiles. Les tentatives d'Eltsine pour faire cesser le feu se heurtèrent à l'intransigeance des activistes musulmans.

Le général Doudaev trouva la mort dans un bombardement le 22 avril 1996. Il fut aussitôt remplacé par Zelimkhan Iandarbiev qui fit le voyage jusqu'à Moscou pour rencontrer Boris Eltsine. Un cessez-le-feu fut obtenu le 27 mai, sous la promesse d'une paix contrôlée par des observateurs internationaux après le départ des troupes russes. Mais la guérilla

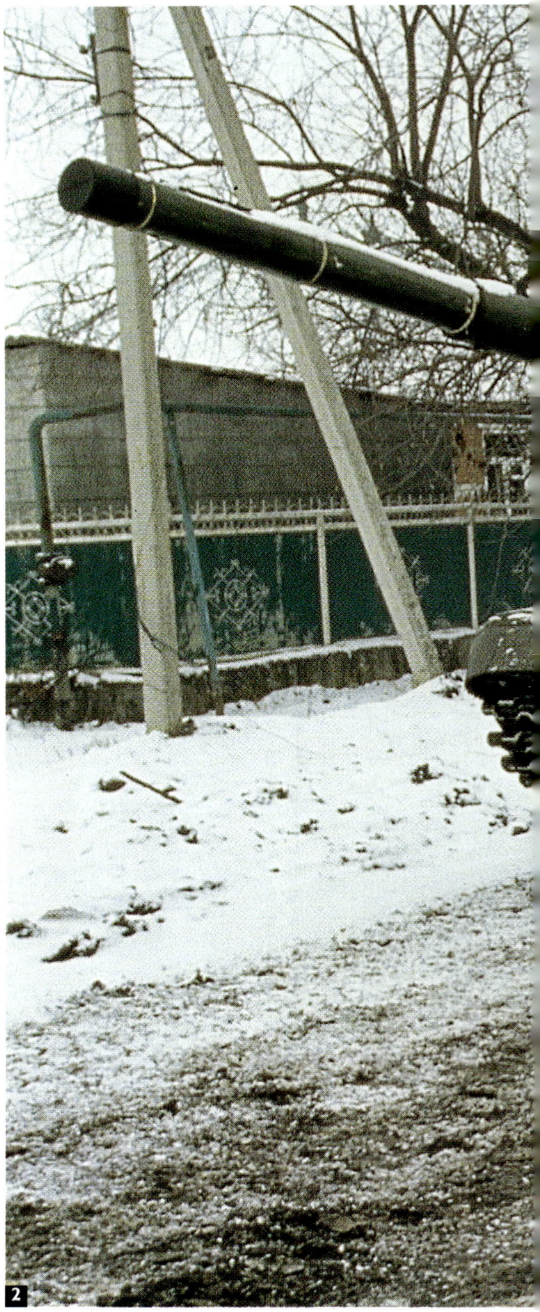

[1] Les Tchétchènes fêtent leur victoire (août 1996). *Les Russes n'ont pas pu mater la rébellion de ce peuple fier du Caucase.*
[2] Les chars russes entrent à Grozny (décembre 1994). *L'intervention russe en Tchétchénie vise à empêcher toute contagion sécessionniste au sein de la Fédération.*

[3] La signature de la paix (août 1996). *Le général Lebed, héros de la guerre d'Afghanistan, rencontre le président Zelimkhan Iandsarbiev. Les Russes, échaudés par l'expérience afghane, se retirent du bourbier tchétchène.*

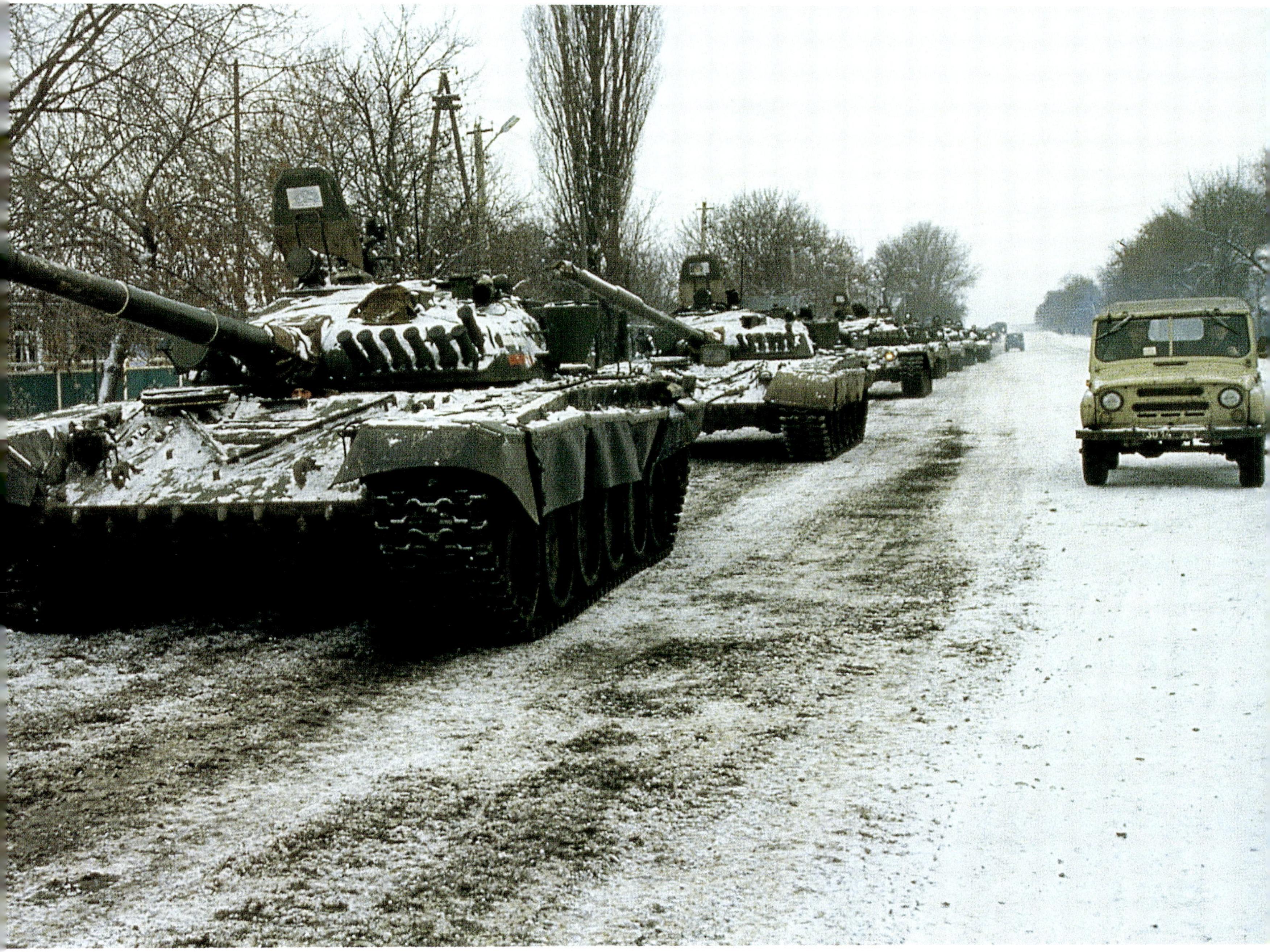

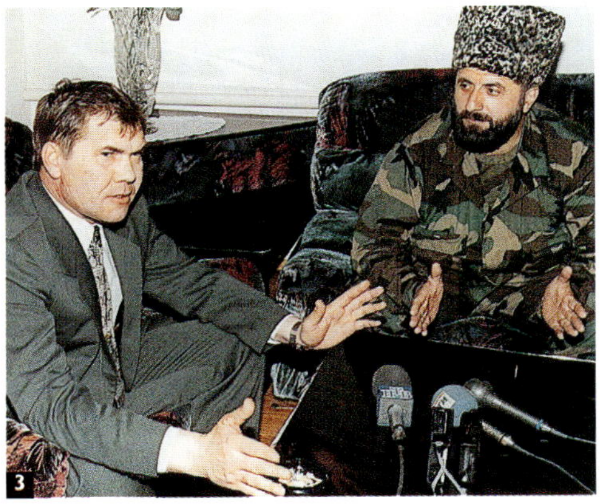

3

continua, et les bombardements de l'aviation russe reprirent de plus belle. Un statut de paix fut enfin signé par le général Lebed le 22 août 1996. Le départ des dernières troupes russes fut effectif en décembre, après qu'un référendum ait été prévu pour l'an 2001.

La révolte des Tchétchènes était symptomatique de l'agitation nationale et religieuse des peuples du Caucase qui constituaient, avec 12 millions d'habitants, neuf républiques autonomes, six en Russie, trois en Géorgie. Mais la Russie s'efforçait de conclure des accords d'union avec les républiques sœurs et de lutter de son mieux contre la violence, la pénurie et la corruption, non sans tomber dans une crise économique et financière grave qui devait aboutir à la situation catastrophique de 1998, où les finances russes n'étaient sauvées que par une injection de capitaux d'Europe, d'Amérique et du FMI.

22 avril 1995

Au Rwanda, des milliers de Hutus déplacés sont tués par l'armée patriotique rwandaise à Kibeho. Dans ce pays, les Hutus qui constituent 90 % de la population avaient massacré près d'un million de Tutsis en 1994.

■ **A**u cours de ces trente dernières années, la crise économique mondiale a répandu sur l'Afrique trois plaies mortelles : la famine, la guerre et le sida. Des guerres tribales ont touché de nombreux territoires, et d'abord le Nigeria où, de 1982 à 1985, les musulmans du Nord firent la guerre aux chrétiens du Sud. D'autres massacres eurent lieu en Ouganda,

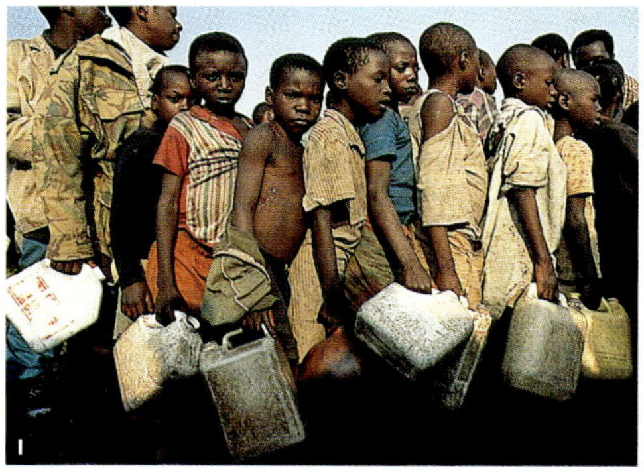

où le général Amin Dada, musulman fanatique et ami du colonel libyen Kadhafi, fut responsable d'au moins 300 000 morts avant d'être chassé du pouvoir en 1979. Les massacres reprirent en 1985 à la suite de conflits inter-ethniques.

Au Rwanda, le général Habyarimana, porté au pouvoir par un coup d'État en 1973, avait essayé d'intégrer les Tutsis, mais les exilés constitués en Front patriotique rwandais (FPR) continuaient d'attaquer les frontières. Le régime hutu devait ainsi admettre le retour de 250 000 émigrés en 1992. La situation dégénéra lorsque le 6 avril 1994, des extrémistes hutus hostiles à la paix assassinèrent le général Habyarimana en piégeant son avion. La guerre civile éclata puis se transforma rapidement en génocide. On assista au massacre systématique, atroce, d'un million de Tutsis et de Hutus modérés par les extrémistes hutus. En réaction, le FPR prit la capitale Kigali le 4 juillet 1994. La population hutu, qui craignait les représailles, s'enfuit à son tour vers le sud-ouest. La France et les États-Unis décidèrent alors d'envoyer des missions humanitaires pour aider les réfugiés décimés par le choléra et la faim. En 1995 plusieurs milliers de Hutus déplacés furent néanmoins tués par les Tutsis à Kibeho. On estime que ce conflit a provoqué la mort d'un million et demi de personnes.

Au Zaïre, le président Mobutu ne se décidait pas à quitter le pouvoir et accepta en 1993 la présence d'un gouvernement concurrent. Des affrontements ethniques, des scènes de pillage et des massacres se multiplièrent. Laurent-

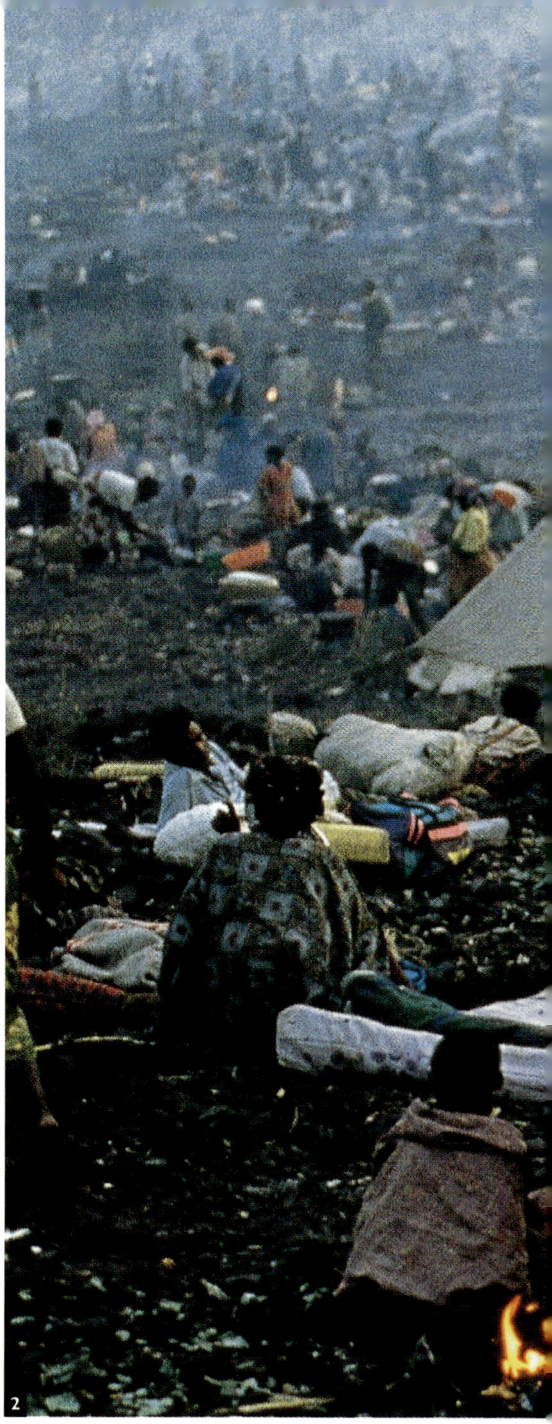

[1] Enfants rwandais dans le camp de Buhima. *La France et les États-Unis mettent en place des missions humanitaires pour venir en aide aux réfugiés.*
[2] Le camp de Goma (juillet 1994). *Les Hutus, responsables du massacre de près d'un million de Tutsis, fuient devant l'avance du Front patriotique rwandais et s'entassent dans des camps à la frontière zaïroise.*
[3] Laurent-Désiré Kabila. *Le leader de l'Alliance des forces démocratiques passe en revue ses troupes avant de mener la dernière offensive qui l'amènera au pouvoir au Zaïre.*

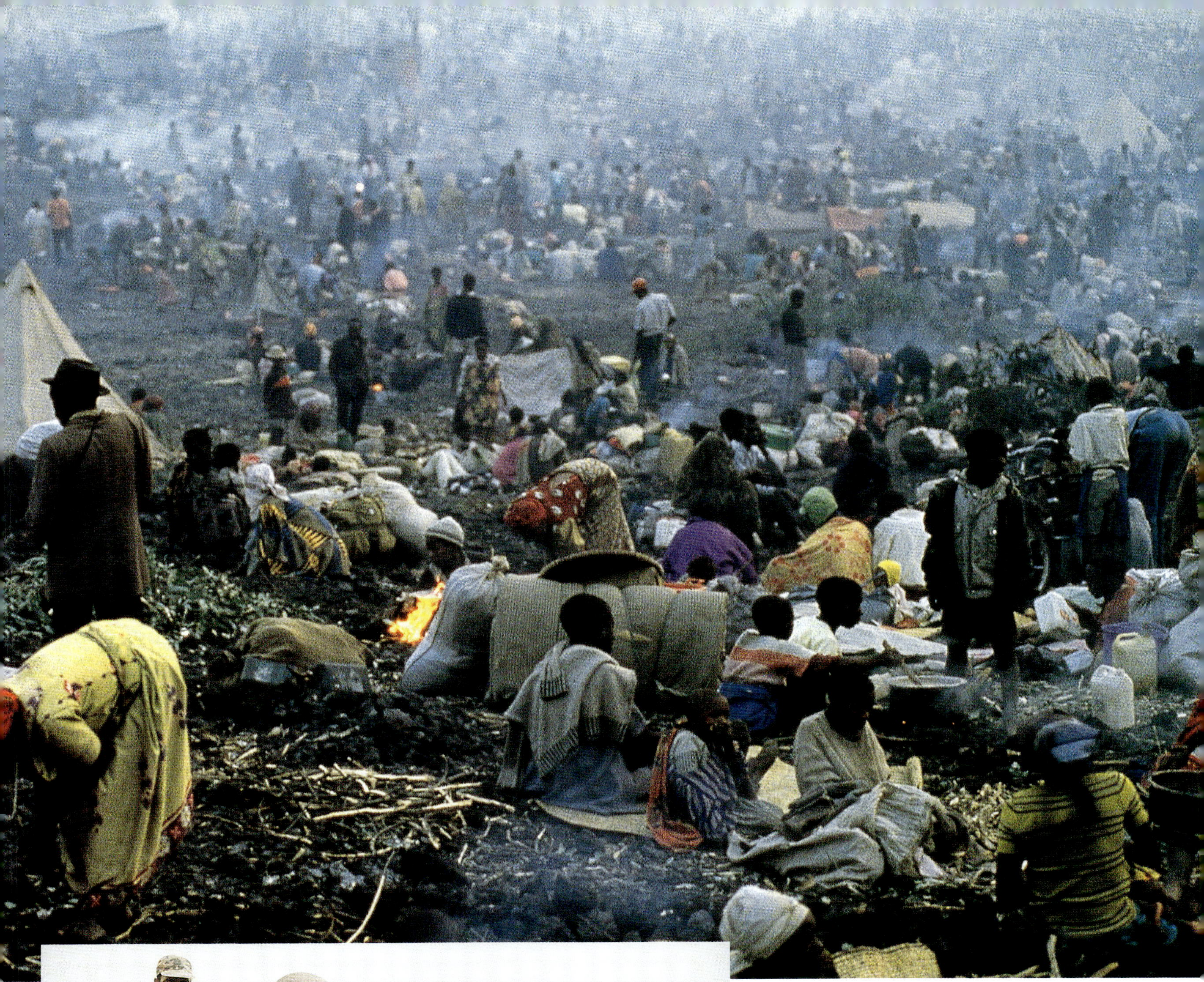

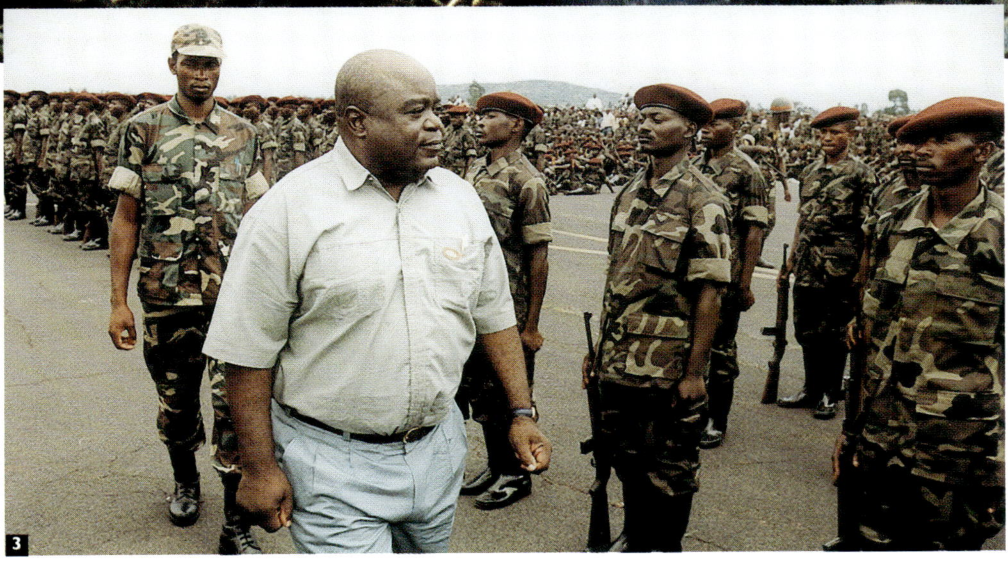

3

Désiré Kabila, ancien colonel des jeunesses lumumbistes, envahit le pays avec l'Alliance des forces démocratiques et s'empara du pouvoir, après la mort de Mobutu, prêtant serment le 29 mai 1997. La guerre civile avait une fois de plus ensanglanté le Congo. Aucune nation ne semblait pouvoir résister à la conjonction de la famine, des épidémies meurtrières et des guerres religieuses ou tribales, qui mettaient gravement en question la dignité de l'homme. En Afrique, ses droits les plus élémentaires étaient bafoués.

16 novembre 1995

En Algérie, le président Zéroual est réélu avec 61 % des suffrages. Son pays s'enfonce dans la guerre civile avec les actes terroristes des partisans du FIS, le Front islamique du salut, inspiré par la révolution iranienne.

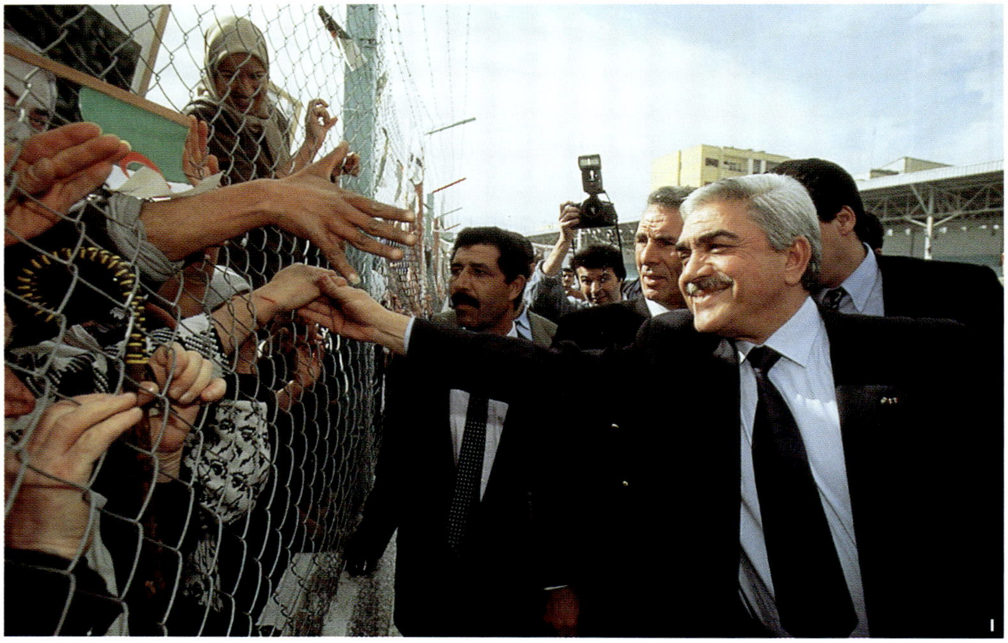

L'intégrisme iranien a fait école. Le premier mouvement islamiste, les Frères musulmans, fondé en Égypte en 1928 par Hassan el-Banna, répondait à la nature théocratique de l'Islam qui ne faisait pas de distinction entre le civil et le religieux. Le rejet de l'occidentalisme poussait ainsi les nations islamiques, comme l'Iran en 1979 puis le Soudan en 1989, à se réclamer du fondamentalisme. De la plaque tournante soudanaise, l'intégrisme s'était infiltré en Égypte. Il avait, de là, gagné la Libye et l'Algérie.

En développant les solidarités musulmanes, le mouvement permettait une intégration sociale par l'entraide dans des sociétés désorganisées par la crise mondiale, le chômage, la famine. Dans les villes surtout, exposées les premières aux troubles de la pénurie, la rue devenait intégriste. L'Algérie, qui comptait 65 % de moins de vingt ans dans sa population en 1979, et un grand nombre de chômeurs, était la proie désignée. Le socialisme algérien était en effet incapable de répondre aux besoins de la population et le développement de l'industrie lourde n'avait pas donné les résultats escomptés.

L'émigration de 800 000 Algériens vers la France n'avait pas fait disparaître la pénurie. Des émeutes de la faim obligèrent en 1989 le président Chadli à instaurer le pluripartisme dont bénéficia le Front islamique du salut (FIS) qui voulait instaurer une République fondée sur la loi du prophète, ou Charia. Il obtint la majorité des voix lors des élections municipales de juin 1990. En réaction, l'armée instaura l'état de siège en juin 1991, jetant en prison les deux leaders du FIS, Abassi Madani et Ali Benhadj. Les élections législatives qui risquaient de porter le FIS au pouvoir furent interrompues. Une dictature militaire mit le FIS hors la loi.

Malgré les manifestations courageuses de la population contre cette guerre civile qui n'hésitait pas à frapper les femmes et les enfants, tuant les intellectuels, les journalistes, les prêtres et les moines catholiques, malgré la mobilisation des femmes dans les rues d'Alger, le terrorisme et la répression firent de l'Algérie une terre meurtrie par l'assassinat de 20 à 30 000 personnes entre 1992 et 1995. Les élections de novembre 1995 portèrent au pouvoir le président Zéroual, un général déjà désigné en 1994 par le Haut Comité d'État pour organiser la résistance au FIS. Mais cette élection n'a pas arrêté les violences qui se poursuivent, en l'absence de toute réaction internationale efficace, et malgré la mobilisation des intellectuels du monde entier.

[1] Campagne électorale de 1995. *Le Président Liamine Zéroual est réélu avec près de 61% des voix lors du premier scrutin pluraliste organisé depuis l'indépendance du pays.*

[2] Obsèques de villageois assassinés à Mitidja (1997). *La population algérienne a payé un lourd tribut dans la lutte qui oppose le FIS aux forces de sécurité gouvernementales.*

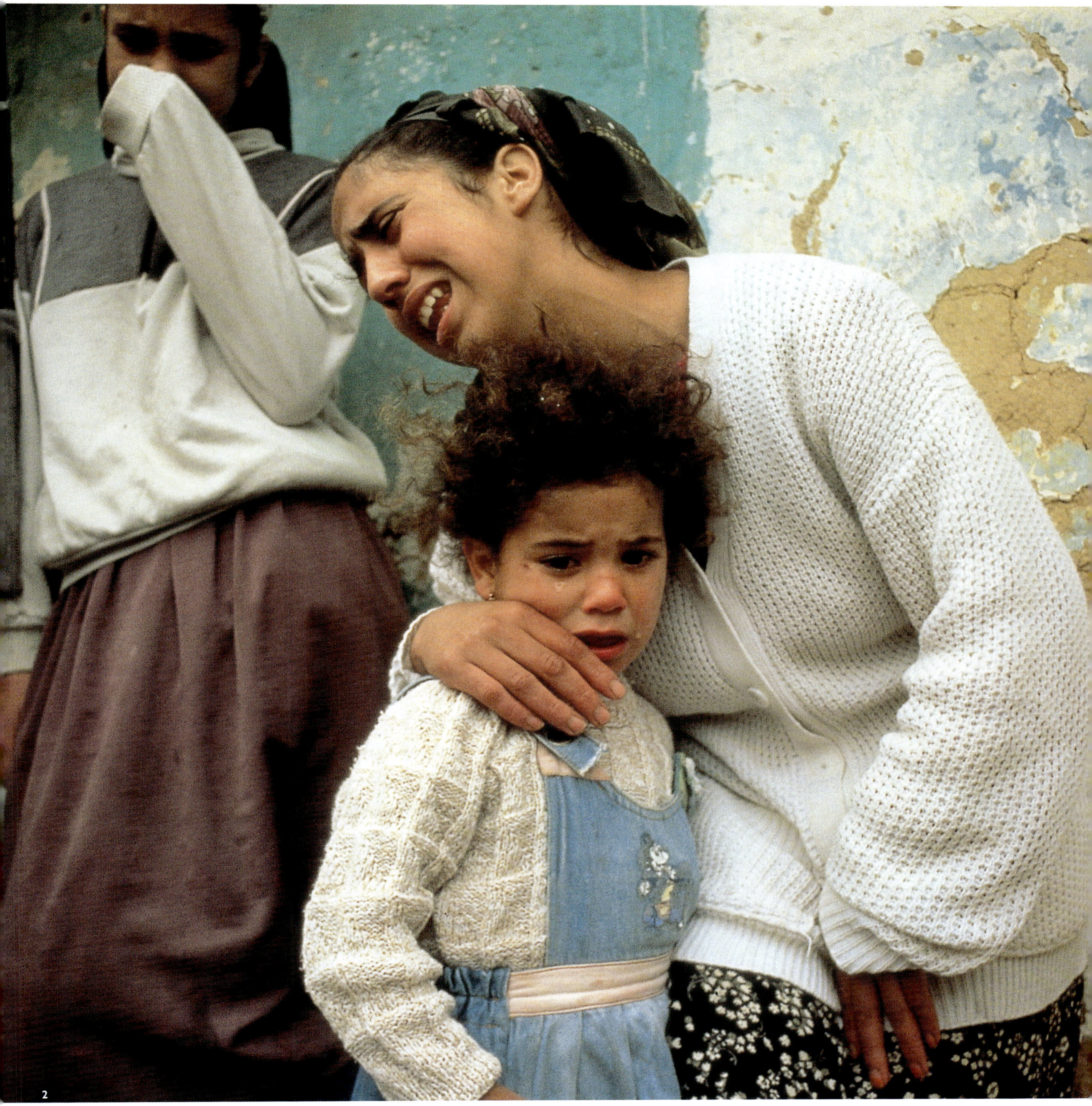
2

21 novembre 1995

Le conflit bosniaque prend fin

avec les accords signés par le président serbe Slobodan Milosevic, le croate Franjo Tudjman et le bosniaque Alija Izetbegovic, sur la base aérienne de Wright-Patterson, à Dayton dans l'Ohio.

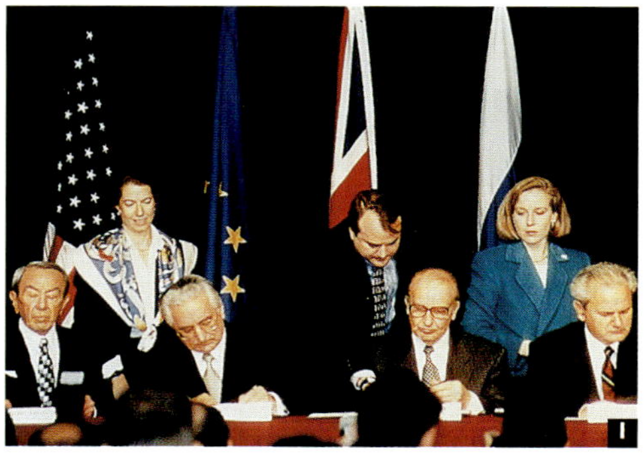

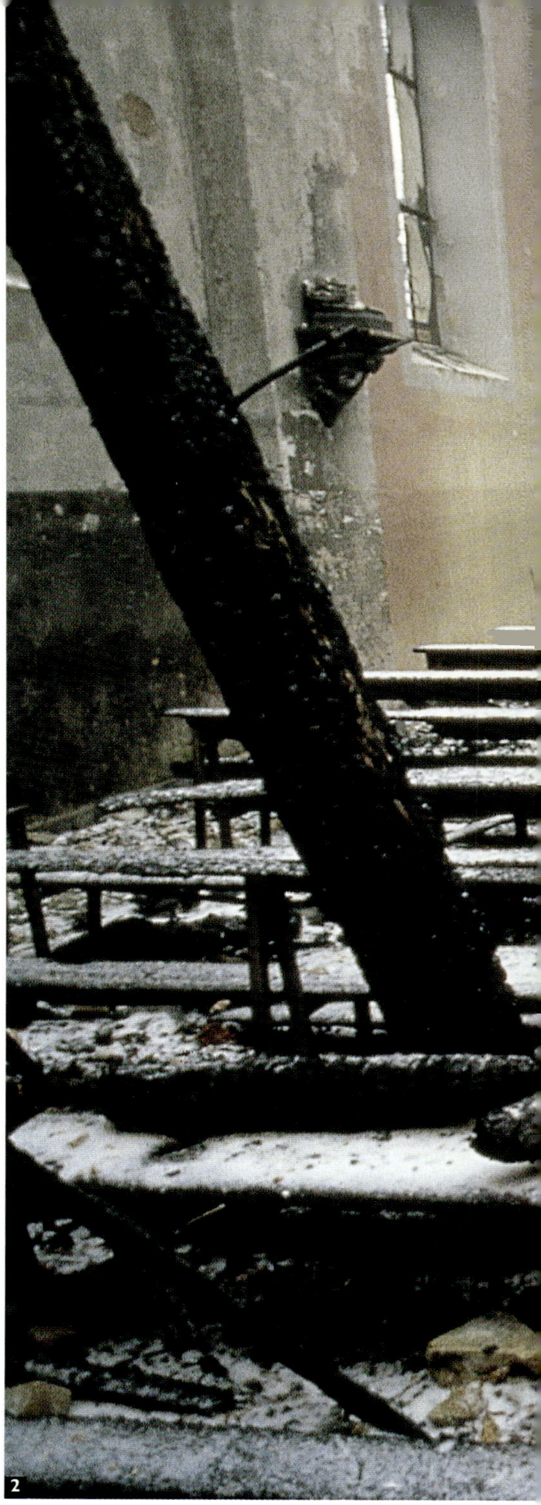

■ **L'**intégrité de la Bosnie est maintenant reconnue. Elle admet elle-même l'existence d'une République serbe sur son territoire. C'est la fin d'une guerre de religion qui a ensanglanté ce pays depuis 1991.

À la fin de ce conflit, on compte trois millions de réfugiés, 250 000 morts, 15 000 enfants exécutés, 20 000 femmes violées, 50 000 cas de torture. Soixante-quinze criminels de guerre ont été inculpés de génocide, de bombardements de populations civiles et d'exterminations. En Europe, et en l'absence de réaction efficace de la Communauté européenne, un crime contre l'humanité a été perpétré.

Guerre des nations issues de la guerre froide, ou guerre des religions ? La Bosnie compte 43 % de musulmans, 31 % de Serbes et 17 % de Croates. Quand le musulman Izetbegovic a été élu en décembre 1990 président du nouvel État bosniaque, après l'explosion de la Yougoslavie, les Serbes de Bosnie ont constitué des provinces autonomes, et proclamé en avril 1992 une République serbe de Bosnie présidée par Radovan Karadzic. Les Serbes ont aussitôt assiégé les principales villes bosniaques, dont Sarajevo. Occupant les deux-tiers du territoire, ils ont entrepris la "purification ethnique" des terres musulmanes, massacrant, transférant les populations par force dans des zones de regroupement. Izetbegovic a demandé le secours de l'Europe et des pays musulmans. L'ONU n'a envoyé qu'une force humanitaire. Les Américains ont bien tenté une médiation en 1993 mais elle a été repoussée par les Serbes. L'ONU s'est alors décidée à protéger six villes assiégées, à majorité musulmane, tandis que les Croates de Bosnie se séparaient des musulmans pour les combattre dans l'Ouest. En février 1994, le bombardement criminel du marché de Sarajevo par les Serbes entraînait l'OTAN, soutenu par l'ONU, à envoyer un ultimatum pour que les Serbes s'écartent de la ville.

L'offensive serbe, arrêtée à Sarajevo, reprenait à l'est sur Tuzla, Srebrenica et Goradze, provoquant les premières "frappes aériennes" des bombardements de la part des Serbes.

[1] **Les accords de Dayton (1995).** *De gauche à droite, sous l'œil de Warren Christopher, Franjo Tudjman, Alija Izetbegovic et Slobodan Milosevic concluent la paix pour la Bosnie.*

[2] **Sarajevo (décembre 1992).** *La capitale bosniaque va subir trois années de bombardements de la part des Serbes.*

[3] **Radovan Karadzic.** *Le dirigeant serbe, responsable de l'épuration ethnique qui a frappé les populations musulmanes, est toujours poursuivi par le Tribunal pénal international.*

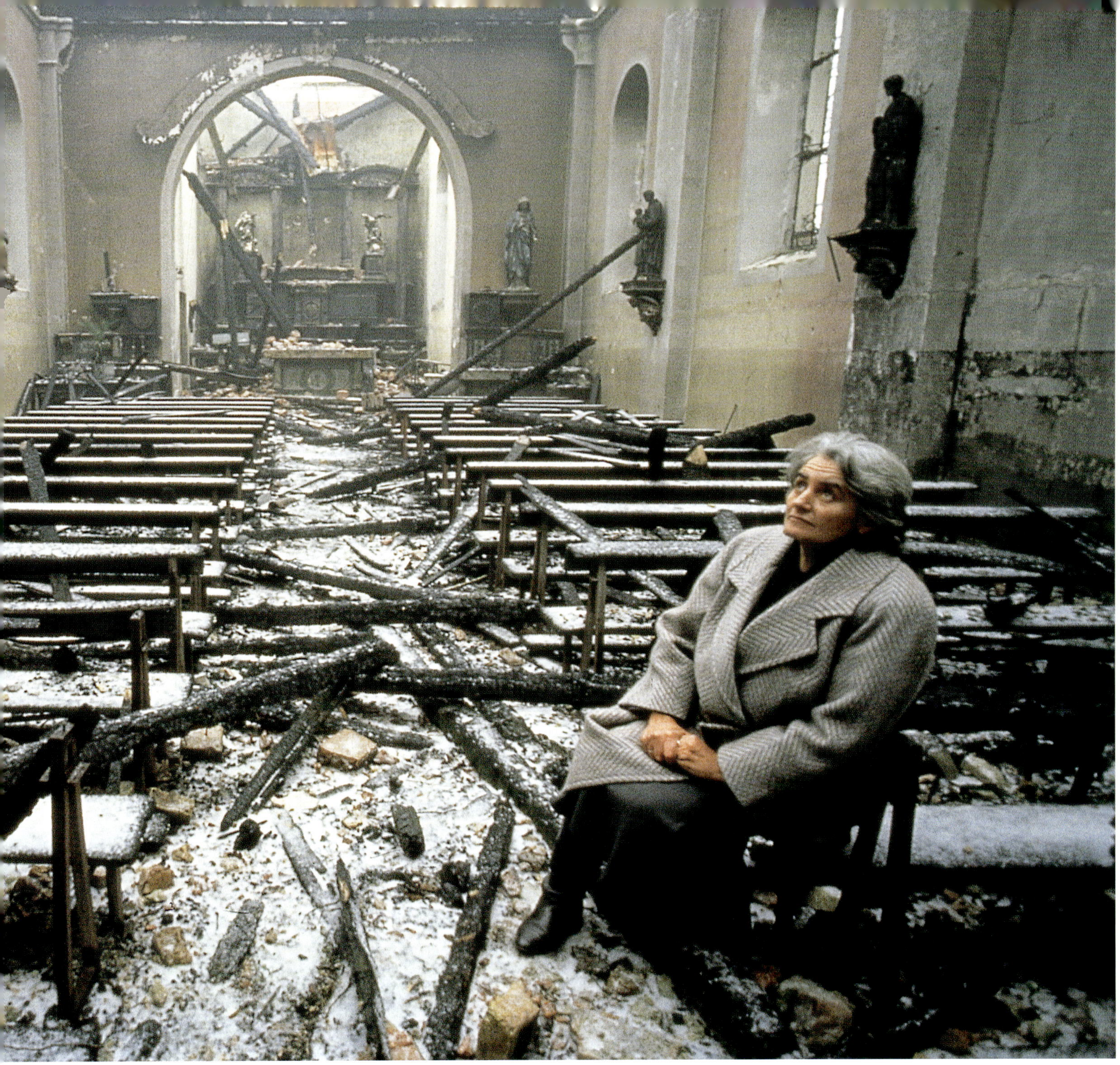

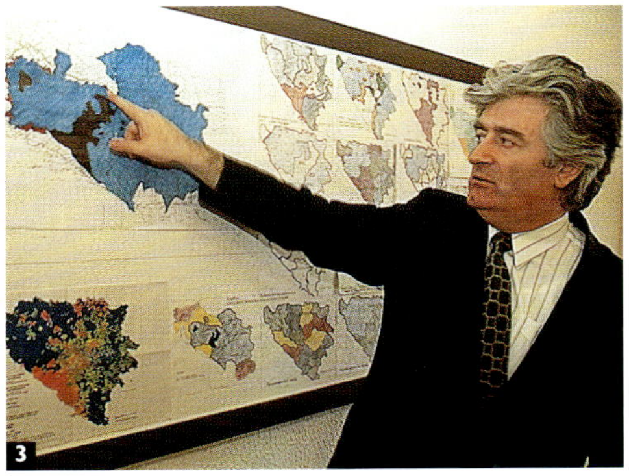

Occidentaux. Une force de réaction rapide était mise sur pied en 1995, pour protéger les soldats de l'ONU. Les Serbes bombardant de nouveau Sarajevo étaient eux-mêmes pris pour cible par les Alliés. La pacification de la Bosnie par les Croates et les musulmans se poursuivait en 1995, quand la conférence de Dayton organisa la partition de la Bosnie. Mais le combat reprenait déjà sur un autre territoire de Serbie, peuplé d'une majorité d'Albanais, le Kosovo, où se répétaient de honteuses exactions en 1998.

La fin du communisme avait sécrété dans l'ancien pays yougoslave un éclatement des nationalités et un affrontement sanglant des religions mettant gravement en danger les droits de l'homme que la "communauté internationale" ne parvenait pas à faire respecter.

26 novembre 1997

La Tokyo City Bank fait faillite.

Plus de 1 500 banques japonaises déposeront leur bilan en 1997. Dans le triangle concurrentiel, Asie-Europe-Amérique du Nord, le pôle asiatique vient de sauter. Est-ce la fin de l'équilibre ?

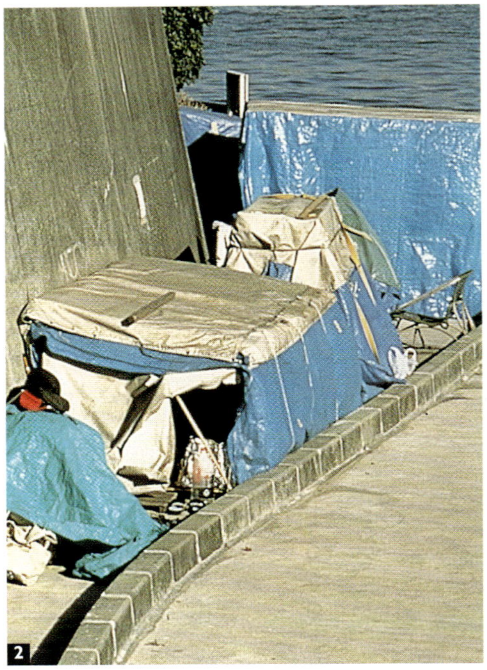

■ **A**près la Seconde Guerre mondiale, le Japon a été reconstruit par les Américains qui en ont fait une base de développement capitaliste, face à la Chine communiste. Ils ont également aidé de leurs capitaux, pour cause de guerre froide, les quatre dragons asiatiques

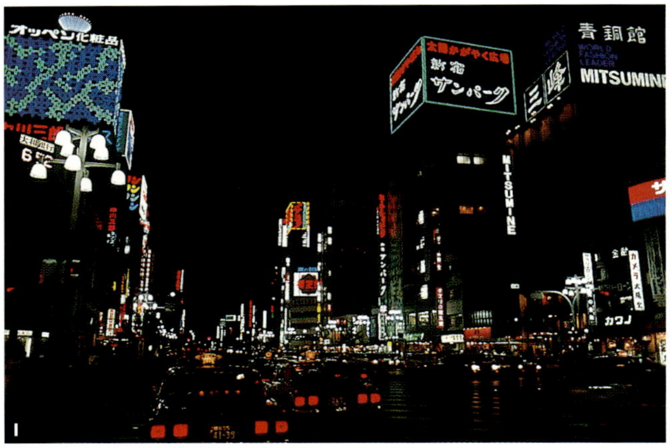

– la Corée, Taiwan, Singapour et Hongkong. Le premier miracle japonais, pendant la guerre de Corée, avait porté à 11 % l'élévation annuelle du produit national brut, jusqu'à faire du Japon la deuxième puissance capitaliste derrière les États-Unis. Il devait ce résultat à son organisation de la production et des ventes, ainsi qu'à la recherche intensive dans les secteurs de pointe.

Le Japon, très dépendant de l'extérieur pour l'énergie, les matières premières et les denrées alimentaires, devait connaître plusieurs crises surmontées par le développement de la recherche et les investissements à l'étranger. Il s'emparait d'énormes marchés pour l'automobile, l'électromécanique et l'informatique. En 1980, il disposait d'un excédent de 10 milliards de dollars dans sa balance commerciale avec les États-Unis, et de 6 milliards avec la CEE. Il subissait en 1982 le contrecoup de la récession mondiale, mais se relevait encore grâce à ses technologies de pointe et au redéploiement des capitaux et des industries, d'Asie jusqu'en Amérique et en Europe. Il entrait en vainqueur dans la mondialisation en étant, en 1989, la première nation créditrice du monde.

Le nouvel empereur, Akihito, intronisé en 1989, allait connaître la crise affirmée à partir de 1993. Crise politique, causée par les multiples scandales, qui affectait la majorité libérale depuis longtemps au pouvoir et introduisait le parti socialiste dans le jeu électoral, crise économique due d'abord à la concurrence des quatre dragons d'Asie et à l'imprudence d'une politique d'expansion capitaliste trop rapide, chômage dû aux délocalisations.

La crise financière de 1997 a obligé le Japon à une nouvelle phase de concentration et d'austérité, au moment où les charges militaires de reconstruction de forces de sécurité s'accroissent dans un pays toujours occupé par les troupes américaines. La "faillite" des nations industrielles phares du Pacifique – le Japon et les dragons – laisse provisoirement la place dans cette zone à la Chine en pleine expansion et aux États-Unis, maîtres de l'Océan.

[1] **La prospérité japonaise.**
Dans les années 80, le Japon apparaît comme un modèle de développement économique pour le reste du monde. Il est, en 1989, le premier pays créditeur de la planète.

[2] **La nouvelle pauvreté japonaise (mai 1999).**
Frappé de plein fouet par la crise financière et la faillite du système bancaire, le Japon voit apparaître dans ses rues des abris de fortune où s'entassent d'anciens businessmen. Un retournement de situation déroutant.

[3] **Tableau des valeurs à la bourse de Tokyo (1998).**
En 1997, près de 1 500 banques ont déposé leur bilan au Japon. La crise financière se généralise à toute l'Asie.

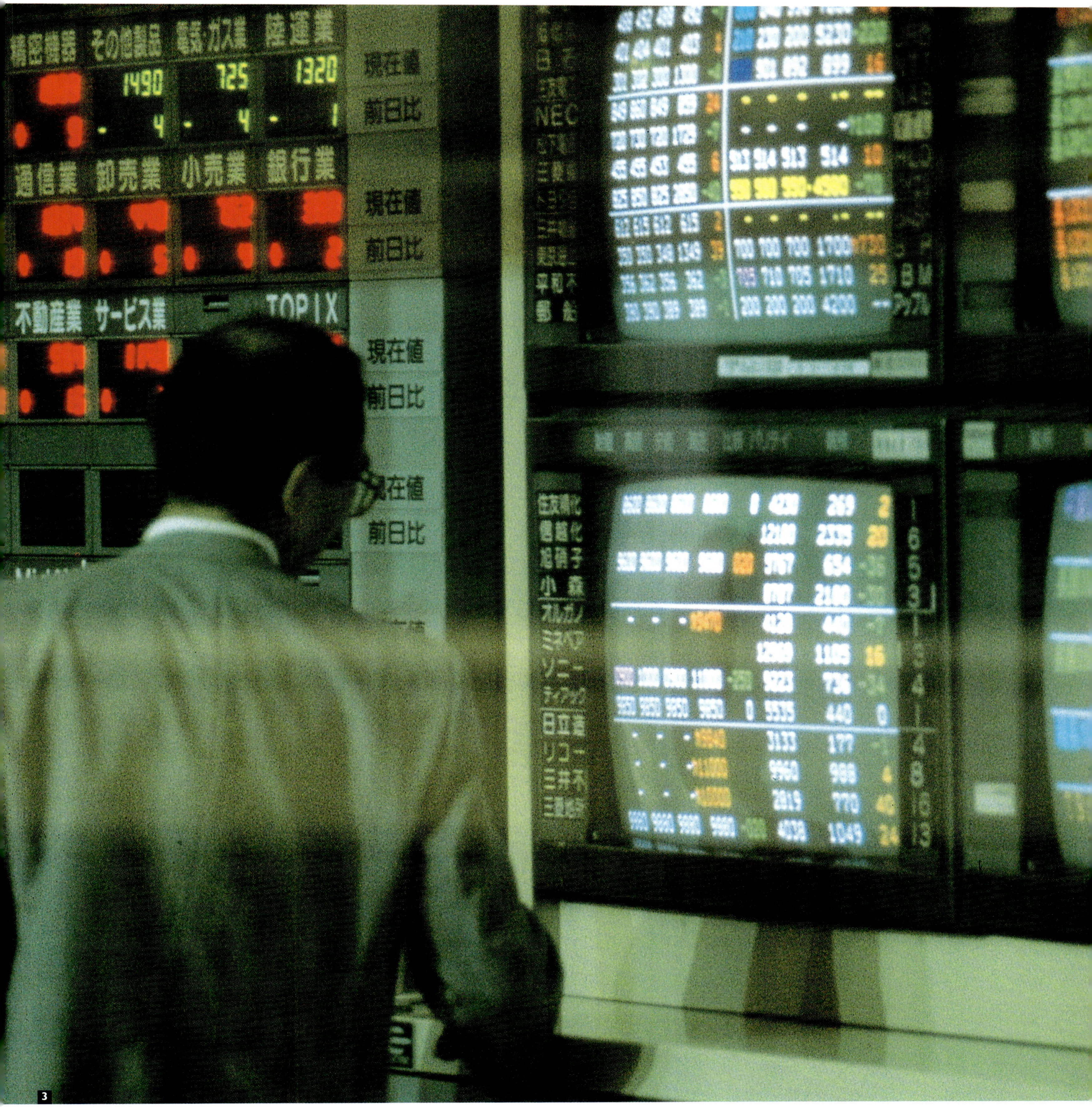
精密機器
その他製品
電気・ガス業
陸運業
1490
725
1320
現在値
前日比
通信業
卸売業
小売業
銀行業
不動産業
サービス業
TOPIX
NEC

3

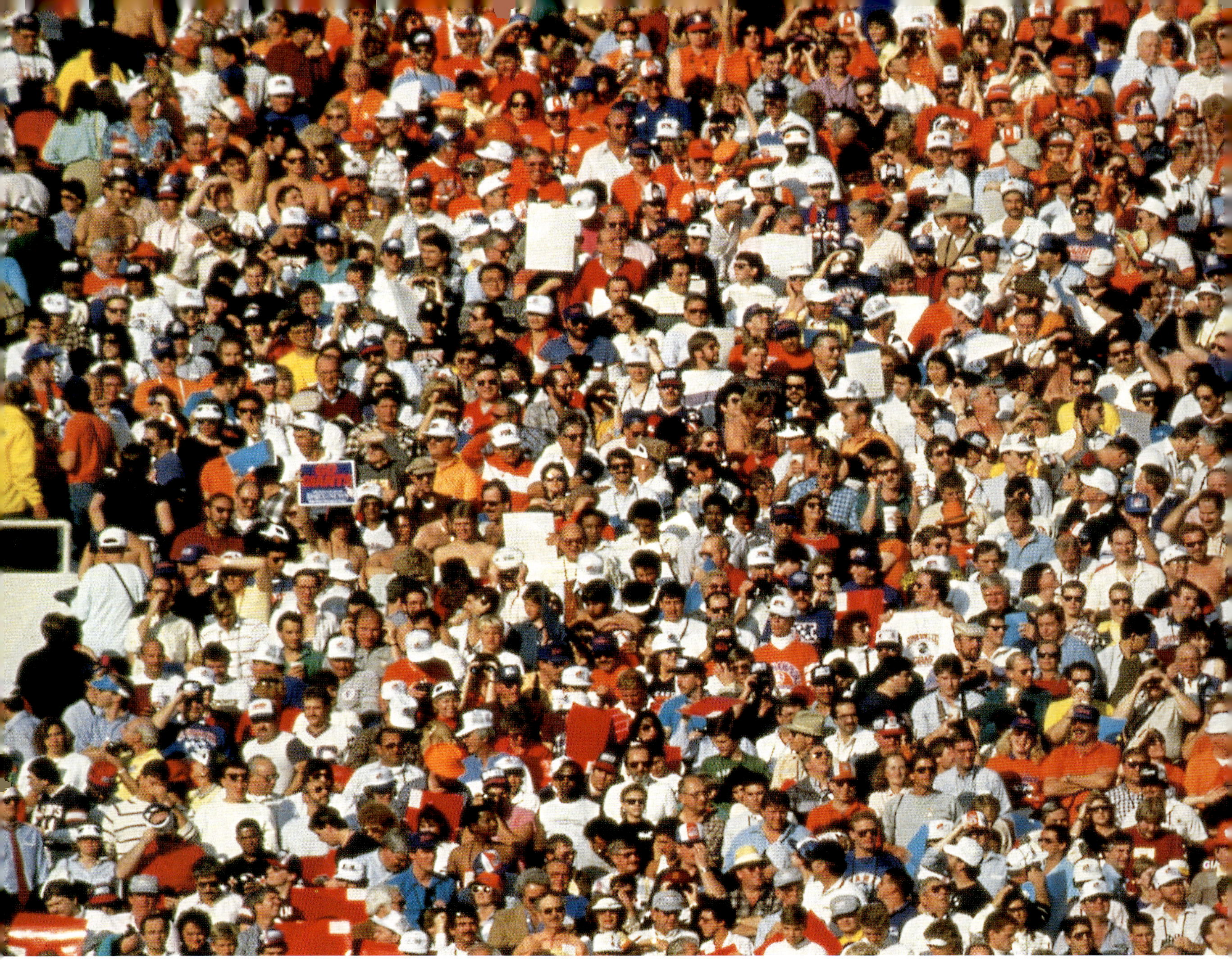

juin 1997

La population mondiale

est estimée à près de cinq milliards huit cent quarante millions d'habitants. Les prévisions établies pour l'année 2025 sont de plus de huit milliards d'êtres humains coexistant sur notre planète.

■ En vingt-cinq ans, l'Asie passera de 3,5 milliards d'habitants à 4,9 milliards. L'Inde est déjà en passe d'atteindre le milliard d'habitants. Les Chinois seront plus d'un milliard et demi au début du troisième millénaire. Les Européens seront, avec 575 millions d'habitants, sept millions moins nombreux qu'actuellement. Les Russes eux-mêmes ne seront plus que 131 millions, contre 147 en 1997. L'Afrique, le moins occupé des continents, verra sa population doubler, jusqu'à un milliard trois cents millions. Parmi les nations du monde industriel, seuls les États-Unis pro-

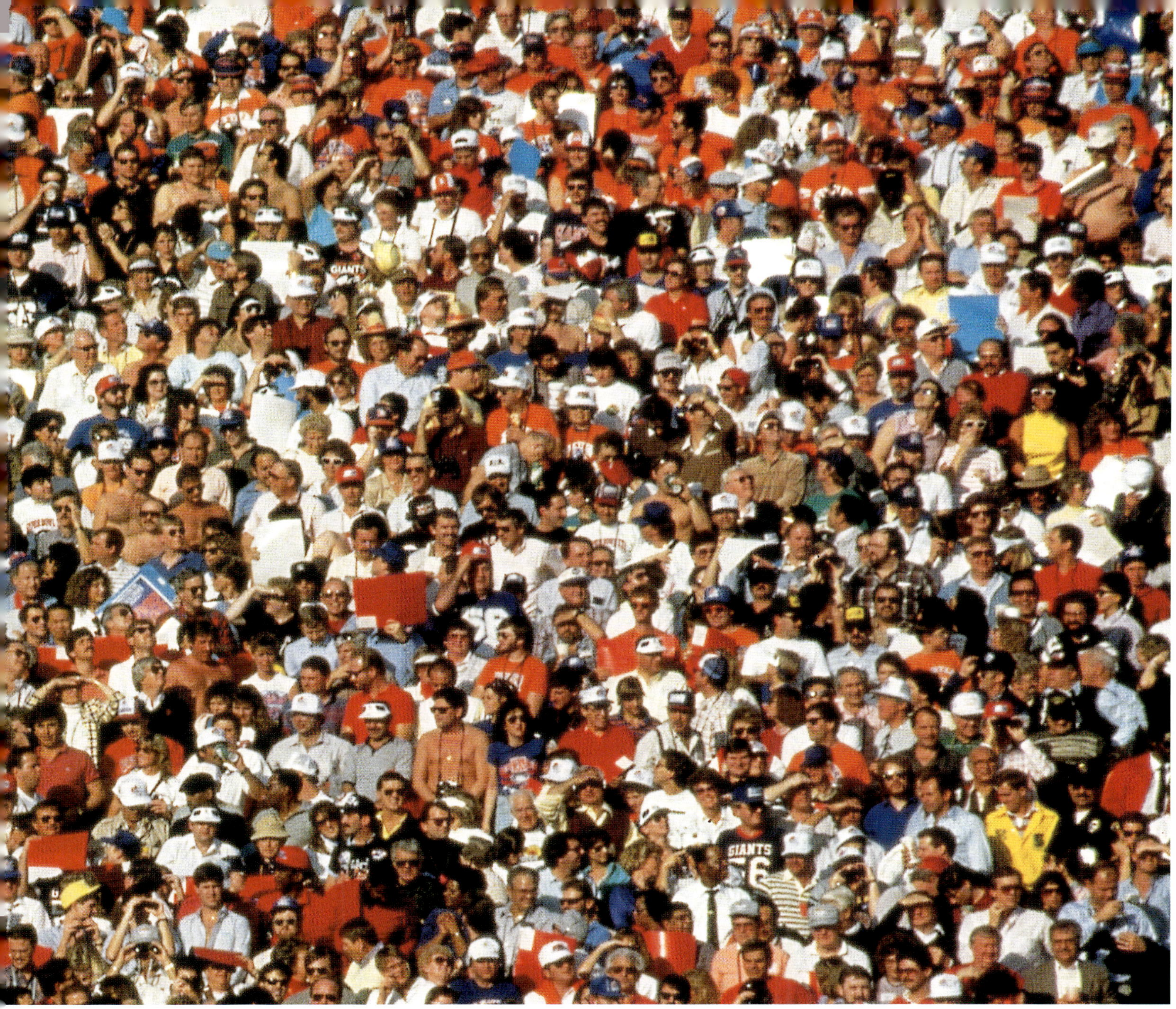

gresseront encore jusqu'à 335 millions d'habitants, tandis que le Japon en perdra six.

La mondialisation et le progrès des communications promettent au monde du troisième millénaire des flux de populations jamais connus auparavant. L'opposition entre les pays développés et les nations pauvres est actuellement si criante que des ajustements sont en cours, et vont se développer dans l'avenir. En Europe et en Amérique, le flux sud-nord est irrésistible. Il pousse vers le territoire américain les populations du Mexique et des Caraïbes. En Europe, la montée des peuples d'Afrique et de Turquie s'accompagne d'une migration est-ouest. Les peuples de l'Est sont effectivement attirés par le niveau de vie plus élevé de l'Ouest. Ces flux engendrent des déséquilibres qui ne peuvent être compensés que par le développement économique, seul capable de permettre aux pays en forte progression démographique de maîtriser leur taux de reproduction.

Les conflits sauvages qui ensanglantent la planète, malgré la fin de la guerre froide depuis 1989, posent le problème d'une nouvelle organisation mondiale économique et financière. L'ère des grands regroupements est amorcée dans la plupart des régions du monde. Même si elle est en cours en Europe, elle ne débouche pas encore sur une organisation de l'investissement et de la sécurité au niveau de la planète que rend cependant possible le développement des communications et la rapidité des moyens d'intervention. De cette concertation mondiale dépend l'avenir de l'humanité du troisième millénaire, et non de la résurgence des vieilles passions nationales et religieuses qui n'ont jamais engendré que haine, destructions et malheur.

Le Troisième Millénaire

L'espoir du monde est la paix. Pendant un demi-siècle de guerre froide, la paix a été sans cesse remise en question sur les points chauds de la planète, sans que l'une ou l'autre des superpuissances ne tombe dans l'abîme où elle précipitait néanmoins, en les armant, des nations antagonistes. Ainsi les conflits se sont-ils succédés sans cesse sur tous les continents sauf l'Europe, seulement affectée dans ses possessions lointaines par les guerres coloniales.

Depuis 1995, le dégel du bloc de l'Est européen ressuscite les vieux démons des haines religieuses et des passions nationales que l'on croyait abolies. La séparation des Républiques caucasiennes de l'ex-URSS a multiplié les conflits dont le plus dur a été celui des Tchétchènes, bravant l'Armée Rouge comme jadis les Afghans. Une solution provisoire a ramené la paix sur les flancs du Caucase où les oppositions de peuples peuvent faire resurgir des affrontements. En Yougoslavie, la guerre de Bosnie a succédé à celle de Croatie. La reconnaissance hâtive de l'indépendance des Croates et des Slovènes a entraîné une réaction violente des Serbes, particulièrement de ceux de Bosnie qui ont multiplié les crimes contre l'humanité. L'intransigeance serbe dans l'affaire du Kosovo provoque en 1999 une intervention armée de l'OTAN qui, pour la première fois, se substitue à l'ONU pour engager, non pas une action d'interposition, mais une guerre déterminée contre le régime serbe, proche de la guerre du Golfe. Les bombardements de l'OTAN ont pour conséquence immédiate l'émigration forcée de centaines de milliers de Kosovars.

Les civils deviennent ainsi les otages de la guerre. Au Congo ou au Rwanda, où les guerres civiles font rage, les interventions de l'ONU se révèlent impuissantes devant la sauvagerie des belligérants. La concurrence internationale frénétique entre les trois groupes de nations développées, Amérique du Nord, Europe et Japon-Asie n'est pas étrangère aux conflits qui se déchaînent dans les régions pétrolières ou dans les réserves stratégiques de minerais en Afrique. Cette concurrence peut se traduire par de brusques chutes de production qui handicapent des régions entières. Ainsi le Pacifique est encore commotionné, à la veille de l'an 2000, par la crise financière qui a ruiné le Japon et les dragons asiatiques. La santé économique de la planète ne peut qu'être affectée par la crise des finances russes qui rend sensibles toutes les Républiques de l'ancienne URSS.

En 1999, on prend conscience avec le conflit du Kosovo de la nécessité d'un plan de développement par zone, pour que la misère qui secrète les conflits soit éliminée par une aide internationale massive. Le chancelier Schröder a ainsi demandé un "plan Marshall pour les Balkans". Il est clair que la progression de l'islamisme intégriste en Orient, au Soudan, et sur les bords de la Méditerranée jusqu'à l'Algérie martyrisée, est la conséquence d'une absence de politique d'aide mondiale suffisante pour assurer le développement des pays menacés. Les progrès de la communication permettent de connaître au plus juste l'état du monde dans ses moindres parties. Il est de l'intérêt de tous les États qu'une action coordonnée soit conduite par le G7, le groupement des sept pays les plus industrialisés, pour assurer le développement de l'ensemble de la planète. Si le comte de Saint-Simon était de ce monde, c'est assurément ce qu'il aurait souhaité à l'humanité du troisième millénaire.

Chronologie

XIe SIÈCLE

- **vers 1000** (Amérique) : le Danois Leif Ericsson, fils d'Érik le Rouge, aborde les terres du Nord de l'Amérique.
- **1009** (Orient) : le calife fatimide al-Hakim ordonne la destruction du Saint-Sépulcre à Jérusalem.
- **1025** (Pologne) : le duc Boleslaw devient premier roi de Pologne.
- **vers 1046** (Italie) : le Normand Robert Guiscard conquiert sur les Byzantins les territoires du Sud de l'Italie.
- **1054**, 14 juillet (Orient) : excommunication du patriarche de Constantinople Michel Cérulaire : schisme d'Orient.
- **1059** (Rome) : décret de Nicolas II établissant l'élection du pape par les seuls cardinaux.
- **1066**, 14 octobre (Angleterre) : Guillaume le Bâtard, dit le Conquérant, bat les Saxons du roi Harold à Hastings. Il est couronné roi d'Angleterre le 25 décembre.
- **1077**, 25-28 janvier (Italie) : l'empereur Henri IV attend à Canossa que le pape le relève de son excommunication.
- **1081** (Orient) : Alexis Comnène empereur d'Orient.
- **1095**, 8 novembre (Europe) : le pape Urbain II lance depuis Clermont l'appel à la croisade.
- **1099**, 15 juillet (Orient) : prise de Jérusalem. Installation des Francs en Palestine. Godefroy de Bouillon prend le titre d'avoué du Saint-Sépulcre.

XIIe SIÈCLE

- **vers 1100** (France) : début de l'essor des foires de Champagne.
- **vers 1100** (Amérique) : formation de l'empire inca au Pérou.
- **1106-1125** (Allemagne) : l'empereur allemand Henri V combat le Saint-Siège. Il entre deux fois à Rome en vainqueur (1111 et 1117) mais doit accepter le concordat de Worms (voir 1122).
- **1119** (Orient) : neuf chevaliers français fondent à Jérusalem l'ordre du Temple.
- **1122**, 23 septembre (Allemagne) : concordat de Worms : l'empereur allemand Henri II reconnaît au pape le droit de donner les investitures ecclésiastiques.
- **1146**, 31 mars (France) : saint Bernard prêche la deuxième croisade depuis la basilique de Vézelay.
- **1152**, 18 mai (Angleterre) : Aliénor d'Aquitaine se remarie avec Henri II Plantagenêt. La couronne de France perd l'Aquitaine.
- **1153** (France) : mort de saint Bernard.
- **1170**, 25 décembre (Angleterre) : assassinat de Thomas Becket, archevêque de Canterbury, sur ordre du roi Henri II Plantagenêt.
- **1187**, 2 octobre (Orient) : Saladin, sultan ayyubide d'Égypte, reprend Jérusalem aux Francs après les avoir battus à Hattin le 5 juillet.
- **1198** (Orient) : fondation de l'ordre militaire et religieux des chevaliers Teutoniques réservé à la noblesse allemande.

XIIIe SIÈCLE

1204, 12 avril (Orient) : prise de Constantinople par les croisés. Baudouin de Flandre devient empereur d'Orient.
1208 (France) : Innocent III appelle à la croisade contre les hérétiques albigeois.
1209 (Italie) : François d'Assise fonde l'ordre des frères Mineurs.
1212 (Europe) : croisade des enfants. Des milliers de jeunes Français et Allemands prennent la route pour tenter de délivrer les Lieux saints. Ils n'arriveront jamais à destination.
1212, 16 juillet (Espagne) : victoire des rois chrétiens à Las Navas de Tolosa sur les musulmans d'Espagne.
1213, 12 septembre (France) : la coalition occitano-aragonaise est défaite à Muret par les croisés de Simon de Montfort.
1214, 27 juillet (France) : Philippe II Auguste remporte la bataille de Bouvines sur l'armée impériale et flamande.
1215 (Chine) : Gengis Khan, chef suprême des Mongols, prend Pékin.
1215, juin (Angleterre) : promulgation de la *Magna Carta* (Grande Charte), acte constitutionnel imposé au roi par les barons anglais.
1224 (Europe) : dernière famine généralisée de l'Occident.
1232 (Rome) : le pape Grégoire IX confie l'office de l'Inquisition aux dominicains.
1242, 5 avril (Rome) : Alexandre Nevski, grand prince de Novgorod, bat les chevaliers Porte-Glaive sur la glace du lac Peïpous.
1243, 26 juin (Orient) : les Mongols sont vainqueurs des Turcs à Keuzé Dagh.
1244, 16 mars (France) : chute de Montségur : 220 cathares sont envoyés au bûcher.
1245 (France) : Notre-Dame de Paris est achevée.
1248 (France) : le roi Louis IX s'embarque à Aigues-Mortes pour la septième croisade. Il est fait prisonnier à Mansourah (Égypte) en février 1250.
1252 (Italie) : le florin en or est créé à Gênes et à Florence.
1257 (France) : Robert de Sorbon fonde à Paris le collège de Sorbonne.
1258 (Irak) : Bagdad est prise par les Mongols après un intense bombardement. L'université est détruite.
1261, 25 août (Orient) : le Grec Michel Paléologue reprend Constantinople aux Francs.
1262 (Espagne) : les chrétiens reprennent Cadix aux musulmans qui ne conservent que le royaume de Grenade.
1266 (France) : Louis IX ordonne la frappe du gros tournois.
1270, 25 août (France) : Louis IX meurt de la peste devant Tunis.
1271-1295 (Asie) : voyage de Marco Polo en Asie.
1291, 28 mai (Orient) : chute de Saint-Jean-d'Acre ; fin des États croisés de Palestine.
1295, (Orient) : le Khan des Mongols, Ghazan, se convertit à l'Islam et l'impose comme religion d'État.

XIVe SIÈCLE

1302, 10 avril (France) : Philippe le Bel réunit pour la première fois les États généraux.
1302, 17-18 mai (Flandre) : "Mâtines de Bruges" : les Flamands se révoltent contre l'occupation française.
1302, 11 juillet (France) : bataille des Éperons d'or à Courtrai : les Français sont massacrés par les milices flamandes.
1303, 7 octobre (Rome) : attentat d'Anagni : le pape Boniface VIII est maltraité par l'envoyé de Philippe le Bel, Guillaume de Nogaret.
1307 (Chine) : le pape Clément V crée un archevêché à Pékin.
1307, 13 octobre (France) : arrestation des Templiers du royaume de France sur ordre de Philippe IV le Bel.
1309 (Europe) : Clément V fuit Rome où le pouvoir papal est contesté pour s'installer en Avignon.
1314 (France) : scandale des brus de Philippe le Bel.
1314, 19 mars (France) : Jacques de Molay, dernier grand maître du Temple, est brûlé à Paris.
1315, 15 novembre (Suisse) : bataille de Morgarten : les chevaliers autrichiens sont défaits par les fantassins des cantons suisses.
1325 (Mexique) : fondation de la ville de Tenochtitlan, capitale des Aztèques à partir de 1364.
1327 (Angleterre) : Édouard III, petit-fils de Philippe le Bel, monte sur le trône d'Angleterre. Sa prétention à la couronne de France sera l'une des causes de la guerre de Cent Ans.
1328 (France) : décès de Charles IV, dernier des "rois maudits". La lignée capétienne directe s'éteint.
1340, 24 juin (Europe) : la flotte française est détruite dans le port flamand de l'Écluse par les Anglais.
1346, 26 août (France) : les archers anglais déciment la chevalerie française à Crécy.
1347-1352 (Europe) : épidémie de peste noire : un tiers de la population européenne périt.
1347, 4 août (France) : Calais se rend aux Anglais (épisode des bourgeois).
1356, 19 septembre (France) : défaite des Français à Poitiers.
1370, 2 octobre (France) : Bertrand du Guesclin devient connétable de France.
1378 (Rome) : grand schisme d'Occident : la Chrétienté a un pape à Rome et un autre en Avignon.
1380, 8 août (Russie) : Dimitri IV, grand prince de Moscou, écrase les Mongols de la Horde d'Or à Kôulikovo.
1389, 23 juin (Europe de l'Est) : les Ottomans battent les Serbes et les Bulgares à Kosovo.
1396, 2 septembre (Orient) : désastre de Nicopolis : le sultan ottoman Bajazet Ier écrase une armée de croisés occidentaux menée par Sigismond de Luxembourg. Les Turcs dominent la Bulgarie.
1397, 20 juillet (Suède) : Union de Kalmar : le Danemark, la Norvège et la Suède sont réunis sous l'autorité d'Éric de Poméranie.

XVe SIÈCLE

1402, 20 juillet (Orient) : Tamerlan capture le sultan Bajazet après l'avoir défait à Ankara.
1410, 15 juillet (Pologne) : les Polonais et les Lituaniens écrasent les chevaliers Teutoniques à Tannenberg.
1411, 15 avril (France) : début de la lutte entre Armagnacs et Bourguignons.
1415, 25 octobre (France) : Henri V d'Angleterre défait la noblesse française à Azincourt.
1429, 8 mai (France) : Jeanne d'Arc force les Anglais à lever le siège d'Orléans.
1431, 30 mai (France) : la "Pucelle", capturée par les Bourguignons et livrée aux Anglais, est brûlée à Rouen.
1453, 30 août (Orient) : les Turcs commandés par le sultan Mehemet II prennent Constantinople.
1455 (Angleterre) : début de la guerre des Deux-Roses (30 ans) entre les maisons d'York et de Lancastre.
1465 (France) : Ligue du Bien public : des grands seigneurs (Charles le Téméraire, Jean V d'Armagnac...) marchent contre Paris où s'est retranché le roi Louis XI.
1492, 2 janvier (Espagne) : prise de Grenade par les troupes d'Isabelle la Catholique.
1492, 11-12 octobre (Amérique) : Christophe Colomb découvre l'Amérique.
1498 (Inde) : Vasco de Gama débarque en Inde après avoir contourné l'Afrique par le cap de Bonne-Espérance

XVIe SIÈCLE

1515, 14 septembre (France) : François Ier défait les Suisses à Marignan (5e guerre d'Italie).
1516, 18 août (France) : concordat de Bologne. Le roi nomme désormais les évêques de France.
1517, 14 mai (Espagne) : Charles V devient roi d'Espagne (empereur du Saint-Empire en 1519).
1517, 31 octobre (Allemagne) : le moine augustin Martin Luther affiche ses 95 thèses sur la porte de l'église de Wittenberg.
1519-1522 (monde) : Magellan découvre un passage au Sud des Amériques et rejoint les Indes par l'ouest. Première *circumnavigation* autour du monde.
1521-1556 (Europe) : guerres entre Charles Quint et François Ier.
1521 (Allemagne) : Luther est excommunié.
1522 (Méditerranée) : Soliman le Magnifique chasse les Hospitaliers de Rhodes.
1524, 24 février (Italie) : François Ier est fait prisonnier par les Impériaux après sa défaite à Pavie.
1526, 22 mai (Rome) : fondation de la ligue de Cognac par François Ier, le pape Clément VII et Henri VIII contre Charles Quint.
1526, juin (Allemagne) : diète de Spire : chaque souverain ou ville de l'Empire est libre d'adopter la Réforme.
1526, 29 août (Hongrie) : bataille de Mohacs : Louis II de Hongrie et de Bohême est vaincu par Soliman le Magnifique sur le Danube.
1527 (Allemagne) : fondation de la première université protestante à Marburg, suivie de Königsberg (1544) et Iéna (1588).
1530, 25 juin (Allemagne) : la *Confession d'Augsbourg* adoucit les dogmes protestants.
1531, 27 février (Allemagne) : les protestants allemands forment la ligue de Smalkade.
1534, 23 mars (Angleterre) : Henri VIII est excommunié par le pape Clément VII : naissance de l'Anglicanisme.
1534, 24 juillet (Amérique) : Jacques Cartier prend possession du Canada au nom de François Ier.
1535 (Orient) : Soliman le Magnifique s'allie à François Ier en signant les Capitulations.
1536 (France) : Jean Calvin se réfugie à Bâle.
1539, 10 août (France) : ordonnance de Villers-Cotterêts : le français devient obligatoire dans les documents juridiques.
1547 (Allemagne) : Charles Quint bat la ligue de Smalkade à Mühlberg.
1555, 3 octobre (Allemagne) : la paix d'Augsbourg permet à chaque prince de l'Empire de choisir sa religion.
1558, 21 septembre (Espagne) : mort de Charles Quint au monastère de Yuste.
1560, mars (France) : conjuration d'Amboise : les protestants veulent soustraire le roi à l'influence des Guise.
1562, Ier mars (France) : les troupes du duc de Guise massacrent les protestants réunis à Wassy pour célébrer le culte.
1563, 19 mars (France) : paix d'Amboise entre Catherine de Médicis et les protestants français.
1566 (Pays-Bas) : début du mouvement d'indépendance contre l'occupation espagnole.
1571, 7 octobre (Méditerranée) : la flotte de la Sainte Ligue écrase les Turcs à Lépante.
1572, 24 août (France) : massacre des protestants le jour de la Saint-Barthélemy.
1577 (monde) : le navigateur Francis Drake entreprend le deuxième voyage autour du monde après Magellan.
1579, 23 janvier (Pays-Bas) : les cinq provinces calvinistes du Nord des Pays-Bas forment l'Union d'Utrecht.
1582, 24 février (Europe) : mise en place du calendrier grégorien.
1588 (Espagne) : désastre de l'Invincible Armada espagnole envoyée par Philippe II conquérir l'Angleterre.
1589, 31 juillet (France) : le roi Henri III est assassiné à Saint-Cloud par un moine ligueur.
1589, 2 août (France) : Henri IV est couronné roi de France.
1593, 25 juillet (France) : Henri IV abjure sa religion protestante.
1598, 13 avril (France) : édit de Nantes. Le protestantisme est toléré dans le royaume.
1598, 2 mai (Europe) : traité de Vervins : paix entre la France et l'Espagne.

XVIIe SIÈCLE

1610, 14 mai (France) : Ravaillac assassine Henri IV.

1618, 23 mai (Europe de l'Est) : défenestration de Prague : début de la guerre de Trente Ans.

1620, 16 septembre (Angleterre) : cent un colons s'embarquent sur le *Mayflower* pour l'Amérique qu'ils atteignent le 9 novembre. Ils fondent la colonie de Plymouth (Massachusetts).

1620, 8 novembre (Europe de l'Est) : bataille de la Montagne Blanche : le général Tilly, au service du duc de Bavière, écrase les protestants de Bohême.

1624 (Chine) : les Hollandais s'installent à Taiwan.

1624, avril (France) : Richelieu entre au conseil du roi Louis XIII.

1628, 28 octobre (France) : capitulation de La Rochelle, bastion protestant.

1629, 28 juin (France) : édit d'Alès qui tolère la liberté de culte pour les protestants français.

1631-1632 (Allemagne) : soutenu financièrement par la France de Richelieu, le roi de Suède Gustave-Adolphe défait les armées catholiques en Allemagne.

1634, 5 et 6 août (Allemagne) : défaite des protestants à Nördlingen.

1636 (France) : Corbie est prise par les Espagnols.

1642, 4 décembre (France) : mort du cardinal de Richelieu. Mazarin lui succède.

1643, 19 mai (France) : à Rocroi, les Français commandés par le prince de Condé défont les Espagnols.

1645, 14 juin (Angleterre) : les troupes de Cromwell battent l'armée royale à Naseby. Nouvelle défaite des royalistes en 1648 à Preston.

1648, 21 octobre (Europe) : traités de Westphalie, fin de la guerre de Trente Ans.

1649, 30 janvier (Angleterre) : exécution de Charles Ier d'Angleterre sur ordre d'Oliver Cromwell.

1650-1653 (France) : Condé, Gaston d'Orléans, Conti et le cardinal de Retz lancent la Fronde des princes.

1658, 3 août (Angleterre) : mort de Cromwell. Charles II Stuart remonte sur le trône en 1660.

1659, 7 novembre (France) : le traité des Pyrénées met fin à la guerre franco-espagnole commencée en 1636. Fin de l'hégémonie espagnole en Europe.

1661 (France) : Colbert devient ministre de Louis XIV.

1663, (Canada) : création de la province de Nouvelle-France.

1666, 2 septembre (Angleterre) : grand incendie de Londres.

1667, 31 juillet (Pays-Bas) : le traité de Breda met fin à la deuxième guerre anglo-hollandaise. Les Provinces-Unies perdent les colonies américaines.

1678 (Europe) : le traité de Nimègue met fin à la guerre de Hollande commencée en 1672.

1682, 19 mars (France) : une assemblée de 36 évêques dirigée par Bossuet vote la déclaration des Quatre Articles. L'Église de France est placée sous l'autorité du roi.

1682, 6 mai (France) : la cour de Louis XIV s'installe à Versailles.

1683, 15 juillet-12 septembre (Autriche) : siège de Vienne par les Turcs.

1685, 18 octobre (France) : l'édit de Fontainebleau révoque l'édit de Nantes.

1686, 9 juillet (Europe) : la plupart des pays européens se regroupent dans la Ligue d'Augsbourg pour lutter contre la politique belliqueuse de Louis XIV en Europe.

1688-1697 (Europe) : guerre de la Ligue d'Augsbourg menée par Guillaume III d'Orange et les puissances protestantes contre la France. Les combats prennent fin avec la paix de Ryswick.

1688, 5 novembre (Angleterre) : Guillaume III d'Orange débarque à Torbay. Il renverse Jacques II et monte sur le trône avec son épouse Marie.

1689 (Angleterre) : le *Bill of Rights* (Déclaration des Droits) permet au Parlement de se réunir à son gré et de voter l'impôt.

1689, septembre (Russie) : Pierre le Grand devient tsar.

1692 (Amérique du Nord) : important procès de sorcellerie mené à Salem (Massachusetts) par des ultras du mouvement puritain. 150 accusés comparaissent.

1697 (Europe) : Christian V de Danemark, Pierre Ier le Grand de Russie et Auguste II de Pologne signent la Triple-Alliance à Copenhague contre le roi de Suède Charles XII.

1697, 11 novembre (Europe) : le prince Eugène de Savoie est victorieux des Turcs à Zenta.

XVIIIe SIÈCLE

1700, 30 novembre (Baltique) : Charles XII de Suède défait les Russes à Narva.

1701, 18 janvier (Allemagne) : Frédéric III, électeur de Brandebourg, se fait couronner roi de Prusse sous le nom de Frédéric Ier.

1701, 6 février (France) : Louis XIV fait occuper les Pays-Bas espagnols, premier épisode de la guerre de Succession d'Espagne qui durera jusqu'en 1714.

1701, juin (Angleterre) : l'Acte d'établissement prévoit que la couronne d'Angleterre passera aux princes protestants du Hanovre si la reine Anne devait mourir sans héritier.

1702-1705 (France) : guerre des camisards. Les protestants des Cévennes prennent les armes contre le pouvoir royal.

1703, 16 mai (Russie) : fondation de Saint-Pétersbourg par Pierre le Grand.

1709 (France) : expulsion des religieuses de Port-Royal-des-Champs.

1709, 8 juillet (Russie) : Charles XII de Suède est battu par Pierre le Grand à Poltava (Ukraine).

1714 (Angleterre) : George Ier de Hanovre devient roi.

1715, 1er septembre (France) : mort de Louis XIV ; Philippe d'Orléans assure la régence.

1717 (Angleterre) : fondation de la franc-maçonnerie à Londres.

1717, 16 août (Europe de l'Est) : le prince Eugène de Savoie, maréchal de l'Empereur, bat les Turcs à Belgrade.

1720, 17 juillet (France) : faillite du système de Law.

■ **1745-1772** (France) : Diderot dirige l'élaboration de *L'Encyclopédie.*
■ **1759**, 12 août (Europe) : Frédéric II de Prusse est battu par les Austro-Russes à Kunersdorf (guerre de Sept Ans).
■ **1759**, 14 septembre (Canada) : mort de Montcalm. Québec assiégée capitule le 18.
■ **1761**, 15 janvier (Inde) : le baron de Tollendal capitule devant les Anglais à Pondichéry.
■ **1763**, 10 février (France) : la France perd le Canada lors du traité de Paris.
■ **1763**, 15 février (Europe) : le traité d'Hubertsbourg met fin à la guerre de Sept Ans.
■ **1763**, 23 avril (France) : le Parlement de Paris vote la suppression de la Compagnie de Jésus (Jésuites).
■ **1765**, 9 mars (France) : Voltaire fait réhabiliter Jean Calas exécuté en 1763.
■ **1769** (Angleterre) : Richard Arkwright fait breveter la *waterframe,* machine à tisser utilisant la force hydraulique.
■ **1772** (Pologne) : partage de la Pologne entre la Russie, la Prusse et l'Autriche.
■ **1776**, 4 juillet (États-Unis) : déclaration d'indépendance des colonies d'Amérique du Nord.
■ **1777** (États-Unis) : La Fayette rejoint les insurgés américains pour participer à la guerre d'indépendance.
■ **1781**, 19 octobre (États-Unis) : l'armée britannique du général Cornwallis capitule à Yorktown.
■ **1783**, 3 septembre (États-Unis) : la Grande-Bretagne reconnaît l'indépendance des colonies américaines lors du traité de Versailles.
■ **1785-1786** (France) : affaire du "Collier de la Reine".
■ **1789**, 4 mars (États-Unis) : George Washington est élu premier président de la nouvelle nation américaine.
■ **1789**, 5 mai (France) : ouverture des États généraux.
■ **1789**, 14 juillet (France) : les Parisiens prennent la Bastille.
■ **1789**, nuit du 4 août (France) : abolition des privilèges.
■ **1789**, 26 août (France) : Déclaration des droits de l'homme et du citoyen.
■ **1790**, 14 juillet (France) : fête de la Fédération sur le Champs-de-Mars.
■ **1791**, 21 juin (France) : Louis XVI est arrêté à Varennes.
■ **1792**, 20 avril (France) : la France déclare la guerre au roi de Bohême et de Hongrie.
■ **1792**, 11 juillet (France) : l'Assemblée déclare "la patrie en danger".
■ **1792**, 10 août (France) : prise des Tuileries ; fin de la monarchie.
■ **1792**, 20 septembre (France) : victoire française à Valmy.
■ **1793**, 21 janvier (France) : exécution de Louis XVI.
■ **1794**, 28 juillet (France) : Robespierre est guillotiné.
■ **1797**, janvier (Italie) : le général Bonaparte est victorieux à Arcole.
■ **1799**, 9 novembre (France) : coup d'État du 18 Brumaire ; Bonaparte prend le pouvoir en France.

XIXe SIÈCLE

■ **1804**, 21 mars (France) : adoption du Code civil.
■ **1804**, 2 décembre (France) : Bonaparte, devenu Napoléon Ier est sacré empereur par le pape Pie VII..
■ **1805**, 21 octobre (Europe) : l'amiral Nelson détruit la flotte française à Trafalgar.
■ **1805**, 2 décembre (Europe) : victoire française d'Austerlitz.
■ **1806**, 21 novembre (Europe) : Napoléon décrète le blocus continental contre l'Angleterre.
■ **1812-1813** (Russie) : campagne française en Russie puis retraite désastreuse.
■ **1814-1815**, 18 avril au 26 février (France) : Napoléon en exil sur l'île d'Elbe.
■ **1815**, 31 mai (Europe) : le congrès de Vienne déclare Napoléon Ier hors la loi.
■ **1815**, 18 juin (Europe) : défaite française à Waterloo. Fin du Ier Empire.
■ **1815**, 26 septembre (Europe) : Alexandre Ier de Russie, François Ier d'Autriche et Frédéric-Guillaume III de Prusse concluent la Sainte-Alliance.
■ **1821-1824** (Amérique du Sud) : Simon Bolivar et son lieutenant Sucre libèrent le Venezuela (1821), l'Équateur (1822) et le Pérou (1824).
■ **1821**, 25 mars (Grèce) : début de la guerre d'indépendance.
■ **1822**, avril (Grèce) : massacre de la population grecque de l'île de Chio par les Turcs.
■ **1827**, octobre (Grèce) : destruction de la flotte turco-égyptienne à Navarin par les Franco-Britanniques.
■ **1830**, 25 mai (Afrique) : les troupes françaises débarquent en Algérie.
■ **1830**, juillet (France) : "les Trois Glorieuses" : instauration de la monarchie de Juillet avec Louis-Philippe Ier.
■ **1830**, 25 août (Belgique) : début de la révolution belge. L'indépendance du pays est proclamée le 4 octobre.
■ **1830**, 29 novembre (Pologne) : soulèvement à Varsovie et en Pologne centrale contre les Russes. Le mouvement est écrasé en septembre 1831.
■ **1837**, 20 juin (Grande-Bretagne) : Victoria monte sur le trône.
■ **1841**, 26 janvier (Chine) : les Anglais débarquent à Hongkong.
■ **1842** (Chine) : traité de Nankin : la Chine cède Hongkong à la Grande-Bretagne.
■ **1843** (Afrique du Sud) : les Anglais s'emparent du Natal.
■ **1848**, 24 février (France) : Louis-Philippe abdique, la IIe République est proclamée.
■ **1848**, 23-26 juin (France) : émeutes parisiennes consécutives à la fermeture des ateliers nationaux.
■ **1848**, 10 décembre (France) : Louis-Napoléon Bonaparte est élu président de la République.
■ **1852**, 2 décembre (France) : Louis-Napoléon devient empereur des Français sous le nom de Napoléon III.
■ **1854** (Japon) : le navire américain *Fulton* entre dans la baie de Tokyo.
■ **1856**, 30 mars (Europe) : le traité de Paris met fin à la guerre de Crimée.

XXe SIÈCLE

■ **1859**, 4 juin (Italie) : victoire franco-sarde contre les Autrichiens à Magenta.
■ **1860** (Italie) : expédition des Mille menée par Garibaldi.
■ **1862** (Asie) : la France reçoit la Cochinchine orientale lors du traité de Saïgon.
■ **1866**, 3 juillet (Allemagne) : victoire prussienne de Sadowa contre les Autrichiens.
■ **1870**, 19 juillet (France) : déclaration de guerre à la Prusse.
■ **1870**, 2 septembre (France) : capitulation de Sedan : Napoléon III est fait prisonnier.
■ **1871**, 18 janvier (Allemagne) : Guillaume Ier est proclamé empereur d'Allemagne dans la galerie des glaces du château de Versailles.
■ **1871**, 26 mars-28 mai (France) : Commune insurrectionnelle de Paris.
■ **1877** (Russie) : guerre russo-turque dans les Balkans.
■ **1878**, 13 juin-13 juillet (Europe) : congrès de Berlin ; les Européens dessinent la carte des Balkans.
■ **1885**, 23 février (Europe) : la conférence de Berlin partage l'Afrique entre les puissances coloniales européennes.
■ **1898**, octobre-novembre (Afrique) : incident franco-anglais de Fachoda entre la mission du commandant Marchand et les troupes britanniques de Kitchener.
■ **1899-1902** (Afrique du Sud) : guerre des Boers entre les Anglais de la colonie du Cap, la République du Transvaal et l'État libre d'Orange. Victoire britanique.
■ **1900**, 20 juin (Chine) : assassinat de l'ambassadeur d'Allemagne à Pékin ; début de la révolte des Boxers écrasée par les Occidentaux.
■ **1903**, 11 juin (Serbie) : le roi Alexandre de Serbie est assassiné.
■ **1904**, 9 février (Asie) : les Japonais attaquent la base navale russe de Port-Arthur (guerre russo-japonaise).
■ **1904**, 8 avril (Europe) : début de "l'entente cordiale" entre la France et la Grande-Bretagne.
■ **1905**, mai (Asie) : la flotte russe est anéantie par les navires de l'amiral Togo à Tsushima.
■ **1905**, septembre (Asie) : le traité de Portsmouth met fin au conflit russo-japonais.
■ **1905**, 9 décembre (France) : séparation de l'Église et de l'État.
■ **1906**, 12 juillet (France) : le capitaine Dreyfus est réhabilité.
■ **1909**, 26 avril (Turquie) : les Jeunes-Turcs prennent le pouvoir et déposent le sultan Abdul-Hamid.
■ **1911** (Chine) : Sun Yat-sen proclame la République.
■ **1912-1913**, 18 octobre au 30 mai (Europe) : première guerre balkanique ; défaite de la Turquie contre les Bulgares et les Serbes.
■ **1913**, 29 juin-10 août (Europe) : deuxième guerre balkanique ; défaite des Bulgares contre les Turcs, les Serbes, les Roumains et les Grecs.
■ **1914**, 28 juin (Europe) : assassinat de l'archiduc d'Autriche François-Ferdinand à Sarajevo par le Serbe Prinzip.
■ **1914**, 31 juillet (France) : assassinat de Jean Jaurès.
■ **1914**, 3 août (France) : l'Allemagne déclare la guerre à la France.
■ **1914-1915**, hiver (Europe) : début de la guerre de tranchées.
■ **1915** (Turquie) : extermination d'un million d'Arméniens par le régime turc.
■ **1916**, 23-29 avril (Irlande) : "révolte de Pâques" : les indépendantistes irlandais sont écrasés par l'armée britannique.
■ **1916**, 15 décembre (France) : les Français remportent la bataille de Verdun.
■ **1917**, mars (Grande-Bretagne) : le maréchal sud-africain Jan-Christian Smuts demande que les dominions soient reconnus comme des nations autonomes du Commonwealth.
■ **1917**, 6-8 octobre (Russie) : les Bolcheviks menés par Lénine et Trotski prennent le pouvoir à Petrograd et Moscou ("révolution d'octobre").
■ **1917**, 2 novembre (Grande-Bretagne) : le ministre Balfour promet aux juifs la création d'un foyer national en Palestine.
■ **1918**, 11 novembre (Europe) : signature de l'armistice à Rethondes : arrêt des combats.
■ **1919**, janvier (Irlande) : le Sinn Fein mené par Eamon de Valera proclame unilatéralement l'indépendance de l'Irlande.
■ **1919**, 28 juin (Europe) : le traité de Versailles met fin à la Première Guerre mondiale. La France retrouve l'Alsace-Lorraine.
■ **1920**, 10 janvier (monde) : naissance de la Société des Nations.
■ **1922**, 27 octobre (Italie) : marche sur Rome de Mussolini qui obtient les pleins pouvoirs le 16 novembre.
■ **1923**, 29 octobre (Turquie) : proclamation de la République turque. Mustafa Kemal devient président.
■ **1925**, décembre (Perse) : Reza Pahlévi devient chah de Perse.
■ **1928**, 4 juin (Chine) : les troupes nationalistes chinoises de Tchang Kaï-chek entrent à Pékin.
■ **1929**, 24 octobre (États-Unis) : *krach* de Wall Street.
■ **1932**, 3 octobre (Irak) : indépendance de l'Irak dirigée par le roi Fayçal Ier.
■ **1933**, 30 janvier (Allemagne) : Hindenburg nomme Adolf Hitler chancelier. Le Reichstag est incendié le 27 février.
■ **1934**, 6 février (France) : manifestation de droite à Paris contre l'affaire Stavisky.
■ **1934**, octobre (Chine) : pour fuir les nationalistes, Mao entame la Longue Marche.
■ **1935**, 3 octobre (Éthiopie) : les Italiens envahissent l'Éthiopie.
■ **1936** (URSS) : début des procès de Moscou (épuration des révolutionnaires d'octobre 1917).
■ **1936-1939** (Espagne) : guerre d'Espagne. Victoire des troupes nationalistes de Franco sur les Républicains.
■ **1936**, 7 mars (Allemagne) : entrée des troupes allemandes en Rhénanie.

1936, 3 mai (France) : victoire du Front populaire aux élections. Léon Blum président du Conseil. Instauration des congés payés le 20 juin.

1937, 7 juillet (Chine) : invasion japonaise en Chine.

1938, 29-30 septembre (Europe) : Daladier pour la France et Chamberlain pour la Grande-Bretagne signent les accords de Munich avec Hitler et Mussolini.

1939, 15 mars (Tchécoslovaquie) : la Wehrmacht entre à Prague.

1939, 23 août (Europe) : signature du pacte germano-soviétique qui délimite les zones d'influence des deux pays en Europe orientale.

1939, Ier septembre (Europe) : les Allemands entrent en Pologne : début de la Seconde Guerre mondiale. La France et la Grande-Bretagne déclarent la guerre à l'Allemagne le 3 septembre.

1940 (Mexique) : assassinat de Trotski par le NKVD.

1940, 10 mai (Europe) : déferlement de la Wehrmacht sur le front ouest.

1940, 18 juin (France) : sur la BBC, appel du général de Gaulle à la résistance.

1940, juillet-novembre (Grande-Bretagne) : "bataille d'Angleterre" remportée par la Royal Air Force sur la Luftwaffe.

1940, 3 juillet (Afrique) : la flotte anglaise détruit plusieurs navires français en rade de Mers el-Kébir (Algérie).

1940, 10 juillet (France) : Philippe Pétain devient chef de l'État français de Vichy.

1941, 22 juin (URSS) : les blindés allemands envahissent l'URSS en application du plan *Barbarossa.*

1941, 7 décembre (Pacifique) : la flotte américaine est détruite par les Japonais en rade de Pearl Harbour.

1942, 20 janvier (Allemagne) : les dirigeants nazis décident, lors de la conférence de Wannsee, de procéder à l'extermination systématique des populations juives (6 millions de victimes).

1942, juin (Pacifique) : victoire de la flotte américaine de l'amiral Nimitz contre les Japonais à Midway.

1942, 8 novembre (Afrique) : débarquement anglo-américain en Afrique du Nord.

1942, 11 novembre (France) : les Allemands envahissent la zone libre. La flotte se saborde le 27 à Toulon.

1943, février (URSS) : l'Armée Rouge est victorieuse des Allemands à Stalingrad.

1944, 6 juin (France) : débarquement allié en Normandie.

1945, 4-11 février (Europe) : conférence de Yalta. L'Allemagne sera partagée par les Alliés en zones d'occupation.

1945, 8 mai (Europe) : capitulation de l'Allemagne.

1945, 26 juin (monde) : signature de la charte des Nations unies à San Francisco.

1945, 6 et 9 août (Japon) : les Américains lancent les deux premières bombes atomiques sur Hiroshima et Nagasaki. Le Japon capitule le 2 septembre.

1946-1949 (Grèce) : guerre civile. Les partisans communistes luttent contre les troupes gouvernementales appuyées par les Américains.

1947, 15 août (Inde) : proclamation de l'indépendance de l'Inde. Le pays est divisé en deux États : l'Inde (hindouiste) et le Pakistan (musulman). Début du conflit indo-pakistanais au Cachemire.

1947, 5 octobre (URSS) : fondation du Kominform, organisation qui coordonne l'action des partis communistes dans le monde.

1948, 25 février (Tchécoslovaquie) : "coup de Prague" : installation d'une démocratie populaire.

1948, avril (Allemagne) : blocus de Berlin jusqu'en mai 1949 par les troupes soviétiques. La ville est ravitaillée par un pont aérien.

1948, 14 mai (Israël) : David Ben Gourion proclame l'indépendance d'Israël. Première guerre israélo-arabe jusqu'en 1949.

1948, juillet (Europe) : le plan Marshall entre en application.

1949, 4 avril (monde) : signature du traité de l'Atlantique Nord (création de l'OTAN).

1949, 13 juillet (Vatican) : le pape Pie XII condamne officiellement le communisme.

1949, Ier octobre (Chine) : proclamation de la République populaire de Chine. Mao Zedong est nommé président.

1950, 25 juin (Corée) : les Nord-Coréens envahissent la Corée du Sud. Intervention des troupes de l'ONU. L'armistice de Panmunjon du 27 juillet 1953 met fin au conflit.

1953, 5 mars (URSS) : mort de Staline.

1954, 7 mai (Indochine) : la garnison française de Diên Biên Phu capitule.

1955, 14 mai (Europe de l'Est) : création du Pacte de Varsovie.

1956, 23 octobre (Hongrie) : insurrection de Budapest. Les Soviétiques interviennent le 4 novembre pour mater la révolte.

1956, 5 novembre-22 décembre (Proche-Orient) : expédition franco-britannique à Suez.

1957, 25 mars (Europe) : signature du traité de Rome qui jette les bases de la future Union européenne.

1957, 4 octobre (URSS) : lancement de Spoutnik I, premier satellite artificiel.

1959, Ier janvier (Cuba) : Fidel Castro prend le pouvoir.

1960, 14 juillet (Congo) : intervention de l'ONU au Congo.

1961, 12 avril (URSS) : Youri Gagarine est le premier homme dans l'espace.

1961, 13 août (Allemagne) : construction du mur de Berlin.

1962, 18 mars (France) : accords d'Évian sur l'indépendance de l'Algérie (effective le 5 juillet). Fin du conflit qui a commencé en 1954.

1962, octobre (Cuba) : crise des missiles de Cuba. Le président américain Kennedy oblige les soviétiques à démanteler leurs bases de lancement de fusées installées à Cuba.

■ **1966**, 18 août (Chine) : début de la révolution culturelle.

■ **1967**, 5-10 juin (Israël) : guerre des Six-Jours ; victoire d'Israël sur les pays arabes.

■ **1968**, mai (France) : soulèvement étudiant, grèves générales.

■ **1968**, 20-21 août (Tchécoslovaquie) : les troupes du Pacte de Varsovie envahissent la Tchécoslovaquie pour mettre fin au courant de libéralisation ("printemps de Prague").

■ **1969**, 20 juillet (États-Unis) : Neil Armstrong et Edwin Aldrin sont les premiers hommes à poser le pied sur la lune (vol Apollo XI).

■ **1973** (monde) : choc pétrolier.

■ **1973**, 27 janvier (Viêt Nam) : signature des accords de Paris. Les troupes américaines se retirent du Viêt Nam.

■ **1973**, 6-25 octobre (Israël) : la guerre du Kippour oppose Israël à l'Égypte et à la Syrie.

■ **1976**, 9 septembre (Chine) : mort de Mao Zedong.

■ **1978**, 17 septembre (Proche-Orient) : signature des accords de Camp David entre Israéliens et Égyptiens.

■ **1979** (URSS) : les troupes soviétiques entrent en Afghanistan.

■ **1979**, 2 avril (Iran) : instauration de la République islamique d'Iran.

■ **1980**, 22 septembre (Irak) : début de la guerre contre l'Iran pour la possession de la région pétrolière d'Abadan.

■ **1982**, 2 avril-14 juin (Atlantique Sud) : guerre des Malouines, un corps expéditionnaire britannique reprend l'archipel des Falklands occupé par les Argentins depuis le 2 avril.

■ **1983**, 23 mars (États-Unis) : le président Reagan présente le projet d'Initiative de défense stratégique (IDS), ou "guerre des étoiles", qui prévoit l'établissement d'une défense anti-missile dans l'espace.

■ **1985**, 11 mars (URSS) : arrivée de Mikhaïl Gorbatchev au pouvoir ; début de la perestroïka.

■ **1986**, avril (URSS) : explosion de la centrale nucléaire de Tchernobyl.

■ **1989**, 3-4 juin (Chine) : répression du mouvement contestataire étudiant sur la place Tian An-Men à Pékin.

■ **1989**, 9 novembre (Allemagne) : chute du mur de Berlin.

■ **1990**, 2 août (Golfe persique) : l'armée irakienne de Saddam Hussein envahit le Koweït. Intervention d'une coalition internationale sous contrôle de l'ONU. Importante campagne de bombardements aériens des forces irakiennes à partir du 17 janvier 1991. L'offensive terrestre a lieu le 24 février et ne dure que quatre jours.

■ **1990**, 9 décembre (Pologne) : Lech Walesa est élu président de la République.

■ **1991**, printemps (Yougoslavie) : déclarations d'indépendance slovène, croate et bosniaque. Début du conflit en Yougoslavie.

■ **1991**, juin (Algérie) : instauration de l'état de siège par l'armée après la victoire électorale du Front islamique du salut (FIS).

■ **1991**, 18-21 août (URSS) : échec d'un putsch militaire visant à renverser Mikhaïl Gorbatchev. Boris Eltsine apparaît sur la scène politique.

■ **1991**, 8 décembre (URSS) : création de la Communauté des États indépendants (CEI).

■ **1991**, 25 décembre (URSS) : Mikhaïl Gorbatchev démissionne de ses fonctions de président de l'URSS.

■ **1992**, 7 février (Europe) : signature du traité de Maastricht.

■ **1993**, 13 septembre (Israël) : signature à Washington de l'accord dit "d'Oslo" entre Israël et l'OLP sur l'autonomie des territoires occupés. Poignée de main "historique" entre Yasser Arafat et Yitzhak Rabin.

■ **1993**, 4 octobre (Russie) : échec du second putsch de Moscou mené par les insurgés retranchés dans le parlement.

■ **1994**, printemps (Rwanda) : début de la guerre civile entre Tutsis et Hutus.

■ **1994**, 11 décembre (Russie) : rébellion indépendantiste de la République tchétchène. Intervention de l'armée russe. La paix est signée le 22 août 1996.

■ **1995**, 21 novembre (Bosnie) : les accords de Dayton mettent fin au conflit bosniaque.

■ **1997**, 1er juillet (Chine) : rétrocession de Hongkong à la Chine.

■ **1997**, 26 novembre (Japon) : la Tokyo City Bank fait faillite. Grave crise financière au Japon et en Asie.

■ **1999**, 1er janvier (Europe) : entrée en vigueur de l'euro, la monnaie unique européenne. La mise en circulation des pièces et billets interviendra le 1er janvier 2002.

■ **1999**, 24 mars (ex-Yougoslavie) : l'OTAN déclenche l'opération *Allied Force* contre la Serbie et ses forces militaires (campagne de bombardements) après la dégradation de la situation au Kosovo (exactions). Près d'un million de Kosovars d'origine albanaise ont fuit la province.

■ **1999**, 10 juin (ex-Yougoslavie) : l'OTAN suspend ses frappes aériennes après le début du retrait des forces serbes du Kosovo. Le Conseil de sécurité de l'ONU autorise le déploiement d'une force internationale de paix au Kosovo (KFOR). Le 18 juin, les États-Unis et la Russie signent un accord sur la participation des troupes russes à la KFOR.

Index

La pagination des noms se rapportant à une illustration est donnée en *caractères italiques*.

A

Abbassides (dynastie des) : 18
Abd el-Aziz III (dit Ibn Séoud) : 152
Abd el-Krim : 154, *155*
Abdouh (Mohammed) : 152
Abdul-Hamid II : 132
Acadie : 74
Açores : 9
Acte d'établissement : 66
Adam : 16
Aden : 108
Aden (golfe d') : 185
Addis-Abeba : 158
Adoua (bataille d') : 158
Adriatique : 22, 100
Afghanistan : 187, 192
Afrika Korps : 164
Afrique du Sud : 182
Akihito : 204
Alanya (mosquée d') : *30*
Albanie : 134, 136, 184
Albe (Fernando Alvarez de Tolède, duc d') : 50, 64
Albert de Brandebourg : 42
Albert de Hohenzollern : 76
Albigeois : 28, 42
Alep : 30
Alès (édit d') : 56
Alexandre II (pape) : 20
Alexandre Ier de Battenberg : 123
Alexandre Ier de Russie : 96, 100, *101*
Alexandre de Serbie : 128, *129*, 134
Alexandre Nevski : 28, 29
Alger : 48
Algérie : 108, 182, 200, 209
Al-Hakim : 15
Ali : 18
Aliénor d'Aquitaine : 27, 36
Allemagne : 12, 17, 24, 26, 28, 36, 43, 44, 46, 52, 70, 81, 114, 118, 120, 122, 124, 142, 147, 148, 152, 160, 162, 168, 172, 174, 176, 180
Alma (bataille de l') : 116
Almohades (dynastie des) : 28
Almoravides (dynastie des) : 28
Alphonse VI de Castille : 28
Alphonse VII de Castille : 28
Alphonse IV du Portugal : 35
Alsace : 44, 81, 88, 120
Altaï : 30
Amboise (paix d') : 46
Amérique : 10, 40, 41, 44, 54, 74
Amérique (découverte de l') : *40, 41*
Amour (fleuve) : 186
Amsterdam : 65
Anagni (attentat d') : 34
Anatolie : 150
Andrassy (Gyula) : 123
Andrinople : 123, 134, 136
Andrinople (traité d') : 102
Angleterre : 16, 20, 26, 35, 38, 46, 50, 56, 59, 60, 64-66, 70, 74, 79, 82, 90, 94, 100, 104, 108, 110, 116, 122-124, 128, 130, 136, 140, 141, 148, 150, 158, 160, 164, 168, 172
Anglo-Persian company : 152
Angola : 187
Annam : 110
Anne Ire Stuart : 66
Anschluss : 160
Antilles : 74
Antioche : 24
Anvers : 104
Apollinaire (Guillaume) : 8, *142*
Apollo (programme spatial) : *186*
Arabie Saoudite : 152, 193
Arafat (Yasser) : 193
Aragon : 28
Arcole (bataille d') : 92
Argentine : 98, 158
Arkwright (sir Richard) : 74
Armagnacs (parti des) : 36
Arménie : 30, 147, 150, 194
Arménie (massacres d') : *150*
Arnaud (Antoine) : 62
Arras : 142
Assemblée nationale : 84, 86-89, 114
Athènes : 102, 128, 174
Atlantique : 74, 164
Augsbourg (confession d') : 43
Augsbourg (ligue d') : 60, 64, 65
Augsbourg (paix d') : 43
Auguste : 22
Auguste II de Pologne : 68
Auschwitz (camp d') : 166, *167*
Austerlitz (bataille d') : 96
Australie : 140, 142
Autriche : 26, 70, 72, 74, 76, 94, 100, 104, 106, 108, 112, 118, 120, 122-124, 138, 160, 176
Autriche-Hongrie : *voir* Autriche
Avignon : 34, 88
Azerbaïdjan : 194
Azincourt (bataille d') : 36
Azov : 70, 72
Aztèques : 40

B

Bagdad : 18, 30, 132
Bahamas : 41
Baiju : 30
Bâle : 46
Balfour (déclaration) : 172
Balkaniques (guerres) : 134-137
Baltique (mer) : 32, 68, 70, 130
Banat de Temesvar : 72
Bandoeng (conférence de) : 147
Bangladesh : 170, 182
Barcelone : 44
Barras (Paul) : 92
Bar-sur-Aube (foires de) : 32
Bastille (prise de la) : 86, 87
Baudouin de Flandre : 28
Bavière : 60
Belgique : 90, 92, 100, 104, 124, 164, 166, 176
Belgrade : 48, 136, 138
Belgrade (bataille de) : 72, *73*
Belsec (camp de) : 166
Ben Gourion (David) : 172, *173*
Benhadj (Ali) : 200
Bergen-Belsen (camp de) : 167
Berkeley : 184
Berlin : 76, 96, 114, 124, 128, 138, 147, 174, 175, 181, 188, 189
Berlin (blocus de) : 174, *175*
Berlin (conférence de) : 124
Berlin (congrès de) : 116, *122*, *123*
Berlin (mur de) : 147, 180, 181, 188, *189*
Bernadotte (comte Folke) : 172
Bernard de Clairvaux : 26, *27*
Bessarabie : 100, 128, 148, 162
Bethléem : 9, 28
Biafra : 182
Bible (*La*) : 10, 16, 17
Biélorussie : 162, 194
Bierut (Boleslaw) : 176
Birkenau : *voir* Auschwitz
Birmanie : 110
Bismarck (Otto von) : 120, 123
Blocus continental : 96
Blücher (Gebhard Leberecht) : 96
Boers : 108
Bohême : 32, 52
Bohémond de Tarente : 24
Boleslas Ier de Pologne (dit le Vaillant) : 11
Bolivar (Simon) : *98*, 99
Bonaparte (Joseph) : 98
Bonaparte (Lucien) : 95
Bonaparte (Napoléon) : *voir* Napoléon Ier
Boniface VIII (pape) : 34, 35
Bonn : 174
Bonne-Espérance (cap de) : 41
Boquée (bataille de La) : 27
Bordeaux : 36
Bosnie : 38, 72, 123, 128, 132, 138, 147, 202, 203, 208
Bosphore : 38, 134
Bossuet (Jacques Begnine) : 60, 62
Bouraq : 16
Bourbon (Antoine de) : 46
Bourbons (dynastie des) : 98, 100, 105
Bourges : 36
Bourgogne : 44
Bourguignons (parti des) : 36
Bouvines (bataille de) : 28
Boxers (révolte des) : 126, *127*
Brandebourg : 60, 76,
Brandebourg (porte de) : 160, 188
Breda (traité de) : 64
Brégalnica (bataille de) : *137*
Brejnev (Léonid) : 184-187
Brésil : 98, 158
Brest-Litovsk (traité de) : 146, 162
Bretagne : 10, 36
Brunelleschi (Filippo) : 38
Brunswick (Charles Guillaume de) : 89
Bruxelles : 44, *45*, 88, 104, *105*
Bucarest : 123, 136, 137
Buda (prise de) : 48, 72
Budapest (révolte de) : 180, *181*, 184
Buhima (camp de) : 198
Bulgarie : 122, 128, 134, 174
Byron (George Gordon) : 102
Byzance : 13, 16, 20, 30, 32

C

Cachemire : 170, 171
Caire (Le) : 18, 124, 154
Calais : 36
Calcutta : 170
Californie : 184
Calvin (Jean) : 17, 46, 58
Cambodge : 110
Cameroun : 148
Camisards (guerre des) : *62*
Camp David (accords de) : 192
Campinien : 8
Campoformio (paix de) : 94
Canada : 74, 108, 140
Canossa (humiliation de) : 12, *22*
Canton : 110, *111*, 126, 154
Cap (Le) : 100, 108, 124
Capitulations : 48
Capo d'Istria (Giovanni Antonio, comte) : 102
Caraïbes : 40, 100, 146, 207
Carélie : 70
Caspienne (mer) : 30, 196
Castelfidardo (bataille de) : 118
Castro (Fidel) : 182
Catalogne : 81
Cateau-Cambrésis (paix du) : 50
Catherine de Médicis : *46*, 47
Catherine II de Russie : 72
Caucase : 30, 164, 196, 197
Cavaignac (Louis Eugène) : 114
Cavour (Camillo Benso, comte de) : *118*, 119
Ceausescu (Nicolae) : 184
CEE (Communauté économique européenne) : 204
CEI (Communauté des États indépendants) : 194
Cent Ans (guerre de) : 16, 36, 37
Cervantes (Miguel de) : *49*
Cévennes : 46, 62
Ceylan : 100
Chadli (Ben Djedid) : 200
Chambre des Communes : 66
Champagne : 32, 33, 142
Champ de Mars : 86
Charlemagne : 11
Charles V (empereur, dit Charles Quint) : 17, 42, 43, *44*, 46, 48, 64
Charles Ier d'Angleterre : 54, 58, *59*, 66
Charles II d'Angleterre : 59
Charles de Bourgogne (dit le Téméraire) : 38
Charles III de France (dit le Simple) : 20
Charles VII de France : *36*, 37
Charles IX de France : 46
Charles X de France : 104
Charles de Hohenzollern-Sigmaringen : 128
Charles X de Suède : 68
Charles XII de Suède : *68*, 67, 70
Charles-Albert de Piémont : 114
Chelmno (camp de) : 166
Chemin des Dames (bataille du) : 142
Chen-si (province du) : 156
Chili : 98
Chine : 30, 32, 41, 110, 126, 130, 147, 148, 154, 156, 157, 168, 178, 184, 186, 190, 191, 204, 207
Chio (massacre de) : 102, *103*
Chopin (Frédéric) : *106*
Christian IV du Danemark : 52
Christine de Suède : 68
Christopher (Warren) : 202
Churchill (Winston) : *174*, 176
Chypre : 48
Cid (Rodrigo Diaz de Vivar, dit le) : 28
Cilicie : 150
Cinq-Cents (Conseil des) : *95*
Cisalpine (République) : 92
Cispadane (République) : 92
Cîteaux (ordre de) : 26
Clemenceau (Georges) : 148
Clément II (pape) : 12
Clément V (pape) : *34*, 35
Clément VII (pape) : 38
Clermont (concile de) : 24
Cluny (ordre de) : 20, 26
Cochinchine : 110
Cochons (baie des) : 182

Colbert (Jean-Baptiste) : *60*
Coligny (Gaspard de, amiral) : 46
Cologne : 20, 32
Colomb (Christophe) : 9, 10, *40*, 41
Colombie : 98, 99
Comité de salut public : 92
Commonwealth : 59, 140
Comtat Venaissin : 64, 87
Comte (Auguste) : 146
Concordat : 94
Condé (Louis Ier de Bourbon, prince de) : *46*
Confucius : 155
Congo : 124, 182, 199, 209
Congrès (parti du) : 154
Conrad III d'Allemagne : 26, 27
Constance du Portugal : 35
Constantin : 15, 22, 44
Constantin XI Dragasès : 38
Constantin Pavlovitch (grand-duc) : 106
Constantinople : 16, 17, 28, 30, 32, 38, *39*, 72, 108, 134, *150*
Constantinople (schisme de) : 18
Constitution : 84, 86-88
Contre-Réforme : 52, 53, 56, 62, 65
Convention : 90
Copenhague (siège de) : 68
Copernic (Nicolas) : 8, 40
Coran (Le) : 10, 11
Corbie (prise de) : 52
Cordoue : 18, 28
Corée : 130, 168, 174, 204
Corée (guerre de) : 178, *179*
Cornwallis (Charles, général) : 82
Corriere Della Sera : 158
Corsairs : *179*
Cort (Henry) : 74
Cortès (Hernan) : 40
Corti : 123
Cousin-Montauban (Charles) : 110
Cranach : 42
Crécy (bataille de) : 36
Crète : 72, 102
Crimée : 38, 72
Crimée (guerre de) : 116, 118
Croatie : 208
Croisades : 22, 24-26, 28, 41
Cromwell (Oliver) : *58*, 59
Cuba : 80, 182
Custozza (bataille de) : 114
Cuza (Alexandre) : 116
Cyclades : 102
Cyrankiewicz (Josef) : 174

D

Dada (Amin) : 198
Dail : 140
Dalmatie : 72, 100
Damase II (pape) : 12
Danemark : 38, 43, 68, 69, 100, 120, 124
Dantzig : 148
Danube : 38, 72, 116
Darby (John Nelson) : 74
Dardanelles : 72, 134
David (tour de) : 24
Dayan (Moshê) : 182
Dayton (accords de) : *202*, 203
Delcassé (Théophile) : 124
Denain (bataille de) : 60
Deng Xiaoping : 190, 191
Denys le Petit : 9
Descartes (René) : 68
Despenser (Hugh le) : 35
Deux-Roses (guerre des) : 38
Directoire : 92, 95
Disraeli (Benjamin) : 81, 123
Djibouti : 124
Dobroudja : 123, 128, 136
Dom Pedro : 98
Don Juan d'Autriche : 48-50
Don Quichotte : 49
Dönitz (Karl) : 164
Doudaev (Djorkhar) : 196
Drake (Francis) : 50
Drogheda (massacre de) : 59
Droits (Déclaration des) : 66
Droits de l'homme et du citoyen (Déclaration des) : 84, *85*
Dubcek (Alexander) : 184
Dublin : 59
Duce : *voir* Mussolini
Dulles (John Foster) : 178
Dumouriez (Charles François) : 91, 98
Dunbar (bataille de) : 59
Dunkerque : 142
Dupront (Alphonse) : 16
Durham (John George Lambton, comte de) : 108

E

East River : 168
Écluse (bataille de l') : 36, *37*
Écosse : 35, 36, 46, 59
Eddas (Les) : 9
Édesse : 24
Édouard Ier d'Angleterre : 34
Édouard II d'Angleterre : 35
Édouard III d'Angleterre : 35
Effingham (Charles Howard d') : 50
Égée (mer) : 134
Égypte : 13, 18, 30, 94, 108, 110, 152, 154, 164, 172, 182, 192, 200
El-Alamein (bataille d') : 164
El-Azar (université) : 152
El-Banna (Hassan) : 200
Elbe : 76
Élisabeth Ire d'Angleterre : *50*, 51, 58
Élisabeth de Russie : 76
Eltsine (Boris) : 194, *195*, 196
Entente cordiale : 124
Épire : 102, 128
Eppelmann (pasteur) : 188
Équateur : 98, 99
Erik le Rouge : 9
Espagne : 12, 13, 15, 16, 26, 28, 38, 40, 41, 44, 50, 60, 64, 74, 98, 124, 158, 168
Esprit du capitalisme (L') : 146
Estado novo : 158
Estonie : 68-70
Estrémadure : 44
États-Unis d'Amérique : 9, 82, 110, 124, 146, 148, 152, 160, 162, 164, 165, 168, 174, 178, 180, 185-187, 190, 192, 193, 198, 204, 206
Éthiopie : 146, 158, 185, 187
Étienne Ier de Hongrie : 11
Étienne Boileau : 32
Étrurie : 96
Eudes Ier de Blois : 13
Eugène III (pape) : 26
Eugène de Habsbourg : 60
Eugène de Savoie : 72, *73*
Eustache de Boulogne : 24
Évangiles (Les) : 11
Évian (accords d') : 182
Exodus : 172
Extrême-Orient : 176
Eylau (bataille d') : 96

F

Fachoda (incident de) : 124
Fatimides (dynastie des) : 18, 24, 30
Fayçal Ier d'Irak : 148, 152
Fédération (fête de la) : *86*, *87*
Ferdinand Ier d'Aragon (dit le Juste) : 38
Ferdinand Ier d'Autriche : 112
Ferdinand VII d'Espagne : 98
Ferdinand de Habsbourg : 52
Ferdinand de Saxe-Cobourg-Gotha : 128
Finlande : 70, 100, 162
FIS (Front islamique du salut) : 200
Flandres : 11, 16, 32, 36, 44, 60, 142
Fleurus (bataille de) : 90, 92
Florence : 32, 36, 38
Florin : 32
FMI (Fonds monétaire international) : 197
Fontainebleau (édit de) : 62, *63*
Foulques Nerra : 13
Formose : *33*, 130, 190
FPR (Front patriotique rwandais) : 198
France : 16, 17, 24, 26, 28, 32, 36, 38, 46, 52, 60, 64, 65, 74, 76, 81, 84, 88, 96, 104, 112, 120, 122, 124, 134, 148, 160, 164, 168, 175, 176, 198, 200
France (bataille de) : 96
Francie occidentale : 11
Francie orientale : 11
Francfort : 112
Franche-Comté : 44, 60
Franco (Francisco) : 158
François Ier d'Autriche : 100, *101*
François Ier de France : *44*, 46, 48, 49
François-Ferdinand (archiduc d'Autriche) : *138*
François-Joseph d'Autriche : 114
François-Xavier : 41
Franklin (Benjamin) : 82
Frédéric V de Bohême : 52
Frédéric de Saxe : 42
Frédéric Ier de Prusse : 76
Frédéric II de Prusse (dit le Grand) : 76
Frédéric-Guillaume (dit le Grand-Électeur) : 76
Frédéric-Guillaume Ier de Prusse (dit le Roi-Sergent) : *76*
Frédéric-Guillaume II de Prusse : 88
Frédéric-Guillaume III de Prusse : 100, *101*
Frédéric-Guillaume IV de Prusse : 112, 114
Frédéric-Henri d'Orange : 64
Friedland (bataille de) : 96
Fulton (Le) : 174
Fulton (Robert) : 110

G

Gaëte : 114
Gagarine (Youri) : 184
Galicie : 100, 106, 138, 148
Galilée : 172
Galilée (Galileo Galilei, dit) : 8, 40
Gama (Vasco de) : 41
Gambetta (Léon) : *120*
Gand (Pacification de) : 50
Gandhi (Mohandas Karamchand, surnommé le Mahatma) : 154, *170*, 171
Garibaldi (Guiseppe) : 118, *119*
Gaulle (Charles de) : *182*
Gautier sans Avoir : 24
Gaveston (Piers) : 35
Géorgie : 147
Gênes : 32, 36, 38, 48
Genève : 38, 46, 58, 92, 148, 156, 158
Gengis Khan : 30, *31*, 38
George Ier de Hanovre : *66*
Géorgie : 30, 194, 197
Germanos : 102
Gerö (Ernö) : 180
Gestapo : 160
Girondins : 88
Gladstone (William) : 81
Glorious Revolution : 66
Gneisenau (August) : 96
Gniezno (archevêché de) : 11
Godefroy de Bouillon : 24, 25
Goering (Hermann) : 164
Golfe (guerre du) : 192, *193*, 209
Goma (camp de) : 198, *199*
Gomulka (Wladislaw) : 174, 176, 180
Goradze : 202
Gorbatchev (Mikhaïl) : 187, 188, 191, 194
Gorki : 187
Gortchakov (Aleksandr Mikhaïlovitch) : 123
Governement of Indian Act : 154
GPRA (Gouvernement provisoire de la République algérienne) : 182
Graindor de Douai : 24
Grande Charte : 28
Grande Peur : 87
Grande-Bretagne : *voir* Angleterre
Grange aux Dîmes : *33*
Grèce : 38, 134, 164, 174, 175
Grégoire V (pape) : 12
Grégoire VII (pape) : 12, 22, 24
Grégoire VIII (pape) : 20
Grégoire IX (pape) : 28
Grégoire XVI (pape) : 106
Grenade (prise de) : 38
Groenland : 9
Gros tournois : *32*, 33
Grozny : 196
Guanahani (île) : 41
Guderian (Heinz, général) : 164
Guépéou : 162
Guerre des étoiles : *voir* IDS
Guerre mondiale (Première) : 138-142
Guerre mondiale (Deuxième) : 146, 164, 165
Guillaume Ier d'Allemagne : 120, *121*, 148
Guillaume II d'Allemagne : 132, 136
Guillaume Ier d'Angleterre (dit le Conquérant) : *20*, 21
Guillaume Ier d'Orange-Nassau : 50, 60, 64
Guillaume III d'Orange-Nassau : 64, *65*, 66, *67*
Guillaume Ier des Pays-Bas : 104, *105*
Guillaume de Nogaret : 34, 35
Guise (Henri, duc de) : 46, *47*
Gumurdjina (émeutes de) : *136*, 137
Gustave Ier Vasa de Suède : 68
Gustave II Adolphe de Suède : 52, 68
Gutenberg (Johannes Gensfleisch, dit) : 38
Guyenne : 36

H

Habsbourg (dynastie des) : 44, 49, 60, 73
Habyarimana (Juvenal) : 198
Hadj (Messali) : 154
Haganah : 172
Haïlé Sélassié Ier : 158
Hainaut : 60
Hambourg : 32
Hanovre : 66, 74
Hardenberg (Karl August von) : 96
Harold II : 20, 21
Hastings (bataille d') : 13, 20, *21*
Hattin (bataille de) : 30
Hawaii : 80
Hawkins (John) : 50
Hedjaz : 148
Hegel (Georg Friedrich) : 146
Heidelberg : 112
Helgoland (île de) : 100
Henri II d'Angleterre : 36
Henri VIII d'Angleterre : 50
Henri II de France : 50
Henri III de France : 46
Henri IV de France : 46, 47, 51, 60
Henri III de Germanie : 12
Henri IV de Germanie : 12, 20, *22*, *23*

Henri V de Germanie : 22
Henri de Navarre : *voir* Henri IV de France
Henriette de France : 58
Henriette-Marie Stuart : 66
Hesse : 43
Heydrich (Reinhard) : 166
Hidalgo (Miguel) : 98
Himmler (Heinrich) : *166*, 167
Hiroshima (explosion d') : 165
Hitler (Adolf) : 146, *160*, 162, 164
Hobbes (Thomas) : 58, 59
Hô Chi Minh : 174
Hoess : 166
Hohenzollern (dynastie des) : 123
Hollande : 60, 62, 64, 70, 90, 92
Hollande (guerre de) : 60
Holstein : 100, 120
Home Rule : 140
Honecker (Erich) : *188*
Hongkong : 110, 191, 204
Hongrie : 46, 48, 72, 112, 147, 158, 164, 176, 180, 181, 188
Horde d'Or : 30, 38
Horthy (Miklos) : 158
Hötzendorf (Conrad von) : 138
Hou-nan (province du) : 154
Hradschin (château du) : 52, 53
Hu Yaobang : 190, 191
Hubertsbourg (traité de) : *76*
Hugo (Victor) : 112
Hugues Capet : 13
Humbert (cardinal) : 18
Hussein (Abdullah ibn) : 148
Hussein (Saddam) : *192*, 193
Hussites : 42
Hutus : 198

I

Iandarbiev (Zelimkhan) : 196, *197*
IDS (Initiative de défense stratégique) : 147, 186
Iéna (bataille d') : 96, *97*
Illyrie : 100
Incas : 40
Inde : 13, 30, 40, 41, 74, 110, 147, 154, 168, 170, 206, 207
Indépendance des États-Unis (déclaration d') : 82, *83*
Indochine : 174, 182
Indonésie : 110
Inès de Castro : 35
Ingrie : 70
Innocent III (pape) : *26*, 27
Inquisition : 9, 28, 41, 50
Internationale (IIIe) : 146
Invincible Armada : 50, *51*
Irak : 148, 150, 192, 193
Iran : 30, 147, 152, 174, 192, 193, 200
Irgoun : 172
Irlande : 10, 59, 140, 141
Isabelle de Castille : 38
Isabelle de France : 35
Islam : 12, 16, 17, 30, 32, 49, 70
Islande : 12
Ismaïl Ier : 48
Ismay (lord) : *171*
Israël : 164, 172, 185, 192, 193
Istanbul : 132, 134
Istanbul (massacre d') : 102
Isvolski (Alexandre Tetrovitch) : 134
Italie : 11, 16, 20, 22, 26, 32, 36, 44, 50, 74, 81, 88, 95, 112, 114, 118, 119, 122, 124, 148, 158, 160, 164, 176
Iturbide (Augustin de) : 98, 99
Ivan III le Grand : 38
Ivan IV le Terrible : 17
Izetbegovic (Alija) : *202*

J

Jacques II d'Angleterre : *66*
Jacques III d'Angleterre : 65
Jacques Cœur : 36
Jacques de Molay : 34, 35
Jaffa (traité de) : 28
Japon : 41, 110, 130, 132, 146, 148, 160, 168, 184, 190, 204, 207, 209
Jarnac (bataille de) : 46
Jaruzelski (Wojciech) : 188
Jean XII (pape) : 12
Jean-Paul II (pape) : *188*
Jean sans Terre : 28
Jeanne d'Arc : 36, *37*
Jefferson (Thomas) : 82, *83*
Jemappes (bataille de) : 90
Jérusalem : 10, 15, 16, 18, 22, 24, *25*, 28, 30, 172
Jésuites (ordre des) : 41
Jeunes-Turcs : 132
Jinnah (Muhammad ali) : *171*
Joffre (Joseph, maréchal) : 142
Jordanie : 172
Jourdan (Jean-Baptiste) : 92
Juifs (île aux) : 34
Jules II (pape) : 42

K

Kabila (Laurent-Désiré) : 198, *199*
Kadar (Janos) : *180*, 181
Kadhafi (Muhamad) : 198
Kaïkobad Ier : 30
Kanagawa (traité de) : 110
Kant (Emmanuel) : 86
Karadzic (Radovan) : 202, *203*
Katanga : 182
Katowice : 148
Kay : 74
Kazakhstan : 194
Kazan (prise de) : 17
Kellermann (François Christophe) : 91, 98
Kemal (Mustafa) : 147, 150, *151*
Kennedy (John Fitzgerald) : *182*, 188
Kepler (Johannes) : 40
Keuzé Dagh (bataille de) : 30
Kharkov : 70
Khomeyni (Ruhollah) : *192*
Kiang-si (province du) : 154, 156
Kibeho (massacre de) : 198
Kiev : 30
Kigali : 198
Kipling (Rudyard) : 81
Kirghizie : 194
Kissinger (Henri) : 168, 186
Kitchener (Herbert) : 124
Kohl (Helmut) : *188*
Kominform : 174
Komintern : 146
Königsberg : 76, 86
Koprülü (Ahmed) : 72
Koprülü (dynastie des) : 72
Kosciuszko (Tadeusz) : 90
Kosovo : 116, 203, 208, 209
Kosovo (bataille de) : 38
Kossuth (Lajos) : 112
Koubilaï Khan : 32
Kouo-min-tang : 154-157
Koweit : 192
Kronstadt : 70
Khrouchtchev (Nikita) : *180*, 182
Kumanovo (bataille de) : 134
Kunersdorf (bataille de) : 76
Kurdistan : 48, 150

L

La Harpe (Frédéric César) : 92
La Rochelle (siège de) : *56, 57*
Lagny (foires de) : 32
Lally-Tollendal (Thomas) : 74
Lamartine (Alphonse de) : 112, *113*
Languedoc : 62
Las Navas de Tolosa (bataille de) : 28
Latran (concile de) : 28
Lausanne (traité de) : 150
Le Tellier (Michel) : 60
Lebed (Alexandre, général) : 196, *197*
Leblond (Alexandre) : 70
Leif Ericsson : 9
Leipzig : 188
Leipzig (bataille de) : 96
Lénine (Vladimir Illitch Oulianov, dit) : 81, 146, 162
Lens (bataille de) : 52
Léon IX (pape) : 12, *18*, 20
Léonard de Vinci : 38
Léopold II d'Autriche : 88
Léopold Ier de Belgique : *104*, 105
Lépante (bataille de) : 17, 48, *49*, 50
Leszczynski (Stanislas) : 68
Lewes : 20
Leyde : 54
Liao Toung : 126, 130
Liban : 148, 172, 192
Libéria : 124
Liberté (cloche de la) : *82*
Liberty Hall : *141*
Libye : 164, 200
Ligue musulmane : 154
Ligurienne (République) : 92
Lille : 60
Limbourg : 104
Lituanie : 106, 194
Livonie : 70
Livre des Merveilles (Le) : *33*
Lloyd George (David) : 148
Locke (John) : 66
Lombardie : 100, 112, 118
Londres : 58, 65, 66, 74, 90, 96, 102, 104-106, 108, 116, 134, 136, 140, 142, 158, 168, 170, 172
Londres (tour de) : 55
Longue Marche : 156, *157*
Longwood : *100*
Lorraine : 120
Lotharingie : 11, 36
Louis VII : 26, *27*
Louis IX (Saint Louis) : 32, 33
Louis XI : 38
Louis XIII : *56*, 58
Louis XIV : 56, *60*, 62, *63*, 64-66
Louis XVI : 80, 86-88, *89*, 90, *91*
Louis II de Bourbon : 52, 53
Louis de Hongrie : 48
Louisiane : 74
Louis-Philippe Ier : 104, *112*
Louvain : 164
Louvois (François Michel Le Tellier, marquis de) : 60
Lübeck : 32
Luftwaffe : 164
Lumumba (Patrice) : 182
Luther (Martin) : 17, *42*, 43
Lutter (bataille de) : 52
Lützen (bataille de) : 68
Luxembourg : 60, 104
Luxembourg (François Henri de Montmorency, comte de) : 60
Lyon : 38
Lyon (concile de) : 34

M

Maastricht : 104
Macao : 191
MacArthur (Douglas, général) : *178*
Macédoine : 128, 137
Machin (Draga) : 128
Madani (Abassi) : 200
Madrid : 44
Magellan (Fernand de) : 40
Magenta (bataille de) : 118, *119*
Maghreb : 182
Magnus V de Suède et de Norvège : 34
Mahommet : 9, 16, 18
Mai 1968 (événements de) : 184, *185*
Main Noire : 138
Malacca (détroit de) : 110
Malaisie : 110
Maleter (Pal) : 180, 181
Malte : 48, 74, 100
Mamelouks : 30, 48
Manchester : 74
Mandchoukouo : 156
Mandchourie : 126, 130, 156, 178
Manifeste du parti communiste (Le) : 146
Mantzikert (bataille de) : 30
Mao Zedong : 147, 156, *157*, 168, 174, 178, 190
Maoris : 108
Marat (Jean-Paul) : 90
Marchand (Jean-Baptiste, commandant) : *124*
Marco Polo : 32, 33
Marengo (bataille de) : 94
Marguerite de Flandre : 36
Marguerite de Navarre : 46
Marie Stuart : 50, 64, 65
Marienwerder : 76
Marlborough (John Churchill, duc de) : 60, 66
Maroc : 154, 155, 193
Marseillaise (La) : 81
Marshall (plan) : 175
Martinic : 53
Marx (Karl) : 146
Massachusetts : 54
Mathilde de Toscane : *22*
Matteo Polo : 32
Matthias de Habsbourg : 52
Maures : 41
Maurice (île) : 100
Maximilien de Bavière : 52
Maximilien Ier de Habsbourg : 44
Mayflower : 54, *55*
Mazarin (Jules) : *52*, 53, 60
Mazzini (Guiseppe) : 114
Mecque (La) : 9, 16, 148
Medelin : 164
Médicis (famille des) : 17
Médine : 9
Méditerranée : 11-13, 16, 17, 22, 38, 74, 116, 128, 164, 209
Médinasidonia (Alonso Perez de Guzman, duc de) : 50
Mehemet II le Conquérant : *38*
Mehemet VI : 150
Mehemet Ali : 102, 108
Meiji (ère) : 110
Meiji Tenno : *110*
Ménélik : 158
Mengele (Joseph) : 166
Mer Noire : 70, 72, 116, 128, 134
Mer Rouge : 108
Mésie : 136
Mésopotamie : 30, 48, 132
Metternich (Klemens) : 102, 112
Meuse : 104
Mexique : 9, 98, 108, 110, 114, 120, 162, 207
Michel Cérulaire : *18*
Michel-Ange : 38, 42
Mickiewicz (Adam) : 106
Midway (bataille de) : 164
Milan : 36, 92
Milosevic (Slobodan) : *202*
Mindszenty (Jozsef) : 176, 180
Miranda (Francisco de) : 98, 99
Missolonghi (prise de) : 102
Mitidja : 200
Mobutu (Sese Seko) : 182, 198
Modène : 100, 118
Mohacs (bataille de) : 48, 72
Mohammed ibn Toumert : 28
Moissac (abbaye de) : *21*
Moldavie : 72, 116, 194
Molotov (Viatcheslav Mikhaïlovitch

Skriabine, dit) : 162, 168
Moncontour (bataille de) : 46
Mongols : 28, 30
Monroe (James) : 98
Mont des Oliviers : 16, 25
Montagnards : 90
Montagne Blanche (bataille de la) : 52
Montcalm (Louis Joseph, marquis de) : 74, *75*
Monte Grappa (bataille du) : 142
Monténégro : 123, 134
Montesquieu (Charles-Louis) : *84*
Montmorency (Anne, duc de) : 46
Montrevel (maréchal de) : 62
Morée : 72, 102
Morelos (José Maria) : 98
Morisques : 50
Moscou : 30, 38, 70, 145, 154, 157, 162, 164, 176, 180, 187, 188, 194, 196
Moscou (putsch de 1991) : 194
Moscou (putsch de 1993) : 194, *195*
Mossoul : 150
Moubarak (Hosni Mohammed) : 193
Moudanya (armistice de) : 150
Moukden (bataille de) : 130
Mountbatten (Louis Ier, comte) : *171*
Moustafa II : 72
Mühlberg (bataille de) : 43
Munich (conférence de) : 160
Muret (bataille de) : 28
Mussolini (Benito) : 158, *159*
Mutsuhito : *voir* Meiji Tenno

N

Nagasaki (explosion de) : 164, 165
Nagy (Imre) : 180, 181
Nancy : 142
Nankin : 156, 157
Nankin (traité de) : 110, *111*
Nantes (édit de) : 47, 62
Naples : 50, 112, 118
Napoléon Ier : *92*, 94, *95*, 96, *97*, *100*, 106
Napoléon III : *114*, 116, 118-120
Narva (bataille de) : 68, *69*, 70
Naseby (bataille de) : 58
Nassau (Maurice de) : 64
Nasser (Gamal Abdel) : 182, 192
Natal : 108
Navarin (bataille de) : *102*
Nazareth : 28
Néguev : 172
Nehru (Jawaharlal) : *171*
Nelson (Horatio, comte de) : 99
Nemours (Louis Charles Philippe d'Orléans, duc de) : 104
Neo-Destour : 154
New Amsterdam : 54, *55*
New Delhi (conférence de) : 171
New York : 54, 146, 168
Nicaragua : 187
Nice : 92, 100, 118
Nicolas II (pape) : 20
Nicolas Ier de Russie : 106, 112, 116
Nicolas II de Russie : 134
Nicolo Polo : 32
Niémen : 76
Nietzsche (Friedrich) : 81
Niger : 124
Nigéria : 198
Nil : 124, 147
Nimègue (paix de) : 60
Nimitz (William, amiral) : 164
Niña : 41
Nixon (Richard) : 168, 186
Nizib (bataille de) : 108
NKVD (Commissariat du peuple aux Affaires intérieures) : 162
Nordlingen (bataille de) : 52
Normandie : 13, 164
Normands : 13, 20, 22
Norvège : 38, 43, 100
Notre-Dame de Paris : 26, 34, 35, 94
Nour ed-Din : 30
Nouveau Monde : 40
Nouvelle-Angleterre : 54
Nouvelle-Grenade : 98
Nouvelle-Zélande : 108, 140, 142
Novare (bataille de) : 114
Novgorod : 28, 29
Nuremberg : 160, 164
Nystad (traité de) : 70

O

Ohio : 202
Oldenbourg : 96
Omar (mosquée d') : 16
Omeyades (dynastie des) : 18
ONU (Organisation des Nations-Unies) : 146, 147, 168, *169*, 170, 171, 178, 180, 182, 187, 190, 202, 209
Orlando (Vittorio Emanuele) : 148
Orléans (siège d') : 36, 37
Ostrolenka (bataille d') : 106
OTAN (Organisation du traité de l'Atlantique nord) : 175, 202, 208, 209
Othon de Grèce : 128
Ottomans : 38
Otton Ier de Germanie (dit le Grand) : 12
Otton IV de Germanie : 28
Ouganda : 198
Ouzbékistan : 194
Overlord (opération) : 164

P

P'ou-Yi : 156
Pacha (Ali) : 49, 102
Pacha (Enver) : *132*, 134, 136
Pacha (Ibrahim) : 102
Pacha (Ismet) : 150
Pacha (Kara Moustafa) : *72*, 73
Pacha (Karathéodori) : 123
Pacha (Osman) : 123
Pacha (Saad Zaghloul) : *152*
Pacifique (océan) : 41, 146, 164, 184
Pahlévi (Réza) : 152, *153*
Pakistan : 147, 170, 171
Palatinat : 60
Palestine : 16, 27, 34, 148, 172
Palikao (bataille de) : 110
Panmujon (armistice de) : 178
Panthéon (prise du) : 114, *115*
Paraguay : 9, 41
Paris : 28, 32, 34, 46, 47, 52, 87, 88, 90, 106, 112, 114, 118, 136, 138, 142, 185
Paris (traité de) : 74, 116, *117*
Parme : 100, 118
Parthénopéenne (République) : 92
Patras : 48, 102
Pays-Bas : 44, 46, 50, 110, 124, 164, 166
Pearl Harbor (bataille de) : 164
Pedro du Portugal : 35
Péguy (Charles) : *142*
Pékin : 30, 126, 154, 155, 186
Penn (William) : *54*, 55
Pennsylvanie : 54
Périgord : 10
Pérou : 98, 99
Perry (Matthew Calbraith) : 110
Perse : 152
Perth : 72
Pescadores : 130
Pétain (Philippe, maréchal) : 154
Petrograd : 146
Petrovaradin (bataille de) : 72
Philadelphie : 9, 10, 54, 82
Philippe Ier d'Espagne (dit le Beau) : 44
Philippe II d'Espagne : 16, 17, 48, 50, *51*, 56
Philippe II de France (dit Auguste) : 28
Philippe III de France (dit le Hardi) : 36
Philippe IV de France (dit le Bel) : 34, *35*, 56
Philippines : 80
Picardie : 52, 142
Pichegru (Charles) : 92
Pie V (pape) : 48
Pie VII (pape) : 94, *95*
Pie XII (pape) : 176, *177*
Piémont : 112
Piémont-Sardaigne : 100, 118, 119
Pierre II d'Aragon : 28
Pierre Ier de Russie (dit le Grand) : 68, *69*, 70, *71*
Pierre Ier de Serbie : *128*, *129*
Pierre l'Ermite : 24
Pillnitz : 88
Pilsudski (Jozef) : 158
Pinta : 41
Pitt (William) : 74, 81
Pizarro (Francisco) : 40
Plata : 98
Plombières (entrevue de) : 118
Plymouth : 54, 55
Podolie : 72
Poitiers (bataille de) : 36
Politburo : 176
Pologne : 11, 28, 46, 68, 70, 76, 90, 100, 106, 147, 148, 158, 162, 166, 174, 176, 180, 184, 188
Poltava (bataille de) : 68, *69*
Poméranie : 100
Pondichéry : 74
Port-Arthur (siège de) : 130, *131*
Port-Royal-des-Champs (abbaye de) : 62
Portsmouth (traité de) : 130
Portugal : 16, 41, 50, 74, 96, 124, 158, 168
Posnanie : 100, 106
Potsdam (conférence de) : 76, 174
Poznan (émeutes de) : 180
Prague : 36, 52, 114, 174, 184
Prague (défenestration de) : 52, *53*
Prague (printemps de) : *184*
Preston (bataille de) : 58
Prinzip (Gavrilo) : 138, *139*
Proche-Orient : 10, 185
Provence : 38
Provinces-Unies : 52, 65, 66
Provins : 32, 33
Prusse : 11, 28, 42, 62, 74, 76, 89, 104, 106, 118
Puritains : 54, 55
Pym (John) : 58

Q

Quakers : 54
Quatorze Points : 145
Quatre-Articles (déclaration des) : 62
Québec : 74, *75*, 108
Québec (capitulation de) : 74, 75

R

Radet (Général) : 94
Radetsky (Joseph, comte von Radetz) : 114
Rakosi (Matthias) : *176*, 180
Raleigh (Walter) : 50
Raphaël (Raffaello Sanzio) : 38
Ravaillac (François) : 60
RDA (République Démocratique d'Allemagne) : 180, 188
Reagan (Ronald) : 186, 187
Reconquista : 28, *29*
Réforme : 42, 43, 46
Reims : 17, 36, 44, 142, 164
René Ier le Bon : 38
Rethondes (armistice de) : 142
Révolution française : 84, 86-89, 92, 94, 98, 114
RFA (République Fédérale d'Allemagne) : 188
Rhénanie : 160, *161*
Rhin : 20, 164
Rhodes : 48
Ribbentrop (Joachim von) : 162
Richard le Pèlerin : 24
Richelieu (Armand du Plessis, cardinal de) : 52, 53, *56*, *57*
Ridgway (Matthew, général) : 178
Rif (guerre du) : 154
Rivoli (bataille de) : 92
Robert II de France (dit le Pieux) : 13
Robert Bruce : 35
Robert de Courçon : 28
Robert de Sorbon : 32
Robert Guiscard : 20
Robespierre (Maximilien de) : 88, 90, *92*, *93*
Roc (dôme du) : *voir* Omar (mosquée d')
Rocroi (bataille de) : 52, *53*
Roger de Mortimer : 35
Rokossowski (Konstantine, maréchal) : 176
Rolon : 20
Romanov (dynastie des) : 106
Rome : 9, 12, 24, 25, 28, 34, 36, 43, 44, 56, 118
Rome (marche sur) : 158
Rome (synode de) : 22
Rommel (Erwin, maréchal) : 164
Roosevelt (Franklin Delano) : 164, 168
Roosevelt (Théodore) : *130*, 131, 145
Rouen : 37
Rouget de Lisle (Claude Joseph) : 81
Roum : 30
Roumanie : 116, 123, 128, 136, 148, 162, 184
Rousseau (Jean-Jacques) : 84, 99
Royal Navy : 172
Ruhr : 100, 120
Russie : 10, 70, 72, 74, 76, 90, 104, 118, 122, 130, 142, 162, 172, 194, 195, 197
Russo-japonaise (guerre) : 130, 131
Rwanda (massacres du) : 198, 209

S

Saba (reine de) : 158
Sadate (Anouar el) : 192
Sadova (bataille de) : 120
Saïgon (traité de) : 110
Saint Adalbert : 11
Saint Augustin : 42
Saint Bernard : *voir* Bernard de Clairvaux
Saint Hugues : *22*
Saint Louis : *voir* Louis IX
Saint Odilon : 20, *21*
Saint-Barthélemy (massacre de la) : 46
Saint-Clair-sur-Epte (traité de) : 20
Saint-Denis (bataille de) : 46
Saint-Empire romain germanique : 12, 16, 44
Saint-Jean-de-Jérusalem (ordre de) : 48
Saint-Laurent : 74, 75
Saint-Office : 176
Saint-Pétersbourg : *70*, 123, 132
Saint-Sépulcre : 15, 24
Saint-Simon (comte de) : 209
Sainte-Alliance : 81, *100*, 101, 102, 104, 106, 112, 116, 118
Sainte-Hélène (île de) : 100
Sainte-Ligue : 48, 52
Sainte-Sophie de Constantinople

(église) : 18, 38
Sakhaline : 130
Sakharov (Andreï) : 187
Saladin : *30*
Salazar (Antonio) : 158
Salomon : 16, 158
Salonique : 128, 134
San Francisco : 168
San Francisco (conférence de) : 168
San Stefano (traité de) : 123
Sanche VII de Navarre : 28
San-Martin : 98
Sans-Souci (palais du) : 76
Santa Lucia : 100
Santa Maria : 41
Saqqarah : 8
Sarajevo : 138, 203
Sarre : 160
Savoie : 92, 100, 118
Saxe : 42, 74, 76, 100
Scharnhorst (Gerhard von) : 96
Schleswig : 120
Schoelcher (Victor) : 112
Schröder (Gerhart) : 209
Schwarzenberg (Felix) : 114
SDN (Société des Nations) : 81, 148, *149*, 150, 156, 158, 160, 162
Sébastopol : 72
Sébastopol (siège de) : 116, *117*
Sedan : 120, 164
Séfévides (dynastie des) : 48
Seine : 20
Seldjouk : 30
Seldjoukides (dynastie des) : 30
Sélim Ier : 48
Sénégal : 74
Séoul : 178
Sept Ans (guerre de) : 74, 76
Serbie : 38, 72, 116, 123, 128, 134, 138, 203
Sérénissime République : *voir* Venise
Séville : 28
Sèvres (traité de) : 150
Shanghai : 110, 156
Shimonoseki (traité de) : 130
Shoah : 172
Sicile : 12, 17, 44, 164
Silésie : 76, 166
Simon de Montfort : *28*, 29
Singapour : 204
Sinn Fein : 140
Sino-japonais (conflit) : *156*, 157
Sivas : 150
Sixtine (chapelle) : 42
Slawata (von Chlum und Koschunberg Vilem) : 53
Slovaquie : 166
Slowacki (Juliusz) : 106
Smalkade (ligue de) : 43
Smuts (Jan-Christian) : 140, *141*
Smyrne : 150
Sobibor (camp de) : 166
Sobieski (Jean) : 72, 73
Sofia : 38, 123
Solidarnosc : 188
Soliman II le Magnifique : *48*, 49
Soljenitsyne (Alexandre) : 187
Somme (bataille de la) : 142
Sophie de Hanovre : 66
Sorbonne : 32, 62, 184
Soudan : 200, 209
Spezzia : 118
Spire (diète) : 43
Spitzberg : 81
Spoutnik : 184
Srebrenica : 202
Sseutch'ouan : 157
Staline (Joseph Djougatchvili, dit) : 146, *162*, *163*, 164, 168, 174, 176, 180
Stalingrad (bataille de) : 164
Stein (Karl) : 96
Stern (groupe terroriste) : 172
Strängnäs (diète de) : 68
Strasbourg : 60
Stuyvesant (Peter) : 54
Sucre (Antonio José) : *99*
Suède : 38, 43, 52, 64, 68, 74, 100, 124
Suez : 152, 154, 164, 182
Suisse : 168
Sun Yat-sen : 154, *155*
Sund : 68
Sylvestre II (pape) : 12
Syrie : 27, 30, 48, 108, 132, 148, 172, 182

T

Tadjikistan : 194
Taiwan : 204
Talleyrand (Charles Maurice de) : 86
Tamerlan : 38
Tancrède de Hauteville : 24
Tannenberg (bataille de) : 76
Tchaldiran (bataille de) : 48
Tchang Kaï-chek : 154, 156, *157*, 168, 174
Tchécoslovaquie : 148, 160, 174, 188
Tchernobyl (centrale nucléaire de) : *194*
Tchétchénie (guerre de) : 196, *197*, 208
Tchong-K'ing : 157
Tel Aviv : 172, 193
Tempête du désert (opération) : 192
Temple (ordre du) : 26, 34, 35
Templiers (bûcher des) : 34, *35*
Terre-Neuve : 9, 140
Terreur : 90, 92
Teutoniques (ordre des chevaliers) : 11, 28, *29*, 42, 76
Texas : 108
Thessalie : 102, 128
Thessalonique : 132
Thiers (Adolphe) : 108, 120
Thomas d'Aquin : 32
Thomas de Marle : 24
Thorn : 76
Thrace : 134, 150
Thurn (comte de) : 52
Tian An-Men (massacres de la place) : *190*, *191*
Tibériade : 172
Tien-Tsin (bataille de) : 126, 127
Tien-Tsin (traité de) : 110
Tilly (Jean T'Serclaes, comte de) : 52
Tilsit (traité de) : 96
Tito (Josip Broz, dit) : 176
Tobago : 100
Togo (Kagoshima, amiral) : 130, 131
Togo : 148
Tokyo : 110, *204*
Torbay (débarquement de) : 66, *67*
Torquemada (Thomas de) : 41
Toscane : 100, 112, 118
Toulouse : 28
TPI (Tribunal pénal international) : 202
Trafalgar (bataille de) : 98
Transcaucasie : 162
Transjordanie : 148, 172
Transylvanie : 72, 128, 148
Treblinka (camp de) : 166
Trek (grand) : 108
Trente (concile de) : 56
Trente Ans (guerre de) : 17, 52, 68
Trois-Évêchés : 44
Trois garanties (armée des) : *99*
Trotski (Léon) : *162*
Troyes (foires de) : 32
Truman (Harry) : 174, *178*
Tschombé (Moïse) : 182
Tseu-Hi : *126*, 127
Tsushima (bataille de) : 130, *131*
Tudjman (Franjo) : *202*
Tuileries (prise des) : *89*
Tunis (prise de) : 48
Turcs : 16, 17, 24, 30, 36, 38, 41, 44, 46, 48, 49, 90
Turenne (Henri de La Tour d'Auvergne, vicomte de) : 52, 60
Turin (traité de) : 118
Turkestan : 162
Turkménistan : 194
Turquie : 116, 124, 134, 136, 147, 150, 207
Tutsi : 198
Tuzla : 202

U

Ukraine : 30, 70, 106, 162, 194
Ulster : 140
Union Act : 108
Unkiar-Skelessi (traité de) : 108
Uraga : 110
Urbain II (pape) : 12, *24*, 25
Urbain VI (pape) : 38
Uriburu (José) : 158
URSS (Union des Républiques socialistes soviétiques) : 147, 148, 162, 164, 168, 170, 171, 175, 178, 180, 182, 184, 186, 208
Uskub (prise d') : *134*
Utrecht (Union d') : 50, 64

V

Valachie : 38, 72, 116
Valera (Eamon de) : *140*, 141
Valmy (bataille de) : 90, *91*, 98, 99
Varennes (arrestation de) : *88*, 89
Vargas (Getulio) : 158
Varsovie : 76, 95, 106, 164
Varsovie (ghetto de) : 166, 167
Varsovie (pacte de) : 180, 181, 184
Vauban (Sébastien le Prestre de) : 60
Vaudois : 42, 46
Vélodrome d'hiver : 166
Vendée (massacres de) : 90
Vénétie : 100, 112, 118
Venezuela : 98, 99
Venise : 17, 32, 36, 38, 48, 72
Verdun (bataille de) : 142
Verdun (partage de) : 11
Versailles (palais de) : 60, *61*, 120, 148
Versailles (traité de 1783) : 82
Versailles (traité de 1919) : *148*, 160
Vervins (traité de) : 51
Vespucci (Amerigo) : 40
Vezelay (basilique de) : 26
Vichy (régime de) : 164, 166
Victor-Emmanuel II : 114, 118
Victor-Emmanuel III : 158
Victoria d'Angleterre : 108, *109*
Victory Program : 164
Vienne : 17, 30, 48, 76, 90, 96, 105, 106, 112, 114, 128, 138
Vienne (Congrès de) : 100
Vienne (siège de) : 72, *73*
Viêt Cong : 184
Viêt Nam (guerre du) : 168, 184, *185*
Villars (Claude Louis Hector, duc de) : 60
Vilna : 106
Vilnius : 194
Vincent de Paul : 56
Virginie : 82
Vistule : 76
Vladivostok : 130
Volga : 13
Voltaire (François Marie Arouet, dit) : 76, *77*, *84*
Vorwärtz : 96

W

Waddington (William Henry) : 123
Wafd (parti indépendantiste musulman) : 152
Waldersee (Alfred von) : 126
Walesa (Lech) : 11, 188
Wallenstein (Albrecht Wenzel Eusebius von) : 52, 68
Wannsee (conférence de) : 164
Washington (George) : 82, *83*
Wassy (massacre de) : 46, *47*
Waterloo (bataille de) : 88, 96, 97
Watt (James) : *74*, 75
Wehrmacht : 160, 164
Wellington (Arthur Wellesley, duc de) : 81, 96, *97*, 108
West Indies company (docks de la) : *108*
Westminster : 20, 140
Westphalie : 100
Westphalie (traité de) : 52
Whitehall (palais de) : 58
Wilson (Thomas Woodrow) : 81, 145, 146-148, 160
Windischgrätz (Alfred) : 114
Winthrop (John) : 54
Witt (Jean de) : 64, *65*
Wittenberg : 42
Worcester (bataille de) : 59
Worms (concile de) : 22
Worms (diète de) : 42, *43*
Wright-Patterson (base de) : 202
Wyszynski (Stefan) : 176, 180

Y

Yalta (accords de) : 174
Yang Tsé Kiang : 126
Yildiz-Kiosk (combats de) : 132, *133*
Yorktown : 82
Yougoslavie : 147, 202, 208
Ypsilanti (Alexandre) : 102
Yuste (monastère de) : 44

Z

Zaïre : 182, 198
Zao Ziyang : 190
Zenguides (dynastie des) : 30
Zenta (bataille de) : 72
Zéroual (Liamine) : *200*
Zinoviev (Grigori Ievseïevitch) : 146
Zoulous : 108
Zwingli (Ulrich) : 17

Crédits photographiques

h : haut
m : milieu
b : bas
g : gauche
d : droite

Gardes 2-3 et 6-7, Artephot / Oronoz ; AKG Paris, 14-15 ; Dagli Orti, 16 (h) ; Artephot / Oronoz, 16 (b) ; Bridgaman-Giraudon, 17 (h) ; AKG Paris, 17 (b) ;Couverture et dos 4e : Ouverture, 14-15 ; 15 ; 16 ; 17 ; Tallandier, 18 (m) (g) ; Dagli Orti, 18 (h) (d) ; DIAF/Yvan Travert, 19 ; Giraudon, 20 (m) (g) ; Giraudon, 20-21 ; Giraudon, 21 (b) (g) ; Guillard/Scope, 21 (b) (d) ; Artephot, 22 ; Dagli Orti, 23 ; Giraudon, 24 (m) (g) ; Gerster-Rapho, 24-25 ; Tallandier, 25 (b) ; AKG Photo, 26 (m) (g) ; Lauros-Giraudon, 26-27 ; Photo Josse, 27 (b) ; Tallandier, 28 (m) ; Artephot/Oronoz, 28-29 ; Cahiers du Cinéma, 29 (b) ; Giraudon, 30 (m) ; Rapho/Roland et Sabrina Michaud, 30 (h) ; Artephot/G. Mandel, 31 ; Tallandier, 32 (m) ; Rapho/De Sazo, 32-33 ; AKG Paris, 33 (b) ; Giraudon, 34 (m) (g) ; Bridgeman-Giraudon, 34-35 ; Tallandier, 35 (m) ; Tallandier, 36 (m) ; Tallandier, 36-37 ; Tallandier, 37 (b) ; AKG Paris, 38 ; Artephot/ADPC, 39 ; Artephot/Oronoz, 40-41 ; AKG Paris, 42 (m) ; AKG Photo, 42-43 ; AKG Paris, 43 (b) ; Giraudon, 44 (m) ; Artephot/Oronoz, 44 (h) (d) ; Dagli Orti, 45 ; Lauros-Giraudon, 46 (m) (g) ; Dagli Orti, 46-47 ; AKG Paris, 47 (b) ; Dagli Orti, 48 (m) (g) ; Artephot/Oronoz, 48-49 ; Tallandier, 49 (b) ; AKG Paris, 50 (b) (g) ; AKG Paris, 50-51 ; Artephot/Meyer, 51 (b) ; Tallandier, 52 (m) (g) ; AKG Paris, 52-53 ; AKG Paris, 53 (b) ; Giraudon, 54 (m) ; Giraudon, 54-55 ; AKG Paris, 55 (b) ; Giraudon, 56 (m) ; AKG Paris, 56 (h) (d) ; Giraudon, 57 ; Bridgeman-Giraudon, 58 (m) ; Edimedia, 58-59 ; AKG Paris, 59 (b) ; AKG Paris, 60 (m) ; Giraudon, 60 (h) (d) ; Photo Josse, 61 ; Tallandier, 62 ; Giraudon, 63 ; Dagli Orti, 64 (b) (g) ; Edimedia, 64-65 ; Tallandier, 65 (h) ; Dagli Orti, 66 (b) (g) ; Edimedia, 66 (h) (d) ; Tallandier, 67 ; Dagli Orti, 68 (m) (g) ; Tallandier, 68-69 ; Ria-Novosti, 69 (b) ; AKG Paris, 70 ; AKG Paris, 71 ; Artephot/Nimatallah, 72 (m) (g) ; AKG Paris, 72-73 ; Artephot/Nimatallah, 73 (b) ; Coll. ES/Explorer, 74 (m) ; Lauros-Giraudon, 74-75 ; Tallandier, 75 (b) ; H. Roger-Viollet, 76 (m) ; AKG Paris, 76 (h) (d) ; AKG Paris, 77 ; Tallandier, 78-79 ; Tallandier, 80 (h) ; Giraudon, 80 (b) ; AKG Paris, 81 (g) ; H. Roger-Viollet, 81 (d) ; Falk/Gamma Liaison, 82 (m) ; Tallandier, 82-83 ; Lauros-Giraudon, 83 (b) (g) ; Tallandier, 83 (b) (d) ; Tallandier, 84 (m) ; Tallandier, 84 (h), Tallandier, 85 ; Giraudon, 86-87 ; Lauros-Giraudon, 88 (m) ; Tallandier, 88-89 ; AKG Paris, 89 (m) ; Giraudon, 90-91 ; AKG Paris, 91 (b) ; Giraudon, 92 (b) (g) ; Giraudon, 92 (h) (d) ; Giraudon, 93 ; Lauros-Giraudon, 94-95 ; Giraudon, 95 (h) ; Giraudon, 96-97 ; Lauros-Giraudon, 97 (b) (g) ; Bridgeman-Giraudon, 97 (b) (d) ; Tallandier, 98 (m) ; Giraudon, 98-99 ; Giraudon, 99 (m) ; Erik Sampers/Gamma, 100 (m) (g) ; Tallandier, 100 (h) (d) ; Tallandier, 101 ; H. Roger-Viollet, 102 ; Giraudon, 103 ; Giraudon, 104 (m) ; Patrick Lorette/Giraudon, 104-105 ; Patrick Lorette/Giraudon, 105 (b) ; AKG Paris, 106 (b) (g) ; Giraudon, 106 (h) (d) ; AKG Paris, 107 ; Tallandier, 108 ; AKG Paris, 109 ; Lauros-Giraudon, 110 ; Bridgeman-Giraudon, 111 (h) ; Bridgeman-Giraudon, 111 (b) ; Tallandier, 112 (b) (g) ; Tallandier, 112 (h) (d) ; AKG Paris, 113 ; Giraudon, 114 ; Tallandier, 115 ; Tallandier, 116-117 ; Tallandier, 117 (b) (g) ; Tallandier, 117 (b) (d) ; H. Roger-Viollet, 118 (m) ; Tallandier, 118-119 ; AKG Paris, 119 (b) ; Lauros-Giraudon, 120 (m) (g) ; H. Roger-Viollet, 120 (m) (d) ; AKG Paris, 121 ; AKG Paris, 122-123 ; J.-L. Charmet/Explorer, 124 (b) (g) ; H. Roger-Viollet, 124 (h) (d) ; AKG Paris, 125 ; AKG Paris, 126 (m) ; AKG Paris, 126-127 ; Harlingue-Viollet, 127 (b) ; H. Roger-Viollet, 128 ; H. Roger-Viollet, 129 ; AKG Paris, 130 (m) (g) ; AKG Paris, 130-131 ; AKG Paris, 131 (b) ; AKG Paris, 132 (m) (g) ; J.-L. Charmet/Explorer, 132 (h) (d) ; J. L. Charmet/Explorer, 133 ; Tallandier, 134 ; Harlingue-Viollet, 135 ; AKG Paris, 136 (m) (g) ; Harlingue-Viollet, 136-137 ; Tallandier, 137 (b) ; H. Roger-Viollet, 138 (m) (g) ; AKG Paris, 138 (h) (d) ; Tallandier, 139 ; H. Roger-Viollet, 140 (m) (g) ; Tallandier, 140-141 ; Mary Evans/Archives Explorer, 141 (b) ; coll. part., 142 (m) (g) ; H. Roger-Viollet, 142 (b) ; H. Roger-Viollet, 142 (h) (d) ; H. Roger-Viollet, 143 ; Turpin/Gamma, 144-145 ; H. Roger Viollet, 146 (h) ; Collection Viollet, 146 (b) ; Tallandier, 147 (m) ; Stevens/Sipa Press, 147 (b) ; AKG Paris, 148 ; Collection Viollet, 149 ; Tallandier, 145 (m) ; AKG Photo, 150 (h) (d) ; Tallandier, 151 ; Keystone, 152 (m) ; Branger-Viollet, 152 (h) (d) ; Tallandier, 153 ; Collection Viollet, 154-155 ; AKG Photo, 155 (b) (g) ; Harlingue-Viollet, 155 (b) (d) ; Collection Viollet, 156 (m) ; H. Roger-Viollet, 156-157 ; Tallandier, 157 (b) ; AKG Paris, 158 ; AKG Photo, 159 ; H. Roger-Viollet, 160 ; AKG Photo, 161 ; AKG Photo, 162 (b) (g) ; Collection Viollet, 162 (m) (d) ; AKG Paris, 163 ; Gamma, 164 (m) ; Tallandier, 164-165 ; Keystone, 165 (b) ; Tallandier, 166 (m) ; Collection Viollet, 166-167 ; Tallandier, 167 (b) ; Tallandier, 168 (m) (g) ; AKG Paris/Nations-Unies, 168 (h) (d) ; Tallandier, 169 ; UPI Photo, 170 (m) (g) ; Keystone, 170 (b) ; Keystone, 170-171 ; Tallandier, 172 ; Keystone, 173 ; Keystone, 174 (m) ; Tallandier, 174-175 ; AKG Paris, 175 (b) ; Tallandier, 176 ; AKG Paris/AP, 177 ; AKG Paris, 178 (b) (g) ; Keystone, 178 (h) (d) ; Collection Viollet, 179 ; Keystone, 180 (m) (g) ; Keystone, 180 (b) ; Keystone, 180-181 ; Tallandier, 182 (m) ; Photo Match/Camus, 182 (h) (d) ; Marc Riboud/Magnum, 183 ; Wurtz-Taïeb/Gamma, 184 (b), (g) ; Photo AFP, 184-185 ; Tallandier, 185 (b) ; World Perspectives/Gamma, 186 (g) ; Jasmin/Gamma, 186-187 ; Gamma, 187 (b) ; Anticoli Livio/Gamma, 188 (b) (g) ; Patrick Piel/Gamma, 188 (h) (d) ; Stevens/Sipa Press, 189 ; Eric Bouvet/Gamma, 190 (b) ; Cole Charlie/Sipa Image, 190-191 ; Keystone, 192 (m) (g) ; Setboun/Sipa Press, 192 (b) ; Stevens/Sipa Press, 192-193 ; Vlastimir Shone/Gamma, 194 (m) ; Luc Delahaye/Sipa Press, 194-195 ; Vlastimir Shone/Gamma, 195 (b) ; L. Van Der Stockt/Gamma, 196 (g) ; Chuck Nake/Gamma, 196-197 ; Laski Diffusion/Gamma, 197 (b) ; Bernstein K./Spooner/Gamma, 198 (m) ; Turpin/Gamma, 198-199 ; Photonews/Gamma, 199 (b) ; Georges Merillon/Gamma, 200 ; Benito/Gamma, 201 ; Cleary/Liaison/Gamma, 202 (m) ; Marleen Daniels/Gamma, 202-203 ; Figaro Magazine/Gamma, 203 (b) ; Jan Michalak/Gamma, 204 (m) ; Sipa Press, 204 (h) (d) ; Rémi Benali/Gamma, 205 ; Paul J. Sutton/The Image Bank, 206-207.

Achevé d'imprimer
en
juillet 1999
sur les presses de
G. Canale & C. S.p.A. - Borgaro T.se (TO) Italy

Dépôt légal : septembre 1999
Numéro éditeur : 2852

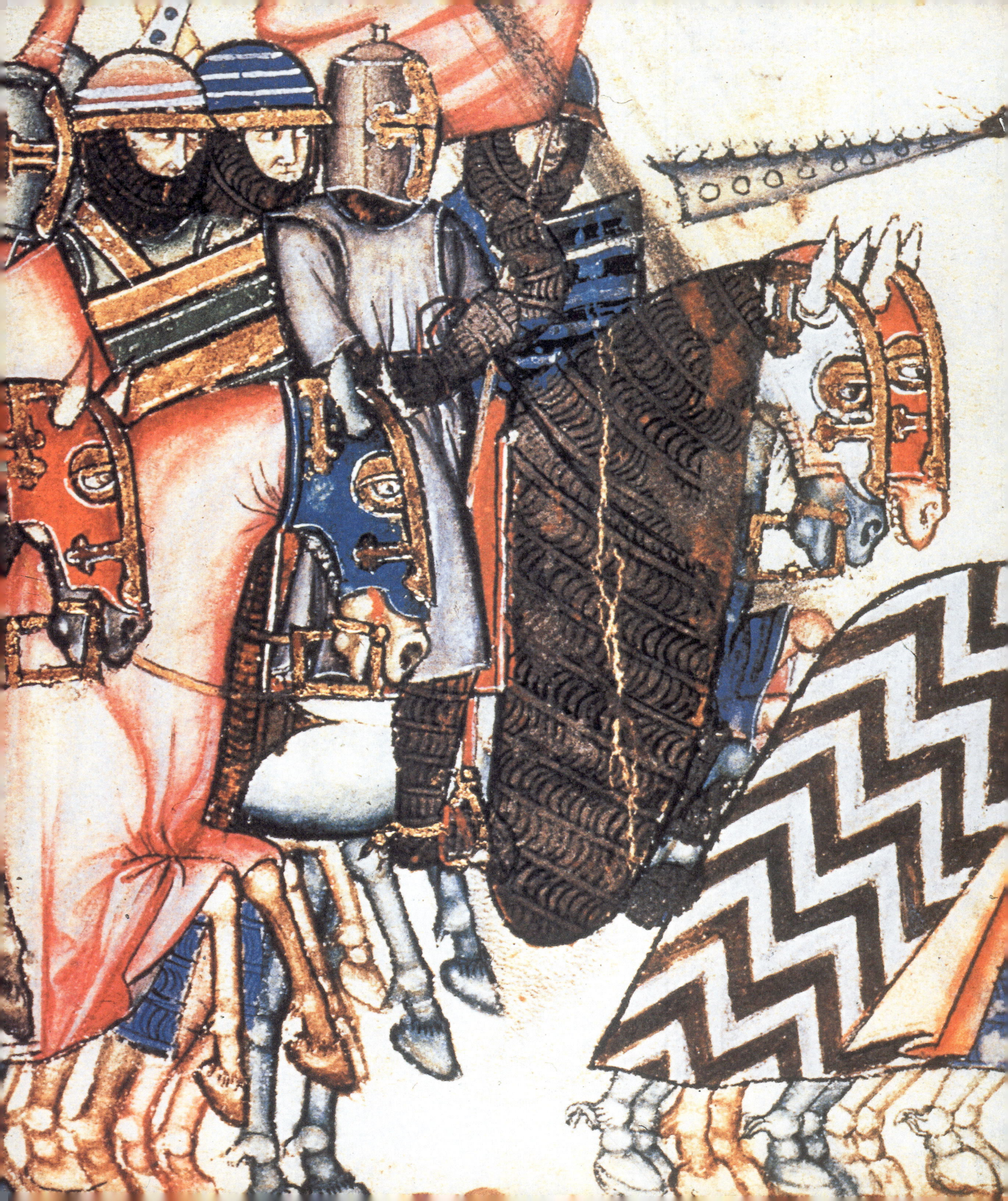